BEITRÄGE
ZUR NEUEREN
LITERATURGESCHICHTE
Band 431

MANUEL FÖRDERER

Interregnum

Die deutsche Literatur
zwischen 1945 und 1949

Universitätsverlag
WINTER
Heidelberg

Bibliografische Information der Deutschen Nationalbibliothek
Die Deutsche Nationalbibliothek verzeichnet diese Publikation
in der Deutschen Nationalbibliografie;
detaillierte bibliografische Daten sind im Internet
über *http://dnb.d-nb.de* abrufbar.

Gefördert durch die Hans-Böckler-Stiftung

**Hans Böckler
Stiftung** ■■

Mitbestimmung · Forschung · Stipendien

UMSCHLAGBILD

Umschlag unter Verwendung des Gemäldes
„Mein Himmel ist rot" (1933) von Otto Freundlich,
Centre Pompidou, Paris
Foto: l'Agence Photo de la RMN

ISBN 978-3-8253-9578-0

Dieses Werk einschließlich aller seiner Teile ist urheberrechtlich geschützt.
Jede Verwertung außerhalb der engen Grenzen des Urheberrechtsgesetzes
ist ohne Zustimmung des Verlages unzulässig und strafbar. Das gilt insbesondere für Vervielfältigungen, Übersetzungen, Mikroverfilmungen und
die Einspeicherung und Verarbeitung in elektronischen Systemen.

© 2024 Universitätsverlag Winter GmbH Heidelberg
Imprimé en Allemagne · Printed in Germany
Umschlaggestaltung: Klaus Brecht GmbH, Heidelberg
Druck: Memminger MedienCentrum, 87700 Memmingen

Gedruckt auf umweltfreundlichem, chlorfrei gebleichtem
und alterungsbeständigem Papier

Den Verlag erreichen Sie im Internet unter:
www.winter-verlag.de

Dank

An der Entstehung dieses Buches hatten viele Menschen Anteil. Mein Dank gilt Prof. Dr. Martina Wagner-Egelhaaf, Prof. Dr. Kai Sina sowie Prof. Dr. Sven Hanuschek, die das Dissertationsprojekt mit Wohlwollen und konstruktiver Kritik begleitet haben. Ich bin außerdem den Teilnehmer:innen der Kolloquien am Lehrstuhl von Frau Wagner-Egelhaaf sowie im Rahmen der Graduate School Practices of Literature für fruchtbare Gespräche und vielfältige Hinweise dankbar. Finanziell ermöglicht wurde diese Studie und ihre Drucklegung durch die Hans-Böckler-Stiftung, wofür ich mich herzlich bedanken möchte. Die Arbeit wurde 2022 als Dissertation an der Universität Münster angenommen.

Mein besonderer Dank geht an all jene Menschen innerhalb und außerhalb des akademischen Kosmos, die mich über die nicht immer nur leichten Jahre begleitet haben. Für Freundschaft, anregende Diskussionen und kurze Nächte möchte ich mich bei Laura M. Reiling, Katharina Rempe, Julia Sievers, Heinrich Wilke, dem Gürntke-Clan (Thorsten, Laila, Linda) und Meryem Yesildag bedanken. Für die vielen Jahre der Verbundenheit (und dafür, dass euer Herz immer am rechten Fleck schlägt) bin ich der *Gruppe Grundbrät*, Melina Munz, Florian Neuner und Wolfgang Sienz, tief verbunden. Meinen Kolleg:innen vom Weltladen Münster gilt mein Dank ebenso wie meinen musikalischen Mitstreitern, allen voran Achim Rauscher.

Ohne die Liebe und Unterstützung meiner Mutter Priska Förderer und meiner Partnerin *in crime* Dajana Prinz wären wohl die Transitionsschmerzen hin zum Doktortitel bedeutend heftiger ausgefallen. Ich bin froh und dankbar, zu jeder Zeit von ihrer lebensklugen und liebevollen Art getragen worden zu sein. Ihnen und allen, die das Leben auf diesem Planeten schöner, freier und friedlicher für alle machen, sind die folgenden Seiten gewidmet.

Inhaltsverzeichnis

1. Einleitung 11
   1.1 „Das war die Zeit" oder: Ein lyrischer Auftakt 11
   1.2 InBetween – Zum Leitbegriff ‚Interregnum' 16
   1.3 Zwischen Zusammenbruchsgesellschaft und
       Systemtransformation – Historische Konturen 26
   1.4 Das literarische Feld 1945-1949: Strukturen, Interessen,
       Karrieren 38
   1.5 *Corpus Delectum*: Eine Literaturgeschichte des zweiten Rangs? 53
   1.6 Aufbau der Arbeit 58
2. **Übergänge. Grundlegende Überlegungen zur Theorie-Trias
   Transition, Raum und Praxis** 61
   2.1 *doing change*: Prozessuale Logik des Dazwischen 61
      2.1.1 „A moon between phases" – das Liminalitätskonzept Victor
            Turners 61
      2.1.2 „A world in becoming" – Konturierung neuer Ordnung(en) 71
      2.1.3 Exkurs: Das Interregnum als Schwellenphase 73
   2.2 *doing space*: Handlungsbasierte Raumtheorie 78
      2.2.1 Der Raum, die Grenze, das Handeln – eine Hinführung 79
      2.2.2 Räume des Wandels – Erste literaturwissenschaftliche
            Annäherungen 88
   2.3 *doing culture*: Praxeologische Perspektiven 93
      2.3.1 Praktiken – das Soziale in seinem Vollzug 94
      2.3.2 Kommunikative Praktiken – ein Leitbegriff 101

3. **Parameter des Interregnums-Diskurses: Eine Zeitschriftenlektüre** 113

3.1 „free to start the process of collective thinking"– Zeitschriften als Vehikel gesellschaftlicher Transformation 113

3.2 Ende und Anfang – Zeitliche Eingrenzung der Untersuchung .. 124

3.3 „Tausende Meilen Wasser" – Raumzeitliche Dimensionen des Dazwischen 129

3.4 Wandlungssemantiken und Zivilisierung – Vom Soldaten zum Bürger 139

3.5 Dimensionen der Praxis – Kommunikativer Wiederaufbau 151

4. **Praktiken des Dazwischen** 165

4.1 Stimmen kommender Ordnung(en) – Polyphonie und Praxis ... 165

4.2 Leonhard Frank – *Die Jünger Jesu* (1949) 171

    4.2.1 Schwierige Rückkehr und gehemmte Rezeption – *Die Jünger Jesu* im Kontext der frühen Nachkriegsliteratur 171

    4.2.2 „Vollstrecker der Gerechtigkeit" – *Die Jünger Jesu* und die Praxis der Gegenwelt 176

    4.2.3 Politik der Differenz – Symmetrie und Kontraste im Text. 182

    4.2.4 „offen und empfänglich" – Herstellen und Zerstören von Öffentlichkeit 189

    4.2.5 „ein […] heller Fleck" – Revolution im Gerichtssaal 196

4.3 Hans Werner Richter: *Die Geschlagenen* (1949) 205

    4.3.1 ‚Always discuss!' – demokratische Haltung und publizistische Praxis 205

    4.3.2 Maul halten, schweigen lernen, offen sprechen – Dimensionen des Diskursiven 210

    4.3.3 Wandel und Verbleib – Kontrastlogik(en) und politische Anthropologie 222

    4.3.4 Nachtrag: Das Lager als Experimentierfeld – Hans Habe: *Wohin wir gehören* (1948) 238

4.4 Rudolf Krämer-Badoni: *In der großen Drift* (1949) 250

    4.4.1 Kunstautonomie und Widerstand? Vorgeschichte des Romans 250

    4.4.2 Schelm oder Durchschnitt? Poetologische Einordnungen..256

    4.4.3 Dialogisches extern – Text und Texte im Gespräch 263

    4.4.4 Dialogisches intern I – Entpolitisierung in den Trümmern „unseres rechtsradikalen Jerusalems" 273

    4.4.5 Dialogisches intern II – kommunikative Omnipotenz und Verständnislosigkeit 279

5. Figuren des Dazwischen I: Der Deserteur 291

    5.1 Historische Erscheinung und literarische Gestaltungen............291

    5.2 Desertion und Widerstand 306

    5.3 Heinz Rein: *Finale Berlin* (1947) 311

        5.3.1 Ein frühes Erfolgsbuch zwischen Dokumentarismus, Ideologiekritik und Luftkrieg 311

        5.3.2 Die zwei Leben des Heinz R. – Zur Publikationsgeschichte 318

        5.3.3 „Haben Sie das schon gelesen?" – Lektüre(n) eines Lektüreromans 322

        5.3.4 *de milite ad civem* – Wechsel der anthropologischen Leitfigur 336

        5.3.5 *transition underground* – Illegalität und Liminalität 353

    5.4 Appendix – Wolfgang W. Parth: *Die letzten Tage* 364

6. Figuren des Dazwischen II: Der Werwolf 373

    6.1 Wolf-Werdung und Re-Humanisierung: Eine Hinführung 373

    6.2 Ein politisches Problem? Walter Kolbenhoffs *Von unserem Fleisch und Blut* (1947) 379

    6.3 Wiedergeburt in Kellern. Dieter Meichsner: *Versuchʼs noch mal mit uns* (1948) 397

7. Verfahren des Dazwischen 411

7.1 Politische Brüche, ästhetische Kontinuitäten – Spielarten des Magischen Realismus nach 1945 411

7.2 Georg Hensel: *Nachtfahrt* (1949) 428

7.2.1 Typik und Ästhetik eines Nachkriegsdebüts 428

7.2.2 Eine (verhinderte) Heiligenlegende? Paratextuelle Konsequenzen 436

7.2.3 „Aus dem Blut die Druckerschwärze zu destillieren" – Verschriftlichungen zwischen Kritik und Sehnsucht 443

7.2.4 Zirkelbewegungen zwischen Traum und Trauma 460

7.3 Martha Saalfeld: *Der Wald* (1949) 473

7.3.1 Die Rückkehr der „pfälzischen Sappho" – eine werkbiographische Einführung 473

7.3.2 Tod eines Bürgers oder Ambivalenz der Realität Wald 480

7.3.3 Zwischen Ent- und Neuverwurzelung: Heimatlosigkeit als Grundthema 490

7.4 Gerd Gaiser: *Zwischenland* (1949) 496

7.4.1 Rezeptionsgeschichte eines schwierigen Autors 496

7.4.2 „aber kalt sind die Straßen" – Interregnum als Ordnungserosion 502

7.4.3 Verwischte Wirklichkeiten – Erzähllogiken des Traums ... 511

8. Resümee und Ausblick 527

9. Bibliografie 545

1. Einleitung

1.1 „Das war die Zeit" oder: Ein lyrischer Auftakt

In der dritten und letzten Ausgabe seiner mit *Kassiber* betitelten Gedichtsammlung von 1979 hat Wolfdietrich Schnurre ein Gedicht untergebracht, das gleichermaßen vertraut wie befremdlich wirkt. Es fällt im Kontext der neueren Gedichte, deren Entstehungszeitraum Schnurre zwischen 1965 und 1979 ansiedelt, weder in formaler noch in inhaltlicher Hinsicht besonders auf. Zumindest auf den ersten Blick. Und doch enthält der lyrische Text ein Moment der Irritation, das sich nicht textimmanent, sondern nur durch einen Blick auf Schnurres Biographie klären lässt. Das Gedicht sei hier in voller Länge zitiert – und zwar bewusst ohne Titel:

> Das war die Zeit,
> da noch die Liebe mich mied,
> nicht im rostigen Hahnenrot
> mir in den Nacken sprang
> und „Entscheide dich!" krähte
> und „Stirb!" schrie und „Leb!"
>
> Sondern da war nur die Hütte
> des Fischers, schuppig, Aalschleim
> im Fenster.
>
> Da war nur der fallende Perpendikel
> des Mondes, der die Nachtschwalbe
> totschlug; und um die gewitternden
> Schläfen der Kranz aus Grillengras,
> Pferdehaar, Mohn.
>
> Da war nur die Klapper der Wachtel
> im Feld und die atmende Gurgel
> des Mittags.

Da war nur das Messer am Himmel,
das den Abend trennte vom Tag;

und glanzlosen Auges, nur Neugier,
erkannt ich unterm zustoßenden
Schoß des Melkers die Magd,
die den singenden Schweinen
frühmorgens die Tröge
mit Stampfkartoffeln füllte,
mit Spülicht und Schrot.

Abgesehen von der kleinen voyeuristischen Episode in der letzten Strophe versammelt das Gedicht mehrere für Schnurres lyrisches Schaffen typische Wendungen und Motive, worunter vor allem die zahlreichen Bezüge zur Welt der Avifauna zu zählen sind.[1] Der bekennende Vogelfreund Schnurre verwebt die Nennung verschiedener Vögel gezielt mit den diesen zugeordneten Tages- und Nachtzeiten; das „rostige Hahnenrot" bezeichnet die Zeit der Morgendämmerung, die „Nachtschwalbe" – eine andere Bezeichnung für den nacht- und dämmerungsaktiven Ziegenmelker – ist Symbolfigur der Nacht, der klappernde Ruf der Wachtel begleitet die langen Mittagsstunden. Die augenscheinlich ornithologisch geschulte Sprechinstanz des Gedichts, die all diese Vögel und ihre Laute erinnernd wahrnimmt, benennt und in ein atmosphärisches Netzwerk integriert, scheint sich eines besonderen Zustands zu entsinnen, der dadurch ausgezeichnet ist, dass es ‚nichts' gab außer eben jene Wahrnehmungen und das Wahrgenommene. Nicht nur die in anthropomorphischer Verkehrung gesetzten „singenden Schweine" zeigen an, dass diese erinnerte Zeit besonders gewesen ist, sondern auch die anaphorische Wendung „Da war nur"; offenbar eine Zeit des Noch-Nicht, wie die erste Strophe andeutet, als noch kein Entscheidungszwang bestand, ein Zustand des Schwebens,

---

[1] Zur Lyrik Schnurres vgl. Ilse-Rose Warg: *„Doch ich krümm mich um alles, was lebt." Wolfdietrich Schnurres lyrisches Schaffen*, New York 1993. Zu den Vögeln in Schnurres Werk vgl. Manuel Förderer: *Eine Frage des Schicksals? Wolfdietrich Schnurre und die Vögel*, in: *Vögel aus Federn. Verschriftlichungen des Vogels seit 1800*, hg. von ders./Cristine Huck/Laura M. Reiling, Berlin 2022, S. 79–104.

irgendwo zwischen Leben und Sterben. Dieser Befund spiegelt sich im Titel des Gedichts, der nun verraten sei. Er lautet *Interregnum*.[2]
Dieses Gedicht mit dem zunächst eigenartig anmutenden Titel weist starke motivische Ähnlichkeiten mit einem dezidiert autobiographisch grundierten Prosatext Schnurres auf, der 1963 in der Erzählsammlung *Funke im Reisig* erschienen ist. In *Ein Leben*,[3] dessen autobiographische Dimension schon durch die Widmung – „Meinem Vater" – aufscheint, versammelt der Erzähler einige Episoden aus seinem frühen Leben, deren Erzählanlass zumeist entweder ein bestimmter Gegenstand, etwa ein Kleidungsstück, oder besondere Orte und Räume konstituieren. Die einzelnen Episoden sind zwar im Text durch größere Lücken sichtbar voneinander abgegrenzt, aber nicht einzeln betitelt. Eine dieser kurzen Episoden versammelt auf gut zwei Druckseiten erneut einige jener atmosphärischen Elemente, die bereits durch das Gedicht bekannt sind. Das nächtliche „blecherne Nachschwalbenmeckern"[4] taucht ebenso auf wie das „unter dem Mondlicht wie mit Schleim überzogen"[5] wirkende Fischerhaus. Den Morgen kündigt hier jedoch kein Hahn, sondern ein „Rohrsänger" mit seinem „spröden Morgenruf"[6] an und nicht die Wachtel besingt die mittäglichen Stunden, sondern das „tödliche Schnarren der Grauammer".[7] Trotzdem bleiben unübersehbare Parallelen zwischen den beiden Texten unterschiedlicher Gattung bestehen, die einen gemeinsamen Entstehungszeitraum wahrscheinlich werden lassen.[8] Referieren

---

[2] Wolfdietrich Schnurre: *Interregnum*, in: Ders.: *Kassiber und Neue Gedichte*, München 1979, S. 127.

[3] Wolfdietrich Schnurre: *Ein Leben*, in: Ders.: *Funke im Reisig. Erzählungen*, Olten, Freiburg 1963, S. 9–39.

[4] Ebd., S. 34.

[5] Ebd.

[6] Ebd., S. 33.

[7] Ebd.

[8] Dafür spricht auch eine andere Textstelle in *Ein Leben*. Eine der erzählten Episoden beginnt mit genau jener Formulierung, die auch als Auftakt für *Interregnum* fungiert, nämlich: „Das war die Zeit". Ebd., S. 26. Überhaupt ähneln sich Prosatext und Gedicht hinsichtlich ihres Aufbaus; es liegt jeweils ein chronologischer Verlauf zugrunde, der im Prosatext stärker als eine tatsächliche zeitliche Abfolge über Jahre angeordnet, im Gedicht verdichtet ist zu einem Nacheinander von Wahrnehmungen, die etwa einen Tag umfassen.

beide Texte aber auf den gleichen (auto-)biographischen Moment? Eine vorläufige Antwort liefert die Textversion von *Ein Leben*, die sich in der Sammlung *Erzählungen 1945–1965* findet und sich von der Erstveröffentlichung teils erheblich unterscheidet.[9] Der zentrale Unterschied in der Textgestalt: Alle Episoden werden durch spezifische Titel eingeleitet. Die hier diskutierte Episode trägt den Titel „Westpreußen". Wieso also wählt Schnurre einmal als Überschrift für das betreffende Unterkapitel „Westpreußen", wodurch das Erzählte realgeographisch eingeordnet wird, einmal jedoch das wohl nur wenigen Leserinnen und Lesern geläufige, etwas sperrige Wort „Interregnum" für sein Gedicht? Und: Was geschieht durch diese unterschiedliche Betitelung hinsichtlich der Bedeutungsdimension der entsprechenden Texte?

Eine abschließende Antwort auf diese Fragen kann hier nicht formuliert werden, eine für die folgende Untersuchung fruchtbare Lesart hingegen schon. Schnurre, der 1920 in Frankfurt am Main geboren wurde, zog gemeinsam mit seinem Vater, dem Ornithologen und Bibliothekar Otto Schnurre, 1928 nach Berlin, wo der Vater eine Stelle an der Berliner Stadtbibliothek antrat.[10] Otto Schnurres ornithologische Forschungen, die besonders den Greifvögeln galten, führten ihn unter anderen in die Grenzmark Posen-Westpreußen,[11] kurz Grenzmark, die 1922 im Zuge der nach dem Ersten Weltkrieg initiierten territorialen Umstrukturierungen in Preußen und Polen entstanden war. In seinem opulenten Aufzeichnungsband *Der Schattenfotograf* erzählt Schnurre unter anderem von den Ausflügen, die er gemeinsam mit seinem Vater in diese Region unternommen hat, sowie von den Besuchen des Ritterguts Stibbe bei Schneidemühl, dem heutigen Piła, ebenfalls in der ehemaligen Grenzmark gelegen.[12] Die „Westpreußen"-Episode in *Ein Leben* ist also biographisch verortbar. Festhalten lässt sich: Kapitelüberschrift, Textintention (schlaglichtartiges Hervorheben einiger früher Lebensabschnitte) sowie biographische Re-

---

[9] Wolfdietrich Schnurre: *Ein Leben*, in: Ders.: *Erzählungen 1945–1965*, München 1977, S. 245–265.

[10] Vgl. u.a. Wolfdietrich Schnurre: *Der Schattenfotograf. Aufzeichnungen*, Darmstadt 1979, S. 494f.

[11] Vgl. Wolfgang Baumgart: *Erinnerungen an Dr. Otto Schnurre – einen Pionier der modernen Greifvogelforschung*, in: *Greifvögel und Falknerei. Jahrbuch des Deutschen Falkenordens*, Melsungen 2015, S. 179–190, hier S. 183.

[12] Vgl. Schnurre: *Der Schattenfotograf*, a.a.O., S. 107, 109, 258, 415, 498f.

konstruktion lassen sich in Einklang bringen. Wie steht es diesbezüglich um das Gedicht mit seinem eigenartigen Titel?

Hilfreich ist hier der Blick auf eines der Textelemente, die zwar im Gedicht, nicht jedoch im Prosatext Erwähnung finden. Gemeint ist in diesem Falle das landwirtschaftliche Setting, das in der erotischen Voyeursszene der letzten Strophe sichtbar wird. Melker, Magd und die zu fütternden Schweine konturieren eine bäuerliche Szenerie, die eine von Menschen besiedelte Welt jenseits der einsamen Fischerhütte greifbar macht, mit der die lyrische Sprechinstanz jedoch nur wenig zu tun hat. Die Abwesenheit sozialer Ansprüche beziehungsweise die gesellschaftliche Losgelöstheit, durch die sich die erinnerte Zeit auszuzeichnen scheint, zeigt sich etwa in der alleinigen Konzentration auf Klänge und optische Eindrücke der (Avi-)Fauna. Weiter oben wurde dieser besondere Zustand bereits mit dem Titel in Verbindung gebracht, die Sprechinstanz befindet sich augenscheinlich in einer Art Zwischenwelt, eben einem Inter-Regnum. Welche Zeit war das nun, auf die der lyrische Text scheinbar konkret in der deiktischen Wendung „*Das* war die Zeit" verweist? Das bereits erwähnte bäuerliche Setting liefert, in Verbindung mit dem Titel des Gedichts, hierauf eine durchaus schlüssige Antwort: Die Rede ist von der Zeit unmittelbar nach Kriegsende, 1945. Schnurre, der von 1939 an Soldat der deutschen Wehrmacht gewesen war, lebte nach Kriegsende einige Monate auf einem Bauernhof in Westfalen bei Paderborn, wo seine erste Frau mit dem gemeinsamen Sohn untergekommen war.[13] Nach den langjährigen Kriegserfahrungen mochte dieser Ort tatsächlich wie eine Art Zwischenwelt anmuten, wo man zunächst freigestellt war, bevor es Schnurre zurück in das zwar großflächig zerstörte, aber in kultureller Hinsicht schon bald nach Kriegsende wieder auffallend vitale Berlin zog.

Schnurre nutzt also in den zwei Texten jeweils ähnliche naturästhetische Elemente, um zwei völlig verschiedene autobiographische Zeitpunkte zu gestalten. Den entscheidenden Hinweis zur Einordnung des Gedichts liefert letztlich dessen Titel, mittels dem Schnurre ein Schlagwort jener Zeit aufgreift, die in der hier vorgeschlagenen Lesart den historischen Kontext bildet, nämlich die Jahre zwischen 1945 und 1949. Jene Jahre nach Ende des Zweiten Weltkriegs also, in denen die politischen Geschicke Deutschlands zu großen Teilen von einer alliierten

---

[13] Vgl. Schnurre: *Der Schattenfotograf*, a.a.O., S. 60, 64, 80f., 297, 335f.

Militärregierung, bestehend aus den USA, Großbritannien, Frankreich und der UdSSR, gelenkt wurden. Diese wenigen Jahre bilden ein gesellschaftspolitisches Scharnier zwischen den zwölf Jahren des nationalsozialistischen Regimes mit seiner totalitären, führerzentrierten und gewaltbasierten Herrschaftsform, und der anvisierten (Re-)Demokratisierung Deutschlands unter zuletzt verschiedenen ökonomischen wie (welt-)politischen Vorzeichen. Eine Übergangszeit, in der dieser Wechsel, der gleichermaßen die politisch-institutionelle wie die gesellschaftlich-kulturelle Ebene umfassen sollte, bewerkstelligt werden musste. Ein deutsches Interregnum.

1.2 InBetween – Zum Leitbegriff ‚Interregnum'

Schnurre greift, so viel darf vermutet werden, mit Bedacht auf den Begriff ‚Interregnum' zurück, um sein Gedicht zu betiteln. Er ist ein deutlicher Fingerzeig, wie der lyrische Text historisch gelesen werden sollte – denn auf die Rede von einem Interregnum, in dem sich Deutschland nach Kriegsende befände, wurde von Zeitgenossinnen und -genossen zwischen 1945 und 1949 vielfältig zurückgegriffen. Insofern ist das Gedicht auch und gerade eine lyrische Vergegenwärtigung eines geschichtlichen Datums. Der Terminus ‚Interregnum' und damit verbundene Begriffe wie ‚Zwischenzeit' oder ‚Zwischenreich' fungierten als Kategorie der historischen Selbstbeschreibung und dienten zur Einordnung der erlebten Gegenwart in einen größeren Zusammenhang: Mit der Niederlage des faschistischen Deutschlands und dessen bedingungsloser Kapitulation sei das Land, so der Gedanke, in einen Schwebezustand geraten. Die alte Ordnung liege hinter einem, eine neue Ordnung hingegen sei noch nicht vorhanden. Es galt nun, von einem politischen System in ein anderes zu gelangen, und es versteht sich von selbst, dass dieser Wechsel kein plötzlicher sein konnte, sondern seine eigene Transformations- und Transitionslogik mit sich brachte. Das grundsätzliche Problem, das sich hinter dem Leitbegriff ‚Interregnum' verbirgt, fasst der Verleger Klaus Wagenbach in einer autobiographischen Retrospektive wie folgt zusammen:

> Was geschieht eigentlich, wenn ein Staat verschwindet und ein neuer noch nicht in Sicht ist? Es entsteht – große Lehre für einen jungen Anarchisten – ein lebensgefährliches Loch. Jeder konnte sich mit herumliegenden Stempeln oder entgegenkommenden Standesbeamten einen neuen Namen oder eine neue Biographie zulegen (wovon auch viele Nazis Gebrauch machten), Tausende von Flüchtlingen hatten weder Nahrung noch Unterkunft, Herz- oder Zuckerkranke starben. Also mußte alles schnell gehen. In den einzelnen Orten bildeten sich spontan antifaschistische Komitees, zumeist ältere Kommunisten, Sozialdemokraten oder Zentrumsleute. Die rief mein Vater zusammen, diskutierte eine halbe oder höchstens eine Stunde mit ihnen, bestimmte den Bürgermeister und eilte in den nächsten Ort. In wenigen Tagen gab es wieder eine notdürftige Verwaltung.[14]

Jenseits der autobiographischen Erfahrungen, die Wagenbach schildert, spielt das Zitat auf eine Denkfigur an, der in der vorliegenden Arbeit nachgegangen werden soll. Gemeint ist die Denkfigur des Dazwischen, die unmittelbar mit dem Leitbegriff dieser Untersuchung verknüpft ist und oft – wenn auch beileibe nicht ausschließlich – die konkrete politische Konstellation in Deutschland nach Beendigung der Kriegshandlungen versinnbildlicht. Das Interregnum und die damit verbundene Denkfigur beziffern eine spezifische Übergangssituation, eine Phase des Nicht-Mehr und des Noch-Nicht, wie sie in dem Zitat von Wagenbach anklingt, dort historisch konkretisiert als jene Zeit zwischen der Zerstörung des NS-Staates und den Geburten der zwei deutschen Staaten unter weltpolitisch divergierenden Vorzeichen.

Schreibende aller politischer Couleurs und aus den verschiedensten Sozialmilieus griffen auf diese Denkfigur zurück, wobei die Verwendungsweise gleichermaßen hinsichtlich Reichweite und Intention differierte. Sie diente zur Beschreibung allgemeiner, globaler Ablösungs- und Übergangsprozesse ebenso wie spezifischer gesellschaftlicher Veränderungen in Deutschland, sie wurde genutzt, um vermeintlich ausrangierte Geltungs- und Herrschaftsansprüche zu diskreditieren (und eigene Ansprüche zu unterstreichen) und um Orientierung in einer als unübersichtlich empfundenen Gegenwart zu stiften. Wobei die Denkfigur des Dazwischen nicht notwendigerweise nur Momente von Diskontinui-

---

[14] Klaus Wagenbach: *Der entnazifizierte Hund*, in: Ders.: *Die Freiheit des Verlegers. Erinnerungen, Festreden, Seitenhiebe*, 2. Aufl., Berlin 2010, S. 27–29, hier S. 27f.

tät und Umbruch herausstellte, sondern auch als Zeitspanne der Besinnung auf und des Anschließens an vergessene Werte verstanden wurde. Die reichhaltigen publizistischen Äußerungen aus dem Wirkungskreis christlicher Autorinnen und Autoren zeugen hiervon.[15] Der Begriff ‚Interregnum' als Kurzformel für die Denkfigur des Dazwischen ist als Quellensprache Teil der diskursiven Bemühungen zwischen 1945 und 1949 (dem Untersuchungszeitraum dieser Arbeit), die auf nahezu allen Ebenen des gesellschaftlichen Lebens anzutreffenden Veränderungen einzuordnen und zu klassifizieren. In ihr verschmelzen biographische Erfahrungen, historische Analysen sowie gesellschaftspolitische Erwartungen und Hoffnungen; sie ist gleichsam deren Sediment. Ihren vielfältigen Formen, Semantiken, Figuren, Verwendungskontexten, Motiven und Bildern in publizistischen wie – und dies vor allem – literarischen Texten nachzugehen, ist Aufgabe dieser Untersuchung.

Mit Bezug zur historischen Situation nach Beendigung der Kriegshandlungen in Deutschland im Mai 1945 und den sich anschließenden politischen wie gesellschaftlichen Umstrukturierungsmaßnahmen der alliierten Besatzungsmächte meint ‚Interregnum' also den eigenständigen Abschnitt zwischen zwei grundverschiedenen Ordnungssystemen. Es wird hier zudem ersichtlich, dass mit der Formel vom Interregnum gleichermaßen Transition (Übergang) und Transformation (Veränderung) aufgerufen werden; es geht um bewusste, zielgerichtete Umstrukturierungen, die sich – grob gesprochen – im Wandel vom nazistischen Führerstaat hin zu einem demokratischen Staatswesen unter marktkapitalistischer beziehungsweise realsozialistischer Perspektive zeitigen. In dieser Übergangsperiode geht es gleichermaßen um Prozesse des Loslösens wie um Prozesse des Vorbereitens und Annäherns. Das Interregnum ist nicht lediglich die Vorstufe eines neuen Zustands (der so neu häufig nicht ist), sondern bezeichnet eine Phase mit eigener Handlungslogik. Diese Aspekte sind bereits der Geschichte des Begriffs eingeschrieben.

---

[15] Vgl. Karl Esselborn: *Neubeginn als Programm*, in: *Literatur in der Bundesrepublik Deutschland bis* 1967, hg. von Ludwig Fischer, München 1986, S. 230–243, hier S. 230–233. Vgl. außerdem Axel Schildt: *Deutschlands Platz in einem ‚christlichen Abendland'. Konservative Publizisten aus dem Tat-Kreis in der Kriegs- und Nachkriegszeit*, in: *Deutschland nach Hitler. Zukunftspläne im Exil und aus der Besatzungszeit 1939–1949*, hg. von Thomas Koebner/Gert Sautermeister/Sigrid Schneider, Opladen 1987, S. 344–369.

Seinen historischen Ort hat der Terminus ‚Interregnum' in der römischen Rechtstradition[16] und bezeichnet dort jenen zeitlichen Abschnitt zwischen dem Tod eines souveränen Herrschers und der Inthronisierung seines Nachfolgers. Es entsteht ein kurzes Vakuum, das einen Riss im Kontinuum politischer, juristischer wie sozialer Ordnung offenlegt und als solcher auch erfahrbar ist, weil er einhergeht mit der temporären Aussetzung geltenden Rechts.[17] „Times of interregnum are thus times of uncertainty", merkt der Soziologe Zygmunt Bauman an und diese Unsicherheit ist schon der Grundproblematik der römischen Rechtsordnung eigen, geht es doch darum, den Übergang ohne ein Abdriften ins Chaos oder ungewollte *regime changes* zu bewerkstelligen. Das Aus- und Wiedereinsetzen der souveränen Macht wurde deswegen eingefasst in eine diesen Übergang besänftigende und ordnende Phase eines Ausnahmezustands (*iustitium*), in dem das Recht zwar suspendiert war, gerade dadurch aber seine Restitution sichergestellt werden sollte.[18] Zwar verschliff sich die Logik dieses Ausnahmezustandes mit der Zeit und sublimierte sich zu einer rein rituellen Zeremonie, mittels derer lediglich der Tod des Souveräns öffentlich betrauert wurde, um danach die Tagesgeschäfte wieder aufzunehmen;[19] was aber blieb, ist die Markierung des Interregnums als Transitionsphase, die einen Bedarf an Übergangsstrategien offenlegt – nicht zuletzt deswegen, weil sich das Potential des Interregnums als chaotisches sowie revolutionäres Moment nicht endgültig domestizieren lässt.

Unabhängig von den römischen Quellen greifen Historiker verschiedener Provenienzen auf den Terminus ‚Interregnum' zurück, wenn sie

---

[16] Vgl. Patrick Dove: *Literature and „Interregnum". Globalization, War, and the Crisis of Sovereignty in Latin America*, Albany 2016, S. 8f. sowie Philippe Theophanidis: *Interregnum as a Legal and Political Concept: A Brief Contextual Survey*, in: *Synthesis: an Anglophone Journal of Comparative Literary Studies* 8 (2016), S. 109–124.

[17] Vgl. Zygmunt Bauman: *Times of Interregnum*, in: *Ethics & Global Politics* 5 (2012), S. 49–56, hier S. 49. Eine kürzere Version des Texts findet sich in Zygmunt Bauman: *44 Letters from the Liquid Modern World*, Cambridge 2010, S. 119–122.

[18] Vgl. Giorgio Agamben: *Ausnahmezustand*, Berlin 2014, S. 52–63 sowie 94.

[19] Vgl. Dove: *Literature and „Interregnum"*, a.a.O., S. 9 sowie Agamben: *Ausnahmezustand*, a.a.O., S. 78–87.

Zeitabschnitte benennen wollen, in denen es zu politischen und/oder juristischen Ausnahmezuständen und Übergangsphasen gekommen ist.[20] Es finden sich dementsprechend Interregna etwa in der chinesischen,[21] der mittelalterlichen,[22] der islamischen[23] und eben in der deutschen Geschichte – weitere Beispiele ließen sich anführen. Jenseits der Konstanz, mit welcher der Begriff ‚Interregnum' zur Kennzeichnung historischer Übergangsphänomene aller Art Verwendung findet, erfreut er sich als Analysebegriff der Gegenwartsdiagnostik vor allem bei Denkerinnen und Denkern der politischen Linken seit jeher, insbesondere aber während der letzten Jahre anhaltender Beliebtheit.

Als theoretischer Stichwortgeber fungiert hierbei der italienische Philosoph und kommunistische Politiker Antonio Gramsci, der in seinen Gefängnisheften, die während seiner Inhaftierung zwischen 1929 und 1935 entstanden sind, eine Konzeptualisierung und Reformulierung bietet, die für das Nachdenken über das Phänomen des Interregnums von nachhaltiger Bedeutung war. In einem Eintrag, der auf das Jahr 1930 datiert und Teil des „Vergangenheit und Gegenwart" betitelten Abschnitts ist, skizziert Gramsci sein Verständnis von Interregnum, ohne dabei explizit auf die römische Rechtstradition zu sprechen zu kommen: „Die Krise besteht gerade in der Tatsache, dass das Alte stirbt und das Neue nicht zur Welt kommen kann: in diesem Interregnum kommt es zu den

---

[20] Dahinter steht eine Entwicklung der Verwendungsweise des Interregnums-Begriffs selbst: „Thus later, during the sixteenth century in Europe, the term interregnum acquired a broader meaning, designating a breach of continuity in the normal executive reign of a sovereign power: the paradigm of the empty throne. It is commonly used, for example, to designate the period between the reigns of Charles I and Charles II in England." Theophanidis: *Interregnum as a Legal and Political Concept*, a.a.O., S. 110.

[21] Vgl. Hugh R. Clark: *China during the Tang-Song interregnum, 878–978. New Approaches to the Southern Kingdoms*, London 2022.

[22] Wobei der Terminus mit Blick auf das Heilige Römische Reich vor allem die Zeit zwischen 1245 und 1273 meint. Vgl. Martin Kaufhold: *Interregnum*, 2., bibliographisch ergänzte Aufl., Darmstadt 2007. Vgl. außerdem Norbert Kersken/Stefan Tebruck (Hgg.): *Interregna im mittelalterlichen Europa. Konkurrierende Kräfte in politischen Zwischenräumen*, Marburg 2020.

[23] Vgl. Glen W. Bowersock: *Die Wiege des Islam. Mohammed, der Koran und die antiken Kulturen*, München 2019.

unterschiedlichsten Krankheitserscheinungen."²⁴ Gramscis Konzeptualisierung des Interregnums löst dieses zu einem gewissen Teil aus seinen historischen Konturen heraus, und zwar insofern, als es nun nicht mehr das Moment routinierter (weil institutionalisierter) Machttransfers meint, sondern eine Krisenerfahrung bezeichnet. Vor dem Hintergrund einer von Gramsci diagnostizierten Krise der Repräsentation, in der die zentralen, hegemonialen Codes und Leitvorstellungen politischer Macht nicht mehr verfangen, identifiziert er das Interregnum mit dem Problem politischer Souveränität. Seiner Gegenwart attestiert er, dass in ihr politische Macht nicht mehr auf Autorität (*auctoritas*), sondern nur mehr auf exekutiver Gewalt (*potestas*) basiere; nur durch sie ließe sich politische Herrschaft überhaupt noch aufrechterhalten.²⁵ Da der Übergang in einen neuen Zustand politischer Stabilität in dieser Konzeption fragwürdig geworden ist, geht diese Perspektivierung des Interregnums einher mit einer prinzipiellen Offenheit und Kontingenz, die eine Phalanx gesellschaftlicher Verwerfungen mit sich bringt (Gramscis „Krankheitserscheinungen"²⁶). Das Interregnum rückt somit in den Fokus als „the destruction of one framework and a pause before a new system emerges"²⁷ – und genau darin artikuliert sich die anhaltende Faszination für diese Denkfigur, vor allem aber für Gramscis paradigmatische Formulierung vom Interregnum als Zustand, in dem das Alte gestorben sei und das Neue (noch) nicht zur Welt kommen könne.

---

[24] Antonio Gramsci: *Gefängnishefte*, hg. von Klaus Bochmann/Wolfgang Fritz Haug, Bd. 2: *Hefte 2–3*, Hamburg 1991, S. 354 (H. 3, §34).

[25] Vgl. Dove: *Literature and „Interregnum"*, a.a.O., S. 9 sowie Theophanidis: *Interregnum as a Legal and Political Concept*, a.a.O., S. 111f. Diesen Zustand bringt Bauman mit Lenins Idee einer revolutionären Situation in Verbindung, in denen die Herrschenden nicht mehr herrschten und die Beherrschten nicht mehr beherrscht werden wollten. Vgl. Bauman: *Times of Interregnum*, a.a.O., S. 49.

[26] Gramsci verweist auf einen umfassenden „Skeptizismus gegenüber allen allgemeinen Theorien und Formeln", der einhergeht mit einer ausschließlichen Konzentration auf das Ökonomische und die „in ihrer unmittelbaren Manifestation zynische" Politik. Gramsci: *Gefängnishefte*, a.a.O., S. 355.

[27] Tara Brabazon/Steve Redhead/Runyararo S. Chivaura: *Trump Studies. An Intellectual Guide to Why Citizens Vote Against Their Interests*, Bingley 2019, S. 71. Die Autoren und Autorinnen greifen ihrerseits auf das Konzept Interregnum zurück.

Soziologen, Historiker und Philosophen wie Giorgio Agamben, Zygmunt Bauman, Carlo Bordoni,[28] Roger Griffin,[29] Étienne Balibar[30] und Wolfgang Streeck[31] greifen auf dieses von Gramsci entwickelte Verständnis von Interregnum zurück, um auf verschiedenen Ebenen aktuelle wie historische Ausformungen jener pathologischen Symptome zu identifizieren und zu diskutieren, die mit diesem Zustand des Dazwischen einhergehen. Je nach Textintention versehen die genannten Autoren ihre Diagnosen zusätzlich mit Lösungsvorschlägen, mittels derer ein Weg aus dem Interregnum ermöglicht werden soll. Im Zentrum ihrer Analysen stehen zumeist Verhältnisbestimmungen zwischen Nationalstaat, Neoliberalismus, finanzwirtschaftlichen Regimes (Joseph Vogls „monetärer Gewalt"[32]) und politischen Repräsentations- und Partizipationsmodellen, wobei beispielsweise die seit spätestens 2015 manifeste Zunahme rechtspopulistischer Bewegungen (und Wahlerfolge) unter die Liste der Krankheitssymptome der postmodernen Gegenwart gerechnet werden. Ohne hier weiter ins Detail gehen zu können, lässt sich festhalten: Die Lesart des Interregnums als „Große Krise" scheint sich etabliert zu haben.[33] Dass sich zudem noch weitere Beispiele[34] bis hin zu theorieaffinen Graswur-

---

[28] Vgl. Carlo Bordoni: *Interregnum. Beyond Liquid Modernity*, Bielefeld 2016.

[29] Vgl. Roger Griffin: *Interregnum or Endgame? The radical right in the 'post-fascist' era*, in: *Journal of Political Ideologies* 5 (2000), S. 163–178. Griffins historische Analyse zeigt, dass das Interregnum als Konzept sich nicht auf die politische Linke reduzieren lässt.

[30] Étienne Balibar: Out of the interregnum, in: *opendemocracy*, 16.05.2013, https://www.opendemocracy.net/ (letzter Zugriff 09.01.2024).

[31] Vgl. v. a. Wolfgang Streeck: *The Post-Capitalist Interregnum. The Old System Is Dying, But a New Social Order Cannot Yet Be Born*, in: *Juncture* 23 (2016), S. 68–77 sowie Wolfgang Streeck: *Die Wiederkehr der Verdrängten als Anfang vom Ende des neoliberalen Kapitalismus*, in: *Die große Regression. Eine internationale Debatte über die geistige Situation der Zeit*, hg. von Heinrich Geiselberger, Berlin 2017, S. 253–273.

[32] So der Titel des ersten Kapitels in Joseph Vogl: *Kapital und Ressentiment. Eine kurze Theorie der Gegenwart*, München 2021.

[33] Vgl. Frank Deppe: Interregnum. Große Krisen im Vergleich, in: literaturkritik.de, Nr. 12, Dezember 2011, Schwerpunkt: Kapitalismus. Essays, https://literaturkritik.de/ (letzter Zugriff 09.01.2024).

[34] Vgl. u.a. Ingar Solty: Interregnum der Protestbewegungen, in: Luxemburg. Gesellschaftsanalyse und linke Praxis, Januar 2012, https://zeitschrift-

zelinitiativen[35] anführen ließen, die ihrerseits auf das Interregnum zurückgreifen, demonstriert die gegenwärtige Relevanz des Konzepts sowie die Faszination für die Denkfigur des Dazwischen.[36]

Das Interregnum ist also ein historischer Moment notwendig gewordenen sozialen Wandels, der sich durch einen doppelten Kontrast auszeichnet: Er unterscheidet sich gleichermaßen von dem Zustand, auf den er folgt, wie von dem Zustand, dem er vorausgeht. Zugleich ist dieses Dazwischen aber nicht allein durch die sich auflösende oder bereits vollends zerstörte Matrix der alten Ordnung gekennzeichnet, sondern auch durch eine besondere Offenheit hinsichtlich des Kommenden, der Zukunft.[37] Interregna sind paradigmatische Erfahrungsräume der Kontingenz. Gerade weil sie einen Bruch mit dem *status quo* markieren, verweisen sie auf den Herstellungscharakter sozialer Ordnung und eröffnen einen Möglichkeitshorizont, der sich dezidiert von den Erfahrungsreservoirs vergangener Zeiten unterscheidet. Es kann daher nicht verwundern, dass ein so verstandenes gesellschaftliches Moment des Dazwischen geprägt ist von konfligierenden Deutungen und Narrativen des

---

luxemburg.de (letzter Zugriff 09.01.2024); Mario Candeias: *Interregnum. Molekulare Verdichtung und organische Krise*, in: *VielfachKrise. Im finanzdominierten Kapitalismus*, hg. von Alex Demirović u.a., Hamburg 2011, S. 45–61.

[35] Etwa das in Glasgow beheimatete „independent radical collective" Interregnum. Vgl. https://interregnum.live/ (letzter Zugriff 09.01.2024).

[36] Das hängt auch mit der Hochkonjunktur des Begriffs der Transformation zusammen, der – historisch neutraler als die politischen Pathosbegriffe Revolution und Reform und unbelastet von deren ideologischen Grabenkämpfen – ebenfalls von der Annahme ausgeht, dass (nicht zuletzt vor dem Hintergrund der sich anbahnenden Klimakatastrophe) Wege aus einem alten, nicht mehr funktionierenden politischen wie ökonomischen System in ein neues System gefunden werden müssen. Vgl. u.a. Michael Brie (Hg.): *Mit Realutopien den Kapitalismus transformieren? Beiträge zur kritischen Transformationsforschung 2*, Hamburg 2015; Uwe Schneidewind: *Die Große Transformation. Eine Einführung in die Kunst gesellschaftlichen Wandels*, Frankfurt a. M. 2018.

[37] Streeck: *Die Wiederkehr der Verdrängten als Anfang vom Ende des neoliberalen Kapitalismus*, a.a.O., S. 265: „Wie die neue, erst noch hervorzubringende Ordnung aussehen wird, ist, was im Wesen eines Interregnums liegt, ungewiss."

Vergangenen und des Zukünftigen. Das Alte und das Neue stehen im Interregnum in einem produktiven Spannungsverhältnis, das geprägt sein kann von Unsicherheit und Desorientierung, jedoch auch durch „the extraordinary and unique opportunity to choose what shape to give our future".[38] Als Verbindung zwischen zwei Ordnungssystemen fungiert das Interregnum als Schwellenraum, in dem sich die „Schichten der Kategorie Möglichkeit"[39] ausloten lassen und die Fragen nach dem Wie und Was des Neuen zentrale Bedeutung erhalten. So verstanden, äußert sich in diesem Dazwischen eine wesentlich politische Dimension, geht es doch um die (wie auch immer gestaltete) Aushandlung einer verbindlichen Form des Kontingenten.

Die liminale Signatur des Interregnums (von lat. *limen* = Schwelle[40]), die Parallelität von Loslösung aus alten Bindungen und Offenheit hinsichtlich des Kommenden, ist also wesentliches Merkmal jenes Wandels „des Systemtyps gesellschaftlicher Ordnung",[41] für den die historische Übergangszeit zwischen 1945 und 1949 steht. Das Bewusstsein für die „extreme Kontingenz des historischen Augenblicks",[42] das der Politikwissenschaftler Michael Th. Greven mit Blick auf die politische Publizistik der unmittelbaren Nachkriegszeit konstatierte, gehört gleichermaßen fest zu den Erfahrungs- und Textwelten des deutschen In-

---

[38] Bordoni: *Interregnum*, a.a.O., S. 14.
[39] Ernst Bloch: *Das Prinzip Hoffnung*, Bd. 1, 3. Aufl., Frankfurt a. M. 1976, S. 258.
[40] Als zumeist positiv konnotierte Kategorie hat das Dazwischen auch und gerade in den Kulturwissenschaften Hochkonjunktur, etwa bei Homi Bhabha, wo das Dazwischen als Ort der Kreativität und Hybridität fungiert. Vgl. Hombi Bhabha: *Die Verortung der Kultur*, Tübingen 2000.
[41] Uta Gernhardt: *Soziologie der Stunde Null. Zur Gesellschaftskonzeption des amerikanischen Besatzungsregimes in Deutschland 1944–1945/46*, Frankfurt a. M. 2005, S. 15.
[42] Michael Th. Greven: *Politisches Denken in Deutschland nach 1945. Erfahrungen und Umgang mit der Kontingenz in der unmittelbaren Nachkriegszeit*, Opladen 2007, S. 9. Grevens Einschätzung, dass es sich bei der unmittelbaren Nachkriegszeit um eine „genuin politische Situation mit der Chance zur politischen Neugestaltung" gehandelt habe (ebd.), findet sich dergestalt auch in Aleida Assmann/Ute Frevert: *Geschichtsvergessenheit. Geschichtsversessenheit. Vom Umgang mit deutschen Vergangenheiten nach 1945*, Stuttgart 1999, S. 34.

terregnums. Wie realistisch die zeitgenössischen Einschätzungen bezüglich dieser Offenheit und der tatsächlich damit verbundenen politischen Spielräume waren, ob diese sich aus der sicheren Distanz historischer Übersicht als naiv, überspannt oder abwegig erwiesen, soll hier zugunsten einer kritischen, aber nicht abschließend bewertenden Sichtung der Diskursmasse hintangestellt werden. Es ist gleichermaßen wohlfeil und analytisch dürftig (wenn auch als Akt der Enttäuschung bisweilen nachvollziehbar), wenn etwa Erich Kuby in seinem Buch *Aus schöner Zeit. Vom Carepaket zur Nachrüstung: der kurze deutsche Urlaub* schreibt, auch er sei damals dem „von vielen geteilten Irrtum aufgesessen […], die unmittelbare Nachkriegszeit für eine offene Situation zu halten, wenn auch nie für eine ‚Stunde Null'."[43] Es sei nachgerade „Wahn" gewesen anzunehmen, „uns werde erlaubt, ein neues Deutschland von unten nach oben zu bauen. Der Traum von der Voraussetzungslosigkeit wurde von vielen geträumt, und voraussetzungslos war ich."[44] Das Bild vom Urlaub von der deutschen Geschichte – seinerseits eine Ausformung der Denkfigur des Dazwischen – nutzt Kuby zur Konturierung einer alles in allem pessimistischen Perspektive auf die deutsche Nachkriegsgeschichte. Das Interregnum sei gerade keine Wandlungsphase gewesen; im „Kern" seien die Deutschen über die Erfahrung von Diktatur, Besatzung, „verordneter Demokratie"[45] sowie Wirtschaftswunder hinweg unverändert geblieben. Damit schließt Kuby an jene Stimmen an, die bereits früh vor dem Hintergrund von Schuldverdrängung, personeller Kontinuität teils hochgradig belasteter NS-Funktionäre, Wiederbewaffnung und einem generell attestierten autoritärem Charakter die Zeit ab 1949 als Restauration begriffen.[46] Lediglich eine kurze Unterbrechung liege mit jener als „schön" bezeichneten Zeit zwischen „Carepaket und Nachrüstung" vor, bevor die deutsche Geschichte wieder auf Linie gebracht worden sei. Damit verbleibt aber auch Kubys Deutung innerhalb der Koordinaten der Kategorie Interregnum, begreift doch auch er die erwähnte Zeit als kurzen, aber eben (vermeintlich) folgenlosen Riss in einem heillosen Kontinuum deutscher

---

[43] Erich Kuby: *Aus schöner Zeit. Vom Carepaket zur Nachrüstung: der kurze deutsche Urlaub*, Hamburg 1984, S. 12.
[44] Ebd., S. 17.
[45] Ebd., S. 9. Dort auch das vorherige Zitat.
[46] Vgl. stellvertretend Ernst-Ulrich Huster u.a.: *Determinanten der westdeutschen Restauration 1945–1949*, Frankfurt a. M. 1972.

Geschichte. Angesichts der „normativen Kraft des Faktischen", die eine spätere Gegenwart kennzeichnet, auf die Naivität vergangener Überlegungen zu schließen, ist aber, wie erwähnt, wohlfeil. „Alles hatte seine Logik", schreibt Dieter Wellershoff ungefähr zur gleichen Zeit wie Kuby, „und sieht aus der Ferne [...] fast aus wie Natur". Die Einsicht in das Faktische aber segne dieses ab und

> läßt die verlorenen Möglichkeiten aus dem Bewußtsein verschwinden. Geschichte, das ist auch die vereinfachte Vergangenheit, die so aussieht, als habe es damals nur eine Zukunft gegeben, nicht die alternativen Zukünfte der unbegangenen Wege, die nun freilich verschlossen sind.[47]

Die Kategorie Interregnum und mit ihr die Denkfigur des Dazwischen sind nicht zuletzt Reservate jener „alternativen Zukünfte" – und die Literatur deren kultureller Speicher.[48]

1.3 Zwischen Zusammenbruchsgesellschaft und Systemtransformation – Historische Konturen

Konnte Aleida Assmann 1999 noch mit Blick auf das Jahr 1945 von einem „blinde[n] Fleck der deutschen Erinnerungsgeschichte"[49] sprechen, so muss man gut 20 Jahre später einen regelrechten Boom hinsichtlich der Auseinandersetzung mit der unmittelbaren Nachkriegszeit konstatieren.[50]

---

[47] Dieter Wellershoff: *Deutschland – ein Schwebezustand*, in: Ders.: *Die Arbeit des Lebens. Autobiographische Texte*, Köln 1985, S. 88–134, hier S. 108. Dort auch die vorherigen Zitate.

[48] So auch Lampart: „Literatur ist von jeher ein Medium, in dem nicht nur Ergebnisse historischer und gesellschaftlicher Entwicklungen abzulesen sind. Ebenso und vielleicht sogar vorrangig konstituiert Literatur einen kulturellen Resonanzraum, in dem sich Alternativen und Kontrafakturen, nicht realisierte Möglichkeiten und Abwege der Geschichte ablagern." Fabian Lampart: *Nachkriegsmoderne. Transformationen der deutschsprachigen Lyrik 1945–1960*, Berlin 2013, S. 2.

[49] Assmann/Frevert: *Geschichtsvergessenheit. Geschichtsversessenheit*, a.a.O., S. 97.

[50] Das schließt das Jahr 1945 mit ein, dem etwa Theo Sommer ein Buch gewidmet hat (*1945. Biografie eines Jahres*, Reinbeck 2005).

Dieses erneute Interesse an einem vermeintlich bereits abgehandelten und historisch ‚bewältigten' Abschnitt der deutschen Geschichte hat viele publizistische Gesichter und ist bei Weitem nicht auf universitäre Areale beschränkt – mitunter ist geradezu das Gegenteil der Fall.[51] Anhaltenden Erfolg etwa hatten und haben die interviewbasierten Bücher von Sabine Bode, in denen auf Basis der Erfahrungen von Kriegskindern, Nachkriegskindern und Kriegsenkeln die deutsche Nachkriegspsyche vermessen wird[52] – ein Texttyp, der Nachahmer vor allem in Form familieninterner Bestandsaufnahmen gefunden hat.[53] Dabei wird immer wieder auf die Besatzungszeit als historischem Ort der sozialpsychologischen Formung verwiesen; Hunger, Schuldverdrängung, die Erfahrung einer vollumfänglichen militärischen Niederlage, die Millionen Menschen, die aus den

---

[51] In gewisser Hinsicht flankiert dieser Befund jenen von Bernd Hüppauf, der – entgegen der Rede vom blinden Fleck durch Aleida Assmann – bereits 1981 schrieb: „Die unmittelbare Nachkriegsgeschichte ist in den letzten Jahren populär geworden, und in der Zeitgeschichte wie in der Literaturwissenschaft gibt es seit dem Ende der sechziger Jahre eine wachsende Zahl an Publikationen." Bernd Hüppauf: *Einleitung: Schwierigkeiten mit der Nachkriegszeit*, in: *„Die Mühen der Ebenen." Kontinuität und Wandel in der deutschen Literatur und Gesellschaft 1945–1949*, hg. v. ders., Heidelberg 1981, S. 7–20, hier S. 8.

[52] Sabine Bode: *Die vergessene Generation. Die Kriegskinder brechen ihr Schweigen*, Stuttgart 2004; Dies.: *Kriegsenkel. Die Erben der vergessenen Generation*, Stuttgart 2009; Dies.: *Nachkriegskinder. Die 1950er Jahrgänge und ihre Soldatenväter*, Stuttgart 2011. Die einzelnen Bücher erreichten v.a. als Taschenbuchausgaben hohe Auflagen; 2021 liegt *Die vergessene Generation* in der 39. Auflage vor.

[53] Vgl. Sebastian Schoepp: *„Seht zu wie ihr zurechtkommt". Abschied von der Kriegsgeneration*, Frankfurt a. M. 2018; Jürgen Wiebike: *Sieben Heringe. Meine Mutter, das Schweigen der Kriegskinder und das Sprechen vor dem Sterben*, Köln 2021 sowie Alexandra Senfft: *Schweigen tut weh: Eine deutsche Familiengeschichte*, Berlin 2007 und Alexandra Senfft: *Der lange Schatten der Täter: Nachkommen stellen sich ihrer NS-Familiengeschichte*, München 2016. Senfft kritisiert gleichermaßen die zu beobachtenden Entschuldungstendenzen innerhalb der erinnerten Familiengeschichten sowie die anhaltende Viktimisierung der deutschen Perspektive, die durch eine psychotherapeutisch motivierte Lesart der deutschen Nachkriegsgeschichte als kollektives Trauma neuen Aufschwung erhalten habe. Vgl. Alexandra Senfft: *Falsche Mythen*, in: *der Freitag*, 07.05.2020.

Ostgebieten des untergegangenen ‚Reichs' in die besetzten Gebiete drängten, sowie die Desavouierung der Herrenmenschen-Kakophonie hätten eine nicht zu unterschätzende Wirkung auf die Deutschen gehabt. Zwei populärhistorische Veröffentlichungen dokumentieren das neue Interesse an dieser Zeit in besonderem Maße, nämlich Harald Jähners prämiertes Buch *Wolfszeit. Deutschland und die Deutschen 1945–1955*[54] sowie Wolfgang Brenners *Zwischen Ende und Anfang. Nachkriegsjahre in Deutschland*,[55] das schon im Titel auf die besondere Topologie des Interregnums anspielt.

Es seien gerade jene Jahre „Zwischen Ende und Anfang" gewesen, so Brenner, die für das Selbstverständnis der Deutschen zentral gewesen seien – ob man dem Fazit, das dieser aus den „Lehren des Interregnums"[56] zieht, folgen mag, ist das eine. Das andere ist die hier exemplarisch formulierte Ansicht, dass es die Erfahrungen in den Jahren zwischen 1945 und 1949 waren, aus denen weite Kreise der deutschen Gesellschaft ihre lebensweltlichen Normen destilliert hätten. Brenner, der vom Interregnum als der „weitgehend im Dunklen"[57] gebliebenen „Kindheits- und Jugendzeit der beiden Deutschlande"[58] spricht, verschränkt in seiner historischen Inventarisierung vor allem die Erfahrung von Scham und materieller Not. Scham angesichts des verlorenen Krieges, besonders aber angesichts eines Lebens unter militärischer Besatzung, das außerdem geprägt ist von einem alles umfassenden Mangel. Besonders die Erfahrung

---

[54] Harald Jähner: *Wolfszeit. Deutschland und die Deutschen 1945–1955*, Hamburg 2019. Das Buch erhielt bei der Buchmesse Leipzig einen Preis in der Kategorie Sachbuch und Essay.

[55] Wolfgang Brenner: *Zwischen Ende und Anfang. Nachkriegsjahre in Deutschland*, München 2016.

[56] Brenner: *Zwischen Ende und Anfang*, a.a.O., S. 365. Brenners Fazit besteht in der nachvollziehbaren Feststellung, dass große Teile der deutschen Bevölkerung durch die Erfahrungen des Interregnums gerade nicht ihr „moralisches oder politisches Urteilsvermögen" auf die Probe gestellt gesehen hätten. Dass die Mangelerfahrungen allerdings die Deutschen „sozial und ökonomisch schmerzunempfindlich und damit erst fähig" gemacht hätten, „den wirtschaftlichen Aufschwung zu schultern", reformuliert lediglich die deutsche Lieblingserzählung vom hart erarbeiteten Aufstieg. Ebd., S. 366.

[57] Ebd., S. 12.

[58] Ebd., S. 13.

von Hunger, die den Deutschen trotz Kriegslast durch die bis 1945 durchaus funktionierende Ausplünderung der besetzten Gebiete erspart geblieben war,[59] prägt das Bild jener Jahre und führte etwa in literarischen Texten der Zeit nachgerade zu Mystifizierungen des Brotes.[60] Paradigmatisch für diese dominante Wahrnehmungsform, die auch weitestgehend Brenner nachzeichnet, steht der von Christoph Kleßmann geprägte Begriff der „Zusammenbruchsgesellschaft",[61] der vor allem die Zerstörung staatlicher Institutionen sowie den Mangel an existentiellen Gütern, Nahrungs- und Heizmittel sowie Wohnraum, akzentuiert und der sich in der Geschichtswissenschaft weitestgehend durchgesetzt hat; groß angelegte Untersuchungen wie etwa jene von Hans-Ulrich Wehler[62] greifen selbstverständlich auf ihn zurück. Der Begriff hat sicherlich auch deswegen eine so nachhaltige Wirkung entfalten können, weil er die Lebensrealität vor allem der städtischen Bevölkerung mitsamt den dazugehörigen, geradezu ikonischen urbanen Trümmerlandschaften sowie das Leid der Ost-Flüchtlingen und ihren Weg in die „kalte Heimat"[63] des ehemals großdeutschen Restterritoriums einzufangen vermochte. Die Zusammenbruchsgesellschaft war in gewisser Hinsicht die logische Konsequenz der totalen Niederlage, die auf den totalen Krieg folgte.[64] Zusammengebrochen waren nicht nur ideologische und staatliche Konstrukte, deren Reste im Zuge der von den Alliierten eingeforderten *unconditional*

---

[59] Vgl. Jähner: *Wolfzeit*, a.a.O., S. 207.
[60] Allen voran ist hier sicherlich Wolfgang Borcherts Kurzgeschichte *Das Brot* zu nennen, aber auch im Hintergrund des Titels der von Wolfgang Weyrauch herausgegebenen berühmten Anthologie *Tausend Gramm* (Reinbeck 1949) steht eine Brot-Geschichte, nämlich jene titelgebende Kurzgeschichte von Herbert Roch.
[61] Christoph Kleßmann: *Die doppelte Staatsgründung. Deutsche Geschichte 1945–1955*, 5. überarb. u. erw. Aufl., Bonn 1991, S. 37.
[62] Vgl. Hans-Ulrich Wehler: *Deutsche Gesellschaftsgeschichte*. Bd. 4: *Vom Beginn des Ersten Weltkriegs bis zur Gründung der beiden deutschen Staaten 1914–1949*, Bonn 2010, S. 951.
[63] Andreas Kossert: *Kalte Heimat. Die Geschichte der deutschen Vertriebenen nach 1945*, Berlin 2008.
[64] Diese ihrerseits kanonische Formulierung findet sich etwa bei Kleßmann: *Die doppelte Staatsgründung*, a.a.O., S. 37; Ulrich Herbert: *Geschichte Deutschlands im 20. Jahrhundert*, München 2014, S. 549; Dierk Hoffmann: *Nachkriegszeit. Deutschland 1945–1949*, Darmstadt 2011, S. 3.

surrender als „staatlich-politische[r] Totalkapitulation"[65] beseitigt wurden; zusammengebrochen waren eben auch weite Teile der öffentlichen Versorgungsstrukturen, was sich spätestens ab dem ersten Nachkriegswinter 1945 bemerkbar machte, um im Folgewinter 1946/1947, der besonders kalt ausfiel, einen Höhepunkt zu erreichen. Der Wegfall der Ost-Gebiete, schlechte Ernten und eine trotz der extrem hohen Verluste an Menschenleben durch den gerade beendeten Krieg größere Bevölkerungszahl und -dichte, die sich durch den Zuzug von Geflüchteten, auf ihre Repatriierung wartende *displaced persons* (ehemalige KZ-Gefangene und Zwangsarbeiter), Kriegsgefangene sowie die Truppenpräsenz der Besatzungsarmeen ergaben, verschärften die Situation.[66] Mangelernährung war vor allem bei Kindern häufig, das Rationieren der Nahrung und das Zählen der Kalorien wurden zur alltäglichen Praxis – ebenso das Schimpfen auf die Lebensmittelmarken.

Die Erfahrung, nach Jahren nationaler Höhenflüge mit weltimperialistischen Ausschlägen und rassistischer Überlegenheitsprosa *en masse* nun auf basale Bedürfnisbefriedigung zurückgeworfen zu werden, prägte die Selbstwahrnehmung der Deutschen als Opfer[67] und schuf ein neues Gleichheitsnarrativ, das sich über die zeitgenössische Wahrnehmung hinaus gehalten hat; nämlich jenes von einer Leidensgemeinschaft. Die Rede von der Zusammenbruchsgesellschaft suggeriert eben auch eine Gleichheit der Deutschen, die es so nie gegeben hat. So vehement das Bild von den hungernden, frierenden, in Trümmern, Verschlägen und Kellern

---

[65] Marie-Luise Recker: *Geschichte der Bundesrepublik Deutschland*, 3. überarb. u. erw. Aufl., München 2009, S. 10. Vgl. auch Hoffmann: *Nachkriegszeit*, a.a.O., S. 3: „Zunächst einmal war alles zusammengebrochen, woran viele Deutsche lange Zeit geglaubt hatten: das Deutsche Reich, das erst 1947 von den Alliierten aufgelöste Preußen und der Nationalsozialismus. […] Die bedingungslose Kapitulation besiegelte das Schicksal Deutschlands."

[66] Vgl. Kleßmann: *Die doppelte Staatsgründung*, a.a.O., S. 41f.; Vgl. Wehler: *Deutsche Gesellschaftsgeschichte*, a.a.O., S. 944.

[67] Vgl. Atina Grossmann: *Juden, Deutsche, Alliierte. Begegnungen im besetzten Deutschland*, Göttingen 2012, S. 69–83. Grossmann zeichnet nach, dass sich die Opferdiskurse der Nachkriegszeit aus verschiedenen Quellen speisen und konstatiert: „Zugleich sahen Deutsche sich kollektiv als Opfer – erst der Nazis, die sie zum Krieg verleitet hatten, dann der Bombardierung und Vertreibungen sowie der strengen Entnazifizierung und des gesellschaftlichen Zusammenbruchs als Folge des verlorenen Kriegs." Ebd., S. 74.

hausenden Deutschen auch tradiert wurde, es erzählt nur einen Teil der historischen Realität – es galt schlicht nicht für alle.[68] Es herrschte nicht nur eine starke Stadt/Land-Differenz, sondern vermeintlich nivellierte sozio-ökonomische Differenzen behielten ihre Wirkung:

> Die bereits während der Kriegsjahre bemerkbaren sozialen Verschiebungen zwischen jenen, die unter den Auswirkungen des Krieges besonders litten und jenen, für die das nicht zutraf, setzten sich nach dem Ende des Krieges in verstärkter Form fort. [...] Die traditionellen sozialen Differenzen, so zeigte sich früh, wurden dadurch aber nicht aufgehoben, sondern vielfach noch verstärkt.[69]

Die Lebensrealitäten ehemaliger KZ-Häftlinge, von Ost-Flüchtlingen oder Ausgebombten unterschied sich deutlich etwa von den Erfahrungswelten intakter Kleinstädte oder bäuerlicher Dorfgemeinschaften. Sie hatten nicht nur unter einem allgemeinen materiellen Mangel zu leiden, dem sie aufgrund ihrer prekären Situation wenig bis nichts entgegenzustellen wussten, sondern mussten zudem mit den psychologischen Verheerungen und Traumata der vergangenen Jahre klarkommen.[70]

Sie hatten auch in jener sich nach Kriegsende zunächst schleichend, dann rasant ausbildenden „Grauzonenökonomie",[71] deren bekannteste Ausformung der Schwarzmarkt war, eher schlechte Karten. Das Universalmedium Geld verlor über längere Zeit seine Rolle als zentrales Instrument innerhalb der merkantilen Vergesellschaftung und machte dem Gütertausch des Schwarzmarktes Platz, vor allem aber dessen übermächtiger Substitutswährung, der Zigarette.[72] Die Aura von Anarchie, die die

---

[68] Vgl. Herbert: *Geschichte Deutschlands im 20. Jahrhundert*, a.a.O., S. 551. So auch Wehler: *Deutsche Gesellschaftsgeschichte*, a.a.O., S. 954: „Der Zugang zu den lebensnotwendigen Gütern fiel durchaus klassenspezifisch unterschiedlich aus."

[69] Ebd.

[70] Eine Milderung dieses Zustands wurde durch die materielle Bevorzugung etwa von ehemaligen KZ-Häftlingen und Zwangsarbeitern durch die alliierten Truppen herbeigeführt – was zugleich zu Neid auf Seiten der Deutschen führte. Vgl. Jähner: *Wolfzeit*, a.a.O., S. 219.

[71] Ebd., S. 229.

[72] Ebd., S. 246: „Die Zigarette war Medium von Sieg und Niederlage. Dass deutsche Männer sich im Straßenstaub um ein Paar Kippen balgten, die

Erinnerungen an diese Alternativökonomie umweht, an die Hamsterfahrten und das ‚Organisieren', darf nicht über den Umstand hinwegtäuschen, dass auch dieser Markt kein Instrument gesellschaftlicher Egalisierung war; wer wenig oder nichts zu tauschen hatte oder wem die nötige Ellenbogenattitüde fehlte, für den hatte der Nachkriegstauschhandel wenig zu bieten.[73] Gemeinsam mit den Bildern zerstörter Städte, den die Trümmer sortierenden und aufbereitenden Trümmerfrauen (die einen eigenständigen Erinnerungs- und Mythenkomplex bilden[74]), und dem Hunger formte der Schwarzmarkt die „mit der frühen Nachkriegszeit assoziativ am engsten verbundenen Vorstellungen".[75] Sie bilden zugleich die zentralen Koordinaten jener Zusammenbruchsgesellschaft, deren vielfältige materielle Mangelerscheinungen die Deutschen für den Umstand blind machten, dass ihre „Lage [...] im Europa der Nachkriegszeit keine Ausnahme"[76] war; ausgerechnet jene Alliierten, denen man gerne vorwarf, Deutschland aushungern zu wollen, lieferten selbst Nahrungsmittel – was angesichts der schlechten Ernährungslage in den eigenen Ländern nicht selten zu Erklärungsnöten gegenüber der dortigen Bevölkerung führte.[77]

Neben der unmittelbaren Versorgung der deutschen Bevölkerung war allerdings das zentrale Anliegen der Alliierten der gleichermaßen politische wie gesellschaftliche Umbau Deutschlands. Dieser „Auftrag Demokratie",[78] wie Wolfgang Benz seine einschlägige Darstellung der Gründungsgeschichte der beiden deutschen Staaten betitelte, war das zentrale Vorhaben und die wesentliche Bedingung, unter der Deutschland

---

    Besatzungssoldaten weggeschnippt hatten, gehört zu den mit Inbrunst erzählten Nachkriegsszenen. Viele erfüllte sie mit Verachtung, andere mit Bitterkeit. So weit war es also gekommen mit den Herrenmenschen."

[73] Vgl. Herbert: *Geschichte Deutschlands im 20. Jahrhundert*, a.a.O., S. 556: „Wie schon im Kriege verschärfte der Schwarzmarkt die soziale Ungleichheit, oftmals in extremer Weise."

[74] Hierzu maßgeblich Leonie Treber: *Mythos Trümmerfrauen. Von der Trümmerbeseitigung in der Kriegs- und Nachkriegszeit und der Entstehung eines deutschen Erinnerungsortes*, Essen 2014.

[75] Kleßmann: *Die doppelte Staatsgründung*, a.a.O., S. 46.

[76] Herbert: *Geschichte Deutschlands im 20. Jahrhundert*, a.a.O., S. 557.

[77] Vgl., ebenda S. 555.

[78] Wolfgang Benz: *Auftrag Demokratie. Die Gründungsgeschichte der Bundesrepublik und die Entstehung der DDR 1945–1949*, Berlin 2009.

die Rückkehr in die internationale Gemeinschaft gestattet werden sollte – auch wenn die Vorstellungen, was genau unter Demokratisierung verstanden wurde, innerhalb der alliierten Besatzungskräfte deutlich voneinander abwichen. Diese Umgestaltungsmaßnahmen betrafen verschiedene Bereiche: „die Zerschlagung des Militärs, die Bestrafung der für den Nationalsozialismus und seine Verbrechen Verantwortlichen, die Reform der Wirtschaftsstruktur, den Neuaufbau des politischen Lebens sowie die Demokratisierung der Gesellschaft."[79] Der Maßnahmenkatalog, der dies bewerkstelligen sollte, gliederte sich in die bereits Zeitgenossinnen und Zeitgenossen bekannten ‚vier D's':[80] Demilitarisierung, Denazifizierung, Dekartellisierung und Demokratisierung. Gerade hinsichtlich der Zielsetzung, eine neue politische Kultur unter demokratischen Vorzeichen aufzubauen, rücken nun die mit dem Begriff ‚Interregnum' verbundenen Aspekte von Übergang und Wandlung, Transition und Transformation in den Vordergrund.

Es kann angesichts der Tatsache, dass der Rede von der Demokratisierung eine so große Bedeutung zugewiesen wurde – und zwar unabhängig davon, wie und ob man sie letztlich umzusetzen gedachte[81] –, kaum Wunder nehmen, dass schon das Wort ‚Demokratie' „in allen Teilen Deutschlands das Hochwertwort schlechthin"[82] war. Und an keinem anderen Wort wird der Prozesscharakter, der das Interregnum als historischen Ort sozialen Wandels kennzeichnet, plastischer: „Modernisierung bzw. Demokratisierung ist eine Prozessgröße. Das trifft auch für den historischen Vorgang der Demokratiebildung im Nachkriegsdeutschland zweifellos zu", schreiben die Herausgeberinnen und Herausgeber eines Bandes, der sich mit eben diesen Prozessen auf unterschiedlichen gesellschaftlichen Ebenen auseinandersetzt, und kleiden „diese Grundeinsicht

---

[79] Herbert: *Geschichte Deutschlands im 20. Jahrhundert*, a.a.O., S. 563.
[80] Vgl. Recker: *Geschichte der Bundesrepublik Deutschland*, a.a.O., S. 11.
[81] Dass die politische Idee der Demokratie auch für dezidiert nicht-demokratische Staaten zumindest als Argumentationsvorwand diente, zeigt Jan-Werner Müller: *Das demokratische Zeitalter. Eine politische Ideengeschichte Europas im 20. Jahrhundert*, Berlin 2018.
[82] Dieter Felbick: *Schlagwörter der Nachkriegszeit 1945–1949*, Berlin 2003, S. 182.

in die Metapher der ‚langen Stunde Null'."[83] Wenige historische Metaphern dürften eine vergleichbare Karriere und, trotz aller Kritik, Beständigkeit vorweisen können wie jene von der Stunde Null – und das gilt unabhängig davon, ob man sie unter bestimmten Bedingungen bejaht,[84] rundherum ablehnt,[85] in pragmatischer Hinsicht akzeptiert[86] oder eben modifiziert, wie es die Rede von der „langen Stunde Null" vorführt. Begreift man, wie Braun, Gerhardt und Holtmann es tun, diese Stunde Null nicht als „punktuelles Ereignis", sondern als „eine Abfolge von Maßnahmen und Reaktionen",[87] dann fokussiert die Metapher nicht mehr nur einen vermeintlichen Fixpunkt der deutschen Geschichte, sondern weitet den Blick auf die Übergangsprozesse während des Interregnums selbst, eben auf Transition und Transformation.

Zugleich behauptet die Metapher von der Stunde Null ihre Relevanz im Kontext des durch die Kategorie Interregnum bezeichneten Bruchs im historischen Kontinuum; mögen auch aus der geschichtlichen Distanz vor allem die (zumeist personellen) Kontinuitäten in den Blick geraten – und es steht außer Frage, dass es ethisch geboten ist, diese im kollektiven Gedächtnis präsent zu halten –, für die Zeitgenossinnen und Zeitgenossen stellten das Kriegsende mit seinen Folgen fraglos eine Zäsur da; die Im-

---

[83] Hans Braun/Uta Gerhardt/Everhard Holtmann: *Die ‚lange Stunde Null': Exogene Vorgaben und endogene Kräfte im gesellschaftlichen und politischen Wandel nach 1945*, in: *Die lange Stunde Null. Gelenkter sozialer Wandel in Westdeutschland nach 1945*, hg. von dies., Baden-Baden 2007, S. 7–26, hier S. 14.

[84] Etwa wenn man es als „‚Nullpunkt-Bewußtsein'" als eines verschiedener „Verarbeitungsmuster in der realgeschichtlichen Umbruchssituation" begreift. Ludwig Fischer: *Die Zeit von 1945 bis 1967 als Phase der Literatur- und Gesellschaftsentwicklung*, in: *Literatur in der Bundesrepublik Deutschland bis 1967*, hg. von ders., München 1986, S. 29–96, hier S. 36f.

[85] Vgl. Benz: *Auftrag Demokratie*, a.a.O., S. 478: „Der gedankenlos als Formel für einen unbelasteten Neubeginn gebrauchte Begriff ‚Stunde Null' oder absichtlich, um den Erfolg des westlichen Staatsmodells als ausschließlich selbst errungen zu deklarieren, in das Geschichtsbild implantierte Terminus entspricht jedenfalls nicht der historischen Realität."

[86] Vgl. Wolf Gerhard Schmidt: *Zwischen Antimoderne und Postmoderne. Das deutsche Drama und Theater der Nachkriegszeit im internationalen Kontext*, Stuttgart 2009, S. 23.

[87] Braun/Gerhardt/Holtmann: *Die ‚lange Stunde Null'*, a.a.O., S. 7.

plosion des auf 1000 Jahre angelegten Nazi-Reichs, die Zerstörung nazistischer Institutionen, die Aussetzung nationaler Souveränität, der langsame Wiederaufbau des politischen Lebens unter Aufsicht der alliierten Besatzungsmächte, der Umbau der Presselandschaft, die Kriegsverbrecherprozesse, all dies trug zu dem Eindruck eines veritablen Risses im Kontinuum deutscher Geschichte bei.[88] Der sich hieran anschließende Systemwandel wiederum ist keiner gewesen, der sich ausschließlich auf juristische wie politische Institutionen beschränkt gesehen hätte: „Politische Systemwechsel erweisen sich vielmehr nur dann als nachhaltig, wenn sie kulturell akzeptiert werden, das heißt wenn sie in den Einstellungen und Orientierungen der Bürgerinnen und Bürger hinreichend abgesichert sind."[89] Es stand also nicht zuletzt das Selbstverständnis der Deutschen zur Disposition sowie die Frage nach ihrer prinzipiellen Befähigung zu Demokratie und friedlichem Miteinander – nach zwei Weltkriegen und der Erfahrung des Holocaust eine nur vorderhand naive Frage. Untrennbar damit verknüpft ist der Begriff *Re-Education*, wie ihn die US-Alliierten noch während der Kriegsjahre diskutierten und konzipierten. Vor dem Hintergrund der Annahme, dass Militarismus, Antisemitismus und Autoritätshörigkeit zentrale und festgefügte Charaktereigenschaften der Deutschen seien, zielte *Re-Education* auf eine Erziehung der Deutschen zu demokratischen Subjekten unter Miteinbeziehung einer zuvor notwendigen faschistischen Detoxikation. Begriff wie dazugehörige Vorstellungen stammen aus dem Theoriefeld der US-Psychiatrie, wo in den frühen 1940ern eine Analyse des Nationalcharakters der Deutschen

---

[88] Ich folge hier der Argumentation von Herbert: *Geschichte Deutschlands im 20. Jahrhundert*, a.a.O., S. 550: „Nie zuvor in der deutschen Geschichte der Neuzeit hatte es einen nachhaltigeren, tiefer greifenden Einschnitt gegeben als in diesem Moment. Und bei allen Elementen von Kontinuität und Restauration, die sich später oder früher bemerkbar machten: Ein schärferer Bruch in Politik, Gesellschaft, Kultur und Recht war kaum denkbar. Insofern hatte der schon zeitgenössisch früh gebrauchte Begriff der ‚Stunde Null' seine Berechtigung."

[89] Everhard Holtmann: *Demokratische Transformation im frühen Nachkriegsdeutschland. Abrupter Systemwechsel oder lang anhaltender Prozess? Lokale Erscheinungsformen der Demokratisierung nach 1945 in der britischen Besatzungszone*, in: *Die lange Stunde Null. Gelenkter sozialer Wandel in Westdeutschland nach 1945*, hg. von Hans Braun/Uta Gerhardt/ders., Baden-Baden 2007, S. 293–310, hier S. 294.

angestrebt wurde, um eine Grundlage für den Umgang mit ihnen nach Beendigung des Krieges zu entwickeln. Dabei griff man – angesichts der Disziplin nicht verwunderlich – auf ein pathologisches Vokabular zurück. Deutschland sei letztlich vergleichbar mit einem Psychotiker, der der Heilung bedürfe und so zurück in die ‚Normalität' des Völkerbundes nach demokratischen (und selbstverständlich: kapitalistischen) Vorzeichen zu führen sei.[90]

Re-Education ist somit Teil einer „politischen Psychiatrie"[91] und Komponente eines vor allem von Seiten der Amerikaner mit sozialwissenschaftlicher Expertise angestrebten Systemwandels in Nachkriegsdeutschland. Vor diesem Hintergrund wird verständlich, warum schließlich alle Besatzungsmächte auf das kulturelle Feld als gesellschaftlichem Ort der *Re-Education* ausgriffen und Kunst, Literatur, Theater und Zeitschriften wie Zeitungen als Medien der Umerziehung in Anspruch nahmen. Der anvisierte Wandel der politischen Kultur sowie die demokratische Erziehung der Deutschen sollten gerade über kulturelle Formate ins Werk gesetzt werden, womit sich für die Alliierten zugleich Distributionshoffnungen ihrer jeweils eigenen Kultur und ihres jeweils eigenen Demokratieverständnisses verbanden. Die angepeilte Demokratisierung bediente sich also nicht zuletzt eines Bündels kulturpolitischer Maßnahmen – was auch für die nur vordergründig demokratischen Umstrukturierungsmaßnahmen innerhalb der sowjetischen Besatzungszone (SBZ) galt.[92] Auf die Bedeutung, die im Speziellen die Zeitschriftenlandschaft des Interregnums im Kontext der *Re-Education* eingenommen hat, wird später noch detaillierter eingegangen. Was die Wirksamkeit dieser Maßnahmen anbelangt (die sicherlich hinter der Demonstration materiellen Wohlstands, wie er vor allem mit den US-amerikanischen Soldaten nach Deutschland kam, zurückblieb), bleibt ein abschließendes Urteil schwie-

---

[90] Vgl. Uta Gerhardt: *Medizin, Soziologie und Re-Education*, in: Dies.: *Gesellschaft und Gesundheit. Begründung der Medizinsoziologie*, Frankfurt a. M. 1991, S. 261–300 sowie Gerhardt: *Soziologie der Stunde Null*, a.a.O., S. 40–43.

[91] Gerhardt: *Medizin, Soziologie und Re-Education*, a.a.O., S. 262.

[92] Vgl. etwa für die Parteienlandschaft der SBZ Gerhard Keiderling: *Scheinpluralismus und Blockparteien. Die KPD und die Gründung der Parteien in Berlin 1945*, in: *Vierteljahrshefte für Zeitgeschichte* 45 (1997), S. 257–296.

rig. Bereits zeitgenössische Stimmen aber kritisierten den Anspruch der Alliierten, ein ‚Kulturvolk' wie die Deutschen noch einmal auf die politische Schulbank zu schicken; schon der Begriff der ‚Umerziehung', wie *Re-Education* zumeist übersetzt wurde (und wird), impliierte ein politisches Indoktrinationsverständnis, das verdächtig nahe an den bekannten NS-Praktiken angesiedelt zu sein schien. Wenig verwunderlich bewegten sich die Bewertungen dieses Anspruchs zwischen begründeter (und gewünschter) Demokratisierung und „alliierter Erziehungsdiktatur";[93] vor allem Konservative und die politische Rechte nach 1945 brandmarkten den Demokratisierungsanspruch der Alliierten als eine Form kultureller Kolonisation, die die Deutschen ihrer eigenen Geschichte und Kultur entfremdet hätte – ein historisches Narrativ, das in den letzten Jahren wieder Anklang gefunden hat.[94]

Da, wie weiter oben angemerkt, die Demokratisierung Deutschlands nicht lediglich einen entsprechenden institutionellen (Wieder-)Aufbau meinte, sondern eben auch Arbeit am demokratischen Subjekt, soll in dieser Studie vor allem die Erlernung beziehungsweise Restitution von Praktiken aus dem kommunikativen Sortiment der Demokratie in den Blick genommen werden. Gemeint ist dabei das gemeinsame Diskutieren, das Einüben in die Logik von Disput und demokratischem Diskurs sowie das Aushalten von Meinungsverschiedenheiten, was die Entwicklung eines spezifischen Dissensmanagements erforderte. Es sind also bestimmte Formen des Kommunizierens, die besonders ins Zentrum rückten und deren Verinnerlichung die Deutschen zur Demokratie befähigen sollte.

---

[93] Benz: *Auftrag Demokratie*, a.a.O., S. 135.
[94] Vgl. u.a. Norbert Frei: *1945 und wir. Das Dritte Reich im Bewußtsein der Deutschen*, München 2005, S. 13. Die Rede von der „umfassenden Amerikanisierung" und der „systematischen Umerziehung" gehören zum rhetorischen Rüstzeug der AfD um Björn Höcke, mit dem besagter Politiker einer rassisch-biologischen Stamm-Identität der Deutschen das Wort redet. Heinrich Detering: *Was heißt hier „wir"? Zur Rhetorik der parlamentarischen Rechten*, Ditzingen 2019, S. 24f.

1.4 Das literarische Feld 1945-1949: Strukturen, Interessen, Karrieren

Dieser Fokus, der in den vergangenen Jahren etwa in den Geschichtswissenschaften aufgegriffen wurde,[95] ergänzt die fast schon kanonische Rede von der Denazifizierung der Sprache[96] um ein wichtiges kommunikationspraxeologisches Element. In Zeitschriftenartikeln sowie in literarischen Texten des Interregnums wird diese Aufgabe, die politische Sprechpraxis zu erneuern, vielfach aufgegriffen und dezidiert gegen eine andere Sprechpraxis sowie deren politischen Bezugspunkt gewendet: den Befehl. Dieser wird inszeniert als kommunikatives Sinnbild des gerade kollabierten Nazi-Regimes und stilisiert als dessen zentrale Funktionsweise. In einem Staat, in dem die Wertematrix des Soldatischen und die Logik des Kampfes auch die zentralen Koordinaten politischen Agierens konstituierten, trat die Kommunikationsform des Befehls in den Vordergrund. Die Bedeutung des Militärischen sowie das die Gesellschaft prägende und strukturierende Führerprinzip mündeten in einer „Dominanz gewisser Sprechakttypen wie ‚Befehl'"[97] und organisierten (inner-)gesellschaftliche Kommunikation wesentlich monologisch. Diesen Monologen der Macht[98] wurde im Interregnum dezidiert die Betonung des Dialogischen entgegengestellt und eine Neuformierung demokratischen Sprechens als wesentliche Aufgabe eines post-faschistischen Deutschlands ausgegeben. Es ist nur konsequent, dass dieser Aspekt auch in der literarischen Produktion der Zeit präsent ist, und unterstreicht dessen Be-

---

[95] Vgl. Nina Verheyen: *Diskussionslust. Eine Kulturgeschichte des ‚besseren Arguments' in Westdeutschland*, Göttingen 2010 sowie Joachim Scharloth: *1968. Eine Kommunikationsgeschichte*, München 2011.
[96] Vgl. u.a. Dirk Deissler: *Die entnazifizierte Sprache. Sprachpolitik und Sprachregelung in der Besatzungszeit*, Frankfurt a. M. 2004.
[97] Felbick: *Schlagwörter der Nachkriegszeit 1945–1949*, a.a.O., S. 67. Die Betonung der Befehlslogik, die den Nazi-Staat gekennzeichnet habe, offeriert Zeitgenossinnen und Zeitgenossen nicht zuletzt – Stichwort Befehlsnotstand – eine nicht zu übersehende Entschuldungsoption: Wo alles Befehl war, bleibt für individuelle Verantwortung kein Platz.
[98] Ich lehne mich hier an die Lesart von Sylvia Sasse über die Verknüpfung des Monologischen mit Aspekten (totalitärer) Machtausübung bei Bachtin an. Vgl. Sylvia Sasse: *Bachtin zur Einführung*, Hamburg 2010, S. 139.

deutung. Literarische Texte greifen diesen Diskurs aber nicht nur auf, um ihn lediglich literarisch ‚abzubilden', sondern sie greifen aktiv in diesen Diskurs ein. Kommunikative Praktiken und deren Bezug zu einem demokratischen Miteinander werden etwa inhaltlich durch Figurendialoge debattiert oder durch die dialogische Form des Textes selbst vorgeführt. Literarische Texte wirken damit als Applikationsfolie dieser Praktiken, führen also diese selbst vor und fungieren damit nicht mehr nur als literarische Metakommentare gesellschaftlichen Geschehens, sondern greifen in gewissem Maße in dieses Geschehen ein. Die Literatur des Interregnums wird nicht nur durch dessen sozio-politischen Ausgangsbedingungen geprägt, sondern wirkt ihrerseits in die Gesellschaft hinein.

Das weiter oben diskutierte neu entfachte Interesse an der unmittelbaren Nachkriegszeit, wie es sich in entsprechenden Veröffentlichungen (populär-)historischer Provenienz niederschlägt, kennt seine Entsprechung auch innerhalb des literarischen Feldes. Auf der einen Seite finden sich auf Breitenwirkung abzielende Literarisierungen des Interregnums. Dazu zählt etwa der in Bestseller-Koloratur verfasste (und tatsächlich erfolgreiche) Roman *Trümmerkind* (2016) der Krimi-Autorin Mechthild Borrmann, dessen Handlung sich vor der Kulisse des zerstörten Hamburgs der Jahre 1946/1947 entfaltet und die gebotene Melange von Mord- und Familiengeschichte durch zeitgeschichtliche Ingredienzien wie Steine klopfen, Schwarzmarkthandeln und materieller Not versieht. Auf der anderen Seite lässt sich ein neues Interesse an der Literatur des Interregnums dokumentieren, das sich in Neuauflagen von Büchern aus dieser Zeit niederschlägt. So wurde 2015 Heinz Reins Roman *Finale Berlin* (1947), dem in dieser Arbeit ein größeres Kapitel gewidmet ist, durch den Verlag Schöffling & Co. neu aufgelegt und auch kleinere Verlage publizierten Neuauflagen aus besagter Zeit, etwa von Georg Hensel (Kranichsteiner Literaturverlag)[99] oder Bastian Müller (Donat Verlag).[100]

---

[99] Georg Hensel: *Nachtfahrt*, Darmstadt 1994 [EA: 1949]. Siehe hierzu das Kapitel zu Hensel in dieser Arbeit.

[100] Bastian Müller: *Hinter Gottes Rücken*, Bremen 2012 [EA: 1947]. Müllers Roman erlebte bis 1949 vier Auflagen, geriet dann aber – genau wie seine nicht-faschistischen Veröffentlichungen zwischen 1939 und 1945 – mitsamt seinem Autor in Vergessenheit. Zu Müllers frühen Veröffentlichungen vgl. Horst Denkler: *Werkruinen, Lebenstrümmer. Literarische Spuren der „verlorenen Generation" des Dritten Reiches*, Tübingen 2006, S. 95–97.

Darüber hinaus wurden Bücher aus den frühen 1950ern erneut publiziert, die sich mit der unmittelbaren Nachkriegszeit auseinandersetzen. Hier ist besonders der 2017 wiederveröffentlichte Roman *Frühling 45. Chronik einer Berliner Familie* (1954) von Karl Friedrich Borée zu nennen, dessen Handlung in einer Zeit angelegt sei, „in der die Vergangenheit brutal versinkt und das Kommende mehr als dunkel ist" – so die Verlagshomepage.[101] Die Rede von der Zwischenwelt beweist ihre Persistenz bis in den Klappentext hinein.

Auch in den Literaturwissenschaften hat sich in den letzten Jahren gezeigt, dass das Urteil von Rüdiger Bolz, die „Geschichte der deutschen Literatur der unmittelbaren Nachkriegsjahre" dürfe „aufgrund der intensiven wissenschaftlichen Aufarbeitung seit den 70er Jahren heute als in wesentlichen Zügen geschrieben und gesichert gelten",[102] gleichermaßen zu optimistisch wie verfrüht war. Vielmehr ließ sich in den vergangenen gut 15 Jahren eine Renaissance der Beschäftigung mit der Nachkriegsliteratur beobachten, die allerdings zumeist über den in dieser Arbeit fokussierten Zeitabschnitt hinaus bis auf die 1950er-Jahre ausgreift. Es wurden sowohl größere Überblickswerke,[103] Handbücher[104] sowie Ausstellungen[105] als auch mitunter sehr umfangreiche Monografien etwa zum Nachkriegstheater[106] oder zu (mythologischen) Geschichts- und Ge-

---

[101] https://lilienfeld-verlag.de/ (letzter Zugriff 09.01.2024). Die dort aufgelisteten Rezensionsstimmen bezeugen eine äußerst positive Aufnahme dieser Wiederveröffentlichung. Borées 1951 erstmals erschienener Roman *Ein Abschied* operiert sogar auf lexikalischer Ebene mit dem Begriff ‚Interregnum'.

[102] Rüdiger Bolz: *Rundfunk und Literatur unter amerikanischer Kontrolle. Das Programmangebot von Radio München 1945–1949*, Wiesbaden 1991, S. 6.

[103] Helmut Peitsch: *Nachkriegsliteratur 1945–1989*, Göttingen 2009.

[104] Elena Agazzi/Erhard Schütz (Hgg.): *Handbuch Nachkriegskultur. Literatur, Sachbuch und Film in Deutschland (1945–1962)*, Berlin 2013.

[105] Etwa die von Helmut Böttiger kuratierte Ausstellung *Doppelleben. Literarische Szenen aus Nachkriegsdeutschland*, veröffentlicht in zwei Bänden unter gleichem Titel (hg. von Helmut Böttiger/Bernd Busch/Thomas Combrink, unter Mitarbeit von Lutz Dittrich, Göttingen 2009).

[106] Wolf Gerhard Schmidt: *Zwischen Antimoderne und Postmoderne. Das deutsche Drama und Theater der Nachkriegszeit im internationalen Kontext*, Stuttgart 2009.

sellschaftsbildern in der Nachkriegsliteratur[107] erarbeitet, es finden sich Studien zur Nachkriegslyrik,[108] zur Verbindung von Erzählstrategie und Erinnerungsarbeit[109] und auch zum Komplex der sogenannten Inneren Emigration erschienen in jüngster Zeit umfangreichere Publikationen.[110] Einige dieser Arbeiten dokumentieren eine Fülle und Vielfältigkeit literarischer Arbeiten und Themen, die verblüfft angesichts des landläufigen Urteils, die unmittelbaren Nachkriegsjahre seien literarisch dominiert worden von einer Mischung aus althergebrachter Ästhetik, die im besten Falle harmlos, zumeist aber handfest eskapistisch war, und gut gemeinter *Re-Education*-Prosa, deren ästhetische Inferiorität sich als problematisches Erbe der ganzen deutschen Literatur nach 1949 vermacht habe.[111] Wolf Gerhard Schmidt hat in seiner immens materialreichen Studie zum Nachkriegstheater diesbezüglich Maßstäbe gesetzt und gezeigt, wie zent-

---

[107] Volker C. Dörr: *Mythomimesis: Mythische Geschichtsbilder in der westdeutschen (Erzähl-)Literatur der frühen Nachkriegszeit (1945–1952)*, Berlin 2004 sowie Ingo Irsigler: *Überformte Realität. Konstruktionen von Geschichte und Person im westdeutschen Roman der 1950er Jahre*, Heidelberg 2009.

[108] Fabian Lampart: *Nachkriegsmoderne. Transformationen der deutschsprachigen Lyrik 1945–1960*, Berlin 2013.

[109] Silke Hermanns: *Trümmer (in) der Erinnerung. Strategien des Erzählens über die unmittelbare Nachkriegszeit*, Bielefeld 2006 sowie Helmut Peitsch u.a. (Hgg.): *Nachkriegsliteratur als öffentliche Erinnerung. Deutsche Vergangenheit im europäischen Kontext*, Berlin, Boston 2019.

[110] Etwa John Klapper: *Nonconformist writing in Nazi Germany. The literature of inner emigration*, Rochester 2015 und Marcin Golaszewski/Magdalena Kardach/Leonore Krenzlin (Hgg.): *Zwischen Innerer Emigration und Exil. Deutschsprachige Schriftsteller 1933–1945*, Berlin 2016.

[111] Am deutlichsten hierzu Heinz Schlaffer, der die ästhetische Unzulänglichkeit deutscher Literatur nach 1945 beklagt und hierfür nicht zuletzt eine „Serie von Sprachverboten" verantwortlich macht, worunter er auch die vermeintliche Ausrichtung auf eine „moralisch-politische Zuverlässigkeit" literarischen Schreibens nach Kriegsende zählt. Und er konstatiert: „Die ‚Umerziehung', von den Siegermächten 1945 in West- und Ostdeutschland eingeleitet, geht – nun unter eigener deutscher Regie – weiter: Aus gelehrigen Zöglingen wurden gewiß bessere Menschen, jedoch keine guten Dichter." Heinz Schlaffer: *Die kurze Geschichte der deutschen Literatur*, Köln 2013, S. 146 sowie 147f.

ral es ist, den philologischen Radius zu erweitern, um zu belastbaren Aussagen über Literatursysteme selbst kleinerer historischer Zeiträume zu gelangen[112] – dazu später mehr. Auch das auf ein außeruniversitäres Publikum zielende Buch von Christian Adam über die *Neuordnung der Bücherwelt in Ost und West nach 1945* – so der Untertitel – zeichnet ein mitunter erstaunlich vitales und diverses Literaturleben unmittelbar nach Kriegsende,[113] auch wenn es sich verstärkt auf frühe Bestseller verlegt.[114] Ergänzt werden solche Untersuchungen und breiter angelegte Darstellung durch Verlagsbiographien etwa zu den Verlagen Rowohlt[115] und Ullstein,[116] die beispielsweise zeigen, wie Verlage Produktionsmethoden aus der Zeit des Nazi-Regimes übernehmen und in ihrer Verlagsge-

---

[112] Dazu Wolf Gerhard Schmidt in gebührender Deutlichkeit: „Wer meint, man könne zu gesicherten Erkenntnissen gelangen, ohne flächendeckende Untersuchungen vorzunehmen, ja sogar die Partialität der Perspektive transzendental auflädt als Bedingung der Möglichkeit moderner Forschung, sollte seinen Wissenschaftsbegriff überdenken. Der Hinweis darauf, daß man nie umfassend und vollständig sein kann, ist so obsolet wie wohlfeil, entbindet er doch gleichsam apriori von fundierter Philologie." Schmid: *Zwischen Antimoderne und Postmoderne*, a.a.O., S. 4.

[113] Hierzu gehört auch der bereits früh vermerkte, mitunter zweifelhafte „Theaterboom", vgl. Jürgen Schröder: *Das Drama: Der mühsame Anfang*, in: *Geschichte der deutschen Literatur von 1945 bis zur Gegenwart*, hg. von Wilfried Barner, 2. aktual. u. erw. Aufl., München 2006, S. 99–115, hier S. 103–107. Dass gerade das Theater in Berlin schnell auch in Fragen des ideologischen Wiederaufbaus geriet, zeichnet Schivelbusch nach. Vgl. Wolfgang Schivelbusch: *Vor dem Vorhang. Das geistige Berlin 1945–1948*, München 1995.

[114] Christian Adam: *Der Traum vom Jahre Null. Autoren, Bestseller, Leser: Die Neuordnung der Bücherwelt in Ost und West nach 1945*, Berlin 2016. Der Titel verweist zudem indirekt auf einen Schwerpunkt in Adams Darstellung, nämlich dem Aufzeigen von Karrierekontiuitäten belasteter Autorinnen und Autoren, die einen häufig verblüffenden Ideenreichtum demonstrierten, wenn es um die eher flexible Handhabung der eigenen Vergangenheit ging.

[115] Vgl. David Oels: *Rowohlts Rotationsroutine. Markterfolge und Modernisierung eines Buchverlags vom Ende der Weimarer Republik bis in die fünfziger Jahre*, Essen 2013.

[116] Vgl. Juliane Berndt: *Die Restitution des Ullstein-Verlags (1945–52). Remigration, Ränke, Rückgabe: Der steinige Weg einer Berliner Traditionsfirma*, Berlin 2020.

schichte als methodische Neuerungen der Nachkriegszeit verkaufen (Rowohlt) oder wie schwierig die Rückkehr enteigneter Verlage und exilierter Verleger sich gestaltete (Ullstein). Dieser grobe Überblick über die Publikations- und Forschungslandschaft der letzten Jahre mag ausreichen, um zu zeigen, wie vielversprechend die Beschäftigung mit der Nachkriegsliteratur auch weiterhin bleibt.

Vor allem der Blick auf das kulturelle Leben nach Kriegsende, die anlaufende Film-, Buch- und Theaterproduktion, aber auch auf die blühende Zeitschriften- und Zeitungslandschaft unterstreicht, dass die „Vorstellung von einer überwiegend apathischen, resignierten und nur mit dem Kampf ums tägliche Überleben beschäftigten Großstadtbevölkerung nur eine Teilwahrheit wiedergibt".[117] Was Kleßmann mit Blick auf Berlin formuliert, kann hinsichtlich des kulturellen Feldes mit einiger Berechtigung verallgemeinert werden. Das „Pausenzeichen der Geschichte",[118] das mit Ende des Krieges einhergeht, ist nicht zuletzt ein Startschuss für neue kulturelle Produktions- und Vernetzungstätigkeiten innerhalb Deutschlands und mit dem Ausland und markiert den Beginn anhaltender „Formationsprozesse im literarischen Feld".[119] Wie erwähnt, spielten kulturelle Formate und Medien[120] aller Art eine zentrale Rolle im Kontext des von den Alliierten angestrebten Umbaus der deutschen Gesellschaft sowie ihrer zentralen sozialen Institutionen. Es stand außer Frage, dass dieser Wandlungsprozess, im Zuge dessen auch liebgewonnene Selbstbilder auf den Prüfstand kommen sollten, für die Deutschen nicht schmerzlos vonstattengehen würde. Im Spätjahr 1945 schrieb etwa Thomas Mann, seinerseits auf die Parallelität von Transition und Transformation zurückgreifend, Deutschland sei „im Begriffe, eine neue Gestalt anzunehmen, in einen neuen Lebenszustand überzugehen, der vielleicht nach den ersten

---

[117] Kleßmann: *Die doppelte Staatsgründung*, a.a.O., S. 158.
[118] Heinrich Vormweg: *Literatur war ein Asyl*, in: *Literaturmagazin* 7 (1977), S. 203–208, hier S. 203.
[119] Irsigler: *Überformte Realität*, a.a.O., S. 31.
[120] Neben Zeitungen und Zeitschriften spielte vor allem das Radio eine herausragende Rolle in den Demokratisierungs- und Umerziehungsbemühungen der Alliierten – nicht zuletzt deswegen, weil es in Deutschland eine große Anzahl funktionierender Radioapparate gab. Vgl. Melanie Fritscher-Fehr: *Demokratie im Ohr. Das Radio als geschichtskultureller Akteur in Westdeutschland, 1945–1963*, Bielefeld 2019, S. 50–152.

Schmerzen der Wandlung und des Übergangs mehr Glück und echte Würde verspricht."[121] Diese Wandlungsschmerzen erfuhren nicht zuletzt auch die Akteurinnen und Akteure des literarischen Lebens – wenn auch nicht alle auf die gleiche Art und Weise.

War die Annahme, man habe sich bereits ein ausreichend diverses Bild des literarischen Feldes zwischen 1945 und 1949 verschafft, zu optimistisch, so trifft sie bezüglich der Publikationsbedingungen, die auf dem Buchmarkt nach Beendigung des Krieges herrschten, durchaus zu. Die Art und Weise, wie die Alliierten vor allem Druckerzeugnisse (Zeitungen, Zeitschriften, Bücher) zu Instrumenten einer Herstellungspraxis demokratischer beziehungsweise antifaschistischer Öffentlichkeit machten, wurde bereits vielfach beschrieben und soll hier nurmehr in groben Zügen rekapituliert werden. Dass nazistische Institutionen wie etwa die Reichsschrifttumskammer aufgelöst und führende Literatinnen und Literaten der NS-Zeit mit Publikationsverbot belegt wurden, mag zunächst ein naheliegender Schritt sein, der – vergegenwärtigt man sich, dass diese ‚Karriereeinschnitte' häufig mehrere Jahre umfassten und vor dem Hintergrund eines sich als in faschistischer Hinsicht geläutert gebenden Buchmarkts auch spätere Publikationschancen minimierten – die Rede von einer gebrochenen Kontinuität in gewisser Hinsicht plausibilisiert. Vor allem die Sowjetische Besatzungszone bot durch NS-Publikationen diskreditierten Autorinnen und Autoren kaum Veröffentlichungsmöglichkeiten und auch in den Zonen der Westalliierten mussten Schreibende damit rechnen, aufgrund ihres Engagements während der Hitler-Zeit zunächst nicht publizieren zu können.[122] Der Zugang zu Publikationsmög-

---

[121] Thomas Mann: *Warum ich nicht nach Deutschland zurückgehe*, in: Ders.: *Essays*, Bd. 6: *Meine Zeit: 1945–1955*, hg. von Hermann Kurzke/Stephan Stachorski, Frankfurt a. M. 1997, S. 33–42, hier S. 41.

[122] Bei der Frage danach, welche Autorinnen und Autoren nach Kriegsende als zuverlässig galten oder doch letztlich so geringfügig kompromittiert waren, dass sie für den angepeilten Wiederaufbau des kulturellen Deutschlands herangezogen werden konnten, halfen auch exilierte Deutsche. So verfasste etwa Carl Zuckmayer für den CIA-Vorgänger OSS (*Office of Strategic Services*) 1944 einen Geheimreport mit gut 150 Charakterporträts von Kulturschaffenden, deren etwaige Eignung beim demokratischen Wiederaufbau bewertet wurde. Vgl. Carl Zuckmayer: *Geheimreport*, hg. von Gunther Nickel/Johanna Schrön, Göttingen 2002.

lichkeiten war also durch eine letztlich politische Perspektive reguliert: Wer die eigene Unbescholtenheit oder doch zumindest Minderbelastung nicht beweisen konnte, für den gab es wenige bis keine Chancen, die schriftstellerische Karriere fortzusetzen.[123]

Die kulturpolitischen Eingriffe durch die Alliierten machen deutlich, dass auch nach 1945 kein in ökonomischer oder inhaltlicher Hinsicht ‚freier' Literaturmarkt existierte; vor allem expressiv rechtsradikale, rechtsnationale oder offen antikommunistische Schriften hatten (zunächst) keine Aussicht darauf, verlegt zu werden – selbst wenn es für sie einen ‚Markt' gegeben hätte.[124] Die zentralen Mittel der Buchmarktregulierung waren die von allen Besatzungsmächten praktizierte Lizenzierung, die das Herstellen und Verlegen von Druckerzeugnissen an den Erhalt einer Lizenz koppelten, die Zuteilung von Papierkontingenten, die Registrierung von Buchhändlern und Leihbüchereien sowie die Aussortierung unerwünschter Bücher aus Bibliotheken und aus dem Buchhandel.[125] Auch wenn die Praxis dieser marktregulierenden Eingriffe und

---

[123] Vgl. Helmut Peitsch: *Politisierung der Literatur oder ‚geistige Freiheit'. Materialien zu den Literaturverhältnissen in den Westzonen*, in: *Nachkriegsliteratur in Westdeutschland 1945–49. Schreibweisen, Gattungen, Institutionen*, hg. von Jost Hermand/ders./Klaus R. Scherpe, Berlin 1982, S. 165–207, hier S. 167f. Vgl. außerdem Ernst Umlauff: *Der Wiederaufbau des Buchhandels. Beiträge zur Geschichte des Büchermarktes in Westdeutschland nach 1945*, Frankfurt a. M. 1978, Sp. 113–120.

[124] Peitsch: *Politisierung der Literatur oder ‚geistige Freiheit'*, a.a.O., S. 167: „Denn der Zugang zum literarischen Markt war nicht frei; er geschah nicht im Tausch zwischen freien und gleichen Warenbesitzern, zwischen dem ein Manuskript anbietenden Autor und dem Verlagskapitalisten, der über die Möglichkeiten des Drucks und der Verbreitung verfügt; die Marktautonomie beider Tauschpartner wurde durch dieselbe Denazifizierungspolitik wesentlich eingeschränkt, die der literarischen Intelligenz die Rolle des Reeducation-Subjekts, dem das Publikum als Objekt ausgeliefert wurde, brachte. Politische Kriterien entschieden über die Möglichkeit, ein Manuskript drucken zu lassen."

[125] Vgl. Olaf Hamann: *Faschistische Literatur in deutschen Bibliotheken – über Aussonderungen und Neuorientierungen im Bestandsaufbau wissenschaftlicher Bibliotheken in der Zeit 1945–1949 am Beispiel der Öffentlichen Wissenschaftlichen Bibliothek Berlin (ÖWiBi)*, in: *Schuld und Sühne? Kriegserlebnis und Kriegsdeutung in deutschen Medien der Nachkriegszeit (1945–*

Strukturierungsmaßnahmen in jeder der vier Besatzungszonen anders ausfiel und etwa in der SBZ einen stärkeren Zentralismus aufwies,[126] so gilt trotz allem: „In allen Zonen sicherten sich die Besatzungsmächte das Monopol der Publikationsmittel."[127] Außerdem übten alle Besatzungsmächte Zensur aus, zunächst in Form der Vorzensur, später als Nachzensur; lediglich die SBZ behielt die Form der Vorzensur bei. Obwohl vor dem Hintergrund einer Besatzungsherrschaft dieser Schritt durchaus nachvollziehbar ist[128] und als Teil des Maßnahmenkatalogs zur Eliminierung nazistischen Gedankenguts und der Demokratisierung, kurz der „Formung der Denkweise der Deutschen",[129] eine zentrale Funktionsstelle besetzt, rief diese Praxis nicht nur teils scharfe Ablehnung hervor, sondern offenbarte einen spezifischen Widerspruch vor allem in den Westzonen. Es galt, mit Methoden, die darauf abzielten, bestimmte Freiheiten einzuschränken, für eine freiheitliche Werteordnung zu werben und auf mitunter undemokratische Weise zur Demokratie zu erziehen – eine oft beklagte Spannung, die gleicherweise in Zeitschriften wie in erzählerischen Texten aufgegriffen wurde. Bezeichnenderweise zeigen die veröffentlichten, mitunter harschen Kritiken am Lizenzsystem und der damit eingehenden Unfreiheit des Pressewesens, dass diese Kritik durchaus möglich war, und dokumentieren also freiheitliche Areale in strukturell unfreien Medienlandschaften. Die unfreie Zeitung entwirft, wie es Helmut Peitsch mit Blick auf eine dergestalt geartete Kritik in der Tageszeitung *Die Welt* formulierte, „selbst ein Modell freier Diskussion".[130]

1961), hg. von Ursula Heukenkamp, Bd. 2, Amsterdam 2001, S. 526–540. Vor allem die SBZ tat sich mit der Aussortierung von NS-Literatur hervor und entfernte bis 1947 etwa 15 Millionen Bände aus Bibliotheken (vgl. ebenda, S. 531). Vgl. auch Umlauff: *Der Wiederaufbau des Buchhandels*, a.a.O., Sp. 110–113 sowie Peitsch: *Nachkriegsliteratur*, a.a.O., S. 52–65.

[126] Vgl. Julia Frohn: *Literaturaustausch im geteilten Deutschland, 1945–1972*, Berlin 2014, S. 28f.

[127] Peitsch: *Politisierung der Literatur oder ‚geistige Freiheit'*, a.a.O., S. 166.

[128] Vgl. Umlauff: *Der Wiederaufbau des Buchhandels*, a.a.O., Sp. 102f.

[129] Ebd., Sp. 69.

[130] Helmut Peitsch: *Vom Faschismus zum Kalten Krieg – auch eine deutsche Literaturgeschichte. Literaturverhältnisse, Genres, Themen*, Berlin 1996, S. 110.

Die alliierten Besatzungsmächte sicherten sich zudem, wie bereits angedeutet, das Monopol darüber zu entscheiden, wem Zugang zu diesem regulierten Markt gestattet wurde, sei es in Form von Anstellungen und leitenden Positionen, oder in Form von Publikationsmöglichkeiten – wobei die Alliierten nicht immer die gleichen Vorstellungen teilten, wem die Mitarbeit letztlich ermöglicht werden sollte.[131] Allgemein lässt sich sagen, dass dieses Vorgehen für bereits etabliertere Schreibende, die sich zwischen 1933 und 1945 zu Konzessionen oder auch aktiver und überzeugter Mitarbeit am kulturpolitischen ‚Reich‘ genötigt oder bereitgefunden hatten, durchaus einschneidend war und zu den bereits erwähnten Rissen in der Berufsbiographie führen konnte. Für schriftstellerische Neulinge hingegen erwies es sich als mitunter glücklicher Umstand. Soweit sie unbelastet waren,[132] ergaben sich für sie gute Chancen auf einem Markt literarisch zu debütieren, der trotz der oftmals beklagten Beständigkeit etablierter Namen durchaus attraktiv war. Angenommene Bücher erschienen zumeist in der geltenden Regelauflage von 5000 Stück, was eine oftmals deutlich höhere Zahl darstellte als vergleichbare Einstiegsauflagen nach 1949 – und die Auflagenzahlen waren in der SBZ noch bedeutend höher, selbst Neulingen wie Wolfgang W. Parth konnten Erstauflagen von 10.000 Exemplaren und mehr verzeichnen.[133] Das galt auch für Lyrikbände, Nelly Sachs' *In den Wohnungen des Todes* von 1947 etwa

---

[131] Vgl. Peitsch: *Nachkriegsliteratur*, a.a.O., S. 53–55, der u.a. nachzeichnet, wie unterschiedlich die Beurteilungen von Autoren wie Ernst Jünger und Hanns Johst in den einzelnen Besatzungsgebieten ausfiel.

[132] Wenig verwunderlich betonten nachgerade jene Autorinnen und Autoren, deren Beurteilung in die weiten Ebenen moralischer Grauzonen fiel, ihre Mitwirkung an Maßnahmen und Vorgaben der *Re-Education*; manchmal taten auch andere ihnen diesen Gefallen. So etwa bei Hermann Stahl, der noch 1937 den Immermann-Preis gewonnen hatte und während der gesamten NS-Zeit hindurch publizieren konnte, und in dessen erster Nachkriegsveröffentlichung (*Eine ganz alltägliche Stimme. Novellen und Erzählungen*, Düsseldorf 1947) ein Hanskarl Otto in seinem Nachwort schreibt, Stahl wollte mit diesem Buch zugleich „einen Beitrag leisten zur Umwandlung der deutschen Mentalität". Ebd., S. 360.

[133] Vgl. Peitsch: *Nachkriegsliteratur*, a.a.O., S. 63f. Zu Wolfang W. Parth siehe das entsprechende Kapitel dieser Arbeit.

wurde in einer Auflagenhöhe von 20.000 Stück vertrieben.[134] Allerdings erschien der Band nur in der SBZ, was unterstreicht, wie schwierig der Vertrieb von Büchern über die Zonengrenzen hinaus war.

So plural und durchmischt die Zusammensetzung der dadurch mit vielfältigen Reibungs-, Konflikt-, aber eben auch Kontaktflächen ausgestatten Nachkriegsgesellschaft selbst war,[135] so bunt zeigt sich nach einer kurzen Nullphase und trotz mitunter aufreibender Material- und Beschaffungsprobleme das literarische Leben jener Jahre. Trotz materieller Schwierigkeiten sowie der skizzierten weitreichenden Reglementierungen durch die Besatzungsmächte bestätigt eine Sichtung des Publikationsgeschehens, die sich nicht mit dem Blick auf wenige große Namen begnügt, den Eindruck auffallender Vielfalt – auch und gerade angesichts der Tatsache, dass ehemalige Zentren des deutschen Buchmarkts wie etwa Leipzig zerstört und die bedeutendsten Literatinnen und Literaten exiliert wurden und eine nicht zu leugnende Epigonenschwemme den Eindruck qualitativer Unzulänglichkeit provoziert. Nicht nur das aufstre-

---

[134] Vgl. Leonard Olscher: *Der mühsame Weg von Nelly Sachs' Poesie ins literarische Bewusstsein*, in: *Die Resonanz des Exils. Gelungene und mißlungene Rezeption deutschsprachiger Exilautoren*, hg. von Dieter Sevin, Amsterdam 1992, S. 267–285, hier S. 271.

[135] Dies zeichnen vor allem Harald Jähner und Atina Grossmann nach. Grossmann hebt dabei vor allem die „heiklen Begegnungen" (Grossmann: *Juden, Deutsche, Alliierte*, a.a.O., S. 12) zwischen den besiegten Deutschen und den Juden hervor, die den Holocaust überlebt hatten und mit ihren ehemaligen Peinigern häufig noch über mehrere Jahre hinweg im gleichen Land zusammenlebten, wenn auch zumeist in separaten DP-Lagern. Grossmann konstatiert: „So unfassbar es war, dass die europäischen Juden eine systematische Vernichtung erfahren hatten, so war es in den Nachkriegswirren zuweilen beinahe ebenso schwer, zu begreifen, dass es tatsächlich Überlebende gab, die Anerkennung und Fürsorge brauchten." Ebd., S. 217. Jähner schreibt: „Man stellt sich die Nachkriegsjahre bitterernst vor. Das Bild, und mehr noch das Nachbild der Zeit, wird geprägt von verhärmten Gesichtern und verzweifelten Mienen. Das ist wenig verwunderlich angesichts der herrschenden Not und Unsicherheit. Und doch wurde unglaublich viel gelacht in diesen Jahren, getanzt, gefeiert, geflirtet und geliebt." Jähner: *Wolfszeit*, a.a.O., S. 121. Getanzt, geflirtet und musiziert wurde nicht zuletzt mit den amerikanischen Besatzungstruppen, wobei vor allem der Jazz zur kulturellen Revitalisierung beitrug.

bende Zeitungs- und Zeitschriftenwesen, dessen Schnittstelle zwischen Selbstreflexionsbestrebungen der Deutschen und Informationsdistribution der alliierten Militärregierung ihm zu einem besonders privilegierten Status verhalf, auch die Produktion von Romanen, Erzählungen, Lyrik (teilweise wortreich beklagt) und Dramen nahm verblüffend rasch wieder Fahrt auf. Zwar führt nichts an der Erkenntnis vorbei, dass eine nicht zu unterschätzende Anzahl der publizierenden Autorinnen und Autoren zum Kernbestand einer seit der Weimarer Republik gedruckten Literaturszene gehörte, von Werner Bergengruen, Ina Seidel, Hans Carossa zu Kasimir Edschmid oder Frank Thiess, Reinhold Schneider und Ernst Wiechert,[136] zu denen (in kleinerer Anzahl) die Emigrantinnen und Emigranten noch hinzukamen, etwa Thomas Mann, Alfred Döblin oder Anna Seghers. Zugleich waren die Jahre des Interregnums aber auch der literaturgeschichtliche Ort einer Vielzahl von Karrierestarts, so von Arno Schmidt, Claus Hubalek oder Heinrich Böll; im Falle etwa von Irmgard Keun waren sie die letzten Jahre produktiver Arbeit und öffentlicher Wahrnehmung, bevor die Schriftstellerin zunehmend in Vergessenheit geriet.[137]

Aufgrund der marktwirtschaftlich eingehegten Dynamik des Buchmarktes boten sich Schreibenden zudem Veröffentlichungsmöglichkeiten abseits ökonomischer, ja selbst rein ästhetischer Überlegungen. So debütierten zwischen 1945 und 1949 Autorinnen und Autoren, deren lyrische, dramatische oder erzählerische Produktionen über eben dieses Debüt oftmals nicht hinauskamen – und wahrscheinlich auch nicht hinauskommen

---

[136] Vgl. Rolf Günter Renner: *Der Mythos des Neubeginns: Zu Situation, Vorgeschichte und Entwicklungsperspektiven der deutschen Literatur nach 1945*, in: *Ende des Dritten Reiches – Endes des Zweiten Weltkriegs. Eine perspektivische Rückschau*, hg. von Hans-Erich Volkmann, München 1995, S. 795–834, hier S. 799f.

[137] Irmgard Keun arbeitete zwischen 1946 und 1948 für den Nordwestdeutschen Rundfunk in Köln, wo unter anderem ihre Satiren *Wolfgang und Agathe* ausgestrahlt wurden, scharfzüngige Dialoge zwischen zwei Eheleuten, die sich in die unmittelbare Gegenwart der frühen Nachkriegsjahre einklinkten und etwa in *Erna hat einen Engländer* die Beziehung zwischen einer jungen Deutschen und einem Besatzungssoldaten aufgreifen. Vgl. Irmgard Keun: *Wenn wir alle gut wären*, hg. von Wilhelm Unger, München 1993, S. 172–178. Auch Keuns letzter Roman *Ferdinand, der Mann mit dem freundlichen Herzen* (Düsseldorf 1950) ist eine Auseinandersetzung mit den Jahren des Interregnums.

sollten und sich in einer Mischfunktion von Eigentherapie und beruflichen Suchbewegungen erschöpften.[138] In einigen Fällen fungierten die Veröffentlichungen während dieser Zwischenzeit als Auftakt wenn nicht zu schriftstellerischen, so doch zu journalistischen beziehungsweise kulturpolitischen Karrieren oder Werdegängen als Übersetzerinnen und Übersetzer.[139] Zugleich stellen diese vier Jahre zwischen Kriegsende und der Gründung der beiden deutschen Staaten für eine nicht zu unterschätzende Anzahl an Autorinnen und Autoren einen neuen oder den einzigen Karrierehöhepunkt dar – zumindest, wenn man diese Karriere tatsächlich auf die schriftstellerische Leistung bezieht und nicht später hinzugekommene öffentlichkeitswirksame Positionen in literarischen Institutionen berücksichtigt. Das gilt etwa für Hermann Kasack, der in der fraglichen Zeit mit zwei Veröffentlichungen hervortrat, von denen die eine, der Roman *Die Stadt hinter dem Strom* (1947), über Generationengrenzen hinweg positive Aufnahme fand. Es gilt gleichermaßen für Elisabeth Langgässer, deren früher Tod 1950 eine weitere literarische Karriere beendete, oder für Ernst Kreuder und Theodor Plievier; Ersterer erlebte während des Interregnums seinen „Durchbruch",[140] Letzterer konnte vor allem durch seinen Roman *Stalingrad* (1945) an seine Erfolge aus den

---

[138] So auch Vormweg: *Literatur war ein Asyl*, a.a.O., S. 204. Es habe vor allem 1946 und 1947 eine „außerordentlich große Zahl von Erstlingswerken" gegeben, „die in den meisten Fällen die einzigen Werke ihrer vom Drang der Zeit überwältigten jungen Autoren blieben."

[139] So etwa bei Egon Strohm, der 1946 seinen einzigen, umfangreichen Roman *Schmerzvolle Reise* (Stuttgart 1946) veröffentlichte und danach in erster Linie als Übersetzer aus dem Englischen arbeitete. Der Roman ist ein gutes Beispiel dafür, wie in vermeintlich historischer Rahmung (die Handlung spielt vor allem in den 1920er Jahren) zeitgenössische Probleme aufgegriffen und in den größeren Komplex der Vergangenheitsbewältigung integriert werden. Auch die Erfahrung des Interregnums als besonderer historische Topologie scheint ihren Niederschlag gefunden zu haben; über die frühen 1920er Jahre heißt es jedenfalls, es sei eine Zeit gewesen, „in der das Alte starb und das Neue noch nicht geboren war". Ebd., S. 74.

[140] Stephan Rauer: *Ernst Kreuder. Vorgeführtes Erzählen, vorgeführtes Erinnern (1933–1959)*, Bielefeld 2008, S. 114.

frühen 1930er Jahre anknüpfen.[141] Keinem von beiden gelang es jedoch, diese Erfolge langfristig zu festigen; gerade Kreuder, 1953 noch mit dem Büchner-Preis ausgezeichnet, verschwand trotz kontinuierlichen Veröffentlichens in der Vergessenheit.

Dass also die Jahre zwischen 1945 und 1949 trotz allem nicht im gleichen Maße blinde Flecke der Literaturgeschichte geblieben sind, wie es Assmann für die Historiographie moniert hat, liegt zum einen an der Rolle, die der Literatur im Prozess des politischen und moralischen Wiederaufbaus zugesprochen wurde. Zum anderen aber auch an dem Umstand, dass in dieser Zeit einige für die Werkbiographien berühmter Autorinnen und Autoren zentrale Texte publiziert wurden – nicht selten solche, die zugleich den Anspruch erhoben (oder mit einem solchen verbunden wurden), die Gegenwart gleichermaßen intellektuell wie ästhetisch zu durchdringen und zu deuten. 1947 erscheint Thomas Manns großer Altersroman *Doktor Faustus*, gleichermaßen eine Parabel auf die (politische) Verführbarkeit und eine historisch informierte Selbstkritik,[142] die sich auf vielen hunderten Seiten durch ein weitreichendes Motivgeflecht deutscher Geistesgeschichte windet. Wie erwähnt, veröffentlichten Hermann Kasack und Elisabeth Langgässer Romane, die ihrerseits Deutungsangebote für die Gegenwart bereitstellten und, etwa im Falle von Kasacks *Stadt hinter dem Strom*, als großangelegte Analogien auf die eigene Trümmerrealität gelesen wurden.[143] Langgässers opulenter Roman *Das unauslöschliche Siegel* operierte demgegenüber stärker mit einer christlichen Sinnfolie, die es (ähnlich wie bei Kasack) erlaubte, zentrale politische Konfliktfelder der jüngsten Vergangenheit ins überzeitlich Me-

---

[141] Vgl. Wolfgang Haug: *Theodor Plievier. Anarchist ohne Adjektive. Der Schriftsteller der Freiheit. Eine Biographie*, Bodenburg 2020.

[142] Vgl. Philipp Gut: *Thomas Manns Idee einer deutschen Kultur*, Frankfurt a. M. 2008, S. 329–360.

[143] Vgl. Christiane Leiteritz: *Gespensterwelten: Heterotopien bei Kasack, Sartre und Wilder*, in: *Gespenster. Erscheinungen, Medien, Theorien*, hg. von Moritz Baßler/Bettina Gruber/Martina Wagner-Egelhaaf, Würzburg 2005, S. 253–265, hier S. 259, die schreibt, Kasack präsentiere in seinem Roman *Stadt hinter dem Strom* ein „Zwischenreich", in der die Nachkriegsrealität Deutschlands gespenstisch gespiegelt werde.

taphysische zu verschieben;[144] zugleich griff der Roman aber auf Elemente der ästhetischen Moderne zurück (was erst in den letzten Jahren Berücksichtigung erfuhr[145]) und steht so exemplarisch für eine von mehreren formalen Kontinuitäten nach Kriegsende.[146] Ähnlich wie bei Kasack, der von 1953 bis 1963 Präsident der Deutschen Akademie für Sprache und Dichtung war, ist Langgässers literarisches Werk heute lediglich einem kleinen Kreis von Leserinnen und Lesern bekannt, ihre wichtigsten Texte sind häufig nurmehr antiquarisch zu beziehen.

Ergänzen ließen sich dergleichen großangelegte Bearbeitungen der unmittelbaren Gegenwart und jüngsten Vergangenheit etwa durch den vollends metaphysikfreien (und weitaus unbekannteren) Roman *Totentanz* des zum Zeitpunkt des Erscheinens 1948 fast 70-jährigen Bernhard Kellermann. Der Autor, der bereits im Kaiserreich mit seinen Romanen *Yester und Li* (1904) sowie dem mehrfach verfilmten *Der Tunnel* (1913) große Erfolge verbuchen konnte, entwirft in *Totentanz* eine Deutung der jüngsten deutschen Vergangenheit entlang der Geschichte zweier Brüder, von denen der eine im innerdeutschen Widerstand aktiv ist, der andere sich hingegen mit den neuen Machthabern arrangiert und politische wie moralische Bedenken seinem als bürgerlich apostrophierten Ehrgeiz und Aufstiegswillen unterordnet. Karrierismus und Opportunismus des Hauptprotagonisten werden greifbar als Attribute des Durchschnittsdeutschen, die die ‚Katastrophe' des Zusammenbruchs psychologisch erklärbar machen sollen. Demgegenüber akzentuiert der ungleich kürzere

---

[144] Vgl. Manfred Karnick: *Krieg und Nachkrieg: Erzählprosa im Westen*, in: *Geschichte der deutschen Literatur von 1945 bis zur Gegenwart*, hg. von Wilfried Barner, 2. aktual. u. erw. Aufl., München 2006, S. 31–75, hier S. 43–50.

[145] Vgl. Stefan Scherer/Gustav Frank: *Komplexer Realismus als nachexpressionistische Konstellation. Elisabeth Langgässers Romane (von 1936 und 1946)*, in: *Realismus nach den europäischen Avantgarden. Ästhetik, Poetologie und Kognition in Film und Literatur der Nachkriegszeit*, hg. von Claudia Öhlschläger/Lucia Perrone Capano/Vittoria Borsò, Bielefeld 2012, S. 13–40.

[146] Zusätzlich veröffentlichte Langgässer 1947 auch einen Band mit Kurzgeschichten (*Der Torso*, Hamburg 1947), wodurch sie ihr formalästhetisches Repertoire um eine für die unmittelbare Nachkriegszeit wichtige Gattung erweiterte.

Roman *Der Zusammensturz* (1948) von Herbert Eulenberg eine Perspektive des Erduldens und Aushaltens, situiert diese aber wie Kellermann innerhalb einer bürgerlichen Familie. Von der literaturwissenschaftlichen Forschung sind diese Texte kaum wahrgenommen worden,[147] was mit einigen wenigen Ausnahmen auch für den opulenten, gerade nicht aufs Zeitgeschehen rekurrierenden Roman *Der blaue Kammerherr* (1949) von Wolf von Niebelschütz gilt, der als Vertreter einer konservativen, dezidiert auf sprachliches Dekor ausgerichteten Literatur einen starken, aber heute weitestgehend unbekannten Gegenentwurf zu Formen belletristischer Gegenwartsdiagnostik vorlegte.[148] Diese kurze Skizze verdeutlicht bereits, dass zum einen die Rede von ‚der' Literatur des Interregnums nicht den Eindruck erwecken soll, als läge für diese Zeit eine Art einheitliche Erscheinungsform vor – das Gegenteil ist mithin der Fall. Zum anderen sollte deutlich geworden sein, dass es auch weiterhin einen Bedarf an literaturwissenschaftlicher und literaturhistorischer Auseinandersetzung mit dieser Zeit gibt, auch und gerade abseits historisch durchsetzungsstarker Texte.

1.5 Corpus Delectum: Eine Literaturgeschichte des zweiten Rangs?

Kontinuität und Diskontinuität, Wandel, Transformation, Übergang und Erneuerung sind als zentrale Schlagworte, als Kategorien historischer Selbstwahrnehmung sowie als (kultur-)politische Forderungen in fast allen Ausprägungen der *Literatur der Übergangszeit*[149] – so der Titel einer Sammlung literaturkritischer Texte von Hans Mayer aus dem Jahr 1949 – präsent. In der konkreten Ausprägung der Denkfigur des Dazwischen sind sie zentraler Untersuchungsgegenstand dieser Arbeit, wobei davon ausgegangen wird, dass dieser spezifische Diskurskomplex nicht lediglich literaturintern beobachtet und kommentiert, sondern die zu leistende Sys-

---

[147] Vgl. beispielsweise die Ausführungen von Monika Melchert: *Die Zeitgeschichtsprosa nach 1945 im Kontext der Schuldfrage*, in: *Deutsche Erinnerung. Berliner Beiträge zur Prosa der Nachkriegsjahre (1945–1960)*, hg. von Ursula Heukenkamp, Berlin 2000, S. 101–166, hier S. 107–110.
[148] Vgl. etwa Ruth Schori Bondeli: *Der postmoderne Kammerherr. Niebelschütz und sein unzeitgemäßer Nachkriegs-Roman*, Bern u.a. 2005.
[149] Hans Mayer: *Literatur der Übergangszeit. Essays*, Berlin 1949.

temtransformation in der Literatur mitvollzogen und also gesellschaftlich mitgestaltet wird. Es gibt ein Entsprechungsverhältnis zwischen anvisiertem gesellschaftlichem Umbau auf der Makroebene sowie Wandlungspostulaten auf der Mikroebene einzelner Akteure und den Transitions- und Transformationserzählungen in literarischen Texten. Es kommt zu einer dezidierten Analogiebildung: In der Art und Weise, wie Figuren in literarischen Texten agieren, welche Wandlungen sie durchlaufen, welcher kommunikativer Praktiken sie sich bedienen und an welchen Orten und Räumen dies geschieht, spiegeln sich gesamtgesellschaftliche Prozesse wider und soll in diese Prozesse eingegriffen werden. Als Bestandteil der durch die Alliierten gesteuerten Kulturpolitik artikulieren literarische Texte einen operativen Gehalt und engagierten Charakter – wenn auch in zumeist bedeutend milderer Form, als dies etwa in wirkungszentrierten Hochphasen wie 1968 der Fall war, aber doch auch konkreter als etwa in der von Sartre ausgegebenen Formel, Literatur sei generell als Antidot zu gesellschaftlichen Entfremdungserfahrungen zu verstehen.[150] Es geht ihnen (in unterschiedlicher Intensität und Zielrichtung) um gesellschaftliche Außenwirkung.

Konzipiert man Literatur nicht lediglich als schlichte Abbildung gesellschaftlicher Kommunikation, sondern als „Darstellung des Gesellschaftlichen",[151] in der sich, wie es Niklas Luhmann formuliert hat, „Gesellschaft an sich selbst vollzieht",[152] wird deutlich, dass Literatur nicht nur die Räume des gesellschaftlich Sagbaren abmisst, sondern diese auch gleichzeitig formt und teilweise erst konstituiert. Es liegt ein inter-

---

[150] Vgl. Karl-Heinz Hucke/Olaf Kutzmutz: *Engagierte Literatur*, in: *Reallexikon der deutschen Literaturwissenschaft*, Bd. 1, Berlin, New York 1997, S. 446–447, hier S. 447. Diese letztlich politische Dimension bleibt auch dann erhalten, wenn man mit Hans Mayer annimmt, dass sich die Literatur nach 1945 durch einen „totalen Ideologieverdacht" auszeichnet, der sich aus der Erfahrung der ideologischen Indienstnahme der Literatur speist. Hans Mayer: *Deutsche Literatur seit Thomas Mann*, in: Ders.: *Zur deutschen Literatur der Zeit. Zusammenhänge, Schriftsteller, Bücher*, Hamburg 1967, S. 261–362, hier S. 305.

[151] Eva Horn: *Literatur. Gibt es Gesellschaft im Text?*, in: *Poststrukturalistische Sozialwissenschaften*, hg. von Stephan Moebius/Andreas Reckwitz, Frankfurt a. M. 2008, S. 363–381, hier S. 363.

[152] Niklas Luhmann: *Die Kunst der Gesellschaft*, Frankfurt a. M. 1995, S. 499.

dependentes Verhältnis zwischen Gesellschaft und Literatur vor; Literatur beobachtet systemspezifisch gesellschaftliche Kommunikation und speist diese Beobachtungen wieder in die gesellschaftliche Kommunikation ein. Sie bereichert den Prozess gesellschaftlicher Selbstbeobachtung, indem sie ihn anreichert – ein Prozess, den Louis Montrose mit der Figur des Chiasmus bezeichnet hat.[153] Die Art und Weise also, wie literarische Texte des Interregnums dieses in seiner besonderen Topologie beobachten, wirkt zugleich mit an der Erschaffung dieser Topologie.

Es sind also der Interregnums-Diskurs selbst und seine verschiedenen textlichen Erscheinungsformen, die den Textkorpus dieser Studie in einem ersten Schritt limitieren. Eine weitere Auswahl erfolgt über besondere Figuren des Dazwischen, deren Situierung in einem gesellschaftlichen Zwischenbereich sowie die durch sie verkörperten Wandlungspotentiale sie in den entsprechenden Texten zu exemplarischen Erscheinungen des Interregnums werden lassen. Im Zentrum stehen der Deserteur als Figur, die zwischen dem Militärischen und dem Zivilen angesiedelt ist, sowie der Werwolf; Letzterer meint dabei nicht das Monster aus dem Reich der Phantastik, sondern eine Partisanenfigur des nazistischen ‚Endkampfes', die ihrerseits eine liminale Erscheinung ist, hat sie sich doch durch den völligen Verzicht auf ethische Verpflichtungen (außer der Ethik des Tötensollens) aus dem Bereich menschlicher Sozialität exkludiert, wird also zum ‚Wolf' in Menschengestalt. Der Rolle, die diese beiden Figuren des Dazwischen im Interregnums-Diskurs spielen, ist das erste größere Analysekapitel gewidmet.

Ein weiterer Analysekomplex widmet sich der Frage, wie die in dem Projekt der (Re-)Demokratisierung Deutschlands einbezogene Förderung, Erlernung und Reaktivierung zentraler kommunikativer Praktiken in literarischen Texten ihren Niederschlag finden. Besonders augenscheinlich sind jene Momente, in denen innerhalb von Figurendialogen die Bedeutung demokratischen Sprechens ausgelotet wird, also durch intradiegetisches Geschehen und Agieren der Figuren einen Nexus zum zeitgenössischen Kontext hergestellt und der Anspruch der Texte auf Zeitgenossenschaft unterstrichen wird. Figurendialoge greifen aber nicht nur zentrale Elemente des Interregnums-Diskurs auf, sondern stellen be-

---

[153] Louis Montrose: *Die Renaissance behaupten. Poetik und Politik der Kultur*, in: *New Historicism. Literaturgeschichte als Poetik der Kultur*, hg. von Moritz Baßler, Frankfurt a. M. 1995, S. 60–93, hier S. 67.

reits durch ihre Form selbst einen Bezug zu diesem her; das Dialogische der hier untersuchten Texte führt seinerseits zentrale kommunikativen Praktiken der Re-Demokratisierung vor. Nicht nur die Figuren debattieren und diskutieren, sondern auch der Text als Ganzes – wobei dieser Anspruch zwar mitunter aufgestellt, aber nicht grundsätzlich eingehalten wird (mitunter wird er bewusst negiert). Diesen Praktiken des Dazwischen gilt das zweite Analysekapitel.

Zuletzt treten hierzu Texte, die die Rede vom Interregnum als Schwebezustand zwischen vergangenem Alten und noch zu gewinnendem Neuen in ihre Form integrieren; in dem entsprechenden Analysekapitel stehen vor allem deren (Text-)Verfahren im Vordergrund, mittels derer Erfahrungsqualitäten des Interregnums etwa in der Ausflaggung von Ambivalenzen, Uneindeutigkeiten oder formaler Auflösungserscheinungen greifbar werden. Die Interregnums-Mentalität und die mit ihr verbundenen Gefühlsdimensionen – Orientierungsverlust, Kontingenzerfahrungen, aber auch Behauptungs- und Aufbruchspathos – sedimentieren sich in der Form dieser Texte, die deutlicher als andere Veröffentlichungen auch den Anschluss an ästhetische Entwicklungen der Vorkriegszeit suchen und herstellen. Diesen Verfahren des Dazwischen ist das letzte Kapitel gewidmet.

Diese drei Säulen strukturieren die Studie und fungieren zugleich als Auswahlkriterium hinsichtlich möglicher Texte. Dass die Rekonstruktion eines spezifischen Interregnums-Diskurses in erster Linie Texte ermittelt, die diesen besonders deutlich sichtbar werden lassen, versteht sich von selbst. Die Frage nach den Konturen des dieser Studie zugrunde liegenden Textkorpus wird aber noch von weiteren Überlegungen gespeist. Ähnlich der Zusammensetzung des Buchmarktes nach 1945 fokussieren literaturgeschichtliche Zugriffe auf die Interregnumszeit – so sie sich nicht mit Pauschalurteilen über das Ausbleiben des ‚großen' Nachkriegsromans begnügen – auf etablierte Autorinnen und Autoren sowie auf erfolgreiche oder in der Literaturgeschichte selbst präsent gebliebene Texte. Die Berechtigung für dieses Vorgehen soll nicht rundherum bestritten werden, es gilt allerdings jene Konsequenz zu reflektieren, die mit einer Literaturgeschichte der ‚großen Linien' einhergeht und für die Hans Mayer die zwar rabiate, aber zutreffende Formulierung von der „Planierungsarbeit"[154] gefunden hat. Die Selektion des historischen Blicks gerät nicht selten zum Breschenschlagen ins Textdickicht, zu der sich die Forschenden zumeist aus pragmatischen Gründen (aber auch aus Gründen literaturwissenschaftlichen Prestiges) genötigt sehen. Das Problem großer Textmengen ist auch dann präsent, wenn man sich – so wie diese Studie – auf einen verhältnismäßig kurzen Zeitabschnitt mit einer eher überschaubaren Produktionsmaße konzentriert. Auch dann zeigt sich das, was Margaret Cohen als „the great unread"[155] bezeichnet hat, die große Menge ungelesener Texte, die den (zumeist vollständig unbekannten) Hintergrund literaturgeschichtlicher Darstellungen bildet – und die etwa Franco Moretti als Argumentationsstütze für eine quantitative Literaturwissenschaft fruchtbar gemacht hat.[156] Angesichts von Mayers Warnung und Cohens „great unread" setzt diese Arbeit auf eine Textauswahl jenseits des historischen Kanons. Während mit Hans Werner Richter, Leonhard Frank und Walter Kolbenhoff Autoren diskutiert werden, die ihren Namen (in unterschiedlicher Intensität) in der Literaturgeschichte behaupten konnten, und sei es nur in Form der Fußnote, gilt für die übrigen Namen – Dieter Meichsner, Georg Hensel, Rudolf Krämer-Badoni, Martha Saalfeld, Wolfgang W. Parth, Heinz Rein –, dass sie zumeist unterhalb der Schwelle literaturwissenschaftlicher Wahrnehmung verblieben. Es sind Autorinnen und Autoren des zweiten Rangs.

Anders als etwa Horst Denkler in seiner ergiebigen Studie[157] zu verhinderten Werkbiographien nicht-faschistischer Autorinnen und Autoren der NS-Zeit, die ihrerseits einen literarhistorisch marginalisierten, allerdings bedeutend umfangreicheren Textkorpus in den Blick nimmt, optiert diese Arbeit für ein detaillierteres *close reading* der selegierten Texte – was der zugleich anvisierten Vergrößerung des philologischen Radius Grenzen setzt. Es geht dieser Studie darum, die vielfältige Existenz von Schriftstücken nicht nur zu konstatieren, sondern sie auch in Auswahl zu

---

[154] Hans Mayer: *Die umerzogene Literatur. Deutsche Schriftsteller und Bücher 1945–1967*, Berlin 1988, S. 9.
[155] Margaret Cohen: *The Sentimental Education of the Novel*, 2. Aufl., Princeton 2002, S. 23.
[156] Vgl. u.a. Franco Moretti: *The Slaughterhouse of Literature*, in: *Modern Language Quaterly* 61 (2000), S. 207–222, hier S. 208.
[157] Horst Dekler: *Werkruinen, Lebenstrümmer. Literarische Spuren der „verlorenen Generation" des Dritten Reiches*, Tübingen 2006.

lesen, um sich nicht mit allzu allgemeinen Aussagen über deren ästhetischen Wert beziehungsweise deren Stellung im literarischen Feld zu begnügen. Das Ziel ist es schließlich, einen Diskurskomplex aufzuarbeiten, der bis dato lediglich in Stichworten angegangen wurde, und der Geschichte der deutschen Nachkriegsliteratur einige nur unzureichend bekannte Nuancen hinzuzufügen.

Auch so aber bleibt das Problem großer, ungelesener Textmassen bestehen. Es rückt nachgerade erst wirklich in den Fokus, sobald die Such- und Lesebewegungen der Forschenden kanonisierte Areale verlassen und sich mit der Gefahr konfrontiert sehen, in der beständig wachsenden Anzahl potentiell relevanter Klein- und Kleinstpublikationen den Überblick zu verlieren. Der Reiz diese Texterkundungen abseits der von Mayer konstatierten planierten ‚Breschen' ist selbst nicht abseitig, sondern verspricht, bereits bekannte literaturhistorische Ergebnisse zu erhärten, zu korrigieren, zu relativieren, auf alle Fälle aber komplexer zu machen. Relevanz jedenfalls ist nur vordergründig eine Frage etablierter Namen. Und eine Literaturgeschichte des zweiten Ranges ist keine zweitrangige Literaturgeschichte.

1.6   Aufbau der Arbeit

Die folgende Untersuchung gliedert sich in drei Teile: Einem Kapitel zu grundlegenden theoretischen Überlegungen, mittels derer die Transitions- und Transformationserzählungen der analysierten Romane und Erzählungen genauer bestimmt werden sollen, folgt eine Lektüre ausgewählter Zeitschriftenartikel, die dazu dient, die Parameter des Interregnums-Diskurses exemplarisch zu ermitteln. Daran schließt sich die Analyse von insgesamt elf Publikationen aus dem Zeitraum zwischen 1945 und 1949 an,[158] anhand derer das Erkenntnisinteresse der Arbeit, nämlich inwiefern

---

[158] Der Untersuchungszeitraum orientiert sich augenscheinlich an nicht-literarischen, sondern gesellschaftspolitischen Daten (Kriegsende 1945 sowie Gründung der zwei deutschen Staaten 1949), die Anfang und Ende des deutschen Interregnums markieren. Es steht außer Frage, dass auch nach 1949 Texte publiziert wurden, die als Untersuchungsgegenstand dieser Arbeit Relevanz hätten behaupten können. Der Zeitraum erklärt sich zu gleichen Teilen aus arbeitsökonomischen wie historisch-strukturellen

der soziopolitische Zustand des Interregnums in diesen Veröffentlichungen mit den Mitteln der Literatur beobachtet, kommentiert und in die Formsprache der Texte selbst aufgenommen wird, systematisch entfaltet werden soll.

Das theoretische Design der Arbeit folgt dabei einem bewusst eklektischen Zugriff, der aber nicht willkürlich ausfällt, sondern sich über die Begriffstrias von ‚Transition', ‚Raum' und ‚Praxis' motiviert. Wenn das Interregnum der historische Ort eines Übergangs- und Wandlungsprozesses ist, dann entsteht der Bedarf nach einem Vokabular, mit dem sich dieser Prozess beschreiben lässt. Hierzu soll auf Übergangstheorien aus der Ethnologie respektive der Kulturanthropologie zurückgegriffen werden. Die Rede von Übergang und Transformation ist notwendigerweise rückgekoppelt an die Frage nach dem Raum, in dem diese Prozesse stattfinden. Unter Rekurs auf ein in den vergangenen zwei Jahrzehnten erarbeitetes Theorieformat, in dem davon ausgegangen wird, dass sich soziale Räume durch ein bestimmtes Handeln erst konstituieren, sie aber zugleich dieses Handeln mitbestimmen, soll ein Begriff des Raumes erarbeitet werden, der ein Moment von Aktivität und Subjektformung akzentuiert. Dieser Aspekt führt zuletzt zum Begriff der Praxis beziehungsweise der Praktiken als einer besonderen Form kollektiven Handelns. Ähnlich wie die Raumtheorien haben die Praxistheorien in den vergangenen zwei Jahrzehnten eine neue Blütezeit erfahren, was zur Ausdifferenzierung eines Praxisbegriffs geführt hat, mit dem sich vor allem Aktivitätsmuster beschreiben lassen, in denen sich nicht nur ein bestimmtes, erlernbares Praxiswissen (ein Know-how) ausspricht, sondern die außerdem ihrerseits einen Nexus behaupten zwischen Handlungsformen und Subjektbildung. Das ist für diese Studie insofern relevant, als davon ausgegangen wird, dass eine zentrale Aufgabe des Interregnums darin bestand, neue oder praxeologisch verschüttete kommunikative Praktiken zu etablieren beziehungsweise zu reaktivieren.

Die sich anschließende Lektüre ausgewählter Zeitschriftenartikel macht es sich zur Aufgabe, in einem für die unmittelbare Nachkriegszeit wichtigen Medienformat Artikulationsformen der Denkfigur des Dazwischen – Bilder, Motive, Semantiken, Figuren – herauszustellen, um so gleichsam die Analyse der belletristischen Texte vorzubereiten. Die Zeit-

---

Gründen; der Buchmarkt nach 1949 war ein ungleich anderer als jener der Interregnums-Zeit.

schriftenlektüre teilt sich in drei Unterkapitel, in denen zunächst die raumzeitliche Dimension der Denkfigur nachgezeichnet wird – das Nachdenken über das Interregnum speist sich ja nicht zuletzt aus dessen besonderer Topologie –, um sodann zu untersuchen, wie einzelne Artikel die Notwendigkeit neuer kommunikativer Praktiken reflektieren und zugleich einen bestimmten Wandlungstopos bedienen, der sich in der Vorstellung von einem neuen, demokratisch-zivilisierten Menschen zeigt.[159] Dem Soldaten als anthropologischer Leitfigur des Nazismus wird so die Figur des politischen Bürgers, des *Citoyens*,[160] entgegengestellt, der Verwilderung und ‚Vertierung' des Menschen durch die Apotheose der Gewalt im Nationalsozialismus die Re-Humanisierung durch eine toleranzbasierte, Differenzen aushaltende demokratische Haltung. Die Frage, in welcher Form die Romane und Erzählungen, die den Korpus dieser Studie bilden, diese Aspekte aufgreifen und ästhetisch verhandeln, die Untersuchung der Art und Weise, wie sie also mit den Mitteln literarischer Kommunikation auf die von den Zeitschriftenartikeln konturierten Gegenwartsprobleme rekurrieren, sie ergänzen, bestätigen oder verwerfen, bildet den sich anschließenden interpretatorischen Schwerpunkt.

---

[159] Vgl. hier auch die Überlegungen zum ‚neuen Menschen' bei Assmann/Frevert: *Geschichtsvergessenheit. Geschichtsversessenheit*, a.a.O., S. 104–112.

[160] Es soll mit dieser Begriffsverwendung keiner historisch unreflektierten Idealisierung Vorschub geleistet werden; dass, wie Klaus R. Scherpe schreibt, nicht „der Citoyen der Französischen Revolution, dem die Ideale von Freiheit, Gleichheit und Brüderlichkeit zugedacht waren", sich emanzipiert habe, „sondern der Bourgeois, der die Ideale brauchte zur Verherrlichung seiner ökonomischen und politischen Macht", bildet auch den Hintergrund der politischen Diskurse zwischen 1945 und 1949. Trotzdem gilt für diese Zeit im Besonderen, dass diese Ideale „ihre Faszination, ihre Kraft zum Widerspruch" beibehalten hatten, „obwohl sie sich an der eigenen Widersprüchlichkeit längst hätten auflösen müssen." Klaus R. Scherpe: *Poesie der Demokratie. Literarische Widersprüche zur deutschen Wirklichkeit vom 18. zum 20. Jahrhundert*, Köln 1980, S. 7.

2. Übergänge. Grundlegende Überlegungen zur Theorie-Trias Transition, Raum und Praxis

2.1 doing change: Prozessuale Logik des Dazwischen

Da das Interregnum als soziopolitischer Zeitabschnitt konzipiert wird, in dem es vor allem darum geht, einen bestimmten Wechsel zu bewerkstelligen, ist es essenziell, die raumzeitlichen Ausprägungen, in denen dieser Wechsel vollzogen wird, in den Blick zu nehmen. Neben der Konturierung des Settings, in dem Transitionen stattfinden, muss außerdem die prozessuale Logik von Transitionen selbst untersucht werden. Dem Wo und Wann respektive Wie lange der Analyse von Transitionsmomenten muss demnach das Wie ihres Verlaufes hinzugefügt werden, um schließlich die Parallelität von Übergang und Wandlung illustrieren zu können. Während die Frage nach den Räumen des Dazwischen im folgenden Kapitel noch genauer in den Fokus gerückt wird, steht zunächst Victor Turners kulturanthropologisches Liminalitätskonzept zur Debatte.

2.1.1 „A moon between phases" – das Liminalitätskonzept Victor Turners

Turners Werk lässt sich ohne große Übertreibung als ein einziger, groß angelegter Versuch interpretieren, Transitionen als grundlegendes Element menschlicher Gemeinschaften, wenn nicht der *conditio humana* selbst zu beschreiben. Dabei hat vor allem der von ihm popularisierte Begriff der Liminalität die Diskussion um die Bedeutung von Transitionsmomenten auf individueller und gesellschaftlicher Ebene bereichert.

Obwohl die Rede von der Liminalität beziehungsweise von Schwellenphasen (von lat. *limes*, Schwelle) untrennbar mit dem Namen des schottisch-amerikanischen Kulturanthropologen Turner verknüpft ist, geht das Konzept selbst auf den in Deutschland geborenen französischen Ethnologen Arnold van Gennep und dessen 1909 erstmals publiziertes Werk *Übergangsriten* (frz. *Les rites des passages*) zurück. Van Gennep, der mittlerweile als einer der Väter der Ritualtheorie firmiert,[1] untersucht in seinem Hauptwerk, wie in tribalen Kulturen Übergänge von einem sozio-kulturell definierten Zustand in einen anderen durch Riten kontrolliert und bewältigt werden.[2] Klassischerweise zeigt sich die Notwendigkeit ritueller Steuerung von Übergängen im Überschreiten von Grenzen zwischen profanen und sakralen Bereichen. Die prinzipielle Andersartigkeit beider Welten bringe es mit sich, so van Gennep, dass „der Übergang von der einen zur anderen nicht ohne eine Zwischenstufe erfolgen kann."[3] Grundsätzlich geht van Gennep davon aus, dass Übergänge wesentlicher Bestandteil aller Gesellschaften sind, und zwar aus einer grundsätzlichen Spannung zwischen relativ stabilen sozialen Strukturen und permanenten, durch das Leben selbst bedingten Bewegungen von Individuen oder Gruppen heraus.[4] Um die Dynamik des Lebens mit der Statik der Sozialordnung in Einklang zu bringen, bedarf es rituell hergestellter Zwischenräume, durch die die Übergänge von „einer genau definierten Situation in eine andere, ebenso genau definierte"[5] bewerkstelligt werden sollen. Übergangsritualen kommt so letztlich eine soziale Funktion zu, indem sie zwischen zwei Bereichen, dem Statischen und dem Dynamischen beziehungsweise zwischen dem Heiligen und dem Profanen, vermitteln und damit die soziale Struktur stabilisieren. Mit dieser ordnungsstiftenden und

---

[1] Vgl. Ulrike Stohrer: Väter der Ritualtheorie. Arnold van Gennep und die Übergangsriten und Victor Turners Begriff der Liminalität, in: journal-ethnologie.de, 2008, Schwerpunktthema: Ethnologische Theorien, http://www.journal-ethnologie.de (letzter Zugriff 15.02.2024).

[2] Vgl. Michael Prosser-Schell: *Arnold van Gennep (1873–1957): Aspekte des Weiterwirkens seiner Konzepte. Versuch einer kurzen Skizzierung*, in: *Jahrbuch für europäische Ethnologie* 6 (2011), S. 35–48, hier S. 43f.

[3] Arnold van Gennep: *Übergangsriten*, 3. erw. Aufl., Frankfurt a. M., New York 2005, S. 14.

[4] Ebd., S. 15 sowie 182.

[5] Ebd., S. 15.

identitätsbildenden Funktion von Ritualen[6] trifft sich van Gennep trotz anderweitiger Differenzen mit Durkheim, dem es in seiner Riten-Analyse ebenfalls um das Herausstellen des Rituals als Mechanismus sozialen Zusammenhalts ging.[7]

Nach Angaben des Autors ist es das zentrale Anliegen von *Les rites de passages*, ein kulturen- und epochenübergreifendes „Strukturschema der Übergangsriten"[8] zu erarbeiten. Laut van Gennep folgen Übergangsriten einer triadischen Gliederung; sie bauen sich auf aus Trennungsriten (*rites de séparation*), Schwellen- beziehungsweise Umwandlungsriten (*rites de marge*) sowie Angliederungsriten (*rites d'agregation*). Theoretisch erfolgen Übergangsriten in drei Schritten: „Trennungsriten kennzeichnen die Ablösungsphase, Schwellen- bzw. Umwandlungsriten die Zwischenphase und Angliederungsriten die Integrationsphase."[9] In diesem prozessualen Dreischritt wird ersichtlich, wie die zuvor erwähnte Ordnungsfunktion des Rituals zu verstehen ist: Die Initianden verlassen in ritualisierter Form – also in symbol- und handlungslogisch vorgeprägter Art[10] – ihre alte soziale Position, um nach einer bestimmten Dauer im Zwischenbereich wieder in die Gesellschaft zurückzukehren, wo sie jedoch fortan eine andere Position innehaben. Was die spätere Rezeption dieses Strukturschemas durch Victor Turner besonders stimulieren sollte, sind van Genneps Ausführungen über die Schwellenriten und Zwischenphasen von Übergangsriten:

---

[6] Vgl. David J. Krieger/Andréa Belliger: *Einführung*, in: *Ritualtheorien. Ein einführendes Handbuch*, hg. von dies., 4. Aufl., Wiesbaden 2008, S. 7–36, hier S. 21 sowie 32.

[7] Émile Durkheim: *Die elementaren Formen des religiösen Lebens*, Frankfurt a. M. 1994, S. 28: „[D]ie Riten sind Handlungen, die nur im Schoß von versammelten Gruppen entstehen können, die dazu dienen sollen, bestimmte Geisteszustände dieser Gruppe aufrechtzuerhalten oder wieder herzustellen."

[8] Van Gennep: *Übergangsriten*, a.a.O., S. 183.

[9] Ebd., S. 20.

[10] Schamma Schahadat spricht davon, dass sich van Gennep auf die „kontrollierte Bewegung zwischen diesen Räumen" konzentriere. Schamma Schahadat: *Das Heilige und das Profane. Einführung*, in: *Kulturtheorie*, hg. von Dorothee Kimmich/dies./Thomas Hausschild, Bielefeld 2010, S. 17–27, hier S. 20.

> Jeder, der sich von einer Sphäre in die andere begibt, befindet sich eine Zeitlang sowohl räumlich als auch magisch-religiös in einer besonderen Situation: er schwebt zwischen zwei Welten. Diese Situation bezeichne ich als Schwellenphase, und eines der Ziele dieses Buches ist es zu zeigen, dass man diese räumliche und symbolische Transitionsphase mehr oder weniger ausgeprägt in allen Zeremonien wiederfinden kann, die den Übergang von einer magisch-religiösen oder sozialen Situation zu anderen begleiten.[11]

Übergangsriten sind also Funktionsgebilde, die einen Initianden in geordneter Art und Weise zunächst (symbolisch aber auch konkret räumlich) sekludieren und sodann wieder reintegrieren, wobei die Initianden für eine Weile zwischen diesen beiden Momenten geradezu schweben. Dieser Schwebezustand, der konstitutiv für die Schwellenphase ist, bedingt sich in erster Linie durch den Umstand, dass die Initianden – im Gegensatz zu den Zuständen, die sie vor und nach der Schwellenphase besetzen, – in ihrer sozialen Position weitestgehend unterbestimmt sind. Diese Unterbestimmtheit ergibt sich direkt aus der räumlichen und symbolischen Isolation aus der gewohnten Umgebung sowie der „Aufhebung der Regeln des sozialen Lebens"[12] – was mitunter zu Exzessen von Seiten der dergestalt Losgelösten führt. In den in dieser Studie untersuchten Werwolf-Romanen wird dieser Punkt deutlich werden.

Eine Systematisierung der einzelnen Riten und Phasen liefert van Gennep allerdings nicht; diese sollte schließlich von Victor Turner geleistet werden. Dabei koinzidiert Turners Auseinandersetzung mit van Genneps Theoriegebäude mit einer biographischen Schwellenerfahrung von Turner selbst. Dieser hatte gerade einen Ruf an die Cornell University in den USA angenommen, unter anderem auch deshalb, weil er sich dem methodologischen Erbe der Manchester Schule, deren Adept er gewesen war, weitreichend entfremdet hatte, als seine frühere Zugehörigkeit zur Kommunistischen Partei den Visa-Prozess ins Stocken geraten ließ.[13] In diesem Moment, als Turner selbst zwischen zwei Welten schwebte, entdeckte er van Genneps Buch und schrieb noch vor seiner Abreise in die

---

[11] Ebd., S. 27f.
[12] Vgl. van Gennep: *Übergangsriten*, a.a.O., S. 113. Wie später gezeigt wird, baut Turner diesen Aspekt systematisch aus.
[13] Bräunlein: *Zur Aktualität von Victor Turner*, a.a.O., S. 49.

USA einen Aufsatz, in dem er die Resultate seiner eigenen Feldforschung mit dem Phasenmodell van Genneps synthetisierte: „Betwixt and between".[14]

Der Aufsatz sowie die Mehrzahl aller folgender Arbeiten Turners behandeln dabei vor allem die mittlere Phase des Strukturschemas, die *rites de marge*. Turner beschreibt diese als „interstructural situation",[15] also zwischen zwei Strukturausprägungen liegend, für die er fortan den Terminus ‚Liminalität' gebraucht. Den Begriff „Struktur" („structure") gebraucht Turner dabei als Sammelbegriff für die Summe der in einer Gemeinschaft respektive Gesellschaft vorhandenen Rollen, Statuspositionen und hierarchischen Differenzen, aus denen sich die soziale Ordnung zusammensetzt.[16] Struktur meint also ein relativ stabiles Ordnungsgefüge, das sich allerdings prozessual reproduziert, indem es, so Turner, in einem dialektischen Verhältnis zu einem zweiten Pol steht. Dieser ergibt sich aus der Konsequenz dessen, was bereits zuvor van Gennep (dessen dynamisches Gesellschaftsmodell Turner übernimmt[17]) über die Schwellenphase geschrieben hatte und was von Turner bestätigt wird, nämlich deren undefinierter, zumindest aber unterbestimmter Charakter.[18] In seiner Monografie *The Ritual Process* schreibt Turner:

> Die Eigenschaften des Schwellenzustands („Liminalität") oder von Schwellenpersonen („Grenzgängern") sind notwendigerweise unbestimmt, da dieser Zustand und diese Personen durch das Netz der Klassi-

---

[14] Victor Turner: *Betwixt and Between: The Liminal Period in Rites de Passage*, in: Ders.: *The Forest of Symbols. Aspects of Ndembu Ritual*, Ithaca, London 1967, S. 93–111.

[15] Turner: *Betwixt and Between*, a.a.O., S. 93.

[16] Victor Turner: *Das Ritual. Struktur und Anti-Struktur*, Neuaufl., Frankfurt a. M., New York 2005, S. 96.

[17] Vgl. Sylvia M. Schomburg-Scherff: *Arnold van Gennep (1873–1957)*, in: *Klassiker der Religionswissenschaft. Von Friedrich Schleiermacher bis Mircea Eliade*, hg. von Alex Michaels, 3. Aufl., München 2010, S. 222–233, hier S. 232. Vgl. auch Nataliya Nesterova: *Victor Turner. Stationen und Übergänge*, Berlin, Münster 2013, S. 14–16.

[18] Turner: *Betwixt and Between*, a.a.O., S. 94: „During the intervening liminal period, the state of the ritual subject (the ‚passenger') is ambiguous; he passes through a realm that has few or none of the attributes of the past or coming state."

fikationen, die normalerweise Zustände und Positionen im kulturellen Raum fixieren, hindurchschlüpfen. Schwellenwesen sind weder hier noch da; sie sind weder das eine noch das andere, sondern befinden sich zwischen den vom Gesetz, der Tradition, der Konvention und dem Zeremonial fixierten Positionen.[19]

Wenn sich Struktur also dadurch auszeichnet, dass sie sozial bestimmt ist, dann zeichnet sich die durch die Schwellenphase initiierte Anti-Struktur dadurch aus, dass ihr gerade diese klaren Definitionsmerkmale fehlen. Menschliche Gesellschaften sind grundsätzlich von diesem Kontrast geprägt, der sich aus der bipolaren Systematik von Struktur und Anti-Struktur ergibt.[20]

Die Schwellenphase ist somit auch Ort eines bestimmten chaotischen Potentials, einer gewissen Unordnung, die sich aus der Klassifikationslosigkeit[21] ergibt, die aber zugleich durch ihre Ritualisierung handhabbar wird. Das Subversive der Anti-Struktur, das sich aus der Notwendigkeit ergibt, innergesellschaftliche Übergänge zu bewältigen und zu gestalten, wird im Ritus sowohl freigesetzt als auch gebannt – was eine für Schwellenzustände charakteristische Spannung darstellt. Für Turners Nachdenken über Liminalität ist zudem ein Typ von Erfahrung von großer Bedeutung, der durch den Schwellenzustand konstituiert und nur durch die Absenz struktureller Klassifizierungen möglich wird, also dadurch, dass die liminalen Subjekte von struktureigenen Zwängen und Forderungen befreit werden.[22] Diese Erfahrung prinzipieller Gleichheit nennt

---

[19] Turner: *Das Ritual*, a.a.O., S. 95.
[20] Ebd., S. 97. Vgl. auch Peter Bräunlein: *Zur Aktualität von Victor Turner. Einleitung in sein Werk*, Wiesbaden 2012, S. 58.
[21] Vgl. zu den fehlenden sozialen Markern Turner: *Betwixt and Between*, a.a.O., S. 96; Turner: *Das Ritual*, a.a.O., S. 95f.; dies hatte bereits van Gennep festgestellt, vgl. van Gennep: *Übergangsriten*, a.a.O., S. 72, 79 sowie 93.
[22] Vgl. Victor Turner: *Prozeß, System, Symbol: Eine neue anthropologische Synthese*, in: *Das Schwein des Häuptlings. Beiträge zur historischen Anthropologie*, hg. von Rebekka Habermas/Niels Minkmar, Berlin 1992, S. 130–146, hier S. 138. Vgl. auch Pamela J. Stewart/Andrew Strathern: *Ritual. Key concepts in religion*, London u.a. 2014, S. 53, wo es heißt, Turner „saw these liminal stages of rituals also as important for effecting changes, because they encapsulate formlessness or freedom from the constraints of everyday life."

Turner *Communitas*. In den Momenten ritueller Übergänge begegnet man sich nicht als durch Rolle und Status differenzierte soziale Subjekte, sondern als „konkrete[] idiosynkratische[] Individuen", sprich als „ganze Menschen".[23]

Der Wechsel von einem Status zum anderen wird also dadurch eingeleitet, dass man kurzzeitig gar keinen Status besitzt, sich in einem sozialen Niemandsland befindet (das häufig auch räumlich außerhalb der sozialen Einheit lokalisiert ist), um vor der Reintegration das befreiende Gefühl sozialer Gleichheit des Interims zu erfahren. Diesem emotionalen Aspekt der Schwellenphase gesellt sich ein ludisch-kognitiver hinzu. Neben der Erfahrung, dass zumindest temporär „alles Ständische und Stehende verdampft",[24] gehört es nach Turner zum zentralen Element der Schwellenphase, dass die liminalen Subjekte mit den „sacra"[25] in Berührung kommen, also den zentralen Elementen der entsprechenden Kultur. Befreit von den Regeln der Kultur, können dieselben zum Objekt reflexiver Bezugnahme werden. Innerhalb der *Communitas* wird es möglich, sich kritisch-reflexiv auf diese grundlegenden Elemente zu beziehen und sie auseinanderzunehmen und neu zusammenzusetzen, also Bedeutungen zu destruieren und zu rekonstruieren. Die Initianden treten damit in einen Lernprozess, dem die räumlich-symbolische Trennung von den Netzen der Struktur vorauszugehen hat. Damit wird die *Communitas* zum Erfahrungsort des Konjunktivs,[26] in ihr lassen sich die „Schichten der Kategorie

---

[23] Turner: *Das Ritual*, a.a.O., S. 169. Turner bringt diesen Gedanken in Beziehung mit Martin Bubers dialogischem Prinzip, das eine besondere, existentielle Ich-Du-Relation umgreift. Vgl. ebenda, S. 128 sowie 132f.

[24] Karl Marx/Friedrich Engels: *Manifest der Kommunistischen Partei*, in: Dies.: *Ausgewählte Schriften in zwei Bänden*, Bd. 1, Berlin 1974, S. 17–57, hier S. 29.

[25] Vgl. Turner: *Betwixt and Between*, a.a.O., S. 102. Vgl. auch Turner: *Prozeß, System, Symbol*, a.a.O., S. 140, wo die „sacra" definiert werden als Repräsentationen der „axiomatischen Regeln und Definitionen der Kultur".

[26] „Communitas umfasst auch einen Aspekt der Möglichkeit; sie tritt häufig im Konjunktiv auf." Turner: *Das Ritual*, a.a.O., S. 125. Später wird Turner diesen Punkt apodiktischer fassen und vom Liminalen als der „Aufhebung des Indikativs" sprechen: „Alles, was in einer Kultur mit Liminalität zu tun hat, könnte man dem Konjunktiv [...] zurechnen, denn die meisten Phänomene, die mit Liminalität zu tun haben, beziehen sich eher auf ein Wünschen, Vermuten, Unterstellen, Möglichsein als auf eine tatsächliche,

Möglichkeit"[27] ausloten, bevor die liminalen Subjekte verändert wieder ins Indikativische der Struktur zurückkehren. Turner versteht diesen transformativen Prozess allerdings nicht nur als individuelle Veränderung beziehungsweise Erneuerung, sondern auch als gesamtgesellschaftliche; das weiter oben angesprochene dialektische Verhältnis von Struktur und Anti-Struktur wird somit deutlicher, da gilt, dass

> die Unmittelbarkeit der Communitas dem Strukturzustand weicht, während in den Übergangsriten die Menschen, von Struktur befreit, Communitas erfahren, nur um, durch diese Erfahrung revitalisiert, zur Struktur zurückzukehren. Keine Gesellschaft kann ohne diese Dialektik auskommen.[28]

Diese dialektische Verlaufsform findet sich bereits innerhalb der *Communitas* wider, da deren befreiende Wirkung dazu animiert, Strukturen zu etablieren, welche die Erfahrung von *Communitas* systematisch ermöglichen sollen.[29] Letztlich verwandelt sich jede *Communitas* in Struktur, was Turner an historisch so verschiedenen Phänomenen wie der Entstehung des Franziskanerordens oder der zur Zeit der Publikation von *The Ritual Process* blühenden Hippie-Bewegung diskutiert.[30] Als rituell erzeugter Zustand der Nivellierung, in dem die sozialen Regeln sowie „die kulturüblichen Raum- und Zeitorientierungen relativiert oder sogar außer

aktuelle Gegebenheit." Victor Turner: *Das Religionsverständnis in der heutigen Anthropologie*, in: *Concilium* 16 (1980), S. 442–447, hier S. 444.

[27] Ernst Bloch: *Das Prinzip Hoffnung*, Bd. 1, 3. Aufl., Frankfurt a. M. 1976, S. 258.

[28] Turner: *Das Ritual*, a.a.O., S. 126.

[29] Ebd., S. 129: „Communitas entwickelt sehr bald selbst eine Struktur, in der sich freie Beziehungen zwischen Individuen in normengeleitete Beziehungen zwischen sozialen Personen verkehren."

[30] Turners Versuch, Liminalität und *Communitas* als außerzeitlich zu konzeptualisieren, wurde vielerorts kritisch aufgenommen, da dies quasi zu ihrer historischen Imprägnierung führe und die Konzeption blind für geschichtliche Realitäten werden lasse. Vgl. Paola Ivanov: *Zu Victor Turners Konzeption von Liminarität und Communitas*, in: *Zeitschrift für Ethnologie* 118 (1993), S. 217–249, hier S. 236.

Kraft"[31] gesetzt werden, verwirklicht der Schwellenzustand nicht nur Transitionalität (also die Bewältigung eines Übergangs), sondern auch Transformation (also die Veränderung des liminalen Subjekts). Diese subjektive Transformation ist nicht zuletzt dem Umstand geschuldet, dass die Initianden durch die Befreiung von strukturellen Kategorien in ein reflexives Verhältnis zu denselben gesetzt werden, womit auch Kritik möglich wird. So schreibt Turner: „Fasst man das Schwellendasein als eine Zeit und einen Ort des Rückzugs von normalen sozialen Handlungsweisen auf, kann man es als eine Zeit möglicher Überprüfung der zentralen Werte und Axiome der Kultur, in der es vorkommt, sehen."[32] Kritische Reflexivität und konjunktivisches Möglichkeitsdenken bilden somit die positiven Eckpunkte der *Communitas*-Erfahrung.

Allerdings: Die Gegen- respektive Kontrastordnung der Liminalität, die eine Inversion der „alltäglichen Wirklichkeitserfahrung"[33] inszeniert und diese Inszenierung durch bestimmte Handlungs- und Symbollogiken ausflaggt, ist eben eine, die qua Ritualisierung fest in die Gesamtordnung des Sozialen eingebettet ist. Die Transition basiert zwar auf einer im Verhältnis zur Struktur auffallend großen Freiheit, aber letztlich verläuft „der Wandel auf kulturell vorgezeichneten Bahnen."[34] Das Interim bleibt auf die Ordnung, von der es sich unterscheidet, strukturell bezogen – und bietet trotzdem die Möglichkeit, als Keimzelle einer neuen Ordnung zu fungieren:

> The normative structure represents the working equilibrium, the anti-structure represents the latent system of potential alternatives from which novelty will arise when contingencies in the normative system require it. We might more precisely call this second system the proto-structural

---

[31] Rainer E. Wiedenmann: *Ritual und Sinntransformation: Ein Beitrag zur Semiotik soziokultureller Interpretationsprozesse*, Berlin 1991, S. 16.

[32] Turner: *Das Ritual*, a.a.O., S. 160. Vgl. auch Ivanov: *Zu Victor Turners Konzeption von Liminarität und Communitas*, a.a.O., S. 221, wo es heißt, dass die Erfahrung von *Communitas* es möglich mache, „an den strukturellen Grundsätzen Kritik zu üben".

[33] Turner: *Das Religionsverständnis in der heutigen Anthropologie*, a.a.O., S. 443.

[34] Ivanov: *Zu Victor Turners Konzeption von Liminarität und Communitas*, a.a.O., S. 221.

system because it is the precursor of innovative normative forms. It is the source of new culture.[35]

Ort der Geburt dieser neuen Kultur ist somit das liminale Subjekt der Transition. Allerdings: Die Vorstellung, dass „das kreative, genialische Subjekt und die strukturverändernde Kraft, die von einem solchen Subjekt ausgeht, das sich durch rituelles Communitas-Erleben selbst neu gefunden hat", sich grundsätzlich von allen Elementen der Struktur befreien könne, setzt einen immens starken Subjekt-Begriff voraus, der etwa mit Blick auf Foucaults Beschreibung internalisierter Machtstrukturen zumindest fragwürdig geworden ist.[36] Auch Turners eher ahistorisches Argumentieren, seine Fokussierung auf männliche Subjekte[37] oder der Umstand, dass die liminale Phase auch Ort von Erniedrigung und Demütigung sein kann,[38] ließen sich als Kritikpunkte anführen.

Rituale verfügen, sowohl im Kontext öffentlicher Herabsetzung als auch öffentlicher Ehrerbietung, eine repräsentative Dimension, die sie als

---

[35] Brian Sutton-Smith: *Games of Order and Disorder*, in: *Newsletter of the Anthropological Study of Play* 4 (1977), S. 19–26, hier S. 25. Der Text wurde zunächst auf dem Symposium *Forms of Symbolic Inversion* der *American Anthropological Association* in Toronto am 1.12.1972 vorgestellt.

[36] Macht, so Hannelore Bublitz, sei ein funktionaler Bestandteil der „Subjekt- und Weltkonstitution" und in seiner dem Subjekt internen Dimension nicht grundsätzlich bewusst. Hannelore Bublitz: Art. *„Macht"*, in: *Foucault Handbuch. Leben – Werk – Wirkung*, hg. von Clemens Kammer/Rolf Parr/Ulrich Johannes Schneider, 2. aktual. u. erw. Aufl., Stuttgart 2020, S. 316–319, hier S. 316. Trotzdem geht auch Foucault davon aus, dass Macht und der Widerstand gegen sie parallel emergieren: „Wo es Macht gibt, da gibt es Widerstand." Michel Foucault: *Der Wille zum Wissen*, Frankfurt a. M. 1977, S. 116.

[37] Vgl. den sehr lesenswerten Aufsatz von Caroline Walker Bynum: *Geschichten und Symbole der Frauen – Eine Kritik an Victor Turners Theorie der Liminalität*, in: Dies.: *Fragmentierung und Erlösung. Gender Studies*, Frankfurt a. M., S. 27–60, v.a. S. 35–37.

[38] Vgl. etwa Ute Frevert: *Die Politik der Demütigung. Schauplätze von Macht und Ohnmacht*, Frankfurt a. M. 2017. Bei Frevert lässt sich nachvollziehen, wie die vermeintlich befreiende Dimension der Schwellenphase sich zur temporären Freisetzung des Individuums von allen im weitesten Sinne staatsbürgerlichen Rechten verkehrt.

„verdichteten Ausdruck der gesellschaftlichen Verhältnisse"[39] lesbar macht. Rituale müssen somit grundsätzlich in ihrer doppelten Potenz als produktiv und destruktiv reflektiert werden.[40] Als Subjektivierungsstrategien, derer sich Kollektive (aber auch einzelne) bedienen können, um als notwendig geachtete soziale Formungen vorzunehmen, ist dem Ritual selbst die Dialektik von Befreiung und Unterdrückung eingeschrieben, die sich als Dialektik von Struktur und Anti-Struktur auf einer höheren gesellschaftlichen Ebene bei Turner zeigt.

2.1.2 „A world in becoming" – Konturierung neuer Ordnung(en)

Turners Nachdenken über Rituale, Liminalität und *Communitas* hat als zentrales, übergeordnetes Thema die Frage nach im weitesten Sinne sozio-kultureller Veränderung.[41] Bereits in seinen frühen Arbeiten zum sozialen Drama[42] liegt modellhaft der für seine späteren ritualtheoretischen Arbeiten essenzielle Gedanke vor,[43] dass Gemeinschaften grundsätzlich durch interne Spannungen charakterisiert sind und sich in einem kontinuierlichen Prozess des Veränderns befinden. Die soziale Welt ist

---

[39] Alfred Schäfer: *Rituelle Subjektivierung*, in: *Rituale und Ritualisierungen*, hg. von ders./Michael Wimmer Opladen 1998, S. 165–182, hier S.165.
[40] Vgl. Hans-Georg Soeffner: *Symbolische Formung. Eine Soziologie des Symbols und des Rituals*, Göttingen 2010, S. 45, wo der Autor darauf hinweist, dass es zwei Traditionsstränge des Rituals gäbe, nämlich jenen der Rituale des „Helfens, Aufopferns, Heilens, Bewahrens" und jenen des „Kampfes, der Vernichtung, des Opferns, Mordens", also „rituell geordneter und geheiligter Destruktion."
[41] Vgl. Kathleen M. Ashley: *Introduction*, in: *Victor Turner and the Construction of Cultural Criticism. Between Literature and Anthropology*, hg. von dies., Bloomington, Indianapolis 1990, S. ix–xxii, hier S. x.
[42] Etwa in Victor Turner: *Schism and Continuity in an African Society. A Study of Ndembu Village Life*, Manchester 1964.
[43] Auch Paola Ivanov geht davon aus, dass die Grundprinzipien von Communitas und Liminarität bereits in Turners Dissertation angelegt sind. Vgl. Ivanov: *Zu Victor Turners Konzeption von Liminarität und Communitas*, a.a.O., S. 226.

eine, die permanent im Entstehen begriffen ist: „The social world is a world in becoming, not a world in being."[44]

Soziale Dramen und Rituale bieten also beide ein bestimmtes Problemlösungspotential, begegnen sich aber zudem im Moment des Liminalen, das Turner vor allem in den Phasen der Krise sowie der Bewältigung innerhalb des Verlaufsschemas sozialer Konflikte verortet.[45] Hier wie dort geht die liminale Phase mit der Möglichkeit einher, Wandlungsprozesse einzuleiten. Wie gezeigt, liegt das Moment der Veränderung in dem Turner'schen Konzept der Liminalität beschlossen, das Neue – verstanden als eine Veränderung auf der Ebene der Struktur – liegt in der Anti-Struktur als Möglichkeit eingekapselt vor. Der Bereich des Liminalen ist, wie Turner in Bezug auf Sutton-Smith schreibt, ein „Samenbeet"[46] kultureller Kreativität. Indem Rituale (Selbst-)Reflexivität und Transformation auf der Ebene des Individuums ermöglichen, fungieren sie zugleich als Instanzen gesellschaftlicher Veränderung. Zwar sollen die *rites de passage* in erster Linie den geregelten Übergang zwischen verschiedenen Lebensphase respektive sozialen Positionen ermöglichen und dadurch Ordnung stiften; indem Turner aber den Punkt stark macht, dass die Erfahrung von Liminalität und *Communitas*, die für ihn untrennbar mit der prozessualen Logik von Ritualen verknüpft sind, das liminale Subjekt räumlich und symbolisch aus den geltenden Klassifikationsmechanismen herausstellt und dieselben damit zu Objekten reflexiver Bezugnahme werden lässt, wird Struktur in ihrer Struktur transparent. So verstanden, ist die Erfahrung von Liminalität und *Communitas* eine vielschichtige *Lern*erfahrung; das Individuum, das ein solches Ritual durchlaufen hat, ist nicht mehr dasselbe wie zuvor, und zwar nicht nur, weil es fortan eine andere soziale Position einnimmt, sondern auch, weil es die Kontingenz gesellschaftlicher Ordnung am eigenen Leibe gespürt hat. Die Transformation des Individuums muss demnach nicht notwendigerweise mit der Stabilisierung der gesellschaftlichen Struktur korrespondieren. Wie auch im sozialen Drama sind am Ende sowohl Reintegration als auch Abspal-

---

[44] Victor Turner: *Dramas, Fields, and Metaphors. Symbolic Action in Human society*, 6. Aufl., Ithaca, London 1990, S. 24.
[45] Vgl. ebenda, S. 39–41.
[46] Victor Turner: *Vom Ritual zum Theater. Der Ernst des menschlichen Spiels*, Frankfurt a. M. 1995, S. 41.

tung des Individuums denkbar. Als Möglichkeitsraum eignet der liminalen Phase, der Schwelle, eben „ein gewisses Risikopotenzial."[47]

Aus dem bisher Gesagten ergibt sich, dass kulturelle und gesellschaftliche Wandlungs- und Erneuerungsprozesse bei Turner grundsätzlich auf (symbolisch elaborierten) Kontrastmomenten basieren. Die Modellierung des Neuen ergibt sich notwendigerweise aus dem Kontrast zum Bestehenden; der basale Kontrast aller Gemeinschaften, wie diskutiert, ist der zwischen Struktur und Anti-Struktur, wobei Letztere den notwendigen Denk- und Reflexionsraum bietet, um Erstere zu verändern. Das bedeutet, dass alle Veränderungs- und Wandlungsprozesse innerhalb einer sozialen Gruppierung grundsätzlich in ihren Relationen zu bereits etablierten Strukturen beschrieben werden müssen. Im Kontext von Turners Liminalitätskonzeption kommt es damit zur paradoxen Situation, dass das Neue von der eigentlich dominierenden Struktur nicht gewollt wird (gerade Rituale dienen der Stabilisierung der Struktur), aber billigend in Kauf genommen werden muss, da nach Turner die soziale Welt permanent evolviert, also in Bewegung ist. Die Frage nach dem, was das Neue sei und wie sich seine Konturen ausnehmen, lässt sich nicht ahistorisch klären, sondern ist an die jeweils gegebenen sozio-kulturellen Umständen gebunden. Die Analyse des möglichen Neuen ist von der Analyse des tatsächlich Gegebenen nicht zu trennen. Das, was sich in der Anti-Struktur, in der Schwellenphase und der Erfahrung von *Communitas* als Bereich des Konjunktivischen in Abgrenzung zum Indikativischen der Struktur zeigt, ist historisch variabel; nur aus dem Bezug zum Bestehenden ergibt sich, was Ernst Bloch in einem Vortrag einmal (etwas martialisch) den „Generalsstab konkreter Erwartungen"[48] genannt hat.

2.1.3 Exkurs: Das Interregnum als Schwellenphase

Wie die Soziologin Uta Gerhardt gezeigt hat, liefern van Gennep und Turner das theoretische Vokabular, mit dem die Zeit des deutschen Interregnums selbst als liminale Phase beschreibbar wird. Die Freistellung von

---

[47] Fischer-Lichte: *Performativität*, a.a.O., S. 119.
[48] Ernst Bloch: *Ideologie und Utopie*, in: Ders.: *Abschied von der Utopie? Vorträge*, hg. von Hanna Gekle, Frankfurt a. M. 1980, S. 65–75, hier S. 75.

einer zuvor etablierten Ordnung, der anvisierte Wandel einer ganzen Gesellschaft, ihrer politischen, wirtschaftlichen und juristischen Institutionen und politischen Kultur, sprich der ganze „Wandel des Systemtyps gesellschaftlicher Ordnung"[49] lässt die Zeit der alliierten Militärregierung in Deutschland als „Transformationsperiode"[50] in den Blick geraten. Hinter der vielbeschworenen Stunde Null als historischem Ort dieses Systemwechsel steht ein bestimmtes „Prozessmodell geschichtlich-gesellschaftlicher Übergänge",[51] wobei man sich bewusst machen muss, dass dieser Nullpunkt kein schlicht eingetretener, sondern aktiv hergestellter und auf ein bestimmtes Ziel hin angelegter Zustand war, der sich über einen längeren Zeitraum erstreckt hat. Es gilt allerdings zu konkretisieren: Wenn gerade im Kontext der Literaturwissenschaft bereits früh konstatiert wurde, dass es eine Stunde Null nie gegeben habe (weil es ästhetische, literaturprogrammatische und natürlich personale Kontinuitäten gab), so gilt dies nicht im gleichen Maße für die politischen, juristischen und wirtschaftlichen Institutionen. Hier wurde angestrebt, einen tatsächlichen Bruch mit den nationalsozialistischen Strukturen zu bewerkstelligen und also eine *tabula rasa*, verstanden als „das Ende vorher institutionalisierter Herrschaft",[52] zu verwirklichen.

Es war, wie Gerhardt für die amerikanische Besatzungszone herausarbeitet, der Plan, sämtliche „nationalsozialistische Normen und Praktiken zu beseitigen und in jedem einzelnen Lebensbereich des Ende der nationalsozialistischen Herrschaft entsprechend den Vorgaben der Direktiven und Handbücher anders herzustellen."[53] Anders formuliert, es wurde gezielt eine gesellschaftliche Nullphase geschaffen, an deren Anfang die „Zerstörung aller nationalsozialistischen Elemente der Institutionen"[54] stand, womit der Ausgangspunkt für einen weitreichenden Umbau eben jener Lebenswelt nach Vorgabe der vier D's (*denazification*,

---

[49] Uta Gerhardt: *Soziologie der Stunde Null. Zur Gesellschaftskonzeption des amerikanischen Besatzungsregimes in Deutschland 1944–1945/1946*, Frankfurt a. M. 2005, S. 15.
[50] Ebd.
[51] Ebd., S. 121.
[52] Ebd., S. 134.
[53] Ebd., 128.
[54] Ebd., 129.

*demilitarization, decentralization, decartelization*⁵⁵) stattfinden sollte. Gerhardt analysiert die Besatzungsherrschaft dezidert vor der Folie des Modells gesellschaftlichen Wandels nach van Gennep und Turner – in Hinblick auf das Agieren der Alliierten und das Programm der Re-Education gestaltet sich das Interregnum demnach als ein makrogesellschaftlicher *rite de passage*. Gerhardt konzentriert sich zwar vor allem auf jenen Zeitabschnitt, den sie die SHAEF-Phase (*Supreme Headquarters Alliied Expeditionary Forces*) nennt und die sich etwa von September 1944 bis ins Jahr 1946 zieht,⁵⁶ ihre Schlussfolgerungen sind jedoch in gewissem Maße auf die Zeit des Interregnums insgesamt übertragbar. Besonders deutlich ist jedoch in eben dieser Phase (die Gebhardt auch die Nullphase nennt) die völlige Herauslösung aller Deutschen aus der – mit Turner gesprochen – bestehenden Struktur. Durch das gezielte Außerkraftsetzen aller die Lebenswelt der Deutschen durchziehenden Institutionen (Gerhardt nennt Wirtschaftsverbände, die Polizei, deren Aufgaben zunächst durch die Militärpolizei übernommen wurde, Bildungseinrichtungen, das Postwesen) wurde „ein Latenzzustand ganzer Sektoren des gesellschaftlichen Lebens"⁵⁷ hergestellt. Die Deutschen lebten fortan in einer Anti-Struktur, in einem „Zustand des Übergangs",⁵⁸ sprich in einem Zustand der Liminalität.

Diese Anti-Struktur bezeichnet den historischen Ort und bildet den gesellschaftlichen Nährboden (eben Turners „Samenbeet") für den angestrebten und angeleiteten Systemwechsel. Unter Berücksichtigung von Turners Konzeption des Liminalen als einer „Antithese zu gesellschaftlichen Ordnungsstrukturen"⁵⁹ fokussiert Gerhardt vor allem auf einen Aspekt der Turner'schen Schwellenphase, die in der vorausgegangenen Analyse nur angeschnitten wurde – nämlich dass, wie sich in Turners Arbeiten zu den Ndembu zeigte, die Personen der Schwellenphase zumeist „durch Außenstehende beeinflusst"⁶⁰ wurden, die häufig eine Mentoren-

---

[55] Vgl. ebenda, S. 133f.
[56] Vgl. ebenda, S. 65f.
[57] Ebd., S. 130.
[58] Ebd., S. 126. Siehe auch S. 136: „Die Anti-Struktur der Nullphase der Gesellschaft Deutschlands [...] war das Gegenbild der Gesellschaft des Nationalsozialismus."
[59] Ebd., S. 124.
[60] Ebd.

position einnahmen und deren Anweisungen strikt zu folgen war. Die Analogie zur Situation nach dem Kriegsende ist augenscheinlich; die Deutschen rücken in die Rolle der Initianden, während die Alliierten (in Gebhardts konkretem Fall: die Amerikaner) als Mentoren fungieren, die das Handeln im liminalen Zustand von außen steuern und die hinsichtlich dieses Steuerungsanspruchs Gehorsam einfordern – was nicht selten bei den Deutschen den Eindruck erweckt haben mag, man sei von einer Diktatur in die nächste geraten. Während die Herstellung einer gesamtgesellschaftlichen Liminalitätsphase dazu dient, die Deutschen aus einer alten institutionellen Ordnung herauszulösen, agieren die Alliierten (und dies auf mitunter je eigene, ideologisch differenzierende Art) qua der durch sie ins Werk gesetzten Außensteuerung als ‚Lehrmeister' der kommenden, neuen Ordnung. Durch dieses Modell einer besonderen Lernerfahrung verknüpft sich die Erziehung zur Demokratie mit der gemeinsam vollzogenen institutionellen Neuordnung des Staates.

Dieser Latenzzustand diente aber nicht ausschließlich dazu, die bestehenden Institutionen von den nazistischen Strukturen zu befreien, sondern sollte gleichermaßen zum Ausgangspunkt einer neuen politischen Kultur der Deutschen sowie eines gewandelten Selbstverständnisses werden.[61] So wurden aus den soldatischen ‚Herrenmenschen' durch diverse Direktiven der Besatzungsmächte wieder „lediglich Mitmenschen […]. Nun mussten sie Bürger sein, die sich für das Leiden anderer und das Chaos der Gegenwart verantwortlich fühlten."[62] Dieser Wechsel zu einer neuen

---

[61] Dieser Prozess und seine Akzeptanz in der Bevölkerung seien, so Everhard Holtmann, zentral für das Gelingen eines politischen Systemwechsels: „Denn in der Tat beschränkt sich ein erfolgreicher Austausch politischer Systeme nicht auf den bloß formalen Institutionenwandel oder Institutionentransfer. Politische Systemwechsel erweisen sich vielmehr nur dann als nachhaltig, wenn sie kulturell akzeptiert werden, das heißt wenn sie in den Einstellungen und Orientierungen der Bürgerinnen und Bürger hinreichend abgesichert sind." Everhard Holtmann: *Demokratische Transformation im frühen Nachkriegsdeutschland. Abrupter Systemwechsel oder lang anhaltender Prozess? Lokale Erscheinungsformen der Demokratisierung nach 1945 in der britischen Besatzungszone*, in: *Die lange Stunde Null. Gelenkter sozialer Wandel in Westdeutschland nach 1945*, hg. von Hans Braun/Uta Gerhardt/ders., Baden-Baden 2007, S. 293–310, hier S. 294.

[62] Gerhardt: *Soziologie der Stunde Null*, a.a.O., S. 131.

– politisch, nicht soziologisch verstandenen – Bürgerlichkeit, zu einer neuen Subjektform des Bürgers[63], wird zumeist flankiert von der Forderung, den deutschen Militarismus zu beseitigen, der einer Neugestaltung der politischen Kultur zuwiderlaufe. Exemplarisch formuliert diesen Gedanken der amerikanische Soziologie Talcott Parsons, der sich in mehreren Arbeiten der Frage nach der *re-education* Deutschlands nach dem Krieg widmete. Parsons identifizierte die Verbindung von „Konservatismus und Militarismus"[64] als „problematische[s] Strukturmerkmal"[65] und merkt an, es gelte die „strukturelle Bedeutung der hierarchischen, autoritären und formalistischen Elemente der ‚konservativen' deutschen Institutionenstruktur zu beseitigen oder zumindest drastisch zu verringern – besonders die Wertschätzung der Armee und der Militärklasse soll verschwinden.[66] Die zu bewerkstelligenden Aufgaben des liminalen Zwischensystems waren augenscheinlich äußerst umfangreich und bedurften eines längeren, transitorischen Zeitraums – eben jenen des Interregnums als „langer Stunde Null":

> In der unmittelbaren Nachkriegszeit verdichteten sich die Zustände der ‚Stunde Null' und ihrer Begleiterscheinungen zunächst zu einem ‚Zwischensystem', welches dem demokratischen ‚neuen System' vorausging. Das ‚Zwischensystem' war, wie es der Name sagt, transitorisch. Es blieb jedoch historisch nicht folgenlos, sondern bereitete die Demokratisierung insoweit vor, als das nachfolgende und erst Jahre später konsolidierte neue System einen Vorrat an ausbaufähiger politisch-kultureller Kohäsion und demokratiebildender Identität mit auf den Weg erhielt. Die ‚Stafette' vom ‚Zwischensystem' zum ‚neuen System' wäre wohl nicht erfolgreich gewesen, wenn die demokratische Neuorientierung unmittelbar schon während der prekären Krisenjahre zwischen 1945 und 1948 verlangt worden wäre. Dass die Überwindung des Nationalsozialismus durch ein ‚Zwi-

---

[63] Vgl. Thomas Alkemeyer/Gunilla Budde/Dagmar Freist: *Einleitung*, in: *Selbst-Bildungen. Soziale und kulturelle Praktiken der Subjektivierung*, hg. von dies., Bielefeld 2013, S. 9–30, hier S. 18.

[64] Uta Gerhardt: *Medizin, Soziologie und Re-Education*, in: Dies.: *Gesellschaft und Gesundheit. Begründung der Medizinsoziologie*, Frankfurt a. M. 1991, S. 261–300, hier S. 289.

[65] Ebd., S. 288.

[66] Talcott Parsons: *The Problem of Controlled Institutional Change*, in: Ders.: *Essays in Sociological Theory*, New York 1954, S. 238–274, hier S. 251.

schensystem' der ‚Liminalität' (im Sinne Turners) im Übergang der ‚Stunde Null' verlief, wobei erst einmal ausreichend Zeit in Anspruch genommen werden konnte, um den Neuanfang zu gestalten, war ein wichtiges Stück des gesellschaftlichen und politischen Wandels.[67]

2.2 doing space: Handlungsbasierte Raumtheorie

In der Frage nach Transformation und Transition, die im vorangegangenen Kapitel mit Rekurs auf die kulturanthropologischen Arbeiten von Arnold van Gennep und Victor Turner behandelt wurde, war der Raum bereits Bestandteil der Theoriebildung. So beispielsweise, wenn im Kontext der Schwellenphase davon gesprochen wird, dass die Initianden räumlich sekludiert werden, also im konkret geographischen beziehungsweise symbolischen Sinne aus dem Bereich der gesellschaftlichen Struktur entfernt werden. Das Dazwischen bezeichnet somit nicht nur eine kulturanthropologische Denkfigur zur Erklärung gesellschaftlichen Wandels und sozialer Positionierungsprozesse, sondern auch wesentlich eine Raumfigur, in der sich die transitorischen Raum-Zeit-Semantiken mit den Möglichkeiten transformativer Prozesse verschränken.[68] Eine Reflexion der Transitionslogiken sieht sich also auf die Frage nach dem Raum verwiesen und dies umso mehr, als die in dieser Arbeit immer wieder thematisierte Denkfigur des Dazwischen im Wesentlichen mit einer Raumfigur operiert.

---

[67] Hans Braun/Uta Gerhardt/Everhard Holtmann: *Die ‚lange Stunde Null': Exogene Vorgaben und endogene Kräfte im gesellschaftlichen Wandel nach 1945*, in: *Die lange Stunde Null. Gelenkter Sozialer Wandel in Westdeutschland nach 1945*, hg. von dies., Baden-Baden 2007, S. 7–26, hier S. 18.

[68] Vgl. Vittorio Borsò: *Art. Transitorische Räume*, in: *Handbuch Literatur & Raum*, hg. von Jörg Dünne/Andreas Mahler, Berlin 2015, S. 259–271, hier S. 259f.

2.2.1 Der Raum, die Grenze, das Handeln – eine Hinführung

Das Nachdenken über den Raum hat in den vergangenen drei Jahrzehnten in den Sozial- und Kulturwissenschaften eine neue qualitative und quantitative Dimension angenommen. Im Zuge dessen, was mittlerweile anerkanntermaßen als *spatial turn* bezeichnet wird, hat die Frage nach dem Raum beispielsweise in der Soziologie und den Literaturwissenschaften einen festen Platz im Methoden- und Theoriereservoir eingenommen. Dieses zumeist als ‚neu' apostrophierte Interesse am Raum hat seinen Ursprung in größeren gesellschaftlichen, politischen sowie (medien-)technologischen Veränderungen, die nicht zuletzt auf phänomenologischer Ebene das Erfahren von Raum wesentlich modifiziert haben; der *spatial turn* kann von daher als eine disziplinübergreifende Reaktion auf ein grundsätzlicheres Problem verstanden werden.[69] Zugleich artikuliert sich mit der (Neu-)Fokussierung des Raumes sowohl als Objekt der Erkenntnis als auch als Bestandteil eigenständiger Theoriebildung ein Epochenschnitt; war die Moderne vor allem an Fragen der Zeitlichkeit interessiert und entwickelte geradezu eine – wie es in einer mittlerweile berühmte Formulierung von Foucault heißt – Obsession für die Geschichte,[70] präsentiert sich die Ausrichtung auf den Raum als „Kind der Postmo-

---

[69] So Schroer, der schreibt, das gesteigerte Interesse am Raum habe mit der „Regel zu tun, nach der die Dinge immer dann eine verstärkte Aufmerksamkeit erfahren, wenn sie problematisch werden. Und problematisch ist der Raum insofern geworden, weil gesellschaftliche Globalisierungsprozesse, neue Informations-, Kommunikations- und Verkehrstechnologien traditionelle Raumvorstellungen zunehmend in Frage stellen." Markus Schroer: *Räume der Gesellschaft*, Wiesbaden 2019, S. 128.
[70] Vgl. Michel Foucault: *Von anderen Räumen*, in: *Raumtheorie. Grundlagentexte aus Philosophie und Kulturwissenschaften*, hg. von Jörg Dünne/Stephan Günzel, Frankfurt a. M. 2006, S. 317–329, hier S. 317. So auch Karl Schlögel: *Im Raume lesen wir die Zeit. Über Zivilisationsgeschichte und Geopolitik*, München 2003, S. 38: „Die Obsession des 19. Jahrhunderts war der Historismus, die Zeit – *durée*, nicht *espace*." Hervorhebungen i. O. Dabei kontrastiert das vermeintliche Desinteresse des 19. Jahrhunderts am Raum mit einer Kolonialpolitik, der es maßgeblich um das Ausgreifen und Einverleiben von Raum durch europäische Mächte ging.

derne".[71] Die Rede von der Ablösung der Zeit durch den Raum bezieht ihre Legitimation unter anderem durch eine Kritik an linearen Geschichtskonzeptionen und dem Abgesang auf die von Jean-François Lyotard identifizierten *grands récits*[72] der Moderne. Es scheint, dass die Zeit als Leitkategorie des Denkens vom Raum abgelöst worden ist.[73]

Dass der Raum problematisch geworden ist, zeigt sich auch an der Spannung zwischen seiner vermeintlichen Auflösung und Wiederkehr, die sich in den Reaktionen auf die neue Problemkonstellation abbildet. Die Auflösung des Raums wird dabei auf jene „Beschleunigungswellen als Kern der Modernisierungsprozesse"[74] zurückgeführt, die am deutlichsten in Mobilität und Kommunikation sicht- und spürbar wurden. Dampfmaschine, die Eisenbahn, Autos, Flugzeuge, letztlich Telefon und Internet haben, so Hartmut Rosa, den Raum „zu einer *Funktion der Zeit* werden"[75] lassen. Die Verwandlung des (Welt-)Raums etwa durch digitale Kommunikation und modernes Transportwesen in ein (so das berühmte Diktum Marshall McLuhans) globales Dorf[76] ist allerdings selbst räumlich ausdifferenziert. Der reale Zugriff auf den Raum ist seinerseits eine Raumpraktik, die sich vor allem entlang sozialer Privilegien entfaltet, die an bestimmte geo-soziale Räume gekoppelt sind (grob: an den globalen Norden). Die von David Harvey konstatierte Raum-Zeit-Verdichtung („time-space-compression"[77]) ist wesentlich kapitalistischen Tauschprozessen geschuldet, die das Abbauen räumlicher Barrieren für Waren forciert, ohne (den meisten) Menschen vergleichbare Bewegungsfreiheiten

---

[71] Doris Bachmann-Medick: *Cultural Turns. Neuorientierungen in den Kulturwissenschaften*, 4. Aufl., Hamburg 2009, S. 284.

[72] Vgl. Jean-François Lyotard: *Das postmoderne Wissen*, Wien 1999.

[73] Bruno Latour: *Von der Realpolitik zur Dingpolitik*, Berlin 2005, S. 74: „Der Raum hat die Zeit als prinzipielles Ordnungsprinzip abgelöst."

[74] Hartmut Rosa: *Beschleunigung. Die Veränderung der Zeitstruktur in der Moderne*, Frankfurt a. M. 2005, S. 79.

[75] Ebd., S. 164. Hervorhebungen i. O.

[76] Vgl. Stephan Günzel: *Raum. Eine kulturwissenschaftliche Einführung*, Bielefeld 2017, S. 19f.

[77] David Harvey: *Spaces of Capital. Towards a Critical Geography*, Edinburgh 2001, S. 123: „We have recently been going through a strong phase of what I call ‚time-space-compression': the word suddenly feels much smaller, and the time-horizons over which we can think about social action become much shorter."

zuzugestehen.[78] Wenn vom Verschwinden des Raumes gesprochen wird, muss zumindest gefragt werden, für wen dieser verschwindet.

Die globalen Ströme von „Waren, Dienstleistungen, Bildern und Menschen" lassen zugleich „neue räumliche Bezüge entstehen".[79] Es kann nicht verwundern, dass diese Bezüge vor allem zunächst aus Perspektive einer postkolonialen und (neo-)marxistisch orientierten Geographie in den Blick genommen wurden[80] und – im Anschluss an Henri Lefebvre – Raum verstärkt als „sinnhafte soziale Entität"[81] konzipiert wurde, in dem sich nicht lediglich soziale Interaktionen abspielen, sondern der durch diese wesentlich bestimmt und zuerst hergestellt wird. Lefebvre, der für Autoren wie Harvey oder Soja von großer Bedeutung ist, lieferte mit dem Gedanken, dass der soziale Raum das Produkt sozialer Praktiken sei,[82] einen wesentlichen Impuls für eine handlungstheoretische Neuausrichtung des Nachdenkens über Räume. Raum wird hier als gesellschaftliche Konstruktion verstanden, die aus bestimmten Mustern und Abfolgen von Handlungen, Praktiken und Sprechakten hergestellt wird. Begreift man Räume dergestalt als sozial Gemachtes, als Produkt – wie es Harvey nennt – gesellschaftlicher Objektivierung,[83] rücken nicht nur die raumkonstitu-

---

[78] Vgl. David Harvey: *Zwischen Zeit und Raum: Reflektionen zur geographischen Imagination*, in: *Raumproduktionen. Beiträge der Radical Geography. Eine Zwischenbilanz*, hg. von Bernd Belina/Boris Michel, Münster 2007, S. 36–60, hier S. 51.

[79] Gunter Weidenhaus: *Soziale Raumzeit*, Berlin 2015, S. 11.

[80] Einen Überblick bietet Edward Soja: *Verräumlichungen: Marxistische Geographie und kritische Gesellschaftstheorie*, in: *Raumproduktionen. Beiträge der Radical Geography. Eine Zwischenbilanz*, hg. von Bernd Belina/Boris Michel, Münster 2007, S. 77–110.

[81] Weidenhaus: *Soziale Raumzeit*, a.a.O., S. 37.

[82] Henri Lefebvre: *La production de l'espace*, Paris 1974. Einen Ausschnitt in deutscher Übersetzung bieten Jörg Dünne/Stephan Günzel (Hgg.): *Raumtheorie. Grundlagentexte aus Philosophie und Kulturwissenschaften*, Frankfurt a. M. 2006, S. 330–342.

[83] Ein Prozess, der, so Harvey, auch die Zeit umfasst, die ihrerseits dem gesellschaftlichen Zugriff unterliege, und der dafür sorge, dass „Konzepte von Raum und Zeit und die mit ihnen verbundenen Praktiken gesellschaftlich keineswegs neutral für das Zusammenleben sind. Aus eben diesem Grund bleibt das Verständnis von Raum und Zeit umkämpft […]." Harvey: *Zwischen Zeit und Raum*, a.a.O., S. 46.

ierenden Praktiken in den Blick, sondern auch der Gedanke, dass Räume nicht statisch, sondern Veränderungen zugänglich sind.[84] Dieser handlungstheoretische Zugriff auf den sozialen Raum darf mittlerweile als Standard gelten und mit ihm die Einsicht, dass es keinen sozialen Raum ohne soziale Aktivität gibt. Es ist naheliegend, dass zentrale Texte dieser raumtheoretischen Neuausrichtung in Auseinandersetzung mit dem in seiner Gemachtheit evidenten Sozialraum Stadt entwickelt wurden, wo sich die Wirksamkeit von Raumpraktiken beispielsweise in der Parallelität von Veredelung (Gentrifizierung) und Verelendung (Ghettoisierung) unmittelbar ablesen lässt.[85] Es ist diese Wendung auf das Moment der sozialen Herstellung, die den Raum seit den 1970er-Jahren wieder verstärkt in den Fokus kulturwissenschaftlicher Theoriebildung gerückt hat.

Bei der Frage danach, wie soziale Räume hergestellt werden, gilt es also, sowohl materielle Aspekte wie Körper oder soziale Güter,[86] kultu-

---

[84] „Wesentlich ist: Wenn wir annehmen, dass der Raum gesellschaftlich erschaffen wird, dann erkennen wir, dass wir ihn ändern können." Edward Soja: *Vom ‚Zeitgeist' zum ‚Raumgeist'. New Twist on the Spatial Turn*, in: *Spatial Turn. Das Raumparadigma in den Kultur- und Sozialwissenschaften*, hg. von Jörg Döring/Tristan Thielmann, Bielefeld 2008, S. 241–262, hier S. 155.

[85] Vgl. u.a. Günzel, *Raum*, S. 9. Sowohl Henry Lefebvre als auch Michel de Certeau entwickeln ihre Raumkonzepte in Auseinandersetzung mit dem Stadtraum. Vgl. Michel de Certeau: *Kunst des Handelns*, Berlin 1988; Michel de Certeau: *Praktiken im Raum*, in: *Raumtheorie. Grundlagentexte aus Philosophie und Kulturwissenschaften*, hg. von Jörg Dünne/Stephan Günzel, Frankfurt a. M. 2006, S. 343–353. Auf de Certeau geht die vielzitierte Aussage zurück, ein Raum sei „ein Ort, mit dem man etwas macht" (ebd., S. 345), eine Formulierung, die den Handlungsaspekt in den Vordergrund rückt.

[86] Der Begriff der sozialen Güter ist Martina Löw entnommen und meint sowohl materielle als auch symbolische Güter. Vgl. Martina Löw: *Raumsoziologie*, Frankfurt a. M. 2001, S. 153. Bei Löw ist der soziale Raum Resultat der relationalen Anordnung sozialer Güter und Lebewesen. Löw unterscheidet (analytisch) zwei Aspekte, nämlich das „Spacing", womit schlicht die Praxis der Güterplatzierung gemeint ist, und die Syntheseleistung, die aus dieser Anordnung den jeweiligen sozialen Raum destilliert. Die Trennung beider Aspekte ist allerdings nur analytisch möglich, *in realiter* fallen sie zumeist zusammen. Vgl. ebenda, S. 158–161.

relles Wissen, Sprechhandlungen sowie gesellschaftliche Machtverhältnisse zu reflektieren. Die Vorstellung eines statischen Container-Raums wird so durch einen dynamischen und historisch-variablen Raum ersetzt, wobei gerade die Frage nach geltenden Machtstrukturen der Rede von der Dynamisierung und Veränderungsmöglichkeit des sozialen Raumes Grenzen setzt. Schroer betont zurecht, dass auch die Möglichkeiten, Räume zu verändern und zu gestalten, ungleich distribuiert sind:

> In einer allein auf den kreativen Akteur setzenden Perspektive droht die Gefahr, den Blick auf die bereits bestehenden und nicht ohne weiteres veränderbaren Räume zu vernachlässigen. Denn es gibt immer die einen, die Raum schaffen und die anderen, die mit den so und nicht anders geschaffenen Räumen zunächst einmal in der Weise umgehen müssen, wie er gedacht war und auch erbaut wurde.[87]

Soziale Räume sind also nicht nur das Produkt sozialen Handelns, sondern beeinflussen dieses auch, sie „kanalisieren Handlungsmöglichkeiten"[88] und werden in erster Linie ‚vorgefunden', sind also das Resultat von Sozialisierungsprozessen.[89] Es liegt damit ein Interdependenzverhältnis von Raum und Handeln vor, ein, wie Schroer schreibt, „Zusammenspiel von Raum als Handlungsvoraussetzung und Raum als Handlungsergebnis."[90]

Soziale Räume werden dadurch hergestellt, dass Akteure auf eine bestimmte Art miteinander kommunizieren und agieren, auf eine bestimmte Art mit den Gegenständen und deren Anordnung im Raum interagieren und all dies seinerseits von bereits bestehenden Räumen von den Akteuren auch eingefordert wird. Dadurch wird begreiflich, dass Räume einen nicht unwesentlichen Anteil an der Subjektkonstitution haben; in welchen Räumen sich Akteure auf welche Art verhalten, entscheidet nicht zuletzt über den gesellschaftlichen Ort, den sie einnehmen. Verkürzt formuliert:

---

[87] Schroer: *Räume der Gesellschaft*, a.a.O., S. 136.
[88] Ebd., S. 137.
[89] Vgl. Löw: *Raumsoziologie*, a.a.O., S. 73–93.
[90] Schroer: *Räume der Gesellschaft*, a.a.O., S. 129.

Es macht einen wesentlichen Unterschied, ob Subjektbildung auf dem Arbeitsamt oder im Golfclub stattfindet.[91]

In diesem Abgrenzen von sozialen Räumen (dem faktisch ein Abgrenzen der Subjekte entspricht) rückt die Bedeutung der Grenze als Element des Raumes in den Blick. Die Grenze ist nicht nur ein räumliches Moment der Teilung zweier distinkter Räume, das zentral an der Konstitution dieser Räume mitwirkt,[92] sie ist auch selbst ein räumliches Gebilde mit eigenen räumlichen Praktiken. Wichtig für die hier angestellten Überlegungen ist der Umstand, dass das Überschreiten von Grenzen in vielerlei Hinsichten für die Frage nach Raum- und Subjektkonstitution Relevanz besitzen kann. Grenzen sind notwendige Bestandteile des Raumes und seiner Funktionslogik – so weisen sie auch innerhalb von Räumen Akteuren ihre Position zu, um Interaktionen reibungslos zu organisieren – und ermöglichen es, eine Topologie, eine Lagebeziehung von Räumen zu konstruieren. Sowohl das Überschreiten von Grenzen zwischen den Räumen als auch der innerräumlichen Funktionsgrenzen ermöglicht es – im Falle, dass diese Überschreitungen nicht vorgesehen sind –, das raumkonstituierende Handlungsgefüge subversiv zu unterwandern und schließlich zu verändern. Die Stabilität von Räumen und mit ihnen verknüpften (Norm-)Ordnung hängt nicht nur von der Aufrechterhaltung institutionalisierter Praktiken ab, die den Raum erst als solchen konstituieren, sondern auch von der Stabilität der jeweiligen Raumgrenzen.[93] Dass diese Grenzen

---

[91] Die in diesem Beispiel angedeutete soziale Distanz führt dazu, dass sich verschiedene Akteure des sozialen Raums, wie Bourdieu schreibt, kaum begegnen, womit nicht zuletzt die soziale Ordnung stabilisiert wird: „Sozialer Raum: das meint, daß man nicht jeden mit jedem zusammenbringen kann – unter Mißachtung der grundlegenden, zumal ökonomischen und kulturellen Unterschiede." Pierre Bourdieu: *Sozialer Raum und „Klassen". Leçon sur la leçon. Zwei Vorlesungen*, Frankfurt a. M. 1985, S. 14. Einen Überblick über die Bedeutung des Raums bei Bourdieus bietet Markus Schroer: *Räume, Orte, Grenzen. Auf dem Weg zu einer Soziologie des Raums*, Frankfurt a. M. 2006, S. 82–106.

[92] Weswegen Weidenhaus im Anschluss an Löw dafür plädiert, mit Blick auf die Funktion der Grenze neben der Syntheseleistung noch eine „Differenzierungsleistung" anzunehmen. Weidenhaus: *Soziale Raumzeit*, a.a.O., S. 46.

[93] Vgl. Dieter Langewiesche: *Grenzüberschreitungen und kulturelle Norm. Europäische Erfahrungen in der Moderne*, in: *Grenzüberschreitungen. Der*

nicht ausschließlich konkret-topologischer Natur sein müssen, sondern eben auch Handlungsgrenzen bezeichnen können,[94] zeigt bereits die Urszene der Grenzüberschreitung, nämlich die biblische Paradiesvertreibung, der eine Grenzüberschreitung von Adam und Eva vorausgeht. Mit der Störung der paradiesischen Ordnung geht auch ein neues Grenzregime einher; fortan ist das Paradies den lebenden Menschen nicht mehr zugänglich und existiert nurmehr als Koordinatenpunkt der christlichen Sehnsuchtskartografie.[95] Adam und Eva wiederum sind wesentlich andere geworden.

Grenzen üben also eine Distinktionsfunktion aus und „stehen gleichsam symbolisch für die Interdependenz von Identität und Alterität, denn sie grenzen das Fremde aus und tragen damit zur Definition des Eigenen bei"[96] – was gleichermaßen für sichtbare wie unsichtbare Grenzen gilt. Die Grenze konstituiert jedoch nicht nur Oppositionen, sie schafft auch Begegnungen. Es gehört zu ihrer dialektischen Natur, so Dieter Lamping, zugleich Verbindendes und Trennendes zu sein: „Insofern ist die Grenze nicht nur der Ort der Unterscheidung und der Abgrenzung, sondern auch der Ort des Übergangs, der Annäherung und der Mischung."[97] Die Literatur hat sich seit jeher für Grenzen sowie für Praktiken der Grenzziehung interessiert, für die durch sie in die Welt gerufenen Unterscheidungen, Oppositionen, aber eben letztlich auch für die von Lamping benannten Möglichkeiten der Mischungen und, damit verbunden, für die Figur des

---

Mensch im Spannungsfeld von Biologie, Kultur und Technik, hg. von Alfred Nordheim/Klaus Antoni, Bielefeld 2013, S. 167–185.

[94] Der Begriff Grenze ist, das zeigt dieses Beispiel, semantisch vielfältig. Vgl. Christoph Kleinschmidt: *Semantik der Grenze*, in: *APuZ* 63.4/5 (2014), S. 3–8.

[95] Vgl. Hans Hecker: *Grenze, Raum, Geschichte. Oder: Ist ein Leben ohne die andere Seite möglich? Eine Einführung*, in: *Grenzen. Gesellschaftliche Konstitutionen und Transfigurationen*, hg. von ders., Essen 2006, S. 9–26, hier S. 10.

[96] Andreas Rutz: *Grenzen im Raum – Grenzen in der Geschichte. Probleme und Perspektiven*, in: *Grenzen im Raum – Grenzen in der Literatur*. (=Sonderhefte der *Zeitschrift für deutsche Philologie*, Bd. 129), hg. von Eva Geulen/Stephan Kraft, Berlin 2010, S. 7–32, hier S. 25f.

[97] Dieter Lamping: *Über Grenzen – Eine literarische Topographie*, Göttingen 2001, S. 13. Vgl. auch Rutz: *Grenzen im Raum – Grenzen in der Geschichte*, a.a.O., S. 27f., der seinerseits betont, dass Grenzen Kontakträume sind.

Grenzgängers. Der Grenzgänger ist nicht nur literaturhistorisch eine virulente Erscheinung – vor allem in seiner positiven Wendung als avantgardistischer Überwinder ästhetischer Grenzen sowie der Grenzen zwischen Leben und Kunst[98] –, sondern dient als exemplarische Verkörperung von Freiheitserfahrungen jeglicher Art.[99] Er ist also nicht selten jene Figur, die aus einengenden Verhältnissen ausbricht und neue Wege bestreitet.

Die Figur des Grenzgängers macht die Grenze nicht nur im Akt ihrer Überschreitung sicht- und kommunikativ adressierbar, an ihr werden auch die Transformationspotentiale dieses Aktes kenntlich. Das Überschreiten einer Grenze wird nicht selten zu einer biographischen Zäsur stilisiert, die das Leben wesentlich verändert, unabhängig davon, ob es sich um eine bestimmte territoriale oder unsichtbare Grenze handelt. Wer eine Grenze übertritt, tritt – pathetisch gesprochen – in eine andere Welt und muss dabei selbst ein anderer werden.[100] Diese Verbindung von (Figuren-)Transformation und Grenzüberschreitung wird flankiert von dem Gedanken, dass überwundene Grenzen das mit ihnen verbundene Raumgefüge verändern, sie also ihrerseits an der Dynamisierung von Räumen mitwirken. Da sich, wie diskutiert, soziale Räume aus konkreten Handlungen und Praktiken ergeben und Grenzen in diesem Kontext häufig sowohl konkrete (etwa territoriale) als auch Handlungs- beziehungsweise Verhaltensgrenzen sind, modifizieren durch Handlungen verschobene Grenzen auch den sozialen Raum selbst.

---

[98] Vgl. hierzu den ebenso klugen wie bissigen Artikel von Bettina Gruber: *Imperative der Grenzüberschreitung. Rückblick auf ein historisches Motiv der Avantgarde*, in: *Über Grenzen. Jahrbuch für Literatur und Politik in Deutschland* 2 (1995), S. 198–217.

[99] Vgl. Lamping: *Über Grenzen*, a.a.O., S. 13f.

[100] Christian Moser: *Der Weltrand als mythopoetischer Reflexionsraum. Epische Passagen an die Grenzen der Ergo von ‚Gilgamesch' bis Mary Shelleys ‚Frankenstein'*, in: *Grenzen im Raum – Grenzen in der Literatur.* (=Sonderhefte der *Zeitschrift für deutsche Philologie*, Bd. 129), hg. von Eva Geulen/Stephan Kraft, Berlin 2010, S. 51–73, hier S. 58: „Die Reise in die andere Welt verlang ein Anderswerden des Reisenden." Die Ränder der Welt sind lesbar als Raummetaphern, die die (Handlungs-)Welt der jeweiligen Figur bezeichnen.

Konzeptualisiert man die Grenze nicht als bloße Linie, sondern als (Schwellen-)Raum,[101] rücken nicht nur mögliche Begegnungen in den Fokus, sondern es lässt sich direkt an die Ideen der Schwelle bei van Gennep und Turner anknüpfen. Das Grenzland ist sowohl in seiner territorialen wie metaphorischen Bedeutung ein Raum, in dem Klassifikationen fluid werden und das von einem eigenen (politischen wie literarischen) Figurenensemble bevölkert wird. Als soziales Niemandsland (*terra nullius*) finden sich in ihm jene Figuren, die auch im Fortgang dieser Studie eine zentrale Rolle spielen werden, beispielsweise der Deserteur, der aus dem sozialen Raum des Militärs ausgetreten ist, den Sozialraum des Zivilen aber noch nicht erreicht hat – und dessen soziale ‚Wildnis' beispielsweise bei Alfred Andersch durch eine entsprechende Topographie weitestgehend menschenleerer Naturräume ausgewiesen wird –, oder der Werwolf als die Figur, die jenseits gesellschaftlich-sozialer Zuordnungen existiert.[102] Diese Figuren bezeugen den Umstand, dass der „Grenzsaum als Niemandsland nicht leer, sondern eine liminale Landschaft von Marginalisierten, Außenseitern, Figuren des Dazwischen"[103] ist. Liminale Existenzen haben, so lässt sich sagen, zwar einen sozialen Raum, aber keinen gesellschaftlichen Ort, was sie gleichermaßen gefährdet und gefährlich macht. Sie sind Produkte gesellschaftlicher Ordnungen, ohne sich dieser Produktion völlig unterzuordnen und inkorporieren exemplarisch Momente des Übergangs.

---

[101] Paradigmatisch hierfür die Differenzierung von Grenze und Schwelle bei Walter Benjamin: „Die Schwelle ist ganz scharf von der Grenze zu scheiden. Schwelle ist eine Zone. Wandel, Übergang, Fluten liegen im Worte ‚schwellen' und diese Bedeutung hat die Etymologie nicht zu übersehen." Walter Benjamin: *Gesammelte Schriften*, Bd. V.1 [*Das Passagen-Werk*], hg. von Rolf Tiedemann, Frankfurt a. M. 1982, S. 618.
[102] Es handelt sich also um jene Figuren, die Victor Turner als liminale Personen, als „Schwellenwesen" und „Grenzgänger" bezeichnet hat, und die ihrerseits die „weder das eine noch das andere" sind. Turner: *Das Ritual*, a.a.O., S. 95.
[103] So Jörg Kreienbrock unter Bezugnahme auf Giorgio Agamben: Jörg Kreienbrock: *Von Linien, Säumen und Räumen. Konzeptualisierungen der Grenze zwischen Jacob Grimm, Friedrich Ratzel und Carl Schmitt*, in: *Grenzen im Raum – Grenzen in der Literatur.* (=Sonderhefte der *Zeitschrift für deutsche Philologie*, Bd. 129), hg. von Eva Geulen/Stephan Kraft, Berlin 2010, S. 33–49, hier S. 45.

2.2.2 Räume des Wandels – Erste literaturwissenschaftliche Annäherungen

Was für die Theorien des sozialen Raums gilt, dass diese nämlich gleichermaßen Resultat und Grundlage sozialer Handlungen und also Konstrukte sind, gilt in besonderem Maße für literarische, genauer fiktionale Räume. Fiktionale Räume sind als erzählte Räume[104] immer ‚erschrieben', also grundsätzlich das Produkt einer besonderen kulturellen Praxis. Ihr Status als Resultat einer bestimmten schriftstellerischen Herstellungspraxis, als Komponente des „erzählerischen Welterzeugnis[ses]"[105], steht von Anfang an fest. Problematischer hingegen sind die Fragen nach der Art der Beziehung zwischen erzählten Räumen und ‚realen' Räumen zu einem bestimmten historischen Zeitpunkt sowie die Frage, welche funktionale Rolle erzählte Räume in literarischen Texten einnehmen.

Hier soll dafür argumentiert werden, dass erzählte Räume nicht lediglich ein Element der Beschreibung von Handlungshintergründen sind, nicht lediglich Schauplätze,[106] sondern Bestandteil der narrativen Verfassung und damit für die *plot*-Struktur von funktionaler Bedeutung. Erzählte Räume fungieren nicht lediglich als narrative Hintergrundfolien, vor denen beziehungsweise in denen sich erzählte Handlungen ereignen – was das Bild vom Raum als Container[107] reaktivieren würde –, sondern sie formen diese Handlungen wesentlich mit. Der Raum ist, wie es an anderer Stelle heißt, also nicht lediglich „Ort der Handlung, sondern stets

---

[104] Vgl. zum Begriff des erzählten Raumes Natascha Würzbach: *Erzählter Raum. Fiktionaler Baustein, kultureller Sinnträger, Ausdruck der Geschlechterordnung*, in: *Erzählen und Erzähltheorie im 20. Jahrhundert*, hg. von Jörg Helbig, Heidelberg 2001, S. 105–129.

[105] Birgit Neumann: *Raum und Erzählung*, in: *Handbuch Literatur & Raum*, Berlin 2015, hg. von Jörg Dünne/Andreas Mahler S. 96–104, hier S. 97.

[106] Vgl. Ansgar Nünning: *Formen und Funktionen literarischer Raumdarstellungen: Grundlagen, Ansätze, narratologische Kategorien und neuen Perspektiven*, in: *Raum und Bewegung in der Literatur. Die Literaturwissenschaften und der Spatial Turn*, hg. von Wolfgang Hallet/Birgit Neumann Bielefeld 2009, S. 33–52, hier S. 45f.

[107] Vgl. zum Container-Modell Schroer: *Räume, Orte, Grenzen*, a.a.O., S. 45f.

auch kultureller Bedeutungsträger."[108] Der erschriebene Raum ist Produkt kulturell variabler Repräsentationspraktiken, wird also zu verschiedenen Zeiten und in verschiedenen Kulturen jeweils eigen codiert und semantisiert, sprich mit Bedeutung versehen. Allerdings muss die Literatur diesen Codierungs-Normen nicht folgen – worauf schon Juri Lotman hingewiesen hat –, sondern besitzt die Möglichkeit, Räume umzucodieren, mit bestehenden Codes zu spielen und sie im Verhältnis zum vorherrschenden Weltbild konträr zu positionieren.[109]

Es gilt also auch hier, die Art und Weise zu fokussieren, in der erzählte Räume am Bedeutungsgefüges des Textes mitwirken, nicht zuletzt, weil sie zumeist „allegorische, poetologische und auch epistemologische Funktionen"[110] besitzen. So präfigurieren beispielsweise erzählte Räume gleichermaßen die Bewegungen von Figuren und werden durch diese Bewegungen erst greifbar, wodurch etwa Herrschaftsformen, Wissensordnungen oder Figurenentwicklungen textlich evident werden. Wenn weiter oben gesagt wurde, soziale Räume würden durch ein Handeln erzeugt, das sie ihrerseits vorprägen, so gilt dies ebenfalls für die Art, wie Figuren in literarischen Räumen agieren – der erzählte Raum ordnet gleichsam deren Agieren, wird aber zugleich vor allem durch dieses Agieren erkennbar. Literarische Texte führen dergestalt spezifische Raumpraktiken im Vollzug vor und können gerade in dieser Hinsicht eine kritisch-subversive Perspektive bereitstellen, indem sie etwa die durch bestimmte Raumpraktiken ins Werk gesetzten sozialen Ungleichheiten und Abhängigkeiten illustrieren. Am literarischen Text lassen sich die sozialen Räume und ihre Ordnungen und Handlungslogiken exemplarisch überblicken und im Akt des Lesens jene häufig auch automatisch ablaufenden Herstellungspraktiken in den analytischen Blick nehmen, die sich im realen Handlungsvollzug selbst oftmals verbergen. Diese kritische Wendung des Verhält-

---

[108] Wolfgang Hallet/Birgit Neumann: *Raum und Bewegung in der Literatur. Zur Einführung*, in: *Raum und Bewegung in der Literatur. Die Literaturwissenschaften und der Spatial Turn*, hg. von dies., Bielefeld 2009, S. 11–32, hier S. 11.
[109] Vgl. Hallet, Neumann: *Raum und Bewegung in der Literatur*, a.a.O., S. 17f.
[110] Dorit Müller/Julia Weber: *Einleitung: Die Räume der Literatur. Möglichkeiten einer raumbezogenen Literaturwissenschaft*, in: *Die Räume der Literatur. Exemplarische Zugänge zu Kafkas Erzählungen „Der Bau"*, hg. von Wolfgang Hallet/Birgit Neumann, Berlin 2013, S. 1–21, hier S. 2.

nisses von literarischem und ‚realem' Raum darf allerdings nicht den Blick darauf verstellen, dass erzählte Räume häufig Teil der Appellstruktur von Texten sind und demnach auf eine bestimmte Art und Weise verstanden werden *wollen*. Das kritische Moment, das sich im genauen Blick auf literarische Räume zu artikulieren vermag, liegt nicht darin, dass bestimmte Räume in ihrem Konstruktcharakter vorgeführt werden, sondern dass der Nexus von Handeln und sozialem Raum grundsätzlich transparent wird.

Nicht zuletzt aber kann der literarische Text Räume begehbar machen, die für gewöhnlich unzugänglich sind und er vermag es zugleich, „Imaginations- und Vorstellungsräume zu eröffnen, die Variationen und Alternativen zu tatsächlich erfahr- und begehbaren Räumen darstellen."[111] Literatur bietet Einsicht in ‚andere' Räume und ist im Kontext gesamtgesellschaftlicher Kommunikation selbst ein solcher ‚anderer' Raum, in dem Disparates exemplarisch zusammengeführt werden kann.[112] Dieser Umstand verdeutlicht, dass die Beziehung erzählter Räume zu extratextuellen Räumlichkeiten keine mimetische ist. Literarische Texte bilden reale (soziale wie physische) Räume nicht lediglich ab, sondern erzeugen eigene Raumordnungen, in denen sich, wie es an anderer Stelle heißt, „‚imaginäre' und ‚reale' Räumlichkeiten verschränken und überlagern können."[113] Dabei können literarische Texte gleichermaßen auf reale Räume rekurrieren (beispielsweise über Toponyme), sich aus anderen Texträumen zusammensetzen oder verschiedene Mischverhältnisse in Szene setzen. Der erzählte Raum ist also das Produkt einer Selektion aus zwei distinkten Quellen, das sodann auf je eigene (ästhetische) Weise kombiniert und perspektiviert wird.[114]

Im Kontext dieser Untersuchung rücken dabei vor allem jene literarischen Räume in den Blick, in denen sich der Aspekt der Figuren- wie der Handlungskonstitution mit Wandlungsprozessen auf der Figurenebene verbindet. Die erzählten Räume werden besonders als Räume der Transformation diskutiert; sie bieten einen Ort, der alternative Sprechweisen

---

[111] Jörg Dünne/Andreas Mahler: *Einleitung*, in: *Handbuch Literatur und Raum*, hg. von dies., Berlin 2015, S. 1–11, hier S. 4.
[112] Vgl. Hallet/Neumann: *Raum und Bewegung in der Literatur*, a.a.O., S. 14.
[113] Müller/Weber: *Einleitung*, a.a.O., S. 8.
[114] Zur Trias von Selektion, Kombination und Perspektivierung vgl. Nünning: *Formen und Funktionen literarischer Raumdarstellungen*, a.a.O., S. 39–43.

und Identifikationsangebote bereitstellt und dadurch im Kontrast zu anderen erzählten Räumen steht. Dieser Komplex rückt einen weiteren Terminus in den Fokus, dessen Fruchtbarkeit sich nicht zuletzt an seiner ubiquitären Verwendung (v.a. in literaturwissenschaftlichen Arbeiten) zeigt, nämlich dem der Heterotopie. Von Bedeutung für die hier angestellten Überlegungen ist der Heterotopie-Begriff deswegen, weil er zum einen Kontrastraum beziehungsweise eine alternative Ordnung bezeichnet, zum anderen, weil er konzeptuelle Bezüge zu Turners Vorstellungen von Schwellenraum und Anti-Struktur sowie van Genneps Konzept gesellschaftlicher *rites de passage* aufweist.[115] Heterotopien sind nach Foucault gesellschaftlich und historisch variable Orte, „die vollkommen anders sind als die übrigen. Orte, die sich allen anderen widersetzen und sie in gewisser Weise sogar auslöschen, ersetzen, neutralisieren oder reinigen sollen. Es sind gleichsam Gegenräume."[116] Vor allem die Rede von den Heterotopien als Gegenräume – als „Negationen des Raumes, in dem wir leben"[117] – hat eine eigene Rezeptionskultur hervorgebracht, die auf die Verräumlichung von Diskurs[118] und gesellschaftlicher Machtstrukturen abzielt und vor allem das widerständige Potential von Heterotopien betont.[119]

---

[115] Vgl. Achim Geisenhanslüke: *Von anderen Räumen. Michel Foucaults Schwellenkunde*, in: *Literatur als Interdiskurs. Realismus und Normalismus, Interkulturalität und Intermedialität von der Moderne bis zur Gegenwart. Eine Festschrift für Rolf Paar zum 60. Geburtstag*, hg. von Thomas Ernst, Georg Mein, München 2016, S. 33–40, hier S. 38f.; vgl. Rainer Warning: *Art. Utopie und Heterotopie"*, in: *Handbuch Literatur & Raum*, hg. von Jörg Dünne/Andreas Mahler, Berlin 2015, S. 178–187, hier S. 181.

[116] Michel Foucault: *Die Heterotopien*, in: Ders.: *Die Heterotopien. Der utopische Körper. Zwei Radiovorträge. Zweisprachige Ausgabe*, Frankfurt a. M. 2005, S. 7–22, hier S. 10. Foucault unterscheidet (anders als etwa de Certeau) an dieser und an anderer Stelle nicht systematisch zwischen Ort und Raum. Zur Differenz von Raum und Ort vgl. Günzel: *Raum*, a.a.O., S. 45–60.

[117] Ebd., S. 11. Vgl. außerdem Foucault: *Von anderen Räumen*, a.a.O., S. 320.

[118] Vgl. Geisenhanslüle: *Von anderen Räumen*, a.a.O., S. 36.

[119] Tobias Klaas: *Art. „Heterotopie"*; in: *Foucault-Handbuch. Leben – Werk – Wirkung*, hg. von Clemens Kammler/Rolf Parr/Ulrich Johannes Schneider, 2. aktual. u. erw. Aufl., Stuttgart 2020, S. 306–307, hier S. 307.

Heterotopien sind nicht grundsätzlich frei zugänglich, sondern besitzen stets, so Foucault, ein „System von Öffnung und Abschließung [...], welches sie von der Umgebung isoliert."[120] Dies gilt in besonderem Maße für jene von Foucault so benannten Heterotopien der Abweichung, womit Räume bürgerlicher Disziplinierungsbemühungen und Normierungsprozesse gemeint sind, etwa Sanatorien oder Gefängnisse.[121] Funktional direkt mit van Genneps und Turners Vorstellung von Schwellenräumen verbunden sind jene Heterotopien, die in direktem Bezug zu „Übergang, der Verwandlung, den Mühen der Fortpflanzung"[122] stehen, etwa Kasernen oder Schulen, also Sorge dafür tragen, Prozesse gesellschaftlicher Eingliederung und Neupositionierung zu gewährleisten. Heterotopien stehen ihrerseits in der Spannung zwischen anvisierter Ordnung und den durch diese in die Welt gesetzten Un-Ordnungen, verstanden als nicht subsumierbare Reste.

Begreift man Ordnungen als strukturierende Differenzen, so bezeichnen Heterotopien das ‚Andere' dieser Ordnung;[123] im Kontext der Verräumlichung dieses Ordnungsdenkens nutze Foucault den Begriff Heterotopie, so Tobias Klaas, als „Name real existierender Räume, die zuerst solchen Heterogenitäten oder Abweichungen Raum geben, für die in einem gegebenen Raumgefüge kein Platz vorhanden ist."[124] Dieses Moment der (selbstgeschaffenen) Abweichung findet, wie zu zeigen sein wird, seine Entsprechung in jenen fiktionalen Räumen der hier untersuchten literarischen Texte, in denen konkret eine Gegenwelt zur faschistischen Ordnung vorweggenommen wird. Gerade faschistische Ordnungsentwürfe sind gekennzeichnet durch Homogenisierungsversuche, die permanent ihren Auftrag zur Ordnung gegen die andauernde Neuproduktion von Heterogenem, Fremdem und Anderem durchfechten müssen und zumeist mit der Entgrenzung von Gewalt sicherzustellen versuchen. Heterotopien sind in diesem konkreten Fall Räume, in denen (Sprech-)Hand-

---

[120] Foucault: *Die Heterotopien*, a.a.O., S. 18.
[121] Vgl., ebenda S. 12 sowie Foucault: *Von anderen Räumen*, a.a.O., S. 322f.
[122] Ebd., S. 17. Hier werden die Bezüge zu van Gennep und Turner besonders deutlich.
[123] Michel Foucault: *Die Ordnung der Dinge. Eine Archäologie der Humanwissenschaften*, Frankfurt a. M. 1971, S. 17–22.
[124] Klaas: *Art. „Heterotopie"*, a.a.O., S. 307.

lungen möglich sind, die in den Räumen der faschistischen Struktur keinen Platz mehr haben.

Diese Lesart der Heterotopien als Möglichkeitsräume beziehungsweise Räume der Ermöglichung betont ihrerseits deren gegenräumliches respektive anti-strukturelles Moment. Als „heterogene[r] Erfahrungsraum"[125] bieten Heterotopien die Möglichkeit, abweichende, differierende Erfahrungen zu machen, indem sie Praxisvollzüge gestatten, die in anderen sozialen Räumen dergestalt nicht möglich sind.[126] Marvin Chlada formuliert diesen Gedanken wie folgt: „Diese Erfahrungen des Anderen schließen die Erfahrungen des Anderswo mit ein, andere Orte, an denen neue Formen des gemeinschaftlichen Lebens experimentell ausgekundschaftet werden können."[127] Es ist diese positive Lesart der Heterotopie als Ermöglichungsraum besonderer Erfahrungen und als Experimentierraum einer anderen Art von Vergemeinschaftung abseits der herrschenden sozialen Grammatik, die den folgenden Textanalysen unterlegt wird und deren Fokussierung auf Gegenräume motiviert.

2.3 *doing culture*: Praxeologische Perspektiven

Anders als die Logik gesellschaftlicher Übergangsprozesse, wie sie ethnologisch/kulturanthropologisch bei Arnold van Gennep und Victor Turner über das Schema der *rites de passage* sowie das Konzept der Liminalität zu fassen versucht wurden, und der theoretischen Fassung des sozialen Raums als gleichermaßen von Handlungen bedingter und Handlungen bedingende Entität, ist dem Begriff der Praxis beziehungsweise der Praktiken in dieser Studie dezidiert ein Kapitel zugeordnet.

Im Zentrum stehen dort bestimmte kommunikative Praktiken, bestimmte das Soziale formende Sprechweisen, die in unmittelbarer Verbindung zum Praxisfeld des Politischen stehen und Handlungsmuster ei-

---

[125] Geisenhanslüke: *Von anderen Räumen*, a.a.O., S. 37.
[126] Vgl. Marvin Chlada: *Heterotopie und Erfahrung. Abriss der Heterotopologie nach Michel Foucault*, Aschaffenburg 2005, S. 8. Dies muss nicht zwangsläufig als positiv erfahren werden, wie die Beispiele Gefängnis und Sanatorium zeigen, ähnlich wie die Erfahrung der Liminalität nicht grundsätzlich positiv grundiert ist.
[127] Ebd., S. 37.

nes kommenden, nicht-faschistischen (und im Kontext der *Re-Education*: demokratischen) Gemeinwesen umfassen. Es sollen Kommunikationspraktiken wie die politische Debatte, die öffentliche Diskussion politischer Themen und allgemeinere Praktiken des Zuhörens sowie konsensorientierten, Dissensen ertragenden und Differenzen schützenden Sprechens im Fokus stehen, deren Ausagieren in der Logik eines totalitären Staates entweder verboten war, marginalisiert wurde oder lediglich im Verborgenen stattfinden konnte. Das Interregnum wird damit zum historischen Ort einer gesellschaftlichen Lernphase, in dem diese kommunikativen Praktiken wieder eingeübt, gelernt werden konnten, was nicht zuletzt unter Anleitung der Alliierten geschah und nicht selten das (abwertend empfundene und ebenso genutzte) Bild vom Deutschen als Schüler provozierte. Dass es hingegen auch von deutscher Seite ein Bewusstsein dafür gab, dass das Miteinandersprechen (auch und gerade in politischer Hinsicht) neu erlernt und institutionalisiert werden, dass es zu einer Neu- und Aufwertung des Dialogischen etwa im Gegensatz zur Kommunikationslogik des Befehls kommen musste, zeigen – wie weiter unten diskutiert werden soll – beispielhaft die kulturpolitischen Zeitschriften zwischen 1945 und 1949, die sich dezidiert als dialogisch verstanden. Die in dem Kapitel „Praktiken des Dazwischen" untersuchten Romane greifen diesen Gedanken zum einen dadurch auf, dass sie explizit neue Sprechweisen und die damit verbundene Herstellung politischer Ordnung etwa durch Figurenrede thematisieren. Zum anderen führen sie diese Praktiken im Vollzug vor, sie demonstrieren das ‚neue Sprechen' anhand von Figurendialogen, problematisieren es aber zugleich und weisen auf Gefährdungspotentiale durch ‚alte Praktiken' hin.

2.3.1 Praktiken – das Soziale in seinem Vollzug

Ähnlich wie der Raum erlebt auch der Begriff der Praxis ein anhaltendes Interesse, vor allem von Seiten der Soziologie und der Geschichtswissenschaft. Am *practice turn*, wie er in einer Publikation von 2001 proklamiert wurde,[128] hat auch die Literaturwissenschaft Anteil, die die eigenen uni-

---

[128] Vgl. Theodore R. Schatzki/Karin Knorr-Cetina/Eike von Savigny (Hgg.): *The Practice Turn in Contemporary Theory*, London 2001.

versitären Tätigkeitsmuster und den Literaturbetrieb insgesamt praxeologisch in den Blick genommen hat.[129] So gängig die Begriffe Praxis beziehungsweise Praktiken im alltäglichen Verständnis auch sein mögen, ihre Bedeutung im Kontext des *practice turn* ist doch eine spezifische – wobei angemerkt werden muss, dass es auch innerhalb der praxeologischen Forschung neben weitreichenden Übereinstimmungen in grundlegenden Fragen noch anhaltenden Disput bezüglich der inhaltlichen Konturen des Praxis-Begriffs gibt.[130]

Obwohl die Praxeologie als eigenständige Kultur- beziehungsweise Sozialtheorie erst seit etwa zwei Jahrzehnten in Erscheinung tritt, reichen ihre theoretischen Vorläufer weiter zurück und umfassen beispielsweise Aspekte von Martin Heideggers Fundamentalontologie, die Sprachphilosophie des späten Ludwig Wittgenstein, die Ethnomethodologie von Harold Garfinkel, die Arbeiten des späten Foucault oder Pierre Bourdieus Überlegungen zum Habitus.[131] All diese Theorieprogramme bilden, so

---

[129] Vgl. etwa Andrea Albrecht u.a. (Hgg.): *Theorien, Methoden und Praktiken des Interpretierens*, Berlin 2015 sowie Philipp Löffler: *Was ist eine literarische Epoche?*, in: *Praxeologie. Beiträge zur interdisziplinären Reichweite praxistheoretischer Ansätze in den Geistes- und Sozialwissenschaften*, hg. von Friederike Elias u.a., Berlin 2014, S. 73–96 und Burckhard Dücker: *Vorbereitende Bemerkungen zu Theorie und Praxis einer performativen Literaturgeschichtsschreibung*, in: *Praxeologie. Beiträge zur interdisziplinären Reichweite praxistheoretischer Ansätze in den Geistes- und Sozialwissenschaften*, hg. von Friederike Elias u.a., Berlin 2014, S. 97–128.

[130] „Denn obwohl der Begriff Praxis gegenwärtig zu einem paradigmatischen Schlüsselbegriff avanciert, um den Gegenstand der Soziologie als Wissenschaft neu zu bestimmen, ist die Praxistheorie, anders als etwa die soziologische Systemtheorie, nirgends in abgeschlossener und systematischer Weise formuliert worden." Frank Hillebrandt: *Soziologische Praxistheorien. Eine Einführung*, Wiesbaden 2014, S. 10.

[131] Vgl. etwa Andreas Reckwitz: *Grundelemente einer Theorie sozialer Praktiken. Eine sozialtheoretische Perspektive*, in: *Zeitschrift für Soziologie*, 32 (2003), S. 282–301, S. 283f.; vgl. Peter Gentzel: *Praxistheorie und Mediatisierung. Grundlagen, Perspektiven und eine Kulturgeschichte der Mobilkommunikation*, Wiesbaden 2015, S. 32–72, vgl. Hillebrandt *Soziologische Praxistheorien*, a.a.O., S. 31–56; vgl. Hilmar Schäfer: *Einleitung. Grundlagen, Rezeption und Forschungsperspektiven der Praxistheorie*, in: *Praxis-

Andreas Reckwitz ein „Bündel von Theorien mit ‚Familienähnlichkeit'".[132] Das Kernelement hier ist, wie der Begriff der Praxis bereits im landläufigen Sinne andeutet, der Fokus auf das Handeln, Agieren, auf Tätigkeiten und Verhalten. Praxistheorien betonen – kulturtheoretisch gewendet – das Dynamische der Kultur und fassen sie als permanent „*in action*"[133] auf. Als Konsequenz dieser Neuperspektivierung erscheint „gesellschaftliche Wirklichkeit" nicht mehr als „‚objektive Tatsache', sondern [als] eine ‚interaktive Sache des Tuns'."[134] Ist für die handlungszentrierte Theorie des sozialen Raums derselbe ein Resultat sozialer Aktivität, so weitet sich dieser Befund im Kontext der Praxeologie auf die soziale Wirklichkeit insgesamt aus: „Aus der Perspektive der Praxis tritt uns die Wirklichkeit als gemacht entgegen."[135] Praxistheorien positionieren sich damit dezidiert anti-essentialistisch und begreifen das Soziale als Ensemble verschiedener sozialer Praktiken.

Im Unterschied zum Handlungsbegriff etwa in der analytischen Philosophie[136] rücken mit dem Begriff der Praktiken aber nicht einzelne Handlungen, sondern, wie es Theodore R. Schatzki formulierte, „arrays of human activity"[137] ins Zentrum des Interesses. Die Rede von den (An-)Ordnungen menschlicher Aktivitäten unterstreicht den Umstand, dass Praktiken nicht mit isolierten Handlungen identisch sind, sondern sich erst aus einem Set an Tätigkeiten, Handlungen und Verhalten ergeben.

---

theorie. Ein soziologisches Forschungsprogramm, hg. von ders., Bielefeld 2016, S. 9–25, hier S. 10–14.

[132] Reckwitz: *Grundelemente einer Theorie sozialer Praktiken. Eine sozialtheoretische Perspektive*, a.a.O., S. 283.

[133] Karl H. Hörning/Julia Reuter: *Doing Culture: Kultur als Praxis*, in: *Doing Culture. Neue Positionen zum Verhältnis von Kultur und sozialer Praxis*, hg. von dies., Bielefeld 2004, S. 9–15, hier S. 9.

[134] Ebd., S. 10.

[135] Karl H. Hörning: *Soziale Praxis zwischen Beharrung und Neuschöpfung. Ein Erkenntnis- und Theorieproblem*, in: *Doing Culture. Neue Positionen zum Verhältnis von Kultur und sozialer Praxis*, hg. von ders./Julia Reuter, Bielefeld 2004, S. 19–39, hier S. 19.

[136] Ein Überblick bietet Georg Meggle (Hg.): *Analytische Handlungstheorie*, 2 Bde., Frankfurt a. M. 1977.

[137] Theodore R. Schatzki: *Introduction. Practice Theory*, in: *The Practice Turn in Contemporary Theory*, hg. von ders. u.a., London 2001, S. 10–23, hier S. 11.

Um eine Praxis beziehungsweise spezifische Praktiken zu bestimmen, müssen demnach gleichermaßen deren Relationalität – also ihre Beziehung zu anderen Praktiken – sowie deren Kontextualität – in welchem sozialen (Um-)Feld sie sich beobachten lassen – berücksichtigt werden.[138] Dass Praktiken von Akteuren als solche wahrgenommen werden und ihnen prinzipiell zugeschrieben werden kann, dass sie korrekt oder inkorrekt ausgeführt wurden, wirft Licht auf den Umstand, dass Praktiken nicht Handlungsmuster einzelner Akteure, sondern immer einer Kollektivität bezeichnen. Bedingt durch ihre Kontextsensitivität und der Tatsache, dass Praktiken immer aus Praktiken hervorgehen, gewissermaßen also aus einem zeitlichem Kontinuum, aus einem ‚Fluss' vorausgegangener Praktiken sich ergeben,[139] sind Praktiken nicht als das Werk eines herkulischen Individuums zu denken, sondern als Resultate kollektiver Handlungen. Sie sind nur deswegen Bewertungen wie korrekt/inkorrekt zugänglich, weil in ihnen bereits ein kollektiv geteiltes Handlungswissen präsent ist, das von den Teilnehmenden erworben und weitergebenen werden kann. Praktiken sind im besten Sinne „collective actions".[140] Es gilt: Nicht jedes „Tun ist schon Praxis. Erst durch häufiges und regelmäßiges Miteinandertun bilden sich gemeinsame Handlungsgepflogenheiten heraus, die soziale Praktiken ausmachen".[141]

Die Praxeologie betont, wie bereits angemerkt, den Herstellungscharakter der sozialen Wirklichkeit und begreift Praktiken – unter Verwendung einer atomistischen Metaphorik – als „kleinste Einheit des Sozia-

---

[138] Vgl. Schäfer: *Einleitung*, a.a.O., S. 11 und 13.
[139] Vgl. Hilmar Schäfer: *Praxis als Wiederholung. Das Denken der Iterabilität und seine Konsequenzen für die Methodologie praxeologischer Forschung*, in: *Praxistheorie. Ein soziologisches Forschungsprogramm*, hg. von ders., Bielefeld 2016, S. 137–159, hier S. 138.
[140] Barry Barnes: *Practice as collective action*, in: *Practice Turn in Contemporary Theory*, hg. von Theodore R. Schatzki, u.a., London 2001, S. 25–36. Die vorangegangenen Ausführungen orientieren sich an Barnes Definition von Praktiken: „Let practices be socially recognized forms of activity, done on the basis of what members learn from others, and capable of being done well or badly, correctly or incorrectly." Ebd., S. 27.
[141] Hörning/Reuter: *Doing Culture: Kultur als Praxis*, a.a.O., S. 12.

len."[142] Die Atomstruktur der Wirklichkeit bildet sich also aus einzelnen Praktiken, die auf höherer Ebene – wie Frank Hillebrandt vorschlägt – bestimmte Praxisformen und Praxisformationen konstituieren.[143] Zwei zentrale Aspekte sind hierbei der Körper (als Ausdruck der Materialität von Praktiken) sowie die Einbindung von Dingen und Artefakten ins theoretische Design.[144] Praktiken sind wesentlich körperlich, jede Praxis ist notwendigerweise eine Praxis von und mit Körpern. Das Handlungswissen, das in Praktiken im Vollzug wirksam wird, ist förmlich in den Körper eingeschrieben, es ist verfügbar, ohne dass es zunächst in Form von propositionalem Wissen abgerufen werden müsste. Es ist ein Know-how, das im Körper selbst präsent ist und routinierte Handlungsvollzüge erlaubt. Der „Ort des Sozialen", so Reckwitz, bestehe aus

> ‚sozialen Praktiken', verstanden als know-how abhängige und von einem praktischen ‚Verstehen' zusammengehaltene Verhaltensroutinen, deren Wissen einerseits in den Körpern der handelnden Subjekte ‚inkorporiert' ist, die andererseits regelmäßig die Form von routinisierten Beziehungen zwischen Subjekten und von ihnen ‚verwendeten' materialen Artefakten annehmen.[145]

Menschliche Körper sind als „Teil der Materialität aller Praxis […] eine zentrale Bedingung dafür […], dass sich Praktiken überhaupt ereignen."[146] Allerdings darf dieser Gedanke nicht eindimensional instrumentell aufgefasst werden. Der Körper ist aus praxeologischer Sicht kein Werkzeug, dessen man sich bedient, um Praktiken ausführen zu können, sondern ist selbst durch Praktiken geformt, er steckt, wie Stefan

---

[142] Reckwitz: *Grundelemente einer Theorie sozialer Praktiken*, a.a.O., S. 290. Kritisch hierzu Barnes: *Practice as collective action*, a.a.O., S. 27, der die Rede von Praktiken als kleinste soziale Einheit eher als Rhetorik einer noch jungen Disziplin begreift, die dadurch ihren Marktwert zu stärken versucht.
[143] Vgl. Hillebrandt: *Soziologische Praxistheorien*, a.a.O., S. 58 sowie 105, wo sich ein anschauliches Beispiel für Hillebrandts Verwendungsweise der einzelnen Begrifflichkeiten findet.
[144] Da die Frage nach der Einbeziehung von Artefakten für die folgenden Ausführungen von untergeordneter Bedeutung ist, soll sie hier zwar erwähnt, aber nicht weiter ausgeführt werden. Vgl. ebenda, S. 76–87.
[145] Reckwitz: *Grundelemente einer Theorie sozialer Praktiken*, a.a.O., S. 289.
[146] Hillebrandt: *Soziologische Praxistheorien*, a.a.O., S. 61f.

Hirschauer schreibt, *in* den Praktiken.[147] Das praktische Können, das Know-how, wird bei der Erlernung von Praktiken gleichsam in den Körper ‚eingeschrieben':

> Wenn ein Mensch eine Praktik erwirbt, dann lernt er, seinen Körper auf bestimmte, regelmäßige und ‚gekonnte' Weise zu bewegen und zu aktivieren oder besser: auf eine bestimmte Art und Weise Körper zu ‚sein', da der Körper aus praxeologischer Perspektive kein ausführendes Instrument darstellt, das von einem ‚dahinter liegenden' Zentrum gesteuert würde.[148]

Praxis und Körper sind also untrennbar miteinander verknüpft, die elementaren Bewegungsabläufe, Wahrnehmungsmuster und Bewertungskriterien, aus denen sich Praktiken zusammensetzen, *sind* der Körper des Agierenden – genau diese Relation ist mit dem Begriff der Inkorporierung bezeichnet.[149] Wenn sich also die soziale Wirklichkeit gleichermaßen über Praktiken herstellt und deren zentrale Materialität der Körper ist, dann ist das Soziale grundsätzlich im Körper präsent; die gesellschaftliche Realität wird greifbar als Einschreibungen in den Körper. Asymmetrien, Hierarchien, Differenzen, Inklusions- sowie Exklusionsreglementierungen sind in jeweiligen historisch-spezifischen Körpergebräuchen ablesbar, wenn auch häufig nicht von den entsprechenden Akteuren selbst, denen „die Mechanismen ihres Handelns nicht vollständig transparent und ihrer Selbstreflexivität körperliche Grenzen gesetzt sind."[150] Seine konsequenteste und sicherlich auch wirkungsvollste Ausgestaltung hat dieser

---

[147] Stefan Hirschauer: *Praktiken und ihre Körper. Über materielle Partizipanden des Tuns*, in: *Doing Culture. Neue Positionen zum Verhältnis von Kultur und sozialer Praxis*, hg. von Karl H. Hörning/Julia Reuter, Bielefeld 2004, S. 73–91, hier S. 75.

[148] Reckwitz: *Grundelemente einer Theorie sozialer Praktiken*, a.a.O., S. 290.

[149] Vgl. hierzu auch Schatzki: *Introduction. Practice Theory*, a.a.O., S. 11: „A central core, moreover, of practice theorists conceives of practices as embodied, materially mediated arrays of human activity centrally organized around shared practical understanding. The point of the qualifier 'embodied' is that, as many late twentieth-century thinkers (above all feminists) emphasize, the forms of human activity are entwined with the character of the human body."

[150] Schäfer: *Einleitung*, a.a.O., S. 13.

Gedanke in Pierre Bourdieus Konzept des Habitus erfahren, der besonders das strukturelle Moment der Macht betont. Der Habitus wird verstanden als

> die durch Erfahrungen erzeugten und in die Körper eingeschriebenen Denk-, Wahrnehmungs-, Bewertungs- und Handlungsdispositionen sozialer Akteure, durch die sie in Praxis verwickelt werden und durch die sie sich selbst leiblich also quasi leibhaftig in der sozialen Welt positionieren.[151]

Der Habitus ist die Präsenz der Gesellschaft und ihrer Machtstrukturen im Körper des jeweiligen Akteurs (das „Ergebnis des Eingehens des Sozialen in die Körper"[152]) und er positioniert ihn innerhalb dieser Gesellschaft und ist zugleich Ausdruck dieser Position – Habitus und (soziales) Habitat sind eng miteinander verwoben.[153] Dabei bedingt sich der Habitus durch bestimmte gruppen- beziehungsweise klassenspezifische Praktiken, die sich aus klassenspezifischen Lebensbedingungen ergeben und das soziale Gefüge herstellen und stabilisieren. Von der Sprechweise über die Art des Gehens, der Körperhaltung bis hin zu Fragen des ästhetischen Geschmacks, alles ist Ausdruck früherer sozialer Erfahrungen und prägt in hohem Maße künftiges Agieren – ohne es restlos vorzubestimmen. Der Habitus stiftet dadurch jene Handlungsnormalität, die im Kontext der Praxeologie als Effekt sozialer Praktiken beschrieben wird, und fokussiert damit vor allem deren Reproduktionsleistungen des Sozialen. Er stellt, wie soziale Praktiken im Allgemeinen, das Soziale als Gemeinsames, von mehreren Akteuren Geteiltes her, das als bestimmtes praktisches Wissen den Körpern eingeschrieben und ohne vorherige Denk- und Reflexionsleistungen abrufbar ist. Praktiken werden dementsprechend oft als Routi-

---

[151] Hillebrandt: *Soziologische Praxistheorien*, a.a.O., S. 65.
[152] Pierre Bourdieu/Loïc Wacquant: *Reflexive Anthropologie*, Frankfurt a. M. 2013, S. 160.
[153] Dem Habitus komme eine „Doppelfunktion" zu: „Er stellt gleichzeitig eine erzeugte soziale Praxis dar (*opus operatum*), generiert aber zugleich die Praxis (*modus operandi*)." Alexander Lenger/Christian Schneickert/Florian Schumacher: *Pierre Bourdieus Konzeption des Habitus*, in: *Pierre Bourdieus Konzeption des Habitus. Grundlagen, Zugänge, Forschungsperspektiven*, hg. von dies., Wiesbaden 2013, S. 13–41, hier S. 19. Hervorhebungen i. O.

nen konzeptualisiert, die (weitestgehend) reibungsfreies Anschlusshandeln ermöglichen, zugleich aber Raum für Abweichungen, Variationen und damit Transformationen von Praktiken bereitstellen.[154]

2.3.2 Kommunikative Praktiken – ein Leitbegriff

Soziale Praktiken sind – so die Ergebnisse der vorangegangenen Diskussion – kollektive, wiederholbare und durch Wiederholungen gefestigte Handlungsmuster, die sich aus „bestimmten routinisierten Bewegungen und Aktivitäten des Körpers"[155] sowie aus von einer Kollektivität geteilten Wahrnehmungs- Bewertungs- und Denkweisen zusammensetzen. Schatzkis oft zitierte Formulierung, Praktiken seien „a temporally unfolding and spatially dispersed nexus of doings and sayings"[156] trennt Handeln und Sprechen, womit zwar auf der einen Seite hinter die Grunderkenntnis der Sprechakttheorie, dass nämlich Sprechen immer als Handlung verstanden werden muss, zurückgegangen,[157] auf der anderen Seite aber so dezidiert die Frage nach der kommunikativen Dimension von Praktiken aufgeworfen wird. Unabhängig davon, ob in bestimmten Praktiken tatsächlich gesprochen wird, artikulieren soziale Praktiken grundsätzlich ein kommunikatives Moment. Stefan Hirschauer benennt dementsprechend drei „Ressourcen", aus denen sich Praktiken speisen: „den gekonnten Einsatz des sozialisierten *Körpers*, den geschickten Gebrauch von *Dingen*, und den korrekten Gebrauch von *Zeichen*."[158]

---

[154] Vgl. u.a. Andreas Reckwitz: *Die Reproduktion und die Subversion sozialer Praktiken. Zugleich ein Kommentar zu Pierre Bourdieu und Judith Butler*, in: *Doing Culture. Neue Positionen zum Verhältnis von Kultur und sozialer Praxis*, hg. von Karl H. Hörning/Julia Reuter, Bielefeld 2004, S. 40–54.

[155] Reckwitz: *Grundelemente einer Theorie sozialer Praktiken*, a.a.O., S. 290.

[156] Theodore R. Schatzki: *Social Practices. A Wittgensteinian Approach to Human Activity and the Social*, Cambridge 1996, S. 88.

[157] Vgl. Stefan Hirschauer: *Verhalten, Handeln, Interagieren. Zu den mikrosoziologischen Grundlagen der Praxistheorie*, in: *Praxistheorie. Ein soziologisches Forschungsprogramm*, hg. von Hilmar Schäfer, Bielefeld 2016, S. 45–67, hier S. 55.

[158] Ebd., S. 46. Hirschauer merkt zudem an, dass diese Ressourcen bei verschiedenen Praktiken in jeweils unterschiedlicher Intensität in Erscheinung

Es gelte demnach, so Hirschauer, nicht nur – wie er in Bezug auf das Habitus-Konzept schreibt – die Spuren zu berücksichtigen, „die das Handeln im Handelnden hinterlässt", sondern auch jene „Zeichen, die es an seiner Außenseite erzeugt."[159] Diese zeichenhafte Außenseite von Praktiken meint deren Gehalt als Darstellung im sozialen Sinne; sie zeigen an, „was geht und was nicht geht, und sie machen vor, wie es geht",[160] bringen also einen Lerneffekt zum Ausdruck. Auf der einen Seite formen Praktiken Akteure und bilden so ein „spezifisches Selbst aus",[161] auf der anderen Seite kommunizieren sie dieses Selbst nach ‚außen'. Wie wesentlich diese kommunikative Ressource sozialer Praktiken ist, zeigt sich etwa am Beispiel von Begrüßungsgesten. Das Grüßen ist eingelassen in jenes Gemeinsame des Sozialen: „Grüßen begründet Sozialität."[162] Es kommuniziert nach ‚außen', wer wem wie begegnet, und ist also im besonderen Maße als komplexes Zeichen greifbar, das jene geteilten Denk-Wahrnehmungs- und Bewertungsschemata lesbar macht. Besonders deutlich zeigt sich dies etwa am Beispiel des in Nazi-Deutschland zur alltäglichen Grußformel erhöhten ‚deutschen' Grußes.[163]

Durch die Etablierung und Verstetigung dieser Grußpraktik kam es nicht nur zu einer Ergänzung und Neusortierung bereits vorhandener Begrüßungsgesten, sondern letztlich zu einer Modifizierung öffentlicher politischer Kommunikation. Man darf, wie Ulrich Sarcinelli schreibt, „Kommunikation im Kontext von Politik" nicht lediglich als „Ausdrucks- und Verständigungsmittel" verstehen, sondern muss sie grundsätzlich in ihrer Funktion als Mittel der „Durchsetzung einer bestimmten Sicht von Welt" und in ihrer Verbindung zu Fragen von „Macht und Herrschaft"

---

treten: „Es gibt Praktiken, in denen das körperliche *Agieren* (etwa der Kampf), das *Hantieren* mit Dingen, oder das *Kommunizieren* (der Gebrauch von Zeichen) im Vordergrund stehen." Ebd., S. 47. Hervorhebungen i. O.

[159] Ebd., S. 56. Dort auch das vorherige Zitat.
[160] Hirschauer: *Verhalten, Handeln, Interagieren*, a.a.O., S. 57.
[161] Ebd., S. 56.
[162] Tilman Allert: *Der deutsche Gruß. Geschichte einer unheilvollen Geste*, Stuttgart 2010, S. 24.
[163] Allert hat gezeigt, wie durch besagte Grußformel die Vorstellung einer ‚Volksgemeinschaft' gestisch abgesteckt wird; der als deutsch apostrophierte Gruß schafft dabei nicht nur Identität, sondern fungiert zugleich als Bekenntnis gegenüber einem abwesenden Dritten – Adolf Hitler. Vgl. ebenda, S. 38.

reflektieren.[164] Die Grußpraktik des erhobenen rechten Arms flaggt diese Weltsicht gleichermaßen aus und setzt sie sukzessive absolut. Das Beispiel zeigt vor allem, wie die Etablierung einer bestimmten Praktik als Bestandteil eines gesellschaftstransformierenden Projekts verstanden werden kann und in dieser Hinsicht eine nicht zu unterschätzende Kraft ausübt, die noch über den Untergang des Regimes 1945 hinauswirkt.[165]

Im kollektiven Handeln einer geteilten Praktik konstituiert sich das Soziale und kommuniziert diese Konstitutionsleistung, ohne dass alle Akteure sich im Voraus über alle etwa normativen Vorstellungen geeinigt hätten – was Diktaturen im Kontext ihrer politischen Kommunikation mitunter gezielt einplanen.[166] Sven Reichardt hat am Beispiel der faschistischen Kampfbünde gezeigt, wie eine gemeinsame Praxis der Gewalt und Kameradschaft gerade von inhaltlichen Fragestellungen und Positionierungen (wie sie etwa für linke Gruppierungen mit ihrer Theoriefixierung kennzeichnend ist) entlastet, zugleich aber die Gefahr mit sich bringt, dass die ausgeübte Gewalt letztlich als Selbstzweck ihre ideologische Einbettung überflüssig macht.[167] Reichardt zielt auf die Herausstellung eines „faschistischen Habitus"[168] ab, der sich aus in den faschistischen Kampfbünden geteilten Geselligkeits- und Gewaltpraktiken bildet:

---

[164] Ulrich Sarcinelli: *Politische Kommunikation in Deutschland. Zur Politikvermittlung im demokratischen System*, 2. überarb. u. erw. Aufl., Wiesbaden 2009, S. 17.

[165] Vgl. Allert: *Der deutsche Gruß*, a.a.O., S. 107–119.

[166] Stephan Merl: *Politische Kommunikation in der Diktatur. Deutschland und die Sowjetunion im Vergleich*, Göttingen 2012, S. 168: „Die kommunikative Strategie der Diktatur verzichtete in der Regel darauf, dass der Einzelne seine ideologische Überzeugung unter Beweis stellen musste. Zur Inklusion reichte es hin, darauf zu verzichten, dem Diktator zu widersprechen, und dies durch die Teilnahme an den Ritualen immer neu zu bekräftigen."

[167] Vgl. Sven Reichardt: *Praxeologie und Faschismus. Gewalt und Gemeinschaft als Elemente eines praxeologischen Faschismusbegriffs*, in: *Doing Culture. Neue Positionen zum Verhältnis von Kultur und sozialer Praxis*, hg. von Karl H. Hörning/Julia Reuter, Bielefeld 2004, S. 129–153. Zuvor schon in Sven Reichardt: *Faschistische Kampfbünde. Gewalt und Gemeinschaft im italienischen Squadrismus und in der deutschen SA*, Köln, Weimar, Wien 2002.

[168] Reichardt: *Praxeologie und Faschismus*, a.a.O., S. 130.

In ihren auf dem Typus des ‚kämpfenden Faschisten' aufbauenden körperlichen Verhaltensroutinen und in ihrer organisatorischen Praxis wurden Gewaltterror und Propaganda unmittelbar im Leitbild des ‚soldatischen Nationalismus' und eines ebenso männerzentrierten wie antibürgerlichen Kameradschaftskults ineinander verwoben.[169]

Es war schließlich die „Gewalt selbst, welche Gemeinsamkeit herstellte"[170] und es zugleich notwendig machte, die sinnstiftenden Elemente jenseits der Gewalt, die zentralen Ideologeme, präsent zu halten, beispielsweise indem man Aspekte wie Befehlskonzentration, Verschwiegenheit nach außen und Dienst am Vaterland als Kernelemente faschistischer Eidesformeln rituell beschwor.[171] Ziel war die Herstellung eines „gewaltbestimmten Lebensstil, in dem politische Inhalte des Faschismus mit bestimmten sozialen Erfahrungen verklammert wurden."[172] Die kommunikative Dimension nach ‚außen' war eindeutig; es wurde Gewaltbereitschaft, Schlagkraft sowie bestimmte ‚soldatische' Körper- und Verhaltensideale signalisiert und damit verdeutlicht, welche ‚Sprache' man zu sprechen gewillt war – und welche nicht. Sowohl Sympathisanten als auch erklärte Gegner werden diese Botschaft klar verstanden haben.

Der Zeichencharakter körperlichen Agierens muss bei der Analyse von Praktiken also grundsätzlich mitgedacht werden. Wenn in den folgenden Analysen literarischer Texte des Interregnums von kommunikativen Praktiken die Rede sein wird, läuft diese Dimension immer mit – fokussiert wird aber auf konkretere Aspekte, auf Praktiken, bei denen die Produktion von Zeichen kein Beiwerk, sondern im Zentrum kollektiven Handelns steht. Auch hier geht es nicht um einzelne, isolierte Sprechakte, sondern erneut um kollektive Handlungsmuster, deren routinierte beziehungsweise ‚gekonnte' Ausführung sowohl die einzelnen Akteure in ihrem Selbst[173] als auch das diese Akteure verbindende Soziale herstellen.

---

[169] Ebd., S. 137.
[170] Ebd., S. 141.
[171] Vgl. ebenda, S. 140.
[172] Ebd.
[173] Marie-Cécile Bertau: *Sprache: öffentliche Praxis im Medium des Dritten*, in: *Praxis denken. Konzepte und Kritik*, hg. von Thomas Alkemeyer/Volker Schürmann/Jörg Volbers, Wiesbaden 2015, S. 81–107, hier S. 82, die

Für kommunikative Praktiken gilt gleichermaßen wie für soziale Praktiken *en gros*: „Die Verlässlichkeit des sprachlichen Handelns ohne ständige explizite Begründung funktioniert auf der Annahme der Realität und Gültigkeit geteilter Handlungsmuster. Es sind das die – auch sprachlichen – Muster, in die wir hineinwachsen."[174] Sprachliches Handeln wird interaktiv erlernt und damit werden es auch die Geltungs- und Bedeutungsbedingungen sprachlichen Agierens in bestimmten Kontexten. Auch kommunikative Praktiken können nicht einfach von jedem ausgeführt werden, sondern sind kontextsensitiv, also abhängig von kultureller Sozialisation, sozialen Positionen der Agierenden sowie Rechten wie Pflichten.

Im Kontext der hier untersuchten Romane und Erzählungen rücken dabei jene kommunikativen Praktiken in den Blick, die sich dem Praxisfeld Politik zuordnen lassen und konstitutiv für ein im weitesten Sinne demokratisches Agieren sind. Dazu gehören vor allem Formen des Diskutierens, des Kritisierens, des argumentativen Ringens um Konsens, der sprachlichen Bewältigung von Dissens sowie Praktiken des Hörens und Gehörtwerdens. Es handelt sich also um kommunikative Praktiken, deren Ziel die Bewältigung sozialer Problemstellungen durch sprachlich verfasste Prozesse der Entscheidungsfindung ist – und die sich explizit gegen den faschistischen Habitus mit seiner Befehlszentrierung und Argumentationsfeindlichkeit (worin sich nicht zuletzt auch dessen antibürgerliche Stoßrichtung artikulierte[175]) richten. Während dem Körper in diesen Praktiken eine vergleichsweise geringe Bedeutung zukommt – ohne deswegen bedeutungslos zu sein: ohne Körper keine Stimme, weder eine physiologische noch eine politische –, rücken gerade in der Analyse literarischer Gestaltung dieser kollektiven Sprechhandlungen die durch die kommunikative Außenseite angezeigten Werte- und Bewertungsschemata in den Fokus der Aufmerksamkeit.

Die politische Praxis ist wesentlich – abseits der sicherlich bedeutsamen politischen Symbolhandlungen und der faktischen Macht, durch

---

schreibt, dass „sprachliche Praxis Subjekte [konstituiert], indem diese sprachlich tätig sind."

[174] Ludwig M. Eichinger: *Praktiken: etwas Gewissheit im Geflecht der alltäglichen Welt*, in: *Sprachliche und kommunikative Praktiken*, hg. von Arnulf Deppermann/Helmuth Feilke/Angelika Linke, Berlin, Boston 2016, S. VII–XIII, hier S. X.

[175] Vgl. Reichardt: *Faschistische Kampfbünde*, a.a.O., S. 643–659.

physische Gewalt Körper zu positionieren und zu zerstören – eine „Praxis des Miteinanderredens".[176] Diese politische Praxis als Kommunikationspraxis, so Paul Lorenzen, ist eingebunden in ein „normativ-geordnete[s] Zusammenleben".[177] Dabei ist klar, dass dies alle Formen normativ-geordneten Zusammenlebens betrifft – auch jene auf Gewalt und Befehlsprinzip basierende Kollektivität faschistischer Kampfverbünde sind eben solche Formen normativ-geordneten Zusammenlebens. Auch dort wird miteinander geredet, selbstverständlich kennt auch der Faschismus als politische Praxis bestimmte Formen des Sprechens, der Ansprache und diverse kommunikative Praktiken, die ihrerseits politische Zielsetzungen kennen und als Mittel der Problembewältigung verstanden werden müssen. Durch die Reproduktion des Führerprinzips auch in kleineren sozialen Organisationen, welche die kommunikativen Praktiken von Befehlen und Gehorchen im alltäglichen Erfahrungsleben verankerte und in einer bestimmten Phraseologie mit gesamtgesellschaftlichem Anspruch präsent hielt („Führer befiehl, wir folgen"), wurde letztlich die Sprechpraxis des Militärs für das Praxisfeld der Politik importiert.

Dieser ‚Kasernenton', der noch zum innerfamiliären Erfahrungsbestand der 1950er-Jahre gehörte, war Bestandteil einer gesellschaftlichen Homogenisierungsbestrebung, die ihr Ideal in der proklamierten und durch entsprechende Praxiskonstellationen anvisierten (wenn auch historisch älteren) ‚Volksgemeinschaft' fand und die auf nationale beziehungsweise rassische Einheit pochte.[178] In ihr hatten sich demokratische und

---

[176] Paul Lorenzen: *Versuch einer wissenschaftlichen Grundlegung des Demokratischen Sozialismus*, in: Ders.: *Grundbegriffe technischer und politischer Kultur. Zwölf Beiträge*, Frankfurt a. M. 1985, S. 168–184, hier S. 173.

[177] Ebd., S. 171.

[178] Die Entstehung des Konzepts Volksgemeinschaft ist eng mit dem Ersten Weltkrieg verbunden und forcierte einen nationalen Einheitsgedanken, der mit rigiden Grenzziehungen operierte. Dem nationalsozialistisch gewendeten Begriff der Volksgemeinschaft ging es dabei nicht um „die Idee einer künftigen sozialen Egalität, sondern [um] die Verheißung einer (symbolischen) Überwölbung aller Klassenschranken und die Herstellung einer ‚völkischen' Einheit. Das bedeutete zweitens zugleich die Durchsetzung neuer Ungleichheiten, nämlich die Inklusion aller rassistisch definierten ‚Volksgenossen' und die Exklusion aller ‚Gemeinschaftsfremden'." Hans-Ulrich Thamer: *‚Volksgemeinschaft' in der Debatte. Interpretationen,*

republikanische Sprechpraxen wie eben das freie Diskutieren, Argumentieren, eine deliberative Praxis im Sinne einer „[g]erechtfertigte[n] Argumentation statt Zwang oder Manipulation"[179] überlebt beziehungsweise fanden in ihr keinen institutionellen Rahmen mehr.[180] Sie ist insofern die konsequente Fortführung dessen, was die faschistischen Kampfbünde in der Zeit nach dem Ersten Weltkrieg etabliert hatten, nämlich einen „politischen Stil, der in extremer Weise Diskussion durch Aktion, Verhandlungen durch Gewalthandlungen"[181] ersetzt hatte. Es kann von daher nicht verwundern, dass die Literatur nach 1945 immer wieder auf bestimmte kommunikative Praktiken der NS-Zeit zurückgreift und diese ästhetisch aufbereitet, um das diesen Praktiken implizite Werteverständnis aufzuzeigen und zu kritisieren. Neben Darstellungen der allgegenwärtigen Gewalt gegen politisch Andersdenkende, Dissidenten, Juden, Sinti, Roma, Homosexuelle, Zeugen Jehovas oder Deserteure tritt auffallend oft die Praxis des Befehlens und Gehorchens, die – wie weiter unten noch ausführlicher diskutiert wird – Autorinnen und Autoren als Gegenstand ihrer Auseinan-

---

Operationalisierungen, Potenziale und Kritik, in: *Der Ort der Volksgemeinschaft in der deutschen Gesellschaftsgeschichte*, hg. von Detlef Schmiechen-Ackermann u.a., Paderborn 2018, S. 27–36, hier S. 29. Die Rede von der Volksgemeinschaft ist eng verknüpft mit den Praktiken ihrer Herstellung und verweist auf Zukünftiges: „Nicht in der Feststellung eines sozialen Ist-Zustandes, sondern vielmehr in der Verheißung, in der Mobilisierung lag die politische Kraft der Rede von der ,Volksgemeinschaft'." Michael Wildt: *Das Ich und das Wir. Subjekt, Gesellschaft und ,Volksgemeinschaft' im Nationalsozialismus*, in: *Der Ort der Volksgemeinschaft in der deutschen Gesellschaftsgeschichte*, hg. von Detlef Schmiechen-Ackermann u.a., Paderborn 2018, S. 37–49, hier S. 40.

[179] Juan Carlos Velasco: *Art. Deliberation/deliberative Demokratie*, in: *Enzyklopädie Philosophie*, hg. von Hans Jörg Sandkühler, 2. Aufl., Hamburg 2010, S. 360–363, hier S. 362.

[180] Der, so Michael Wildt, „populistisch-integrative Appell an Einheit und Gemeinschaft […] untergrub eine republikanische politische Kultur, die Diskussion und Kompromissbildung notwendig macht, und desavouierte eine staatsbürgerliche Öffentlichkeit, die von Auseinandersetzungen und Debatten bestimmt ist." Michael Wildt: *Volksgemeinschaft als Selbstermächtigung. Gewalt gegen Juden in der deutschen Provinz 1919 bis 1939*, Hamburg 2007, S. 354.

[181] Reichardt: *Faschistische Kampfbünde*, a.a.O., S. 46.

dersetzung mit dem Nationalsozialismus diente. An ihr artikuliert sich gleichermaßen das den Einzelnen negierende Moment der Uniformierung, die Militarisierung weiter Teile der Lebenswelt, der Zwang und das Ausbleiben freier Rede als Instrument politischer Willens- und Meinungsbildung.

Die historische Situation 1945 bis 1949 nun ist dergestalt, dass die ‚neuen' kommunikativen Praktiken, die sich mit der Verfahrenslogik demokratischer Prinzipien verbinden, nicht für alle Menschen der deutschen Gesellschaft tatsächlich völlig neu waren, ihnen aber der für Praktiken wesentliche Vollzug abhandengekommen war – und er nun erneut eingeübt werden musste, nicht zuletzt unter Anleitung der alliierten Besatzungsmächte. Dass die Deutschen wieder zu lernen hätten, miteinander zu reden, avanciert auch und gerade in der kulturpolitischen Zeitschriftenlandschaft der Interregnums-Zeit zu einem Topos, der sich in dem vehement vertretenen Anspruch auf Dialogizität und Vielstimmigkeit aussprach.[182] Dahinter steht der letztlich praxeologische Gedanke, dass sich durch ein bestimmtes, kollektiv geteiltes (Sprech-)Handeln, durch das Einüben in bestimmte kommunikative Praktiken demokratische Handlungskompetenzen, spezifische Kommunikationsfähigkeiten und letztlich ein demokratischer Habitus ausbilden ließen.

Nicht zuletzt ist die Zeit des Interregnums und die mit dieser assoziierten Rede von der ‚Stunde Null' ein geschichtlicher Moment der Ablösung einer Praxis durch eine andere, befeuert sowohl durch die erzwungene Beendigung von außen (Zerstörung der nationalsozialistischen Institutionen in Folge der Kriegsniederlage) als auch durch die Abwendung der Akteure (bedingt durch Enttäuschung und Ablehnung). Allgemeiner lässt sich formulieren: „An die Stelle der aufhörenden Praxis tritt eine andere, die sie verdrängt; der Integrationsbereich einer Praxis verliert

---

[182] In diesen Zeitschriften, von denen einige im folgenden Kapitel systematischer untersucht werden, fallen das Erlernen neuer kommunikativer Praktiken und deren Ausübung in eins, was, so Barry Barnes, für Praktiken als „shared possession of a collective" wesentlich sei: „[L]earning continues after the initial acquisition of 'competent member' status, as part of the business of participation in practice itself. It is part of the nature of a shared practice that learning what it is and enacting it are inseparable." Barnes: *Practice as collective action*, a.a.O., S. 33.

an Boden gegenüber einer anderen".[183] Aus der Perspektive der Praxeologie wird somit auch erneut deutlich, warum man das Interregnum der Nachkriegszeit unter prozessualen Vorzeichen lesen muss: Das Verdrängen und Substituieren einer Praxis durch eine andere ist ein mitunter langwieriger Vorgang, vor allem wenn die Hauptkraft dieser Transformation eine – aus der Perspektive der Deutschen gesprochen – der Praxisgemeinschaft externe ist, es also quasi zu einem Praxisimport unter moralischen Vorzeichen kommt. Außerdem unterstreicht dieser Gedanken den bereits zuvor diskutierten Umstand, dass eine (Re-)Demokratisierung Deutschlands nicht lediglich den Wiederaufbau demokratischer Institutionen umfasste, sondern letztlich auf die Herstellung demokratischer Subjekte zielte. Dass Demokratie sich nicht in einer politischen Mechanik von Wahlvorgängen erschöpft, sondern eine Lebensform darstellte, betonten vor allem amerikanische Denker, am deutlichsten sicherlich John Dewey, dessen Vorstellung von der Erziehbarkeit des Menschen zur Demokratie die US-amerikanische Besatzungspolitik wesentlich prägt.[184] In einer Rede anlässlich seines 80. Geburtstags bringt Dewey diese Überzeugung zum Ausdruck und verknüpft sie mit einer Vorstellung von der Habitualisierung demokratischer Handlungsmuster. Es gelte in Gedanke und Tat („in thought and act") zu begreifen, dass

> democracy is a *personal* way of individual life; that it signifies the possession and continual use of certain attitudes, forming personal character and determining desire and purpose in all the relations of life. Instead of thinking of our own dispositions and habits as accommodated to certain institutions we have to learn to think of the latter as expressions, projections and extensions of habitually dominant personal attitudes.[185]

---

[183] Norbert Axel Richter: *Abbrechen. Das Ende der Praxis*, in: *Praxis denken. Konzepte und Kritik*, hg. von Thomas Alkemeyer/Volker Schürmann/Jörg Volbers, Wiesbaden 2015, S.235–248, hier S. 242.

[184] Vgl. Edwin Stiller: *Soll Politische Bildung Haltungen vermitteln? Zur Kontroverse um politische Erziehung*, in: *Demokratie, Demokratisierung und das Demokratische. Aufgaben und Zugänge der Politischen Bildung*, hg. von Moritz Peter Haarmann/Steve Kenner/Dirk Lange, Wiesbaden 2020, S. 95–117, hier S. 97f.

[185] John Dewey: „Creative Democracy – The Task Before Us", in: Ders.: *The Later Works, 1925–1953*, Bd. 14: *1939–1941. Essays, Reviews, and*

Konzeptualisiert man Demokratie als einen „way of life", dann rücken die Sozialisierungs- und Erziehungsprozesse in den Fokus, welche die Akteure in die jeweiligen kollektiven Handlungsweisen einführen. Vor allem die US-amerikanische Besatzungspolitik setze im Kontext ihrer avisierten *re-education*-Politik denn auch verstärkt auf schulische Erziehung zur Demokratie.[186] Aber noch 1947 – immerhin zu einer Zeit, als sich die Konturen des Kalten Krieges bereits abzuzeichnen begannen – einigte sich der Alliierte Kontrollrat, also das Regierungsorgan aller Besatzungsmächte in Nachkriegsdeutschland, auf die Kontrollratsdirektive 54, die die „Grundprinzipien für die Demokratisierung des Bildungswesens in Deutschland" zum Gegenstand hatten und in der es unter Punkt 5 heißt: „Alle Schulen sollten Nachdruck legen auf die Erziehung zu staatsbürgerlicher Verantwortung und demokratischen Lebensstil (democratic way of life) vermittelst des Lehrplans, der Lehrbücher und Lehrmittel und der Organisation der Schule selbst."[187] Was für die Schüler und Schülerinnen nach 1945 galt, galt letztlich gleichermaßen für die meisten Deutschen: Es galt, sich einen demokratischen Habitus anzueignen, eine Leistung, die wesentlich in die Zeit des Interregnums fällt, aber, wie Oskar Negt (mit deutlichem Bezug zu John Dewey) betont, keinen konkreten historischen Ort besitzt, sondern eine dauerhafte Aufgabe ist: „Demokratie ist die einzige politisch verfasste Gesellschaftsordnung, die gelernt werden muss – immer wieder, täglich und bis ins hohe Alter hinein."[188] An dieser zu bewerkstelligenden Erziehungsleistung partizipierte nicht zuletzt auch die

---

Miscellany, hg. von Ann Boydston, Carbondale 1988, S. 224–230, hier S. 226. Hervorhebung i. O.

[186] Vgl. Fritz Bohnsack: *Erziehung zur Demokratie. John Deweys Pädagogik und ihre Bedeutung für die Reform unserer Schule*, Ravensburg 1976; vgl. Otto Schlander: *Der Einfluß von John Dewey und Hans Morgenthau auf die Formulierung der Reeducationspolitik*, in: *Umerziehung und Wiederaufbau. Die Bildungspolitik der Besatzungsmächte in Deutschland und Österreich*, hg. von Manfred Heinemann, Stuttgart 1981, S. 40–52.

[187] Alliierte Kontrollratsbehörde, Kontrollratsdirektive 54, zitiert nach Sonja Levsen: *Autorität und Demokratie. Eine Kulturgeschichte des Erziehungswandels in Westdeutschland und Frankreich 1945–1975*, Göttingen 2019, S. 49.

[188] Oskar Negt: *Der politische Mensch. Demokratie als Lebensform*, Göttingen 2010, S. 13.

Literatur, die zugleich Archiv und Kritik vergangener Praktiken sowie Vehikel der Implementierung neuer Praktiken war und ist.

3. Parameter des Interregnums-Diskurses: Eine Zeitschriftenlektüre

3.1 „free to start the process of collective thinking"– Zeitschriften als Vehikel gesellschaftlicher Transformation

Zeitschriften sind das zentrale Reflexionsmedium der unmittelbaren Nachkriegszeit.[1] Noch vor den ersten lizenzierten Zeitungen, beispielsweise der *Welt* in der britischen oder der *Neuen Zeitung* in der amerikanischen Besatzungszone, erfüllten Zeitschriften die Aufgabe, abseits tagesaktueller Informationsvermittlung als Schnittstelle zwischen alliierter Kulturpolitik und milieuspezifischem Selbstverständigungsbedürfnis[2] der Deutschen zu fungieren. Der Zeitschriftensektor spiegelt damit besonders deutlich die grundsätzliche Spannung wider, die zwischen einem reglementierten Pressewesen und dem dahinterstehenden Prinzip eines freiheitlich-demokratischen Wiederaufbaus des besiegten Deutschlands herrschte. Zwar sei Deutschland, wie es in der Direktive JCS 1067 des amerikanischen *Joint Chiefs of Staff* hieß, nicht „besetzt, um befreit zu

---

[1] Eine ähnliche Formulierung wählt Bernhard Fischer, der schreibt, dass „die Zeitschrift zwischen der sog. Stunde Null und der Währungsreform 1948 bzw. der Aufhebung der alliierten Lizenzierung in den Westzonen im Mai 1949 das dominierende literarische Medium" gewesen sei. Bernhard Fischer: *Über Literaturvermittlung und Literaturrezeption in Zeitschriften 1945–1949*, in: *Buch, Buchhandel und Rundfunk 1945–1949*, hg. von Monika Estermann/Edgar Lersch, Wiesbaden 1997, S. 53–59, hier S. 53.

[2] Damit schlossen die Nachkriegszeitschriften an eine bereits im 19. Jahrhundert etablierte Tradition an, als „Kristallisationspunkte und Verständigungsforen bestimmter Intellektuellengruppen" zu fungieren. Friedrich Kießling: *Die undeutschen Deutschen. Eine ideengeschichtliche Archäologie der alten Bundesrepublik 1945–1972*, Paderborn 2012, S. 38.

werden, sondern weil es ein besiegtes feindliches Land"[3] sei – aber schon in besagter Direktive findet sich ein Passus darüber, dass die siegreichen Alliierten Deutschland auf ein späteres demokratisches Leben in der internationalen Gemeinschaft vorzubereiten hätten. Dies bedeutete nicht lediglich den Wiederaufbau diskreditierter oder zerstörter politischer Institutionen, sondern meinte den Aufbau einer alternativen politischen Kultur,[4] die – kaum verwunderlich – mit den Spuren der jeweiligen Besatzungsmacht durchsetzt war. So verstanden, handelte es sich bei der *Re-Education* um ein „Unternehmen der politischen Pädagogik",[5] dem es um eine „Veränderung der grundlegenden Wertorientierung"[6] ging. Ein Ansatz, der in der Praxis nicht ohne ein gewisses paternalistisches Auftreten der Siegermächte auskam, die sich eine zivilisatorische und kulturelle Überlegenheit zuschrieben;[7] angesichts der menschenverachtenden Verbrechen der ehemaligen ‚Herrenrasse' durchaus nachvollziehbar.

Das Pressesystem, das die Alliierten nach der totalen Niederlage NS-Deutschlands sukzessive aufbauten, stand von Anfang an im Dienst der Etablierung einer alternativen politischen Kultur. Um sicherzustellen, dass die zentralen Akteure des kulturellen Feldes keine Anhänger der NS-Ideologie oder verwandter Ideologeme (Militarismus, Rassismus oder völkisches Denken) waren, wurden nicht nur Autorinnen und Autoren überprüft und gegebenenfalls mit Schreibverbot belegt, sondern die Gründung von Verlagen (und damit von Zeitungen und Zeitschriften) an den

---

[3] Zitiert nach: Mechtild Rahner: „*Tout est neuf ici, tout est à recommencer ...*" *Die Rezeption des französischen Existentialismus im kulturellen Feld Westdeutschlands (1945–1949)*, Würzburg 1993, S. 69.

[4] Der Begriff der politischen Kultur umfasst, je nach Prägung, die Summe emotionaler, kognitiver und evaluativer Beziehungen einer Gesellschaft zu den Institutionen des jeweiligen politischen Systems und ist historisch eng mit Ereignissen vor dem Zweite Weltkrieg verknüpft. Vgl. Sylvia Greiffenhagen: *Theorie(n) der Politischen Kultur*, in: *Politische Kultur. Forschungsstand und Forschungsperspektive*, hg. von Samuel Salzborn, Frankfurt a. M. 2009, S. 11–29, v.a. S. 13.

[5] Hansjörg Gehring: *Amerikanische Literaturpolitik in Deutschland 1945–1953. Ein Aspekt des Re-education-Programms*, Stuttgart 1976, S. 111.

[6] Rahner: *Die Rezeption des französischen Existentialismus im kulturellen Feld Westdeutschlands*, a.a.O., S. 67.

[7] Vgl. ebenda, S. 67f.

Erwerb einer Lizenz gekoppelt. Als weiteres Kontroll- und Steuerungsinstrumente gesellten sich die Papierkontigentierung hinzu sowie eine Zensurpraxis, die zunächst allgemein als Vorzensur praktiziert wurde, später als Nachzensur.[8] Flankiert wurden diese Richtlinien von dem Bemühen um Säuberung der Buch- und Zeitschriftenbestände von nazistischen Druckwerken – wobei sich sowohl in der Praxis der Lizenzierung als auch in jener der Säuberung mitunter erhebliche Unterschiede zwischen den einzelnen Besatzungszonen ergaben. Während die drei westlichen Zonen es beispielsweise ablehnten, verbindliche Listen aufzustellen, wurde in der SBZ „die Katalogisierung der auszusondernden Literatur mit Eifer betrieben".[9] Die Leipziger Deutsche Bücherei erarbeitete im Auftrag der Deutschen Zentralverwaltung für Volksbildung eine 1946 publizierte *Liste der auszusondernden Literatur*, die in den beiden Folgejahren jeweils mit Nachträgen vermehrt erneut aufgelegt wurde und neben mehreren tausend Autorinnen und Autoren bis 1948 über 20.000 Titel auflistete.[10] Buchhandlungen und Bibliotheken der Westzonen werden diese Liste mit Sicherheit ihrerseits genutzt haben; ein vergleichbares Projekt gab es jenseits der SBZ allerdings nicht.[11] Dass dieses Vorgehen auch außerhalb professioneller Institutionen des Buch- und Zeitschriftenmarktes sowohl ängstliche als auch trotzige Reaktionen hervorrief, bezeugen Horst Denkler und Per Leo. Während ersterer davon berichtet, wie seine

---

[8] Die einzelnen Besatzungsmächte gingen hier allerdings jeweils eigenständig vor. Während die US-Zone bereits 1946 die Vorzensur abschaffte, blieb sie in der britischen Zone bis zum Februar 1947 bestehen, in der französischen bis 1948. Die SBZ hielt an der Vorzensur bis zur Gründung der DDR fest. Vgl. Peitsch: *Nachkriegsliteratur*, a.a.O., S. 57f.
[9] Ernst Umlauff: *Der Wiederaufbau des Buchhandels: Beiträge zur Geschichte des Büchermarktes in Westdeutschland nach 1945*, Frankfurt a. M. 1978, Sp. 112.
[10] Vgl. ebenda, Sp. 112f. Vgl. auch Peitsch: *Nachkriegsliteratur*, a.a.O., S. 53. Vgl. außerdem Siegfried Lokatis: *Das Verlagswesen der Sowjetisch Besetzten Zone*, in: Buch, Buchhandel und Rundfunk 1945–1949, hg. von Monika Estermann/Edgar Lersch, Wiesbaden 1997, S. 112–124, hier S. 112.
[11] Sieht man einmal von den internen Listen ab, die die US-Behörden nutzten, *der Illustrative List of National Socialist and Militarist Literature* sowie der *Black, Grey and White List of German Authors*, die jedoch nur als richtungsgebend verstanden wurden. Vgl. Peitsch: *Nachkriegsliteratur*, a.a.O., S. 53.

Mutter nach Kriegsende einige Bücher im Garten vergräbt, um sie dem Zugriff durch die Alliierten zu entziehen, schildert letzterer das Bücherregal seiner Großeltern, wo bis zu deren Ableben ein familieninterner „Giftschrank" hinter einem Vorhang beherbergt worden sei, der die alliierte Reinigungsaktion überstanden habe.[12]

Der immer wieder konstatierte ‚Hunger nach Kultur' sowie die Vorstellung, der (vor allem als „geistig"[13] attribuierte) Wiederaufbau Deutschlands sei nicht zuletzt eine Aufgabe der Publizistik, führte ab Mitte 1946 zu einem steten Ansteigen von Zeitschriftengründungen, was bereits Zeitgenossinnen und Zeitgenossen von einer ‚Zeitschriftenschwemme' beziehungsweise einer „Flut"[14] sprechen ließ. Angesichts der existentiellen Not, heißt es noch in Christoph Kleßmanns kanonischer Studie *Die doppelte Staatsgründung*, begann eine „überraschende und in ihrer Quantität phänomenale Zeitschriftenblüte".[15] Tatsächlich waren, sieht man einmal von der Lizenzpolitik der Alliierten und der sich dadurch ergebenden Interventionsmöglichkeiten (Lizenz- bzw. Papierentzug) ab, die Bedingungen für im weitesten Sinne kulturpolitische Zeitschriften geradezu ‚paradiesisch'.[16] Den ökonomischen Drücken eines

---

[12] Vgl. Denkler: *Werkruinen, Lebenstrümmer*, a.a.O., S. 1f.; Per Leo: *Flut und Boden. Roman einer Familie*, Stuttgart 2014, S. 24.

[13] Stellvertretend für eine Vielzahl ähnlicher Titel sei an dieser Stelle genannt: Joachim Hessen: *Der geistige Wiederaufbau Deutschlands. Rede über die Erneuerung des deutschen Geisteslebens*, Stuttgart 1946.

[14] So etwa Hartmann Goertz in einem Artikel in der *Neuen Zeitung* vom 13.01.1947, abgedruckt in: *„Als der Krieg zu Ende war." Literarisch-politische Publizistik 1945–1950. Eine Ausstellung des Deutschen Literaturarchivs im Schiller-Nationalmuseum Marbach a. N.*, hg. von Gerhard Hay/Hartmut Rambaldo/Joachim W. Storck München 1973, S. 161f. Auch Doris von der Brelie-Lewien spricht in ihrer Studie von einer „Flut von Zeitschriftengründungen". Doris von der Brelie-Lewien: *Katholische Zeitschriften in den Westzonen 1945–1949. Ein Beitrag zur politischen Kultur der Nachkriegszeit*, Göttingen, Zürich 1986, S. 26.

[15] Christoph Kleßmann: *Die doppelte Staatsgründung. Deutsche Geschichte 1945–1955*, 5. Aufl., Bonn 1991, S. 161. Den hier zitierten Abschnitt zur „politisch-literarischen Publizistik" hat Michael Streich verfasst.

[16] Angelehnt an eine Formulierung der *FAZ*, die in einem Artikel 1982 die Nachkriegszeit als „Zeitschriftenparadies" bezeichnete. Zitiert nach: Manfred Görtemaker: *Geschichte der Bundesrepublik Deutschland. Von der Grün-*

freien Marktes entzogen, nahezu ohne Konkurrenz (lediglich flankiert von einem ebenfalls florierenden Broschürenwesen[17]) und versehen mit Auflagenzahlen, die nicht selten zwischen 50.000 und 100.000 Stück lagen, fanden Schreibende aller Couleur ein breites intellektuelles Betätigungsfeld und relativ leicht zugängliche Publikationsmöglichkeiten vor;[18] die Nachkriegszeitschrift wurde nicht selten zum Startpunkt schriftstellerischer Karrieren nach 1945.[19]

Dieses Florieren dauerte hingegen nur wenige Jahre; bereits nach der Währungsreform 1948 sprach man – metaphorisch folgerichtig – vom „Zeitschriftensterben", das als ähnlich „epidemisch" wahrgenommen wurde wie die vorige Blütephase.[20] Tatsächlich ist zu beobachten, dass einige Zeitschriften, die die Publikationslandschaft nach 1945 frühzeitig und mitunter maßgeblich geprägt hatten, der zunehmenden Liberalisierung des Buchmarktes nach 1948 nicht standhalten konnten; während bei

---

    dung bis zur Gegenwart, München 1999, S. 229. Allerdings bezeichneten auch manche Verleger die Bedingungen, unter denen sie nach 1945 arbeiteten, mit diesem Adjektiv, so beispielsweise Ernst Rowohlt, der 1947 konstatierte: „Ich selbst gestehe, daß ich als Verleger mich im Augenblick wie im Paradiese fühle […], daß ich heute zum erstenmal in meinem Leben Bücher […], die meinem verlegerischen Instinkt zusagen, in ungeheuren Massen verkaufen kann […]: das ist für einen Verleger von Leidenschaft paradiesisch." Ernst Rowohlt: *Buch und Masse*, in: *Aufbau* 3 (1947), S. 251–256, hier S. 253f.

[17] Vgl. Ingrid Laurien: *Politisch-kulturelle Zeitschriften in den Westzonen 1945–1949. Ein Beitrag zur politischen Kultur der Nachkriegszeit*, Frankfurt a. M. 1991, S. 67.

[18] So auch die Einschätzung von der Brelie-Lewiens: „Alle, die publizistisch tätig werden wollten, konnten das, sofern sie nicht politisch belastet waren, relativ leicht, aber zugleich auch nirgends anders als in der Zeitschriftenpresse." von der Brelie-Lewien: *Katholische Zeitschriften in den Westzonen 1945–1949*, a.a.O.,S. 110.

[19] Es muss allerdings angemerkt werden, dass die Zeitschriftenlandschaft dazu tendierte, auch qualitativ eher zweitklassigen Texten ein Forum zu bieten, so sie nur zur ideologischen Signatur der jeweiligen Zeitschrift passten.

[20] Fr. Schuster: *Das Sterben deutscher Zeitschriften*, in: *Schweizer Rundschau* 50 (1950), zitiert nach: Bernhard Fischer/Thomas Dietzel: *Deutsche literarische Zeitschriften 1945–1970. Ein Repertorium*, Bd. 1, München 1992, S. 11.

Zeitschriften der Jungen Generation wie dem *Ruf* oder *Ende und Anfang*, aber auch bei bürgerlich-konservativen Blättern wie der *Wandlung* die Auflagenzahlen einbrachen (oft erreichte man 1949 kaum mehr die Hälfte früheren Auflagen), etablierten sich in kurzer Zeit Illustrierte wie *Quick* und andere Formate der Massenkommunikation, die den Formatvorlagen vor allem amerikanischer sowie britischer Zeitschriften wie dem *People Magazine* oder *Life* folgten und jene Zeitschriften verdrängten, die ihren Existenzzweck nicht lediglich in der Unterhaltung ihres Publikums sahen – und die zugleich zuvor deutlicher in die alliierte Kulturpolitik eingespannt waren.[21]

Diese in sich stimmige Erzählung vom raschen Anschwellen und ebenso raschen Absterben der Zeitschriften muss allerdings relativiert werden. Verglichen mit der Zahl erschienener Periodika gegen Ende der Weimarer Republik kommt man für den hiesigen Untersuchungszeitraum auf gerade einmal gut 10 Prozent der damaligen Publikationsmasse; etwa 1.500 Zeitschriften 1948 standen ca. 17.000 Zeitschriften im Jahr 1930 gegenüber – und noch 1953/54 hatte man das Vorkriegsniveau nicht erreicht.[22] Der Eindruck, man habe es nach 1945 geradezu mit einer Flut an Veröffentlichungen in Zeitschriftenformat zu tun, ergab sich vor allem im Kontrast zur Lage während des NS-Regimes, als die Anzahl an Zeitschriften kontinuierlich nach unten ging und bei gerade einmal 458 am Ende des Krieges lag.[23] Verglichen damit mutete die Zahl der lizenzierten Zeitschriften 1947 geradezu gigantisch an, auch wenn sie lediglich einen Bruchteil einstiger Gesamtveröffentlichungen in diesem Segment ausmachte. Es mag also dieser Kontrast zwischen einer überlebten „eintönigen Propagandamaschinerie"[24] und der „Struktur einer Zeitschriftenlandschaft"[25], die in relativ kurzer Zeit eine Vielzahl an Neugründungen mit teils enormen Auflagen hervorbrachte und der ein in keiner Weise ähnlich entwickelter Buchmarkt gegenüberstand, gewesen sein, der die Rede von der Zeitschriftenschwemme maßgeblich motiviert hat.

---

[21] Vgl. Laurien: *Politisch-kulturelle Zeitschriften in den Westzonen 1945–1949*, a.a.O., S. 46–48.
[22] Vgl. ebenda, S. 6. Dort finden sich auch einige zeitgenössische Stimmen, die die Rede von der Zeitschriftenflut kritischer sahen.
[23] Vgl. ebenda.
[24] Ebd., S. 10.
[25] Ebd., S. 9.

Dass die Währungsreform sowie die langsam spürbare Liberalisierung des Buchmarktes (Abschaffung des Lizenzsystems, Implementierung marktwirtschaftlicher Mechanismen) einigen Zeitschriften kontinuierlich das Wasser abgruben, ist allerdings richtig; dies ist letztlich die Konsequenz des Wegbrechens eines durch die Presseregulation entstandenen geschützten Biotops für Druckerzeugnisse, das sich nach Abschaffung dieser Regularien als nicht überlebensfähig erwies, was mitunter als eine Form der ‚Normalisierung' begriffen wurde. Besonders fragwürdige Worte für diesen Prozess fand Walter von Cube, der seit 1948 als Herausgeber des *Ruf* zeichnete:

> Es schadet nichts, wenn in Zukunft eine Reihe von ihnen [i.e. Kulturproduzenten] gezwungen sein wird, Nützlicheres zu tun als bisher. Die finanzielle Krise muß zu einem Reinigungsprozeß aller kulturellen Unternehmungen werden; ihre Zahl muß sich dem Bedarf, ihre Ziele müssen sich den Bedürfnissen anpassen. Der unechte Verbraucher von Kultur scheidet aus, der echte bestimmt wieder Volumen und Valeur der geistigen und musischen Produktion. Verleger, die welche sein wollen, Schriftsteller, die keine waren, Künstler, die den Namen nicht verdienten (sondern nur Geld), alle diese Schmarotzer, die sich von einem kranken Wirtschaftskörper nährten, sind jetzt, da dieser Körper gesund zu werden beginnt, zum Sterben verurteilt. Zum Sterben oder zu einer Arbeit, die nationalökonomisch gerechtfertigt ist.[26]

Die Rede von den schmarotzenden Parasiten am gesamtökonomischen Körper weist nicht nur bedenkliche Parallelen zur NS-Rhetorik auf, von Cubes unterschwelliger und gleichermaßen geschmäcklerischer wie (kultur-)elitistischer Vorwurf, man habe an einem in marktliberaler Hinsicht kastrierten Buch- und Kunstmarkt gut verdient, dürfte in sachlicher Hinsicht nicht den Tatsachen entsprochen haben. Ironischerweise sollten auch die Tage seiner eigenen Zeitschrift bald gezählt sein.

---

[26] Walter von Cube: *Der entlaubte Blätterwald*; in: *Der Ruf* 3 (1948), S. 1. Vgl. außerdem Jérôme Vaillant: *Der Ruf. Unabhängige Blätter der jungen Generation (1945–1949). Eine Zeitschrift zwischen Illusion und Anpassung*, München 1978, S. 186.

Obwohl in absoluten Zahlen die Menge der Zeitschriften nach der Währungsreform langsam anstieg,[27] wurde deutlich, dass mit dem Ende der gelenkten Öffentlichkeit auch das Ende für eine Vielzahl vor allem kulturpolitischer Zeitschriften gekommen war. Eugen Kogon sprach noch 1949 in den *Frankfurter Heften* – einer der Zeitschriften, die die Umstrukturierung der Zeitschriftenlandschaft nach 1948/49 überstand – vom „Skandal unserer Kioske", womit er vor allem auf die „Nichts-als-Geschäftemacher"[28] anspielte, denen es anzulasten sei, dass die führenden Zeitschriften kaum noch zu erhalten seien. Es waren allerdings nicht lediglich die „veränderten ökonomischen Rahmenbedingungen"[29] (worunter nun auch der wieder erstarkende Büchermarkt zu zählen ist), die bestimmte Zeitschriften dazu zwangen, ihr Erscheinen einzustellen; es schien bereits so, als sei der Elan der ersten Nachkriegsjahre, sich mit Deutschlands jüngster Vergangenheit auseinanderzusetzen, erlahmt und als mache sich eine gewisse „Schuld-Abwehr"[30] bemerkbar.

Die Motivations-Trias von Vergangenheitsbewältigung, Gegenwartsdeutung und Zukunftskonturierung, der sich viele der fraglichen Zeitschriften auf ihre je eigene Art verschrieben hatten, kam auch insofern zum Erliegen, als die Frage nach der Vergangenheit zunehmend restaurativer gehandhabt wurde. Aus der NS-Zeit als Gegenstand eines Ringens um Bedeutung wurde nicht zuletzt eine politische Verwaltungsmasse des neugeschaffenen Bundestages (wofür der Historiker Norbert Frei den Begriff der „Vergangenheitspolitik"[31] geprägt hat), der, durch die Erfahrung

---

[27] Vgl. beispielsweise für die amerikanische Besatzungszone Umlauff: *Der Wiederaufbau des Buchhandels*, a.a.O., Anhang Nr. 44.

[28] Eugen Kogon: *Der Skandal unserer Kioske*, in: *Frankfurter Hefte* 4 (1949), S. 293–294, hier S. 294. Kogons Artikel echauffiert sich vor allem über die „sexuell anreizenden" bis „skandalösen Bilder[]", die neuerlich in den Zeitschriften zu finden seien und die den Auflagenzahlen nachhelfen sollen. Ebd., S. 294.

[29] Görtemaker: *Geschichte der Bundesrepublik Deutschland*, a.a.O., S. 230.

[30] Monika Waldmüller: *Die Wandlung. Eine Monatsschrift. Herausgegeben von Dolf Sternberger unter Mitwirkung von Karl Japsers, Werner Krauss und Alfred Weber 1945–1949*, Marbach 1988, S. 94.

[31] Vgl. Norbert Frei: *Vergangenheitspolitik. Die Anfänge der Bundesrepublik und die NS-Vergangenheit*, 2. Aufl., München 2003. Besonders eindrücklich in diesem Kontext ist die Debatte sowie das judikative Vorgehen um das sogenannte Straffreiheitsgesetz von 1949, vgl. ebenda S. 29–53.

der ungeliebten Denazifizierung befeuert, die jüngste Vergangenheit *ad acta* legen wollte. Die Elitenkontinuität in nahezu allen gesellschaftlichen Bereichen legt hiervon beredtes Zeugnis ab.[32] Darüber hinaus verschwand mit zunehmender Ost-West-Polarisierung sowie der damit einhergehenden Verfestigung einer parlamentarischen Demokratie kapitalistischen Zuschnitts im Westen beziehungsweise einer realsozialistischen Republik unter deutlicher Abhängigkeit von der UdSSR im Osten Deutschlands ein Großteil des Kontingenzgehalts der Interregnums-Zeit, als die Zukunft noch bedeutend offener schien. Den kulturpolitischen Zeitschriften jedenfalls kam, so Ingrid Laurien,

> wieder der Stellenwert zu, der ihnen im Laufe der Entwicklung der Presse der letzten hundert Jahre zugewiesen worden war: sie wurden Selbstverständigungsorgane einer kleinen Bildungselite, waren nicht mehr führende und tonangebende Artikulationsorgane in einer von ihnen beherrschten Öffentlichkeit.[33]

Spätestens 1949 trat erneut die „Struktur einer marktorientierten Massenkommunikation"[34] in Kraft, die dazu führte, dass sich das kulturelle Feld grundsätzlich neu – beziehungsweise, nach Laurien, alt – zusammensetzte. Dem Bedürfnis nach Verständigung folgte das Bedürfnis nach Unterhaltung, dem Zeitschriften wie *Die Wandlung* kaum entsprechen konnten.

Was durch das Lizenzierungssystem für die Verlage galt – dass sie „zu Institutionen der Umerziehung, der re-education, re-orientation und Demokratisierung"[35] wurden –, war auch hinsichtlich der Zeitschriften der Fall. Sie waren dabei nicht nur Medienorgane zur Propagierung eines bestimmten *way of life*,[36] sondern dienten nicht zuletzt dazu, die Praxis eines freien Pressewesens (teils emphatisch) zu verkünden und als wesentlich

---

[32] Vgl. Kießling: *Die undeutschen Deutschen*, a.a.O., S. 39. Vgl. auch Norbert Frei (Hg.): *Hitlers Eliten nach 1945*, 2. Aufl., München 2004.
[33] Laurien: *Politisch-kulturelle Zeitschriften in den Westzonen 1945–1949*, a.a.O., S. 47f.
[34] Ebd., S. 48.
[35] Peitsch: *Nachkriegsliteratur*, a.a.O., S. 55.
[36] Vgl. Umlauff: *Der Wiederaufbau des Buchhandels*, a.a.O., Sp. 129f.

für die Existenz einer pluralen Öffentlichkeit *in actu* vorzuführen.[37] Damit begab man sich allerdings in eine paradoxe Situation, galt es doch, mit „undemokratischen Mitteln zu demokratisieren".[38] Anders formuliert: Die Vorzüge sowie das Verfahren einer freien, kritischen Presse sollten per Dekret verordnet werden – eine Spannung, die sowohl von den Deutschen als auch den Alliierten erkannt und benannt wurde (im Falle einiger Zeitschriften, beispielsweise des *Ruf*, mit anhaltender und teils scharfer Polemik). Trotz dieses Umstandes besetzten die Zeitschriften im psycho-sozialen Haushalt der unmittelbaren Nachkriegszeit eine wichtige Position: Sie waren angesichts eines fehlenden Parlaments und anderer politischer Institutionen[39] eine Art kommunikatives Surrogat. In ihnen fanden die wesentlichen Debatten statt, egal, ob sie das Verhältnis von älterer Generation und Jugend, literaturästhetische Positionsbestimmungen oder dezidiert politische Diskussionen wie jene zur Frage nach Verhältnis- beziehungsweise Mehrheitswahlrecht betrafen. Es herrschte, allgemein gesagt, Gesprächsbedarf. Wolf Lauterbach, Herausgeber der Zeitschrift *Deutsche Beiträge*, fasste diesen Umstand wie folgt zusammen:

> Wir haben über ein Jahrzehnt lang zuviel geschwiegen oder nur geschwätzt. Es tut not, daß wir aus der Sphäre des erzwungenen Selbstgesprächs wieder heraustreten, daß wir buchstäblich die Sprache wiederfinden und uns in ihr, daß wir an der Sprache, die Herder die große

---

[37] Fischer schreibt etwa, dass das „Spektrum der Autoren" unter anderem zeige, in „welchem Maße ‚Öffentlichkeit' im Sinne einer debattierenden Pluralität von Haltungen und Gesichtspunkten selbst als politisches Ziel verstanden wurde". Fischer: *Über Literaturvermittlung und Literaturrezeption in Zeitschriften 1945–1949*, a.a.O., S. 54. Bei Peitsch heißt es: „In den Medien der Besatzungsmächte wurde offiziell ein Reden über Schuld institutionalisiert, das historische Erklärung, moralische Bewertung und politische Lehren für zukünftiges Verhalten verband." Peitsch: *Nachkriegsliteratur*, a.a.O., S. 69.

[38] Barbara Mettler: *Demokratisierung und Kalter Krieg. Zur amerikanischen Informations- und Rundfunkpolitik in Westdeutschland 1945–1949*, Berlin 1975, S. 128.

[39] Im Zuge der von den Alliierten angestrebten Dezentralisierung Deutschlands entstanden zwar relativ früh Landesparlamente sowie kommunale politisch-administrative Institutionen, deren Wirken und Debatten allerdings notwendigerweise lokal beziehungsweise regional blieben.

Gesellerin der Menschen nannte, wieder teilhaben als an einer eindringlichen Geste der Gemeinsamkeit [...].[40]

Auch hier lieferte die Erfahrung des sogenannten ‚Dritten Reichs' also die Kontrastfolie, vor der das Programm einer durch das Gespräch wieder ins Werk zu setzenden Vergesellschaftung mit demokratischen Vorzeichen gelingen soll. Die Referenz auf Herder als einem (unverdächtigen) Gewährsmann deutscher Geistesgeschichte ist dabei nicht untypisch, stellt sie doch die zu leistende gesellschaftliche Transformation in kommunikativer Hinsicht als eine Art Anschluss an bestimmte Traditionen der eigenen Geschichte dar. Mögen die begrifflichen Akzente auch entlang ideologischer sowie generationeller Profile der Zeitschriften differieren – konservativ-bürgerliche Positionen greifen eher auf den Begriff des Gesprächs zurück, Organe der Jungen Generation eher auf den der Diskussion[41] –, es bleibt als gemeinsamer Nenner die Suche nach dem kommunikativen Austausch, der nun wieder möglich sei, wenn auch thematisch durch die Alliierten eingezäunt.

Man erhoffte sich sowohl von alliierter als auch von deutscher (sprich: verlegerischer respektive redaktioneller) Seite ein formendes Einwirken auf die deutsche Mentalität im demokratisch-kritischen Sinne; ein Anspruch, der letztlich von allen Zeitschriften vertreten wurde, wenn auch in unterschiedlicher Gestaltung und Ausprägung. Sie waren in der Lesart des Interregnums als gesellschaftlicher Transitionsphase ein wesentliches Vehikel zur gelingenden Verwirklichung dieses Übergangs, sie kommentierten und reflektierten diesen Prozess nicht lediglich, sondern traten mit dem Anspruch auf, ihn aktiv zu gestalten. Dies sollte auch dadurch geschehen, dass man die Deutschen nicht nur wieder ins Gespräch miteinander brachte, sondern auch die abgerissenen oder pervertierten kommunikativen Kanäle ins Ausland erneut in Betrieb nahm. Alfred Döblin formulierte dieses Ziel in der von ihm herausgegebenen Zeitschrift *Das Goldene Tor* mit den Worten, man müsse nun die „Fenster nach dem Aus-

---

[40] Wolf Lauterbach: *Nachbemerkung*, in: *Deutsche Beiträge* 1 (1946/47), zitiert nach: Laurien: *Politisch-kulturelle Zeitschriften in den Westzonen 1945–1949*, a.a.O., S. 119.

[41] Vgl. Laurien: *Politisch-kulturelle Zeitschriften in den Westzonen 1945–1949*, a.a.O., S. 119–121.

land weit öffnen".⁴² Es ist leicht nachvollziehbar, dass die jeweilige Umsetzung dieses Vorhabens die nationalliterarischen Kulturen der einzelnen Besatzungsmächte widerspiegelt; so waren es verstärkt französische Schriftstellerinnen und Schriftsteller, die Döblins Zeitschrift in (teilweise nicht genehmigten⁴³) Übersetzungen brachte, während es beispielsweise im *Ruf*, der in der amerikanischen Besatzungszone erschien, besonders amerikanische Autorinnen und Autoren waren und im in der SBZ erscheinenden *Aufbau* vor allem russische. Auch diese Form der Literaturvermittlung lässt sich subsumieren unter das, was in dem diesem Kapitel als Titel dienenden Zitat anklingt, nämlich die Wiederaufnahme eines kollektiven Gesprächs; die Monologe einer zuletzt unkontrollierbaren Staatsmacht waren verstummt, man war nun „free to start the process of collective thinking".⁴⁴

3.2   Ende und Anfang – Zeitliche Eingrenzung der Untersuchung

In der wahrscheinlich umfangreichsten und aufgrund eben dieser Materialfülle bis heute lesenswerten Sammlung *„Als der Krieg Zu Ende war." Literarisch-politische Publizistik 1945-1950*, die aus einer Ausstellung im Literaturmuseum der Moderne in Marbach hervorgegangen ist, weist Bernhard Zeller darauf hin, dass Zeitschriften nach 1945 „einen sehr direkten Zugang zu den Fragen [bieten], die im Vordergrund der Diskussion standen".⁴⁵ Diesem Gedanken, dass Zeitschriften „ein relativ unmittelba-

---

[42] Alfred Döblin: *Geleitwort*, in: *Das Goldene Tor* 1 (1946), S. 3–6, hier S. 6.
[43] Vgl. Alexandra Birkert: *Das Goldene Tor. Alfred Döblins Nachkriegszeitschrift. Rahmenbedingungen, Zielsetzung, Entwicklung*, Frankfurt a. M. 1989, S. 241f.
[44] So der britische Journalist Henry Noel Brailsford im Jahr 1945 in einem *The Re-Education of Germany* betitelten Aufsatz, in dem er sich unter anderem kritisch mit dem Lizenzsystem in der britischen Besatzungszone auseinandersetzte. Zitiert nach: Peitsch: *Vom Faschismus zum Kalten Krieg*, a.a.O., S. 96.
[45] Bernhard Zeller: *Vorwort*, in: *„Als der Krieg zu Ende war." Literarisch-politische Publizistik 1945–1950. Eine Ausstellung des Deutschen Literaturarchivs im Schiller-Nationalmuseum Marbach a. N.*, hg. von Gerhard

res Medium der Ereignisse"[46] sind und aufgrund ihrer medialen und materialen Qualität besonders schnell auf gesellschaftliche Ereignisse reagieren können, ist auch die folgende Darstellung verpflichtet. Die Analyse einiger ausgewählter Zeitschriften, durch welche die zentralen Parameter des Interregnums-Diskurses erarbeitet und gleichsam das Feld der sich anschließenden literarhistorisch-ästhetischen Textinterpretationen bereitet werden sollen, umfasst vor allem Ausgaben bis zum Ende des Jahres 1947 – auch wenn Texte späteren Datums durchaus berücksichtigt werden. Diese temporale Eingrenzung motiviert sich aus dem Gedanken, dass ein verhältnismäßig schnelles Medium wie die Zeitschriften bereits bald begann, die Konturen der Denkfigur des Dazwischen als Beschreibungs- und Deutungskategorie ihrer Gegenwart zu entwickeln, im Falle der in Amerika erschienenen Kriegsgefangenenzeitschrift *Der Ruf* sogar noch während der Kampfhandlungen am Ende des Zweiten Weltkrieges. Es ist von dieser Warte aus nicht verwunderlich, dass eine Vielzahl der zu diskutierenden Textfunde auf das Jahr 1946 datieren.

Die Vorstellung, Deutschland befinde sich zwischen zwei grundverschiedenen sozio-politischen Ordnungssystemen, sedimentiert sich schon früh in der Rede von der Zwischenwelt, eben vom *Inter-Regnum*, und entwickelt darüber hinaus einige im Diskurs immer wieder in Erscheinung tretende sprachliche Bilder. Dieser Komplex soll – analog zum Aufbau des Interpretationsteils dieser Studie – hinsichtlich dreier Aspekte untersucht werden, nämlich in seiner raumzeitlichen Dimension, hinsichtlich der Verwendung liminaler Semantiken beziehungsweise Semantiken der Wandlung und schließlich hinsichtlich der Frage, inwiefern es gilt, in dieser Phase des Dazwischen neue kommunikative Praktiken einzuüben oder vergessene wieder zu reaktivieren. Dabei wird sich zeigen, dass die Verwendungsweise der Interregnums-Figur die Zeit zwischen 1945 und 1949 zwar einheitlich als Transitionsphase konturiert, sie aber interpretatorischen Spielraum bezüglich der Frage lässt, was als möglicher Zielpunkt dieses Übergangs erwartet wird. Während Autorinnen und Autoren, die sich qua Alter oder Selbstverständnis zur Jungen Generation rechnen, eher zu einer linearen Transitionslogik tendieren, die Ausgangs- und End-

---

Hay/Hartmut Rambaldo/Joachim W. Storck, München 1973, S. 5–6, hier S. 5.
[46] Rahner: *Die Rezeption des französischen Existentialismus im kulturellen Feld Westdeutschlands*, a.a.O., S. 84.

punkt des Übergangs klar voneinander geschieden wissen wollen, lässt sich bei konservativeren Schriftstellerinnen und Schriftstellern eine häufig dem christlichen Metanoia-Begriff verpflichtete Semantik und Metaphorik erkennen, die eher zirkulär argumentiert. Einer Rückbesinnung, die an Verlorenes wieder anzuknüpfen strebt, kontrastiert also eine Entwicklung ins prinzipiell Neue. Zu dieser Spannung gesellt sich außerdem noch eine Verwendungsweise des Interregnums-Begriffs, die diesen dezidiert nicht für die Zeit nach dem Krieg, sondern für die Existenzdauert des NS-Regimes selbst reserviert. So schreibt etwa Gustav René Hocke bereits 1945: „Diese zwölf Jahre, dieses schreckensvolle Interregnum, werden uns Deutsche als eine Warnung vor masslosen Zielen und hemmungsloser Gewaltpolitik in Erinnerung bleiben. Sie werden uns endgültig bestimmen, zu unseren echten Überlieferungen zurückzukehren."[47] Und Horst Lange hält mit Blick auf die Situation der Literatur 1940 in seinem Tagebuch fest, dies sei die „Zeit eines vollkommen hoffnungslosen Literatur-Interregnums",[48] dessen „Dichtung [...] ohne Maß und ‚Lehre'"[49] sei.

Auch diese Perspektivierung scheint sich einer Denkweise anzunähern, die mit der Prämisse operiert, der Nationalsozialismus sei eine Art Einbruch in die deutsche Geschichte gewesen, und man könne nun, da dies überstanden sei, die ‚eigentliche' Geschichte Deutschlands fortschreiben. Dies ist Teil eines ideologischen und diskursiven Fundaments, das nicht nur dazu dient, die Frage nach Schuld und Verantwortung für den Weltkrieg sowie den Holocaust zu personalisieren, sondern zugleich die Realität NS-Deutschlands als „Betriebsunfall"[50] der deutschen Geschichte zu perspektivieren. Diese Lesart der Geschichte kennt ihre ei-

---

[47] Gustav René Hocke: *Zusammenbruch*, in: *Der Ruf. Zeitung der deutschen Kriegsgefangenen. Sondernummer* 1 (1945), S. 1. In seinen Lebenserinnerungen berichtet Hocke von einem Gespräch mit dem Schweizer Literaturkritiker Max Rychner, in dem dieser seinerseits vom „Zwischenreich der Nazis" gesprochen habe. Gustav René Hocke: *Im Schatten des Leviathan. Lebenserinnerungen 1908–1984*, hg. von Detlef Haberland, München 2004, S. 99.

[48] Horst Lange: *Tagebücher aus dem Zweiten Weltkrieg*, hg. von Hans Dieter Schäfer, Mainz 1979, S. 18.

[49] Ebd., S. 19.

[50] Vgl. Fritz Fischer: *Hitler war kein Betriebsunfall. Aufsätze*, München 1992.

gene unheilige Fortführung in jenem reaktionären und vor allem in (neu-)rechten Milieus populären Geschichtsbild, das die Zeit zwischen 1933 und 1945 lediglich als Diminutiv oder wahlweise in skatologischer Verirrung und bewusster Verkennung als „Vogelschiss"[51] begreift und die deutsche Diktatur dadurch zu relativieren sucht. Zwar wäre es verfehlt, eine Identität konservativer Kreise nach 1945 und neurechter Positionen zu postulieren – dass sie sich allerdings in gewissen Punkten treffen, kann kaum geleugnet werden.

Das Jahr 1947 wird aber auch deswegen als zeitliche Grenze in dieser Analyse gesetzt, weil der zunehmend offener geführte Konflikt zwischen Ost und West zu ideologischen Vereindeutigungen führte – die Verwendung der Denkfigur des Dazwischen hat bereits Ende 1947 einen mitunter weltfremden Beigeschmack. Die deutlicher zutage tretenden Spannungen zwischen den Alliierten, vor allem zwischen den USA und der UdSSR, fanden auch in der Presse- und Kulturpolitik ihren Niederschlag; so wurde etwa der in der SBZ gegründete und dort für die Lizenzierungen zuständige *Kulturbund zur demokratischen Erneuerung Deutschlands* 1947 in der amerikanischen und britischen Besatzungszone verboten.[52] Bereits zuvor war es beispielsweise schwierig gewesen, Autorinnen und Autoren in der SBZ zu bezahlen, weil direkte Geldanweisungen nicht möglich waren.[53] Auch der Transfer von Druckerzeugnissen zwischen den Westzonen und der SBZ war nicht ohne weiteres möglich – wobei der Vollstän-

---

[51] So die Formulierung des selbsternannten Abendlandretters und AfD-Fraktionsvorsitzenden Alexander Gauland auf einer Rede beim Bundeskongress der Jungen Alternative am 02. Juni 2018. Zitiert nach Heinrich Detering: *Was heißt hier „wir"? Zur Rhetorik der parlamentarischen Rechten*, 3. Aufl., Stuttgart 2019, S. 35. Deterings Analyse des betreffenden Passus aus Gaulands Rede kulminiert in der Feststellung, Gaulands Geschichtsbild Deutschlands, das einen „erfolgreichen" (ebd.) und einen vermeintlich erfolglosen (S. 36) Teil, eben jenen des Nationalsozialismus, separiere, diene zuletzt nur einem Ziel: „der Bagatellisierung des Holocaust und damit einem Bild der deutschen Geschichte, dessen Glanz durch keine Verbrechen ernsthaft getrübt wird" (S. 37).
[52] Vgl. Horst Engelbach/Konrad Krauss: *Der Kulturbund und seine Zeitschrift Aufbau in der SBZ*, in: *Zur literarischen Situation 1945–1949*, hg. von Gerhard Hay, Kronenberg 1977, S. 169–188, hier S. 173.
[53] Vgl. Birkert: *Das Goldene Tor. Alfred Döblins Nachkriegszeitschrift*, a.a.O., S. 244.

digkeit halber gesagt sein muss, dass auch innerhalb der Westzonen Schwierigkeiten bestanden, Zeitungen, Zeitschriften und Bücher mit ‚zonenfremder' Lizenz einzuführen und zu vertreiben. Vor allem in der britischen Zone blieb dies, trotz der alliierten Kontrollrats-Direktive Nr. 55 vom 25. Juni 1947, die die Einfuhr von Druckerzeugnissen aus anderen Besatzungszonen regeln sollte, auch noch nach deren Inkrafttreten problematisch.[54]

Daneben kam es aber auch innerhalb der einzelnen Zeitschriften zu einer Verschärfung des Ost-West-Konflikts. War man von alliierter Seite zuvor noch darauf bedacht, keine Kritik an den einzelnen Besatzungsmächten zuzulassen, so nahmen in den Zeitschriften der SBZ ab 1947 nicht nur die Angriffe auf die USA zu (flankiert von einer zwischen 1949 und 1953 vollends ins Surreale abdriftenden Stalin-Verehrung[55]), sondern auch in den Zeitschriften der amerikanischen Zone lässt sich ein sich ausbreitender Anti-Kommunismus feststellen. Damit wurden die Zeitschriften noch während der Interregnums-Zeit zu Trägermedien jener Leit-Ideologeme, die als Anti-Imperialismus (DDR) beziehungsweise Anti-Kommunismus (BRD) über Jahrzehnte hinweg zur Staatsräson der beiden deutschen Staaten mutierten. Es mag auch daran liegen, dass die Denkfigur des Dazwischen ab 1947 aus den Zeitschriften zu verschwinden beginnt und sich in langsamere Medien wie dem Roman verlagert.

Im Folgenden kann kaum ein vollständiger Überblick über die Verwendungsweise der Denkfigur geliefert werden; angestrebt wird allerdings ein durchaus repräsentativer Querschnitt, der zum einen mehrere Besatzungszonen in den Blick nimmt, zum anderen verschiedene intellektuelle Milieus berücksichtigt. Um dies zu bewerkstelligen, wurde eine Vorauswahl an Zeitschriften getroffen. Die Analyse fußt auf der Lektüre von insgesamt vier Zeitschriften, dem *Ruf* (wobei dessen amerikanische Vorgängerversion mitberücksichtigt wird) als führender Zeitschrift der Jungen Generation, dem dem bürgerlichen Milieu zuzurechnenden Organ *Die Wandlung*, den links-katholischen *Frankfurter Heften* sowie, als Re-

---

[54] Vgl. ebenda.
[55] Vgl. Hans-Christoph Rauh: *Zwischen Entnazifizierung und Stalinisierung. Philosophische Themen und Diskussionen in den ostdeutschen Nachkriegszeitschriften Aufbau, Einheit und Neue Welt*, in: *Anfänge der DDR-Philosophie. Ansprüche, Ohnmacht, Scheitern*, hg. von Volker Gerhardt/ders., Berlin 2001, S. 69–118, hier S. 94–96.

präsentant einer sozialistischen Stimme, dem *Aufbau*. Damit umfasst die Analyse einige der sicherlich populärsten Zeitschriften der Nachkriegspublizistik, in denen nicht nur bereits bekannte und etablierte Namen veröffentlichten, so Karl Jaspers oder Dolf Sternberger in der *Wandlung*, Walter Dirks in den *Frankfurter Heften* oder Johannes R. Becher im *Aufbau*, sondern auch Autorinnen und Autoren, die in den folgenden Jahren verstärkt die literarische Szene mitbestimmen sollten, allen voran Hans Werner Richter und Alfred Andersch vom *Ruf*.

3.3 „Tausende Meilen Wasser" – Raumzeitliche Dimensionen des Dazwischen

„In diesem Augenblick gibt es keinen Deutschen Staat. Vielleicht wird es ihn wieder geben, aber wir wissen nicht, wie er aussehen wird."[56] Mit dieser Feststellung Clemens Münsters aus dem Jahr 1946 ist die historische Situation umrissen, die mit dem Begriff des Interregnums bezeichnet ist: ein staatspolitisches Vakuum gepaart mit einer offenen Zukunft – eine Übergangszeit, wobei schon dieser Begriff die in der Denkfigur des Dazwischen angelegte raumzeitliche Verbindung transparent macht. Wenig verwunderlich ist sie zugleich die deutlichste und auf den ersten Blick erkennbare Ausprägung dieser Denkfigur, also jene, die mit raumzeitlichen Bildern, Metaphern oder Semantiken operiert, wo explizit von Zwischenwelten oder Übergangswelten geschrieben wird oder transitorische Raumfiguren wie jene der Schwelle Verwendung finden. Der Bezug zur historischen Situation nach Kriegsende 1945 ist hier unmittelbar gegeben. Diese Erscheinungsform findet sich vor allem in Zeitschriften der Jungen Generation, hier vor allem im *Ruf*, wobei sich zwei verschiedene Verwendungsweisen identifizieren lassen. Zunächst jene in der ‚Urfassung' des *Ruf*, jener Zeitschrift deutscher Kriegsgefangener in den USA also, die als Vorgänger des späteren Münchner *Ruf* fungierte und sich teils aus dem gleichen Personal zusammensetzte.[57] Dort verbindet sich die Existenz im Kriegsgefangenenlager als Analogie zur historischen Situa-

---

[56] Clemens Münster: *Abbau der nationalen Souveränität*; in: *Frankfurter Hefte* 1 (1946), S. 1–3, hier S. 1
[57] So auch die Einschätzung bei Vaillant: *Der Ruf*, a.a.O., S. 49.

tion in Deutschland[58] mit Raum- und Wegmetaphern, in denen sich nicht zuletzt die Sehnsucht der Inhaftierten nach der Heimat jenseits des Atlantiks artikuliert. Der amerikanische *Ruf*, der erstmals im März 1945 in Kriegsgefangenenlager Fort Philip Kearney in Rhode Island erschien und schon bald zur wichtigsten Zeitschrift im Kontext der frühen amerikanischen Umerziehungsbemühungen werden sollte, publizierte, kurz vor seiner Einstellung, einen Artikel, in dem diese Verbindung besonders deutlich zutage tritt. In dem schlicht mit *Abschied* titulierten Artikel kommt der Autor auf den bevorstehenden Rücktransport der ehemaligen deutschen Soldaten zu sprechen und schreibt dann:

> Zwischen Abschied und Ankunft liegen nicht nur tausende Meilen Wasser. Auch der Bruch zwischen zwei historischen Epochen liegt dazwischen. Eine alte, die katastrophale Despotie, liegt in Trümmern. Eine neue, die der Selbstkritik, des Aufbaus, der Arbeit, der Wiedergutmachung liegt vor uns. Es gibt nur diese Wahl. Und das weiß jeder von uns.[59]

Der Gedanke der Transition wird als geographische Überwindung modelliert, als Weg von der neuen Welt in die alte, neuzumachende Welt. Jene, die diesen Weg zurückzulegen haben, sind allerdings, daran lässt der Autor keinen Zweifel, bereits nicht mehr die Menschen, als die sie zuvor in die USA gekommen waren. Die Zeit dort habe die Männer „zu Menschen gemacht [...], zu hellhörigeren, vernünftigeren, toleranten Menschen, die den Wert des Ausgleichens, des Vermittelns kennen und bejahen".[60] Damit wird eine Lernleistung benannt, die einige Schlagwörter des Demokratiediskurses der Nachkriegszeit aufgreift und mit dem Lager als liminalem Ort in Verbindung steht. Dieser Gedanke stand wohl auch hinter einem früheren Artikel im amerikanischen *Ruf*, in dem der Autor Deutschland als von allen Bindungen losgelöst beschreibt, als vollständig sozial sekludiert: „In diesem Zustand einer vollständigen Loslösung von allen Bindungen der Vergangenheit hat sich vielleicht noch nie ein Volk befunden. [...] Unerhörte Erfahrung schon für den einzelnen, erleben wir es nun alle: Mit Vorsätzen aber ohne Voraussetzungen ein neues Leben

---

[58] Vgl. hierzu das Kapitel zu Hans Werner Richter.
[59] N.N.: *Abschied*, in: *Der Ruf. Zeitung der deutschen Kriegsgefangenen* 26 (1946), S. 1–2, hier S. 1
[60] Ebd., S. 2.

zu beginnen."⁶¹ Dieses Beschwören eines umfassenden Bruchs mit dem Vergangenen, eines voraussetzungslosen Neubeginns – weitaus eher eine programmatische Setzung als eine adäquate Beschreibung – wird später zum rhetorischen Standard der Protagonisten einer Jungen Generation gehören, die sich durch diese Abgrenzungsgesten ihren Platz im kulturellen Feld zu sichern suchten. Hier gehört die Vorstellung einer umfassenden „Loslösung von allen Bindungen" zu den Konturen der Denkfigur des Dazwischen, die die besondere Situation Deutschlands charakterisieren soll.⁶²

Zum Zeitpunkt des Erscheinens dieser Artikel hatte sich die raumzeitliche Variante des Dazwischen in Deutschland bereits publizistisch etabliert. In Artikeln der in der SBZ erscheinenden Zeitschrift *Aufbau*, die eng mit den Namen Johannes R. Becher und Klaus Gysi verbunden ist,⁶³ wird die unmittelbare Nachkriegszeit als „Schwelle"⁶⁴ bezeichnet, als beson-

---

61 Hans Tereilen (i.e. Heinrich Treichl): *Demokratie und Selbstverantwortung*, in: *Der Ruf. Zeitung der deutschen Kriegsgefangenen* 14 (1945), S. 3.
62 Dass sich diese raumzeitliche Variante der Denkfigur des Dazwischen durch weitere topologische Komponenten aktualisieren lässt, zeigt ein weiterer Artikel im amerikanischen *Ruf*, in dem der Autor den vergangenen Krieg und die Trümmer der Heimat mit der Existenz der Atombombe kombiniert: „So stehen wir am Ende dieses Jahres. Hinter uns die langsam verblassenden Schatten des Krieges. Vor uns die Trümmer, die er hinterlassen hat, und der Weg, der sich mit dem Bund der Vereinten Nationen noch unklar von dem dunklen politischen Firmament abhebt. Über uns das Damoklesschwert der Atombombe." N.N.: *Rückblick und Ausblick*, in: *Der Ruf. Zeitung der deutschen Kriegsgefangenen* 20 (1946), S. 1.
63 Vgl. Rauh: *Zwischen Entnazifizierung und Stalinisierung*, a.a.O., S. 73 sowie Engelbach/Krauss: *Der Kulturbund und seine Zeitschrift Aufbau in der SBZ*, a.a.O., S. 69.
64 Rudolf Kurtz: *Die große Zeit der kleinen Leute*, in: *Aufbau* 1 (1946), S. 362–367, hier S. 362: „Seien wir uns klar: wir stehen an der Schwelle eines neuen Weltalters der deutschen Geschichte." Diese Schwellenposition wird von Kurtz als ein Moment der Desorientierung beschrieben, die Menschen versuchten sich im Heute mit „ihren Maßstäben von gestern" (ebd. S. 366) zu orientieren – das müsse misslingen, es fehle „ein archimedischer Punkt, von dem aus sie ihre Welt ordnen und überschauen können" (ebd. S. 366). Der Artikel, der sich vor allem an der historischen Rolle des Kleinbürgertums abarbeitet, kulminiert schließlich darin, diesen archimedischen Punkt in der

dere „Zeit der Bewährung"[65] und als „Zeit des Übergangs".[66] Besonders häufig findet sich die Verwendung von temporalen Semantiken, um die gegenwärtige Situation zu kategorisieren. So wählt etwa Manfred Hausmann für einen Artikel, der im *Aufbau* erschien, den Titel *Jugend zwischen gestern und morgen*,[67] um die besondere Situation junger Menschen in Deutschland zu charakterisieren, Lothar Kolb vermerkte, man lebe „heute gleichsam zwischen Ende und Anfang"[68] und Dolf Sternberger situierte seine in der Zeitschrift *Die Wandlung* abgedruckten Tagebuchno-

---

Summe der marxistischen Gesellschaftsanalysen, im ordnungsstiftenden Prinzip der Ausbildung eines wasserdichten Klassenbewusstseins zu lokalisieren.

[65] Ernst Lemmer: *Demokratischer Block*, in: *Aufbau* 1 (1946), S. 117–121, hier S. 118.

[66] So der junge Schriftsteller Arno Bauer in einer Selbstanzeige seines Essays *Thomas Mann und die Krise der bürgerlichen Kultur*, in der er Manns Werk als Stütze für die Aufgaben der Gegenwart empfahl. Arnold Bauer: *o.T.*, in: *Aufbau* 1 (1946), S. 281–282, hier S. 282. In besagtem Essay charakterisiert Bauer den späten Mann (unter Rekurs auf dessen Essay *Goethe und Tolstoi* von 1923) selbst als eine Zwischenexistenz: „Ein Alternder, steht er zwischen den Welten: der kleinen, in der man König war oder doch Prinz von Geblüt, und der großen, über die sich in der kleinen Heimat kleine Geister in wahnwitziger Selbstüberschätzung aufhielten, die Hörigen eines absoluten Staatsgottes, die alle Menschen des ‚Zwischen' ausstießen, weil diese ihr Deutschtum als Weltbürgerlichkeit nahmen." Thomas Mann sei gerade deswegen ein exemplarischer Deutscher, weil Deutschland selbst ein „‚Zwischen'-Lande der Erkenntnis und Einsicht" sei, ein Schnittpunkt divergierender europäischer Kulturströme. Arnold Bauer: *Thomas Mann und die Krise der bürgerlichen Kultur*, Berlin 1946, S. 124 und 129.

[67] Manfred Hausmann: *Jugend zwischen gestern und morgen*, in: *Aufbau* 1 (1946), S. 667–674. Der Aufsatz erregte den heftigen Widerspruch des jungen Wolfdietrich Schnurre, der sich zu einer scharfen Replik veranlasst sah. Vgl. zu diesem Disput Jürgen Engler: *Die ‚Schizophrenie' des Anfangs. Wolfdietrich Schnurre – ein Autor der ‚Trümmerliteratur'*, in: *Unterm Notdach. Nachkriegsliteratur in Berlin 1945–1949*, hg. von Ursula Heukenkamp, Berlin 1996, S. 387–438, hier v.a. S. 391–398.

[68] Lothar Kolb: *Anfang*, in: *Ende und Anfang. Zeitung der Jungen Generation* 1 (1946), S. 1.

tizen *Zwischen Vergangenheit und Zukunft*.[69] In einer weiteren Tagebuchnotiz kommt Sternberger auf einen Kinofilm zu sprechen, den er jüngst gesehen habe, und dessen titelgebende Verwendungsweise der Denkfigur des Dazwischen er ausdrücklich begrüßt. Gemeint ist der Film *Zwischen Gestern und Morgen* von Harald Braun, in dem unter anderem die junge Hildegard Knef und der nicht ganz unbelastete Erich Ponto mitspielten und der sich einreihte in die Riege der Trümmer- und Heimkehrerfilme, die ab 1946 in größerer Anzahl erschienen. Sternberger schreibt:

> Der erste neue deutsche Film, den ich seit dem Kriege sah: „Zwischen Gestern und Morgen". Ein schöner Titel, denn zwischen gestern und morgen leben wir, in Erinnerung und Hoffnung. Wer das sucht, was dazwischen liegt, das ‚Heute', und wer es vom Gestern sorgfältig abzuscheiden, von den Keimen der Zukunft zu reinigen strebt, der tut uns Gewalt an. Keine Gegenwart ohne Vergangenheit und Zukunft.[70]

Das Zitat zeigt Sternbergers Bemühen, entgegen der Poetik des Traditionsbruches, wie sie sich in den Publikationen der Jungen Generation wiederfindet, Beziehungen in die Vergangenheit aufrechtzuerhalten, gerade auch, weil das Augenverschließen vor einer ungeliebten Vergangenheit die Gestaltung des Zukünftigen beinträchtige.[71] Die Kategorie des Dazwischen weitet sich hier zu einer generellen Verortung des Menschen, der sich grundsätzlich zwischen „Erinnerung und Hoffnung" befinde.

Als historische Makro-Kategorie wiederum taucht die raumzeitliche Variante unter dezidierter Verwendung des Terminus Interregnum sodann im Münchner *Ruf* auf. Wie zentral die Denkfigur für die Redaktion dieser Zeitschrift war (vor allem für den Hans Werner Richter der späten 1940er-Jahre), zeigt sich schon in der ersten Nummer, in der ein Artikel von Arthur Koestler erscheint, der den Ton für eine Vielzahl ähnlich argumen-

---

[69] Dolf Sternberger: *Tagebuch. Zwischen Vergangenheit und Zukunft*, in: *Die Wandlung* 2 (1947), S. 455–461.
[70] Dolf Sternberger: *Tagebuch. Zweimal im Kino*, in: *Die Wandlung* 3 (1948), S. 99–105, hier S. 99.
[71] Vgl. Sternberger: *Tagebuch. Zwischen Vergangenheit und Zukunft*, a.a.O., S. 461.

tierender Texte setzt. In *Die Gemeinschaft der Pessimisten*,[72] einem Text, der in englischer Sprache bereits 1943 publiziert wurde,[73] also noch unter den historischen Konstellationen eines Weltkrieges, unternimmt Koestler den Versuch einer umfassenden Gegenwartsdeutung. Er, der zuvor seine eigene Abkehr von gesellschaftlichen Totalentwürfen vollführt hat,[74] verweist auf den „Zusammenbruch aller weltumfassenden Gebilde" und konstatiert, man lebe aktuell in einem „Zeitalter des Interregnums".[75] Koestler präzisiert:

> Unsere ganze Nachkriegsplanung hat den Charakter von Notbrücken, die wir behelfsmäßig von einem vertikalen Machtbereich zum anderen schlagen möchten. Lauter halb-ehrliche, halb-ernste Versuche, über ein Jahrzehnt, über ein zweites vielleicht hinwegzulavieren. Jeder fühlt vage, es wird eine Zeit des Uebergangs sein, ein Interregnum der Halbwahrheiten, des Zwielichts, gefahren-geschwängert; die Brücken könnten zusammenkrachen, die Giganten aufeinander losbrechen, aufs neue ihren blinden Marsch in die Zerstörung antreten.[76]

Koestlers Konzeptualisierung des Interregnums als einer weltgeschichtlichen Makro-Kategorie begreift dieses vor allem negativ; für ihn sind „Interregnen [...] Zeiträume des Chaos, die dem Zusammenbruch der überkommenen Werte einer Zivilisation folgen" und dankbarerweise „in ihrer Dauer begrenzt"[77] sind. Es gelte nun, in dieser Phase untergehender Sinn-

---

[72] Arthur Koestler: *Die Gemeinschaft der Pessimisten*, in: *Der Ruf* 1 (1946), S. 3–4.
[73] Der Artikel war erstmals im November 1943 im *New York Times Magazine* erschienen. Eine Neuübersetzung unter dem Titel *Die Bruderschaft der Pessimisten* erschien in Arthur Koestler: *Der Yogi und der Kommissar. Auseinandersetzungen*, Esslingen 1950, S. 159–172.
[74] Der ehemalige Kommunist Koestler kehrte sowohl der Kommunistischen Partei als auch dem Marxismus den Rücken und wandelte sich zum konsequenten Anti-Kommunisten. Vgl. etwa Christian Buckard: *Arthur Koestler. Ein extremes Leben 1905–1983*, München 2004, S. 111–161.
[75] Koestler: *Die Gemeinschaft der Pessimisten*, a.a.O., S. 3.
[76] Ebd.
[77] Ebd. Trotzdem geht Koestler davon aus, dass jenes Interregnum, in dem sich die Welt aktuell befinde, ein sehr langes sein wird: „Das Interregnum der nächsten Jahrzehnte wird eine Zeit der Not und Bedrängnis sein, eine Zeit

Welten „Oasen in der Wüste des Interregnums zu schaffen",[78] worin er die zentrale Aufgabe der titelgebenden „Gemeinschaft der Pessimisten" sieht. Mit der Diagnose verbindet sich also ein Gestaltungsauftrag und genau dieser Komplex macht das Denken in der Logik des Dazwischen für die führenden Protagonisten der Jungen Generation so reizvoll. Da eine alte Welt untergegangen sei, kann die neue Welt nicht von den alten Eliten aufgebaut werden, deren Führungsanspruch mit dieser untergegangen ist. Dadurch werden auch die Konturen der Jungen Generation als politischer Figur profiliert, die die Rede vom Interregnum verstärkt in eigener Sache nutzt.

Am bekanntesten ist in dieser Hinsicht sicherlich Hans Werner Richters Artikel *Literatur im Interregnum*, der den argumentativen Faden Koestlers wieder aufnimmt und in literaturprogrammatischer Hinsicht fortspinnt.[79] Seine Deutung der Gegenwart ist jener Koestlers sehr nahe; an ihr lässt sich nicht nur die „Faszination einer quasi-eschatologischen Zeitenwende"[80] ablesen, sie erinnert zudem in der Wortwahl an die weiter oben bereits diskutierte Formulierung von Antonio Gramsci:

> Wir leben zwischen zwei Welten. Der Totentanz der bürgerlichen Welt ist noch nicht beendet und das Morgen einer neuen Welt hat noch nicht begonnen. Es ist eine Zeit des Umbruchs, der großen Umschichtung der soziologischen Struktur einer Gesellschaftsordnung, eine Zeit seelischer und geistiger Unsicherheit […].[81]

---

des Zähneklapperns; wir werden im Innern der weltgeschichtlichen Woge zu leben haben." Ebd., S. 4.

[78] Ebd., S. 4.
[79] Zur Bedeutung Koestlers für Andersch und Richter vgl. Vaillant: *Der Ruf*, a.a.O., S. 84–88.
[80] Gert Sautermeister: *Messianisches Hoffen, tapfere Skepsis, Lebensbegehren: Jugend in den Nachkriegsjahren. Mit einer Nachrede wider die Trauer-Rhetorik*, in: *Deutschland nach Hitler. Zukunftspläne im Exil und aus der Besatzungszeit 1939–1949*, hg. von Thomas Koebner/ders./Sigrid Schneider, Opladen 1987, S. 261–300, hier S. 270.
[81] Hans Werner Richter: *Literatur im Interregnum*, in: *Der Ruf* 1 (1947), S. 10–11, hier S. 10. So zuvor schon bei Alfred Andersch: *Das junge Europa formt sein Gesicht*, in: *Der Ruf* 1. (1946), S. 1–2, wo Andersch die Gegenwart als „Prozeß einer Weltenwende" (S. 1) bezeichnet und die Bedeutung von Koestler explizit hervorhebt. Dieser sei zu „einer Figur von weltweiter

Analog zu diesem Zustand des gesellschaftlichen Dazwischen sei auch die Literatur angesiedelt zwischen der alten „liberalistischen, bürgerlichen Welt von gestern und der heraufkommenden sozialistischen, proletarischen Welt von morgen". Sie sei eine „Literatur im Interregnum".[82] Der dergestalt hergestellte Konflikt zwischen ‚gestrigem' Bürgertum und ‚zukünftigem' Proletariat sozialistischer Prägung verwandelt die Gegenwart in einen agonalen Ort, in dem um die adäquate Literatur gerungen wird. Mit dem Bürgertum seien auch dessen literarische Ausdrucksformen obsolet geworden; der Inneren Emigration mit ihrem Hang zu Verinnerlichung wird genauso wie der Emigrantenliteratur, die ihren ‚natürlichen' Raum verlassen habe und Opfer einer Entfremdung geworden sei, eine Absage erteilt. Diese Verbindung von Zeitdiagnostik und Literaturprogrammatik findet sich noch in einem weiteren Artikel Richters, der ohne Titel in der Nullnummer der anvisierten, aber nie zustande gekommenen Zeitschrift *Der Skorpion* abgedruckt ist. Dort finden sich alle wesentlichen Schlagworte aus *Literatur im Interregnum* wieder, ergänzt durch eine verstärkte Verwendung der raumzeitlichen Variante der Denkfigur des Dazwischen. Neben der Propagierung eines neuen Realismus, der sich einer schonungslosen Kritik der Gegenwart zu verschreiben habe,[83] tritt die bekannte Situierung einer Wirklichkeit, charakterisiert durch die „Losgelöstheit von allem Gegebenen, dies zwischen den Zeiten stehen".[84] Der Mensch dieser Zeit lebe „zwischen gestern und morgen",[85] seine Zeit sei ein „Niemandsland zwischen den Zeiten",[86] man

    Bedeutung aufgestiegen" (S. 2). Unter anderen Vorzeichen – sprich ohne polemische Kritik an einem nicht weiter definierten Bürgertum – begreift auch Eugen Kogon in den *Frankfurter Hefte* seine Gegenwart als „eine Krise des Übergangs". Man stehe vor global auftretenden Problemkomplexen, die sich in Deutschland verdichtet zeigten. Eugen Kogon: *Über die Situation*, in: *Frankfurter Hefte* 2 (1947), S. 17–38, hier S. 18.

[82] Richter: *Literatur im Interregnum*, S. 10. Dort auch das vorherige Zitat.
[83] Vgl. N.N. [=Hans Werner Richter]: *o.T.*, in: *Der Skorpion*, hg. von Heinz Ludwig Arnold, Göttingen 1991, S. 7–9, hier S. 8.
[84] Ebd.
[85] Ebd.
[86] Ebd., S. 9. In einem *Ruf*-Artikel von Friedrich Minssen greift auch dieser auf das Bild vom Niemandsland zurück: „Den schmalen Streifen zwischen den Fronten bezeichnete man mit einem Ausdruck aus dem Stellungskrieg des ersten Weltkriegs als Niemandsland – eine Zone des Schweigens, in der sich

befinde sich ganz allgemein „zwischen Gestern und Morgen"[87] und stehe an den „Grenzpfählen einer neuen Zeit",[88] die „von unseren Händen geschaffen werden muß".[89] Kein anderer Text weist eine ähnliche Frequenz der Denkfigur auf und verbindet durch sie generationellen Führungsanspruch, ein neues Literaturprogramm und Gegenwartsdeutung. Wie konstant Richter auf diese Sprachbilder zurückgreift, um gleichermaßen die unmittelbare Nachkriegszeit und (in Übereinstimmung mit Koestler) die übergeordnete historische Situation insgesamt zu begreifen, zeigen zwei Beiträge, die er für den von ihm herausgegebenen Band *Bestandsaufnahme. Eine deutsche Bilanz 1962* schrieb. In der Einführung beschreibt Richter die unmittelbare Nachkriegszeit noch einmal als ein „Interregnum deutscher Politik", als „‚Niemandsland' unserer Geschichte",[90] in dem die Hoffnungen nach Veränderung gewaltig gewesen wären. Im Nachwort weitet sich die Kategorie des Dazwischen und bezieht sich auf die generelle Spannung zwischen (West-)Kapitalismus und (Ost-)Sozialismus; man lebe auch weiterhin „in einer Art Interregnum", in dem „es noch keineswegs sicher ist, ob die sozialistischen Ideen zum Tode verurteilt sind und ob die Entwicklung, die mit der Währungsreform

---

    das Leben nur zögernd und gewissermaßen auf Abbruch einrichtet. Das Leben im heutigen Deutschland trägt in vielfacher Hinsicht die Züge des Niemandslandes, scheint es nicht ein Leben auf Abbruch?" Friedrich Minssen: *Die Kraft der Gemeinschaft*, in: *Der Ruf* 2 (1947), S. 3.
[87] N.N. [=Hans Werner Richter]: *o.T.*, S. 9.
[88] Ebd.
[89] Ebd.
[90] Hans Werner Richter: *Zwischen Freiheit und Quarantäne. Eine Einführung*, in: *Bestandsaufnahme. Eine deutsche Bilanz 1962. Sechsunddreißig Beiträge deutscher Wissenschaftler, Schriftsteller und Publizisten*, hg. von ders., München 1962, S. 11–25, hier S. 21. Der Artikel wiederholt die aus den späten 1940er-Jahren bekannte, teils harsche Kritik an den alliierten Besatzungsmächten, denen ein Großteil der Schuld an der Aushöhlung der deutschen Demokratie und der Restauration überkommener Kräfte angelastet wird. Bereits 1947 war von Richter ein Aufsatz mit gleichem Titel erschienen, in dem sich eine Vielzahl der 1962 erneut vorgebrachten Argumente und Kritiken bereits formuliert finden und der geprägt ist von einer Überbetonung der eigenen Opferposition. Vgl. DR [=Hans Werner Richter]: *Zwischen Freiheit und Quarantäne*, in: *Der Ruf* 1 (1947), S. 1–2.

begann, weiterführt oder nicht."[91] Damit schließt dieser Text an eine Entwicklung an, die bereits um 1947 zu beobachten ist, nämlich die (naheliegende) Aktualisierung der Denkfigur des Dazwischen durch den Ost-West-Konflikt. Wurde Deutschland in einem *Ruf*-Artikel von 1946 noch als „Brücke zwischen Ost und West"[92] eingestuft, rät Erich Kuby – der 1947 Alfred Andersch und Hans Werner Richter nach deren Ausscheiden aus dem *Ruf* als Chefredakteur beerbte – in einem schlicht *Im Interregnum* betitelten Aufsatz von 1947 angesichts der Spannungen zwischen Ost und West und der sich daraus ergebenden verschiedenen Optionen zum Abwarten. Es gälte zunächst, diese „Epoche der totalen Heuchelei"[93] zu überstehen – eine Haltung, die denkbar weit entfernt ist von dem Aufruf zur Errichtung von Sinn-Oasen, wie ihn Koestler formuliert hat. Die Mittlerrolle Deutschlands wurde später ganz aufgegeben und die Verortung in einem Dazwischen bereits unter dem nachfolgendem *Ruf*-Herausgeber Walter von Cube zugunsten einer klaren antisozialistischen West-Orientierung geklärt.[94] Walter Dirks' in den *Frankfurter Heften* 1946 propagierte „produktive Utopie",[95] derer es auf dem Weg in die „Zweite Republik"[96] bedürfe, versandete zusehends in den Arealen der sogenannten Realpolitik.[97]

---

[91] Hans Werner Richter: *Bilanz. Ein Nachwort*, in: *Bestandsaufnahme. Eine deutsche Bilanz 1962. Sechsunddreißig Beiträge deutscher Wissenschaftler, Schriftsteller und Publizisten*, hg. von ders., München 1962, S. 562–571, hier S. 563.

[92] DR: *Deutschland – Brücke zwischen Ost und West*, in: *Der Ruf* 1 (1946), S. 1–2.

[93] Erich Kuby: *Im Interregnum*, in: *Der Ruf* 2 (1947), S. 1–2, hier S. 2.

[94] Vgl. Kießling: *Die undeutschen Deutschen*, a.a.O., S. 231.

[95] Walter Dirks: *Die Zweite Republik. Zum Ziel und zum Weg der deutschen Demokratie*, in: *Frankfurter Hefte* 1 (1946), S. 12–24, hier S. 15.

[96] Dies war auch der Titel einer Sammlung einiger in den *Frankfurter Heften* publizierten Aufsätze von Dirks. Vgl. Walter Dirks: *Die Zweite Republik*, Frankfurt a. M. 1947.

[97] Dass Dirks, der Mitbegründer der Frankfurter CDU war und die sogenannten *Frankfurter Leitsätze* mitverfasst hatte, in denen unter anderem für einen Sozialismus auf demokratischer (und christlicher) Grundlage geworben wurde, bereits 1950 in einem berühmten Aufsatz in den *Frankfurter Heften* vom restaurativen Charakter der Epoche sprach, hat seinen Grund unter anderem in der Enttäuschung über das Agieren der CDU und deren unter

3.4 Wandlungssemantiken und Zivilisierung – Vom Soldaten zum Bürger

Die Konzeptualisierung des historischen Interregnums als einer Zeit des Dazwischen geht einher mit vielfältigen Semantiken und Metaphern der Wandlung und Transformation, wobei deren Konturen deutlich von der Milieusignatur der entsprechenden Zeitschriften abhängen. Im Folgenden sollen vor allem zwei Aspekte im Zentrum der Aufmerksamkeit stehen, nämlich die Rede von der nötigen Umkehr, die es zu erreichen gelte, sowie jene von der Wandlung der anthropologischen Leitfigur, die sich als Wechsel vom Soldaten zum Bürger präsentiert.

Diskursive Verbindungen von Wandel und Umkehr finden sich beispielsweise in den von Eugen Kogon und Walter Dirks herausgegebenen *Frankfurter Heften*, die dem Linkskatholizismus verpflichtet waren. Sicherlich auch aufgrund ihrer eigenen (Berufs-)Biographien, die etwa im Falle Kogons auch dessen jahrelanges Engagement bei der rechtslastigen Wiener Wochenzeitung *Schönere Zukunft* umfasst, wo Kogon Artikel mit dezidiert antimoderner Tendenz lancierte,[98] wird weder der Schulterschluss mit den Nullpunkt-Propagandisten noch mit jenen Publizisten gesucht, die die Gegenwart als zeitlichen Stillstand betrachteten und sich vorweg Zukunftsentwürfen zu enthalten suchten.[99] Die *Frankfurter Hefte* setzten demgegenüber auf Programmarbeit und Sichtung wie Sicherung des Vergangenen. Deutlich wird dies etwa in Walter Dirks Aufsatz *Ob*

Adenauer etablierten Ablehnung sozialistischer Ideen. Vgl. Walter Dirks: *Vom restaurativen Charakter der Epoche*, in: *Frankfurter Hefte* 5 (1950), S. 942–954. Über Dirks Position während der frühen Nachkriegszeit und zur Zeit der ‚alten' BRD erschien zuletzt Benedikt Brunner u.a. (Hgg.): „*Sagen, was ist". Walter Dirks in den intellektuellen und politischen Konstellationen Deutschlands und Europas*, Berlin 2019.

[98] Vgl. Karl Prümm: *Entwürfe einer zweiten Republik. Zukunftsprogramme in den ‚Frankfurter Heften' 1946–1949*, in: *Deutschland nach Hitler. Zukunftspläne im Exil und aus der Besatzungszeit 1939–1949*, hg. von Thomas Koebner, Opladen 1987, S. 330–343, hier S. 331. Prümm konstatiert zudem den Willen Kogons, auch realpolitische Allianzen mit faschistischen Positionen einzugehen.

[99] Vgl. ebenda, S. 330.

man ein Programm machen darf?, der stark von einer Rhetorik der Besinnung und Bewahrung geprägt ist und wo es unter anderem heißt:

> Und zum Glück ist auch viel Gutes erhalten, alte Substanz, gültige Ordnung, echtes Leben der Seele und des Herzens, gute Gewohnheit, treffliche Einsicht, viele Erfahrungen, Kräfte, – reiches Erbe, das gleich zu Anfang benannt werden muß und aufgerufen werden kann. Wäre das nicht so, wir wären wirklich und endgültig verloren. Es mag sein, daß die allerersten Stunden dem Bewußtsein einer absoluten Ausgesetztheit gehörten, jenem produktiven Nichts der Dialektiker; aber schon die zweite gehört der Besinnung auf den Besitz, wie gleich die dritte der Scheidung des Guten und Bösen, des Richtigen und Falschen gehört, – der Scheidung und der Entscheidung. Das ist die andere Situation von 1946. Es gibt keine tabula rasa. Es gibt keinen gänzlich neuen Anfang, es sei denn der, zu dem wir vor Gott immer aufgerufen sind. Die Epoche jedenfalls ist überfordert, wenn man einen gänzlich neuen Anfang von ihr verlangt.[100]

Die Verbindung von Anfang beziehungsweise Neuanfang mit der höchsten religiösen Instanz, Gott, ist vor allem für die Frühzeit der *Frankfurter Hefte* geradezu konstitutiv. Dadurch legitimiert sich bei Dirks nicht zuletzt der Blick zurück in das „reiche Erbe" der deutschen Geschichte, dem man sich analysierend zuzuwenden habe. Zugleich motiviert dieser Rekurs grundlegendere Überlegungen über den Menschen. Denn, so Dirks: „Das gehört zur geschichtlichen Natur des Menschen: ist er doch zwischen den Ursprüngen und dem Ziele ausgespannt."[101] Der Mensch ist also wesentlich eine Zwischenexistenz und sieht sich grundsätzlich auf seine Ursprünge verwiesen, die er nicht willkürlich ablegen könne.

Stärker fällt der Nexus zwischen Anfang und Umkehr in einem Artikel des Psychologen Alfred Görres aus, der seine Kritik eines übereilten Wiederaufbaus in eine naheliegende Architektur-Metaphorik kleidet:

> Wenn Türme und Städte zusammenstürzen und viele zerschlagen, dann ist *Umkehr* nötig, dann war etwas nicht in Ordnung. Wenn eine Welt einstürzt, dann sollen wir nicht in fieberhafter Hast nur an den Aufbau denken, um das Alte wiederherzustellen, sondern wir sollen uns besinnen, ob

---

[100] Walter Dirks: *Ob man ein Programm machen darf?*, in: *Frankfurter Hefte* 1 (1946), S. 10–11, hier S. 11.
[101] Ebd.

nicht unsere Städte und Türme auf Sand gebaut oder ihre Pfeiler morsch geworden waren. Wir sollen prüfen, was noch trägt und was zum Abfall muß, was solides Mauerwerk und hohle Fassade war.[102]

Das Zitat weist eine klare Nähe zu Dirks Programm einer Prüfung und moralischen Scheidung des historischen Erbes auf, verschränkt aber seine Gegenwartsdiagnose deutlicher mit dem christlichen Konzept der *metanoia*,[103] der Umkehr des Denkens und Handelns. Dieser Komplex aus (christlich kolorierter) Umkehr, Wandlungsanspruch und Vergangenheitssichtung verwandelt das Interregnum in eine Zeit der Besinnung, womit auch ein anderer Problemschwerpunkt ausgemacht wird, wie er sich deutlich in einem Artikel des Mitherausgebers der *Frankfurter Hefte*,

---

[102] Albert Görres: *Der Christ und die Welt*; in: *Frankfurter Hefte* 1 (1946), S. 40–49, hier S. 40. Hervorhebung M.F. Ausbuchstabiert findet sich diese architektonische Gleichnisrede bei Otto Bartning: *Ketzerische Gedanken am Rande der Trümmerhaufen*, in: *Frankfurter Rundschau* 1 (1946), S. 63–72. Der Text schildert das Gespräch zwischen einem älteren Architekten und einem jungen Soldaten, in dem Ersterer sein Projekt einer architektonischen Demokratisierung skizziert, wo helle, einsichtbare Bauten vorherrschen, in denen sich die Menschen als Gleiche unter Gleichen begegnen. Auf S. 64 heißt es etwa: „Aber schlichte Räume lassen sich auf den bestehenden Grundmauern und aus den brauchbaren Trümmerstoffen errichten, schlichte, helle Räume, in denen ein schlichtes, für jedermann gleiches und durchsichtiges Recht verhandelt und entschieden wird, ohne Hinterklauseln und ohne Stuckornamente."

[103] Wenig verwunderlich findet dieser Begriff als Ausdruck notwendiger Neuorientierung in christlicher Hinsicht in kirchlichen Kreisen nach 1945 weite Verbreitung. Eher kritische Stimmen wie jene des Jesuiten und Publizisten Max Pribilla, der vor allem die mangelnde Zivilcourage der Deutschen beklagte, greifen auf die Rede von der Umkehr ebenso zurück, wie jene, die sich zuvor in großer ideologischer Nähe zum NS befunden hatten, etwa jene des evangelischen Theologen Paul Althaus. Vgl. Rainer Bendel: *Einführung*, in: *Die katholische Schuld? Katholizismus im Dritten Reich – Zwischen Arrangement und Widerstand*, hg. von ders., 3. Aufl., Berlin 2019, S. 4–24, hier S. 10f. sowie Gotthard Jasper: *Paul Althaus (1888–1966). Professor, Prediger und Patriot in seiner Zeit*, 2. Aufl., Göttingen 2015, S. 349. Noch 1991 versah der Brecht-Schüler und Filmemacher Peter Voigt einen dialogischen Dokumentarfilm über das Ende der NS-Zeit mit dem Titel *Metanoia – Berichte deutscher Männer*.

Clemens Münster, ausspricht: „Problem Nummer eins: Der Mensch".[104] Umkehr, Wandel, Besinnung und nicht zuletzt Läuterung[105] sind Begrifflichkeiten, die auf den einzelnen Menschen abzielen und die die notwendigen Transformationsleistungen nach Kriegsende und der Vernichtung des NS-Staates ins ‚Innere' des Individuums verlegen.

Wie leicht sich die Rede von der Umkehr mit einem Appellgestus und einer Verklärung vergangener Ordnungen kombinieren lässt, zeigt das Beispiel Ernst Wiechert. Vor allem in seiner berühmten, gleichermaßen mit Wohlwollen wie offenem Spott bedachten *Rede an die deutsche Jugend* betont Wiechert, er habe bereits während der NS-Zeit seine Mitmenschen zur Umkehr aufgerufen.[106] Dass ihm das nun nach 1945 bei eben jener Jugend, an die er sich richtet, nicht zu gelingen scheint, enttäuscht ihn; er betont in einem Artikel in der *Berliner Tageszeitung*, er sei davon ausgegangen, dass die Macht des Wortes – seines Wortes – „zum Erkennen, zum Heilen und zur Umkehr führen"[107] könne. Diesen Anspruch artikulieren auch Wiecherts späte Romane, vor allem sein letzter, der 1950, Wiecherts Todesjahr, unter dem Titel *Missa sine nomine* veröffentlicht wurde. Das Buch ist ein Besinnungsroman mit deutlich zeitkritischer Tendenz, in dem die immer wieder eingestreuten Reminiszenzen an die Zeit „der alten Ordnung"[108] und an die „Sauberkeit des alten Da-

---

[104] Clemens Münster: *Problem Nummer eins: Der Mensch*, in: *Frankfurter Hefte* 3 (1948), S. 202–204.

[105] Vgl. etwa Eugen Kogon: *Gericht und Gewissen*, in: *Frankfurter Hefte* 1 (1946), S. 25–37, wo von einem „notwendige[n] Läuterungsprozeß" die Rede ist (S. 31). Bei dem Artikel handelt es sich um einen Auszug aus Kogons 1946 erschienenem Buch *Der SS-Staat*, genauer um dessen Schlusskapitel.

[106] Vgl. Waltraud Wende-Hohenberger: *Ein neuer Anfang? Schriftsteller-Reden zwischen 1945 und 1949*, Stuttgart 1990, S. 39.

[107] Ernst Wiechert, zitiert nach ebenda, S. 49. Dass es Wiechert darum gegangen sei, die Deutschen zur Umkehr aufzurufen, findet sich wortwörtlich auch in der (in ihrem Umfang überschaubaren) Forschung zu Wiechert. So heißt es etwa bei Leonore Krenzlin und Klaus Weigelt, Wiechert späte Romane enthielten „seine Mahnung zur Umkehr". Leonore Krenzlin/Klaus Weigelt: *Vorwort*, in: *Ernst Wiechert im Gespräch. Begegnungen und Einblicke in sein Werk*, hg. von dies., Berlin 2010, o. S.

[108] Ernst Wiechert: *Missa sine nomine*, München 1954, S. 271.

seins"[109] kontrastiert werden mit der häufig nur verklausuliert präsenten Nachkriegszeit. Die Kritik an der Gewaltherrschaft der Nationalsozialisten findet sich eingebettet in eine häufig ebenso scharfe Kritik der Besatzungsmächte, zumeist lediglich als die „Sieger"[110] apostrophiert. Der Text weist eine Vielzahl von Schwellenmetaphern sowie konkreten Schwellenräumen auf, die ihrerseits mitschreiben an der Deutungsfolie, die gleichermaßen die Gegenwart der Diegese sowie den zeithistorischen Kontext des Textes als Übergangsphase konfiguriert. Man lebe, so räsoniert eine der Hauptfiguren, in einer jener „kurze[n] Zeiten, in denen nichts wird. Nichts jedenfalls, was unsere Augen sehen können. Es *war* so viel, daß das Gewesene sich erst niederschlagen muß, ehe etwas *wird*."[111] Letztlich lässt sich *Missa sine nomine* als eben jenen Niederschlag lesen, als literarische Besinnungsarbeit, die auf die Bildung dessen abzielt, was „unsere Augen" nicht sehen können und wofür der Text die Zentralmetapher vom Herzen setzt. Abseits von „Plakaten oder Überschriften" als Sinnbilder des Politischen geht es um die „Verwandlung"[112] des einzelnen Menschen, wobei sich durch die vielfältigen christologischen Anspielungen auch diese Verwandlung im Sinne der Umkehr, der *metanoia*, lesen lässt. Benennen, so der Erzähler, lässt sich all dies nicht (und der Text ist konsequenterweise durchzogen von einem semantischen Netzwerk des Ahnens, Raunens, des Geheimnisvollen und des Ergründlichen), aber eben mit dem Herzen ‚erspüren'.[113] Bei Wiechert ist mit Umkehr kein Richtungswechsel in ein genuin anderes Morgen gemeint, sondern die Besinnung auf eine überzeitliche Ordnung, die sich in der „alten Zeit" bereits gezeigt habe. Mit Walter Dirks Umkehr in Richtung eines christlich-demokratischen Sozialismus hat diese Position nichts mehr zu tun.

Eine weitere, auch und gerade für die sich anschließenden Lektüren des literarischen Korpus zentrale Wandlungsfigur ist jene, die die Transformation vom Soldaten zum Bürger beschreibt.[114] Sie verknüpft sich besonders in den sozialistisch grundierten Gegenwartsanalysen, wie sie sich

---

[109] Ebd., S. 25.
[110] Vgl. ebenda S. 47.
[111] Ebd., S. 35f. Hervorhebungen i. O.
[112] Ebd., S. 119. Dort auch das vorherige Zitat.
[113] Vgl. ebenda, S. 351.
[114] Vgl. hierzu vor allem das Kapitel zu den Figuren des Dazwischen.

vor allem im *Aufbau* finden, mit größeren historischen Erkundungen der deutschen Gesellschaftsgeschichte, die häufig den schädlichen Einfluss Preußens betonen, das den Militarismus und Nationalismus im deutschen Selbstverständnis verankert habe. Ziel dieser historischen Expeditionen ist es, die Erfahrungen der NS-Zeit – subsumiert unter die Super-Chiffre ‚Hitler' – über das Herausstellen der ideengeschichtlichen und ideologischen Vorläufer und Strukturen zu erklären.

Ein Beispiel für dieses Vorgehen, das zudem stark mit der Wandlungsfigur Soldat/Bürger operiert, ist der Artikel *Nationalismus und Chauvinismus* des Romanisten und Widerstandskämpfers Werner Krauss.[115] Krauss zeichnet die gesellschaftliche Formkraft des Nationen-Konzepts geschichtlich nach, über die Ausläufer des römischen Reiches, des Mittelalters sowie der frühen Neuzeit und vor allem im Kontext der französischen Revolution. Als Verschärfung des „romantisch-konservativen Nationalbewusstseins"[116] habe sich zunächst die Blut-und-Eisen-Deutschtümelei des späten 19. Jahrhunderts etabliert und schließlich, befeuert durch die Erfahrung der Frontgemeinschaft im Ersten Weltkrieg, eine neue nationalistische Gesinnung, die den (vermeintlichen) Wert des Kollektivs radikal gegen den des Individuums ausspiele – es gehe nunmehr nur noch um dessen Einordnung: „So entsteht der neue Typus des Befehlsempfängers in der heroischen Dauerspannung der Katastrophenbereitschaft."[117] Krauss betont dabei die „erklärte Bürgerfeindschaft der Nationalisten",[118] wobei gleichzeitig gilt:

> Die Verwandlung des Bürgers zum Offizier, seine Flucht aus der Bedrückung der Norm zur werwolfhaften Freiheit unkontrollierbaren Abenteuers ist in der halbfeudalen Schichtung des deutschen bürgerlichen Lebens zutiefst begründet. Das geminderte Selbstbewußtsein war einer militärischen Aufwertung immer bedürftig.[119]

---

[115] Werner Krauss: *Nationalismus und Chauvinismus*, in: *Aufbau* 1 (1946), S. 443–456.
[116] Ebd., S. 451.
[117] Ebd., S. 455.
[118] Ebd., S. 451.
[119] Ebd., S. 455.

Krauss' Artikel ist zwar an eine ideologisch sicherlich nicht neutrale Bürgertumskritik gekoppelt, wirft aber das zentrale Problem auf, wie sich die „Verwandlung des Bürgers zum Offizier", sprich die Militarisierung des bürgerlichen Selbstverständnisses nach 1945 korrigieren lasse. Denn dass eine Wandlung hier von Nöten sei, liege in dem katastrophischen Potential dieser Entwicklung klar zutage. Eine vergleichbare Analyse liefert Willy Huhn, der zugleich auf eine historisch bekannte Wandlungsmöglichkeit hinweist. Der preußische Staat habe gegen das „bürgerliche Verfassungsideal" gekämpft, eine Tradition, in der noch Carl Schmitt stehe, und die auf die Etablierung des „totalen Krieges" hinwirke, womit Huhn die „gänzliche[] Unterordnung des zivilen Lebens unter die militärischen Interessen"[120] meint. Dagegen sei in England ein anderes Modell entwickelt worden. Durch eine „Unterordnung des Soldaten unter den Bürger"[121] sei es zu einer ‚Zivilisierung' beziehungsweise Verbürgerlichung des Soldatischen gekommen:

> Der entsprechende Ausdruck dafür wurde der Begriff Zivilisation (civis = Bürger) im Sinne von Herrschaft der zivilen, bürgerlichen, wesentlich nichtsoldatischen Ideale. Für den zivilisierten Staat hat – nach einem Wort Clemenceaus – der Soldat nur deshalb eine Daseinsberechtigung, weil er die zivile, bürgerliche Gesellschaft verteidigt und grundsätzlich der Führung von Zivilisten unterworfen ist.[122]

Der Nationalsozialismus sei von dieser Warte aus der extreme Gegenpol, muss er doch als „Versuch einer Popularisierung des totalen Krieges bezeichnet werden",[123] wobei Huhn mit Popularisierung die Ausrichtung aller gesellschaftlichen Antriebskräfte (*populus*) auf einen Zweck meint. Der Bürger löst sich so im Ideal des Soldaten auf.

Dieser Gedankengang liegt auch einem weiteren Artikel zugrunde, in dem der Autor mit Blick auf ein militärisches Exerzierspektakel schreibt: „Ein Mann glich dem andern in einer Haltung von solch vollkommener

---

[120] Willy Huhn: *‚Militaristischer Sozialismus'. Ein Beitrag zur Enthüllung der nationalsozialistischen Ideologie*, in: *Aufbau* 1 (1946), S. 368–381, hier S. 369.
[121] Ebd., S. 368.
[122] Ebd.
[123] Ebd., S. 375.

Übereinstimmung, daß eben in diesem Augenblick des militärischen Zeremoniells der Begriff der Uniform, der Zustand der Uniformität seine unübertreffliche Selbstillustration gefunden hatte."[124] Diese Gleichartigkeit wird verstanden als „Folge einer ganz spezifischen Ausbildung von Männern zu Soldaten, als der ‚Erfolg' eines Erziehungsideals [...], das die Hypertrophie des preußisch-deutschen Militarismus in einem System des körperlichen und moralischen Drills entwickelt hatte".[125] Es sei der militärische Drill und die erzwungene Aufgabe des Individuums zugunsten der militärischen Formung gewesen, die dazu geführt haben, dass nach zwölf Jahren deutscher Faschismus noch nicht wieder „von einem deutschen Volk als Gemeinschaft jener Individuen gesprochen werden [kann], welche die Deutschen sind".[126] Stattdessen habe diese „Militarisierung des deutschen Lebens" das Land in eine „Fabrik des Kadavergehorsams"[127] verwandelt, aus der die Deutschen durch die militärische Niederlage des Nazi-Regimes heraus und in einen Zustand erzwungener Reflexion hinein geführt worden seien:

> Aber die Deutschen, in einem Zwischenreich, in einem wahrhaftigen moralischen Interregnum lebend, können ihre Entwicklung seit 1918 und zumal in den letzten zwölf Jahren überdenken, in denen sie abermals, wenn auch ungleich umfassender und gewaltsamer als vor 1913, in den Konflikt zwischen Persönlichkeit und Staat gestoßen worden sind.[128]

Dieses Interregnum, von dem der Autor spricht, ist also der geschichtliche Ort einer Wandlung dieser umfassenden Militarisierung des Einzelnen

---

[124] R. H.: *Der falsche Weg*, in: *Die Gegenwart* 1 (1946), zitiert nach: *Aufbau* 1 (1946), S. 870–874, hier S. 870. Der *Aufbau* druckte den Text in seiner „Presseschau" komplett ab.
[125] Ebd., S. 871.
[126] Ebd., S. 873.
[127] Ebd. Dort auch das vorherige Zitat. Wie historisch adäquat diese Deutungen sind, mag dahingestellt bleiben. Dieter Langewiesche etwa kritisiert diese Deutungsversuche mit Blick auf historisch unterschiedliche Mobilisierungsgrade von Gesellschaften, vgl. Dieter Langewiesche: *Eskalierte die Kriegsgewalt im Laufe der Geschichte?*, in: *Moderne Zeiten? Krieg, Revolution und Gewalt im 20. Jahrhundert*, hg. von Jörg Baberowski, Bonn 2006, S. 12–36.
[128] Ebd.

durch den Staat, die auch dadurch ermöglicht werden soll, dass man sich den *sacra* (Turner) der eigenen Kultur kritisch-reflexiv zuwendet. In diesem Sinne schreibt etwa Eberhard Seitz – nicht ohne Pathos – im *Aufbau*: „Aus dem Sklaven des totalitären Systems wird allmählich der demokratische Mensch, in das Schattenreich trostlosen Gehorsams fällt der erste Sonnenstrahl der Freiheit."[129] Dieser Prozess einer neuen Politisierung[130] gehe nicht ohne Probleme vonstatten, kenne aber eine klare Zielrichtung, die erneut die demokratische Wandlung mit der Konturierung einer neuen politischen Leitfigur in Verbindung bringt: „Unsere Demokratie muß lernen, wieder den Begriff des Bürgers im wahren Sinne des Wortes, also des mitverantwortlichen einzelnen [sic] anzuerkennen."[131]

Diese Neubewertung beziehungsweise Aufwertung des Bürgers zur politischen Figur, als „Formulierung und Idealisierung des Menschen als eines gesetzgebenden Wesens, als *citoyen*",[132] wie es Hannah Arendt mit Blick auf die Französische Revolution in *Die Wandlung* formulierte, ist gerade den Zeitschriften des bürgerlichen Milieus ein zentrales Anliegen – wohl auch deswegen, weil sich damit liberale Schlagwörter wie Freiheit und Individuum (die nach 1945 ohnehin Hochkonjunktur hatten) erneut im politischen Diskurs platzieren ließen. So beschwört etwa Alfred Weber in einem Aufsatz, der sich verstärkt mit der Frage nach der modernen Massenpsychologie auseinandersetzt und durchzogen ist von einem Vokabular der Innerlichkeit und Erneuerung, die Notwendigkeit einer spezifischen Transformation:

> Klar ist aber, und wie Tag und Nacht Erleuchtendes sollte man sich das einprägen, es vor Augen haben: Unsere Aufgabe ist die Umwandlung des deutschen Massenmenschen aus einem geduldig gehorsamen Massentier in einen Typus der Zusammenordnung charakterlich selbstständiger, auf-

---

[129] Eberhard Seitz: *Zivilcourage und Toleranz*, in: *Aufbau* 3 (1948), S. 174–175, hier S. 174.
[130] Ebd.: „Das politische Geschehen ist plötzlich wieder bedeutsam geworden." Man müsse aber konstatieren: „Die Umstellung darauf ist schwerer, als man gemeinhin annimmt."
[131] Ebd., S. 175.
[132] Hannah Arendt: *Über den Imperialismus*; in: *Die Wandlung* 1 (1946), S. 650–666, hier S. 661. Hervorhebungen i. O.

rechter, selbstbewußter, auf ihre Freiheitsreche eifersüchtiger Menschen.[133]

Dieses Projekt einer neuen Kollektivierung der Deutschen unter den Vorzeichen von Freiheit und individueller Selbstständigkeit (gekoppelt an die im 20. Jahrhundert pandemisch auftretende Rede von ‚der' Masse) des einzelnen Menschen wird verbunden mit einem für die unmittelbare Nachkriegszeit nicht untypischen Eliten-Diskurs – beim Bilden des neuen „Typus" spiele die politische Elitenbildung eine nicht unwesentliche Rolle. Auch wenn Weber dies nicht *expressis verbis* formuliert, steht der Bürger als politische Figur für diese Transformationsleistung Pate.

Das Bürgersein beziehungsweise Bürgerwerden wird nicht zuletzt als spezifisches Problem der deutschen Geschichte ausgemacht, wie das ja auch bereits weiter oben schon angeklungen ist. Eine historisch differenzierte Analyse dieses Komplexes liefert der Herausgeber der Zeitschrift *Die Wandlung*, Dolf Sternberger, in deren letztem Jahrgang 1949. Der Aufsatz über *Aspekte des bürgerlichen Charakters*,[134] in dem die eigene bildungsbürgerliche Provenienz des Autors nur zu deutlich hervorsticht, motiviert sich durch eine bestimmte Textstelle, die sich in der testamentarischen Verfügung des Historikers Theodor Mommsen findet und die ein Jahr zuvor erstmalig in *Die Wandlung* abgedruckt wurde[135] – ein bezeichnender Umstand. Denn in dieser Testamentsklausel des erzliberalen Historikers, der sich sowohl gegen den Imperialismus als auch gegen den Antisemitismus seiner Zeit gewandt hatte, formuliert Mommsen einen Wunsch, der ihm Zeit seines Lebens und trotz all seines (partei-)politischen Engagements versagt geblieben sei: „Ich wünschte ein Bürger zu sein." Der ganze Passus – der in Sternbergers Aufsatz erneut abgedruckt ist – liest sich wie folgt:

> Politische Stellung und politischen Einfluß habe ich nie gehabt und nie erstrebt; aber in meinem innersten Wesen, und ich meine, mit dem Besten,

---

[133] Alfred Weber: *Unsere Erfahrung und unsere Aufgabe*, in: *Die Wandlung* 1 (1945), S. 50–64, hier S. 63.
[134] Dolf Sternberger: *Aspekte des bürgerlichen Charakters*, in: *Die Wandlung* 4 (1949), S. 474–486.
[135] Vgl. Theodor Mommsen: *‚Ich wünschte ein Bürger zu sein.' Eine Testamentklausel von 1899*, in: *Die Wandlung* 3 (1948), S. 69–70.

was in mir ist, bin ich stets ein *animal politicum* gewesen und wünschte ein Bürger zu sein. Das ist nicht möglich in unserer Nation, bei der der Einzelne, auch der Beste, über den Dienst im Gliede und den politischen Fetischismus nicht hinauskommt.[136]

Sternbergers historische Wanderungen, die mit Lessing, Schiller und Kant zentrale Säulenheiligen des (bildungs-)bürgerlichen Selbstverständnisses berücksichtigen, dienen nicht nur dem Erhellen, sondern vor allem dem wertschätzenden Herausstellen eben jenes *animalis politici* und seinen divergierenden Erscheinungsformen. Sternberger zeichnet historisch nach, wie die Begriffe des Bürgers und der Bürgerlichkeit nicht lediglich durch die soziologische beziehungsweise moralische Kritik etwa von Seiten Karl Marx' oder Friedrich Nietzsches und durch die um die Jahrhundertwende populäre Bürgerschelte (vor allem in der avantgardistischen Literatur und ihrer Literaturkritik) Schaden genommen haben. Wesentlich ist sein Hinweis, dass der Begriff des Bürgers grundsätzlich in der Spannung zwischen „Entartung"[137] und Ideal beziehungsweise „Norm"[138] stehe, nämlich zwischen *citoyen* und *bourgeois*.

Eine Trennung der beiden Begriffe hält Sternberger jedoch für hoffnungslos[139] und so steht hinter seiner historisch weit ausholenden Erkundung des Bürger-Begriffs auch der Versuch, beide Stränge zusammenzuführen. Als wesentliches Erkenntnisinteresse fungiert die Frage nach der Verhältnisbestimmung zwischen Bürgerlichkeit respektive dem „politische[n] Sinn der Bürgerlichkeit (der Zivilität)"[140] und dem Staat. Sternberger identifiziert zwei zentrale historische Abwendungsbemühungen des Bürgertums, zum einen jene gegenüber der Aristokratie und der politischen Logik des Hofes sowie dessen sozialen Ansprüchen, zum anderen gegenüber einem vermeintlich den Charakter verderbenden Parlamentarismus. Das historische Ringen um charakterliche Selbständigkeit, so Sternberger, mündet zuletzt in der Usurpation des Bürgerlichen durch den preußischen Staat. Dort gilt nicht „mehr die Frage, wessen Staat der

---

[136] Sternberger: *Aspekte des bürgerlichen Charakters*, a.a.O., S. 474f. Hervorhebungen i. O.
[137] Ebd., S. 476.
[138] Ebd.
[139] Vgl. ebenda S. 475.
[140] Ebd., S. 476.

Staat ist, sondern nur noch, wie man dem gegebenen Staat und Vaterland am besten dient."[141] Der Staatsbürger ist geboren; diese (nach Sternberger) Fehlentwicklung kulminiert in dem Versagen des Bürgertums im Kontext des Nationalsozialismus – dort komplettiert sich seine moralische Demontage.[142]

Der sich bei Mommsen aussprechende Wunsch, das Bedürfnis danach, ein ‚echter' Bürger zu sein, wird bei Sternberger zur zentralen Aufgabe der Gegenwart stilisiert. Noch immer begegne man demjenigen, der „eine natürliche, freie und offene Sprache in der Öffentlichkeit spricht, die Sprache des *citoyen*, des *citizen*, des mitdenkenden, mitverantwortlichen Subjekts in der politischen Gemeinschaft, die Sprache des *Bürgers*"[143] mit Verwunderung. Das zeige nicht zuletzt: „Es ist so: wir haben den Stand der *civitas*, der Bürgerlichkeit im schönsten, einfachsten, allgemeinsten und ehrwürdigsten Sinne des Wortes noch immer nicht erreicht."[144] Es sei demnach das Ziel der Zeit, eine in diesem Sinne bürgerliche Gesellschaft herzustellen, die den „Vorzug der Neuheit für sich hat: sie ist noch niemals hergestellt worden. Sie ist ein politisches Ziel."[145] Wie bei Mommsen ist der Bürger auch bei Sternberger eine Sehnsuchtsfigur.

Es wurde weiter oben bereits angemerkt, dass die Diskussion um den Bürger als politischer Figur eingebettet ist in einen diskursiv verfochtenen (und, wie sich zeigen wird, literarisch-ästhetisch gestalteten) Wechsel des anthropologischen Leitbilds – aus dem militarisierten Soldaten-Deutschen sollte erneut beziehungsweise endlich ein Bürger werden. Diese Denkfigur zeigt, wie stark solche Leitbilder Produkte ihrer Zeit und deren Hoffnungen sind. Sie sind, wie Ernst Bloch schreibt, ein „Zwischending von Spiegel und aufgemaltem Bild".[146] Gerade der *citoyen* sei einer jener „jeweils kanonischen Typen", in denen geschichtliche und gesellschaftliche Konstellationen ihren Zielpunkt erblicken. In diesen Typen kanalisiere sich das „der Kreatur nicht gegebene, sondern ihr aufgegebene Ver-

---

[141] Ebd., S. 484.
[142] „So ging er in Schande unter, der ehrenhafte bürgerliche Charakter." Ebd., S. 485.
[143] Ebd., S. 485. Hervorhebungen i. O.
[144] Ebd. Hervorhebungen i. O.
[145] Ebd., S. 486.
[146] Ernst Bloch: *Das Prinzip Hoffnung*, Bd. 3, Frankfurt a. M. 1973, S. 1093.

halten",[147] womit nicht zuletzt ein utopischer Gehalt einhergeht. Im *cityoen* ist noch eine Anziehung enthalten, die sich nicht in den historischen Ausformungen erschöpft und über die Klassengrundlagen der Figur selbst hinausgeht. Gerade er sei ein „besonders utopische[s] Selbstbild" und wurde, wie Bloch kritisch anmerkt, „idealisiert als andere Seite des Bürgers und so, in seiner nicht-egoistischen, auch nicht-arbeitsteiligen, nicht verdinglichten Traumschöne, besonders gewaltsam idealisiert."[148] Trotzdem – oder gerade deswegen – bleibt der mit dem Leitbild verbundene Anspruch, „menschenähnlich zu werden",[149] bestehen. Es kann nach den Gewaltexzessen während des NS-Regimes kaum verwundern, dass dieser Gedanke nach 1945 erneut an Faszination gewann.

3.5 Dimensionen der Praxis – Kommunikativer Wiederaufbau

Mit der Figur des Bürgers verbindet sich der Gedanke einer gesellschaftlichen Repolitisierung im Sinne einer neuerlichen Möglichkeit der Teilnahme an den Dingen von öffentlichem und gesellschaftlichem Belang – wo deutlicher Nachholbedarf bescheinigt wurde. So schreibt etwa Ernst Lemmer in einem Aufsatz mit dem gewichtigen Titel *Demokratischer Block*, dass sich die Deutschen in den zwölf Hitler-Jahren „der Mitwirkung an den öffentlichen Angelegenheiten so vollständig entwöhnt"[150] hätten und es nun gälte, in der jetzigen „Zeit der Bewährung"[151] die Deutschen an diese Mitwirkung erneut heranzuführen. Das geschehe nicht zuletzt über die Etablierung einer neuen kommunikativen Kultur, denn, wie Lemmer konstatiert: „Demokratie heißt Diskussion".[152]

Die Diskussion als kommunikatives Idealgefüge zwischen Gleichen wird so inszeniert als Gegenpol zu jenen erzwungenen zwölf stummen Jahren der Diktatur; das Ende dieser Zeit sei auch der Beginn einer

---

[147] Ebd., S. 1094. Dort auch das vorherige Zitat.
[148] Ebd., S. 1095. Blochs Kritik erinnert daran, dass es häufig nur ein kurzer Weg ist vom utopischen Gehalt zu Illusion und Selbsttäuschung.
[149] Ebd., S. 1093.
[150] Ernst Lemmer: *Demokratischer Block*, in: *Aufbau* 1 (1946), S. 117–121, hier S. 117.
[151] Ebd., S. 118.
[152] Ebd.

„Freude daran, unsere wahren Empfindungen endlich einmal laut und rücksichtslos herauszuschreien".[153] Gehen die zeitgenössischen Meinungen bei der Frage auseinander, ob die Zeit des sogenannten ‚Dritte Reichs' die Deutschen nun „in einem außerordentlich hohen Maße entpolitisiert"[154] habe oder ob es stattdessen viel mehr zu einer „Total-Politisierung"[155] gekommen sei, bezüglich der Notwendigkeit des (Wieder-)Erlernens kommunikativer Praktiken wie jener des Diskutieren und Disputierens bestand milieuübergreifende Einigkeit. Ein ganzes Land, vor allem

---

[153] Joachim Barckhausen: *Probleme der geistigen Erneuerung*, in: *Aufbau* 1 (1946), S. 466–473, hier S. 472. Wobei der Autor dieses emphatischen Ausrufs, Joachim Barckhausen, gerade nicht als Beispiel erzwungenen Verstummens gelten kann; er konnte zwischen 1933 und 1945 weiterhin publizieren und veröffentlichte unter anderem 1941 einen so rassistischen wie anti-britischen Bestseller-Roman über den Burenführer Paul Kruger. Joachim Barckhausen: *Ohm Krüger: Roman eines Kämpfers*, Berlin 1941. Barckhausen, der (irritierend genug) zwischen 1937 und 1948 mit der Schriftstellerin und Widerstandskämpferin Elfriede Brüning verheiratet war, bemühte sich nach 1945 darum, seine publizistische Karriere während der NS-Zeit zu verkleinern oder ganz zu verschweigen. Dass er ausgerechnet in der DDR wieder Fuß fassen konnte, ist ein Kapitel für sich. Vgl. Christian Adam: *Der Traum vom Jahre Null. Autoren, Bestseller, Leser: Die Neuordnung der Bücherwelt in Ost und West nach 1945*, Berlin 2016, S. 262f.

[154] So die Meinung des Historikers und Soziologen Alfred Meusel während einer (auf teils sehr hohem Niveau geführten) Diskussion zwischen Alexander Abusch, Bernhard Bennedik, Günther Birkenfeld, Heinrich Deiters, Ferdinand Friedensburg, Klaus Gysi, Alfred Meusel, Ernst Niekisch, Josef Naas, Georg Zivier und Otto Dilschneider vom 07. Februar 1947, die im *Aufbau* abgedruckt wurde (*Gibt es eine besondere deutsche geistige Krise*, in: *Aufbau* 2 [1947], S. 305–325, hier S. 316.). Meusels Zitat lautet im Ganzen: „Der Nationalsozialismus hat die Deutschen in einem außerordentlich hohen Maße entpolitisiert, indem er sie durch seinen Terror einschüchterte, seine Propaganda verdummte, ihnen die Verantwortung für ihr Tun und Lassen (scheinbar) abnahm und auf die Organisationen der nazistischen Herrenkaste übertrug."

[155] Heinz-Winfried Sabais: *Vom klassischen zum modernen Humanismus, Teil II*, in: *Aufbau* 2 (1947), S. 167–174, hier S. 167: „Hitler, der die Forderung nach dem ‚Politischen' am lautesten verkündete und selbst das Musterexemplar seiner Forderung war, hatte seine Diktatur auf die Total-Politisierung des Menschen aufgehaubt, d.h. auf seine absolute Beugung unter den Apparat."

aber seine Jugend, die es nie habe lernen können, müsse – wie Herbert Lestiboudois in Reaktion auf den populären offenen *Brief nach Deutschland*[156] von Hermann Hesse schrieb – in die „Übung des Disputierens hineinwachsen".[157] Dazu gesellen sich weitere Aspekte wie etwa Kompromissorientierung und, wie es Curt Vinz im amerikanischen *Ruf* formulierte, „Duldsamkeit gegenüber der persönlichen Meinung des anderen".[158] Die Arbeit an einer neuen politisch gewendeten Kommunikationskultur ist Teil der übergeordneten Herstellung einer neuen politischen Kultur insgesamt, in der das Miteinandersprechen zum Produktionsprozess eines demokratischen Subjekts gehört. Sich selbst politisch artikulieren und das politische Gegenüber im Falle abweichender Meinungen oder starker Dissensen trotzdem akzeptieren zu können (worin sich die in den Zeitschriften vielbeschworene Toleranz verortet[159]), wird verknüpft mit der Abkehr von einem alten Politikverständnis, das permanent auf den Kampf als Ausdruck politischer Souveränität und Problemlösungskompetenz rekurriert habe. Für das große Feld der internationalen Politik gilt,

---

[156] Hesses Brief, der unter anderem die mangelnde Schuldeinsicht und Selbstherrlichkeit der Deutschen beklagt, war an Luise Rinser adressiert und wurde unter anderem am 2. August 1946 in der *Neuen Zeitung* abgedruckt. Vgl. Hermann Hesse: *Brief nach Deutschland*, in: *Diese merkwürdige Zeit. Leben nach der Stunde Null. Ein Textbuch aus der „Neuen Zeitung"*, hg. von Wilfried F. Schoeller, Frankfurt a. M. 2005, S. 140–144.

[157] Herbert Lestiboudois: *Ein Ruf von Hermann Hesse*, in: *Aufbau* 2 (1946), S. 958–959, hier S. 959.

[158] Curt Vinz: *Bekenntnisse zur Demokratie*, in: *Der Ruf. Zeitung der deutschen Kriegsgefangenen* 8 (1945), S. 8.

[159] In einem historisch weit ausgreifenden Artikel verbindet etwa Dolf Sternberger Toleranz mit der Frage nach ‚der' Wahrheit, verleiht ihr also epistemologisches Gewicht. Sternberger schreibt: „Ohne die Bereitschaft zur Duldung vermögen wir die Wahrheit aus ihrer Zerstreuung nicht aufzusammeln. Toleranz ist in der Tat selber so etwas wie ein Dogma der Humanität." Liest man diese sentenzartige Zuspitzung vor dem Hintergrund des Interregnums, dann rekapituliert sie nicht nur historische Einsichten, sondern sie formuliert die Zielvorstellung für das politische Kommunizieren und Agieren der unmittelbaren Gegenwart sowie der nahen Zukunft. Dolf Sternberger: *Toleranz als Leidenschaft für die Wahrheit*, in: *Die Wandlung* 2 (1947), S. 231–250, hier S. 249.

so Alfred Andersch, dass Deutschland lernen müsse, von der Politik als Schlachtfeld einen Weg zu finden zu jener neuen

> Welt, die ihm seit vielen Jahrzehnten verfehlter Geschichte fremd und verdächtig geworden ist: in die Welt der Diplomatie, der Konferenzen, der politischen und ökonomischen Interessenkämpfe, bei denen auf kriegerische Lösungen verzichtet wird, in eine Welt, in der die Ideale leiden und *die Kompromisse blühen*. [...] Das Schlachtfeld, auf dem sich die zukünftige deutsche Geschichte abspielen wird, ist also der grüne Tisch.[160]

Der Weg zu dieser neuen Realität sei hingegen noch weit und führe durch den „heutigen Zustand des Interregnums",[161] der mit dem Wort Demokratie nicht korrekt bezeichnet sei: man lebe zwar in „einer Militärdiktatur", aber zur Nazi-Zeit ließen sich doch wesentliche Unterschiede benennen, immerhin gebe es jetzt eine „Schimpffreiheit".[162] Dieser Unterschied meint eine Differenz im Gebrauch der Sprache und der Möglichkeit sprachlicher Adressierung. Bei allem, was schlecht an der eigenen Gegenwart sei, bestehe zumindest die Freiheit, sich darüber öffentlich auszulassen.

Immer wieder betonen Artikel – vor allem in jenen Organen der Jungen Generation – die besondere kommunikative Kultur der Demokratie. Schon im amerikanischen *Ruf*, der aufgrund seiner Publikationsbedingungen stark an das amerikanische Demokratieverständnis andockte, wird das demokratische Sprechen mit dem auf Befehl und Gehorchen basierenden Sprechverhalten von Monarchie und Diktatur kontrastiert:

---

[160] DR [=Alfred Andersch]: *Der grüne Tisch*, in: *Der Ruf* 1 (1946), S. 1–2, hier S. 2. Hervorhebungen M.F. Es sind solche Passagen, die, so Gert Sautermeister, ein „politische[s] Augenmaß" zeigten, das mit den häufig emphatischen Zukunftsbeschwörungen in einem „leitmotivischen Kontrast" stehe. Sautermeister: *Messianisches Hoffen, tapfere Skepsis, Lebensbegehren*, a.a.O., S. 267 sowie 296. Ähnliche Töne wie jene von Andersch finden sich bereits im amerikanischen *Ruf* wieder. In dem nicht gezeichneten Artikel *Demokratische Aussenpolitik* heißt es etwa: „Ohne die Bereitschaft nachzugeben und Kompromisse zu schliessen, ist ein dauerhafter Friede nicht denkbar." N.N.: *Demokratische Aussenpolitik*, in: *Der Ruf. Zeitung der deutschen Kriegsgefangenen* 10 (1945), S. 3.

[161] Ebd., S.1.

[162] Ebd.

Demokratie verlangt nicht nur, daß jeder selber denke und handle; sie verlangt ebenso unnachgiebig, daß man auch die Gedanken des anderen höre und erwäge. Der Deutsche hatte durch Jahrhunderte der verschiedenen Monarchien gelernt, zu befehlen und zu gehorchen, oft war er stolz darauf. In der Demokratie kommt es weniger auf das Gehorchen an als auf das Hörenkönnen. Es wird nicht befohlen, sondern beraten und beschlossen.[163]

Dieses symmetrische Kommunikationsverhältnis, das der Artikel entlang von Praktiken wie dem Zuhören, dem Beraten und dem Beschließen skizziert, markiert auch ein historisch relevantes Moment, ist es doch Teil der Befreiung von jenem deutschen „Untertanen(un)geist, der jeder Obrigkeit mißtraute, die nicht mehr schien als er, und die ihn fragte, statt ihn anzuschreien".[164] Sich sprachlich auf vertikaler statt horizontaler Ebene zu begegnen, ist augenscheinlich Teil der Lernmasse für eine künftig demokratische Gemeinschaft jener Menschen, die, wie es weiter oben bei Weber heißt, eifersüchtig auf ihre Freiheitsrechte sind.[165]

Die Verbindung von Freiheit und Diskussion beziehungsweise Gespräch als kommunikativen Königsdisziplinen demokratischer Gesellschaften betont vor allem Karl Jaspers in seinen *Thesen über politische*

---

[163] N.N.: *Ideen zur Nachkriegswelt. Einfuhr von Demokratie*, in: *Der Ruf. Zeitung der deutschen Kriegsgefangenen* 21 (1946), S. 2.

[164] Eitel Friedrich Schilling von Cannstatt: *Ideen zur Nachkriegswelt. Wollen oder Müssen*, in: *Der Ruf. Zeitung der deutschen Kriegsgefangenen* 23 (1946), S. 2. Dass man heute in Deutschland „politisch entmündigt, moralisch verschuldet und wirtschaftlich ruiniert" sei, sei nicht ausschließlich die Schuld der „bösen Nazis […], sondern das sind die Folgen unseres früheren Unvermögens, uns selbst anders als Untertanen zu fühlen." Ebd.

[165] Diese „Grundthese der Umerziehung" (Überwindung des geschichtlich erworbenen autoritären Charakters durch Erziehung zum freien Menschen) ist auch in die Filmproduktion der Alliierten eingewoben, die sich ihrerseits auf den kommunikativen Wandel vom Befehl zur Diskussion kaprizierte. Vgl. Jeanpaul Goergen: *Orientierung und Ausrichtung. Die amerikanische Dokumentarfilmproduktion ‚Zeit im Film' 1949–1952*, in: *Lernen Sie diskutieren! Re-education durch Film. Strategien der westlichen Alliierten nach 1945*, hg. von Heiner Roß, neu durchgesehene Aufl., Berlin 2014, S. 33–54. Das Zitat findet sich auf Seite 48.

Freiheit.[166] Freiheit – in Bezug auf den politischen Zustand eines Volkes –, so Jaspers, fordere „öffentliche, uneingeschränkte Diskussion",[167] die ihrerseits eine funktionierende informative Öffentlichkeit brauche: „Daher gilt Pressefreiheit, Versammlungsfreiheit, Redefreiheit. Man darf überzeugen und Propaganda treiben, aber in freier Konkurrenz."[168] Im Zentrum von Jaspers Überlegungen steht eine Ethik des „Miteinanderredens", die Wahrheitsfindung und Gemeinschaftsbildung verbindet und deren Negativfolie augenscheinlich Carl Schmitts Politikverständnis bildet:

> Jeder kommt zu seinen Entschlüssen auf Grund des Miteinanderredens. Der politische Gegner ist nicht Feind. Freiheit hält sich nur, wenn sie in der Bereitschaft lebt, auch mit dem Gegner zusammenzuarbeiten. Es gibt grundsätzlich keine Grenze des Verhandelns – mit Ausnahme des Verbrechers –, man sucht zusammenzuwirken in Vereinbarung und Kompromiß.[169]

Jaspers, der wie viele andere auch sich für die Bildung einer politischen Elite ausspricht, um eine „Massenherrschaft (die Ochlokratie)"[170] zu verhindern, verknüpft zudem das Ensemble demokratischer Techniken mit einer demokratischen *façon de vivre*.[171] Gerade weil für diese demokratische Lebensführung die freie Diskussion von so großer Bedeutung ist, schließe sie für Jaspers alles Weltanschauliche aus, da dieses nicht selbst zum Gegenstand des Diskurses werden könne; Jaspers Prinzip des „Miteinanderreden" käme an diesem Punkt zum Erliegen. Weltanschauungen seien letztlich Glaubenssätze und, so Jaspers, mit „Glaubenskämpfern läßt sich nicht reden".[172] An dieser Stelle trifft sich Jaspers mit Eugen Kogon, der seinerseits darauf beharrt, dass eine einzelne Position niemals im Vollbesitz der Wahrheit sein könne. Niemals habe „ein Einzelner oder

---

[166] Karl Jaspers: *Thesen über politische Freiheit*, in: *Die Wandlung* 1 (1946), S. 460–465.
[167] Ebd., S. 461.
[168] Ebd., S. 462.
[169] Ebd.
[170] Ebd.
[171] Ebd. „Der demokratischen Technik ist verbunden eine *demokratische Lebensart*." Hervorhebungen i. O.
[172] Ebd., S. 464.

eine Gruppe, Schicht oder Klasse die ganze Wahrheit gepachtet [...]; nur in Teilen und Splittern ist sie vorhanden, sodaß sie durch Argumente und friedlichen Wettbewerb allmählich zu einer verhältnismäßig vollkommenen Wirklichkeit gebracht werden muß."[173] Vor dem historischen Hintergrund eines totalitären Ein-Parteien-Staates mit ausgreifendem ideologischem Anspruch formulieren Kogon und Jaspers also eine relativistische Erkenntniskritik, die jeglichen Wahrheitsanspruch im politischen Sinne einer der Diskussion verpflichteten Prozesslogik unterwirft. Nur im Austausch sei Wahrheit zu erreichen. Jede Absolutsetzung einer politischen Position unterlaufe diesen demokratischen Prozess und sei per se undemokratisch.[174]

Die Zeitschriften, die von Beginn an mit dem Anspruch auftraten, jenen kommunikativen Lernprozesses, an dessen Ende die Befähigung zu argumentbasierter und konsensorientier Diskussion steht, aktiv mitzugestalten, geraten mit diesem Anspruch nicht selten in direkten Konflikt mit ihren Leserinnen und Lesern – und stellen diese Konflikte wiederum als Teil besagten Lernprozesses aus. Ein Beispiel hierfür bietet die Rubrik „Zuschriften und Antworten" der *Frankfurter Hefte*. Dort nimmt Eugen Kogon unter dem Titel *Wir Publizisten* kurz Bezug auf das in der ersten Nummer der *Hefte* publizierte Selbstverständnis der Zeitschrift, wo es heißt, man wolle den Leuten nicht nach dem Mund schreiben – was offenbar geglückt sei, immerhin erfahre man mitunter kräftigen Gegenwind. Aber, wie Kogon konkretisiert, problematisch seien nicht jene Leserinnen

---

[173] Eugen Kogon: *Das Recht auf politischen Irrtum*, in: *Frankfurter Hefte* 2 (1947), S. 641–655, hier S. 650.
[174] Vgl. ebenda. Auf diesem Gedanken fußen auch spätere Kritiken der Sowjetunion beziehungsweise ‚des' Kommunismus. Etwa in einem im *Ruf* abgedruckten Artikel des Italieners Benedetto Croce, in dem sich die zunehmend antirussische wie antikommunistische Linie der Zeitschrift zeigt. Croces Ablehnung des Kommunismus operiert mit dem Argument, dass der Kommunismus die freie Diskussion unterbinde. Er stelle eine „gewaltsame Auferlegung einer neuen Wirtschaftsordnung dar, die sich logischerweise nicht auf der freien Diskussion und Annahme aufbaut, sondern vielmehr auf dem Zwang." (S. 1) Croce bezeichnet den Kommunismus als „abgerichtete Diskussion" (S. 4), da der Kommunismus selbst nicht zum Gegenstand einer freien diskursiven Erörterung werden könne. Benedetto Croce: *Kommunismus und Freiheit*, in: *Der Ruf* 3 (1948), S. 1 und 4–5.

und Leser, mit denen man grundsätzlich nicht übereinstimme, sondern jene, „die genau so lange zustimmen, bis sie selbst kritisch angerührt werden oder sich auch nur betroffen fühlen. Dann geht es los [...]."[175] Konstatiert wird also ein grundsätzlicheres Problem, nämlich ein Mangel an Dissensfähigkeit. Quasi als Gegengewicht werden auf den folgenden Seiten Briefe an die Redaktion und deren Beantwortung (und manchmal auch wiederum die Antworten darauf) abgedruckt, wodurch das dialogische Prinzip, für das die *Frankfurter Hefte* (und mit ihnen andere Zeitschriften) werben, exemplarisch vorgeführt und die Praxis der Kritik im Vollzug demonstriert wird.

Ein ähnliches Demonstrationsprinzip zeigen die *Gespräche am Atlantik*[176] von Alfred Andersch, die ihrerseits die Bedeutung des Dialogischen vorführen. In den hier gestalteten, stark autobiographisch grundierten Dialogen[177] deutscher Kriegsgefangener in den USA artikulieren sich die geistigen Suchbewegungen der Zeit, die Frage nach der Bedeutung des Vergangenen für eine nur vage bekannte Zukunft. In einer der kurzen Dialogsequenzen mokiert sich einer der Gefangenen über den Stacheldraht, den er als Symbol der Unfreiheit den amerikanischen Bemühungen um freiheitliche Erziehung der Gefangenen diametral entgegengestellt sieht. Er führt einen Professor an, der seine Arbeit im Lager beendet habe, weil er die „freiheitliche Orientierung von Gefangenen mit der Anwendung der Armeebefehle für unvereinbar hielt".[178] Im Zentrum der Kritik steht der Befehl als einer besonderen Kommunikationsform, die sich mit dem angestrebten Prozess der Demokratisierung nicht in Einklang bringen lasse und der Logik des Militärischen verhaftet bleibe: „Das Wesen einer Armee, des Soldatischen überhaupt, beruht eben in dem Verhältnis von Befehlen und Gehorchen. Was aber ist ein Befehl? Ein Ding, über das es keine Diskussion gibt. Auch dann nicht, wenn der Befehl gar kei-

---

[175] Eugen Kogon: *Wir Publizisten*, in: *Frankfurter Hefte* 2 (1947), S. 198–201, hier S. 198f.

[176] Alfred Andersch: *Gespräche am Atlantik*; in: *Der Ruf* 1 (1946), S. 6–7.

[177] Andersch nennt in den fiktiven Dialogen reale Personen, beispielsweise den Philosophieprofessor Thomas Vernon Smith, bei dem er selbst im Kontext seiner PoW-Zeit im Osten Amerikas Unterricht hatte.

[178] Andersch: *Gespräche am Atlantik*, a.a.O., S. 6. Bei dem Professor handelte es sich um Howard Mumford Jones. Vgl. Vaillant: *Der Ruf*, a.a.O., S. 78.

nen Sinn, sondern nur einen Un-Sinn enthält."[179] Diese Formulierung weist auf den elementaren Charakter des Befehls hin – dieser Sprechakt konstituiert nicht nur ein bestimmtes soziales Subordinationsverhältnis (Befehle werden von einem hierarchischen ‚Oben' an ein hierarchisches ‚Unten' gegeben), sondern man kann sich sprachlich nicht auf ihn beziehen, ohne den Befehl selbst infrage zu stellen und den Befehlsgeber zu Sanktionen zu veranlassen. Der Befehl ist als „Ding, über das es keine Diskussion gibt", argumentativ imprägniert. Man kann ihn zu einem zeitlichen Später kritisieren und diskutieren, aber der Erfolg des Sprechakts ‚Befehl' hängt wesentlich davon ab, dass dies im Moment seiner Ausführung eben nicht geschieht. Damit erklärt sich auch, warum der Befehl als quasi-natürliches Gegenüber der demokratisch verstandenen Diskussion platziert wird, die durch ihre sprachliche Offenheit eine andere, eben (ideell gedachte) egalitäre Beziehung zwischen den Sprechenden herstellt. Gehorsam verträgt sich nicht mit Diskussion.[180]

Für wie bedeutend die neuerlichen Möglichkeiten des (politischen) Gesprächs, des Austausches und der Diskussion gerade für die schreibende Zunft waren, zeigt sich nicht lediglich in den vielfältigen programmatischen Äußerungen von Zeitschriften, die ihre eigene Arbeit ebenfalls als Dialog mit den Leserinnen und Lesern verstanden. Greifbar wird diese Bedeutung auch in der Konjunktur einer bestimmten Textform, nämlich der Reportage, die in zahlreichen Varianten in eben jenen Zeitschriften erschienen und die den Dialog als zentrales Formelement wählen, um sowohl eine Abbildung des Gesprächsklimas in Deutschland zu liefern als auch bestimmte Positionen in den aufgezeichneten Gesprächen unterzubringen beziehungsweise herauszustellen. Von Alfred Andersch etwa finden sich Beispiele dieser Textform sowohl in seiner ‚Stammzeitschrift'

---

[179] Andersch: *Gespräche am Atlantik*, a.a.O., S. 6.
[180] Anderschs Sprecher bringt zudem die Befehlslogik des Militärs mit dem politischen System des Faschismus in Verbindung; denn „wo eine Armee die Macht hat, auch wenn es die sehr liberale Armee Amerikas ist, [herrscht] dieses Gesetz des blinden Gehorsams […]. […] Es bedeutet, daß auf diese Weise auch in den freiesten Ländern ein Stück Faschismus eingeschlossen ist, um einmal ein Klischeewort zu gebrauchen." Ebd., S. 6. Warum es sich bei dem Wort „Faschismus" um ein Klischee handeln soll, bleibt ebenso unerörtert wie die Frage, ob das Befehlsprinzip militärischer Organisationen tatsächlich ein Indikator für deren faschistoide Verfassung ist.

Der Ruf als auch in den *Frankfurter Heften*. Stellvertretend für andere sei abschließend auf den Text *Das Unbehagen in der Politik. Eine Generation unter sich*[181] eingegangen. Die Gespräche, die der Reporter Andersch lediglich wahrgenommen und authentisch wiedergegeben haben will,[182] kreisen um die Sorgen, Gedanken und das Selbstverständnis jener sogenannten „Zwischengeneration", zu der sich auch Andersch zählt. Sie selbst kommt in diesen Gesprächen zu Wort, die Reportage ist mitunter ein Forum der Selbstaussprache. Besonders deutlich wird das Anliegen, die eigenen generationellen Grenzen zu sichern und damit eine eigene Identität zu behaupten, in jenem Dialog, in dem ein junger Deutscher einen auffallend ahnungslosen Amerikaner über jene „Zwischengeneration" belehrt.[183]

Zentral in diesem Gespräch ist die Betonung, dass diese Zwischengeneration von niemandem verstanden werde – auch und gerade nicht von ‚der' Besatzungsmacht:

> Wir finden kein Echo bei Ihnen. Unsere Welt ist Ihnen ganz fremd. Wahrscheinlich spüren Sie, daß man uns nicht erziehen kann, wie die Jungen. Nein, das kann man wirklich nicht. Dazu hat uns der Wind ein wenig zu heftig um die Nase geweht. Und einfach befehlen, wie man es den Alten kann, die aus ihrem Schuldgefühl heraus jeden Befehl befolgen – das geht auch nicht mit uns. Wir sind unbequem. Wir sind eine Generation, die unmittelbar aus dem unbedingtesten Gehorsam in eine unbedingteste Kritik gesprungen ist. Es wäre gut, wenn Sie einsehen wollten, daß das nicht bloß Anmaßung ist. Man sollte einfach nur ruhig und sachlich mit uns reden. Das ist sehr notwendig. Denn man kommt nicht um die Tatsache

---

[181] Alfred Andersch: *Das Unbehagen in der Politik. Eine Generation unter sich*, in: *Frankfurter Hefte* 2 (1947), S. 912–925. Ein weiterer, ähnlich verfahrender Text wäre etwa Alfred Andersch: *Der richtige Nährboden für die Demokratie. Bericht von einer Reise in den deutschen Westen*, in: *Der Ruf* 1 (1946), S. 6–7.

[182] Ebd., S. 913: „Alle hier wiedergegebenen Gespräche sind authentisch. Ihre Echtheit geht so weit, daß man sich beinahe geniert, diese Reportage mit einem Verfasser-Namen zu versehen." Andersch tut es dann doch; die Skrupel reichen diesbezüglich nicht so weit, dass er diesen Text anonymisieren würde.

[183] Vgl. ebenda, S. 914–916.

herum, daß wir es sein werden, die in den nächsten Jahrzehnten das politische Klima in Deutschland machen werden.[184]

Man mag Andersch gerne glauben, dass er dieses Gespräch so oder doch so ähnlich aufgeschnappt und notiert hat; die Parallelen zu seiner eigenen Position sind allerdings frappierend.[185] Im Zentrum der Äußerung des jungen Deutschen stehen zwei Aspekte. Zum einen die besondere Stellung zwischen allen sozialen Stühlen, die diese Generation auszeichne, sowie der nahtlose Sprung vom „unbedingtesten Gehorsam in eine unbedingteste Kritik", wodurch die Kategorie des Dazwischen für diesen Prozess selbst annulliert, als Label der Selbstbezeichnung aber beibehalten wird. Zuletzt leitet sich daraus ein besonderer Führungsanspruch ab – den etwa der zwanzig Jahre ältere Schriftsteller Erik Reger an anderer Stelle zurückwies; auch jene Zwischengeneration habe zu viel Hitlerismus abbekommen, eine wirklich demokratische Generation werde sich erst aus jenen bilden, die bei Kriegsende noch Kinder waren.[186]

Auffallend ist aber, was der junge Deutsche von dem Amerikaner (und implizit auch von jenen Leserinnen und Lesern, die nicht seiner Generation angehören) fordert, nämlich dass man „ruhig und sachlich mit uns reden" solle. Der Befehl, dem die „Alten" noch unterlägen, wird auch hier kontrastiert mit dem sachbasierten Gespräch auf Augenhöhe und knüpft an den prononcierten Wechsel der kommunikativen Logik vom Befehlen und Dekretieren zum Diskutieren an. Wie wichtig auch hier das freie Ge-

---

[184] Ebd., S. 915f.
[185] Diese Nähe bekennt Andersch am Ende des Artikels selbst und versieht dieses Eingeständnis mit einem Metakommentar über die Form der Reportage: „Dies war eine Reportage. Man muß das betonen, weil die Form der Reportage, der Tatsachen-Schilderung also, in Deutschland nahezu verloren gegangen ist. Was wiederum zur Folge hat, daß man einen Reporter nicht von einem Artikelschreiber unterscheiden kann." Ebd., S. 925. Das Problem, Meinung von Bericht zu sondern, das Andersch mit einem vermeintlichen Kompetenzmangel gegenüber einem bestimmten Medienformat erklärt, ist allerdings strukturell in seinem Text angelegt. Über Selektion und Anordnung trägt diese Reportage jedenfalls ein deutliches (Meinungs-)Gepräge zur Schau.
[186] Vgl. Erik Reger: *Zwei Jahre nach Hitler. Fazit 1947 und Versuch eines konstruktiven Programms aus der zwangsläufigen Entwicklung*, Hamburg, Stuttgart 1947, S. 7.

spräch ist, zeigen die folgenden Dialoge, die immer wieder auf Themen zu sprechen kommen, die vermeintlich dazu angetan sind, die freie Rede zu torpedieren. Vor allem die Ablehnung von Parteien durch die Junge Generation sei in der Lage, den jungen Kritikern „sofort die Anklage auf Neofaschismus"[187] einzutragen. Überhaupt, so ein Dozent zu seinen jungen Studenten (die weibliche Form erübrigt sich – es sind allesamt Gespräche unter Männern), werde man finden, dass „alle Elemente einer konstruktiven Kritik von den führenden Schichten des In- und Auslandes das Etikett ‚nazistisch' aufgeklebt bekommen".[188] Was hier unterstellt wird, ist, dass unter Verweis auf faschistische Motive und Haltungen echte Demokratie im Zweifelsfall unterdrückt werde, so sie „führende Schichten" tangiere. Ein weitreichender Vorwurf, in dem sicherlich Anderschs eigenen Erfahrungen als *Ruf*-Herausgeber mitschwingen. Es gehört zur ironischen Pointe des Textes, dass die vermeintlich zensurbedrohte Kritik ja gerade ausgesprochen und sogar abgedruckt wird. Die Wichtigkeit des offenen Gesprächs und seine Bedrohung wird also gerade dadurch betont, dass es vorgeführt wird; man darf davon ausgehen, dass genau deswegen die Form der Reportage gewählt wurde – die ostentative Authentizitätsgeste der Reportage unterstreicht den Geltungsanspruch, den die einzelnen Dialoge inhaltlich formulieren.

Die Bedeutung, die einem kommunikativen Wandel nach 1945 zugesprochen wurde und die sich unmittelbar mit dem politischen Systemwechsel verknüpft, wird sich noch weit bis in die 1950er-Jahre hinein halten. Dort werden dann mediale Formate und Institutionen geschaffen, die den ‚Diskussionshunger' der unmittelbaren Nachkriegsjahre beerben und fortführen – mitunter aber auch einhegen. Trotzdem wird es so kontinuierlich ermöglicht, eine politische Streitkultur zu etablieren. Die zentralen Stichworte ‚Diskussion' und ‚Gespräch' bleiben diesbezüglich virulent, wobei vor allem die Diskussion im Kontext der Studentenbewegung der 1960er erneut in den Mittelpunkt rückte. An der Diskussion, die sich zwischen „Schlagwort und symbolischer Praxis"[189] bewegte, artikulierte sich der Anspruch auf eine umfassende Demokratisierung. Die Wurzeln dieses

---

[187] Andersch: *Das Unbehagen in der Politik*, a.a.O., S. 917.
[188] Ebd.
[189] Joachim Scharloth: *1968. Eine Kommunikationsgeschichte*, München 2011, S. 211.

Verständnisses reichen, wie gezeigt, bis in die Jahre der frühen Nachkriegszeit.

4. Praktiken des Dazwischen

4.1 Stimmen kommender Ordnung(en) – Polyphonie und Praxis

Konzipiert man das Phänomen ‚Interregnum' als raumzeitliche Transitionsphase, als kollektiven Übergangszustand von einer gesellschaftspolitischen Ordnung in eine andere, bedarf es nicht nur des Neuaufbaus der institutionellen Infrastruktur unter geänderten Vorzeichen auf der gesellschaftlichen Makro-Ebene, um den von Gebhardt beschriebenen „Wandel des Systemtyps gesellschaftlicher Ordnung"[1] zu bewerkstelligen. Neue Ordnungen konstituieren und vor allem stabilisieren sich auch und gerade durch das Erlernen und Verfestigen neuer kommunikativer Praktiken. Damit wird das Subjekt selbst zum Ort dieses gesellschaftlichen Wandels, ein Gedanke, der sich vor allem in dem von der alliierten Militärregierung und dabei vor allem von den USA getragenen Gedanken der gezielten politischen Erziehung, der *Re-Education*, ausspricht. Der (häufig mit Spott bedachten und angesichts der gängigen Persilschein-Praxis zunehmend in Misskredit verfallenen[2]) Vorstellung, man könne die Deutschen zu Demokraten erziehen, liegt nicht zuletzt der Gedanke zugrunde, dass zentrale demokratische Praktiken und Sprechweisen erlernt und verinnerlicht werden können. Dass es dabei nicht lediglich um das Erlernen von

---

[1] Gerhardt: *Soziologie der Stunde Null*, a.a.O., S. 15.
[2] So wendet sich beispielsweise Karl Schnog in seinem Gedicht *Offenes Wort in eigener Sache* an seine Mitmenschen mit den Worten: „liebe Volksgenossen / (Die ihr jetzt wieder Demokraten seid)", womit nicht nur der abrupte Wandel der politischen Ordnung angedeutet, sondern vor allem dessen Unglaubwürdigkeit moniert wird. Für den Demokratiediskurs der Nachkriegszeit nicht unüblich verknüpft Schnog eine politische Ordnung, die Demokratie, mit der Hoffnung auf die Humanisierung des Individuums: „Vielleicht gelingts euch trotzdem, Mensch zu werden / Damit ihr wirklich Demokraten seid." Karl Schnog: *Jedem das Seine. Satirische Gedichte*, Berlin 1947, S. 71f.

Wahlverfahren gehen konnte, liegt auf der Hand – zumindest einem Teil der deutschen Bevölkerung war dies noch aus Weimarer Tagen und im Kontext der Reichstagswahlen bekannt.[3]

Im Vordergrund mussten viel eher bestimmte kommunikative Praktiken stehen, dies es zuallererst ermöglichten, an Formen demokratischer Deliberation teilzunehmen, sich als politisches Subjekt neu zu konstituieren und Partizipation in Gemeinschaftssachen – den *res publica* – einzufordern und auszuleben. Die Suche nach Konsensen, das diskursive Ausfechten von Dissensen, das Zulassen von Abweichungen, das Aushalten von Differenzen, all dies bezeichnet *in summa* eine Praxis, die nicht nur kommunikative Kompetenzen umfasst, sondern auch zur Übernahme und Akzeptanz eines normativen, mithin moralischen Koordinatensystems zwingt; Nida-Rümelin spricht in diesem Kontext vom „demokratische[n] Ethos", das sich auf „Regeln der Interaktion [stützt], die individuelle Freiheitsspielräume sichern, eine autonome Lebensgestaltung ermöglichen und einer Vielfalt von Lebensformen Raum [zu] geben"[4] verspricht. Dieses „Ethos der Toleranz und der Autonomie"[5] fungiert als regulative und zugleich konstitutive Idee demokratischer Ordnungen; es ist gleichsam deren normativer Kern.

---

[3] Vgl. Thomas Nipperdey: *Deutsche Geschichte 1866–1918*. Bd. 2: *Machtstaat vor der Demokratie*, München 1992, S. 497–513. Offiziell bestand der Reichstag auch zwischen 1933 und 1945 als Parlament weiter, allerdings trat er zunehmend seltener zusammen und verlor schließlich seine legislative Funktion, die – gemäß dem Prinzip des Führerstaates – in letzter Instanz vollständig auf Adolf Hitler überging. Als Ort der politischen Kommunikation und der politischen Rede versank der Reichstag in der Bedeutungslosigkeit. In Uwe Johnsons mehrbändigem Roman *Jahrestage* heißt es hierzu, Hitler habe nach 1933 den Reichstag „lediglich als Gesangsverein" benutzt, „den teuersten der Welt, mit einem Repertoire von insgesamt zwei Liedern, das eine die Nationalhymne von damals und das andere einem Funktionär der S.A. gewidmet, der daran starb, daß er einem Zuhälter die Hure weggenommen hatte, also sein Leben für Deutschland ließ." Uwe Johnson. *Jahrestage. Aus dem Leben von Gesine Cresspahl*, Bd. 1, Frankfurt a. M. 1996, S. 349.

[4] Julian Nida-Rümelin: *Politische Philosophie der Gegenwart. Rationalität und politische Ordnung*, Paderborn 2009, S. 224.

[5] Ebd.

Die Demokratie liefert der historischen Situation des Interregnums den politischen Bezugspunkt, auch wenn zwischen 1945 und 1949 phasenweise nicht völlig klar war, welche Konturen eine neue deutsche Demokratie schließlich annehmen würde. Dass mit dem kulturellen auch das Feld der Literatur in den Dienst der alliierten Besatzungspolitik gestellt wurde, wirft die Frage auf, inwiefern literarische Texte als Repräsentationsmedien neuer kommunikativer Praktiken fungierten. Als Teil der gesamtgesellschaftlichen Kommunikation, so die These, greift die Literatur die Frage nach neuen kommunikativen Praktiken auf und bindet sie in ihre jeweiligen ästhetischen Verfahrensweisen ein. Sie gestaltet sowohl gelingende als auch misslingende Adaptionen und stellt diese in den größeren Zusammenhang von systemischem Wechsel, Kontinuität und Bruch. Es verwundert also nicht, dass viele der zu untersuchenden narrativen Texte stark dialogisch verfahren, ihre Figuren häufig geradezu choreographierte Dispute führen und sich mitunter recht ausführlich politischer Semantiken bedienen. Über die Fiktionalisierung zeitgenössischer Politikdispute klinken sich diese Texte in den größeren Streitkomplex um Vergangenheitsdeutung, Gegenwartsbewältigung und Zukunftsgestaltung ein.

Es gab fraglos einiges zu diskutieren – zentral war aber vor allem der Umstand, *dass* wieder diskutiert werden konnte. Den Verlust der Redefreiheit und deren Überformung durch die Logik von Befehl und Gehorsam erwähnt etwa Walter Kolbenhoff in einem Artikel für den *Ruf*. Kolbenhoff schreibt dort von seiner Jugendzeit, von den vielen Diskussionen, die er mit Freundinnen und Freunden hatte, bei Tee in kleinen Buden. Und dann heißt es:

> Dann, ich erinnere mich deutlich, hörte man langsam auf zu diskutieren. Der Budenzauber verging. Die Jugend zog Uniformen an und schlug sich gegenseitig mit Stöcken und Maßkrügen über den Schädel, wenn sie sich über eine Frage nicht einigen konnte. In den letzten Jahren war natürlich nicht viel zu diskutieren übrig. [...] Meine Freunde und ich waren mit Millionen Gleichaltriger an den Fronten Europas und Afrikas verstreut und nahmen Befehle entgegen (Diskutieren Sie einmal mit einem Feldwebel!)[6]

---

[6] Walter Kolbenhoff: *Wir wollen leben!*, in: *Der Ruf* 1 (1946), S. 6–7, hier S. 6.

Die Substitution des Austauschs von Worten durch den Austausch von Schlägen, die Ersetzung von Sprachgewalt durch Gewalt als Sprache, die Kolbenhoff schildert, akzentuiert nicht nur einen bestimmten typischen Erfahrungsgehalt; es wird *ex negativo* auch die Aufgabe umrissen, der man sich nach 1945 gegenübersah, nämlich die Restitution dieser Diskussionskultur. Mitunter gestalten Publikationen diese Wiederherstellung beziehungsweise Neuentwicklung auf eher plakative Art und Weise, so etwa in Walter Scheerers *Gespräche auf dem Scherbenhügel*.[7] Bereits der Titel des kleinen Buches verweist auf die Form des Textes; geschildert werden zwei Gespräche, deren Textgestalt der eines Theaterstücks folgt – wenn auch ohne Regieanweisungen. Es liegt also kein erzählerisches Format vor, lediglich die einzelnen Gespräche werden abgedruckt und von jeweils übergeordneten Themenkomplexen zusammengehalten, die betont auf „das Ganze" zielen, wie es bereits zu Beginn des ersten Gesprächs heißt und womit die gegenwärtige Lage Deutschlands und seiner Menschen gemeint ist, kurz: „diese Katastrophen, welche über uns hereinbrechen; dieses Durcheinander unserer Zeit, worin wir leben müssen."[8] So formuliert es einer der jungen Teilnehmer jener *Gespräche auf dem Scherbenhügel*, die federführend von einem alten Professor bestritten werden, der aufgrund von Alter und Bildungsgrad zum Gravitationszentrum der mäeutischen Bemühungen um eine neue Humanität – wie es im Untertitel heißt – prädestiniert ist. Die Gespräche sollen also vor allem Orientierung stiften. Sie gestalten außerdem eine Kommunikationssituation, die nahezu frei ist von ideologischen Vorurteilen sowie Thematisierungstabus und stellen zudem ein Gegenbeispiel für den an anderer Stelle so prominent aufgekündigten intergenerationellen Kontakt dar.[9]

Durchaus typisch für die Diskussionen von Scheerers Scherbenhügelphilosophen ist die bereits angeklungene Weitung der Situation Deutschlands über dessen Grenzen hinaus; verhandelt wird weniger ein konkretes

---

[7] Walter Scheerer: *Gespräche auf dem Scherbenhügel. Über den Sinn einer neuen Humanität*, Hamburg 1947.
[8] Ebd., S. 11.
[9] Wenn es auch keine Thematisierungstabus gibt, so gibt es doch auffallende thematische Lücken; bei der Rede von den Katastrophen etwa, die man zu durchleben habe, ist der Genozid an den europäischen Juden nicht präsent. Es dominiert eine deutsche Opferperspektive, auch wenn diese im Vergleich zu ähnlichen Publikationen nicht über Gebühr ausgespielt wird.

(gesellschafts-)politisches Momentum, sondern ‚die' gegenwärtige Zeit schlechthin beziehungsweise deren besondere Konstellation, die wie folgt beschrieben wird: „So hat auch unsere Zeit ihren besonderen Sinn. [...] Er besagt ganz allgemein, daß ein gewaltiger Abschnitt der Weltgeschichte im Begriff ist, zu Ende zu gehen, während der Beginn eines neuen sich vorbereitet."[10] Der Professor, der diese Gegenwartsdiagnose stellt,[11] bedient sich der bereits bekannten Denkfigur des Dazwischen und limitiert den Geltungsbereich seiner Diagnose (ähnlich wie etwa Arthur Koestler und Hans Werner Richter) nicht auf Deutschland, sondern begreift diesen „besonderen Sinn" der Gegenwart als globales Charakteristikum. Scheeres Buch ist ein paradigmatischer Text bezüglich der Verbindung von Textform, Textintention und dem übergeordneten Prozess einer kommunikativen Re-Demokratisierung Deutschlands. Es geht ihm nicht nur um die Erörterung spezifischer (und oftmals auch sehr allgemeiner) Fragen, sondern zugleich um die Vorführung dieser Erörterung und ihrer Verfahrensweise selbst.[12]

Die Vehemenz, mit der etwa auch von kulturpolitischen Zeitschriften nach 1945 das Anliegen verfochten wurde, mit den Leserinnen und Lesern erneut in einen Dialog zu treten und Gespräche wieder aufzunehmen

---

[10] Scheerer: *Gespräche auf dem Scherbenhügel*, a.a.O., S. 16.
[11] Interessanterweise läuft diese Diagnose darauf hinaus, dass mit dem Zeitalter, das gerade zu Ende gegangen sei, jenes der „Einzelstaaten" (ebd.) gemeint ist. Die Zukunft, wie fern sie auch liege, gehöre den „Staaten-Vereinigungen".
[12] Allerdings kennt diese Lesart insofern ihre Grenzen, als die Figur des Professors nicht aus ihrer beruflichen Haut kann und vor allem gegen Ende des Textes zum Monologisieren und Dozieren tendiert. Steht die Form des Dialogischen noch für eine demokratische und damit neue Ordnung, sind die diskutierten Themen und vorgeschlagenen Lösungsansätze von eher altem Gepräge. Die harsche, kulturelitistische Aburteilung des ‚Massenmenschen' ist noch durchaus zeittypisch (vgl. ebenda S. 142–148). Das bestimmte Eintreten für Geburtenkontrolle und Bevölkerungsplanung, mittels derer die „ungehemmte Vermehrung" und „krankhafte[] Wucherung" (ebd., S. 157) der ‚falschen' Schichten verhindert werden soll, operiert hingegen nicht nur mit dem Vokabular des auf Homogenisierung abzielenden faschistischen Staates, sondern reformuliert dessen Programm unter vermeintlich humanistischer Prämisse. Ein Widerspruch bleibt an dieser Stelle aus, es herrscht irritierende Einigkeit.

und zu ermöglichen, die durch die Erfahrung der Diktatur abgerissen seien, verdeutlichen nicht zuletzt Texte satirischen Zuschnitts. Als Beispiel hierfür sei eine Glosse von Heinz Berggruen herangezogen. Der später wegen seiner weltweit berühmten Sammlung von Kunstwerken der Klassischen Moderne bekannte Sammler Berggruen, der 1936 aus Deutschland in die USA geflohen war, kehrte als Teil der US-Armee nach Europa zurück und landete schließlich 1946 als Redakteur der Zeitschrift *Heute* und Mitarbeiter der *Neuen Zeitung* in München. Ein Jahr später, 1947, erschien von ihm eine Sammlung seiner Texte unter dem Titel *Angekreidet. Ein Zeitbuch*, die bereits im Untertitel den Anspruch der Glossen, als Kommentare ihrer Gegenwart verstanden werden zu wollen, explizit macht. Darin findet sich ein „Rezept" für die „Zubereitung eines literarischen Kulturcocktails"[13] – gemeint ist eine kulturpolitische Zeitschrift. Berggruens Text spottet über die Zeitschriftenschwemme seiner Zeit und moniert deren Wirkungslosigkeit – man könne von diesem „Kulturcocktail" eine Menge zu sich nehmen, ohne dass große Nebenwirkungen entstünden, vielleicht ein wenig Müdigkeit.[14] Von zentraler Bedeutung bei der Herstellung der Zeitschrift sei der Titel und die hierfür genannten Beispiele machen den Text für die Überlegungen zu kommunikativen Praktiken relevant. Genannt werden nämlich: „Die Aussprache. Das Zwiegespräch. Das Problem. Der Knoten. Der gordische Knoten. Das Hin und Her. Für und Wider. Pro et Contra. Warum? Warum nicht? Die Aussprache. Das Zwiegespräch. Und so weiter, wie gehabt."[15]

Es werden also in erster Linie Stich- und Schlagworte demokratischer Sprechweisen benannt, die, so die satirische Schlagseite des Textes, letztlich als Substitut dessen fungieren, was sie eigentlich verwirklichen sollen, nämlich eine textbasierte demokratische Disput- und Gesprächskultur. Denn bezeichnenderweise sei der Inhalt der jeweiligen Zeitschrift völlig unerheblich, solange er nur einen gewissen Aufbauwillen signali-

---

[13] Heinz Berggruen: *Quis leget haec?*, in: Ders.: *Angekreidet. Ein Zeitbuch*, Hamburg, Stuttgart o.J. (1947), S. 23–27, hier S. 23. Erich Kuby berichtet in seinem Buch *Aus schöner Zeit* von einem Treffen mit Heinz Berggruen, wo dieser ihm diese Passagen zu lesen gegeben habe. Sie passt bestens in die von Kuby vorgenommene Generalabrechnung mit dem literarischen Feld um 1946. Vgl. Kuby: *Aus schöner Zeit*, a.a.O., S. 41–44.
[14] Berggruen: *Quis leget haec?*, S. 23.
[15] Ebd., S. 23f.

siere und die entsprechende Rhetorik des Neuanfangs abzuspulen wisse. Dann gelte: „Mein Gott, der Inhalt ergibt sich von selbst." Bliebe nur noch die Frage: „‚Quis leget haec? – Wer wird das Zeug lesen?'"[16]

Berggruens kurzer Seitenhieb auf die Zeitschriftenlandschaft der unmittelbaren Nachkriegszeit kritisiert zwar die geradezu mechanische Reproduktionslogik, die der hier persiflierten Form der Rezeptur eines „Kulturcocktails" zugrunde liegt; zugleich verdeutlicht sein Text aber, mit welcher Dringlichkeit das Bedürfnis wahrgenommen und artikuliert wurde, neue beziehungsweise verschüttete Kommunikationspraktiken wieder in den gesellschaftlichen Daseinsvollzug zurückzuholen. Dies soll im Folgenden exemplarisch an drei Texten ausführlicher diskutiert werden: Leonhard Franks *Die Jünger Jesu* (1949), Hans Werner Richters *Die Geschlagenen* (1949) sowie Rudolf Krämer-Badonis *In der großen Drift* (1949).

4.2 Leonhard Frank – *Die Jünger Jesu* (1949)

4.2.1 Schwierige Rückkehr und gehemmte Rezeption – *Die Jünger Jesu* im Kontext der frühen Nachkriegsliteratur

Ein Satz aus den 1990er Jahren bringt es auf den Punkt: „Man weiß heute kaum noch, daß Leonhard Frank zu den bekanntesten und erfolgreichsten Schriftstellern der Weimarer Republik gehört hat."[17] An dieser Feststellung Erwin Rotermunds hat sich bis dato wenig geändert; von Franks Gesamtwerk sind lediglich eine Handvoll Bücher noch regulär im Handel erhältlich, die 1957 im Aufbau Verlag veröffentlichte Ausgabe *Gesammelte Werke in sechs Bänden* ist durch mitunter weitgehende textliche Änderungen mit Vorsicht zu genießen und auch die Gründung einer Leonhard-Frank-Gesellschaft im Jahre 1982 konnte lediglich für eine anhaltende Minimal-Rezeption sorgen, die sich häufig (aber immerhin) auf den

---

[16] Ebd., S. 27.
[17] Erwin Rotermund: *Zwischen Ost und West. Leonhard Frank im Nachkriegsdeutschland (1950–1961)*, in: Ders.: *Artistik und Engagement. Aufsätze zur deutschen Literatur*, hg. von Bernhard Spies, Würzburg 1994, S. 200–213, hier S. 200.

Geburtsort Würzburg des 1961 verstorbenen Autors beschränkt.[18] Für diesen Umstand ist eine Vielzahl rezeptionshemmender Faktoren ausschlaggebend. Zentral ist sicherlich Franks zweites Exil, das ihn 1933 in die USA führte, wo er während des Krieges in Kalifornien, später in New York lebte; dort verfasste er im Verlauf des Jahres 1947 den Roman *Die Jünger Jesu*. Wie viele andere Schriftstellerinnen und Schriftsteller, die aufgrund der Machtübernahme durch die NSDAP in Deutschland zur Flucht gezwungen worden waren, hatte auch Frank nach Kriegsende Schwierigkeiten, sich erneut im literarischen Feld zu positionieren.[19] Neben den Nachwirkungen des „Bannfluch[s] des Regimes",[20] sprich Diffamierung und Verbot in NS-Deutschland, war es auch eine diffuse Skepsis gegenüber den zurückkehrenden Exilanten, die eine erneute Wahrnehmung durch die Leserschaft erschwerte. In seinem autobiographischen Roman *Links wo das Herz schlägt* stilisiert Frank diesen Prozess zum persönlichen Konflikt zwischen seinem *Alter Ego* Michael Vierkant und Hitler.[21]

Nach Franks Rückkehr nach Deutschland 1950 war es dann allerdings vor allem die zunehmende Funktionalisierung seines Werkes im Zeichen des sich verfestigenden Ost-West-Konfliktes, die einer erneuten Breitenwirkung entgegenstand und die sich verstärkt auf das Spätwerk Franks

---

[18] Einen Rezeptionsschub erhielt Frank allerdings durch die 2020 erschienene umfangreiche und an Archivsichtungen reichhaltige Biographie von Katharina Rudolph: *Rebell im Maßanzug. Leonhard Frank. Die Biographie*, Berlin 2020.

[19] Vgl. Reinhold K. Bubser: *Leonhard Frank: Nachkriegsjahre und Rezeption seiner letzten Werke*, in: *Deutsche Exilliteratur. Literatur der Nachkriegszeit. Akten des III. Exilliteratur-Symposiums der University of South Carolina*, hg. Von Wolfgang Elfe/James Hardin/Günther Holst, Bern 1981, S. 28–37, hier S. 29f.

[20] So die Formulierung bei Richard Drews/Alfred Kantorowicz: *Verboten und verbrannt. Deutsche Literatur – 12 Jahre unterdrückt*, Berlin, München 1947, S. 43.

[21] „Der junge Buchhändler kannte die Titel der Bücher nicht, er kannte nicht Michaels Namen. [...] Im Land seiner Sprache waren Michaels Bücher verboten und verbrannt. Die deutschen Leser bis zu vierzig Jahren kannten nichts von ihm. Über Michael hatte Hitler gesiegt." Leonhard Frank: *Links wo das Herz schlägt*, München 1967, S. 335f.

richtete.[22] Während dieses in West-Deutschland kaum wahrgenommen wurde, avancierte der selbsternannte „Gefühlssozialist"[23] in der DDR-Germanistik zum Verfechter eines aufgeklärten Realismus mit antibourgeoiser Schlagseite. In Aufsätzen wie jenem von Alexander Abusch[24] erscheint die Werkbiographie Franks als klassisch-hegelsches Zu-sich-Kommen des marxistischen (Klassen-)Bewusstseins im Autorsubjekt, jeder Text wird in eine Teleologie unter sozialistischen Vorzeichen integriert. Mag diese Lesart auch weitestgehend durch die offizielle Ausrichtung der ostdeutschen Literaturwissenschaft motiviert gewesen sein, sie ist nicht gänzlich ohne textliche Evidenz. Bereits während seines ersten Exils 1915 bis 1918 in der Schweiz beginnt Frank, sozialistische Ideen in seinem Werk aufzugreifen und modelliert den Grundkonflikt zwischen Individuum und Gesellschaft verstärkt unter klassenkämpferischen Vorzeichen.[25]

Obwohl dieser Prozess nicht linear verläuft und die sozialen Dimensionen in den Texten ab 1925 zunehmend in den Hintergrund rücken,[26] stellt Frank in der bereits erwähnten romanhaften Autobiographie vor al-

---

[22] Vgl. Rotermund: *Zwischen Ost und West*, a.a.O., S. 204.

[23] Eine historische Einordnung des Terminus im politischen Spektrum liefert Ralph Grobmann: *Gefühlssozialist im 20. Jahrhundert. Leonhard Frank 1882–1961*, Frankfurt a. M. 2004, S. 15–34.

[24] Alexander Abusch: *Leonhard Frank oder Würzburg als Nationalliteratur*, in: *Sinn und Form* 19 (1967), S. 61–73.

[25] Vgl. zur Spannung zwischen Gesellschaft und Individuum als Grundkonflikt in Franks Werk Martin Glaubrecht: *Studien zum Frühwerk Leonhard Franks*, Bonn 1965, S. 25. Frank hatte aufgrund seines Pazifismus Deutschland 1915 verlassen. In der Schweiz traf er auf den späteren Außenminister der spanischen Republik, Julio Álvarez del Vayo, und erhielt von ihm zentrale Anregungen in Sachen Sozialismus. „In der kapitalistischen Wirtschaftsordnung sah Frank eine der Hauptursachen des sozialen Elends, aus dem sich wiederum die psychische Verkrüppelung ganzer Generationen ableiten liess." Bubser: *Leonhard Frank: Nachkriegsjahre und Rezeption seiner letzten Werke*, a.a.O., S. 32.

[26] Vgl. Klaus Weissenberger: *Leonhard Frank. Zwischen sozialem Aktivismus und persönlicher Identitätssuche*, in: *Zeitkritische Romane des 20. Jahrhunderts. Die Gesellschaft in der Kritik der deutschen Literatur*, hg. von Hans Wagener, Stuttgart 1975, S. 54–75, hier S. 66. Vgl. auch Grobmann: *Gefühlssozialist im 20. Jahrhundert*, a.a.O., S. 62f.

lem die politische Tendenz seines Schreibens heraus, was sich auch in der Selbstbeschreibung vom „kämpfenden deutschen Romanschriftsteller" zeigt und im mehrfach als „sozialistisches Glaubensbekenntnis" apostrophierten Schlussteil gipfelt. Dort heißt es, dass Michael Vierkant alias Leonhard Frank glaube, „daß die Haben-haben-haben-Wirtschaftsordnung auch ohne Atomkrieg im Jahre 2000 abgelöst sein wird durch die sozialistische Wirtschaftsordnung".[27] Es verwundert daher nicht, dass Abusch hier geradezu den Kulminationspunkt der politischen Gesinnungsgenese Franks verortet.[28]

Das Erbe des letzten heißen Krieges und die Konfliktlogik des ideologischen Kalten Krieges standen in Westdeutschland also einer neuen Rezeptionswelle des Frank'schen Oeuvres im Wege. Besonders weitreichende Folgen tätigte der Verdacht, als „Befürworter sozialistischer Ideen auf der falschen Seite des politisch-ideologischen Spektrums"[29] zu stehen, der durch die mitunter völlig überzogene Lobhudelei durch die DDR-Germanistik[30] noch befeuert wurde. Franks Roman *Die Jünger Jesu* traf ergo

---

[27] Frank: *Links wo das Herz ist*, a.a.O., S. 343.

[28] Ganz konkret spricht er von der „höchste[n] Erkenntnis seines Lebens". Abusch: *Leonhard Frank oder Würzburg als Nationalliteratur*, a.a.O., S. 73.

[29] Bubser: *Leonhard Frank: Nachkriegsjahre und Rezeption seiner letzten Werke*, a.a.O., S. 31. Und Jang-Weon Seo schreibt: „In den Zeiten des Kalten Krieges war ein linksgerichteter pazifistischer Exilant wie Leonhard Frank unerwünscht." Jang-Weon Seo: *Die Darstellung der Rückkehr. Remigration in ausgewählten Autobiographien deutscher Exilautoren*, Würzburg 2004, S. 65. Vgl. auch Rudolph: *Rebell im Maßanzug*, a.a.O., S. 382–384.

[30] Günter Caspar, der spätere Cheflektor des Aufbau Verlags, der auch die *Gesammelten Werke* Franks herausgab, schreibt beispielsweise: „Durch sein Spätwerk hat Leonhard Frank seinen Platz in der deutschen Literatur unseres Jahrhunderts gefestigt und näher bestimmt." Günter Caspar: *Zum Spätwerk Leonhard Franks*, in: *Aufbau* 12 (1956), S. 589–607, hier S. 607. Und Alexander Abusch versteigt sich zur Behauptung, Frank sei ein „Meister der Sprache" gewesen. Abusch: *Leonhard Frank oder Würzburg als Nationalliteratur*, S. 61. Das Versteifen auf der politisch-sozialen Dimension in Franks Werk, die mit dem Kaiserreich, der Weimarer Republik, NS-Deutschland sowie den sich neukonstituierenden beiden deutschen Staaten immerhin fünf verschiedene politische Systeme abdeckt, führte auf Seiten der westdeutschen Germanistik zu mitunter reflexartiger Abwehr, so beispielsweise, wenn Klaus Weissenberger behauptet, bei Frank gäbe es keinen soziologi-

auf ein wenig günstiges Umfeld; verschärft wurde diese Ausgangsposition noch dadurch, dass die Handlung des Romans im zerstörten Würzburg der unmittelbaren Nachkriegszeit angesiedelt ist und eine Vielzahl der Zeitgenossinnen und Zeitgenossen die Darstellung ihrer Stadt sowie der sozialen Realität darin ungebührlich verzerrt empfanden. Eine Eigenlogik der literarischen Darstellung zu pädagogischen, kritischen oder eben schlicht ästhetischen Zwecken wurde nicht in Betracht gezogen. Der Vorwurf, Frank würde die Einwohnerschaft Würzburgs mit diesem Roman verunglimpfen, stand schnell im Raum und hat das Verhältnis der Stadt zu Frank noch länger belastet;[31] seinen Lebensabend hat der Autor jedenfalls in München zugebracht.

Der Roman *Die Jünger Jesu* ist, was das Korpus dieser Arbeit anbelangt, in zweierlei Hinsicht ein Ausreiser. Zum einen ist er, wie bereits erwähnt, das Werk eines Exilschriftstellers und wurde noch während des Exils geschrieben, zum anderen ist er während der Interregnums-Zeit nicht bei einem deutschen Verlag erschienen, sondern bei Querido in Amsterdam.[32] Es ist also das Werk eines Autors, der nicht selbst den Krieg und die Zerstörung deutscher Städte erfahren hat, sondern aus Zeitungsartikeln und anderen Berichten die historischen Eckpunkte entnimmt und aus diesen das historische Setting entwickelt, vor dem sich die Handlung des Romans abspielt.

---

schen Mehrwert – was tatsächlich erst noch zu zeigen wäre. Vgl. Weissenberger: *Leonhard Frank. Zwischen sozialem Aktivismus und persönlicher Identitätssuche*, a.a.O., S. 56.

[31] Über seine Rückkehr nach Würzburg schreibt Frank in seinem autobiographischen Roman: „Der Oberbürgermeister kam zur Begrüßung ins Hotel. Abgesehen von diesem Akt der Freundlichkeit herrschte eine besondere Stille um Michael, der nach siebzehn Jahren Emigration begierig gewesen war, zuerst die Heimatstadt zu besuchen. Eine Art Handlungsreisender, dessen Ware nichts taugt, war nach Würzburg gekommen. Man war entrüstet über ihn. Er habe in seinem Roman ‚Die Jünger Jesu', den die Zeitung totschwieg, Würzburg und die Würzburger verunglimpft." Frank: *Links wo das Herz ist*, a.a.O., S. 337.

[32] Dort war bereits 1936 eine Ausgabe gesammelter Werke in Einzelbänden erschienen. Der Roman verkaufte sich ausgesprochen schlecht: „Nur 516 Exemplare des Buches wurden im Erscheinungsjahr 1949 verkauft." Rudolph: *Rebell im Maßanzug*, a.a.O., S. 359.

Die – mit Genette gesprochen – *histoire* besteht aus zwei Handlungssträngen, die sich immer wieder kreuzen und gegenseitig beeinflussen. Die chronologisch geordnete, von einem heterodiegetischen, sich weitestgehend allen Kommentaren enthaltenden Erzähler erzählte Geschichte berichtet zum einen von den Jüngern Jesu, einer Gruppe Jugendlicher, die im zerstörten Würzburg jenen, die ihrer Ansicht nach zu viel besitzen, überlebensnotwendige Gegenstände stehlen und sie jenen schenken, die kaum genug zum Überleben haben. Der andere Handlungsstrang ist jener um die junge jüdische Frau Ruth, die, nachdem sie mitansehen musste, wie ihre Eltern auf dem Marktplatz in Würzburg erschlagen wurden,[33] zunächst nach Auschwitz und schließlich in ein Soldatenbordell verschleppt wurde. Sie überlebt die Marter und kehrt, seelisch gebrochen und tief traumatisiert, nach Würzburg zurück, wo sie ihrer früheren Freundin Johanna und ihrem früheren Verlobten Martin wieder begegnet. Schließlich erschießt sie den Mann, der für den Tod ihrer Eltern verantwortlich ist und der von der deutschen Justiz nicht belangt wurde. Der sich anschließende Gerichtsprozess endet mit einem Freispruch für Ruth.

4.2.2 „Vollstrecker der Gerechtigkeit" – *Die Jünger Jesu* und die Praxis der Gegenwelt

Frank operiert in seinem Gesamtwerk mit einigen wenigen Grundfigurationen und Grundmotiven, mit denen er eine Reihe häufig im Autobiographischen wurzelnder Konfliktkonstellationen gestaltet.[34] Gleiche oder doch ähnliche Protagonisten tauchen in verschiedenen Werken auf, es wird immer wieder auf bestimmte Figurentypen zurückgegriffen (etwa die Figur des sadistischen Lehrers) und Grundspannungen wie jene zwi-

---

[33] Es waren erzählte Ereignisse wie dieses, die den Unmut der Würzburger erregten, da Vergleichbares in Würzburg nicht stattgefunden habe. Erwin Rotermund subsumiert dieses Verhalten zurecht unter die „sattsam bekannten Verleugnungs- und Verdrängungsmechanismen" und benennt einige historische Vorfälle, die in der Sache mit dem Romangeschehen übereinstimmen. Rotermund: *Zwischen Ost und West*, a.a.O., S. 206.

[34] Günter Caspar spricht hier durchaus treffend von „Wiederholung und Modifizierung", vgl. Caspar: *Zum Spätwerk Leonhard Franks*, a.a.O., S. 592.

schen der freien Entfaltung des Einzelnen und der diese bedrohenden Deformation durch gesellschaftliche Institutionen und Ansprüche werden wieder und wieder aufgegriffen. Motive, Figuren und Themen werden jeweils zeitkritisch aktualisiert und an jeweils neue historische Kontexte angepasst. Dies gilt bis zu einem gewissen Grad auch für *Die Jünger Jesu*. Die deutlichste Parallele lässt sich freilich zu Franks populärem Debüt von 1914, *Die Räuberbande*, ziehen. Hier wie dort steht, bereits im Titel präsent, eine Jugendbande und deren Agieren untereinander sowie mit der Gesellschaft im Mittelpunkt. Beide Male spielt die Handlung in Würzburg, beide Jugendbanden treffen sich heimlich und von der Außenwelt abgeschirmt und entwickeln eine Art Ritus, mit dem sie ihre Zusammenkünfte strukturieren. Das erste im jeweiligen Text erwähnte Zusammentreten der Gruppen wird nahezu wortgleich beschrieben.[35] Allerdings greift es zu kurz, deswegen schlicht von einer zweiten *Räuberbande* zu sprechen, denn so auffallend wie die Gemeinsamkeiten, so bezeichnend sind die Differenzen.[36]

Während die Mitglieder der Räuberbande sich in einem unterirdischen Gang des Würzburger Schlosses treffen, wo sie sich vor allem zu Beginn der Romanhandlung in die antibürgerlich-romantischen Textwelten Karl Mays flüchten, Räuberlieder singen, Würzburg den Untergang wünschen und sich ein Leben im Wilden Westen imaginieren,[37] stehen die Treffen der Jünger Jesu gleich von Anfang an im Dienste eines sozialen Zweckes, der über die gruppeninternen Belange hinausgeht. Dabei spielt der Raum

---

[35] „Die Räuberbande, eine Schar vierzehnjähriger Lehrjungen, war versammelt." Leonhard Frank: *Die Räuberbande*, in: Ders.: *Gesammelte Werke*, Bd. 1, Berlin 1957, S. 22. „Die Jünger Jesu waren versammelt." Leonhard Frank: *Die Jünger Jesu*, Amsterdam 1949, S. 17.

[36] Trotzdem ist die formale Leitfunktion, die *Die Räuberbande* spielt, nicht von der Hand zu weisen. Vgl. beispielsweise Weissenberger: *Leonhard Frank. Zwischen sozialem Aktivismus und persönlicher Identitätssuche*, a.a.O., S. 55, der vom „Leitbildcharakter" des Debüts spricht, oder Caspar: *Zum Spätwerk Leonhard Franks*, a.a.O., S. 590, wo es heißt: „Viele Fäden verbinden die Räuberbande mit späteren Büchern; mehrere Themen werden hier angeschlagen, die wieder und wieder auftauchen." Und auch Abusch verweist darauf, dass in Franks Romandebüt die „Hauptlinie" seines Schaffens angelegt sei. Abusch: *Leonhard Frank oder Würzburg als Nationalliteratur*, a.a.O., S. 62.

[37] Frank: *Die Räuberbande*, a.a.O., S. 21–42.

dieser Treffen sowie die Art und Weise, wie die Jünger durch ihre Sprechhandlungen diesen als sozialen Raum erst hervorbringen, eine wesentliche Rolle. Erreichbar ist dieser Raum durch

> den kleinen Friedhof hinter der Klosterkirche. Der Mönchsfriedhof, von der Außenwelt abgeschlossen durch eine hohe Mauer, die vollständig von Efeu bedeckt war, wurde seit hundert Jahren nicht mehr benutzt. Nur noch ein paar uralte Sandsteinplatten, brüchig und moosbewachsen, lehnten schief an der Efeuwand. Wetter und Zeit hatten die Inschrift verwischt. Meterlange dicke Grasbärte, von der Sonne gebleicht, polsterten die vergessenen Gräber. Hierher kam in Jahren kein Mensch.[38]

Illustriert bereits diese Beschreibung, in der die Zeit in Form von Verwitterung und Verwahrlosung von auf Dauer angelegter Kulturgegenstände greifbar wird, dass dieser Raum vergessen und dem sozialen Handeln entzogen ist, so potenziert sich dieser Aspekt noch dadurch, dass der eigentliche Treffpunkt der Jünger Jesu auch visuell abgeschirmt ist und einem besonderen Grenzregime unterliegt. Es handelt sich um den Keller der Klosterkirche, zu dem „dreißig ausgetretene Steinstufen" hinabführen und der sich lediglich mit „einem zwei Pfund schweren Schlüssel" öffnen lässt.[39] Die heterotopische Signatur dieses Raumes, die bereits im Friedhof anklingt, ist zwar schon in dessen architektonischer und geographischer Verfassung präsent, wird aber erst durch die rituelle sowie kommunikative Verhaltensweise konstituiert. Beim Betreten des Kellers breiten die Jünger in einer Art Christusimitation die Arme aus und eröffnet wird die Sitzung grundsätzlich mit den durch den Jünger Petrus gesprochenen Worten: „Wir, die Jünger Jesu, Vollstrecker der Gerechtigkeit, nehmen von den Reichen, die alles haben, und geben es den Armen, die nichts haben."[40] In dieser Eröffnungsformel, die zugleich den rituellen Teil des Treffens beschließt, zeigt sich das Programm der Jünger, das sich als durch Mitleid motivierte Robin-Hood-hafte Umverteilungsaktion präsentiert. Der religiöse Aspekt, der sich sowohl in der Räumlichkeit (Keller der Klosterkirche) sowie in der Namensgebung der Gruppe und der ein-

---

[38] Frank: *Die Jünger Jesu*, a.a.O., S. 15f.
[39] Ebd., S. 16. Dort beide Zitate.
[40] Ebd., S. 17f.

zelnen Mitglieder artikuliert,[41] wird in der Beschreibung des Treffpunkts noch verstärkt durch das dort liegende Kruzifix, dem einige Teile fehlen: „In der Ecke lehnte ein riesiger Christus aus Lindenholz. Die weiße Farbe war teilweise abgeblättert. Ein Arm, ein Bein und der Kopf fehlten und auch das Kreuz. Die Gebärde des Körpers – eine geschwungene Schmerzenslinie – offenbarte, wie er einstens am Kreuze gehangen hatte."[42] Diese Ästhetik der Spur macht die Unvollständigkeit des Kreuzes als eine symbolische lesbar; dem Ritus der Liturgie, der oben in der Kirche wie gewohnt stattfindet,[43] muss ein der christlichen Botschaft entsprechendes soziales Handeln folgen. Diese Leerstelle, die durch das fragmentierte Kruzifix versinnbildlicht wird, findet im Handeln der Jünger Jesu seine Komplettierung.[44]

Was den Keller aber zu einer dezidierten Gegenwelt beziehungsweise einem Kontrastraum und damit zu einem besonderen Handlungs- und Erfahrungsraum werden lässt, ist die Form kommunikativen Handelns, die die Konturen der Jünger Jesu als Gruppe bestimmt. Alle Aktionen, sowohl das Stehlen der Gegenstände als auch das Abliefern derselben bei den Bedürftigen, werden zuvor „auf demokratische Art und Weise"[45] be-

---

[41] Alle Mitglieder der Jünger Jesu tragen Namen der biblischen Jünger und einige von ihnen zusätzlich noch andere Namen, die auf besondere Attribute oder Fähigkeiten hinweisen.
[42] Frank: *Die Jünger Jesu*, a.a.O., S. 16.
[43] Vgl. ebenda, S. 21.
[44] Als soziale Institution tritt die Kirche im Roman lediglich ein einziges Mal explizit auf, nämlich in Form eines Geistlichen, „lang und dünn, in schwarzer Sutane", der Martin klarzumachen versucht, dass dessen erneutes Zusammenleben mit der misshandelten Ruth „schwer gegen die Gesetze der Heiligen Kirche verstoße[]. Sie geben damit in moralischer Hinsicht dem Volk ein überaus schädliches Beispiel." Martins Antwort ist zwar zutreffend, aber argumentativ ähnlich schlicht gehalten, wenn er darauf verweist, dass „das Volk, jeder einzelne von uns, Ruths Schicksal moralisch mitverschuldet" habe. Das kurze Gespräch zwischen den beiden endet mit der Frage Martins: „Wenn Ruth zu Jesus gekommen wäre und vor ihm gestanden hätte, was würde Jesus getan haben?" Der Anspruch der Kirche, als moralische Instanz Handlungsorientierung zu bieten und Handlungsbefolgung einfordern zu dürfen, wird textintern zurückgewiesen. Frank: *Die Jünger Jesu*, a.a.O., S. 96f.
[45] Ebd., S. 19.

schlossen; Anträge werden gestellt und diskutiert,[46] es kommt zu Abstimmungen, jeder kann sprechen und wird gehört. Was die Jünger Jesu damit etablieren, ist ein Prozess der Deliberation mit normativem Unterbau; es ist das Verfahren selbst, dass die prinzipielle Gleichheit der Argumentationsteilnehmer garantiert. Die Jünger bedienen sich damit einer Form der (politischen) Entscheidungsfindung und Beschlussfassung, die sich dezidiert der Verfahrenslogik demokratischer Willensbildung annähert und an deren normativem Kern teilhat, indem durch das Sprechverhalten selbst versucht wird, „allgemeine Symmetriebedingungen"[47] herzustellen. Durch die Bemühung, eine durch ein basales Demokratieverständnis strukturierte Interaktionsform aufzubauen, erfahren sich die Jünger Jesu als prinzipiell gleich; es sind diese kommunikativen Praktiken, durch die jene Ausprägung des Sozialen erst hergestellt wird und wozu es des von der Außenwelt getrennten Raums bedarf. Der Keller wird als Möglichkeitsraum evoziert, in dem die Eckpunkte einer neuen Interaktionsform erprobt werden können, wodurch sich auch das Gefühl von *Communitas* als eines von tradierten gesellschaftlichen Klassifizierungs- und Hierarchisierungsmerkmalen befreiten Beziehungs- und Daseinsmodus einstellt. Wie essenziell diese Form kommunikativen Handelns für das Selbstverständnis der Gruppe ist, zeigt sich nicht zuletzt auch daran, dass sie, nachdem sie enttarnt und vom befehlshabenden amerikanischen „Kapitän" aufgefordert wurden, ihre Aktionen einzustellen, darauf beharren: „Jetzt gleich können wir das nicht versprechen. Wir müssen zuerst eine Sitzung abhalten und darüber abstimmen, auf demokratische...ich meine..."[48] Was sich hier in der Interpunktion bereits andeutet, soll weiter unten genauer ausgeführt werden; der Text unterläuft durch seine zunehmende Parteinahme allmählich Teile seiner eigenen pädagogischen Motive. Er führt Diskussionen vor, ohne selbst zu diskutieren.

Der Text inszeniert die Jünger Jesu als Keimzelle demokratischen Sprechens und Handelns – wenn natürlich auch nur *en miniature*, als Gruppierung von Jugendlichen sind deren politischen Ressourcen begrenzt. Aber: Die Jünger spielen nicht lediglich Demokratie, sie imitieren

---

[46] Vgl. ebenda, S. 25f.
[47] Jürgen Habermas: *Theorie des kommunikativen Handelns,* Bd. 1: *Handlungsrationalität und gesellschaftliche Rationalisierung*, Frankfurt a. M. 1995, S. 47.
[48] Frank: *Die Jünger Jesu*, a.a.O., S. 233.

nicht einfach deliberative Prozesse – innerhalb der Diegese (die ja die Erfahrungswelt der Jünger einschließt) läge auch nichts vor, woran sich eine solche Imitation orientieren könnte.[49] Der auf der Makro-Ebene der Gesellschaft zu leistende Umbau wird tatsächlich auf der Mikro-Ebene kleinteiliger kollektiver Interaktion vorweggenommen; im Treffpunkt der Jünger Jesu, dem Keller der Klosterkirche, sind die Konturen einer neuen Ordnung bereits präsent. Aus dieser Lesart heraus wird die Entscheidung Franks, für sein „Buch gegen den Nationalsozialismus"[50] erneut auf die Konzeption der Räuberbande zurückzugreifen, verständlich: An Jugendlichen lässt sich die Emergenz des Neuen besonders gut erzählen und figurativ darstellen.[51]

---

[49] Die Jünger sind, wie es im Text heißt, zwischen zwölf und vierzehn Jahren alt, die Handlung beginnt im Jahre 1946 (vgl. Frank: *Die Jünger Jesu*, a.a.O., S. 17 sowie S, 10); eine demokratisch verfasste Gesellschaft gehört als möglicher Orientierungspunkt also nicht zum Erfahrungsrepertoire der einzelnen Jünger. Die Verwendungsweise des Begriffs Diegese orientiert sich an Gérard Genettes Vorstellung, dass Diegese „nicht die Geschichte, sondern das Universum [ist], in dem sie spielt". Gérard Genette: *Die Erzählung*, München 1998, S. 201f.

[50] Frank: *Links wo das Herz ist*, a.a.O., S. 341.

[51] Dass die Jugend im Kontext des anstehenden Neuaufbaus Deutschlands eine besondere Rolle spielen würde, wurde nach Kriegsende mehrfach reflektiert; die Vielzahl der verfassten Reden oder *Worte an die deutsche Jugend*, so der Titel eines Artikels von Manfred Hausmann vom 25.7.1946 (erschienen in *Die Zeit*), legen hiervon Zeugnis ab. Der Furcht, die Jugend könnte angesichts der umfangreichen Indoktrinationsleistungen im Erziehungssystem des faschistischen Deutschlands einen Bedrohungsfaktor darstellen, stellt sich Frank entgegen: „Gegen Ende des Krieges hörte ich in Amerika immer wieder Befürchtungen äußern, wie sie, die Sieger, wohl mit dieser verführten, verrohten Jugend fertig werden sollten, und ich habe gleich nach Kriegsende einen Vortrag gehalten, in dem ich sagte, daß von dieser Jugend nichts zu befürchten sei." *Emigranten auf Endstation Sehnsucht. Interview Erich Kubys mit Leonhard Frank*, in: *Süddeutsche Zeitung*, Sonderdruck, Januar 1953. Zur Frage der Jugend vgl. die sehr fundierte Arbeit von Benjamin Möckel: *Erfahrungsbruch und Generationsbehauptung: Die ‚Kriegsjugendgeneration' in den beiden deutschen Nachkriegsgesellschaften*, Göttingen 2014, S. 158–191. Noch Bernhard Wickis Erfolgsfilm *Die Brücke* von 1959 nutzt das Motiv der durch Indoktrination brutalisierten Jugend.

4.2.3 Politik der Differenz – Symmetrie und Kontraste im Text

In der skizzierten demokratischen Sprechpraxis der Jünger ist also bereits eine politische Dimension im Text nachweisbar, die zumeist erst in der gegen Ende immer deutlicher werdenden Tendenz, die geschichtliche Situation Deutschlands als Konfrontation zwischen (möglichem) Sozialismus und (Neo-)Faschismus zu interpretieren, verortet wurde. Tatsächlich kennzeichnet diese politische Bipolarität die Struktur des Textes, die sich immer wieder in Symmetrien und Kontrasten zeigt. Bezüglich der Frage nach neuen kommunikativen Praktiken, wie sie sich im Sprechhandeln der Jünger artikulieren, ist vor allem die Kontrastierung der Jünger Jesu mit der faschistischen Jugendgruppe um den „früheren SS.-Korporal Christian Scharf"[52] zentral. Beide Gruppierungen fungieren innerhalb der Diegese als Orte möglicher politischer Orientierung, die ihnen vor dem historischen Kontext des Interregnums als Moment der Orientierungslosigkeit zukommt; in ihm hat die Frage nach dem gesellschaftlichen Wohin besonderen Stellenwert.

Bereits der Romananfang illustriert diese bipolare Wertelogik, ergänzt sie aber außerdem durch den Aspekt der Unschuld:

> Das SS.-Kommando hatte die Forderung des amerikanischen Generals, die Stadt kampflos zu übergeben, abgelehnt und gegen den Willen der machtlosen Einwohnerschaft den Widerstandsbefehl erlassen, obwohl nichts mehr zu ändern gewesen war. Würzburg, die Stadt des Weines und der Fische, der Kirchen, gotisch und barock, wo jedes zweite Haus ein unersetzliches Kunstdenkmal war, wurde nach dreizehnhundertjährigem Bestehen in fünfundzwanzig Minuten zerstört. Den folgenden Morgen floß der Main, in dem sich die schönste Stadt des Landes gespiegelt hatte, langsam und gelassen durch Schutt und Asche, hinaus in die Zeit.[53]

Der Anfang des Romans inkorporiert und fiktionalisiert durch die spatiale Eröffnungsfigur einige wesentliche Elemente der „Zusammenbruchsgesellschaft" (Kleßmann) und schafft zugleich auf figuraler Ebene die zentrale Differenz, die den Text prägt: nämlich jene zwischen Schuldigen, für die in der zitierten Passage synekdotisch das SS-Kommando steht, und

---

[52] Frank: *Die Jünger Jesu*, a.a.O., S. 92.
[53] Ebd., S. 9.

Unschuldigen, verkörpert durch die „machtlose[] Einwohnerschaft". In der Spannung zwischen Kontinuität und Bruch beziehungsweise (geschichtlichem) Augenblick und *longue durée* („in fünfundzwanzig Minuten zerstört" / „dreizehnhundertjährigem Bestehen") demonstriert und kritisiert der Text zusätzlich die werte- und kulturzerstörende Kraft des Krieges;[54] flankiert wird diese temporale Ebene durch die vermeintliche Zeitlosigkeit der Natur, die sich ob der Verheerungen innerhalb der Sphäre der Kultur unbeeindruckt zeigt. Als heile Gegenwelt zur zerstörten Stadtlandschaft bleibt die Natur durch den ganzen Text hindurch präsent.[55] Es wurde bereits darauf hingewiesen,[56] dass Frank in diesem Textanfang zwei historisch getrennte Ereignisse miteinander verbindet, nämlich die Bombardierung Würzburgs am 16. März 1945 sowie die Eroberung der Stadt durch Truppen der US-Armee, die sich vom 31. März bis zum 06. April erstreckte. Frank, der sich schon in seinem vorangegangenen Roman *Mathilde* stark an historisch verbrieften Ereignissen orientiert hatte,[57] änderte dies dementsprechend in der späteren Bearbeitung des Romans. Für die Dramaturgie des Textes jedoch ist das direkte Auftauchen der SS als paradigmatischer Ausdruck der Todesbesessenheit und Zerstörungswut der NS-Logik insofern bedeutsam, als deren Neo-Variante in Form des vom ehemaligen SS-Korporals Scharf gegründeten Athletenklubs „SAmson"[58] den Roman beschließt und somit einen assoziativen Bezug zum Romananfang herstellt. Textintern ähnelt die Gegenwart der Vergangenheit auf signifikante Weise.

In einer Art negativem Parallelismus finden die Jünger Jesu ihren wertelogischen Antagonisten in der Gruppe um Scharf, die nicht nur als of-

---

[54] Vgl. auch Hans Steidle: ,*Die Jünger Jesu*' *als Aufforderung eines Gefühlssozialisten*, in: Leonhard Frank: *Die Jünger Jesu*, Würzburg 2013, S. 245–265, hier S. 249. Die Ausgabe erschien als Sonderausgabe zu *Würzburg liest ein Buch*, einer Arbeitsgemeinschaft, die sich der Pflege des literarischen Erbes der Stadt annimmt.
[55] Vgl. beispielsweise Weissenberger: *Leonhard Frank. Zwischen sozialem Aktivismus und persönlicher Identitätssuche*, a.a.O., S. 66, der von der Natur als „Manifestation einer ursprünglich heilen Weltordnung" spricht.
[56] Vgl. Peter Cersowsky: *Nachwort*, in: Leonhard Frank: *Die Jünger Jesu*, Würzburg 1995, S. 226–243, hier S. 238.
[57] So Frank selbst in *Links wo das Herz ist*, a.a.O., S. 288 sowie 293.
[58] Frank: *Die Jünger Jesu*, a.a.O., S. 297.

fenkundiges politisches Gegenmodell gezeichnet wird, sondern sich auch hinsichtlich der gruppeninternen Kommunikation unterscheidet. Diese Gruppierung, die ihre Zielvorgaben von anderen versprengten Nazi-Gruppen erhält, betrachtet die Zeit, in der sie leben, ebenfalls lediglich als Übergangszeit. Allerdings nicht auf dem Weg zu einer neuen, sondern zur alten homogenen Ordnung des NS-Faschismus – einem ‚Vierten Reich'.[59] Man knüpft in Wort und Tat direkt an die Handlungsmatrix der Hitler-Zeit an und übernimmt aus dem Selbstverständnis der ‚Bewegung' die quasi-eschatologische Zeitlogik: Man bereitet sich „für den Tag" vor.[60] Das Interregnum mutiert hier zur Denkfigur eines Kreises und beschreibt damit einen Übergangszustand, bei dem es lediglich darum geht, zu alter Stärke zurückzufinden. Diese Kreisfigur ist eben jene, die weiter oben aufgezeigt wurde, ist also als formales Merkmal des Romans präsent und findet seine lineare Opposition erneut in den Jüngern Jesu, die – wie noch gezeigt wird – schließlich den Schritt ins organisierte sozialistische Kollektiv gehen, was klar als Fortschritt gedeutet wird.

Die normative Grundhaltung der Gruppe um Scharf setzt sich auch weiterhin aus Antisemitismus, Militarismus und der Vorstellung einer zu homogenisierenden Gesellschaft zusammen; der Kern dieser Polit-Melange ist die (völkisch aufgeladene) Kollektivfiktion des Deutschseins, einer Kategorie, die mit rigiden Grenzziehungen operiert und letztlich keine Abweichungstoleranz kennt. Dem entspricht ein Kommunikationsmodell, das auch weiterhin die Form des Befehls in den Mittelpunkt stellt; Möglichkeiten individueller Aus- oder Einsprachen sind hierbei nicht gegeben. Programm wie Sprechpraxis sind unverändert:

> Christian Scharf hatte die Würzburger Gruppe zusammengebracht. Er hielt zuerst eine Ansprache (alles wie früher – Nieder mit den Juden! Hoch Deutschland!) und beauftragte dann die drei, die den Lagerverwalter und

---

[59] Nachdem der Topos vom ‚Vierten Reich' während der NS-Zeit und vor Beginn des Zweiten Weltkrieges eine grundsätzliche Alternative zum existierenden nationalsozialistischen Staat bezeichnet hatte, wurde mit dem Begriff nach 1945 vor allem die Furcht der Alliierten vor einer Wiedererstarkung besiegter, aber subkutan weiter agierender faschistischer Kräfte in Deutschland gemeint. Vgl. Gavriel D. Rosenfeld: *Das Vierte Reich. Der lange Schatten des Nationalsozialismus*, Darmstadt 2020, S. 71f.

[60] Frank: *Die Jünger Jesu*, a.a.O., S. 92.

den Schlangenmenschen verprügelt hatten, in dieser Nacht Martins Holzhütte anzuzünden. Er steckte seine Kriegsauszeichnungen wieder in die Hosentasche. Sie marschierten ab."[61]

Der Befehl, Martins Holzhütte anzuzünden, folgt dabei einer antisemitischen Botschaft, die zuvor an besagte Hütte geschmiert worden war: „Wir zünden dir die Hütte überm Kopf an, weil du mit der Judensau schläfst."[62] Die schlichte Kausalkonstruktion dokumentiert ein rassistisch-biologisches Verständnis des politischen Körpers, das sich an der Betonung der Sexualität ausweist; Zugehörigkeit ist eine Frage des Blutes, der nazistische Tatbestand der „Rassenschande" Grund für systematischen Ausschluss, Diffamierung und Terrorisierung.[63] In Scharfs Befehl lebt diese Logik fort, assoziativ ergänzt durch das Verb „marschieren", das an der martialisch-militärischen Grundausrichtung der Gruppe keinen Zweifel aufkommen lässt.

Wie weiter oben diskutiert, gehört es zum kommunikativen Wesen des Befehls, dass man ihm nicht widersprechen kann. Man kann ihn lediglich nicht befolgen, ihn verweigern. Er fungiert allerdings nicht als Redebeitrag, auf den man sich argumentativ in Form abwägender Für- oder Gegenrede im Moment des Gesprächs beziehen könnte. Der Befehl statuiert im Moment seiner Aussprache eine hierarchische Ordnung, die jede Möglichkeit einer sanktionsfreien Widerrede suspendiert. Dissens wird so zur Dissidenz, der Nicht-Einverstandene wird zum ideologischen Feind erklärt. In diesem Denken hat sich die Logik der Freund-Feind-Unterscheidung als zentrales normatives Schema des deutschen Faschismus konserviert. Es verwundert von daher wenig, dass der Text keine kommu-

---

[61] Ebd., S. 92f. Das Zitat zeigt auch exemplarisch, wie die Erzählinstanz mitunter doch kommentierend in das Geschehen eingreift und Figuren sowie deren Handlungen explizit bewertet: „alles wie früher".

[62] Ebd., S. 84.

[63] Vgl. die umfang- und kenntnisreiche Arbeit von Alexandra Przyrembel: ‚Rassenschande'. Reinheitsmythos und Vernichtungslegitimation im Nationalsozialismus, Göttingen 2003, wo nachgezeichnet wird, wie der Terminus „Rassenschande" sich von einem „programmatischen Kampfbegriff […] zu einem wirkungsmächtigen Instrument der persönlichen Diffamierung und Terrorisierung der jüdischen Bevölkerung im ‚Dritten Reich'" entwickelte. Ebd., S. 489.

nikativen Situationen innerhalb der Gruppe um Scharf gestaltet, in denen Abweichung mit den Mitteln der Sprache bewältigt wird. Ein Diskurs im Sinne eines gemeinschaftlichen argumentativen Ringens um Entscheidungen und Haltungen findet nicht statt.

In dem Moment, in dem die kommunikative Homogenität der Gruppe vom Geist des besseren Arguments infiziert zu werden und damit die ideologische Geschlossenheit zu erodieren droht, reagiert die Gruppe nicht mehr mit Worten (was das Argument schließlich als solches anerkennen und nobilitieren würde), sondern mit physischer Gewalt – also der Zerstörung des Körpers. Es ist bezeichnend, dass die Gruppe Scharf den Mord an dem ‚Abweichler' Oskar dadurch bewerkstelligt, dass sie ein Simulacrum dessen inszeniert, um was es Oskar ging – eine freie Diskussion. Um die Vorgeschichte dieses für Oskar tödlich ausgehenden Gesprächs zu motivieren, fiktionalisiert Leonhard Frank eine historisch verbriefte Person, nämlich Siegfried Kabus. Als Drahtzieher verschiedener Bombenanschläge auf Spruchkammergerichte in Backnang, Stuttgart und Esslingen im Oktober 1946, in denen es der Gruppe um Kabus um eine fundamentale Kritik an den Nürnberger Kriegsverbrecherprozessen ging, wurde er schließlich im November 1946 festgenommen.[64] Frank greift das Geschehen um das „Spruchkammer bombing trial" auf und lässt die Figur Scharf direkt mit Siegfried Kabus interagieren; nach einer Sitzung mit drei weiteren Mitgliedern seiner neonazistischen Gruppierung, trifft sich Scharf mit „Siegfried Kabus, de[m] SS.-Leutnant aus Stuttgart".[65] Frank portraitiert Kabus als ideologisch strammen, überspannten Immernoch-Nazi, der sich in Fantasien über internationale Frontbildungen gegen Russland ergeht, sodass selbst Scharf sich die Frage stellt, „ob Kabus betrunken sei".[66] Trotzdem zeigen er und die

---

[64] Vgl. N.N.: *Bomben auf Spruchkammern*, in: *Der Spiegel* 2 (1947); vgl. auch Volker Koop: *Himmlers letztes Aufgebot. Die NS-Organisation ‚Werwolf'*, Köln 2008, S. 260–263.

[65] Frank: *Die Jünger Jesu*, a.a.O., S. 139.

[66] Ebd., S. 140. Auch Kabus' Verhaftung sowie seine Verurteilung werden im Text erwähnt und er zuletzt als brutalisiertes und verhetztes Muttersöhnchen skizziert. Als Kabus, nach Verkündung der Todesstrafe, erst in seiner Zelle zusammenbricht, wird er von einem amerikanischen Journalisten gefragt, „warum er während der Verhandlung die Rolle des hartgesottenen Helden

übrigen Mitglieder der Gruppe sich begeistert ob der Anschläge im Stuttgarter Raum und wollen ähnliche Aktionen ins Werk setzen. Da zuvor allerdings andere Anschläge vereitelt wurden (auch jener gegen Martins Hütte), vermutet die Gruppe zurecht einen Spitzel – erst später erfahren sie, dass es sich dabei um den Jünger Petrus handelt. Der Verdacht fällt allerdings auf ein anderes Mitglied der Gruppe, Oskar, weil er sowohl zurückliegende als auch geplante Aktionen infrage stellt und kritisiert.

Eingeleitet wird die Rede über die Rede beziehungsweise deren Simulation bezeichnenderweise durch die politische Metapher der Stimme. Es werde, so Scharf nach dem Treffen mit Kabus, wahrscheinlich „noch einige Zeit dauern, bis Deutschland seine Stimme wieder erheben könne".[67] Es ist bezeichnend, dass die Stimme hier nicht als Metapher für individuelle Selbstermächtigung steht und die Artikulationspotenz des Einzelnen meint, sondern auf ein nationales Kollektiv gemünzt ist. Das in der von Scharf genutzten tradierten Formel implizite Gehört-Werden Deutschlands im Kreis der Nationen, meint in erster Linie eine militärische Ermächtigung; „Stimme" ist in diesem Beispiel das Vermögen, sich durch Waffengewalt Gehör zu verschaffen und impliziert mitnichten die egalitäre Stimme in einer internationalen politischen Symphonie. In der Rede von der Stimme Deutschlands konserviert sich die Kakophonie eines nationalistisch eingefärbten Militarismus, der nicht anders Realität werden kann als durch die Logik der Gewalt selbst: „Wir bomben Deutschland wieder frei."[68]

Gegen diese Logik positioniert sich nun Oskar, und zwar mit Verweis auf bestehende epistemische Unzulänglichkeiten:

> Was wissen wir denn! Wir kamen als Buben in die Hitlerjugend. Es war ja ganz unmöglich, selbstständig denken zu lernen. Aber das kann ich mir jetzt ausrechnen, daß Deutschland nicht auf die Beine gebracht werden kann mit den Mitteln, durch die es auf den Hund gebracht wurde.[69]

---

gespielt habe". Er antwortet: „Weil meine Mutter an mich glaubt." Ebd., S. 141.
[67] Ebd., S. 144.
[68] Ebd.
[69] Ebd., S. 145.

Was sich in diesem Zitat auf der individuellen Ebene als Lernprozess zeigt, ist auf der kollektiven Ebene Ausdruck einer fundamentalen Dissenserfahrung. Das Dagegen-Sein Oskars wird gruppenintern nicht zum Anlass einer Debatte, sondern Anlass seiner Ermordung. Im Sinne der den Text strukturierenden Bipolarität ist es ein Artikel aus der sozialistischen Zeitung, der Oskar mit Argumenten versorgt und die von Scharf als Ausgangspunkt der erwähnten Simulation einer freien Diskussion genutzt wird: „Was du da sagst, daß man Deutschland so nicht wieder auf die Beine bringen kann, interessiert mich. Wir sollten über diese Dinge sprechen."[70] Und er bekräftigt noch einmal: „Das ist jedenfalls interessant und sollte gründlich durchgesprochen werden."[71] Gemeinsam mit einem anderen Gruppenmitglied fährt Scharf mit Oskar auf den Fluss hinaus, wo Oskar, der nicht schwimmen kann, über Bord geworfen wird. Die Einladung zum ergebnisoffenen Gespräch unter Gleichen ist Teil der nazistischen Schein-Politik, die lediglich dazu dient, Differenzen zu ertränken. Fluchtpunkt des kommunikativen Handelns der Gruppe Scharf ist nicht Verständnis, sondern das Herstellen von Einigkeit und Eindeutigkeit, im Zweifelsfalle grundsätzlich auf Kosten des dissidenten Subjekts.

Was bei Frank als strukturbildendes Moment des Textes fungiert, nämliche das kontrastive Positionieren von Figurengruppierungen, lässt sich mit Iris Young als Politik der Differenz beschreiben; Gruppen sind grundsätzlich eingebunden in Prozesse relationaler Differenzierung. Sie existieren immer nur in Beziehung zu anderen Gruppen und formen ihre Identität durch ein „Wechselspiel von Außen- und Selbstwahrnehmung".[72] Während, wie gezeigt wurde, die Selbstwahrnehmung der Jünger Jesu stark durch bestimmte kommunikative Praktiken gesteuert wird, ist die Frage danach, auf welche Art und Weise die Gruppe Fremdwahrnehmungen in ihre Identität integriert, direkt mit einem weiteren Aspekt verknüpft: der Frage nach der Öffentlichkeit.

---

[70] Ebd., S. 146.
[71] Ebd., S. 147.
[72] Sandra Seubert: *Kampf um Verschiedenheit. Unzivile Potentiale einer Politik der Differenz*, in: *Forschungsjournal NSB* 21 (2008), S. 75–81, hier S. 75.

4.2.4 "offen und empfänglich" – Herstellen und Zerstören von Öffentlichkeit

Die Sphäre des Öffentlichen ist als Reflexionsmedium[73] gesellschaftlicher Diskurse der klassische Kampfplatz von Bewertungen, Beurteilungen, Ideen und Interpretationen, der zugleich einen direkten Bezug zu Formen kollektiver Willensbildung und Entscheidungsfindung besitzt. Seit der Aufklärung setzte sich zunehmend ein Verständnis von Öffentlichkeit durch, das dieselbe als kritischen Resonanzraum beschreibt, in dem es nicht nur zur Kommunikation von Dingen des (im besten Falle) guten Geschmacks kommt, sondern auch die politische Dimension des Zusammenlebens diskutiert wird.[74] Damit erwächst der Öffentlichkeit ein Moment der Herrschaftsgestaltung und Herrschaftslegitimation; die Existenz einer kritischen Öffentlichkeit macht das Regieren schwieriger, weil sie auf Einsicht und Sichtbarkeit pocht. Die gezielte Einflussnahme der Macht auf die Öffentlichkeit beziehungsweise auf die Strukturen, in denen sie sich manifestiert, ist von daher nicht weiter verwunderlich. Da Öffentlichkeit nur in ihrem diskursiven Vollzug existiert, sind ihre medialen Ausformungen bedeutsam, allem voran spielt hierbei das freie, unzensierte Pressewesen die zentrale Rolle eines „permanenten kritischen Kommentators"[75] der politischen Kommunikation. In ihrer idealtypischen Ausgestaltung ist die Öffentlichkeit geprägt von prinzipieller Offenheit und herrschaftsfreien Gesprächsbedingungen – zumeist ist sie aber dadurch gekennzeichnet, dass sowohl die Zugänglichkeit als auch die diskursiven Ausprägungen sehr wohl von ökonomischen oder kulturellen Kapitalanlagen abhängig sind. Im Zweifelsfall ist sie selbst lediglich ihre eigene Simulation, in der die kritische Beobachterfunktion vom politi-

---

[73] Vgl. Niklas Luhmann: *Die Realität der Massenmedien*, 5. Aufl., Wiesbaden 2017, S. 127.
[74] Vgl. Lucian Hölscher: *Art. „Öffentlichkeit"*, in: *Geschichtliche Grundbegriffe. Historisches Lexikon zur politisch-sozialen Sprache in Deutschland*, hg. von Otto Brunner/Werner Conze/Reinhart Koselleck, Bd. 4, Stuttgart 1978, S. 431–436.
[75] Jürgen Habermas: *Strukturwandel der Öffentlichkeit. Untersuchung zu einer Kategorie der bürgerlichen Gesellschaft*, Berlin 2015, S. 132.

schen System selbst inszeniert wird.[76] Das Bild der einen, zumeist politischen Öffentlichkeit, in der sich die „normative[] Aura der polis"[77] artikuliert, ist eine idealtypische Verkürzung, die – wie früh festgestellt wurde[78] – selbst exkludierend wirkt und den Umstand verkennt, dass es neben der politischen eine Vielzahl von lebensweltlichen (Teil-)Öffentlichkeiten gibt. Kurz: Öffentlichkeit ist ein plurales Phänomen, das sich auf mehreren Ebenen abspielt und sich hinsichtlich kommunikativer Reichweite, Komplexitätsgrade und Zugangsbedingungen ausdifferenziert.[79] Wichtig für die hier vorgeschlagene Interpretation von Franks Roman bleibt aber der normative Aspekt, der Öffentlichkeiten vor allem als Räume der Kritik konturiert.

Wie erwähnt, konstruieren soziale Gruppierungen ihre Identität nicht nur in relationaler Differenzierung zueinander, sondern sie partizipieren auch an den „gesellschaftlichen Kämpfen um soziale Positionierung und Anerkennung",[80] sprich um im weitesten Sinne gesellschaftliche Ressourcen. Die Öffentlichkeit ist Schauplatz dieser Kämpfe. Wie bereits erwähnt, agieren die Jünger Jesu anonym; sie treffen sich im Verborgenen und, da ihr Handeln auch im Deutschland des Interregnums als illegal eingestuft wird, agieren auch im Verborgenen. Trotzdem koppeln sie ihr

---

[76] Habermas findet für dieses Phänomen, das nicht nur politische Akteure, sondern auch die Massenmedien und Ausprägungen der Werbe- und Konsumkultur umfasst, den Begriff der „hergestellten Öffentlichkeit". Vgl. ebenda, S. 312–326.

[77] Boris Romahn: *Öffentlichkeit weiter denken*, in: *Zwischen Gegebenem und Möglichem. Kritische Perspektiven auf Medien und Kommunikation. Festschrift für Elisabeth Klaus*, hg. von Ricarda Drüeke u.a., Bielefeld 2015, S. 209–222, hier S. 211.

[78] So bei Kluge und Negt, die 1972 schrieben, dass die „bürgerliche Öffentlichkeit substantielle Lebensinteressen ausgrenzt, gleichwohl aber das Ganze zu repräsentieren beansprucht." Oskar Negt/Alexander Kluge: *Öffentlichkeit und Erfahrung. Zur Organisationsanalyse von bürgerlicher und proletarischer Öffentlichkeit*, 3. Aufl., Frankfurt a. M. 1974, S. 11.

[79] Vgl. Romahn: *Öffentlichkeit weiter denken*, a.a.O., 212f. Auch Habermas schwenkt in späteren Arbeiten auf ein plurales Verständnis von Öffentlichkeit um, vgl. Jürgen Habermas: *Faktizität und Geltung. Beiträge zur Diskurstheorie des Rechts und des demokratischen Rechtsstaats*, Frankfurt a. M. 1992, S. 452.

[80] Seubert: *Kampf um Verschiedenheit*, a.a.O., S. 75.

Handeln direkt an die öffentliche Sphäre, indem sie sowohl den unfreiwilligen Spendern als auch den Empfängern der gestohlenen Gegenstände Quittungen beziehungsweise Zustellscheine ausstellen.[81] Damit stellen sie nicht nur sicher, dass ihr Handeln nicht lediglich als Diebstahl gewertet wird, sondern speisen gleichzeitig den Namen ihrer Gruppe in die Summe gesellschaftlicher Kommunikation ein. Als öffentliches Gut wird dieser Name und das mit ihm verbundene Handeln Gegenstand oben erwähnter diskursiver Bezugsmöglichkeiten: Er wird beurteilt, bewertet und interpretiert. Kurz: Die Jünger Jesu organisieren ein Stück der öffentlichen Kommunikation. Als Form der Fremdwahrnehmung fließen solche öffentlichen Äußerungen wieder in die Identitätsbildung der Gruppe zurück, beispielsweise wenn die Jünger Jesu, ihrem Namen gemäß, unter dem Begriff der Ur-Christen diskutiert werden und die Jünger diesen Terminus (wenn auch auf kindliche Art und Weise) in ihrem nächsten Bekennerschreiben nutzen.[82]

Quittungen, Zustellscheine sowie Bekennerschreiben sind textliche Formen, in denen die Jünger Jesu teilweise aus ihrer Anonymität heraustreten und den Kontakt mit der Öffentlichkeit suchen; eine gezielte Form der Massierung des öffentlichen Diskurses wird hingegen kaum angestrebt. Die Jünger haben schlicht kein ausformuliertes Programm, auf das sie sich beziehen könnten. Wo sie allerdings öffentlichen Bezug herstellen, sucht ihn die Gruppe um Scharf gezielt zu unterbinden. Der Grund dafür liegt nicht nur darin, dass sie als neonazistische Vereinigung

---

[81] Vgl. Frank: *Die Jünger Jesu*, a.a.O., S. 14, 20.
[82] Als ein Mann, dem ein Wintermantel von den Jüngern zugespielt wurde, diesen auf offener Straße trägt und dadurch als Dieb verdächtigt wird, erreicht das Gericht, wo dieser Fall verhandelt werden soll, folgender Brief: „Hoher Gerichtshof! Der Baumeister Himmelhoch hatte drei Wintermäntel, obwohl er immer besoffen ist, was ja auch warm macht. Wir haben ihm sogar einen gelassen, obwohl er es nicht verdient und sich schämen soll. Wir, die Vollstrecker der Gerechtigkeit, haben Herrn Hohlfuß den Kamelhaarmantel kostenlos aufs Bett gelegt, weil wir nämlich höchstwahrscheinlich Ur-Christen sind. Wenn der Hohe Gerichtshof uns erwischt, nehmen wir unser Schicksal auf uns. Daran kann gar kein Zweifel sein. Aber vorher muß er uns erwischen. Der Gefangene ist unschuldig und muß somit freigelassen werden. Das ist vollständig klar. Im Namen der Geheimen Gesellschaft der Jünger Jesu, Petrus." Frank: *Die Jünger Jesu*, a.a.O., S. 183f.

juristischer Verfolgung unterliegen würden. Öffentlichkeit im obigen Sinne ist für die Herstellung einer homogenen Gesellschaft ein Hindernis. Einer ihrer Anschläge gilt deswegen der sozialistischen Zeitung als Sprachrohr des politischen Erbfeindes, deren Druckerei sabotiert werden soll.[83] In der Gruppe um Scharf wird ein Verständnis von Öffentlichkeit wachgehalten, das diese in erster Linie als kritiklosen Resonanzraum der Machtmonologe und Visualisierungen massenhafter Zustimmung begreift. Es ist ein Konzept von Öffentlichkeit, das Kritik (verstanden als Möglichkeit zur Vielfalt, Dissens und Differenz) durch Einigkeit und Homogenität substituiert. Es ist von daher nur konsequent, wenn eine der angepeilten Möglichkeiten, auf diese der Gruppe fremde Öffentlichkeit zuzugreifen, tatsächlich im physischen Zugriff besteht – nämlich in der Sabotage der Druckerpressen. Zwar misslingt der Anschlag, aber er zeigt, in welchem Verhältnis die Gruppe Scharf zur Form einer nicht gleichgeschalteten Publizität[84] steht. Eine Re-Differenzierung der Gesellschaft soll um jeden Preis verhindert werden. Zuletzt gibt man sich die Form eines Athletenklubs mit Wehrsport-Zuschnitt und setzt im Licht von Leuchtfeuern[85] noch einmal die Ornamentik der Masse in Szene, was „bewundernde Zuschauer"[86] findet.

Neben diesen Formen der Herstellung beziehungsweise Zerstörung von Öffentlichkeit finden sich in *Die Jünger Jesu* auch (Miniatur-)Darstellungen von Öffentlichkeit als Kontaktzone verschiedener Meinungen. Frank gestaltet dieses Moment als Thesendialog, bei dem allerdings weniger lebensnahe Figuren als viel eher Typen beziehungsweise Repräsentanten diverser politischer Positionen miteinander kommunizieren. In der von Petrus' Vater geführten Weinstube kommt es zu einem Gespräch, das sich an den Jüngern Jesu entzündet und schließlich zur Lage Deutschlands im Allgemeinen führt. Wenig verwunderlich vertritt der Lehrer Scharf (der Vater des neonazistischen Gruppenführers) in erster Linie eine offen ablehnende Haltung gegenüber den Jüngern, die er als „moralisch verkommen" betrachtet, und er schätzt es als eine „nationale Schande" ein, dass „ein Deutscher seine Aussage vor einem amerikanischen Juden ma-

---

[83] Vgl. ebenda, S. 138f.
[84] Zum Begriff der Publizität im Kontext von Aufklärung und Meinungsfreiheit vgl. Hölscher: *Art. „Öffentlichkeit"*, S. 446–448.
[85] Frank: *Die Jünger Jesu*, a.a.O., S. 301.
[86] Ebd., S. 297f.

chen müsse".[87] Seine überkommene Moralvorstellung mischt sich mit unverhohlenem Antisemitismus, der auf die entschiedene Gegenrede des anwesenden Sozialisten stößt, was wiederum durch den auf die Gutherzigkeit des Amerikaners verweisenden Wirt flankiert wird.[88]

Das von Frank inszenierte Gespräch zwischen Tätern und Opfern dokumentiert zwar die bereits in Kraft getretene Möglichkeit, ein solches Gespräch überhaupt erst führen zu können, zeigt aber zugleich seine Grenzen auf; als der Lehrer Scharf die Frage stellt, warum man „im Keller wohnen" müsse (eine Frage, die durch den Textanfang bereits geklärt wurde), entgegnet der Sozialist: „Das kann ich Ihnen sagen, Herr Lehrer. Man entfesselt einen Krieg um die Weltherrschaft, zerstört ganz Europa, bringt auf möglichst schauerliche Weise zwanzig Millionen Menschen um, dann wohnt man im Keller."[89] Dass der Lehrer daraufhin die Weinstube verlässt, das Gespräch abbricht und also dessen Rationalitätsansprüchen nicht genügt, unterstreicht nicht nur die Sprachlosigkeit des Nazismus, sondern markiert zugleich einen Moment der Möglichkeit: „Einige Sekunden war es still. Jeder war allein mit sich und schien zu begreifen, daß bezahlt werden mußte. Sie schienen in diesen Sekunden offen und empfänglich zu sein wie Erde für neuen Samen."[90] Hier scheint die mögliche Emergenz des Neuen mit Händen zu greifen, die sich durch die Metapher vom Samen andeutet. Aber: Gerade diese Empfänglichkeit und Offenheit, für die in der vorliegenden Arbeit paradigmatisch die Denkfigur des Interregnums steht, wird im Text selbst nicht eingelöst. Die im Interregnum angelegte Offenheit und dadurch bedingte Neuorientierung wird textintern zugunsten eines bipolaren Polit-Modells vereinfacht und im Konflikt zwischen Faschismus und Sozialismus zum schicksalshaften Entscheidungskampf vereindeutigt. Der immer wieder von der Forschung monierte Aspekt einer einseitigen bis propagandistischen Dimension des Textes zeigt sich ja nicht zuletzt auch daran, dass, so Zeitungen zitiert werden, immer lediglich eine zur Sprache kommt: die sozialistische.[91]

---

[87] Ebd., S. 194f.
[88] Ebd., S. 195.
[89] Ebd., S. 196.
[90] Ebd.
[91] Mit einer Einschränkung: Es findet ein namenloser „lokale[r] Anzeiger" Erwähnung, der, wenig verwunderlich, eine eher reaktionäre Position vertritt. Diese wird aber nicht *en détail* dargelegt und die Zeitung selbst

Damit wird die Darstellung einer kritischen Publizität als textlicher Ort der Öffentlichkeit weitgehend monologisiert – die Textur der *Jünger Jesu* debattiert selbst nicht, sondern verengt die vermeintliche Polyphonie zunehmend zugunsten der hegemonialen Stimme des Sozialismus. Der Verdrängung des Polylogs[92] durch den Monolog entspricht dabei der Wechsel vom Räsonieren der Leserschaft über den Text zum sanften Belehren durch den Text.[93]

Damit wird zwar nicht der Anspruch aufgegeben, mit dem Text an einem meinungsbildenden Prozess zu partizipieren – aber textintern wird dieser Prozess selbst nur mehr fragmentiert dargestellt. Während den (historischen) Gegnern, den Verfechtern des Nationalsozialismus, schlicht die ohnehin spärlichen Argumente ausgehen und sie die diskursive Bühne verlassen, beharren alle übrigen Gesprächsteilnehmer auf ihren Positionen. Die Sozialisten betonen die Notwendigkeit einer gesellschaftlichen und vor allem ökonomischen Neuordnung und Professor Häberlein, Verkörperung des national gesinnten Mandarins,[94] betont: „Ein nationaler Krieg um Lebensraum und Weltgeltung ist berechtigt, solange die Güter

---

    findet im Text selbst kaum Erwähnung. Vgl. ebenda, S. 201f. Ausführlich zitiert sowie mit Quellenangaben versehen wird hingegen ein Artikel aus der *New York Times*, der die personellen Kontinuitäten im Justizsystem der unmittelbaren Nachkriegszeit in Deutschland und weitere Nazi-Tendenzen moniert. Ebd., S. 201. Bei dem Artikel handelt es sich um Mallory Browne: *Nazi Revival in Many Lands Seen; A Survey Lists German Officials*, in: *The New York Times* 15.06.1947, S. 1, 17. Vgl. auch Cersowsky: *Nachwort*, a.a.O., S. 228.

[92] Der Begriff des Polylogs ist Frank Grunert entlehnt. Vgl. Frank Grunert: *Von polylogischer zu monologischer Aufklärung: Die Monatsgespräche von Christian Thomasius*, in: *Die Philosophie und die Belles-Lettres*, hg. von Martin Fontius/Werner Schneiders, Berlin 1997, S. 21–38.

[93] Mit Wolfgang Ferchl lässt sich diese weiche Belehrung fassen als Herstellung „distanzloser Identifikation mit ‚positiven', vorbildlichen Romanpersonen". Wolfgang Ferchl: *Zwischen Schlüsselroman, Kolportage und Artistik. Studien zur gesellschaftskritisch-realistischen Romanliteratur der 50er Jahre in der Bundesrepublik Deutschland in ihrem sozialgeschichtlichen und poetologischen Kontext*, Amsterdam 1991, S. 220.

[94] Vgl. Fritz K. Ringer: *The Decline of the German Mandarins. The German Academic Community*, Cambridge, Mass. 1969.

die Welt ungleich verteilt sind."[95] In ihm lebt nicht nur das lexikalische Erbe der NS-Zeit weiter („Lebensraum"), sondern auch der romantische Gedanke von den „unerschöpfliche[n] Kräfte[n]"[96] des deutschen Volkes. Dieses so „arrangierte Gespräch"[97] führt zwar verschiedene Positionen vor und stattet die Figuren, die die jeweiligen Positionen vertreten, mit einer eigenen Argumentationsweise sowie einer eigenen Diktion aus; aber die Privilegierung der sozialistischen Perspektive regt vielmehr zu deren Übernahme als zur Entwicklung eines eigenen Standpunkts an.

Dies zeichnet sich bereits bei den Jüngern Jesu selbst ab; in dem zuvor weiter oben skizzierten kurzen Gespräch der Jünger mit dem amerikanischen „Kapitän" wird Petrus' Hinweis, man könne über die Auflösung der Gruppe nicht *ad hoc* entscheiden, sondern müsse erst in einen demokratischen Deliberationsprozess einsteigen, von einem weiteren Jünger, dem erst später hinzugekommenen „Gelehrten" unterbrochen. Dass es gerade der „Gelehrte" ist (der seinen Namen dem Umstand verdankt, dass er das Gymnasium besucht[98]), der dem Prinzip des Ausredenlassens zuwiderhandelt, ist bezeichnend: Er wird es auch sein, auf dessen maßgebliches Betreiben hin die Jünger Jesu geschlossen in die sozialistische Jugend wechseln.[99] Und ausgerechnet diesem Wechsel geht keine textlich verbriefte Deliberation voran; um die Auflösung wird nicht gestritten, es herrscht stattdessen beredtes Schweigen und schweigendes Einverständnis. Zwar bindet Petrus den vom Erzähler als revolutionär bezeichneten Vorschlag des Gelehrten ein in die Verfahrenslogik der der Jünger eigenen kommunikativen Praxis („Ist das ein Antrag? Wünscht der ehrenwerte Jünger Judas Ischariot die Abstimmung?"[100]), aber Debatte sowie Abstimmung des Antrags werden vertagt – um danach nie wieder aufzu-

---

[95] Frank: *Die Jünger Jesu*, a.a.O., S. 196.
[96] Ebd., S. 197.
[97] Der Terminus wird im Sinne Michael Nagels genutzt als „Fiktion einer gesprächsweisen Kommunikation", Vgl. Michael Nagel: *Das arrangierte Gespräch, die erzählte Geschichte: Inszenierte Mündlichkeit in der Publizistik der Aufklärung*, in: *Aufklärung der Öffentlichkeit – Medien der Aufklärung. Festschrift für Holger Böning zum 65. Geburtstag*, hg. von ders., u.a., Stuttgart 2015, S. 93–115, hier S. 94.
[98] Frank: *Die Jünger Jesu*, a.a.O., S. 198.
[99] Ebd., S. 203.
[100] Ebd., S. 203f.

tauchen. Aber: Der mitunter als Trickwende, als Allheilmittel[101] kritisierte Wechsel der Jünger weg von einer para-religiösen Gruppierung ohne transzendenten Überbau, dafür aber mit einer sozialen Ausrichtung, die ihr Fundament in einer Ethik des Mitleids hat, in eine sozialistische Vereinigung, motiviert sich nicht nur durchs Franks eigene politische Überzeugungen,[102] die dem Text fraglos eingeschrieben sind. Sie sind eben auch inhaltlich motiviert: Wo es, wie die Jünger zuletzt erfahren müssen, nichts mehr zu verteilen gibt, wo man den vermeintlich Reichen nichts mehr nehmen kann, um es den tatsächlich Armen zu geben, da gerät die Logik der barmherzigen Umverteilung an ihr Ende. Der Schritt in die parteipolitische Neuausrichtung ist somit auch eine in der Diegese verbürgte Einsicht in die Begrenztheit des Jünger-Engagements. Dass dieser weitreichende Schritt allerdings lediglich im narrativen Schatten verhandelt wird, suspendiert ein wesentliches Moment des Selbstverständnisses der Gruppe und lässt bereits die forcierte Einheit des späteren real existierenden Staatssozialismus durchscheinen. Die Stimme der kommenden Ordnung klingt hier nur allzu bekannt.

4.2.5 „ein [...] heller Fleck" – Revolution im Gerichtssaal

In der oben skizzierten Textpassage, in der der Vorschlag zur Sprache kommt, die geheime Gesellschaft der Jünger Jesu geschlossen der sozialistischen Jugend anzugliedern, wird eben jener Vorschlag von der Erzählinstanz als revolutionär markiert. Der Begriff der Revolution gehört zum theoretischen Kernbestand nahezu aller Spielformen des Sozialismus und er blieb auch noch in den 1930er Jahren sowie im Deutschland der unmit-

---

[101] Vgl. Bubser: *Leonhard Frank: Nachkriegsjahre und Rezeption seiner letzten Werke*, a.a.O., S. 33, der von einer „Art der Panazee" spricht.

[102] Dass es sich bei Franks Haltung zum Sozialismus, die er während seines zweiten Exils (re-)kultivierte, lediglich um eine Summe von „Deklamationen" handele, „die die Resignation überdecken" sollten, wie Glaubrecht annimmt, ist angesichts der hier vorgeschlagenen Lesart des Romans eine zu weitreichende Formulierung. Vgl. Glaubrecht: *Studien zum Frühwerk Leonhard Franks*, a.a.O., S. 187.

telbaren Nachkriegsjahre zentraler Bezugspunkt linker Theoriebildung.[103] Es kann von daher nicht überraschen, dass er auch in Franks Roman eine durchaus prominente Rolle spielt. Denn nicht nur der Übergang der Jünger in eine sozialistische Vereinigung wird mit diesem Wort gekennzeichnet, sondern auch ein Moment, der für die Dramaturgie des Romans von besonderer Bedeutung ist: Die Gerichtsverhandlung um Ruth.

Ruth erschießt den Mann, der maßgeblich an der Ermordung ihrer Eltern beteiligt gewesen war (und der für diese Tat niemals juristisch belangt wurde), wird daraufhin inhaftiert und dem Haftrichter vorgeführt. Da sie die Tat weder bestreitet noch bereut, bleibt lediglich die Frage zu klären, ob Ruth als voll strafmündig bewertet und zu einer Gefängnisstrafe verurteilt wird, oder ob man sie als unzurechnungsfähig klassifiziert und einer psychiatrischen Anstalt überstellt. Im Gerichtsprozess, der selbst, wie es im Text heißt, für „die Öffentlichkeit [...] von prinzipieller Bedeutung"[104] sei, kulminiert der Handlungsstrang um Ruth und wird ihre Geschichte mittels Figurenreden und Analepsen aufbereitet. Die so stattfindende Psychologisierung der Figurenbiographie wird flankiert durch zwei psychiatrische Gutachten, deren Diskussion einen nicht unerheblichen Anteil des Prozessgeschehens einnimmt. Während dieser thematische Gesamtkomplex zumeist unter dem Schlagwort der gerechten Rache[105] diskutiert wurde, geht es hinsichtlich des Interregnums als

---

[103] So formuliert beispielsweise der ins Prager Exil emigrierte SPD-Parteivorstand mit dem sogenannten Prager Manifest 1934 ein dezidert revolutionär-sozialistisches Programm. Auch wenn die SPD davon sukzessive Abstand nehmen wird, bleibt die Rede von der Revolution präsent, beispielsweise in den Schriften Alexander Schifrins. Vgl. Boris Schilmar: *Der Europadiskurs im deutschen Exil 1933–1945*, München 2004, S. 50f. sowie 62–64. Und in der Schrift *Grundsätze und Ziele der Sozialistischen Einheitspartei Deutschlands* (21. April 1946) heißt es in Bezug auf den „Kampf um den Sozialismus", die SED werde „zu revolutionären Mitteln greifen, wenn die kapitalistische Klasse den Boden der Demokratie verläßt". Zitiert nach: Dieter Felbick: *Schlagwörter der Nachkriegszeit 1945–1949*, Berlin 2003, S. 500.

[104] Frank: *Die Jünger Jesu*, a.a.O., S. 235.

[105] Vgl. Hans Steidle: *Wie eine große Liebe kann man Rache nicht aufschieben (J. Amichai). Zum Motiv der gerechten Rache bei Leonhard Frank und Jehuda Amichai*, Würzburg 1996; Eric Hilgendorf: *Leonhard Franks politischer Humanismus und seine Justizkritik in Die Jünger Jesu*, in: *Felder der Ehre? Krieg und Nachkrieg in der deutschen Literatur des 20.*

Denkfigur im Folgenden vor allem um die Entscheidungsfindung der Geschworenen. Wie schon zuvor bei den Jüngern Jesu und ihrem geheimen Treffpunkt spielt auch hier die textliche Repräsentation des Raumes für die Interpretation eine zentrale Rolle.

> Auch das Geschworenenzimmer war unten mit Eichenholz vertäfelt. An der nachgedunkelten Wand über der Vertäfelung war ein scharf abgegrenzter heller Fleck, in der Mitte, wo einstens das Porträt Kaiser Wilhelms, später das des Präsidenten der Weimarer Republik und dann zwölf Jahre Hitlers Porträt gehangen hatte.[106]

Abseits der Evokation einer behäbig-gediegenen Atmosphäre, die sich der Eichenholzvertäfelung verdankt, ist es der „helle Fleck", der erneut eine Ästhetik der Spur ins Werk setzt. Der farblich abgesetzte Fleck verweist nicht nur, wie der Erzähler anmerkt, auf die Porträtfolge der letzten Herrscher (die zugleich synekdotisch für die durch sie jeweils repräsentierten politischen Ordnungssysteme stehen), er markiert vor allem eine zur Zeit vorherrschende Leere. Der Fleck ist Ausdruck einer Absenz, die durch ihn gleichsam präsent ist. Während er den Blick in die Vergangenheit richtet und eine (unheilvolle) Kontinuität deutscher Politikgeschichte skizziert, ist er als Bruch-Metapher zugleich Ausdruck einer Interims-Phase – es hängt ja kein neues Bild an der Wand – und eröffnet außerdem einen Ausblick in eine allerdings in dieser Textstelle noch vollständig offene, ungewisse Zukunft. Zugleich führt der Text den Fleck als präsente Absenz politischer Ordnungsstrukturen mit dem Prozess der juristischen Entscheidungsfindung zusammen, sitzen doch die Geschworenen sowie die drei Berufsrichter „in der Mitte, unter dem hellen Fleck".[107] Die Beratung hinsichtlich der Frage, wie mit Ruth Freudenheim umzugehen sei, gewinnt dadurch besondere Bedeutung, weil sie letztlich durch den Fleck als Moment eines möglichen Neuanfangs oder aber als Bekenntnis zur

---

Jahrhunderts, hg. von Michael Henke/Wolfgang Riedel, Würzburg 2015, S. 177–187. Hilgendorf verweist zudem auf die Aktivitäten der Nakam, einer „jüdischen Organisation, die sich nach Kriegsende der Rache an den Deutschen verschrieben hatte", womit Franks Roman historische Parallelen kenne. Ebd. S. 182.

[106] Frank: *Die Jünger Jesu*, a.a.O., S. 257f.
[107] Ebd., S. 258.

alten Ordnung und ihrer vermeintlich ungebrochenen Kontinuität gerahmt wird. Es ließe sich sagen, dass, gerade weil keine vergleichbare ordnungstheoretische Ikonographie vorliegt (kein Kaiser, kein Präsident, kein Diktator), die als legitimierende Instanz fungieren könnte, die Entscheidungsfindung in der *causa* Freudenheim zum Politikum gerät. Und das durch den Fleck versinnbildlichte „Herausfallen[] aus dem Kontinuum der Geschichte"[108] ist ein dezidiert politisches Problem.

Diese symbolische Leerstelle, die der Fleck markiert, macht es schließlich möglich, dass die Geschworenen gar nicht den Fall selbst verhandeln, sondern die juristischen Strukturen, die diesem zugrunde liegen. Damit greifen sie die Aussage des Verteidigers auf, dass „in diesem Prozeß […] die deutsche Justiz unter Anklage"[109] sei. Diese Deutung wird in erster Linie von dem Geschworenen Doktor Buck thematisiert und schließlich zu einer Theorie revolutionärer Handlung ausgeweitet: „Was Ruth Freudenheim getan hat, ist ein revolutionärer Akt. Ein gemartertes kleines Judenmädchen mußte kommen und das Recht, das gebrochen und zersetzt wurde, auf revolutionärem Wege wieder in Kraft setzen."[110] Diese Deutung speist sich aus dem Gedanken, dass die deutsche Justiz Zwischenzahl, den Mörder von Ruths Eltern, bereits zur Rechenschaft hätte ziehen müssen. Dies nicht getan zu haben, versetzt Ruth erst in die Lage, als Rachefigur aufzutreten und als Individuum das zu tun, was durch staatliche Institutionen hätte getan werden müssen. Es sei von daher, so Doktor Buck, schlicht und ergreifend nicht möglich, in diesem Falle Recht zu sprechen, da es „keine Rechtsgrundlage für die Anklage gab".[111] In anderen Worten: Die deutsche Justiz hat sich durch ihr Nichts-

---

[108] Florian Grosser: *Theorien der Revolution zur Einführung*, Hamburg 2013, S. 16. An dieser Stelle erhellt sich auch die Rede davon, bei dem Fleck handele es sich um eine Bruch-Metapher, da sie gerade dieses Abreißen einer historischen Linie ins Bild setzt. Als Bruch-Metapher markiert der Fleck ein revolutionäres Moment, den „Blitzschlag", der „das Kontinuum der historischen Zeit […] aufzusprengen vermag". Michael Hardt/Sandro Mezzadra: *Versuch, groß zu denken. Der Oktober 1917 und seine Folgen*, in: *Kritik und Aktualität der Revolution*, hg. von Martin Birkner/Thomas Seibert, Berlin 2017, S. 109–130, hier S. 109.
[109] Frank: *Die Jünger Jesu*, a.a.O., S. 249.
[110] Ebd., S. 263.
[111] Ebd.

tun selbst abgeschafft. Die Geschworenen finden sich also in einer rechtsphilosophischen Leerstelle wieder; egal wie sie sich entscheiden, ob sie Ruth frei- oder schuldigsprechen, sie akzeptieren als Rechtsgrundlage ein Justizsystem, das moralisch vollständig diskreditiert ist.

Der revolutionäre Akt allerdings wird gerade nicht von Ruth begangen – ihre Handlung bleibt, egal wie sehr sie auch als verständlich und gerechtfertigt erscheinen, schlicht die Tötung eines Menschen aus persönlichen Beweggründen. Revolutionär hingegen ist die Art der Verhandlung dieses Aktes im Kontext des Entscheidungsprozesses der Geschworenen. Denn die Geschworenen entscheiden sich dafür, sich nicht zu entscheiden (jedenfalls in der Erstausgabe des Romans[112]), sondern den Prozess selbst zur Disposition zu stellen. Indem sie sich eines Urteils enthalten, suspendieren sie eben dessen prozessuale Logik und delegitimieren das gesamte juristische Verfahren. Damit handeln sie, wie es auch dem konservativen und für einen Schuldspruch plädierenden Professor Häberlein dämmert, „selbst wie Revolutionäre".[113] Endgültig verstetigt wird diese Deutung in einer erneut montierten Meldung der sozialistischen Zeitung, wo es heißt: „Die Revolution, die nach dem Sturz der Naziherrschaft verhindert wurde, kam im Rechtsgefühl der Geschworenen und des Publikums zum Durchbruch."[114] In der Rede vom Rechtsgefühl wird nicht mehr auf positives Recht oder eine bestimmte Rechtstradition verwiesen, sondern auf eine Art *moral sense*. Allerdings: Es ist bezeichnend, dass jene Geschworenen, die Doktor Bucks Lesart des Falles folgen, allesamt Schaden durch den NS-Faschismus erlitten haben, oder zumindest über ausreichend Empathie verfügen, um sich in Ruths Lage zu versetzen. Eine schlichte Ver-

---

[112] In der zweiten Fassung des Romans endet der Prozess schlicht mit einem Freispruch. Frank scheint dem relativ unrealistischen Setting, das in der ersten Fassung zu einer Verweigerung des Urteilsspruchs durch die Geschworenen führt, selbst zunehmend skeptisch gegenübergestanden zu haben. Er lässt in der zweiten Fassung jedenfalls Doktor Bruck auf einen lang zurückliegenden Fall „in der englischen Justizgeschichte" anspielen, wo ein solches Handeln schon einmal stattgefunden habe und ihn sodann bedauernd feststellen: „Leider ist es nicht möglich." Leonhard Frank: *Die Jünger Jesu*, Würzburg 2013, S. 198f.

[113] Frank: *Die Jünger Jesu*, a.a.O., S. 264.

[114] Ebd., S. 269.

allgemeinerung dieses Rechtsgefühls, wie sie an anderer Stelle erfolgt, erscheint aus dieser Perspektive zumindest diskutabel.[115]

Wie gezeigt gibt es eine direkte Verbindung des revolutionären Handelns der Geschworenen mit der Logik der Leerstelle, die durch den hellen Fleck symbolisiert wird. Angesichts der deutlich für den Sozialismus optierenden Textur des Romans plausibilisiert diese Lesart die These, dass *Die Jünger Jesu* an dieser Stelle den soziopolitischen Zustand des Interregnums als revolutionäre Situation konturieren. Neuorientierung in einer Welt, der ihr moralischer Kompass abhandengekommen ist, lässt sich, so führen es die Geschworenen im Kleinen vor, nur durch einen qualitativen Schritt nach vorne erzielen. Diese auf Linearität zielende Wegmetaphorik kollidiert zwar mit der Rede Doktor Bucks, der mit dem Begriff von der Wiedereinführung des Rechts eine Kreisbewegung zu evozieren scheint, aber eben kaum eine Rückkehr zum Justizsystem der Weimarer Republik oder des Kaiserreiches meinen kann. In all diesen Systemen wäre Ruths Handeln als Straftat gewertet worden. Was also wie Reform wirkt, ist eben doch in seinen Konsequenzen revolutionär. Das Handeln des Geschworenen zielt auf etwas genuin Neues ab, das zwar in der Diegese unbenannt bleibt, aber in sich den Gedanken der Freiheit beziehungsweise Befreiung trägt.[116] In der Revolution im Gerichtssaal manifestiert sich diese Freiheit auch ganz konkret in der Befreiung ihrer Portalfigur, Ruth; das abstrakte Momentum der Überwindung eines vollends delegitimierten Justizsystems findet darin seinen konkreten Niederschlag.

---

[115] So spricht Caspar: *Zum Spätwerk Leonhard Franks*, a.a.O., S. 603, vom „gesunden Menschenverstand", der im Prozess gegen Ruth siege und Rotermund: *Zwischen Ost und West*, a.a.O., S. 202, verweist auf das „normale Rechtsempfinden der sogenannten einfachen Leute".

[116] Die Verbindung von Revolution und Freiheit wird in vielen Revolutionstheorien betont. Stellvertretend seien Hannah Arendt und Herbert Marcuse zitiert. Arendt spricht davon, dass es der Revolution darum zu tun sei, den „Erscheinungsraum der Freiheit neu zu gründen." Hannah Arendt: *Über die Revolution*, München 1963, S. 79. Und Marcuse betont unter Rekurs auf die protestierenden Studenten im Jahre 1968 in Paris, diese hätten „die Idee der Revolution [...] mit ihrer wahren Dimension verknüpft – der von Befreiung." Herbert Marcuse: *Versuch über die Befreiung*, Frankfurt a. M. 1969, S. 12.

Die vorgeschlagene Lesart der Beratungsszene ermöglicht aber nicht nur, das Moment des Revolutionären auf der (gesellschaftlichen) Makroebene zu verorten, sondern über den erneuten Rekurs auf die Figur Ruth auch auf der (individuellen) Mikroebene. Ruth wird zu Beginn des Textes eingeführt als eine „wandelnde Tote", als Mensch, der „im unermeßlichen Entsetzen abgestorben" war.[117] Die Todessymbolik wird noch durch die Grenzmythologie des Fährmanns verstärkt, dem Ruth auf ihrem Weg nach Würzburg begegnet und der „das tote Mädchen über den Fluß"[118] setzt. Ruth ist damit selbst eine Figur des Dazwischen,[119] sie changiert zwischen Leben und Tod, ein Bild, das für die existentielle Semantik traumatischer Erfahrungen nicht unüblich ist.[120] Ruth lebt zwar noch, ist aber für nahezu alle emotionalen Regungen unempfindlich geworden und sieht sich außerstande, noch einmal irgendeine Form von Partnerschaft einzugehen. Alle Versuche, ihr zu helfen, scheitern; erst nachdem sie Zwischenzahl erschossen hat, geht es ihr nach eigener Aussage besser.[121]

---

[117] Frank: *Die Jünger Jesu*, a.a.O., S. 44. Dort beide Zitate.

[118] Ebd., S. 47.

[119] Auch die zweite zentrale Frauenfigur des Romans, Johanna, wird in gewisser Hinsicht als eine Figur des Dazwischen konturiert. Dafür spricht zunächst die Verwendung der Raumfigur des Dazwischen, mit der Johanna im Text eingeführt wird („Hinter ihr waren nur noch Verzweiflung und Hoffnungslosigkeit, vor ihr stand das junge Grün der Weidenbüsche in der Sonne, schimmernd und im Safte strotzend, als wäre nichts geschehen"). Auch der Umstand, dass Johanna sich aus den sozialen Netzwerken weitestgehend losgelöst vorfindet (beide Elternteile sind tot), spielt in diese Deutung hinein. Die temporale Einordnung Johannas als Figur, die „keine Gegenwart und keine Zukunft hatte", scheint zwar quer zu dieser Deutung zu liegen, tatsächlich wirkt Johanna aber eher als Figur, die in einer stark ausgedehnten Gegenwart zu leben scheint, die kein Vorwärts oder Rückwärts kennt. Anders als bei Ruth gelingt Johanna der Schritt aus dieser Wartesaal-Existenz dadurch, dass sie neues Leben schenkt. Von Erfolg ist dies allerdings nicht geprägt; Johanna stirbt bei der Geburt ihres Kindes. Frank: *Die Jünger Jesu*, a.a.O., S. 9, 10, 279.

[120] Siehe hierzu die Ausführungen zu Georg Hensels Roman *Nachtfahrt* in dieser Arbeit.

[121] Hilgendorf liest dies als eine Form doppelter Wiederherstellung: „Ihre [i.e. Ruths] Motive sind zum einen die Wiederherstellung von Gerechtigkeit, zum anderen aber auch die eigene seelische Wiederherstellung. Deshalb

Obwohl gerade diese Äußerung sodann von einem der psychiatrischen Gutachter als Ausdruck ihrer andauernden, vollständigen emotionalen Verkümmerung gelesen wird („Sie ist gefühlstot"[122]), drängt sich eher die Lesart auf, die in der Ermordung Zwischenzahls einen Akt der Selbstbefreiung sieht. Unterstützt wird diese Lesart durch einen Erzählerkommentar, der erneut das Bild vom toten Mädchen und der Fähre aufgreift und konstatiert: „Sie war nicht mehr das tote Mädchen, das der Fährmann im Spessart über den Fluß gesetzt hatte."[123] Deutet man Ruth als Figur eines existentiellen Dazwischen, so lässt sich an dieser Stelle feststellen, dass sie einen Schritt aus dem ‚Zwischenland' zwischen Leben und Tod in Richtung Leben getan hat; es gehört zur (durchaus bitteren) Ironie des Textes, dass dieser Schritt nur durch den Tod eines anderen, wenn auch im juristischen und moralischen Sinne schuldigen Menschen gelingen konnte.

Dass Ruth durch ihren Racheakt tatsächlich wieder eine gewisse Balance in ihr Leben zu bringen scheint, zeigt sich auch an ihren Bildern. Sie beginnt bereits kurz nach ihrer Rückkehr nach Würzburg zu zeichnen und nutzt dieses künstlerische Medium auch, um das ihr zugefügte Leid im Bild zu objektivieren,[124] es sich selbst und ihren Mitmenschen quasi vor Augen zu führen. Sie fertigt verschiedene Mappen an, malt Naturdarstellungen, aber eben auch Darstellungen von Auschwitz: „nackte Leichen, aufgehäuft wie Schutt, die vergasten Körper abgemagert bis zum Skelett, die schwarzen Münder weit offen."[125] Fungieren diese Bilder noch als Reflexionsmedium, mittels deren Johanna die Täterrolle der eigenen Nation überblickt („Das haben wir getan. Das!"[126]), versagt vor den Bildern des Bordells die rationale Kraft und überwiegt die emotionale

---

kann sie vor Gericht von sich sagen, sie fühle sich seit der Tat besser." Hilgendorf, *Leonhard Franks politischer Humanismus*, a.a.O., S. 180.

[122] Frank: *Die Jünger Jesu*, a.a.O., S. 251.

[123] Ebd., S. 236.

[124] Das visuelle Moment ist auch in den ersten Versuchen der Versprachlichung ihres Leides präsent, wenn sie Johanna ihre Erlebnisse schildert, als „zeigte sie Johanna gleichgültig Abzüge von photographischen Platten in ihrem Gehirn." Frank: *Die Jünger Jesu*, a.a.O., S. 55.

[125] Ebd., S. 177.

[126] Ebd.

Überwältigung.¹²⁷ Ruth, die später kurz vor ihrer Rache „nur noch Szenen aus dem Bordell" malt, nutzt die Kunst auch als eine Art Therapeutikum, sie malt „gleich einer Kranken, die sich einer peinigenden Entgiftungskur unterzieht".¹²⁸ Wie, um im semantischen Feld zu bleiben, toxisch Ruths Erfahrungen und Bilder sind, zeigt sich nicht zuletzt an dem Umstand, dass sie die Bordell-Szenen in einer „‚Giftmappe'"¹²⁹ versteckt aufbewahrt – direkt neben dem Revolver, mit dem sie den Mörder ihrer Eltern erschießen wird, womit noch einmal die dem Text eigene „Kontrapunktik von Leben und Tod"¹³⁰ akzentuiert wird. Zuletzt malt sie keine Erfahrungsszenen mehr, sondern „neue[] unrealistische[] Bilder, in Linie und Farbe eigenartig ausbalanciert"¹³¹, womit der Text eine erste innere Genesung Ruths andeutet.

Wie ein Bild wirkt auch die letzte Textpassage des Romans, die noch einmal die Antithese von (Neo-)Faschismus und Sozialismus figurativ aufruft. In der besagten Szene kommen die Jünger Jesu, die zuvor mit dem ihnen eigenen Pathos ihre Gruppe für aufgelöst erklärt haben, an dem Platz vorbei, wo die Gruppe um Scharf gerade Exerzieren übt:

> Scharfs Gruppe exerzierte, die runden Holzstäbe geschultert wie Gewehre. Es waren schon neunzig SA-Athleten. Sie trugen weiße Trikots und weiße kurze Hosen. Scharf kommandierte. Sie schwenkten ein im Schein der Leuchtfeuer und standen stramm, in einer langen Reihe, die Holzstäbe präsentiert. Die Jünger waren vor dem Balkengehege stehengeblieben. Nichts bewegte sich, und es war still.¹³²

Als in der geronnenen Zeit fixierte Konfrontation der beiden Systemoptionen, entwirft Frank am Ende des Textes das Bild eines politischen Stillstands, an dem sich höchstens Latenzen und Tendenzen ablesen lassen. Welche sich davon letztlich durchsetzen werden, wird nicht abschließend

---

¹²⁷ Diese Überwältigung wird durch Johannas sprachliche Reaktion transparent, die sich weitestgehend in Interjektionen erschöpft: „‚Ruth! Oh, Gott, wie furchtbar! Ach, Ruth!'" Ebd., S. 178.
¹²⁸ Ebd., S. 206.
¹²⁹ Ebd.
¹³⁰ Cersowsky: *Nachwort*, a.a.O., S. 235.
¹³¹ Frank: *Die Jünger Jesu*, a.a.O., S. 288.
¹³² Ebd., S. 301.

geklärt. Der Roman endet in politischer Bewegungs- und Klanglosigkeit und delegiert die Frage nach dem ‚Quo vadis, Germania?' zuletzt an die Lesenden.[133] Dass der Text für eine sozialistische Perspektive optiert, ist hingegen eindeutig. Dass in der durch die Jünger Jesu repräsentierten Wertelogik weitaus eher das Wohl Deutschlands zu erwarten ist, machen nicht zuletzt die Worte des amerikanischen „Kapitän" deutlich, der nach seinem ersten Treffen mit den Jüngern diesen nachblickt, so „als dächte er, daß die Jünger einstens nicht die schlechtesten Deutschen sein würden."[134]

4.3 Hans Werner Richter: *Die Geschlagenen* (1949)

4.3.1 ‚Always discuss!' – demokratische Haltung und publizistische Praxis

Im November 1947 schreibt Wolfgang Lohmeyer, der zu diesem Zeitpunkt bereits mit der Veröffentlichung mehrerer Gedichte in Zeitschriften sowie einem eigenen Gedichtband[135] in Erscheinung getreten ist, einen Brief an Hans Werner Richter, in dem er sich nach der jüngst gegründeten „Gruppe 47" erkundet. Lohmeyer kannte Richter bereits durch sein Mitwirken an dem von diesem herausgegebenen Band *Deine Söhne, Europa. Gedichte deutscher Kriegsgefangener*,[136] für den Lohmeyer insgesamt sechs Gedichte beisteuerte. Auch in der von Richter und Alfred Andersch verantworteten Zeitschrift *Der Ruf* hatte Lohmeyer bereits publiziert; allerdings, da Lohmeyer noch auf keiner Tagung der erst jüngst gegründeten Gruppe 47 gewesen ist, diese aber bereits mit den publizistischen Äußerungen der Jungen Generation in Verbindung bringt (die er dezidiert kritisch sieht), äußert er in seinem Brief den Wunsch, über „die wahren

---

[133] So auch Ferchl: *Zwischen Schlüsselroman, Kolportage und Artistik*, a.a.O., S. 221.
[134] Frank: *Die Jünger Jesu*, a.a.O., S. 234.
[135] Wolfgang Lohmeyer: *Erste Gedichte*, Baden-Baden 1947.
[136] Hans Werner Richter: *Deine Söhne, Europa. Gedichte deutscher Kriegsgefangener*, München 1947.

Absichten der ‚Gruppe 47'"[137] aufgeklärt zu werden. Dem Brief ist ein Text mit dem Titel *Rede eines Vertreters der jungen Autorengeneration an sein Volk* beigefügt, in dem Lohmeyer – auf Richters Humor zählend – sich eine Gruppe 47 imaginiert, der er „so ungefähr alles Böse angedichtet"[138] hat, was ihm einfiel. Der Text liest sich sodann auch wirklich wie ein Kompendium satirisch überzeichneter Charakteristika der frühen Trümmerliteratur, der sich nicht nur, so Lohmeyer, gegen die „Klosett-Lyrik"[139] wendet, sondern bei dem besonders die Betonung der allgegenwärtigen Diskussionslust der imaginierten Grusel-Gruppe ins Auge fällt: „Diskussion ist Trumpf, es lebe die kritische Beleuchtung […]."[140] Konsequenterweise reagiert diese Gruppe auf Diskussionsunfähigkeiten mit sofortigem Ausschluss: „Neulich kam einer von uns, den hatte ein Buch so angegriffen, daß er keiner Diskussion darüber fähig war!! Wir haben ihn natürlich gleich aus der Gruppe geworfen, denn solche verinnerlichten Hammel können wir Aktivisten nicht gebrauchen."[141] Wo das künstlerische Erlebnis das Individuum überwältigt und damit sprach- und diskussionsunfähig macht, wird diese Form der unkritischen Distanzverminderung zwischen Text und Lesendem mit dem der ‚alten' Generation zugeschriebenen Terminus der Verinnerlichung gebrandmarkt. Was Lohmeyer hier parodistisch skizziert, ist für das Selbstverständnis der sogenannten Jungen Generation nach 1945 tatsächlich wesentlich, nämlich der Anspruch auf umfassende Kritik im Modus der Diskussion. Hans Werner Richters Antwort auf Lohmeyers Brief fällt dementsprechend symptomatisch aus: „Ich möchte diese ‚Rede' aber […] zur Diskussion stellen […]."[142]

---

[137] Hans Werner Richter: *Briefe*, hg. von Sabine Cofalla, München 1997, S. 58.
[138] Ebd.
[139] Lohmeyer dürfte hierbei unter anderem das Gedicht *Latrine* von Günter Eich im Sinn gehabt haben. Das zuerst im *Ruf* (1 [1946], S. 12) erschienene Gedicht wurde mit seinem provokativen Reim von „Hölderlin" auf „Urin" bereits früh als prototypisch für die Kahlschlagliteratur der Nachkriegszeit betrachtet; in Eichs Nachkriegswerk stellen sowohl dieses Gedicht als auch das nicht minder kanonische *Inventur* allerdings eher Ausnahmen dar.
[140] Richter: *Briefe*, a.a.O., S. 59.
[141] Ebd., S. 60.
[142] Ebd., S. 65.

Es wurde in den vergangenen Jahren verstärkt darauf hingewiesen, dass das Projekt einer Restitution der Demokratie in Deutschland nicht zuletzt auch die gezielten Bemühungen um eine andere Gesprächskultur enthielt. Parallel zum Wiederaufbau demokratischer Institutionen zielte die Etablierung einer anderen Gesprächskultur, die auf toleranzbasiertem Dissens-Management sowie kritischem Meinungsaustausch fußen sollte, auf das Einüben eines für die Demokratie wesentlichen Handlungsmusters. Das Ausbilden bestimmter „kommunikativer Dispositionen" war unter anderem erklärtes Ziel der amerikanischen Umerziehungspolitik, wobei ein besonderes Augenmerk auf dem Diskutieren als vermeintlich „in Vergessenheit geratene, genuin demokratische Kulturtechnik"[143] lag. Die Bedeutung der Diskussion und der mit dieser verbundenen Kritik wird von Hans Werner Richter immer wieder betont und nicht zuletzt zur *conditio sine qua non* der Gruppe 47 stilisiert, die sich nicht lediglich als literarisches Forum verstand, sondern sich gerade während ihrer Konstituierungsphase als Ort begriff, an dem sich demokratisches Sprechverhalten einüben ließ.[144] Dieser Anspruch prägte bereits die Planung einer neuen Zeitschrift, um die sich Richter nach seinem Ausscheiden aus dem *Ruf* bemühte und die unter dem Namen *Der Skorpion* allerdings über eine

---

[143] Nina Verheyen: *Diskussionslust. Eine Kulturgeschichte des ‚besseren Arguments' in Westdeutschland*, Göttingen 2010, S. 15. Dort auch das vorige Zitat.

[144] In der Forschung finden sich dementsprechend Formulierungen wie jene von Jürgen Schutte, der hinsichtlich der Gruppe 47 von einer „Vorschule der Demokratie" spricht. Vgl. Jürgen Schutte: *Hans Werner Richter und die politische Kultur der Bundesrepublik*, in: „*Es sind alles Geschichten aus meinem Leben." Hans Werner Richter als Erzähler und Zeitzeuge, Netzwerker und Autor*, hg. von Carsten Gansel/Werner Nell, Berlin 2011, S. 149–171, hier S. 156. Vgl. auch Jürgen Grambow: *‚Der Skorpion' und die Folgen. Hans Werner Richter und die ‚Gruppe 47'*, in: *ndl. Zeitschrift für deutschsprachige Literatur und Kritik* 45 (1997), S. 169–176, hier S. 172 sowie Dominik Geppert: *Hans Werner Richter, die Gruppe 47 und die ‚Stunde Null'*, in: *Rückblickend in die Zukunft. Politische Öffentlichkeit und intellektuelle Positionen in Deutschland um 1950 und um 1930*, hg. von Alexander Gallus/Axel Schildt, Göttingen 2011, S. 203–220. Geppert schreibt, dass die Gruppe 47 von Anfang an ein Ort sein wollte, wo „Debattenkultur und Kritikbereitschaft" eingeübt werden konnte (S. 203).

Nullnummer nie hinausgekommen ist.[145] In gewisser Hinsicht fungiert diese Zeitschrift als textbasierte Vorlage für das Diskussionsformat der Gruppe 47 – in ihr sollte es, so Richter, um „freie Diskussion und das Ausspiel der Kräfte"[146] gehen.

Man verortete sich hinsichtlich der anstehenden Demokratisierung, die verstärkt durch den notwendigen Prozess einer demokratischen Elitenbildung bewerkstelligt werden sollte, an vorderster Linie. Dieser Gedanke prägte nicht nur die Frühphase der Gruppe 47 (und stattete sie abseits literaturpolitischer Bestrebungen mit einer weiteren Legitimationsdimension aus), sondern findet sich bereits in der Zeitschrift *Der Ruf*. So spricht beispielsweise Alfred Andersch in Bezug auf jene Kriegsgefangenen des speziellen Ausbildungslagers Fort Getty vom „Vortrupp", der sich aus „einige[n] geistig bewegliche[n] Männern"[147] zusammensetze – und die, so der Subtext, die Avantgarde der deutschen Demokratisierung darstellen.[148] Dieses Bewusstsein erklärte sich nicht lediglich aus einem Vorsprung an politischem und geschichtlichem Wissen, sondern speiste sich aus dem Kontakt mit „unbekannten ideologischen Traditionen und politischen Handlungsmustern"[149] und hierbei vor allem mit einer für den Prozess der Demokratisierung zentralen kommunikativen Praktik: der Diskussion. Dass das Erlernen und Üben kommunikativer

---

[145] Der Grund für das Nichtzustandekommen dieser Zeitschrift wird manchmal in der verweigerten Lizenz durch die alliierte Militärregierung verortet; es ist mittlerweile aber klar, dass Richter – auch entgegen eigenen Äußerungen – eine Lizenz für den *Skorpion* erhalten hat und das Scheitern der Zeitschrift wohl eher in finanziellen Problemen sowie Papiermangel begründet liegt. Vgl. Richter: *Briefe*, a.a.O., S. 27 sowie 55.

[146] Ebd., S. 24.

[147] Alfred Andersch: *Getty oder Die Umerziehung in der Retorte*, in: Ders.: *Gesammelte Werke*, Bd. 8: *Essayistische Schriften I*, hg. von Dieter Lamping, Zürich 2004, S. 133–145, hier S. 139. Zuerst veröffentlich in: *Frankfurter Hefte* 2 (1947), S. 1089–1096.

[148] Diese Vorrangstellung war allerdings nicht nur eine geistig-ideelle, sondern im Kontext der Kriegsgefangenenlager auch eine ganz konkret materielle, die sich beispielsweise in besserer Lagerausstattung, weniger strenger Tabakrationierung oder besseren Überfahrtbedingungen ausdrückte, vgl. Vaillant: *Der Ruf*, a.a.O., S. 45. Vgl. auch Wende-Hohenberger: *Ein neuer Anfang?*, a.a.O., S. 149.

[149] Geppert: *Hans Werner Richter, die Gruppe 47 und die ‚Stunde Null'*, S. 207.

Praktiken, das gegenseitige Zuhören, Aushalten anderer Meinungen, das gemeinschaftliche kommunikative Umkreisen eines bestimmten Themas zur Lernmasse des Unterrichts in bestimmten Kriegsgefangenenlagern gehörte und auch zentraler Bestandteil des Interregnums-Diskurses im amerikanischen *Ruf* ist, wurde weiter oben bereits verhandelt. Die Diskussion bleibt als wesentliches Mittel der demokratischen Vergemeinschaftung im *Ruf* der Nachkriegszeit präsent und wird, wie erwähnt, die Treffen der Gruppe 47 strukturieren; die Bedeutung, die dieses gemeinschaftliche, von thematischen Tabus oder ideologischen Zensuren freie Diskustieren für das Selbstverständnis auch und gerade von Hans Werner Richter hatte, zeigt sich schon daran, dass er noch in seinen Retrospektiven der 1970er und 1980er immer wieder darauf zurückkommt.[150]

Mag das – frei nach Fredric Jameson – „always discuss!" zum Credo der sich zur Jungen Generation zählenden Schriftstellerinnen und Schriftsteller gehören, auf den Nexus zwischen Demokratiebegründung und Gesprächs- bzw. Diskussionskultur hält sie kein Monopol. So hat beispielsweise Friedrich Kießling auch für Walter Dirks sowie Eugen Kogon nachgezeichnet, dass für beide das Gespräch als besonderer Begegnungsform für die (Re-)Demokratisierung Deutschlands eine herausragende Rolle spielte.[151] Stehen für den modernen Begriff der Diskussion eher Referenzen auf ein amerikanisches Demokratieverständnis im Vordergrund, so rekurrieren Dirks und Kogon in ihrer Verwendungsweise des Gesprächsbegriffs stärker auf deutsche Traditionsbestände,[152] um, so Kiessling, das „Entwickeln eines emphatischen Demokratieverständnis-

---

[150] Vgl. u.a. Hans Werner Richter: *Wie entstand und was war die Gruppe 47*, in: *Hans Werner Richter und die Gruppe 47*, hg. von Hans A. Neunzig, München 1979, S. 41–176, hier S. 81f.

[151] Vgl. Friedrich Kießling: ‚*Gesprächsdemokraten*' *– Walter Dirks' und Eugen Kogons Demokratie- und Pluralismusbegründungen in der frühen Bundesrepublik*, in: *Rückblickend in die Zukunft. Politische Öffentlichkeit und intellektuelle Positionen in Deutschland um 1950 und 1930*, hg. von Alexander Gallus/Axel Schildt, Göttingen 2011, S. 385–412.

[152] Zur Abgrenzung der Begriffe Diskussion und Gespräch entlang politischer Zugehörigkeiten in den 1950er- und 1960er-Jahren vgl. Christina von Hodenberg: *Konsens und Krise. Eine Geschichte der westdeutschen Medienöffentlichkeit 1945–1973*, Göttingen 2006, S. 31–86, v.a. S. 53–56.

ses"[153] zu ermöglichen. Über Milieugrenzen hinaus und trotz divergierender Wissensquellen treffen sich sowohl Kogon und Dirks als auch Vertreter der Jungen Generation in der Betonung dialogischer Sprechszenerien (Gespräch beziehungsweise Diskussion) als unabdingbar für die zu etablierende Demokratie. Diese Nähe zu Richter und anderen Protagonisten der Jungen Generation drückt sich beispielhaft in einem Zitat von Egon Kogon aus: „Demokratie ist zunächst einmal die Bereitschaft, die anderen anzuhören, das vorgebrachte Argument des Partners zu prüfen, was einem davon richtig erscheint aufzunehmen und in allem Gemeinsamen wirklich zusammenzuführen."[154] In den Semantiken des Diskursiven kommen ‚alte' und ‚junge' Generation zusammen.

Es gilt nun, da die Bedeutung kommunikativer Praktiken für die publizistische und politische Dimension von Hans Werner Richters Wirken ersichtlich wurde, nachzuzeichnen, inwiefern diese auch die Ästhetik und Funktion seines literarischen Schreibens kennzeichnen. Dafür soll im Folgenden das Romandebüt Richters, *Die Geschlagenen*, hinsichtlich der Darstellung und Funktionalisierung diskursiver Praktiken befragt werden.

4.3.2 Maul halten, schweigen lernen, offen sprechen – Dimensionen des Diskursiven

Anders als dies bei Leonhard Franks *Die Jünger Jesu* der Fall gewesen war, wo ja vor allem die Systemkonfrontation Faschismus/Sozialismus als die den Text strukturierende Konfliktszenerie wahrgenommen und kritisiert wurde, verwiesen bereits frühe Rezensionen zu Richters Erstlingswerk *Die Geschlagenen* auf einen Aspekt kommunikativer Praktiken, der den Text in formaler Hinsicht auszeichne: den Dialog. Dabei ist es ausgerechnet Friedrich Sieburg, ein Literaturkritiker eher konservativer Signatur (der sich zudem später dezidiert gegen die Gruppe 47 wen-

---

[153] Kiessling: *Gesprächsdemokraten*, a.a.O., S. 385.
[154] Egon Kogon: *Frankfurter Rede, gehalten auf der ersten Kundgebung der CDU am 11. November 1945*, in: Ders.: *Gesammelte Schriften*, Bd. 3: *Die restaurative Republik. Zur Geschichte der Bundesrepublik Deutschland*, Weinheim, Berlin 1996, 15–23, hier S. 21f.

den sollte[155]), der auf die Bedeutung des Dialogs hinweist: „Es spricht für die Erzählgabe des Autors, daß die Diskussion ein unablösbarer Teil der Darstellung ist, daß ihm, mit einem Wort, die Verschmelzung des Erleidens und Urteilens gelungen ist, und zwar durch das vollendet angewandte Kunstmittel des Dialogs."[156] Auch wenn ein Teil der diesem Zitat vorangehenden Argumentation obskur bleibt,[157] weist der Text auf den für diese Arbeit entscheidenden Punkt hin, nämlich auf das Stilmittel des Dialogs als Darstellungsmodus der Diskussion. Im Diskutieren artikuliert sich eine politische Dimension, die auch Sieburg feststellt, und die ihrerseits eine zentrale Rolle in einer weiteren Rezension spielt, nämlich in Alfred Anderschs Besprechung von Richters Roman, die den programmatischen Titel *Politische Soldaten* trägt. Andersch lehnt es, aller paratextueller Indizien zum Trotz, ab, den Text überhaupt als Roman zu betrachten; vielmehr sei Richters Buch eine „ungemein zügig geschriebene politische Tendenz-Reportage, ein Bericht vom Schicksal einer Gruppe deutscher Soldaten von der Italienfront bis zum Waffenstillstandstag, den sie in Gefangenenlagern in den Vereinigten Staaten erleben".[158]

---

[155] Vgl. Chunchun Hu: *Vom absoluten Gedicht zur Aporie der Moderne. Studien zum Literaturbegriff in der Bundesrepublik Deutschland der 50er Jahre*, Würzburg 2004, S. 95–97.

[156] Friedrich Sieburg: *Das Kriegsbuch*, in: Ders.: *Nur für Leser. Jahre und Bücher*, Stuttgart 1955, S. S. 75–77, hier 77. Der Text erschien zuerst im Jahr 1949.

[157] So bleibt beispielsweise unklar, warum, so Sieburg, „die Soldaten von 1939 [...] gründlich darauf vorbereitet [waren], daß der neue Krieg nicht nur an ihre Leidens- und Erlebnisfähigkeit, sondern auch an ihr Urteil appellieren würde." Ebd., S. 76. Warum dies so gewesen sei, führt Sieburg nicht aus; die Vorstellung, die Soldaten des Zweiten Weltkrieges hätten bereits im Voraus geahnt, dass die sie erwartenden Kämpfe stärker ihr Urteilsvermögen fordern würden, scheint sich aber eher aus der durch Holocaust und unglaubliche ideologisch motivierte Kriegsverbrechen geprägten Retrospektive zu motivieren.

[158] Alfred Andersch: *Politische Soldaten. Dokument aus einem PW-Lager*, in: Ders.: *Gesammelte Werke*, Bd. 8: *Essayistische Schriften I*, hg. von Dieter Lamping, Zürich 2004, S. 253–255, hier S. 253. Erstmals erschienen ist der Text in der *Frankfurter Rundschau* vom 30.07.1949. Verbleibt in diesem Text die Frage danach, was nun eigentlich das Politische des Textes ausmache, im Vagen, wird Andersch in einem Radio-Feature zu einem

Anderschs überaus aufschlussreiche Miniatur-Charakteristik des Romans, der keiner sein will, liefert mehrere Stichwörter, die die Rezeption des Textes in Forschung und Kritik im Wesentlichen prägten. So die Rede vom Schicksal, welche die Erlebnisse der Wehrmachtssoldaten als (Er-)Leidensnarrativ lesbar macht, die Betonung der bereits angeklungenen politischen Dimension von Richters Text sowie dessen Ästhetik, die unter den Begriff der Reportage subsumiert wird.[159] Zur Ästhetik der Reportage, die einem für die Nachkriegszeit typischen Schreibprogramm, nämlich dem des registrierenden Schreibens,[160] verpflichtet ist, passt auch der Verweis auf die kurze Entstehungszeit des Textes, die Richter noch 1985 auf zwei Monaten schätzte.[161] All diese Aspekte skizzieren einen Merkmalskatalog der Kahlschlagliteratur, dem Richters Debütroman in Form und Inhalt, in seiner (vermeintlichen) neutralen Registratur des Erlebens und einer zugleich ins Mythische spielenden Konstruktion einer soldatischen Erfahrungsgemeinschaft zugehörig scheint.

Treffen der Gruppe 47 deutlicher. Dort heißt es über Richters Buch, es sei zwar „politisch einseitig, aber es ist ehrlich, in seiner Authentizität nicht anzuzweifeln, und es stellt eine These auf, die unbedingt diskutiert werden muß, die nämlich, daß man seinen Weg zur Demokratie nur allein, ohne fremde Hilfe machen kann." Alfred Andersch: *Gruppe 47. Fazit eines Experiments neuer Schriftsteller*, in: Ders.: *Gesammelte Werke*, Bd. 8: *Essayistische Schriften I*, hg. von Dieter Lamping, Zürich 2004, S. 227–252, hier S. 238.

[159] Zum Reportage-Stil von *Die Geschlagenen* vgl. Volker Wehdeking: *Der Nullpunkt. Über die Konstituierung der deutschen Nachkriegsliteratur (1945–1948) in den amerikanischen Kriegsgefangenenlagern*, Stuttgart 1971, S. 125; vgl. außerdem Helmut Möhrchen: *Reportage und Reflexion. Zu Hans Werner Richters Roman Die Geschlagenen und Alfred Anderschs Winterspelt*, in: *Zeitschrift für Literaturwissenschaft und Linguistik* 75 (1989), S. 79–95, v.a. 83f.

[160] Zum Begriff des registrierenden Schreibens vgl. Manfred Karnick: *Krieg und Nachkrieg: Erzählprosa im Westen*, in: *Geschichte der deutschen Literatur 1945 bis zur Gegenwart*, hg. von Winfried Barner, 2. akt. und erw. Aufl., München 2006, S. 31–75, hier S. 35.

[161] Vgl. Hans Dieter Zimmermann: ‚*Mit ihm ist die Literatur über sich selbst hinausgewachsen.' Gespräch mit Hans Werner Richter*, in: *Neue Rundschau* 96 (1985), S. 119–132, hier S. 132.

Beide erwähnten Rezensionen fallen mitunter euphorisch aus und stehen damit stellvertretend für eine Vielzahl positiver Besprechungen des Romans, der schließlich mehrfach übersetzt und zum veritablen Erfolg wird.[162] Rückblickend überrascht dieser Umstand insofern, als Hans Werner Richter in späteren Jahren nicht als Romancier, sondern in erster Linie als Organisator der Gruppe 47 sowie politischer Publizist wahrgenommen werden sollte – Sebastian Mrożek spricht diesbezüglich (und angesichts von über einem Dutzend literarischer Werke zurecht) von einer „asymmetrischen Rezeption".[163] Der Erfolg des Romans, der immerhin zwei so konträre Autoren wie Sieburg und Andersch zu begeistern wusste, mag nicht nur darin zu suchen sein, dass Richter seinen durchaus spannend erzählten Text mit den für die Kriegsliteratur üblichen Ingredienzien ausstattet („Landserhumor, Sex und Erotik"[164]), sondern zugleich mitschrieb an der kollektiven Erzählung von der Opferrolle des weitestgehend sauber gebliebenen Wehrmachtssoldaten wider Willen[165] und – was später noch ausführlicher behandelt werden soll – das amerikanische Gefangenenlager als Modell für Nachkriegsdeutschland lesbar macht. Dass Richter mit der Fokussierung auf den Krieg und die Gefangenschaft mit „durchaus identifikatorischer Absicht auf Erfahrungen einer Kriegsgeneration"[166] setzt und sich dadurch eine nicht unerhebliche potentielle Leserschaft erschließt, mag sein Übriges getan haben.

Bei Richters Kriegsroman, dessen zentrale Figur bezeichnenderweise keinen einzigen textlich verbrieften Schuss abgibt, handelt es sich um einen in weiten Zügen autobiographisch fundierten Text, was sowohl von

---

[162] Vgl. Möhrchen: *Reportage und Reflexion*, a.a.O., S. 80–83. Die aus der historischen Distanz mitunter befremdlich wirkenden Lobpreisungen von Richters Erstlingswerk gipfeln in der Formulierung, Richter sei der „Remarque des zweiten Weltkriegs" gewesen. Ebd., S. 82f.

[163] Sebastian Mrożek: *Hans Werner Richter. Zum Prosawerk eines verkannten Schriftstellers*, Frankfurt a. M. 2005, S. 20.

[164] Möhrchen: *Reportage und Reflexion*, a.a.O., S. 85.

[165] Vgl. Norman Ächtler: *Generation in Kesseln. Das Soldatische Opfernarrativ im westdeutschen Kriegsroman 1945–1960*, Göttingen 2013, S. 350–366.

[166] Carsten Gansel: ‚Krieg im Rückblick des Realisten' – Hans Werner Richters *Die Geschlagenen*, in: „*Es sind alles Geschichten aus meinem Leben." Hans Werner Richter als Erzähler und Zeitzeuge, Netzwerker und Autor*, hg. von ders./Werner Nell, Berlin 2011, S. 11–28, hier S. 15.

der Forschung als auch von Richter selbst immer wieder betont wurde.[167] Obwohl also die wesentlichen Eckpunkte des Romangeschehens auf Richters eigenes Erleben rückdatierbar sind, handelt es sich bei *Die Geschlagenen* nicht lediglich um einen persönlichen Bericht; der Text ist hinsichtlich der Gestaltung von Spannungsbögen, der Sequenzialisierung des Geschehens, der pointierten Dialoge der Figuren und nicht zuletzt der Fiktionalität des Figurenensembles selbst klar als literarisch-fiktives Gebilde kenntlich und sollte auch als solches interpretiert werden. Ihn ausschließlich als autobiographischen Bericht zu lesen, wird dem Text nicht nur nicht gerecht, sondern birgt außerdem die Gefahr, die ihm eigenen Werte- und Argumentationslogik unkritisch zu übernehmen. Auch hier gilt, gemäß Wolfgang Lohmeyer: „es lebe die kritische Betrachtung."

Richter erzählt in seinem Roman die Erlebnisse des Gefreiten Gühler, der in den Kämpfen um Monte Cassino (Italien) schließlich in amerikanische Kriegsgefangenschaft gerät. In die USA gebracht, wird er in einem Kriegsgefangenenlager interniert, wo er mit den terroristischen Methoden einer aus linientreuen Noch-Nazis bestehenden Lager-Gestapo in Kontakt gerät. Der Roman endet, nach einigen Kapiteln, die das Leben in den Lagern schildern, schließlich mit der Kapitulation Deutschlands, von welcher der desillusionierte Gühler ebenfalls im Lager erfährt. Der Text zerfällt somit in zwei größere Teile, zum einen die Schilderung der Kampfhandlungen in Italien, zum anderen die des Lagerlebens in den USA. Diese Zweiteilung ist auch mit Blick auf die Dialogstruktur des Textes präsent, insofern als der erste Teil zwar nicht völlig frei von Gesprächen zwischen den Figuren ist, das Dialogische als prägendes Merkmal des Textes aber vor allem ein Aspekt des zweiten Teiles ist. Dieser Befund ist insofern nicht überraschend, als Gespräche während des über viele Seiten hinweg geschilderten Dauerbeschusses durch die amerikanische Artillerie kaum zustande kommen können und falls doch, sich auf wenige basale Äußerungen zumeist militärtaktischer oder emotional-entlastender Art beschränken. In dem sehr begrenzten Set an Kommuni-

---

[167] Vgl. Zimmermann: *Gespräch mit Hans Werner Richter*, a.a.O., S. 131. Und Embacher schreibt: „Wenn es ein charakterisierendes Merkmal der Richter'schen Prosa gibt, dann ist es die durchgängige Verwendung autobiographischer Details." Erich Embacher: *Hans Werner Richter. Zum literarischen Werk und zum politisch-publizistischen Wirken eines engagierten deutschen Schriftstellers*, Frankfurt a. M. 1985, S. 121.

kationsverben, so Erich Embacher, artikuliert sich die „Unlust, die Apathie der Handelnden, sich überhaupt in ihrer Situation äußern".[168] Dies gilt auch abseits des Gefechts, wo die zumeist kurzen Dialoge nur selten wirklich Relevantes zum Gegenstand haben und man sich im stilisierten Landser-Jargon gegenseitig der Härte des Alltags, der Unfähigkeit der militärischen Führung[169] und der Ausweglosigkeit der eigenen Situation versichert. Anders formuliert: Die dargestellten Kommunikationsszenerien sind allesamt in den sozial-normativen Rahmen des Militärs eingebettet, der die Äußerungsmöglichkeiten des einzelnen Soldaten stark reglementiert sowie limitiert und außerdem den Referenzraum einschränkt, sprich den Gegenstandsbereich dessen, worauf sich sprachlich bezogen werden kann – und wie. Textform beziehungsweise Textgestaltung und soziale Rahmung korrespondieren also: Der weitreichenden Sprachlosigkeit des Soldaten im ersten Teil des Romans entspricht der Reportage-Stil, während dem – der Argumentation vorausgreifend – sozial freigestellten PoW[170] im zweiten Teil ein stark dialogisierter Text entspricht. Die Position, die Gühler als zentraler Protagonist (und einer der wenigen, die, wenn auch zaghaft, Widerworte wagen) einnimmt, ist die eines vereidigten und befehlsgebundenen Soldaten in einer Armee, die einen ideologisch fundierten Eroberungs- und Vernichtungskrieg führt – auch wenn das in dieser Deutlichkeit niemals im Text zur Aussprache kommt.[171] Das für die Junge Generation um Richter so wichtige Element

---

[168] Embacher: *Hans Werner Richter*, a.a.O., S. 56.
[169] Dafür steht vor allem die Verwendung des Begriffs „Preußens" (Richter: *Die Geschlagenen*, a.a.O., S. 63) als Synonym für einen abgehobenen und vom eigentlichen kriegerischen Geschehen distanzierten sowie ahnungslosen Militäradel, womit eine Unterscheidung zwischen den oberen Dienstgraden und den einfachen Soldaten getroffen wird. Diese Differenzierungstechnik ermöglicht zum einen die Konstituierung einer Erlebnis- und Erleidensgemeinschaft der ‚einfachen' Landser und imprägniert diese Gemeinschaft zugleich gegen Zuschreibungen von Verantwortlichkeiten, die direkt an die Unfähigkeit der Stabsspitze weitergereicht werden.
[170] Das Kürzel PoW steht für *Prisoner of War*.
[171] Überhaupt hat man mehr als nur einmal den Eindruck, dass eigentlich nur die alliierten Gegner oder ehemaligen Verbündeten Deutschlands noch Krieg führen; der deutsche Landser – mit wenigen unrühmlichen Ausnahmen – erleidet ihn. Dazu passt die Aussage des Feldwebels Buschmann, er sei zwei Jahre in Russland gewesen, „aber das hier ist die Hölle, das ist Wahnsinn,

sprachlicher Vergemeinschaftung, die kritische Diskussion, ist in diesem Rahmen nicht möglich und wird im Text gezielt als freiheitlich-progressiver Konterpart zur befehlsfundierten Kommunikation des Nationalsozialismus inszeniert.

Es ist also nicht nur der Krieg, dessen verrohende, abstumpfende und psychisch deformierende Wirkung in gedrängter, stark paratraktischer Sprache evoziert wird, der Gesprächsmöglichkeiten auf ein Minimum reduziert. Abseits der für das Landser-Kollektiv typischen (beziehungsweise typisierten) Codierungen à la „Scheißkrieg",[172] der oftmals maximal verknappten Dialoge, die durch die „Stilschichten des Militärjargons"[173] geprägt sind und mitunter nur aus Ausrufen und Flüchen bestehen, ist es die dem sozialen System Militär eigene Kommunikationslogik, die für eine umfassende Begrenzung diskursiver Praktiken sorgt. Paradigmatisch für die kommunikativen Gattungen des Militärs steht der Befehl, der nicht nur Verantwortlichkeiten entlang klar umrissener sozialer Hierarchisierungen (Dienstgrade) regelt und damit Handlungsspielräume so-

---

das ist kein Krieg mehr". Richter: *Die Geschlagenen*, a.a.O., S. 181. Aussagen wie diese beschreiben kriegerische Handlungen dann als – in der Logik des Krieges – sinnlos, wenn die materielle Überlegenheit des Gegners erdrückend wird. Dass außerdem der an Grausamkeit und Kriegsverbrechen überreiche Russlandfeldzug geradezu als korrekte Kriegsführung geadelt wird, ist Teil dieser Argumentationsstrategie.

[172] Richter: *Die Geschlagenen*, a.a.O., S. 148. Jochen Pfeifer hat überzeugend aufgezeigt, dass dieser in den Kriegsromanen über den Zweiten Weltkrieg beliebte Fluch eingebettet ist in die Erzeugung einer „Dimension der Sinnlosigkeit", die sich vor allem dadurch ergibt, dass der Krieg verloren geht. Die damit einhergehende Sinn-Verschiebung ist augenscheinlich: Nicht der Krieg selbst ist sinnlos (was stramme Nationalsozialisten ohnehin nie behauptet hätten), sondern ein Krieg, der nicht mehr zu gewinnen ist, verliert seinen Sinn. Pfeifer bemerkt zurecht: „Dabei geht unter, daß der Krieg auch im Falle eines, freilich kaum vorstellbaren, deutschen Sieges keinen Sinn gehabt hätte. Paradoxerweise legen die meisten Romane unbewußt Zeugnis davon ab, daß das unausgesprochene Kriegsziel und damit der Sinn die Eroberung an sich war. Das aufrichtige Bemühen um Kritik erfolgt in den Denkschemata der Kriegszeit." Jochen Pfeifer: *Der deutsche Kriegsroman 1945–1960. Ein Versuch zur Vermittlung von Literatur und Sozialgeschichte*, Königstein/Ts. 1981, S. 173f.

[173] Embacher: *Hans Werner Richter*, a.a.O., S. 55.

wohl öffnet als auch schließt, sondern zugleich auch Sprechsituationen mit einem klaren Macht-Vektor ausstattet. Gespräche finden, verkürzt gesagt, unidirektional statt; Kommunikation via Befehlsstrukturen ist vor allem durch Monologisieren und Dekretieren gekennzeichnet. Damit ist der Befehl aufs Tiefste mit der Ordnung verbunden, die ihn ermöglicht, die er durch seine Befolgung permanent reproduziert und dessen sprachlicher Repräsentant er letztlich ist.

Dem Befehl als Kommunikationsform korrespondiert die anthropologische Leitfigur des Soldaten, der sich in seiner nazistisch gewendeten Idealausprägung nicht nur durch die üblichen militärischen Tugenden wie Tapferkeit und Furchtlosigkeit auszeichnet, sondern vor allem in der unbedingten Gehorsamkeit und dem ihm eigenen Pathos der Pflichterfüllung. In dem im Nationalsozialismus geradezu mystisch überformten Begriff des Befehls artikuliert sich nicht nur die intendierte Auflösung des Individuums im Kollektiv der Volksgemeinschaft beziehungsweise der Armee, sondern eben auch die Ausrichtung des individuellen Handelns an den dekretierten Vorgaben der jeweils höheren sozialen Instanz – ein Gedanke, der in dem vielbemühten Satz „Führer befiehl, wir folgen" den Befehl geradezu zum Sehnsuchtsort gesellschaftlicher Kommunikation werden lässt. Dass sich diese Tendenzen vor allem gegen Ende des Krieges und im Zuge seiner Totalisierung und zunehmend chaotischeren Ausprägung noch verschärften,[174] verwundert kaum. Noch im November 1944 titelte *Das schwarze Korps*, die Wochenzeitung der SS, die eine Auflage von über einer Million erzielte: „Der Befehl ist heilig!"[175] Zur Bildung der Andersch'en „politischen Soldaten" kann es in diesem Kommunikationsbiotop tatsächlich nicht kommen.

---

[174] Einen kenntnis- und quellenreichen Überblick bietet Ian Kershaw: *Das Ende. Kampf bis in den Untergang. NS-Deutschland 1944/45*, München 2013.
[175] Zitiert nach: Wolfgang Bialas: *Moralische Ordnungen des Nationalsozialismus*, Göttingen 2014, 278. Zum *Schwarzen Korps* vgl. Mario Zeck: *Das schwarze Korps. Geschichte und Gestalt des Organs der Reichsführung SS*, Tübingen 2002. Zeck betont, dass das Blatt nicht allein der Konstituierung und Bekämpfung nationalsozialistischer ‚Feinde' diente, sondern sich auch einem „selbst gesetzten Erziehungsauftrag" widmete (ebd., S. 313). Die Verankerung des Befehls im psycho-sozialen Haushalt des Deutschen darf zu diesem Programm dazugerechnet werden.

Auch in Richters Roman wird der Befehl als erlösendes Moment erwartet, als kommunikativer Zwang verflucht oder als Entlastungsinstrument aufgerufen, um sich vor Verantwortungen zu schützen. Mitunter fließen alle diese Momente zusammen. Als eine Gruppe um den Feldwebel Buschmann nach tagelangem Artilleriebeschuss ihre aussichtslose Lage reflektiert, wird der Vorschlag, die Stellung aufzugeben und zurückzugehen, von Buschmann schlicht mit „wir haben keinen Befehl"[176] abgetan. Da das Verlassen der Stellung in diesem Falle als Fahnenflucht gelten würde, bedarf es eines Befehls, um Handlungsräume zu eröffnen und zu legitimieren – und der müsste gerade von Buschmann als dem Ranghöchsten ausgehen. Die damit verbundene Verantwortung lehnt Buschmann aber ab. Gühlers Aufforderung „Gib den Befehl, und wir ergeben uns!" kommentiert er schlicht mit „damit sie mich aufhängen, mich allein!"[177] Passagen wie diese sind paradigmatisch; in ihnen inszeniert Richter die irrationale Potenz der herrschenden Befehlsketten und zugleich den Befehl als nationalsozialistische Kommunikationsform par excellence. Zudem wird der Befehl dann zitiert, wenn es darum geht, das Dilemma des deutschen Soldaten greif- und begreifbar zu machen: Rückzug oder Aufgabe sind ohne Befehl nicht möglich und dieser Befehl wird nicht kommen. Daher muss der Kampf weitergeführt werden, obwohl er aussichtslos ist. Für die deutschen Soldaten gilt, so Gühler im Gespräch mit einem amerikanischen Dolmetscher: „Dort, wo man sie hinlegt, bleiben sie liegen. Bis zum nächsten Befehl. *Der Befehl ist alles.*"[178] Solange dies gilt, ist die Ordnung, die der Befehl repräsentiert, intakt. Nach Gühlers Gefangennahme und seiner Verlegung in das italienische Hauptlager hingegen treffen die dort erteilten Kommandos auf taube Ohren.[179] Von deutschen Soldaten ausgesprochen, hat der Befehl nicht mehr die Kraft, soziale Ordnung zu stiften und spiegelt lediglich deren Erosion wider.

Wo das Sprechen selbst Gegenstand der Sprache wird, reflektieren die Figuren vor allem die Grenzen, in denen Versprachlichungen möglichen sind – und wo an deren Rändern nicht mehr die verbale, sondern die phy-

---

[176] Richter: *Die Geschlagenen*, a.a.O., S. 181.
[177] Ebd., S. 183.
[178] Ebd., S. 223. Hervorhebungen M.F.
[179] Von dem vermeintlich Kommandierenden heißt es: „Niemand hörte auf ihn. […] Niemand achtete auf ihn." Ebd., S. 256f.

sische Gewalt droht. Denn so sehr der Befehl sich im Resultat des geforderten Handelns erfüllt, so sehr ist er gegen Widerrede immun. Das ist die logische Konsequenz aus seiner zuvor konstatierten Unidirektionalität; er ist nicht auf Antwort aus, sondern auf Gefolgschaft. Ansonsten produziert er Stille. Es ist gerade diese Stille, die immer wieder in *Die Geschlagenen* thematisiert wird und sie ist zentraler Bestandteil der noch genauer zu beschreibenden Inszenierungsstrategie, mittels derer textintern der Wechsel von einer befehlsbasierten zu einer diskussionsorientierten Kommunikationsform gestaltet wird. Verbal wird diese Stille zumeist durch die im Text durchgehend präsente Formel „Maul halten" eingefordert, auf die zumeist in Momenten auch nur angedeuteter Widerrede zurückgegriffen wird. Als Buschmann einmal mehr darauf hinweist, dass jede Form kampflosen Aufgebens mit Kriegsgericht geahndet wird, „murmelt" Gühler immer wieder dazwischen, um die Aussagen Buschmanns zu konterkarieren:

> „Also, wer freiwillig in Gefangenschaft geht, kommt vors Kriegsgericht. Jeder wird vors Kriegsgericht gestellt, der in Gefangenschaft kommt. Jeder Fall wird nach dem Krieg gesondert geklärt."
> „Dann ist's zu spät", murmelte Gühler.
> „Was ist, Gühler?" sagte der Feldwebel.
> „Nichts, Herr Feldwebel", sagte Gühler.
> „Ja, und wer die abgeworfenen Flugblätter aufnimmt und verbreitet, wird erschossen."
> „Na ja, was weiter", murmelte Gühler.
> „Was quatscht der Gühler da?"
> „Habe nur gesagt, daß alles Lügen sind."
> „Sehr richtig", sagte Buschmann, „Lügen."
> Halt doch endlich dein Maul", sagte Hahnemann.
> […]
> „Auf Wiedersehen in Kanada", flüsterte Filusch.
> „Hahnemann drehte sich wütend um.
> „Maul halten", sagte er.[180]

Die in diesem Zitat genutzten Kommunikationsverben („murmeln", „flüstern") sind bezeichnend, verweisen sie doch auf den Umstand, dass eine deutliche, klare und eben gut hörbare Aussprache nicht nur nicht er-

---

[180] Ebd., S. 114f.

wünscht, sondern in der gegebenen Situation geradezu unmöglich ist. Das hier gleich zweimal genutzte „Maul halten" ist allerdings mehr als nur ein an ein Individuum gerichteter Imperativ, sondern fungiert vielmehr als Abkürzung für ein ganzes kommunikatives Programm. Es markiert nicht nur, wie im obigen Zitat, eine deutliche Privilegierung bestimmter Sprecherpositionen, sondern rekurriert außerdem auf eine besondere Lernerfahrung, die nicht lediglich eine individuelle, sondern – daran lässt der Text keinen Zweifel – kollektive Lernerfahrung meint. Darauf weist Gühler selbst hin, als er nach einem Verhör durch die Amerikaner wieder auf den notorischen Buschmann trifft, der ihm „Hoffentlich habt ihr das Maul gehalten" zuraunt, worauf Gühler mit der ihm eigenen, manchmal anstrengenden Schlagfertigkeit antwortet: „Sicher, [...] wir haben's ja gelernt."[181] Befehlen und Schweigen markieren die sich bedingenden Eckpunkte dieser kommunikativen Praxis, die im Zweifelsfall durch die Anwendung von Gewalt garantiert wird. Dass es sich dabei nicht lediglich um eine dem Wehrmachtssoldaten eigene Situierung handelt, sondern dass der Text dieser auf Figurenebene verhafteten Mikro-Lesart eine korrespondierende Makro-Lesart beifügt,[182] die auf eine Deutung der Situation Deutschlands hinausläuft, wird von Gühler selbst *expressis verbis* angemerkt: „Das deutsche Volk ist in der gleichen Lage wie wir an der Front. In einem Trommelfeuer gibt es noch immer die Möglichkeit, mit dem Leben davonzukommen. Vor einem Erschießungskommando gibt es diese Möglichkeit nicht."[183] Zwei Aspekte fallen an diesem Zitat auf. Zum einen die Analogiebildung, die die Ebene des Gesellschaftlichen als Schlachtfeld evoziert und in der das „deutsche Volk" zum heroischtragischen Aushalten verdammt ist. Weder die Deutung noch die Analogiebildung selbst werden im Text kritisiert oder kommentiert; allerdings, die in der Forschung immer wieder konstatierte Neutralität des Textes,

---

[181] Ebd., S. 231.
[182] So in etwa auch schon bei Möhrchen: *Reportage und Reflexion*, a.a.O., S. 88, wo es heißt, in Richters Roman komme es zu einer „Entgegen- und Gleichsetzung von Krieg und Nachkriegszeit". Hiervon ausgehend betont Möhrchen zurecht, dass der Text „Teil eines komplex strukturierten politischen Diskussionsprozesses" ist, führt aber sodann leider nicht aus, wie genau diese Form des Inbeziehungsetzens von Krieg und Nachkriegszeit gestaltet wird.
[183] Richter: *Die Geschlagenen*, a.a.O., S. 224.

die sich der Absenz einer kommentierenden Instanz verdanke, ist eine mehr als zweifelhafte. Denn die Äußerungen und die, zugegeben wenigen, Gedanken der Figur Gühler bilden zuletzt die privilegierte Perspektive, die das Prisma konstituiert, durch das die erzählten Ereignisse des Textes normativ gebrochen werden. Sie bilden den ideologischen Subtext des Romans; von Neutralität kann in *Die Geschlagenen* nicht die Rede sein.[184]

Zum anderen umreißt das Zitat eine Situation der Bewegungslosigkeit, die bereits weiter oben angeklungen ist und die sich der dem Text eigenen Komplexitätsreduktion qua Bipolarisierung[185] verdankt. Es scheint keinen Ausweg zu geben; wie die Soldaten, die so lange an ihrem Ort verbleiben, bis ein Befehl sie zum nächsten beordert, verharrt auch Deutschland als Ganzes am selben politischen Ort, bis sich ihm ein Ausweg bietet, der es – so die Implikation – überleben lässt. In dieser exemplarisch-literarischen Ausformung des für Richter während der Nachkriegszeit typischen Übergangsdenkens[186] wird nicht nur die soldatische Perspektive und die Situation an der ‚Heimatfront' analog gesetzt, sondern auch deutlich, dass das System von innen nicht mehr zu überwin-

---

[184] Der Text registriert also nicht nur „nüchtern Fakten", wie es noch bei Gansel: *Krieg im Rückblick des Realisten*, a.a.O., S. 18, heißt, sondern er erschafft sie erst durch die bekannten Operationsmodi von Selektion und Organisation.

[185] Dazu gehört beispielsweise die sich direkt an das obige Zitat anschließende Unterscheidung in jene, die noch an Hitler glauben und jene, die ihn hassen, sowie die zentrale Unterscheidung in einen Krieg Hitlers, der nicht Deutschlands Krieg sei (Richter: *Die Geschlagenen*, a.a.O., S. 221). Zu dieser Differenz, die die eigene Tätigkeit als Soldat in Hitlers Armee vollends von jeglicher Verantwortung losspricht, schreibt Futterknecht, dass diese „erstaunlich ernst genommen [wird], obwohl sie ihrer Verdrängungsleistung nach der sog. Auschwitzlüge kaum nachsteht." Franz Futterknecht: *Nachkriegspositionen des ästhetischen Bewußtseins. Hans Werner Richter: Die Geschlagenen (1949) und Sie fielen aus Gottes Hand (1951)*, in: *Von Böll bis Buchheim. Deutsche Kriegsprosa nach 1945*, hg. von Hans Wagener, Amsterdam 1997, S. 111–132, hier S. 121.

[186] „Immer wieder betont Richter den Übergangszustand der Gegenwart und überträgt der jungen Generation verarmter, durch Krieg und Kriegsgefangenschaft belehrter Europäer die Aufgabe, jenes Interregnum zu überwinden." Wehdeking: *Der Nullpunkt*, a.a.O., S. 124.

den ist. Der Ortswechsel, den die Figur Gühler schließlich durch seine Gefangennahme und seinen Abtransport in die USA erlebt, ist demnach seinerseits ein symbolischer. Um die beschriebene Immobilität zu überwinden, die sich exemplarisch an der zuvor aufgezeichneten kommunikativen Praxis artikuliert, bedarf es letztlich einer Form sozialer und spatialer Exkludierung.

4.3.3 Wandel und Verbleib – Kontrastlogik(en) und politische Anthropologie

Streng genommen müsste man die zuvor getroffene Einteilung des Textes in zwei Blöcke durch einen dritten ergänzen, der zwischen diesen beiden liegt, sie miteinander verbindet und damit auch auf textstruktureller Ebene ein zentrales Transitionsmoment greifbar macht. Denn bevor Gühler seine Haft in einem PoW-Lager in den USA antritt, wird er gemeinsam mit anderen Kriegsgefangenen verschifft. Diese Reise symbolisiert nicht lediglich die oben erwähnte Notwendigkeit eines sozialen wie räumlichen Heraustretens aus alten Bindungen, sondern ist bereits Teil der Transition, um der es dem Roman letztlich zu tun ist. Bei einigen der Romanfiguren ist sprichwörtlich etwas in Bewegung geraten.

Semantik und Metaphorik der Schifffahrt gehören zum kulturellen (und oftmals kulturkritischen) Kerninventar, mithilfe dessen sich Übergangs- und Aufbruchsmomente versinnbildlichen lassen. Zentral ist hierbei die Differenz von festem Land und unbefestigter See, die den Grenzübertritt grundsätzlich als mitunter existentielles Wagnis apostrophiert.[187] Wer sich hinaus auf die weite See wagt, geht das Risiko ein, als ein anderer zurückzukehren, wagt, scheinbar feste Grenzen zu überwinden, wobei sich diese zumeist als die verinnerlichten Resultate eines kulturspezifischen Grenzregimes darstellen. Die zu überwindenden Grenzen sind dezidiert menschliche Grenzen beziehungsweise Grenzen des Menschlichen, weshalb die Seefahrt, wie Hans Blumenberg nachzeich-

---

[187] „Der Mensch führt sein Leben und errichtet seine Institutionen auf dem festen Lande. Die Bewegungen seines Daseins im ganzen [sic] jedoch sucht er bevorzugt unter der Metaphorik der gewagten Seefahrt zu begreifen." Hans Blumenberg: *Schiffbruch mit Zuschauer. Paradigma einer Daseinsmetapher*, 5. Aufl., Frankfurt a. M. 2012, S. 9.

nete, bereits früh im Verdacht der Hybris stand.[188] Diesen mythischen beziehungsweise theologischen Gehalt spielt Richters *Die Geschlagenen* zwar nicht aus, sehr wohl jedoch greift er die Differenz von Festem und Flüssigen auf, um Transformationsprozesse innerhalb des Figurenensembles zu versinnbildlichen. Die Fahrt über das Meer hebt nicht nur die Immobilität des Stellungskrieges auf (und wirkt als deren Konterpart), während der Fahrt wird zugleich das in Bewegungslosigkeit erstarrte Denken fluid. Die erzwungene Egalität unter den Gefangenen qua Gefangenen führt zu neuen Gesprächskonstellationen, überhaupt zu einem gesteigerten Gesprächsbedürfnis, das sich zwar immer noch stark, aber nicht mehr ausschließlich entlang persönlicher Sympathien oder politischer Zugehörigkeiten entfaltet.[189]

Das Schiff als bewegter Ort wird zum bewegenden Ort und das Gespräch zum Motor der Verflüssigung starrer – durch Schweigen und (Befehls-)Gewalt garantierter – Positionen: „Gühler beteiligte sich selten an den Gesprächen. Er führte lange Unterhaltungen mit Grundmann und Santo in den Hängematten. Aber er sah das Aufbrechen der politischen Erstarrung, das langsam das ganze Schiff ergriff."[190] Es sind dergleichen

---

[188] Vgl. ebenda, S. 11. Als Meer des Wissens und als vermeintlich natürliche Grenze dem humanen Wissensdrang entgegengestellt, porträtiert etwa Dante die Seefahrt des Odysseus als Vermessenheit. Vgl. Karl Jaspers: *Wissenschaft und Wahrheit. Rede zur 500-Jahr-Feier der Universität Basel 1960*, in: Ders.: *Mitverantwortlich. Ein philosophisch politisches Lesebuch*, München 1968, S. 613–629, hier S. 616.

[189] Vgl. Richter: *Die Geschlagenen*, a.a.O., S. 278f. Allerdings gilt für einige Figuren auch, dass ihr jahrelang aufgesparter Hass dem Nazismus und seinen Protagonisten gegenüber nun in aller Deutlichkeit hervorbricht und, wie es von dem Soldaten Buchwald heißt, „von Tag zu Tag deutlicher wurde". Ebd., S. 278.

[190] Ebd., S. 279. Dass Gühler sich „an den Gesprächen" nicht beteiligt und sich eher in Unterhaltungen mit Vertrauten ergeht, passt zu der von Franz Futterknecht herausgearbeiteten Sprachskepsis der Figur: „Die Erfahrung, nicht verstanden zu werden, […] ist seine [i.e. Gühlers] Standarderfahrung. Vom Reden weiß er daher vor allem, daß es keinen Sinn hat zu reden. Was sich im Sprechen ereignet, sind unaufhebbare Subversionen der Wahrheit oder dessen, was man eigentlich sagen will." Futterknecht, „Nachkriegspositionen des ästhetischen Bewußtseins", S. 115. Obwohl Futterknechts Beobachtung überzeugend sind, laufen sie zugleich dem

Erfahrungsmöglichkeiten, die das Schiff als besonderen Raum auszeichnen und quasi schon Bezug nehmen auf die ‚neue' Welt, die zugleich das Ziel der Überfahrt (als räumliche Bewegung) sowie das Ziel einer normativen Transformation (als kognitive Bewegung) darstellt. Richters Schiff ist als Gegenwelt lesbar – als schwimmendes „Reservoir für die Phantasie",[191] wie es Foucault genannt hat; in ihm wird es möglich, sich über die erlernten Grenzen zu erheben. Sich im Zweifelsfalle auch kontrovers sprachlich zu begegnen, ohne den grundsätzlichen Anspruch, dass dies auch notwendigerweise zu Verständigungen führt, stellt tatsächlich eine Kontrastlogik zur zuvor praktizierten kommunikativen Uniformität dar, weil Differenzen versprachlicht werden können.

Begreift man den Faschismus als eine Spielart der Moderne, die es sich zur Aufgabe gemacht hat, die durch diverse Krisenmomente induzierte „Sehnsucht nach Ordnung"[192] durch einen gewaltaffinen Ordnungsentwurf zu stillen, mittels dem es zu einer „new era of cultural homogeneity"[193] kommen sollte, gewinnt dieser Gedanke klarere Konturen. Das Ordnungsdenken des Nationalsozialismus ist jedenfalls die erkennbare (und auch durch die Inszenierung von Sprechpraxen in Richters Roman präsente) Kontrastfolie, vor der sich der Wechsel in eine diskussionsbasierte und pluralistische Wertehaltung abspielt.

So illustriert diese Überfahrt nicht nur einen Grenzübertritt vom Festen ins Fluide, sondern überhaupt den Eintritt in ein Grenzland, in dem bestimmte Erfahrungs- und Verhaltensmöglichkeiten geborgen liegen,

---

    Credo „always discuss!" entgegen. Tatsächlich scheint sich Gühlers Sprachskepsis aber vor allem bei den Amerikanern zu zeigen, die allerdings zumeist nur in Verhören auftauchen, in denen sich Gühler auffallend wortkarg gibt. Gegenüber seinen deutschen ‚Kameraden' hingegen setzt Gühler auch in schwierigen Situationen während der Gefangenschaft auf das gemeinsame Gespräch. Futterknechts Feststellung ist also im besten Sinne ambivalent.

[191] Michel Foucault: *Von anderen Räumen*, in: *Raumtheorie. Grundlagentexte aus Philosophie und Kulturwissenschaften*, hg. von Jörg Dünne/Stephan Günzel, Frankfurt a. M. 2006, S. 317–329, hier S. 327.

[192] Vgl. Fernando Esposito: *Mythische Moderne. Aviatik, Faschismus und die Sehnsucht nach Ordnung in Deutschland und Italien*, München 2011, S.12.

[193] Roger Griffin: *Modernism and Fascism. The Sense of a Beginning under Mussolini and Hitler*, Basingstoke 2007, S. 182.

die dieses als Kontrastraum lesbar machen. In ihm sind die bekannten Formen gesellschaftlichen Miteinanders außer Kraft gesetzt. Dies gilt auch für den nächsten Raum, den Gühler erreicht und in dem sich die heterotopische Signatur fortschreibt: dem Gefangenenlager.[194] Wenig verwunderlich führt dieses Freigesetztwerden aus sozialen Klassifizierungsmustern nicht nur zu euphorischer Bejahung und dem Aufbrechen alter oder neuer Wünsche, die sich mit dem unbekannten Sehnsuchtsort Amerika verbinden,[195] sondern auch zu Rückzugs- und Verhärtungsreaktionen. In einem Akt der Überkompensation schließen einige der Noch-Nazis ihre Reihen und stellen ihre Kommunikation vollends auf Bejahung des NS-Regimes ein, im Roman zumeist verkürzt auf das Bekenntnis zu Adolf Hitler – was der Ideologie des Führerstaates durchaus gerecht wird.[196] Als zentrale Bezugsfigur ist Hitler auch in *Die Geschlagenen* die

---

[194] Auch Gansel stellt fest, Gühler gelange „vom Zwischenraum bzw. Übergangsort des Schlachtfeldes in die ‚Abweichungsheterotopie' (M. Foucault) des Lagers". Für diese gelte: „Es ist ein Raum der Isolation und Abschließung" und letztlich auch ein „transitorischer Raum, in dem die Regeln des normalen Zusammenlebens außer Kraft gesetzt sind". Gansel: *Krieg im Rückblick des Realisten*, a.a.O., S. 20 bzw. 21. Inwiefern es sich beim Schlachtfeld um einen „Zwischenraum bzw. Übergangsort" handelt, wird leider nicht weiter ausgeführt. Obwohl Gansel zurecht auf die Heterotopie des Lagers verweist, geht er auf das strukturell wichtige Moment der Schifffahrt, die ebenfalls heterotopischen Charakter hat, nicht ein. Zur Bedeutung, die das Kriegsgefangenenlager für die Nachkriegsliteratur insgesamt besitzt, vgl. Norman Ächtler: *Das Lager als Paradigma der Moderne. Der Kriegsgefangenendiskurs in der westdeutschen Nachkriegsliteratur (1946–1966)*, in: *Deutsche Vierteljahrsschrift für Literaturwissenschaft* 87 (2013), S. 264–294. Auch Ächtler schreibt, dass das Lager „zur Heterotopie eines allgemeingültigen Gesellschaftszustandes" werde (ebd., S. 276) und Richters Roman als „parabolischer Kommentar zur Situation im besetzen Deutschland" zu verstehen sei (ebd., S. 277).

[195] Freiheit des Wortes und – bezeichnenderweise – der Lektüre sind nur zwei der Hoffnungen, die sich mit Amerika verbinden. Vgl. Richter: *Die Geschlagenen*, a.a.O., S. 262.

[196] Die immer wieder von verschiedenen Figuren im Roman gestellten Fragen, ob man ein Nazi sei oder ob man an Hitler glaube, markieren nicht nur die textinterne Bemühung um Differenzierung, sondern wirken zugleich auch als ein zentrales Moment der Verankerung des Textes mit seinem Publikations-

mentale Demarkationslinie, an der sich Noch-Nazis und jene, die sich bereits von ihm abgewendet haben (oder schon immer dagegen waren), scheiden; im Rekurs auf Hitler lassen sich unentwegt die nationalsozialistischen Kardinaltugenden von Glaube und Treue bekunden. Das Konfliktpotential dieser Konstellation zeigt sich noch während der Überfahrt, die mit dem 24. Dezember zusammenfällt. Als ein Feldwebel, der sich zunächst im Kasernenton Ruhe verschafft, zum gemeinsamen Andenken an „unseren Führer Adolf Hitler"[197] auffordert und schließlich mit einigen Unteroffizieren und Fallschirmjägern[198] das Horst-Wessel-Lied anstimmt, kommt es beinahe zu einer Schlägerei mit den übrigen Gefangenen, die „den Scheißdreck nicht mehr hören"[199] wollen. Statt auf physische Gewalt wird jedoch auf Kulturgut zurückgegriffen: Man singt, in einer auffallend an den Film *Casablanca* erinnernden Art und Weise, den Feldwebel einfach mit *Stille Nacht, heilige Nacht* nieder.[200] In der so

kontext. Es gehörte zu den wesentlichen gesamtgesellschaftlichen Problemen nach 1945, sich der Frage nach dem jeweils individuellen Grad der Zugehörigkeit zum untergegangenen NS-Regime zu stellen; Richters Figuren docken direkt an den Diskurskomplex um Entnazifizierung, Persilscheine, Mitläufertum und innerer Emigration an.

[197] Richter: *Die Geschlagenen*, a.a.O., S. 283.
[198] Fallschirmjäger bildeten bereits in der Wehrmacht eine eigene Waffengattung, die sich durch ihre Rekrutierungspraxis (junge Soldaten) auszeichnete, wodurch sich eine besondere ideologische Linientreue ergab. Vgl. Rafael A. Zagovec: *Gespräche mit der ‚Volksgemeinschaft'. Die deutsche Kriegsgesellschaft im Spiegel westalliierter Frontverhöre*, in: *Die deutsche Kriegsgesellschaft 1939 bis 1945*, Bd. 9.2: *Ausbeutung, Deutungen, Ausgrenzung*, hg. von Jörg Echternkamp, München 2005, S. 289–381, hier S. 362f. Als Figuren nationalsozialistischer Indoktrinierung und exemplarische Verkörperungen des brutalen Vernichtungskrieges finden sie in der Literatur bis heute Verwendung, so beispielsweise in Ralf Rothmanns Erfolgsroman *Im Frühling sterben*, Berlin 2015, S. 76–86.
[199] Richter: *Die Geschlagenen*, a.a.O., S. 283.
[200] In dem berühmten Film *Casablanca* von Michael Curtiz aus dem Jahre 1942, dessen propagandistische Schlagseite deutlich zutage tritt, kommt es zu einer Szene, in der eine Anzahl deutscher Offiziere, die *Die Wacht am Rhein* singend, von anderen Gästen und der Kapelle durch die *Marseilles* überstimmt werden. Ob Richter den Film kannte, lässt sich nicht abschließend klären; die Parallelen sind aber auffällig. Als humoriges Beiwerk sei er-

inszenierten Konfrontation zwischen christlich-abendländischer Tradition und mythologisch-nationalistischer Hagiographie[201] geht erstere als Sieger hervor – unblutig, versteht sich. In einem symbolischen Akt wird endgültig die Gefolgschaft aufgekündigt.

Die heterotopische beziehungsweise, mit Victor Turner gesprochen, liminale Qualität des Lagers als einem Raum des Dazwischen ist augenscheinlich: Das Lager liegt zwischen den Erfahrungswelten des Schlachtfeldes als dem temporalen Davor und denen eines wie auch immer gearteten neuen Deutschlands als dem temporalen Danach. Mit Blick auf die Dimension der kommunikativen Praktiken ist es zugleich der Ort, an dem es zu einem Wechsel von einer befehlsbasierten und durch erzwungenes Schweigen stabilisierten Sprechform zu einer diskussionsorientierten kommt, wobei Erstere mit dem temporalen Davor, Letztere mit dem temporalen Danach assoziiert werden. Allerdings gestaltet Richter diesen Wechsel mitnichten linear, sondern skizziert das Lager als Ort der Gefährdung durch das Alte. Denn nach der Ankunft Gühlers erfährt dieser, dass das Lager von einer Gruppe fanatischer Nazis kontrolliert wird, die auf amerikanischem Boden eine Art nazistisches Paralleluniversum aufrechterhält. An diesem Ort, so scheint es, ist eine

---

wähnt, dass die Produktionsfirma Warner Bros. zunächst erwog, für besagte Szene das Horst-Wessel-Lied zu benutzen – es aber aus urheberrechtlichen Gründe unterließ. Dass dieser ideologische Konflikt über den Rekurs auf bestimmte Musik inszeniert wird, passiert noch an einer weiteren Stelle im Text. Wenn zuletzt zwei enge Freunde von Gühler verlegt werden, singen diese beim Abtransport die angestimmten Militärlieder nicht mit. Als allerdings das volksliedhafte *Die Vöglein im Walde* angestimmt wird, singen auch sie mit und „lauter, viel lauter als die Marschlieder stieg das Lied in die flimmernde Sommerluft". Richter: *Die Geschlagenen*, a.a.O., S. 401. Stärker als die ideologische Verortung im Landser, so der Subtext hier, ist die emotionale, die sich im Heimweh ausdrückt und für die das Lied exemplarisch steht („in der Heimat, da gibts ein Wiedersehn"). Dass diese Gefühligkeit jedoch nationalkonservativ bis militaristisch überformt ist, zeigt sich darin, dass eben jenes Lied mitnichten ein Volkslied ist, wofür es gerne ausgegeben wird, sondern ein Soldatenlied des Ersten Weltkriegs. Die an dieser Stelle inszenierte Konfrontation ist also nur eine scheinbare.

[201] Zur Mythologie des Horst-Wessel-Liedes vgl. Lasse Wichert: *Personale Mythen des Nationalsozialismus. Die Gestaltung des Einzelnen in literarischen Entwürfen*, Paderborn 2018, S. 462–566.

Vergemeinschaftung über die kommunikative Praxis der Diskussion nicht möglich. Bereits bei der Ankunft bricht sich das imaginierte „neue[] Leben mit ungeahnten Möglichkeiten"[202] an einem „Spalier des Schweigens".[203] Die Inhaftierten begrüßen die Neuankömmlinge „schweigend wie eine Mauer"[204], es wird wieder geflüstert und man ermahnt sich gegenseitig, den Mund zu halten.[205] Es sind dies die bekannten Merkmale einer rigiden Restriktion des Sprechverhaltens, die bereits für überwunden gehalten wurden: „Ja, wir hatten das Schweigen schon wieder verlernt. Jetzt müssen wir es wieder lernen."[206] Ähnlich wie bei Leonhard Frank wird der versuchte Ausbruch aus dieser Logik des erzwungenen Schweigens schwer bestraft – die so erpresste homogene Ordnung auf eng umgrenzten Raum lässt Gühler gar „KZ-Luft"[207] wittern. Abweichung,

---

[202] Richter: *Die Geschlagenen*, a.a.O., S. 295.
[203] Ebd., S. 297.
[204] Ebd., S. 295.
[205] Vgl. ebenda, S. 301.
[206] Ebd., S. 320.
[207] Ebd., S. 300. Die Parallelisierung eines PoW-Lagers mit den nationalsozialistischen KZs gehört zu den problematischsten Aspekten in Richters Roman. Beließ man es in der frühen Forschung zu *Die Geschlagenen* noch bei dem Hinweis, dass es in amerikanischen Lagern tatsächlich zu Übergriffen durch fanatische Nazis gekommen sei (so bei Karl-Heinz Schoeps: *The ‚Golden Cage' and the Re-Education of German Writers in American POW Camps: Hans Werner Richter and Alfred Andersch*, in: *Amerika! New Images in German Literature*, hg. von Heinz D. Oesterle, New York 1989, S. 29–42, v.a. 32–34), wird die Engführung der zwei Opferrollen, jener der europäischen Juden und jener der an Hitlers Krieg ‚schuldlosen' jungen Wehrmachtssoldaten, heute weitaus kritischer gewertet. Die in *Die Geschlagenen* permanent präsente Bedeutungsebene, gemäß derer der deutsche Landser (so er nicht zu den fanatischen Nazis gehört) in erster Linie Opfer und nicht Täter ist, führt, wie dies Michael Hofmann nachgezeichnet hat, zu einer „Einebnung einer deutsch-jüdischen Erfahrungs-Differenz", die nicht zuletzt die Frage nach möglicher Verantwortung an andere delegiert. Unter Verweis auf Richters publizistische Arbeiten konstatiert Hofmann eine „massive Leugnung der Bedeutung der Shoa", die sich im oben zitierten Vergleich exemplarisch ausspricht. Michael Hofmann: *Im Zwielicht des Erlebnisses. Neuanfang und Abwehr von Verantwortung im Nachkrieg. Zu Hans Werner Richter*, in: *Literarischer Antisemitismus nach Auschwitz*, hg. von Klaus-Michael Bogdal/Klaus Holz/Matthias N. Lorenz,

vor allem aber Kritik an den normativen Koordinaten des Nazismus sind todeswürdig; der Text demonstriert dies an dem jungen Berliner Pips, dessen abschätziges Urteil über Hitler der Lager-Gestapo als Anlass dient, ihn halbtot zu prügeln.[208] Es ist dieser, wie Gühler feststellt, „nackte[] Terror",[209] der Gefolgschaft und Vergemeinschaftung erzwingt und der zugleich dazu beiträgt, das Lager als Miniatur von Nazi-Deutschland lesbar zu machen. An ihm soll begreiflich werden, warum es zu keinem Aufstand gegen Hitler und Konsorten gekommen ist. Angesichts des Terrors blieb nur wenig Raum zwischen „schweigen, Maul halten und warten"[210] und lediglich kleinsten subversiven Untergrundaktionen, die sich zumeist in Momenten individueller Unangepasstheit erschöpften.

Die Liminalität des Lagers ist also *prima facie* stärker durch seine das Individuum bedrohende als befreiende Potenz gekennzeichnet; die in ihm beschlossen liegenden transformativen Energien müssen gegen die zeitgleich existierenden Elemente einer totalen Institution erkämpft werden. Damit steht das Lager in *Die Geschlagenen* geradezu paradigmatisch für den Interregnums-Diskurs der Nachkriegszeit, weil in ihm die Fragen nach Wandel und Verbleib beziehungsweise Persistenz und Revolution, dem Verhältnis von Neu und Alt verdichtet inszeniert werden. Obwohl also das Aufkommen neuer diskursiver Praktiken unterdrückt und mögliche Protagonisten stark gefährdet sind, setzen sich einige der Figuren gezielt dieser Gefahr aus und propagieren eine diskussionszentrierte Vorgehensweise gegen die Noch-Nazis des Lagers. Trotz der Tatsache, dass das Lager als ein Ort geschildert wird, in dem es – ein weiterer irritierender Satz des Romans – mehr Nazis gäbe als in Deutschland,[211] bietet es ge-

---

Stuttgart 2007, S. 147–158, hier S. 148 sowie 157. Etwas weniger scharf formuliert Geppert, die perspektivische Blindheit in Bezug auf jüdisches Leid habe nichts mit Antisemitismus zu tun, eher sei „eine – heute nur noch schwer nachvollziehbare – Gefühllosigkeit gegenüber dem andersgearteten Leid jüdischer Überlebender zu konstatieren". Geppert: *Hans Werner Richter, die Gruppe 47 und die ‚Stunde Null'*, a.a.O., S. 209.

[208] Vgl. Richter: *Die Geschlagenen*, a.a.O., S. 314–316.
[209] Ebd., S. 311.
[210] Ebd., S. 355.
[211] Ebd., S. 390. Da sich die Amerikaner aus den Lagerangelegenheiten weitestgehend heraushalten, porträtiert der Roman die Selbstermächtigung in

genüber dem Schlachtfeld mehr Möglichkeiten, sich sprachlich zu begegnen, was sich formal darin abspiegelt, dass sich Dialoge in Form direkter Rede häufen. Das Optieren für den Dialog ist dementsprechend weniger einer rein ästhetischen Vorliebe geschuldet,[212] sondern erfüllt zugleich eine Funktion: Sie führt den Dialog als (gefährdetes) Mittel zur Vergemeinschaftung exemplarisch vor.[213]

Trotz der Gefährdungslage also, in der sich all jene im Lager befinden, die sich vom Nationalsozialismus abgewendet haben, setzt man zuletzt auf die Praxis des Überzeugens. Als der Nazi-Hasser Buchwald durch eine Verwechslung verhaftet und mit einem Teil der ebenfalls inhaftieren Lager-Gestapo zusammengesperrt wird, kommt es nicht zu physischen Übergriffen, sondern zu tagelangen Streitgesprächen.[214] Im Zentrum dieser Gespräche, die selbst nicht Teil der Textmasse sind, steht die Frage, ob der Krieg noch zu gewinnen sei und aufgrund der beharrlichen Widerrede durch Buchwald werden die Noch-Nazis schließlich „immer stiller [...], und einmal hat einer gesagt, vielleicht hast du recht. Aber wenn sie zu den Amis rausgegangen sind, dann haben sie bei dem Verhör die wil-

---

Sachen diskursiver Praktiken und damit letztlich in puncto Systemwechsel als rein deutsches Unterfangen.

[212] So etwa bei Mrożek: *Hans Werner Richter*, a.a.O., S. 148f. Der dort sich ebenfalls findende Hinweis, dass der Dialog als Stilmittel im Werk Richters präsent bleibe, passt zu Richters kontinuierlicher Betonung des Diskutierens und Kritisierens als essenzielle demokratische Merkmale.

[213] Den Gedanken, dass die Diskussion ein Modus sprachlicher Vergemeinschaftung ist, hat Richter bereits bevor er den Roman *Die Geschlagenen* geschrieben hat, in dem kleineren reportagenartigen Text *Unterhaltung am Schienenstrang* dargestellt. In diesem Text modelliert Richter die Zeit des Interregnums als Prozess diskursiven Ringens um Orientierung durch das deutsche Volk: „In tausend Gesprächen versucht es seine Existenzberechtigung zu beweisen, in tausend Unterhaltungen irrt es auf den Wegen der Vergangenheit und sucht die Hoffnung von morgen." Hans Werner Richter: *Unterhaltungen am Schienenstrang*, in: *Deutsche Literatur zwischen 1945 und 1959*, hg. von Klaus Wagenbach, Berlin 1980, S. 46–50, hier S. 46 [EA 1946]. Auch hier ist das bereits zuvor konstatierte Denken in Übergängen Richters präsent; der Text selbst bietet eine Vielzahl von Themen und Motiven, die auch in *Die Geschlagenen* präsent sind und darf dementsprechend als zentraler Prätext betrachtet werden.

[214] Richter: *Die Geschlagenen*, a.a.O., S. 356.

den Nazis gespielt."[215] Der Sein-Schein-Dualismus (man spielt die „wilden Nazis", ist aber eigentlich bereits am Zweifeln) bereitet eine für die sich anschließende Argumentation zentrale Differenz vor, denn als einer der Zuhörer die Noch-Nazis schlicht als Verbrecher bezeichnet, korrigiert ihn Buchwald: „Keine Verbrecher, [...], Fanatiker. Man muß sie vernichten oder überzeugen, daß sie sich irren. Ich bin für das Überzeugen."[216] Ein Zusammenleben, so die Konsequenz aus diesem Zitat, mit der politischen Figur des Fanatikers ist unmöglich; dass dem Fanatiker, dessen typisierte Physiognomie – „breitschultrig und stiernackig, mit kalten, fanatischen Augen"[217] – bereits zuvor durch den Text geisterte, mit Argumenten und Überzeugung eventuell nicht beizukommen ist, wird hier nicht in Erwägung gezogen. Stattdessen wird ein Programm der diskursiven Wühlarbeit entworfen: „Wir müssen so tun, als ob wir zu ihnen gehören und dann einen nach dem andern für uns gewinnen."[218] Die unausgesprochene normative Annahme hinter diesem Programm ist, dass diese individuelle Transformation durch Gespräche und Diskussionen möglich und jedem anderem Vorgehen vorzuziehen ist. Als Modell einer solchen gelungenen Transformation gilt die Figur Grundmann, deren Wandel sich, wie bereits Erich Embacher kritisch festgestellt hat, „vom überzeugten Nationalsozialisten zum Gegner des Systems in nur fünf Textstellen vollzieht".[219] Zentral ist dabei, dass sich diese Transformation vor allem den Gesprächen zwischen Gühler und Grundmann verdankt, Gühler also als *spiritus rector* der diskussionsbasierten Entnazifizierungsprogrammatik fungiert. Was bei dem allerdings von Anfang an kaum verhetzt auftretenden Grundmann noch im offenen Gespräch möglich ist, wird in Bezug auf die Noch-Nazis des Lagers notgedrungen zu einer Arbeit (wie Grundmann selbst feststellt) im „Untergrund".[220] Und Gühler ergänzt: „Genau wie in Deutschland, nur noch gefährlicher."[221]

---

[215] Ebd.
[216] Ebd.
[217] Ebd., S. 313.
[218] Ebd., S. 356.
[219] Embacher: *Hans Werner Richter*, a.a.O., S. 167.
[220] Richter: *Die Geschlagenen*, a.a.O., S. 356.
[221] Ebd. Die Rede vom Untergrund ist bereits durch Gühlers Äußerungen präsent, das, was man bekämpfe, „muß man im eigenen Land bekämpfen" (Ebd., S. 222). Da Richter die Figur Gühler als fiktives Alter Ego aufbaut, wurde

Gemäß dem oben skizzierten Programm einer Übernahme des Lagers durch Überzeugung[222] gestaltet der Roman weitere Konfrontationen zwischen Nazis und deren Kontrahenten, die fortan zumeist mit der Verunsicherung Ersterer enden. Im Gegensatz zur unterschwelligen, geflüsterten und gemurmelten Widerrede aus dem ersten Teil des Textes oder dem rein mentalen Dissens[223] gestalten sich diese Konfrontationen dergestalt, dass die Widerrede nicht direkt in den durch Gewalt herbeigeführten Kommunikationsabbruch mündet, sondern zu mitunter plakativen und thesenartigen (Streit-)Gesprächen führt. Wie zuvor auch sind es vor allem die Fragen nach dem Krieg und ob er noch gewonnen werden könne sowie die Haltung zu Hitler, die diese Gespräche provozieren. Für das letzte Viertel des Romans ist es hauptsächlich die Figur Gerlich, an der sich im Modus des Dialogs die zu bewerkstelligenden Transformationsleistung ablesen lassen. Der von Gerlich vertretenen Position, der gemäß der Krieg durch stramme Linientreue noch zu gewinnen sei, begegnet Gühler nicht nur durch rationales Argumentieren (beispielsweise durch den Verweis, dass Kriegsgefangene sicherlich keinen Krieg mehr gewinnen würden), sondern auch durch die dezidierte Benennung der Terrorpraktiken von Gerlich und Konsorten.[224] Auch bei späteren Zusammentreffen mit

---

schon früh angenommen, auch Richter habe sich im Untergrund gegen das NS-Regime engagiert. Dafür gibt es hingegen keine Belege; dafür sind mehrere Texte bekannt, die Richter in den Jahren 1934 bis 1935 veröffentlicht hat – womit er gegen die später von ihm selbst propagierte Regel der Gruppe 47 verstieß: „Wer im Dritten Reich mitgeschrieben hatte, wird nicht eingeladen!" Zimmermann: *Gespräch mit Hans Werner Richter*, a.a.O., S. 125. Zum vermeintlichen Widerstand Richters und seiner Rolle während des NS-Regimes vgl. Rhys W. Williams: *Survivel without Compromise? Reconfiguring the Past in the Works of Hans Werner Richter and Alfred Andersch*, in: *Flight of Fantasy. New Perspectives on Inner Emigration in German Literature, 1933–1945*, hg. von Neil H. Donahue/Doris Kirchner, New York 2003, S. 211–222, hier v.a. S. 213.

[222] „Wir müssen uns ihnen anpassen und sie langsam zersetzen. Tag für Tag. Wenn der Krieg zu Ende geht, müssen die Lager in unserer Hand sein." Richter: *Die Geschlagenen*, a.a.O., S. 404.

[223] Vgl. ebenda, S. 33, wo es in der Gedankenwelt Gühlers zu einer Kritik nazistischen Sprachgebrauchs kommt.

[224] Vgl. ebenda, S. 371–373.

Gerlich bescheinigt ihm Gühler „politischen Unfug"[225] und schließlich knickt Gerlich ein; sein Versuch, bei den Amerikanern die Erlaubnis einer Totenehrung Hitlers zu erwirken, endet nicht nur mit deren Verweigerung, sondern auch – nach einem weiteren Gespräch – mit Gühlers Aufforderung: „Du mußt dich damit abfinden, daß es vorbei ist."[226] Gerlich, dessen Gesicht bezeichnenderweise „müde und verfallen"[227] aussieht, verlässt die Szenerie und versucht zuletzt, auf eigene Faust ein Totengedenken zu erzwingen – während einer Filmvorführung. Er wird allerdings nicht angehört und schließlich von der Bühne vertrieben, weil man entweder von den Neuigkeiten verschont bleiben möchte oder an Hitlers Tod schlicht nicht glaubt. Gerlichs Abtritt ist allerdings mehr als nur ein individueller; mit ihm verschwinden jene von der Bühne, die bis zuletzt ‚daran geglaubt' haben und dies eingestandenermaßen. Er gehört zu jenen, die zwar durch die kommunikative Praxis der Diskussion in Zweifel gestürzt werden, denen aber daraus kein neues sprachliches Kollektiv erwächst. Zuletzt ist Gerlich heimatlos; die Liminalität des Lagers entlässt ihn in die existentielle Enttäuschung: „Es ist aus mit ihm."[228]

Es wurde bereits an anderer Stelle[229] auf die bedenklichen Sympathien hingewiesen, die Figuren wie Gerlich zukommen, von dem es heißt, er habe „eigentlich eine ganze Menge getan hier für's Lager", was Gühler kommentiert mit: „Wahrscheinlich Gutes und Schlechtes in gleichem Maße. Wer will das jetzt noch unterscheiden."[230] Dieser Kommentar kann nur Verwunderung hervorrufen, denn Gühler geht es ab dem Tag seiner Gefangennahme (und letztlich schon davor) darum, genau diese Unterscheidung einzufordern – vor allem von den Amerikanern. Gühler ist selbst figurativer Ausdruck eines Sein-Schein-Dualismus – Nazi-Gegner in Nazi-Uniform – und dieser „Grundwiderspruch"[231] durchzieht die Bedeutungsdimension des Textes von Anfang; schon die Widmung ist da-

---

[225] Ebd., S. 421.
[226] Ebd., S. 444.
[227] Ebd.
[228] Ebd., S. 448.
[229] Vgl. Futterknecht: *Nachkriegspositionen des ästhetischen Bewußtseins*, a.a.O., S. 122.
[230] Richter: *Die Geschlagenen*, a.a.O., S. 449.
[231] Futterknecht: *Nachkriegspositionen des ästhetischen Bewußtseins*, a.a.O., S. 118.

rauf gemünzt, die an Richters Brüder, ihrerseits „Gegner und Soldaten dieses Krieges", adressiert ist. Diese Rolle nimmt Richter auch für sich in Anspruch und es ist auch jene, die den Sein-Schein-Dualismus Gühlers konturiert. Dies einzusehen ist die zentrale Forderung an die Amerikaner, die sich immer wieder im Wunsch nach Differenzierung artikuliert und an der sich die permanente Enttäuschung Gühlers entzündet. Denn diese Analyseleistung wird von den Amerikanern im Roman nicht erbracht und Gühler sowie seine Freunde fühlen sich beständig als Nazis wahrgenommen (auch wenn dies *expressis verbis* nur äußerst selten geschieht). Nicht nur, dass Gühler damit die eigene Situation offenbar verkennt (er ist Kriegsgefangener), seinem Wunsch nach Differenzierung entspricht eine eigene Praxis der Ent-Differenzierung: Es sind grundsätzlich *die* Amerikaner, die seine Position partout nicht verstehen wollen: „Für die sind wir alle Nazis."[232] Dies gilt auch für die im Text auftretenden Emigranten, die ihrerseits die Lage des deutschen Soldaten nicht verstehen können. Dabei wird die Rolle der Emigrierten nicht nur explizit, sondern auch in Form von Analogiebildungen thematisiert. Als eine Gruppe österreichischer Soldaten beschließt, sich aufgrund des nazistischen Terrors in ein anderes Lager verlegen zu lassen, kritisiert Gühler dieses Vorgehen vehement. Es sei besser zu bleiben und das Lager sukzessive zu übernehmen; als die Österreicher insistieren, konstatiert Gühler nur, zu gehen sei „nichts als Angst und Bequemlichkeit".[233] Die Reaktion der Österreicher, die auffallend unterkomplex argumentieren, erschöpft sich darin, sich als Opfer nazistischer Zwangshandlungen zu kennzeichnen und weiterhin auf Lagerverlegung zu beharren. Gühlers Antwort auf ihre Frage, ob er denn bei den Nazis bleiben wolle, lässt aufmerken: „Ich bleibe da, wo ich hingehöre, ich bin kein Österreicher, ich bleibe bei den Deutschen."[234] Die Implikationen dieser Szene liegen auf der Hand. Die Gruppenbildung

---

[232] Richter: *Die Geschlagenen*, a.a.O., S. 280.
[233] Ebd., S. 405. Siehe auch S. 221, wo Gühler auf die Frage, warum er selbst nicht emigriert sei, antwortet, dies wäre „feige" gewesen. Auch hier gilt, was Williams zu Richters Debüt schreibt, dass der Text nämlich „resolutely defends those who stayed in Germany and are therefore uniquely qualified to speak of wartime German experience, unlike – and this is the unspoken implication – the émigrés." Williams: *Survival without Compromise*, a.a.O., S. 219.
[234] Ebd.

entlang nationaler Zugehörigkeiten markiert direkt, wo der Ort des Deutschen zu sein hat, nämlich „bei den Deutschen", womit in einem Handstreich all jene diskreditiert werden, die genau dies missachteten: die Emigranten. Es sind Passagen wie diese, in denen sich Richters problematisches Verhältnis zu den deutschen Exilantinnen und Exilanten im Modus literarischer Fiktion ausspricht, das zugleich symptomatisch ist für die Haltung der sogenannten Jungen Generation überhaupt.

Der Wunsch nach Differenzierung sowie das Hadern mit dem Umstand, dass diese weithin ausbleibt, steht in direktem Bezug zur vermeintlichen Kollektivschuldthese, deren Bekämpfung Richter „verdächtig viel und unnötige Energie"[235] widmet. Noch Jahrzehnte später wird Richter nicht müde, diese These, wonach am Nazitum und seinen Verbrechen alle Deutschen gleichermaßen schuldig seien, zu attackieren, obwohl sie in der alliierten Besatzungspolitik zu keinem Zeitpunkt eine wesentliche Rolle gespielt hat.[236] Eine Verständigung mit den Amerikanern ist zumindest in *Die Geschlagenen* kaum möglich; obwohl der Roman die Kraft (aber eben auch die Grenzen) des Gesprächs und der Diskussion betont, scheint eines der zentralen Themen des Textes indiskutabel zu sein, nämlich die Frage nach der schuldhaften Verstrickung des Individuums. Der Verweis darauf, dass man vor den Augen der Amerikaner ja ohnehin zu ‚den' Nazis gezählt wird, wirkt dabei nicht nur als Kritik an der ausbleibenden Differenzierung der Siegermacht, sondern auch als Entlastung vor der moralischen Selbstbefragung. In der Polyphonie des Romans ist die Stimme der Sieger damit kaum zu hören beziehungsweise wird auf auffallende Art und Weise auf wenige zumeist pejorativ zugerichtete Facet-

---

[235] Werner Nell: *Deutschlandberichte. Hans Werner Richters ‚Unterhaltungen am Schienenstrang' (1946) und Hannah Arendts ‚Besuch in Deutschland' (1950)*, in: *„Es sind alles Geschichten aus meinem Leben". Hans Werner Richter als Erzähler und Zeitzeuge, Netzwerker und Autor*, hg. von Carsten Gansel/ders., Berlin 2011, S. 29–46, hier S. 45.

[236] Vgl. den vorzüglichen Aufsatz von Jan Friedmann, Jörg Später: *Britische und deutsche Kollektivschuld-Debatte*, in: *Wandlungsprozesse in Westdeutschland. Belastung, Integration, Liberalisierung 1945–1980*, hg. von Ulrich Herbert, Göttingen 2002, S. 53–90, deren Fazit lautet: „In der Wahrnehmung der Deutschen aber wurde der Schuldbegriff vielfach mystifiziert. Dabei spielte die Spekulation auf Entlastungsgewinne eine wichtige Rolle." S. 90.

ten reduziert.[237] Diese seltsame Form der Sprachlosigkeit in Bezug auf die Amerikaner (deren strahlende, von materiellem Reichtum geprägte Fassade als innerlich verkommen geschildert wird[238]), die sich bezeichnenderweise bei strammen Noch-Nazis nicht einstellt, kulminiert in einer umfassenden Kritik an dem zum Schluss des Romans auftauchenden Programm der *Re-Education*.

War das Schlagwort von der „Erziehung zur Demokratie"[239] bereits zuvor einmal gefallen, um die immer noch vorherrschenden militärischen Umgangsformen im Lager in satirischer Weise zu kennzeichnen, so wird die summarische Variante der amerikanischen Umerziehungsprogrammatik – „Kollektivschuld, Salzhering und amerikanische Geschichte" – von Gühler als schlichter „Wahnsinn"[240] bezeichnet. Als wäre diese Verkürzung nicht bereits problematisch genug, weil es der Komplexität des Unterfangens nicht annährend gerecht wird, setzt Gühler dieses Programm mit der totalitären Vereinnahmung des Individuums durch den nationalsozialistischen Staat gleich: „Aber die können doch nicht umgekehrt denselben Mist wiederholen. Das ist doch Irrsinn."[241] Korrigiert oder kontextualisiert wird dieser Vergleich nicht. Diese Stelle greift die in der Nachkriegszeit durchaus häufige Identifikation von NS-Staat und Besatzungspolitik auf, was – im Kontext der Denkfigur des Interregnums – zu einer Differenzverwischung von Altem und Neuem führt. Das Lager scheint damit in seinem transitorischen Charakter gefährdet. Es ist augenscheinlich, dass diese Gleichsetzung, die hier einer Romanfigur im Jahre 1945 in den Mund gelegt wird, als kritischer Kommentar auf die Nach-

---

[237] Dass die Amerikaner, so sie mal sprechen, ein ebenfalls limitiertes bis schlechtes Englisch sprechen, unterstreicht diesen Gedanken. Vgl. Richter: *Die Geschlagenen*, a.a.O., S. 350 („Want you to piss?") sowie S. 368 („Focken boys").

[238] Am deutlichsten zeigt sich dieser Gedanke in einer Analogie: In einer kruden Szene, in der es zu einer Beinahe-Vergewaltigung einer Amerikanerin durch Gühler kommt, wird der kosmetisch hergestellte und idealisierte Frauenkörper in seinen Reizen dadurch destruiert, dass die Frau einen schlechten Atem hat (ebd., S. 414). Vgl. hierzu die Ausführungen bei Futterknecht: *Nachkriegspositionen des ästhetischen Bewußtseins*, a.a.O., S. 125.

[239] Richter: *Die Geschlagenen*, a.a.O., S. 333.

[240] Ebd., S. 458. Dort auch das vorige Zitat.

[241] Ebd.

kriegszeit und damit auch auf den Entstehungs- und Publikationskontext zu verstehen ist. Es ist außerdem nicht völlig abwegig, die den zweiten Teil des Romans permanent durchziehende Amerika-Kritik als eine Reaktion Richters auf sein erzwungenes Ausscheiden aus der Redaktion des *Ruf* zu verstehen.[242] Allerdings, zumindest die Kritik an der Kollektivschuldthese bleibt, wie erwähnt, auch über Jahrzehnte hinweg präsent. Zudem kündigt sich im Text bereits neues Schweigen an (was seinerseits auf die gesellschaftliche Verfassung der Nachkriegszeit gemünzt ist); als Gerlich, wie erwähnt, Hitlers Tod verkündet und dem ‚Führer' und dem mit diesem Verbundenen „Traum eines Irrsinnigen"[243] noch ein letztes Mal gedenken will, wird er von der Bühne gewiesen. Gühler und ein weiterer Soldat, die sich über Gerlich unterhalten, werden mit der gewohnten Formel „Haltet doch euer Maul" zur Ruhe aufgefordert. Der Aufforderung folgt eine für den Text typische pointierte Bewertung durch Gühler und dessen Freund Böhmer: „‚Sie wollen ihre Ruhe haben', sagte Gühler. ‚Ja', sagte Böhmer, ‚das ist das wichtigste für sie.'"[244] Das Bedürfnis nach Ruhe und Schweigen, das sich in der kurzen Passage artikuliert, ist allerdings kein erzwungenes mehr, sondern Ausdruck psychischer Erschöpfung; zugleich wird die in der Szene konstruierte Lücke, die der Tod Hitlers hinterlässt, durch eine neue kulturelle Dominante gefüllt, worin sich erneut die amerikakritische Perspektivierung des Romans erhellt. Bei dem Film, den die Soldaten sehen wollen, und der ihnen wichtiger ist als das Denken an den einstigen ‚größten Feldherrn aller Zeiten' – ist ein Micky-Mouse-Film.[245]

---

[242] So auch Möhrchen: *Reportage und Reflexion*, a.a.O., S. 88. Möhrchens Annahme allerdings, im Roman hätten sich Sachen sagen lassen, die in der Form in Zeitschriften nicht hätten publiziert werden können, ignoriert den Publikationszeitraum. 1949 waren weder Vor- noch Nachzensur üblich, Richters Roman erschien zudem letztlich nach Gründung der BRD.

[243] So die Bezeichnung der NS-Zeit sowie des Weltkrieges, Richter: *Die Geschlagenen*, a.a.O., S. 453.

[244] Ebd., S. 449.

[245] Ebd. US-amerikanische Spielfilme verschwanden ab Ende 1940 aus den deutschen Kinos und mit ihnen auch die bis dahin populären Micky-Mouse-Filme. Hitler gehörte selbst zu den ‚Fans' der amerikanischen Comic-Maus; 1937 etwa hatte Josef Goebbels ihm 18 dieser Filme geschenkt und dieser habe sich gefreut und sei „ganz glücklich über diesen Schatz" gewesen.

4.3.4 Nachtrag: Das Lager als Experimentierfeld – Hans Habe: *Wohin wir gehören* (1948)

Obwohl Hans Werner Richters Nachkriegsdebüt sicherlich zu den bekanntesten (und literaturhistorisch registrierten) literarischen Auseinandersetzungen mit dem Kriegsgefangenenlager gehört, so stellt die dort verhandelte Verbindung von Lagerhaft und demokratischem Übergang, die Inszenierung und Problematisierung der Freiheit hinterm Stacheldraht keine singuläre Erscheinung dar. Bereits ein Jahr vor der Publikation von *Die Geschlagenen* erscheint im Verlag des Schweizer Verlegers Emil Oprecht – der seit 1933 vom NS-Regime verfolgte Autorinnen und Autoren unterstützte und ihnen eine Publikationsplattform bot[246] – der Roman *Wohin wir gehören* von Hans Habe.[247] Habe, der zum Zeitpunkt der Publikation des Buches bereits ein durchaus etablierter und erfolgreicher Schriftsteller (sein Werk *A Thousand Shall Fall* war in den USA, wohin Habe 1940 emigrieren konnte, sehr erfolgreich[248]) und in Nachkriegsdeutschland vor allem als erster Chefredakteur der Zeitung *Die Neue Zeit* in Erscheinung getreten war, greift in *Wohin wir gehören* unter anderem seine eigenen Erfahrungen als Soldat der US-Armee auf. Nachdem Habe erst in Frankreich als Freiwilliger gegen die Deutschen gekämpft hatte und es ihm nach seiner dortigen Verhaftung gelungen war, mit seiner Frau in die USA zu fliehen, meldete er sich erneut freiwillig zum Militärdienst und wurde Soldat der sogenannten Ritchie Boys. Dort fand sich eine Vielzahl emigrierter, zumeist jüdischer Deutscher wieder, die sich freiwillig

---

Zitiert nach: Volker Koop: *Warum Hitler King Kong liebte, aber den Deutschen Micky Maus verbot. Die geheimen Lieblingsfilme der Nazi-Elite*, Berlin 2015, S. 170.

[246] Erst 2020 erschien eine ausführliche Biographie dieses Verlegers, der während der Zeit des deutschen Faschismus etwa Ernst Bloch, Else Lasker-Schüler oder eben Hans Habe verlegte und in dessen *Europa Verlag* unter anderem die zweibändige Hitler-Biographie von Konrad Heiden erschien. Vgl. Christoph Emanuel Dejung: *Emil Oprecht. Verleger der Exilautoren*, Zürich 2020.

[247] Hans Habe: *Wohin wir gehören*, Zürich 1948. Der Roman war bereits 1946 in den USA unter dem Titel *Aftermath* (New York 1946) erschienen.

[248] Hans Habe: *A Thousand Shall Fall*, New York 1941. Das Buch erschien unter dem Titel *Ob tausend fallen. Ein Bericht* 1947 bei Rowohlt in Hamburg.

gemeldet hatten, häufig Künstler, Journalisten, Schriftsteller, Regisseure, unter ihnen Stefan Heym, Victor Brombert, Guy Stern und Hanuš Burger, der mit *Death Mills* (Todesmühlen) den ersten Dokumentarfilm über die deutschen KZs drehte. Als Teil der Abteilung Propaganda und psychologischer Kriegsführung sollten die Ritchie Boys aufgrund ihrer kulturellen und sprachlichen Kenntnisse den militärischen Angriff der amerikanischen Truppen ergänzen, indem sie Verhöre führten, Informationen aus der Bevölkerung zusammentrugen oder durch Propaganda-Aktionen die deutschen Soldaten zur Einstellung der Kampfhandlungen drängten.[249]

Habe, der später als Journalist beispielsweise in der *Welt* teils harsche (und in der Wortwahl fragwürdige) Attacken gegen die Gruppe 47 – wo er sich den konservativen Kritikern der Gruppe zugesellte[250] – und insbesondere gegen Heinrich Böll ritt,[251] erzählt in *Wohin wir gehören* die Erlebnisse zweier zentraler Protagonisten: zum einen jene des nach Amerika emigrierten Schriftstellers Peter Ogden, der als Teil einer amerikanischen Spezialeinheit wieder nach Deutschland zurückkehrt, zum anderen jene

---

[249] Die Bedeutung der Ritchie Boys für die amerikanische Kriegsführung gegen NS-Deutschland sowie die Rolle, die emigrierte Deutsche dabei spielten, wurden erst vergleichsweise spät aufgearbeitet. Ein wichtiger Beitrag war Christian Bauers Film *Die Ritchie Boys* von 2004 sowie die gemeinsam mit Rebekka Göpfert realisierte Buchveröffentlichung *Die Ritchie Boys. Deutsche Emigranten beim US-Geheimdienst*, Hamburg 2005. Vgl. außerdem Beverley Driver Eddy: *Ritchie Boy Secrets. How a Force of Immigrants and Refugees Helped Win World War II*, Mechanicsburg 2021. Für das Buch von Beverley Driver Eddy hat der ‚Ritchie Boy' Guy Stern das Vorwort verfasst.

[250] Vgl. Walter Müller-Jentsch: *Die Kunst in der Gesellschaft*, 2. durchg. Aufl., Wiesbaden 2012, S. 174.

[251] Habe schreibt als Reaktion auf Bölls medial heftig umkämpften *Spiegel*-Artikel vom 10. Januar 1972 „Will Ulrike Gnade oder freies Geleit" – ein Versuch, mit den Motiven und Motivationen der RAF sowie mit der Berichterstattung über sie zurande zu kommen –, dies sei „nackter Faschismus". Die Schärfe des Angriffs legitimiert Habe unter anderem dadurch, dass Böll sich für Ulrike Meinhoff ausgesprochen, in seiner Funktion als PEN-Präsident aber den zeitgleich in der UdSSR angeklagten Publizisten und Dissidenten Wladimir Konstantinowitsch Bukowski nicht verteidigt habe. Vgl. Hans Matthias Kepplinger: *Publizistische Konflikte und Skandale*, Wiesbaden 2009, S. 33. Dort auch das Zitat von Habe.

des amerikanischen Majors John Stroud, der als Sonderauftrag ein Kriegsgefangenenlager aufbauen und leiten soll, in dem deutsche PoW an ein Leben in Freiheit herangeführt werden sollen. Der Roman ist sprachlich konventionell verfasst, greift immer wieder auf zeittypische Rassismen zurück[252] und entwickelt ein über weite Strecken typisiertes Figurenarsenal, wobei vor allem die kernigen Männerfiguren mitunter etwas schablonenhaft geraten. Ähnlich wie bei Hans Werner Richter kommt auch in Habes Roman dem Dialog zentrale Bedeutung als textuelles Transportmittel für zentrale Thesen und Theoreme bezüglich der amerikanischen Besatzungspolitik zu. Es sind vor allem die Gespräche zwischen Stroud und Ogden, in denen die Frage nach der Rolle der USA im anvisierten (Re-)Demokratisierungsprojekt Deutschlands reflektiert und kommentiert werden – wobei sich die beiden Männer außerdem mit Vorliebe über Frauen, Liebesbeziehungen und Eheverhältnisse unterhalten.

Diese ‚Männergespräche', deren Charakter zumeist zwischen spätpubertärer Jünglingsrhetorik und patriarchal eingefärbter Geschlechterethnologie oszilliert, sind zugleich Erkundungen der Unterschiede zwischen Deutschland (beziehungsweise Europa) und den USA. Sie loten aus, worum es dem Roman schon im deutschen Titel geht, nämlich um die Frage nach kultureller Zugehörigkeit – wobei selbst in einem Gespräch über Frauen die Frage nach der Demokratie mitverhandelt wird. So, wenn sich Ogden darüber auslässt, dass die amerikanischen Frauen (er ist mit einer verheiratet) permanent erobert werden wollen („Ihr Ideal ist ein prolongierter Brautstand"[253]) und gerade dies den Mann, der sich seines Besitzes der Frau nie ganz sicher sein könne, zur Brutalität verführe. Ogdens Ausführungen gipfeln in der Feststellung, amerikanische Frauen „wollen gekauft oder vergewaltigt werden – der Kauf bringt ihnen unmittelbare Vorteile, die Vergewaltigung mittelbare ..."[254] Es schreiben sich den Liebes-

---

[252] In einem Berliner Nachtlokal, in dem Jazz gespielt wird, heißt es über die Musiker, sie „schüttelten sich im wilden Rhythmus, als wollten sie die Aufnahmeprüfung in die Negerrasse bestehen." Habe, *Wohin wir gehören*, S. 155.

[253] Ebd., S. 148.

[254] Ebd., S. 149. Der spätere Zusatz, Ogden denke „natürlich nicht an physische Gewalt", sondern wolle mit dem Begriff anzeigen, dass die „amerikanische Frau [...] nur ihren Unwillen gegen das Geschlechtsleben bei jeder

beziehungen der Amerikaner und deren Symboliken nicht nur bereits das kapitalistische Gesellschaftsdesign ein,[255] sondern das Verhältnis von Mann und Frau ist wesentlich das Resultat einer Unterdrückung beziehungsweise Manipulation einer Mehrheit durch eine Minderheit. Ogdens dezidiert antimoderne Anthropologie der Frau, der zufolge das Glück der Frau einzig und allein im Mann zu verorten ist,[256] geht einher mit einer gesellschaftlichen Positionierung, die Stroud nicht ganz zu Unrecht mit der Rolle der Frau im Faschismus in Verbindung bringt.[257] Nichtsdestotrotz insinuiert Ogden: „Meiner Ansicht nach gibt es tatsächlich für die Frau keine andere Form des Glücks. Die meisten Frauen wissen es, die wenigsten gestehen es. Das letzte und entscheidende Glück der Frau ist das Kind; der Weg zum Kind führt über den Mann."[258]

Der Amerikaner Stroud akzeptiert zwar diese Schlussfolgerungen nicht, hat ihnen aber auch nicht wirklich etwas entgegenzusetzen. Ogden entwickelt ausgehend von seinem Frauenbild eine quasi-nietzscheanische Theorie, gemäß derer in Amerika eine Minderheit frustrierter Frauen – jene, die keinen Mann bekommen haben und also das ihnen von der Natur zugedachte Lebensglück nicht erringen können – „gewisse moralische Postulate aufgestellt"[259] hätten, um die glückliche Mehrheit der Frauen unter Druck zu setzen und ihnen letztlich das Glück zu rauben. Die Modernisierung des Frauenbildes – Frauen können etwa alle Berufe ergreifen und maßen sich sogar „nicht nur dieselben Rechte an wie die Männer, sie glaub[en] auch die gleichen Fähigkeiten zu besitzen"[260] – wird als Falle

---

Gelegenheit demonstrieren" wolle, entschärft den Passus nur unwesentlich. Ebd., S. 150.

[255] Etwa beim Ehering, von dem es heißt: „je größer die Diamanten, desto größer die Liebe." Und Ogden ergänzt: „Er [i.e. der Mann] zahlt dann fortlaufend, weil er ja fortlaufend etwas begehrt, was ihm nicht freiwillig oder gar freudig gegeben wird." Ebd., S. 150.

[256] „Ich behaupte nur, daß sie [i.e. die Frauen] eine wichtigere Aufgabe haben. Das Glück ihrer Männer, das Glück ihrer Familie, das Glück ihrer selbst, und somit das Glück der Welt, ist ihnen in die Hand gegeben." Ebd. S. 151.

[257] „Ich weiß nicht, ob du bemerkst, daß du wie ein Faschist sprichst. Kirche, Kinder und Küche als die einzigen Felder der Frau standen auf der Fahne Hitlers." Ebd., S. 151.

[258] Ebd., S. 152.
[259] Ebd., S. 153.
[260] Ebd., S. 149.

für deren ‚eigentliches' Lebensglück konzeptualisiert. Und diese Falle funktioniert entgegen des ansonsten geltenden (demokratischen) Prinzips der Mehrheitsentscheidung – eine Art emotionaler Diktatur inmitten der amerikanischen Demokratie. An dieser Stelle zeigt sich also, dass es sich bei diesem historisch so etablierten Gespräch von Männern über Frauen zugleich um ein Gespräch über die amerikanische Demokratie handelt – es geht nicht nur um individuelle Liebesbeziehungen, sondern um die gesellschaftlichen Machtverhältnisse zwischen Minderheiten und Mehrheiten.

Auch wenn die Gespräche über Frauen und die jeweiligen Liebes- und damit konfligierenden Eheverhältnisse der beiden männlichen Hauptprotagonisten einen nicht unwesentlichen Raum des Erzählgeschehens einnehmen,[261] bedeutender – zumal für diese Ausführungen – sind die militärischen Aufgaben, in die Ogden und Stroud eingebunden sind. Wie angedeutet, gibt es einige Parallelen zu Hans Werner Richters *Die Geschlagenen*. Hier wie dort steht die Frage nach der Möglichkeit der demokratischen Erziehung hinter Stacheldraht im Zentrum. Sowohl das Setting, sprich die räumliche Situierung in einem Gefangenenlager der US-

---

[261] Mit Blick auf Habes Biographie ist nicht ganz von der Hand zu weisen, dass er in *Wohin wir gehören* auch seine eigenen Ehe- und Liebeszwistigkeiten hat einfließen lassen. Überhaupt sind die autobiographischen Parallelen augenscheinlich, vgl. hierzu Joseph P. Strelka: *Hans Habe. Autor der Menschlichkeit*, Tübingen 2017, S. 41–51. Außer einigen sporadischen Nachweisen über die autobiographische Fundierung des Romans erschöpfen sich Strelkas Ausführungen allerdings in Inhaltswiedergaben und überspannt wirkenden Lobpreisungen von Autor und Werk, so wenn *Wohin wir gehören* zu den „großartigsten Romane[n]" Habes gezählt und konstatiert wird, der Roman sei „so fesselnd und bedeutend durch seine Lebendigkeit". Ebd., S. 43. Mögen diese Ausführungen noch unter persönliche Vorlieben abgebucht werden können, fallen folgende Urteile schon deutlich tendenziöser aus: „Auch daß er [i.e. Hans Habe] von der Qualität der deutschen Nachkriegsliteratur sehr wenig hielt, wurde ihm vorgeworfen. Er hat wie so oft Recht gehabt. Die großen Erfolgsnamen der Gruppe 47 Günter Grass und Heinrich Böll waren nicht halb so bedeutend, wie sie es von den deutschen Medien ausposaunen ließen." Ebd., S. 66. Dergleichen Passagen, in denen ohne Belege eine Indienstnahme der Medien durch Autoren behauptet und ‚die' deutsche Nachkriegsliteratur auf Protagonisten der Gruppe 47 reduziert werden, disqualifizieren sich letztlich selbst.

Armee (wenn auch auf deutschem Boden) als auch die damit aufgeworfenen und vor allem in Figurendialogen verhandelten Fragestellungen sind sich äußerst ähnlich. Anders als bei Richter wird hier jedoch explizit das Lager zum Raum eines psychologischen Experiments, wie es Strouds Vorgesetzter formuliert: „Ein solches Lager ist eine einzigartige Gelegenheit, an ihren Seelen zu experimentieren, verstehst du? Oder festzustellen, daß sie keine haben – wovon ich persönlich überzeugt bin."[262] Die negative Sicht des Amerikaners auf die Deutschen dient letztlich als Verweishorizont auf die sogenannte Kollektivschuld-These der Alliierten, besonders der USA, gegen die sich der Roman positioniert. Das Lager als Experimentierfeld – als transitorischer Raum, in dem sich *en miniature* der deutsche Systemwandel steuern und beobachten lässt – wird dementsprechend stark von Ogden kritisiert. Für ihn bringt dieses Vorhaben die alliierte Besatzungsmacht bedrohlich in die Nähe des gerade beendeten Nazismus[263] – eine Parallelisierung, die im Verlauf dieser Untersuchung bereits mehrfach aufgetaucht ist. Das Experimentieren am Menschen – ob mit „Typhusbazillen"[264] oder in psychologischer Form – missachte, so scheint Ogdens Argument zu verlaufen, jeweils die Dignität des Individuums. In beiden Fällen werde der Mensch dehumanisiert; eine gewagte Analogie, die zwar nicht weiter erörtert wird, aber eine für die weitere Diskussion wichtige Argumentationsfigur vorbereitet.

Gemeint ist jene der Generalisierung. Das Experiment, das als Blaupause für eine Strategie der *Re-Education* (beziehungsweise als Legitimation andauernder Besatzung) fungieren soll, begehe, da es von einem begrenzten Raum aus auf alle übrigen Deutschen schließen zu können glaube, den „grundlegenden Fehler allen amerikanischen Denkens. [...] Es ist mechanisch."[265] Diese dem Experiment eigene Schlusslogik vom Besonderen auf das Allgemeine ist für Ogden ein Anzeichen für die Kolonisierung des Denkens durch den Faschismus: „Wir bemerken gar nicht, wie sehr wir Opfer des Hitlerschen Denkens werden, indem wir, wie er, verallgemeinern."[266] Man muss Ogdens Argumentation an dieser Stelle zwar ernst nehmen, da sie, wie bereits gezeigt, einem zeittypischen Argu-

---

[262] Habe: *Wohin wir gehören*, a.a.O., S. 18.
[263] Vgl. ebenda, S. 29.
[264] Ebd.
[265] Ebd., S. 64.
[266] Ebd., S. 65.

mentationstypus verpflichtet ist, der die Regierungsmethoden der alliierten Besatzungsmächte mit denen des NS-Staates identifiziert; so wie Hitler gegenüber den Juden (und allen anderen Verfolgten des NS-Regimes) generalisierend vorgegangen sei – dies der Subtext des Arguments –, werden nun die Deutschen durch die Amerikaner in einem Akt der Generalisierung allesamt zu ‚Nazis' erklärt. Die Deutschen als die ‚neuen Juden'.

Man sollte Ogden hier aber nicht allzu wörtlich nehmen, widerspricht er sich doch bereits während seiner Ausführungen, die ja ihrerseits auf einer Generalisierung beruhen – immerhin kranke *alles* amerikanische Denken daran, mechanisch zu sein. Vor allem aber ergeht er sich permanent selbst in Verallgemeinerungen, qualifiziert seinerseits alle Deutschen als „primitive Mystiker"[267] und formuliert als eigene biographische Lernerfahrung, dass er nun nicht mehr ein Volk allein als schuldig erachte, sondern den „Volkscharakter";[268] und der sei bei allen Völkern schlecht. Das permanente Einfordern von Differenzierung sowie der Verweis auf die prinzipielle Schlechtigkeit aller Volkscharaktere sind Bestandteile einer übergeordneten Exkulpationsstrategie, mit der nicht nur die vermeintliche Kollektivschuld-These zurückgewiesen, sondern auch die historische Situation, in der sich der Figurendialog bewegt, entkonkretisiert und das Individuum durch die Proklamation eines nebulösen Volkscharakters aufgewertet wird. Das Pochen auf Einzelfallprüfung steht zwar im Dienst eines historisch nachvollziehbaren Anliegens, einzelne Deutsche vor ungerechtfertigter Aburteilung zu bewahren; zugleich verschiebt der Text aber die konkrete historische Situation ins Allgemeine (alle Völker sind schlecht) und reagiert dadurch auf eine Generalisierung mit einer Generalisierung.

Den Vorwurf des Mechanischen, das dem Experiment zugrunde liege, wiederholt Ogden noch einmal, um die Idee eines schlichten Exports des amerikanischen Demokratiemodells nach Deutschland als unzureichend zu kritisieren. Nachdem es in dem Lager einen bewaffneten Aufstand einiger Gefangener gegeben hat, befürchtet Ogden, die amerikanische Militärregierung würden daraus den Schluss ziehen – *sub species mecanicus* –, die Deutschen seien nun einmal unverbesserliche Nazis. Dieser Schluss werde maßgeblich durch die falsche Logik des Experiments bedingt, da

---

[267] Ebd., S. 146.
[268] Ebd., S. 65.

„man mit dem Leben in einer Retorte experimentiert. Wenn man glaubt, man könne die Demokratie in amerikanischen Konservenbüchsen exportieren. Demokratie ist eine Frucht, die aus dem Boden wächst. In synthetischer Form schmeckt sie sauer."[269] Die Metapher von der Demokratie als Pflanze koppelt diese bestimmte Gesellschaftsform an eine historisch fragwürdig gewordene Kategorie, nämlich jene des Bodens. Der Boden als kulturelles Substrat markiert nicht nur Zugehörigkeit, wie sie im Buchtitel anklingt (und substantialisiert wird), sondern unterstreicht die Vorstellung, dass Demokratie *per se* nicht exportiert werden könne, oder wenn, dann eben nur in „synthetischer Form", ungeachtet der kulturellen und historischen Besonderheiten des Importlandes. Die amerikanische Konservendose vervollständigt das Bild des mechanistischen Experiments; die eingedoste Demokratie ist ein serielles Massenprodukt, das sich nicht an Bedürfnissen orientiert.[270] Dadurch entsteht ein Antagonismus zwischen amerikanischer Demokratie nach industriellem Design und einer deutschen ‚Agrar'-Variante – ein Eindruck, der sich dadurch verfestigt, dass Ogden anstatt Konservendosen zur Ernährung der deutschen Bevölkerung „Samen und Pflüge"[271] exportiert wissen will. Gedacht als Kommentar zur Ernährungspolitik der Alliierten, besonders der USA, komplettiert dieser Vorschlag die Vorstellung, dass aus Deutschland gleichsam organisch eine eigene Demokratie erwachsen müsse.[272]

---

[269] Ebd., S. 347.
[270] Ogden fordert eine „auf den Mann geschneiderte Demokratie statt Fertigwaren". Ebd., S. 348.
[271] Ebd. Als Verweis auf die Ernährungspolitik der Alliierten taugt diese Kritik nur bedingt; zum Zeitpunkt des Gesprächs herrscht Winter, Samen und Pflüge wären demnach wenig nützlich.
[272] Die Kritik Strouds, dass man dies 1918 ja versucht habe und die Erfolge ausgeblieben seien, weist Ogden mit dem Verweis auf die historisch anderen Bedingungen zurück, ohne diesen Punkt en détail auszuführen. Die politische Botanik Ogdens ist allerdings kein Unikum im diskursiven Gefüge nach 1945. Beinahe Wortgleiches findet sich etwa in einem *Ruf*-Artikel von Carl August Weber: *Deutsche Jugend und Demokratie*, in: *Der Ruf* 2 (1947), S. 7. Dort wird argumentiert, dass die deutsche Jugend deswegen mit der Demokratie so wenig anfangen könne, weil sie ihr Nationalgefühl dort nicht einsetzen könnte und vor allem, weil der unreflektierte Import des demokratischen Modells aus Übersee noch nicht in eine deutsche Demokratie übersetzt worden sei. Die Frage „Ist

Dass Deutschland allerdings Hilfe bedürfe, steht auch für Ogden außer Frage. Um diesen Gedanken zu unterstreichen, greift er auf eine zweite bedenkliche Bildtradition zurück: Um seinen Austritt aus der amerikanischen Armee zu erklären (er will als Deutscher nach Deutschland zurückkehren), beschreibt er sich als „Missionar", dessen Aufgabe er parallel zum kolonialistischen Klischee von der Alphabetisierung und Kultivierung der „Wilden" in Afrika oder Asien entwirft.[273] Erst nachdem dort das Alphabet erlernt und die „Schlangenbisse" kuriert waren, konnte man „das Evangelium predigen".[274] Irritierend ist, dass sich Ogdens ‚Missionierungskampagne' gerade nicht nur auf Deutschland bezieht, sondern auf ganz „Europa – das ist heute tiefstes Afrika oder tiefstes Asien".[275] Die Menschen dort seien zu „Barbaren geworden".[276] Es geht also mitnichten um die Deutschen und den von ihnen begonnenen und bis zur letzten Konsequenz verfochtenen Vernichtungskrieg, sondern um Europa als Ganzes. Eine bezeichnende Diskurserweiterung, die die Rede von der

Demokratie erlernbar?" wird mit Blick auf Amerika scheinbar bejaht, aber sodann gleich wieder eingeschränkt: „Die deutsche Jugend wird erst dann zu einer Demokratie erzogen werden können, wenn die Elemente einer deutschen Demokratie vorhanden sind." Nur weil die „Kopistenmethode" nicht funktioniert habe, sei aber Deutschland deswegen noch nicht unfähig zur Demokratie, wie manche es behaupten würden. Der Aufsatz greift zuletzt biologistisch gewendete Argumente auf. Es fehle den Deutschen eine eigene demokratische Elite und weil „die deutsche Veranlagung aber […] zur Elite [tendiert], so lange die Deutschen das Volk der Dichter und Denker" blieben, so lange funktionieren fremde Eliten nicht: „Es kann nicht verwunderlich ein [sic], daß trotz aller Erziehungsversuche das Echo im deutschen Volk und vor allem in der Jugend gering ist, denn Erziehung kann nur vorhandene Anlagen fördern, aber keine neuen einpflanzen." Dem ungebrochenen Ehrgeiz des Autors, auch weiterhin das Kollektivprädikat „Dichter und Denker" für Deutschland in Anspruch nehmen zu können, entspricht seine Vorstellung eines den Deutschen inhärenten ‚Volkswesens' mit diesen eigenen „Anlagen". Die Metaphorik offenbar die Kontinuität einer toxischen Verquickung von Politik und Biologie.

[273] Vgl. Habe: *Wohin wir gehören*, a.a.O., S. 306.
[274] Ebd. Dort auch das vorherige Zitat.
[275] Ebd.
[276] Ebd.

jüngsten Vergangenheit Deutschlands kurzschließt mit einer generellen Fehlentwicklung der europäischen Kultur.[277]

Ogdens Vorstellung, er selbst müsse als Missionar daran beteiligt sein, das „Evangelium der Demokratie"[278] nach Deutschland zu bringen, schließt an den bereits skizzierten Gedanken an, dass sich die Demokratie in Deutschland selbst entwickeln müsse: „Ich glaube nicht an eine Erziehung der Deutschen von außen. Die Geburt eines neuen und besseren Deutschland muß von innen kommen."[279] Bezeichnenderweise gehört das Gefangenenlager, das Stroud leitet, gerade nicht zu den Elementen einer ‚inneren' Erneuerung, die Ogden vorschweben. Auch wenn das Lager etwas „Ähnliches [...] wie eine deutsche Gemeinde"[280] sein solle, so bliebe doch ein wesentlicher Unterschied. Es herrsche eben lediglich eine „Illusion der Freiheit",[281] weswegen zuletzt auch Stroud das Lager, das er eher als „Krankenhaus"[282] ansah, ablehnt. Dadurch wird dem Lager als politischem Versuchsraum der Probecharakter entzogen. Die Illusion einer Freiheit ist nicht deren Vorbereitung, sondern deren aktive Vorenthaltung; anders formuliert, nur wenn die Deutschen frei sind, können sie auch frei werden – womit der Roman eine Position umreißt, die während des erzählten Zeitraums (Mitte bis Ende 1945) hochgradig unrealistisch gewesen war. Die Rede von der Illusion geht einher mit jener der Auffüh-

---

[277] Diese Perspektive mag aus zeitlicher Distanz heraus irritierend wirken, singulär ist sie nach 1945 nicht – und vor dem Hintergrund totalitärer Regime mitten in Europa (Spanien, Portugal) auch nicht vollends substanzlos. Noch 1948 stellt etwa Walter Dirks die Frage, ob sich Europa nicht insgesamt bereits auf dem Weg zu einem neuen Faschismus befinde. Faschistische Tendenzen sieht Dirks dabei vor allem in Frankreich (sein Artikel ist nicht zuletzt eine deutliche Kritik am Agieren de Gaulles), Portugal hingegen wird verhältnismäßig milde beurteilt; Salazar sei eher ein Diktator „im altrömischen Sinn", die „Diener ihrer Völker in Notzeiten waren". Walter Dirks: *Ein falsches Europa?*, in: *Frankfurter Hefte* 3 (1948), S. 698–711, hier S. 701.
[278] Habe: *Wohin wir gehören*, a.a.O., S. 321.
[279] Ebd., S. 307.
[280] Ebd., S. 110.
[281] Ebd., S. 332.
[282] Ebd., S. 333. Die dadurch ins Werk gesetzte Pathologisierung der Deutschen – Faschismus als politische Krankheit – fügt sich in den psychiatrischen Diskurs der *Re-Education* ein.

rung beziehungsweise des Theaters. Nach einem Mordfall im Lager und der Ergreifung des Täters entscheidet sich Stroud dazu, die Deutschen selbst die Gerichtsverhandlung führen zu lassen. Die Verhandlung, die sich am amerikanischen Geschworenengericht orientiert, erscheint zunächst im positiven Sinne als „theatralische[] Schaustellung",[283] was sich konsequent auch im Druckbild zeigt, das dem eines abgedruckten Theatertexts entspricht. Obwohl es auf der Hand liegt, dass diese Gerichtsverhandlung lediglich Inszenierung ist – da die Strafgefangenen natürlich über keinen juristischen Handlungsspielraum verfügen –, hat Stroud im Laufe des zweiten Verhandlungstages zunehmend das Gefühl „einer Theatervorführung beizuwohnen" und kommt sich vor wie der „Regisseur einer Schmierentruppe".[284] Woher dieser „Hauch beunruhigender Irrealität"[285] plötzlich kommt, bleibt unklar; er verschärft sich jedoch, als die Verhandlung kippt. Nachdem der Angeklagte zunächst andere Gründe für seine Mordtat vorgeschoben hat, wechselt er nach kurzer Beratung mit seinem Verteidiger die Strategie und offenbart seine wahren Gründe. Er habe den Mord begangen, weil der Ermordete „ein Vaterlandsverräter war".[286] Dieses „Lager voller Versuchskaninchen" solle beweisen, dass die Deutschen nicht nur besiegt, sondern auch den Glauben an „Führer und Nation"[287] aufgegeben hätten. Deswegen hätte das Opfer sterben müssen.

Es ist bezeichnend, dass der Angeklagte die Deutung des vorsitzenden Richters, er habe sein Opfer aus „politischer Gegnerschaft"[288] erstochen, zurückweist – die Kategorie „Vaterlandsverräter" ist gerade nicht Teil des Politischen, nicht verhandelbar, nicht diskursiv durchdringbar und hält zudem den Geltungsanspruch des Nationalsozialismus aufrecht. Für den Angeklagten dauert der Krieg noch immer an; nur in diesem Kontext ist die Kategorie „Vaterlandsverräter" sinnvoll. Dieser Wechsel des Angeklagten zum „Bierfassredner"[289] (so Stroud) liefert dem Verteidiger den nötigen Vorwand, um den Angeklagten als Opfer der nationalsozialisti-

---

[283] Ebd., S. 181.
[284] Ebd., S. 183.
[285] Ebd.
[286] Ebd., S. 184.
[287] Ebd. Dort auch das vorherige Zitat.
[288] Ebd.
[289] Ebd., S. 185.

schen Indoktrinierung zu inszenieren und um klarzustellen, dass eine Verurteilung letztlich auch bedeute, dass sich die Geschworenen „zu Anwälten jener Theorie der ‚keine Milde!' auf[werfen], die es Millionen […] unmöglich macht ein neues Leben zu beginnen."[290] Die Schuld des Angeklagten bestehe allein darin, dass er „die Zeichen der Zeit nicht verstand".[291] Obwohl die Rede des Angeklagten, vorgetragen mit den für die Physiognomie des fanatischen Nazis typischen „glühenden Augen",[292] keine Begeisterung bei den übrigen Gefangenen auslöst, endet die Verhandlung mit dessen Freispruch. Für die amerikanische Militärregierung ist dieses Resultat durchaus erfreulich, da es zu „dieser Zeit […] der offiziellen amerikanischen Politik [entsprach], das deutsche Volk der Kollektivschuld anzuklagen"[293] und man also bestätigt bekommen habe, dass die Deutschen zum gegebenen Zeitpunkt noch dezidiert Anhänger der nationalsozialistischen Ideologie seien.

Intradiegetisch werden sowohl diese Deutungen der Gerichtsverhandlung als auch des späteren Aufstands im Lager von den narrativ privilegierten Hauptprotagonisten vor allem als Elemente einer Kritik gegen die Demokratisierungs- und Besatzungspolitik der Amerikaner genutzt und von dort aus für eine Re-Demokratisierung Deutschlands von Innen argumentiert. Auch bei Hans Habe wird so eine Analogie zwischen dem begrenzten Raum des Lagers und der deutschen Gesellschaft im Ganzen hergestellt. Das Lager ist Sinnbild jenes zu bewerkstelligenden Übergangs in eine demokratische Gesellschaftsform, es ermöglicht (bei aller Kritik) eine Art rechtsstaatliches Probehandeln und ist gekennzeichnet durch demokratische Wahlpraktiken und der Erosion militärischer Rangunterschiede. So lässt Stroud (gegen die Genfer Konvention) alle Soldaten die gleichen Aufgaben verrichten und die Stubenältesten der Baracken jeweils durch Wahl bestimmen.[294] Es habe sogar eine „wirklich demokratische Zeitung"[295] gegeben. Vor dem Hintergrund des Lageraufstandes wird all dies lediglich als Täuschungsmanöver beurteilt; zuletzt wird das Lager aufgelöst und die Inhaftierten in die von den Franzosen verwalteten

---

[290] Ebd., S. 186.
[291] Ebd.
[292] Ebd., S. 185.
[293] Ebd., S. 187.
[294] Vgl. ebenda, S. 333.
[295] Ebd., S. 355.

„Saargruben"[296] verschickt. Das Experiment gilt als gescheitert, obwohl es durchaus zu demokratischen Probehandeln kam und durch die gezielte Eliminierung militärischer Ränge ein klassifikatorischer Nullpunkt hergestellt wurde – ein für liminale Szenarien *à la* Turner zentraler Aspekt. Mit dem Scheitern des Experiments ‚Lager' scheitert auch – in der Logik der Analogie – das Experiment ‚*Re-Education*' als Exportprodukt. Noch in seinem Abschiedsbrief an den nach Amerika zurückkehrenden Stroud wird Ogden auf diesen verfehlten Anspruch zu sprechen kommen, „fremde Menschen nach seinem Ebenbild zu modeln".[297]

Habes Roman ist ein zeittypischer literarischer Metakommentar auf die Frage nach einer künftigen demokratisch verfassten deutschen Gesellschaft und – verstärkt aus autobiographischer Perspektive heraus – auf die Beziehungen zur alliierten Besatzungsmacht USA. Indem die historische Realität des Gefangenlagers überführt wird in ein (literarisches) Experiment und dieses scheitert, wirbt der Roman für eine Erneuerung der deutschen Demokratie durch Deutsche. Für die zentralen Protagonisten in *Wohin wir gehören* bleibt eine Freiheit hinter Stacheldraht lediglich eine Illusion.

4.4 Rudolf Krämer-Badoni: *In der großen Drift* (1949)

4.4.1 Kunstautonomie und Widerstand? Vorgeschichte des Romans

Im Unterschied zu Leonhard Frank, dessen juvenile Demokratie-Avantgarde sich durch ein bestimmtes Sprechverhalten als Gruppe konstituiert und Vorformen einer kritischen Öffentlichkeit erprobt, beziehungsweise zu Hans Werner Richter, der die Dialektik von kommunikativer Selbstermächtigung und gewalttätig erzwungenem Schweigen im liminalen Raum des Gefangenenlagers inszeniert, spielen kommunikative Praktiken in Rudolf Krämer-Badonis Nachkriegsdebüt *In der großen Drift*[298] auf den

---

[296] Ebd.
[297] Ebd., S. 386.
[298] Rudolf Krämer-Badoni: *In der großen Drift*, Darmstadt 1949. Der Roman erschien 1961 noch einmal in einer Taschenbuchausgabe, versehen mit dem Vermerk „Endgültige Neubearbeitung"; in dieser Form ist der Text deutlich

ersten Blick eine eher untergeordnete Rolle. Wie sich zeigen wird, besetzt der Roman im Geflecht des Interregnums-Diskurses eine in gewisser Hinsicht antagonistische Position gegenüber den zwei zuvor genannten Texten, und zwar insofern, als er die unmittelbare Nachkriegszeit in einer auffallenden Sprach- und Verständnislosigkeit porträtiert. Die Figuration eines parlamentarischen Gefüges am Ende des Romans führt vor allem das Scheitern der Kommunikation durch nun offen auslebbare Differenzen verschiedener politischer Positionen vor und zeigt sich damit dem Ideal des konsensorientierten Pluralismus eher skeptisch gegenüber. Auffallend ist in diesem Kontext, dass der Roman, der anders als die beiden zuvor besprochenen Werke die Vorkriegszeit in den Handlungsverlauf integriert, das Sprechverhalten des Einzelnen während der Zeit des Nationalsozialismus als kaum reglementiert beschreibt, selbst in der Endphase des Krieges scheinen weitestgehend offene Gespräche möglich. Den wenigen Erzählerkommentaren, die eine Reglementierung oder Problematisierung diesbezüglich andeuten und die sich vor allem am Ende des Textes wiederfinden, stehen eine Reihe offener Dialoge entgegen, die besagte Kommentare eher wie pflichtschuldige Ergänzungen wirken lassen.

Im Zentrum der folgenden Überlegungen steht dementsprechend vor allem das letzte Drittel des Romans, das der Darstellung der unmittelbaren Nachkriegszeit gewidmet ist und gezielte Referenzen auf extratextuelle Ereignisse ermöglicht. Dadurch wächst dem Text dezidiert die Funktion eines zeitgeschichtlichen Kommentars zu, wobei die Formen der Vergangenheitsdeutung und Gegenwartsbewertung sowohl den Figurendialog als auch den Erzählerkommentar umfassen. Dies gilt es zu beachten, wenn intradiegetisch eine vom Erzähler getragene Literatur- beziehungsweise Kunstvorstellung vertreten wird, die sich einer wie auch immer gearteten Vereinnahmung des Künstlerischen durch kunstfremde Aspekte (verkürzt

---

schlanker und enthält gerade gegen Ende einige Verkürzungen, die im Vergleich zur Erstausgabe geradezu sinnentstellend wirken. In seiner Autobiographie *Zwischen allen Stühlen. Erinnerungen eines Literaten*, München, Berlin 1985, S. 73, distanziert sich Krämer-Badoni ausdrücklich von dieser Ausgabe: „Ich habe mich seinerzeit von dem Taschenbuchverlag zu der Bemerkung ‚endgültige Neubearbeitung' überreden lassen und widerrufe diesen Unsinn hiermit. Gültig ist die Originalausgabe von 1949." Weitere oder andere Auflagen hat der Roman nicht erfahren.

und generalisierend: dem Sozialen oder dem Politischen) verweigert.[299] Eine literatursoziologisch motivierte Lektüre von *In der großen Drift*, die sich sozialen Fragestellungen und politischen Bewertungen des dargestellten Publikationskontextes widmet, drängt sich häufig geradezu auf. Eine Fehllektüre ist diese Perspektivierung, trotz anders lautender Vermutungen des Erzählers, jedenfalls nicht; ohne zeitgeschichtliche Rückbindung an den Publikationskontext bleiben, so ließ sich ein bekanntes Kantisches Diktum variieren, Interpretationen letztlich blind.

Eine wissenschaftliche Beschäftigung mit dem Werk Krämer-Badonis ist mehr oder minder vollständig ausgeblieben, Monografien gibt es keine und selbst Forschungsarbeiten kleinerer Statur sind kaum vorhanden.[300]

---

[299] Dass diese Position des Erzählers sich weitestgehend mit der des Autors Krämer-Badoni deckt, zeigt dessen 1960 publizierte Abhandlung *Über Grund und Wesen der Kunst. Mit einem Abriß der Dichtungs- und Kunsttheorie* (Berlin 1960), wobei bereits der Titel Krämer-Badoni als Anhänger eines werkimmanenten Literaturverständnisses ausweist. Der Text operiert über weite Strecken mit Termini, die sich dezidiert gegen einen soziologischen oder sozialgeschichtlichen Zugriff auf Kunst und Literatur verwehren, und fasst Kunst als „Antwort des Menschen auf das Schicksal. Aber was für eine Antwort. Ein Träumen der Seele". (S. 23) Krämer-Badoni argumentiert zwar historisch, enthistorisiert aber zugleich seinen systematischen Zugriff auf Kunst dadurch, dass er den (Selbst-)Zweck der Kunst als anthropologisch konstant fasst. Versuche, Kunst in irgendeinen Dienst zu stellen, der nicht selbst wieder Kunst ist, kann von dieser Warte aus nur als verfehlt betrachtet werden (als historisches Musterbeispiel dieser Verfehlung dient ihm die Literaturtheorie des Marxismus respektive des realexistierenden Sozialismus, dem er ein ganzes, an Simplifizierungen reiches Kapitel widmet). Kunst besitze einen „zeitlosen Charakter" (S. 70) und wecke das Bewusstsein, „daß der Mensch mehr ist als der Mensch" (S. 52) – wobei dieses utopische Potential wiederum nicht in einem sozial-gegenwärtigen Sinne zu interpretieren sei und somit seinerseits ahistorisch bleibt. Die Historizität seiner eigenen Theoriebildung, die sich mit Autoren wie Wolfgang Kayser oder Emil Staiger, aber auch mit Wolfgang Muschgs tragischer Literaturgeschichte auf einer Linie weiß (obwohl deren Namen nicht genannt werden), entgeht Krämer-Badoni dabei.

[300] Zu nennen wäre Guy Sterns Aufsatz *Die Hochhaltung des Exils in finstern Zeiten: Rudolf Krämer-Badonis Schlüsselroman Jacobs Jahr (1943/1978)*, in: *Preserving the Memory of Exile. Festschrift for John M. Spalek on the Occassion of his 80th Birthday*, hg. von Wulf Koepke/Jörg Thunecke,

Die Literaturwissenschaft hat sich für den Autor, der sich selbst „zwischen allen Stühlen" verortete – so der Titel seiner Autobiographie – zu keinem Zeitpunkt interessiert, die Resonanz seiner Romane, die ab 1949 zunächst in schneller Folge erschienen, blieb auf das Feuilleton beschränkt. Obwohl Krämer-Badoni bis an sein Lebensende beständig weiterschrieb und gut zwei Dutzend Bücher publizierte (und mit Lob für sein eigenes Werk nicht geizte), verharrte die Auflagenhöhe auf niedrigem Niveau.[301] Dies gilt auch für den Roman *In der großen Drift*, der 1949 bei Claasen & Roether in Darmstadt erschien, einer süddeutschen Abteilung des Claassen & Govert Verlags.[302] Dass Krämer-Badonis Roman bei besagtem Verlag erschien, besitzt eine gewisse Folgerichtigkeit, da dieser als Nachfolger des 1934 von Eugen Claassen und Henry Goverts gegründeten Goverts Verlag fungierte, bei dem Krämer-Badoni sein Romandebüt zu publizieren gedachte. Die Geschichte dieses *Jacobs Jahr* betitelten Buches erzählt nicht nur von den Schwierigkeiten eines nicht-nationalsozialistischen Verlags, einen Titel im durchreglementierten Buchmarkt der

---

Nottingham 2008, S. 137–150. Allerdings begreift der Autor den Aufsatz in gewisser Hinsicht als Freundschaftsdienst (S.150), was den mitunter panegyrischen Tonfall erklärt. Problematischer sind jedoch die zum Teil groben inhaltlichen Fehler. So schreibt Stern beispielsweise, Krämer-Badoni sei 1932 „von den Nazis verhaftet" (S. 140) worden, was nicht nur geschichtschronologisch inkorrekt ist, sondern auch von Krämer-Badoni selbst nie behauptet wurde – die von Stern angegebene Quelle erwähnt ebenfalls nichts dergleichen. Zudem fußt seine Rekonstruktion der (verhinderten) Publikationsgeschichte von Krämer-Badonis Roman *Jacobs Jahr* ausschließlich auf Texten von Krämer-Badoni selbst und übernimmt unbesehen dessen zum Zwecke der Selbstinszenierung verzerrte Darstellung. Auch das Lob Sterns, Krämer-Badoni habe sich seine kritische Meinung „aus der Perspektive des fast hermetisch abgeschlossenen Dritten Reiches bilden" (S.142) müssen, ist so nicht haltbar; Krämer-Badoni war 1933, als Hitler zum Reichskanzler ernannt wurde, bereits 20 Jahre alt.

[301] Laut Deutscher Nationalbibliothek ist der auflagenstärkste Titel in Krämer-Badonis Bibliographie ausgerechnet einer, der keinen Anspruch auf höhere literarische Qualität erhebt, nämlich *Das kleine Buch vom Wein*, Gütersloh 1964.

[302] Vgl. Reinhard Tgahrt: *Der Verlag wird seine Richtung nicht ändern müssen. 1934–1966*, in: *Eugen Claassen. Von der Arbeit eines Verlegers. Marbacher Magazin* 19 (1981), S. 7–30, hier S. 23.

Kriegsjahre platzieren zu können, sondern dokumentiert auch Krämer-Badonis Bemühen um Deutungshoheit hinsichtlich seiner Person. Claassen hatte den Roman, der den Konflikt zwischen einem namenlosen „Chef" und einem an Stefan George orientierten „Dichter" samt zugehörigen Kreis gestaltet, mit einiger Begeisterung gelesen und nach einer ersten Auflage auch noch die Genehmigung für eine zweite bekommen, sodass Anfang 1943 gut 12.000 Exemplare im Leipziger Lager vorhanden waren, zuzüglich Rezensions- und Werbeexemplare. Die allegorisierende und weitestgehend enthistorisierte Handlung dieses vermeintlichen Camouflage-Romans[303] lässt eine Deutung zu, die den *plot* als Figuration der nationalsozialistischen Verhältnisse begreift. Wohlgemerkt: Dies ist nicht die einzig mögliche Deutung, die der Roman zulässt, gleichwohl ist sie aber jene, die Krämer-Badoni selbst vertritt, womit der Text geradezu zu einem Akt schriftstellerischen Widerstands gerät. Dass der Roman schließlich nicht ausgeliefert wurde, lag, so Krämer-Badoni in einer später erschienenen Darstellung der Vorgänge, daran, dass Claassen genau diese dominierende Lesart des Textes nicht aufgefallen sei – er schien ihn noch nicht einmal richtig gelesen zu haben. Und als er schließlich verstand, schreckte er, aufgrund der (vermeintlich) politischen Dimension des Textes Sanktionen befürchtend, vor einer Veröffentlichung zurück.

---

[303] Hans Dieter Schäfer zählt Krämer-Badonis Roman zu einer Gruppe von Texten, die sich durch das „Fehlen eines historisch-politischen Bewußtseins" auszeichneten und in denen „soziale Zusammenhänge auch rein stofflich nur noch eine geringe Rolle" spielten. Hans Dieter Schäfer: *Die nichtnationalsozialistische Literatur der jungen Generation im Dritten Reich*, in: Ders.: *Das gespaltene Bewußtsein. Deutsche Kultur und Lebenswirklichkeit 1933–1945*, Frankfurt a. M. 1984, S. 7–68, hier S. 29. Den Begriff der verdeckten Schreibweise, der für nicht-regimekonforme Literatur geprägt wurde, lehnt Schäfer allerdings ab; fragliche Texte dieser Couleur seien weniger „Abrechnungen mit dem Dritten Reich" als viel eher „Allegorien eines Lebensgefühls." (ebd. S. 35). Zum Begriff der verdeckten Schreibweise Vgl. Heidrun Ehrke-Rotermund/Erwin Rotermund: *Zwischenreiche und Gegenwelten. Texte und Vorstudien zur ‚Verdeckten Schreibweise' im „Dritten Reich"*, München 1999 sowie Erwin Rotermund: *Formen und Rezeptionsprobleme der ‚Verdeckten Schreibweise' im ‚Dritten Reich' (1933–1945)*, in: *Zwischen Innerer Emigration und Exil. Deutschsprachige Schriftsteller 1933–1945*, hg. von Marcin Gołaszewski/Magdalena Kardach/Leonore Krenzlin, Berlin, Boston 2016, S. 29–47.

Vom zuvor attestierten Mut des Herausgebers, der in dieser Retrospektive als ängstlicher Naivling porträtiert wird, blieb nichts mehr übrig – im Vergleich zu dem des Schriftstellers.[304] Obwohl Krämer-Badoni selbst in späteren Rückblicken nicht müde wurde, *Jacobs Jahr* als Schlüsselroman auf das Nazi-Regime verstanden wissen zu wollen, liegt ihm gerade diese Deutung 1942 noch fern. In einem Brief an den Verleger schreibt er jedenfalls, er habe keinesfalls die Absicht, mit seinen Schriften „heimliche oder offene Opposition zu treiben. Im Gegenteil, auf die Länge gesehen erwarte ich sehr viel von der heutigen gesellschaftlichen (oder sagen Sie: politischen) Entwicklung."[305] Krämer-Badoni, der in seiner Autobiographie beständig Briefe an und von ihm zitiert und auch anderweitiges Material in den Textfluss montiert, schweigt sich über diese Passage (wohlweislich) aus. Sie fügt dem Selbstnarrativ des mutigen jungen Schriftstellers, der unter schwierigsten Bedingungen dem „Drang zum Zeugnisablegen"[306] nachgegeben habe, ein Moment des Opportunismus bei, das die dem Text selbst inhärente Ambivalenz auch auf Autorebene erkennen lässt. Bei einem Bombenangriff auf Leipzig 1943 wurden schließlich alle Exemplare des Romans zerstört. Von einer späteren Veröffentlichung wich der Verlag zurück, instrumentalisierte aber das Buch (obwohl unveröffentlicht) als antifaschistisch gefärbten „Entlastungszeugen" nach 1945.[307]

Es gilt also, den in diesem Beispiel einer verhinderten Publikation durchscheinenden Hang des Autors zur Selbstglorifizierung zu berücksichtigen, wenn man weitere autobiographische Äußerungen zur paratextuellen Flankierung des hier zu untersuchenden Romans heranzieht. Nach einer kurzen Zeit als politischer Publizist in der von Dolf Sternberger her-

---

[304] Vgl. die Darstellung, die Krämer-Badoni im Vorwort der 1978 in kleiner Auflage erschienenen ersten Ausgabe des Romans gibt: Rudolf Krämer-Badoni: *Jacobs Jahr*, Darmstadt 1978, S. 5–8.
[305] Anne-M. Wallrath-Janssen: *Der Verlag H. Goverts im Dritten Reich*, München 2007, S. 275. Die Autorin liefert einen vollständigen Überblick der Publikationsgeschichte von *Jacobs Jahr* (S. 269–279), der sowohl Krämer-Badonis Selbstinszenierung transparent macht als auch der Verlegerposition Gerechtigkeit widerfahren lässt. Vor dem Hintergrund dieser Arbeit wirken die Ausführungen von Guy Stern geradezu bedenklich parteiisch.
[306] Krämer-Badoni: *Vorwort*, a.a.O., S. 7.
[307] Vgl. Wallrath-Janssen: *Der Verlag H. Goverts im Dritten Reich*, a.a.O., S. 278.

ausgegebenen Zeitschrift *Die Wandlung*, für die Krämer-Badoni drei umfangreichere Texte verfasste,[308] widmete er sich ausschließlich der Niederschrift seines ersten Nachkriegsromans. Auch wenn *In der großen Drift* zum Achtungserfolg geriet und der weiteren schriftstellerischen Laufbahn Krämer-Badonis den Weg ebnete, die in seiner Autobiographie versammelten Einschätzungen eigener und fremder Provenienz tragen ein deutlich selektives Gepräge. Während der Ausruf eines Verlagsvertreters, er mache aus Krämer-Badoni „den neuen Remarque"[309], noch als verlegerische Hyperbel gewertet werden kann (und die von anderer Seite auch bei Hans Werner Richters Roman *Die Geschlagenen* Verwendung fand), überschreitet die angebliche Äußerung des heute weitestgehend vergessenen Schriftstellers Emil Barth – ein Verlagskollege Krämer-Badonis – die Grenze zur Peinlichkeit. Dieser sieht in dem Roman nichts Geringeres als „das herrlichste Werk, das er in der Moderne kennengelernt habe",[310] was wenig über das Buch aber viel über die Einschätzung der Moderne durch den konservativen Barth aussagt. Von der von Krämer-Badoni bezeugten „Masse" an Rezensionen, deren Schreiber „teils erstaunt, ergriffen, teils hingerissen waren",[311] ließ sich nurmehr ein Bruchteil rekonstruieren. Die Tatsache, dass *In der großen Drift* keine weitere Auflage erfuhr, trägt zudem seinen Teil dazu bei, ein etwas realistischeres Licht auf Krämer-Badonis Einschätzung *pro domo* zu werfen.

4.4.2 Schelm oder Durchschnitt? Poetologische Einordnungen

Für die folgenden Ausführung von größerer Relevanz sind die formalen und inhaltlichen Charakterisierungen des Textes durch den Autor, die äquivalent zu *Jacobs Jahr* den Bereich persönlicher Einschätzung häufig übersteigen und eher als Lektüreanleitung fungieren. Dem scheint ein Bemühen zugrunde zu liegen, den eigenen Text dem agonalen Spiel der In-

---

[308] *Terror der Anständigen*, in: *Die Wandlung* 2 (1947), S. 379–390; *Zustand einer Großstadtbevölkerung am Beispiel Frankfurts*, in: *Die Wandlung* 2 (1947), S. 812–841; *Flüchtlinge und Einheimische – das deutsche Problem*, in: *Die Wandlung* 3 (1948), S. 463–481.
[309] Krämer-Badoni: *Zwischen allen Stühlen*, a.a.O., S. 138.
[310] Ebd.
[311] Ebd.

terpretationen insofern zu entziehen, als man den literaturkritischen Diskurs durch eine eigene hegemoniale Interpretation einzuhegen versucht.[312] Eine zentrale Konstante dieser vom Autor vertretenen Lesart findet sich in dessen Autobiographie gleich an mehreren Stellen. Dort heißt es: „Das Buch ist nicht autobiographisch, es zeigt den durchschnittlichen Deutschen, der weder teuflisch schlecht noch gottgefällig gut sich durch dieses scheußliche Halbjahrhundert schlägt."[313] Und etwas weiter vorne heißt es, es sei ihm darum gegangen darzustellen, wie „der durchschnittliche Deutsche meiner Generation die erste Hälfte unseres Jahrhunderts gemeistert und verfehlt hat – beides zugleich, gemeistert und verfehlt."[314] Ein letztes Zitat vervollständigt die Perspektive des Autors auf seinen Text: „Es sollte kein Kriegsroman werden, sondern die Geschichte des unpolitischen Deutschen meiner Generation im ersten Halbjahrhundert dieses schmählichsten aller Jahrhunderte."[315] Auffallend neben den Generalisierungen sowie dem in jedem der Zitate präsenten Verweis auf den

---

[312] Dazu passt, dass Krämer-Badoni von der akademischen Literaturwissenschaft nach 1945 ohnehin wenig zu halten schien. Wie so oft dient auch hier die Autobiographie als Fundstelle; in ihr findet sich eine Passage, in der sich Krämer-Badoni gemeinsam mit seiner Frau über eine Rezension seines Romans *Gleichung mit einer Unbekannten* (1977) lustig macht. Der Autor dieser negativen Kritik wird als verächtlich in Anführungszeichen gesetzter „Professor" betitelt, dessen (nicht namentlich genanntes) Buch zur zeitgenössischen Literatur (genannt werden Frisch und Brecht) Krämer-Badonis Frau lapidar mit „Stroh" aburteilt. Und Krämer-Badoni fügt hinzu, sie hätte das wissen können, „Kommerell war einer unter tausend." Krämer-Badoni, *Zwischen allen Stühlen*, S. 134f. Der Rekurs auf Max Kommerell kommt nicht von ungefähr, Krämer-Badoni hatte bei ihm in Frankfurt studiert und zeigte sich zeitlebens beeindruckt von dessen Werk. In einer Rezension 1952 zu einem von Hans-Georg Gadamer herausgegebenen Essayband von Kommerell nutzt Krämer-Badoni nicht nur die Gelegenheit, die Werke Kommerells als „wissenschaftliche Muster- und Hauptwerke" zu loben, sondern zugleich gegen die „närrischen Methödchen der neueren Philologie" zu polemisieren. Konkreter wird er allerdings nicht. Rudolf Krämer-Badoni: *Die Wissenschaft und die Weltliteratur*, in: *Frankfurter Allgemeine Zeitung*, 17.05.1952.
[313] Krämer-Badoni: *Zwischen allen Stühlen*, a.a.O., S. 73.
[314] Ebd., S. 113.
[315] Ebd., S. 135.

Zeitraum (der vom Romantext mitnichten abgedeckt wird), ist die sich hier manifestierende Ideologie des Mediokren.[316] Das Beharren darauf, dass der Roman die Geschichte des durchschnittlichen Deutschen erzählt, der noch dazu als unpolitisch attribuiert wird, akzentuiert ein Moment identifikatorischen Lesens, das für die positive Rezeption des Romans 1949 mit ausschlaggebend gewesen sein dürfte; in der Gleichsetzung von literarischem und historischem Subjekt wird eine deutlich normative Dimension sichtbar, da der Text als gültiger Ausdruck für das Handeln und Erleben der Mehrheit der Deutschen verstanden werden will. Dass sich Krämer-Badoni im Kontext des ‚Dritten Reichs' als Teil dieser Durchschnittsmehrheit sieht (obwohl er durch seinen intellektuellen Habitus zugleich auf soziale Distinktion bedacht ist), hat er schon 1968 unterstrichen. Sein in dem von Ludwig Marcuse herausgegebenen Buch *War ich ein Nazi?* erschienener Text bemüht sich um ein Verständnis für den Alltag des durchschnittlichen Deutschen während des NS-Regimes, der zum einen von Angst[317] geprägt gewesen sei, zum anderen aber auch unbeschwerte Glücksmomente enthalten habe. Diese für sich triviale Feststellung gipfelt in der Sentenz: „Man lebt trotz allem."[318] In Kombination mit der Autobiographie sowie den Romanen – nicht zuletzt *In der großen Drift* – ergibt sich somit das Bild einer Exkulpationsstrategie, die die zuvor genannte Ideologie des Mediokren mit dem Bemühen

---

[316] Der Begriff des Ideologischen orientiert sich hier an dem von Marx und Engels in *Die deutsche Ideologie* formulierten Gedanken, das Ideologische zeige sich in den Bemühungen, dem Partiellen „die Form der Allgemeinheit zu geben." Karl Marx/Friedrich Engels: *Die deutsche Ideologie*, MEW, Bd. 3, Berlin 1973, S. 47.

[317] Dass der Rekurs auf die Angst im Kontext der psychologischen Rahmung der Erinnerungen an das Nazi-Regime zentral ist, zeigen auch die gesammelten und ausgewerteten Interviews in Harald Welzer/Sabine Moller/Karoline Tschuggnall: *„Opa war kein Nazi."* Nationalsozialismus und Holocaust im Familiengedächtnis, 3. Aufl., Frankfurt a. M. 2002, u.a. S. 150. Als Begründung für den Verlust des individuellen Handlungsspielraums ist der Verweis auf die Angst um das eigene Leben – wie begründet diese auch immer gewesen sein mag – in fast allen der in diesem Band ausgewerteten Interviews präsent.

[318] Rudolf Krämer-Badoni: *Arkadien ist weit*, in: *War ich ein Nazi? Politik – Anfechtung des Gewissens*, hg. von Ludwig Marcuse, München, Bern, Wien 1968, S. 102–108, hier S. 107.

um Normalisierung des Lebens in Nazi-Deutschland koppelt. Das Exzeptionelle der Existenz im deutschen Faschismus wird nicht zuletzt im Erinnern des Erzählers von *In der großen Drift* zu einem einzigen „formlose[n] Brei".[319]

Der Durchschnittsdeutsche wird also zur interpretativen Leitfigur des Romans stilisiert, der, nach Einschätzung des Autors, kein Kriegsroman hat werden sollen. Tatsächlich spielt der Krieg eine zwar prominente Rolle, er nimmt aber nur etwa die Hälfte des Textumfangs ein. Was die Rede vom Durchschnittsdeutschen hingegen äußerst fragwürdig erscheinen lässt, sind sowohl inhaltliche als auch formale Aspekte des zur Diskussion stehenden Textes. Wie wenig die zentrale Handlungs- und Erlebnisinstanz des Textes, der Erzähler, als Folie für den durchschnittlichen Deutschen herangezogen werden kann, zeigt weniger die von Hans Mayer formulierte Zusammenfassung desselben als „stark autobiographisch gehaltene Geschichte eines bürgerlichen Studenten, der zum faschistischen Mitläufer wird".[320] Dies darf wohl tatsächlich als eine recht durchschnittliche Geschichte erachtet werden, wenn auch fraglich ist, inwiefern es sich bei dem Hauptprotagonisten von Beginn an um einen Bürgerlichen handelt. Wesentlicher ist hingegen, dass der Roman bereits direkt nach seinem Erscheinen in die Tradition des Pikaro-Romans beziehungsweise Schelmenromans eingeordnet wurde,[321] die sich dadurch auszeichnen, dass in ihnen mitnichten ein Durchschnittssubjekt zum Hauptprotagonisten avanciert. Der Pikaro, der nach 1945 noch einmal eine Hochphase erfuhr,[322] ist vielmehr dezidiert von seiner Umwelt gesondert; er ist der

---

[319] Krämer-Badoni: *In der großen Drift*, a.a.O., S. 72.

[320] Hans Mayer: *Zwei Ansichten über Georg Lukás*, in: Ders.: *Zur deutschen Literatur der Zeit. Zusammenhänge, Schriftsteller, Bücher*, Hamburg 1967, S. 236–249, hier S. 237.

[321] So beispielsweise schon bei Hans Egon Holthusen: *Im Spiegel des Krieges*, in: *Literatur-Rundschau der Deutschen Zeitung und Wirtschaftszeitung* (12.11.1949), S. 2, der von einem „moderne[n] Schelmenroman" spricht und dem Autor „viel männliche[] Kraft und Intelligenz" sowie „männliche[n] Charme" attestiert. Die geschlechtliche Markierung der Autor-Attribute ist nicht nur Ausdruck einer zeitgenössischen Sprechweise, sondern illustriert auch die konservative Signatur des Rezensenten.

[322] Vgl. Wilfried van der Will: *Pikaro heute. Metamorphosen des Schelms bei Thomas Mann, Döblin, Brecht, Grass*, Stuttgart 1967, S. 18–20; vgl. außer-

ihr letztlich überlegene Außenseiter.[323] Diese (mitunter scharf prononcierte) Überlegenheit des homodiegetischen Erzählers in *In der großen Drift* charakterisiert den Grundkonflikt des Romans, der im Verhältnis zwischen einer den Einzelnen erdrückenden Außenwelt und eines diese Außenwelt in seinem Sinne gestaltenden und, so dies nicht möglich ist, doch zumindest in Schach haltenden Erzähl-Subjekts beschlossen liegt. Der Schelm ist die Figur, die sich in dieser Spannung zu bewegen weiß und sich ihre Handlungsfähigkeit bewahrt.[324] Diese erwächst im Falle von Krämer-Badonis Roman, dessen zeithistorisches Setting (NS-Diktatur) das bedrohliche Verhältnis von Einzelnem und Außenwelt besonders hervorhebt, weniger aus einem umgreifenden Opportunismus oder aus einem klar konturierten Antagonismus (den der Erzähler weder aus einer bestimmten moralischen Grundhaltung noch aus einer politischen Ideologie beziehen könnte), sondern aus einer Ethik des Heraushaltens. In seiner Rezension schreibt Karl August Horst, der Roman schildere „einen Kerl […], an dem die Ereignisse wie Wasser abrinnen."[325]

    dem Walter Seifert: *Die pikareske Tradition im deutschen Roman der Gegenwart*, in: *Die deutsche Literatur der Gegenwart. Aspekte und Tendenzen*, hg. von Manfred Durzak, 3., erw. Aufl., Stuttgart 1976, S. 197–215.

[323] Seifert spricht von der „auf Askese oder Vitalität beruhende[n] Überlegenheit der Zentralgestalt über ihre Umwelt" und ergänzt, diese habe „keinen ebenbürtigen Gegner". Seifert: *Die pikareske Tradition im deutschen Roman der Gegenwart*, a.a.O., S. 198f.

[324] Pfeifer bringt diese Stärkung der Handlungsfähigkeit auch mit der Form des Romans und dadurch mit dem in Verbindung, was er „durchlaufende Erzählung" nennt, die er als „Erzählprinzip des Abenteuer- und Bildungsromans" versteht. „Die Hauptpersonen dieses Romantyps sind tendenziell nicht mehr Opfer des Krieges, sondern sie machen aus dem Krieg das Beste. Sie schlagen sich durch die unfreundlichen geschichtlichen Bedingungen durch." Pfeifer: *Der deutsche Kriegsroman 1945–1960*, a.a.O., S. 70. Auch er konstatiert bei Krämer-Badoni „pikareske Episoden", ebd. S. 65.

[325] Karl August Horst: *Deutsche Nachkriegsromane*, in: *Merkur* 6 (1952), S. 1185–1192, hier S. 1187. Diese Formulierung passt zu der Feststellung Jochen Pfeifers, dass die „Don-Quichotte-Typen", denen der Krieg lediglich als „großes Abenteuer" erscheint, von diesem auch psychologisch kaum berührt werden; dass sie innerlich zerbrechen, kommt nur selten vor. Pfeifer: *Der deutsche Kriegsroman 1945–1960*, a.a.O., S. 96.

Es ist ein gezieltes und intellektuell überlegenes Lavieren um alle Gefahren herum, wobei dies – der Logik des Schelms folgend – mitunter das gezielte Aufsuchen von Gefahren bedeutet.[326] Insofern gestaltet der Roman eine spannungsreiche Doppelbewegung: Auf der einen Seite steht die bereits im Titel erwähnte „Drift", die von den gesellschaftlichen und politischen Ereignissen und Entwicklungen erzeugt wird, denen der Einzelne häufig machtlos gegenübersteht, paradigmatisch verkörpert im totalitären Staat, dem großen „Leviathan"[327]. Auf der anderen Seite steht der sich in dieser das Individuum vereinnahmenden Welt bewegende Ich-Erzähler, der seine Handlungsspielräume aufrechterhält und dem es gelingt, im größten Krieg der Menschheitsgeschichte mit lediglich einem

---

[326] Ein Beispiel, auf das auch Seifert in seinem Aufsatz zu sprechen kommt (Vgl. *Die pikareske Tradition im deutschen Roman der Gegenwart*, a.a.O., S. 203), ist jene Situation, in der der Erzähler davon berichtet, wie er mehrere Offiziere, die gemeinsam mit der Kompanie des Erzählers auf das Erscheinen eines Generals warten, heimlich in einem Zimmer einschließt. Als der General auftaucht und nach den ‚verschwundenen' Offizieren sucht, schließt der Erzähler heimlich wieder auf und ‚findet' die Offiziere (von denen einer mittlerweile von innen die Klinke der Tür abgerissen hat) gemeinsam mit dem General. Damit der Erzähler Stillschweigen bewahrt, wird er an Ort und Stelle befördert. Vgl. Krämer-Badoni: *In der großen Drift*, a.a.O., S. 149–154.

[327] Diese (von Thomas Hobbes herrührende) Identifikation des Staatswesens mit dem alttestamentarischen Seeungeheuer Leviathan avanciert nach Kriegsende zur gern genutzten Metapher. Der Leviathan ist präsent in der gleichnamigen Erzählung von Arno Schmidt (*Leviathan*, Hamburg 1949) sowie in Ernst Jüngers 1951 erschienen Essay *Der Waldgang* („Die Aufgabe des Waldgängers besteht darin, daß er die Maße der für eine künftige Epoche gültigen Freiheit dem Leviathan gegenüber abzustecken hat." Ernst Jünger: *Der Waldgang*, 13. Aufl., Stuttgart 2008, S. 26). Außerdem durchzieht er als Antipode die Autobiographie von Gustav René Hocke (*Im Schatten des Leviathan. Lebenserinnerungen 1908–1984*, hg. von Detlef Haberland, München 2004). Nicht zuletzt taucht er auch in Holthusens Rezension zu Krämer-Badoni auf, der einen gewissen Anarchismus am Werk sieht, den „die Uebermacht des politischen Leviathans" provoziert habe und resümiert hinsichtlich der bereits erwähnten Ethik des Heraushaltens : „Das absolut Totale schlägt um in das absolut Neutrale." Holthusen: *Im Spiegel des Krieges*, a.a.O., S. 2.

Schuss aus- und davonzukommen – der noch dazu niemanden trifft.[328] Dies alles zeigt: Die formale sowie inhaltliche Gestaltung des Romans, die sich an den Elementen der Pikaro-Tradition orientiert, machen die Rede von Krämer-Badonis Roman als Figuration des Durchschnittsdeutschen letztlich gegenstandslos.

Neben dem bereits erwähnten Pikaro-Roman inkorporiert Krämer-Badonis Text Stilelemente und Funktionsweisen des Bildungsromans[329] sowie des Kriegsromans, eine Gattung, auf die er bereits 1952 einen Abgesang angestimmt hatte. Der unter dem Titel *Der Zweite Weltkrieg ist verarbeitet*[330] in der *Neuen Zeitung* veröffentlichte Text liefert dabei nicht nur eine etwas vorschnell-optimistische Einschätzung des psychologischen Verarbeitungsstandes in Deutschland, sondern dient außerdem sowohl der Propagierung eines konservativen Kunstverständnisses (das sich vor allem gegen Anspruch und Ästhetik der Reportage positioniert[331]) als auch – subkutan – der Rechtfertigung eines bestimmten Schreibens über den Krieg, das durch die Referenz auf Grimmelshausen angerissen wird. Mag der Verweis auf den *Simplicissimus* auch durch Krämer-Badonis Poetologie motiviert sein, er ist auch eine Form der Selbstlegitimierung und nicht zuletzt Eigenwerbung: Denn sein eigener Roman *In der großen Drift* wurde genau mit dieser Referenz beworben und in Rezensionen in

---

[328] Vgl. Krämer-Badoni, *In der großen Drift*, S. 243.

[329] Zur Schnittstelle von Schelmenroman und Bildungsroman vgl. Jürgen Jacobs: *Bildungsroman und Pikaroroman. Versuch einer Abgrenzung*, in: *Der moderne deutsche Schelmenroman. Interpretationen*, hg. von Gerhart Hoffmeister, Amsterdam 1986, S. 9–18.

[330] Vgl. Rudolf Krämer-Badoni: *Der Zweite Weltkrieg ist verarbeitet*, in: *Diese merkwürdige Zeit. Leben nach der Stunde Null. Ein Textbuch aus der Neuen Zeitung*, hg. von Wilfried F. Schoeller, Frankfurt/M, Wien, Zürich 2005, S. 448–450. Der Artikel ist ein gutes Beispiel für den polemischen Grundgestus Krämer-Badonis.

[331] Dabei wendet sich Krämer-Badoni vor allem gegen „die großen und kleinen Malapartes" (ebd., S. 449); gemeint ist Curzio Malaparte, dessen im Stil der Reportage verfasster Roman *Kaputt* 1951 im Stahlberg-Verlag erschienen war und ein großer Erfolg wurde. Gegen Malaparte polemisierte Krämer-Badoni noch dreißig Jahre später in seiner Autobiographie, Vgl. Krämer-Badoni: *Zwischen allen Stühlen*, a.a.O., S. 244.

Beziehung dazu gesetzt.[332] Zuletzt ist der Text auch aufgrund der zuvor erwähnten und leicht nachweisbaren autobiographischen Elemente als Schlüsselroman lesbar. Am deutlichsten wird dies, wenn der Erzähler von seiner Zeit als Student im Frankfurt der 1930er-Jahre und vor allem von seinen beiden Professoren Maxwell und Leipp berichtet. Beide Figuren sind aufgrund ihrer Beschreibung klar als Max Kommerell sowie Hans Lipp dechiffrierbar, bei denen Krämer-Badoni in den entsprechenden Jahren studiert hatte.

4.4.3 Dialogisches extern – Text und Texte im Gespräch

Es sind zwei Ebenen des Dialogischen auszumachen, die die folgende Interpretation des Romans bestimmen sollen. Beide sind mit der übergeordneten These verbunden, dass die Literatur des Interregnums die diesem als Transitionsphase zukommende Aufgabe, als Zeitraum der Einübung in neue beziehungsweise vergessene kommunikative Praktiken zu fungieren, ästhetisch reflektiert. Dem Roman liegt, ähnlich wie Richters *Die Geschlagenen*, eine dialogische Struktur zugrunde, die sich zum einen über ein intertextuelles Netzwerk, zum anderen durch die intradiegetischen Dialoge selbst konstituiert. Obwohl diese beiden Aspekte nicht gänzlich trennscharf voneinander geschieden werden können, sollen sie zum Zwecke der Übersicht getrennt diskutiert werden.

Die besondere intertextuelle Dimension des Romans erwächst gleich zu Beginn aus einem peritextuellen Moment, nämlich durch ein dem Text vorangestelltes Motto, das aus einem Zitat des chinesischen Philosophen Laotse besteht: „Wahre Worte sind nicht schön. Schöne Worte sind nicht

---

[332] Vgl. Horst: *Deutsche Nachkriegsromane*, a.a.O., S. 1192 sowie Holthusen: *Im Spiegel des Krieges*, a.a.O., S. 2. Als verlegerischer Peritext fungiert außerdem ein dem Roman beigelegte Werbebroschüre, deren Wortwahl der von Krämer-Badoni auffallend ähnelt, wenn es dort heißt, der Roman sei „weder ein Tendenzroman, noch ein Kriegsbuch im üblichen Sinne. […] Die innere Haltung ist nicht unähnlich jener, mit der nach den Greueln des Dreißigjährigen Krieges einst Grimmelshausen gelassen die Geschichte des Simplizissimus erzählt hat."

wahr."³³³ Diese der *Daodejing* (道德經) betitelten Spruchsammlung³³⁴ entnommene Sentenz ist zum einen in eigenwilliger Spannung zu seiner Programmatik in schwungvollen, schönen Lettern abgedruckt, zum anderen stiftet sie Anschluss an eine für die Nachkriegsliteratur zentrale poetologische Debatte. Das Motto übt hier nicht nur eine Kommentarfunktion gegenüber dem Gesamttext aus,³³⁵ ist also nicht lediglich Instrument der Rezeptionssteuerung, sondern situiert den Text zugleich bewusst im literarischen Feld nach 1945 und mobilisiert dessen agonale Energien in eine bestimmte Richtung. Denn die Rede vom wahr-statt-schön-Reden darf man getrost als zentrales Schlagwort der literarischen Selbstverortung der Jungen Generation nach Kriegsende begreifen. Geradezu kanonisch hierzu sind die programmatischen Äußerungen Wolfgang Weyrauchs, der im Nachwort in der von ihm 1949 herausgegebenen Anthologie *Tausend Gramm* formulierte: „Die Schönheit ist ein gutes Ding. Aber Schönheit ohne Wahrheit ist böse. Wahrheit ohne Schönheit ist besser."³³⁶ Sein bereits 1946 getroffenes Verdikt „Wer Aesthet ist, ist nichts"³³⁷ steht seiner-

---

³³³ Krämer-Badoni: *In der großen Drift*, a.a.O., S. 7.
³³⁴ Eine populäre Übersetzung dieser Sammlung lieferte der Sinologe Richard Wilhelms (*Tao Te-King*, übers. u. hg. von Richard Wilhelm, Leipzig 1910). Krämer-Badonis Professor in Frankfurt (wo auch Wilhelms gelehrt hat), Max Kommerell, beschäftigte sich seinerseits mit der chinesischen Literatur und war zumindest mit der literarhistorischen Arbeit Wilhelms vertraut (vgl. Christian Weber: *Max Kommerell. Eine intellektuelle Biographie*, Berlin 2011, S. 328). Es ist durchaus wahrscheinlich, dass Krämer-Badoni in diesem Umfeld mit Laotses Spruchsammlung in Kontakt gekommen ist.
³³⁵ Vgl. Gérard Genette: *Paratexte. Das Buch vom Beiwerk des Buches*, Frankfurt a. M. 1989, S. 141–157, v.a. S. 152f.
³³⁶ Wolfgang Weyrauch: *Nachwort*, in: *Tausend Gramm. Ein deutsches Bekenntnis in dreißig Geschichten aus dem Jahr 1949*, hg. von ders., überarb. u. erw. Neuauflage, Hamburg 1989, S. 175–183, hier S. 181.
³³⁷ Wolfgang Weyrauch: *Die junge Dichtung und ihr hohes Ziel*, in: *Tägliche Rundschau*, 21.5.1946, zitiert nach Ulrike Landzettel: Art. *„Wolfgang Weyrauch"*, in: Munzinger Online/KLG – Kritisches Lexikon zur deutschsprachigen Gegenwartsliteratur, http://www.munzinger.de (letzter Zugriff 9.2.2024). Wie bei anderen Autoren auch (beispielsweise Wolfdietrich Schnurre) klaffen poetologische Reflexion beziehungsweise ästhetischer Anspruch und literarische Produktion bei Weyrauch auseinander; sein 1948 erschienener Gedichtband *Lerche und Sperber* (München 1948) zeichnet

seits paradigmatisch für eine Vielzahl ähnlicher Äußerungen, in denen sich eine grundsätzliche Skepsis gegenüber der ‚schönen' Literatur artikulierte, die als „Kaligraphie"[338] einer sich überlebten Literaturvorstellung subsumiert wurde, für die unter anderem der Name Rilke firmierte.[339] Obwohl Krämer-Badoni, der 1913 geboren wurde, sowohl qua seines Alters als auch hinsichtlich dieses deutlichen peritextuellen Signals zur sogenannten Jungen Generation gezählt werden könnte, ist diese Zugehörigkeit in poetologischer (aber auch politischer) Hinsicht, wie gezeigt werden soll, problematisch.

Dass der Roman sich also durch das Motto in dieses poetologische Diskursgefüge einschreibt, mag zwar einleuchten, allerdings liegt hier eine – für die Literaturprogrammatik der Jungen Generation nicht untypische[340] – grundlegende Spannung zwischen Anspruch und Realisation vor. Das Schreibprogramm selbst wird noch einmal intradiegetisch aufgerufen, und zwar gegen Ende der Handlung, als der Erzähler sich mit einem wiedergefundenen Studienfreund über die neue Literatur unterhält, womit die US-amerikanische gemeint ist. Dem kurzen Gespräch geht die Frage des Erzählers voraus, ob die ‚alte' Literatur, womit auf Kommerells *alter ego* Maxwell angespielt wird, noch tragfähig sei: „‚Man muss da überall mal hineinsehen', sagte ich. ‚Ob das heute noch hält.'"[341] Der Erzähler formuliert an dieser Stelle nicht lediglich die Frage, ob eine ihm persönlich bedeutende Literatur nach den Erfahrungen des Krieges noch Bestand haben kann, sondern weitet diese ins Prinzipielle aus. Es geht darum, welche Literatur nach den Erfahrungen von faschistischer Diktatur und Weltkrieg ihre Relevanz behalten hat (wobei ein besonderes Au-

---

    sich nur am Rande durch eine neuartige, kahle, registrierende Bildsprache aus. Ein Großteil der Gedichte greift auf ein traditionelles Bildrepertoire zurück, nutzt ein etabliertes poetisches Vokabular und ist zumeist in nach 1945 ebenfalls in Verdacht geratenen Reimen gehalten.

[338] So die berühmte Formulierung in Gustav René Hocke: *Deutsche Kalligraphie oder Glanz und Elend der modernen Literatur*, in: *Der Ruf* 1 (1946), S. 9–10.

[339] Vgl. u.a. Wolfdietrich Schnurre: *Alte Brücken – Neue Ufer*, in: *Der Ruf* 1 (1947), S. 12.

[340] Vgl. die frühe Studie von Urs Widmer: *1945 oder die „neue Sprache" Studien zur Prosa der „Jungen Generation"*, Düsseldorf 1964.

[341] Krämer-Badoni: *In der großen Drift*, a.a.O., S. 315.

genmerk auf der Literatur konservativer Provenienz zu liegen scheint). Diese für das Interregnum typische Situation zwischen Altem und Neuem wird allerdings nicht weiter diskutiert, sondern zugunsten des Bekannten entschieden: „‚Vielleicht hält doch eine ganze Menge', sagte ich. ‚Vielleicht ist es Unsinn, immer auf die Trümmer zu glotzen und dem dummen Geschwätz der Leute zuzuhören.'"[342] Diese bewusst vorsichtig formulierte Äußerung ist in zweifacher Hinsicht bezeichnend. Zum einen, weil der Erzähler tatsächlich keinen Bedarf zu sehen scheint, der Frage, „ob das heute noch hält", größere Aufmerksamkeit zukommen zu lassen, womit klar für eine Bedeutungskontinuität einer bestimmten (konservativen) Literatur optiert wird. Zum anderen lässt sich der zweite Teil des Zitats nicht ausschließlich als Kommentar auf die soziale Realität der Nachkriegszeit lesen, sondern auch als poetologischer, indem die „Trümmer" nicht die wirklichen Trümmer denotieren, sondern symbolisch für ein bestimmtes Schreibprogramm stehen – eben jenes der Jungen Generation. Welche Bedeutung die Trümmer als Signum der Gegenwart für diese hat, wird in einer Formulierung Hans Werner Richters deutlich, der von den Ruinen als „Kennzeichen unserer Zeit"[343] gesprochen hat. Die Trümmer sind dort Ausdruck einer Diskontinuität, die Neuorientierung verlangt, was der Erzähler in *In der großen Drift* aber gerade nicht einsieht. Akzeptiert man diese Interpretation, dann erhellt sich zudem, wie der Erzähler über diese so konturierte Poetologie der Trümmer denkt: es ist schlicht „dumme[s] Geschwätz".

Diese Textpassage nimmt aber noch an anderer Stelle Bezug auf das literarische Feld der unmittelbaren Nachkriegszeit. Mende, der Freund des Erzählers, merkt zunächst lakonisch an „Warum sollten die alten Sachen nicht halten?",[344] um danach einen größeren, sowohl ästhetischen als auch literaturpolitischen Exkurs hinterherzuschieben. Er lese jetzt

> die Amerikaner. Eine Literatur, die hinhaut. Die reißen die Fassade weg und sagen: guckt mal dahinter, dahinter sieht´s scheußlich aus. Na, und was glaubst du; wären die Russen hier, dann läsen wir die Russen, und wir fänden sicher auch was dabei. Wir fänden vielleicht: die verlogene Fassade ist weg, und nun sieht es endlich ehrlich und menschlich aus, an-

---

[342] Ebd.
[343] Richter: *Literatur im Interregnum*, a.a.O., S. 10.
[344] Krämer-Badoni: *In der großen Drift*, a.a.O., S. 315.

strengend menschlich und heiter menschlich. Oder so. Die schreiben ja so optimistische Bücher. Und wenn ich in die Stadt gehe, denke ich manchmal, wir brauchen keine Fassade wegzureißen, sie ist weg, und es ist noch eine ganze Menge mehr weg, und dahinter sieht's weder scheußlich noch heiter aus. Dahinter ist's genau so wie davor. Und dann denke ich mir, es ist alles Quatsch, und ich zünde mir eine Zigarette an und sortiere Bücher.[345]

Zwar macht Mende die Lektüre und Bewertung einer bestimmten Literatur davon abhängig, welche alliierte Kraft samt zugehörigem ideologischem System die entsprechende Besatzungszone kontrolliert, aber an der Qualität sowie dem Anspruch der amerikanischen Literatur scheint er keine Zweifel zu haben. In der Rede vom Wegreißen der Fassaden (in der erneut symbolische und reale Trümmer koinzidieren) spielt er auf ein nach 1945 gern genutztes Bild für die Funktion kritischer Literatur an – und nivelliert diesen Anspruch sogleich wieder. Angesichts der Trümmer sei nicht nur keine Fassade mehr da, die es herunterzureißen gäbe; die Realität hat die Literatur in diesem Punkt überflüssig gemacht. Vor allem aber ist hinter diesen Fassaden nichts Neues zu entdecken. Die emotionalen sowie psychosozialen Grundlagen des Einzelnen im deutschen Faschismus sind – auch wenn die Trümmer auf etwas anderes hinzuweisen scheinen – in nichts von vorherigen Zeiten zu unterscheiden. In diesem Punkt treffen sich der Erzähler und Mende; die Beständigkeit des Alten liegt in der Kontinuität eines Menschenbildes begründet, dessen Geltung auch durch die Trümmer als *signa temporis* unangefochten bleibt.

Wird an dieser Stelle der Bezug zum Motto und dem mit ihm verbundenen poetologischen Programm des Wahrredens beziehungsweise Wahrschreibens durch eine Referenz auf die literarische Situation der Nachkriegszeit hergestellt, so adressiert der Erzähler es zuvor *expressis verbis*. Da der autodiegetische Erzähler seine eigene Geschichte erzählt, also erzählendes und erzähltes Subjekt in eins fallen, wird auch an dieser Stelle der historische Kontext transparent – denn der Erzähler schreibt seine Geschichte, wie man am Ende erfährt, in einer anderen Stadt in einem „Haus am Waldrand".[346] Gehört diese räumliche Situierung an der

---

[345] Ebd.
[346] Ebd., S. 405.

Peripherie des Sozialen zu den Textsignalen der Pikaro-Tradition,[347] so lässt sich der Zeitraum, an dem die fiktive Niederschrift stattfindet, auf das Frühjahr 1946 datieren. In Kombination mit dem Publikationskontext (1949) werden die Erzählerkommentare klar als zeitgeschichtliche Kommentare kenntlich:

> Wehe jedem, der schönredet. Die Zeit des Schönredens ist vorbei. Wer redet, und jeder Mensch redet, soll beweisen, daß er nicht schön redet. Er soll richtig reden. Das ist gar nicht so einfach, man kann darüber verrückt, erschossen und lebendig begraben werden. Das ist aber wenigstens richtig, wenn auch nicht klar.[348]

Der Kommentar mag ein dezentes Maß Ironie beinhalten, die Betonung der Konsequenzen, die das „richtig reden" im Zweifelsfall nach sich zieht, lassen aber die Behauptung zu, dass sich der Erzähler mit diesem Programm identifiziert und sein eigenes Werk als Ausdruck dieser Programmatik versteht. Nur wenige Seiten später wird dann ein Ereignis erzählt, das vom Erzähler dezidiert als Beispiel für das von ihm vertretene Richtigreden markiert wird. Bezeichnenderweise handelt es sich nicht, wie sich erwarten ließe, um die Adressierung gesellschaftlicher Missstände (derer es im Deutschland der mittleren und späten 1930er-Jahre einige gegeben hätte), sondern – um eine Bordell-Szene.[349] Allerdings, es ist nicht der Sexualakt selbst, den der Erzähler schildert, sondern lediglich das Ausziehen der Prostituierten: „Wie sie sich da lächelnd auszog und wie zuerst die eine Brust unter dem aufgeknöpften Halter herausfiel und dann die andere, da schoß es mir liebevoll durch den Kopf: das tut sie für mich."[350] Es ist der vermeintlich radikale Realismus dieser Szene, der den Erzähler auf das zuvor skizzierte Schreibprogramm rekurrieren lässt, um sich gegen etwaige Einwände zu wappnen; gegen Ende des Romans

---

[347] Die retrospektive Niederschrift der eigenen Geschichte an einem isolierten oder anderweitig räumlich von den Zentren des Sozialen geschiedenen Ort ist auch in anderen Pikaro-Romanen präsent, am populärsten sicherlich in Günter Grass' Roman *Die Blechtrommel*, deren Protagonist Oskar Matzerath seine Geschichte in einer Heilanstalt aufschreibt.
[348] Krämer-Badoni: *In der großen Drift*, a.a.O., S. 56.
[349] Vgl. ebenda, S. 61.
[350] Ebd.

taucht ein solcher dann in Form eines Mannes in der Straßenbahn auf, der sich über eine Zeichnung in einer Zeitung echauffiert, in der die hier beschriebene Szene – das Ausziehen einer Frau – gespiegelt wird. Der Erzähler verteidigt das Bild gegen den Mann, der dieses als „Geschmier" bezeichnet, und attestiert ihm schlicht: „Um von der Kunst etwas zu verstehen, sind Sie zu dumm."[351] Die Indienstnahme einer auf Wahrheit statt Schönheit insinuierende Poetologie zur Darstellung erotischer Momente mag angesichts einer rigiden Sexualmoral der Mehrheitsgesellschaft zur Zeit der Publikation des Romans verständlich sein; im Kontext von Krämer-Badonis Werk hat es aber durchaus Methode. So wird Elfriede, die Verlobte des Erzählers, konsequent als verklemmte, mit deutschnationalen Allüren versehene Hinterwäldlerin[352] dargestellt, die sich den erotischen Avancen des Erzählers so lange verweigert, bis sie „den Schleier genommen"[353] habe, sprich verheiratet sei. Das größte Hindernis zwischen Elfriede und dem Erzähler sei demnach, dass sie nicht miteinander schliefen – eine krude Deflorationsromantik, die sich in vergleichbarer Form bereits im Debütroman *Jacobs Jahr* wiederfindet.[354] Noch über 30 Jahre später wird Krämer-Badoni die Bordell-Szene in sei-

---

[351] Ebd., S. 323. Die Diskussion, die der Erzähler an dieser Stelle mit dem Mann, der sich als „Fernfahrer" entpuppt, führt, geht vom Gegenstand der Darstellung zu seiner Form über, die ein wenig an kubistische Porträts erinnert. Der hölzern-thesenhafte Dialog wird vom Fernfahrer durchaus souverän bestritten – sein Beharren auf dem Moment der Wahrheit der Darstellung ist nicht völlig naiv: „Ich will nicht sagen, daß die Photographie an die Stelle der Kunst treten soll, ich will nur sagen, daß sie die Wahrheit kontrollieren soll" (ebd., S. 322). Der Erzähler beendet letztlich dieses Gespräch damit, dass er dem Fernfahrer nahelegt, sich fortan besser um Vergaser, sprich Elemente seines Metiers zu kümmern.

[352] Die Formulierung „Hinterwäldlerin" hat hier einige Berechtigung, wird Elfriede vom Erzähler doch konsequent mit den „Föhren der Heimat" (S. 57) verbunden. Auch und gerade ihre sentimentale Deutschtümelei operiert dabei mit der Kategorie Heimat, deren Dumpfheit der Erzähler schließlich nach Frankfurt entflieht und so die weltoffene Stadt gegen das zurückgebliebene (Hinter-)Land ausspielt.

[353] Ebd., S. 33. Auch diese Formulierung findet sich als autobiographisches Erlebnis wortwörtlich in Krämer-Badoni: *Zwischen allen Stühlen*, a.a.O., S. 40 wieder.

[354] Vgl. Krämer-Badoni: *Jacobs Jahr*, a.a.O., S. 46.

ner Autobiographie als Beispiel mutiger, weil gegen den Zeitgeist gerichteter Literatur mit Skandal-Potential profilieren.[355] Das erwähnte Beispiel des Wahr-statt-schön-Schreibens ist allerdings eher ein Exempel für die verkrampfte Einstellung des Lesepublikums gegenüber erotischen Darstellungen insgesamt sowie des hier ins Banale abdriftenden Provokations- und Selbstversicherungsbedürfnisses des Autors.

Der Dialog des Romans mit zentralen Überzeugungen und Texten der Jungen Generation ist letztlich nur ein scheinbarer; zwar wird mit dem Vorzug des Wahren vor dem Schönen eine zentrale poetologische Forderung der jungen Literatur nach 1945 zitiert – letztlich nutzt sie Krämer-Badoni aber in einer Art und Weise, die keine Bezüge etwa zum Schreibprogramm der späteren Gruppe 47 herstellen lässt. Es bleibt letztlich bei der paratextuellen Markierung beziehungsweise intradiegetischen Kommentierung des Schreibprogramms. Auch formalästhetisch bildet es sich nicht ab, Krämer-Badonis zweiter Roman folgt weitestgehend den ästhetischen Normen des realistischen Paradigmas des späten 19. Jahrhunderts. Der Kontakt zur Gruppe 47, den vor allem Richter nach Erscheinen von *In der großen Drift* suchte, blieb dementsprechend kurz und beruhte, wenn man so möchte, auf einem Missverständnis – eine Übereinstimmung mit der „Mentalität der Gruppe 47",[356] wie sie Richter zu erkennen

---

[355] Vgl. Krämer-Badoni: *Zwischen allen Stühlen*, a.a.O., S. 137. Krämer-Badoni zitiert an dieser Stelle einen Brief an seine Frau von 1948, in dem er ihr von einer Lesung aus seinem Roman berichtet: „Als das erstemal ‚vögeln' auftauchte, ging jemand hinaus." Allerdings: Das Wort „vögeln" kommt im Roman überhaupt nicht vor. Noch Arno Schmidt konnte es sich in seiner Rezension zu Krämer-Badonis 1951 publizierten Roman *Mein Freund Hippolyt* nicht verkneifen, darauf hinzuweisen, dort werde „[a]b und zu ein winziges verkrampftes Schweinereichen gewagt", was, wie Schmidt spottet, einen „vorurteilsfreien Geist" beweisen solle – aber höchstens ein paar „Pastorentöchter beiderlei Geschlechts vor der wilden Verworfenheit erschauern" lasse. Der Rest der Rezension liest sich ähnlich harsch und schließt mit dem Urteil: „Schad' um die Zeit!" Arno Schmidt: *Rezension zu Rudolf Krämer Badoni: Mein Freund Hippolyt*, in: Ders.: *Werke. Bargfelder Ausgabe*, Bd. III.3: *Essays und Aufsätze 1*, Bargfeld 1995, S. 95–96, hier 95f.

[356] So Richter in einem Brief an Franz Joseph Schneider. Vgl. Richter: *Briefe*, a.a.O., S. 94. Im gleichen Brief behandelte Richter Krämer-Badoni noch als

glaubte, lag nie vor. Zwar teilt Krämer-Badoni mit Autoren wie Richter, Wolfdietrich Schnurre, Walter Kolbenhoff oder Alfred Andersch den Krieg als zentralen Erfahrungsraum sowie die Abneigung gegen die NS-Herrschaft, seine politische Orientierung hingegen musste früher oder später zum Konflikt mit den zuvor Genannten führen. Nach einer einmaligen Teilnahme an einem Treffen der Gruppe 47, das Krämer-Badoni, weil er weder die Spielregeln der Gruppensitzungen noch die Kritik an seinem Roman *Der arme Reinhold* akzeptieren wollte, vorzeitig verließ, blieb er der Gruppe fortan fern[357] und wurde zuletzt einer ihrer schärfsten Kritiker. Die Vielzahl der publizistischen Attacken Krämer-Badonis auf die Gruppe 47 oder einzelne Mitglieder, von denen er den einen als „geschmacklosen Prahlhans"[358] (Alfred Andersch), den anderen als „geschwollene[n] Wichtigtuer"[359] (Walter Jens) bezeichnet, kann hier vernachlässigt werden, sie ähneln sich allesamt.[360]

Bezeichnend ist jedoch eine weitere Episode aus seiner Autobiographie, die diese grundsätzliche Spannung auf den Punkt bringt. In ihr schildert Krämer-Badoni, wie nach der Publikation von *In der großen Drift* ein amerikanischer Verlag eine englische Übersetzung des Buches anstrebte, schließlich aber, nachdem man die Übersetzung gelesen hatte, davon wie-

---

einen möglichen Kandidaten für den ersten Preis der Gruppe 47, den schließlich Günter Eich gewann.

[357] Vgl. Heinz Ludwig Arnold: *Die Gruppe 47*, Hamburg 2004, S. 64.

[358] Krämer-Badoni: *Zwischen allen Stühlen*, a.a.O., S. 149. Die Feindschaft mit Andersch, mit dem Krämer-Badoni zuvor eine gewisse Freundschaft verbunden hatte, entzündete sich an dessen Buch *Kirschen der Freiheit. Ein Bericht* (Frankfurt a. M. 1952), genauer an einer Formulierung, nämlich der, die Desertation sei für Andersch ein persönlicher 20. Juli gewesen. Eine, so Krämer-Badoni, „unverzeihliche Geschmacklosigkeit und Banalisierung der Toten vom 20. Juli" (*Zwischen allen Stühlen*, a.a.O., S. 90). Diese Indienstnahme des innermilitärischen Widerstands gegen Hitler ist für eine (rechts-)konservative Lesart von Andersch' Text nicht unüblich. Vgl. Stephan Reinhardt: *Ästhetik als Widerstand – Andersch als Bürger und engagierter Schriftsteller*, in: *Alfred Andersch: Perspektiven zu Leben und Werk*, hg. von Irene Heidelberger-Leonard/Volker Wehdeking, Opladen 1994, S. 32–41, hier S. 32.

[359] Ebd., S. 228.

[360] Eine Reihe davon findet sich in dem Essayband *Achtung, gute Menschen von links. Aufsätze und Essays*, Gütersloh 1962.

der zurückwich. Krämer-Badonis Interpretation dieses Vorgangs ist bezeichnend. Es ist weder die Qualität des Romans oder die seiner Übersetzung, welche die Ablehnung hervorriefen – sondern der Umstand, dass es Amerikaner waren. Denn: „Ich hatte ein Buch für Deutsche geschrieben, und nur Deutsche konnten es verstehen."[361] So abstrus die Reduktion des Lesepublikums auf Deutsche ist (auch angesichts des Umstands, dass Krämer-Badoni in seinem Buch *Über Grund und Wesen der Kunst* in erster Linie mit nicht-deutschen Autoren argumentiert), so tendenziös ist die den Amerikanern unterstellte Erwartungshaltung, diese hätten „Mea-Culpa-Literatur"[362] gefordert und diese würde er nicht liefern. Da eine Vielzahl der frühen Nachkriegswerke von Autorinnen und Autoren der Gruppe 47 sehr wohl ins Englische übersetzt wurden und in Amerika erschienen sind, liest sich auch dieser Vermerk als größerer Kommentar auf die Nachkriegszeit. Die Wortwahl selbst („Mea-Culpa-Literatur") diffamiert die Literatur der Nachkriegszeit als dichterischen Kniefall vor den Alliierten. Dass Krämer-Badoni damit einen für die Neue Rechte typischen Terminus genutzt hat, ist ihm entweder entgangen oder ist bewusst platziert.[363] Es lässt jedoch tief blicken, dass er bereits 1953 bei einem Treffen des deutsch-französischen Schriftstellerkongresses in Paris darüber referierte, dass es in Deutschland weder linke noch rechte Schriftsteller gäbe und ausgerechnet die Schweiz diesbezüglich lobend hervorhob, da diese sich noch rechte Schriftsteller leiste – und damit den bekennenden Faschisten Armin Mohler meinte.[364] Weiter kommentiert wird

---

[361] Krämer-Badoni: *Zwischen allen Stühlen*, a.a.O., S. 139.
[362] Ebd.
[363] Der Begriff findet bis heute Verwendung, vgl. u.a. Thorsten Hinz: *Literatur aus der Schuldkolonie. Schreiben in Deutschland nach 1945*, Schnellroda 2010. Das Buch ist im Antaios-Verlag des rechtsextremen Publizisten und Aktivisten Götz Kubitschek erschienen und bemüht sich um eine Aufwertung der konservativen Literatur nach 1945, die – so Hinz – im Zuge der Selbsterniedrigung der deutschen Literatur gegenüber den Alliierten ins Hintertreffen geraten sei. Aus literaturwissenschaftlicher Perspektive ist das Buch ohne Wert, liefert aber ein eindrückliches Beispiel der um kulturelle Hegemonie bemühten Neuen Rechte im Kontext von Pegida und AfD. Vgl. hierzu außerdem Thomas Wagner: *Die Angstmacher. 1968 und die Neue Rechte*, Berlin 2017.
[364] Vgl. Krämer-Badoni: *Zwischen allen Stühlen*, a.a.O., S. 150.

diese Aussage nicht. Krämer-Badonis späteres Selbstlob, er habe „wie ein Löwe"[365] gegen die NPD gekämpft, woraus sich zeige, dass er selbst nicht als Rechter einzustufen sei, wirkt vor diesem Hintergrund schlicht albern.

4.4.4 Dialogisches intern I – Entpolitisierung in den Trümmern „unseres rechtsradikalen Jerusalems"

Nicht nur die Art und Weise, wie *In der großen Drift* mit anderen Texten explizit oder implizit interagiert, konstituiert die zuvor erwähnte Dialogstruktur des Textes, sondern auch die literarisierten Dialoge selbst. Dass sich der Text – abseits seines kommunikativen Verhältnisses zur potentiellen Leserschaft, die mitunter direkt adressiert wird[366] – als Teil eines größeren Dialogs begreift, der sich wiederum aus intertextuellen Bezügen ergibt, zeigt sich, wenn man ihn vom Ende her liest. Der Roman endet nämlich mit einer Selbstreflexion des Erzählers, der fortan nicht nur „die Sachen" leichtnehmen will, sondern auch sich selbst: „Damit doch nicht immer armselig ein Männlein hinter dem Feigenbusch zittert, wenn die Stimme ertönt: Adam wo bist du?"[367] Dieses hier moralisch gewendete Bibelzitat (Gen. 3,9) ist letztlich Kulminationspunkt einer im gesamten Text präsenten religiösen Dimension, die sich ausgiebig beim biblischen Hypotext bedient. Die Bedeutung der Bibel wird nicht nur dadurch herausgestellt, dass der Erzähler berichtet, dass dies das einzige Buch seiner Kindheit gewesen sei,[368] sondern erwächst vor allem aus dem den gesamten Text durchziehenden Vergleich der Situation des Erzählers mit den Juden in Ägypten beziehungsweise in Babylon.[369] Diese (an keiner Stelle besonders detaillierten) Vergleiche wirken nicht nur deswegen deplatziert, weil auf die Leidensgeschichte der europäischen Juden inner-

---

[365] Ebd., S. 227.
[366] Vgl. Krämer-Badoni: *In der großen Drift*, a.a.O., S. 405.
[367] Ebd., S. 406. Dort auch das vorangegangene Zitat. Zwei Jahre später wird Heinrich Böll die gleiche Bibelstelle beziehungsweise deren ins Präteritum verlagerte Version von Theodor Haecker als Titel für seinen ersten Roman nutzen: *Wo warst du, Adam?*, Opladen 1951.
[368] Vgl. ebenda, S. 9.
[369] Vgl. die folgenden Stellen in ebd., S. 9, 29, 100, 139, 245, 307, 405.

halb der Diegese an kaum einer Stelle eingegangen wird,[370] sondern auch, weil sie dazu beitragen, Täter- und Opferrollen zu verkehren: Ausgerechnet ein deutscher Wehrmachtssoldat in gehobener Stellung nutzt das Bild der exilierten Juden als intertextuelle Blaupause und damit Deutungsrahmen für seine eigene Geschichte.[371] Vor allem aber fungieren diese (und andere) Vergleiche als Relativierungen des historischen Ortes, der NS-Diktatur: „Unsere Zeit ist kein Unikum",[372] so der Erzähler gegenüber einem Kommilitonen, womit er das Achselzucken zur geschichtsphilosophischen Geste stilisiert. Obwohl der Erzähler an dieser Stelle sein Urteil durch ein Narrativ des Fortschrittsskeptizismus stützt, so bleibt doch die Einsicht, dass ein solcher Satz im Jahr der Publikation 1949 unweigerlich auch ein Kommentar zum Holocaust darstellt. Es ist allerdings nicht die einzige ethisch fragwürdige „Geschmacklosigkeit" – um Krämer-Badonis Worte zu gebrauchen – die ihm in Bezug auf das Judentum unterlief.[373]

Auch zur Charakterisierung der unmittelbaren Nachkriegszeit nutzt der Erzähler einen biblischen Vergleich. Ausgehend von der Feststellung, dass mit dem Rechtsradikalismus eine politische Bewegung aufgekom-

---

[370] Auffallend ist eine Szene, in der die Massenerschießung von Juden geschildert wird. Vgl. ebenda S. 227f. Moralisch gerahmt ist diese Passage schon dadurch, dass die Erschießung von einem Feldgendarmen bewacht wird und der normale Landser nicht in Erscheinung tritt. Vgl. Ächtler: *Generation in Kessel*, a.a.O., S. 421 sowie Pfeifer: *Der deutsche Kriegsroman 1945–1960*, a.a.O., S. 84, der an der besagten Stelle nicht nur einen „stilistische[n] Lapsus" beanstandet, sondern auch das Ausbleiben einer „höhere[n] Erkenntnisstufe" moniert.

[371] Diese Analogie – die Deutschen als die ‚neuen Juden' – findet sich aber auch an anderer Stelle, etwa im *Ruf*, wo Friedrich Minssen 1947 schreibt: „Heinrich Heine hat einmal gesagt, Jude zu sein bedeute ein Schicksal. Mit den Deutschen ist es heute nicht anders. Deutscher zu sein heißt heute, an einem gemeinsamen, jedem einzelnen Deutschen auferlegten Schicksal zu tragen." Minssen: *Die Kraft der Gemeinschaft*, a.a.O., S. 3.

[372] Krämer-Badoni: *In der großen Drift*, a.a.O., S. 86. In gewisser Hinsicht liegt in dieser Perspektivierung der NS-Zeit bereits der Kern des in den 1980ern ausgefochtenen Historiker-Streits über die Singularität des Holocausts.

[373] So betitelte er seine Rezension zu Simone de Beauvoirs Roman *Alle Menschen sind sterblich*, Hamburg 1949 (EA: *Tous les hommes sont mortels*, Paris 1946) mit *Der Ewige Jude wird Existentialist*, Frankfurter Allgemeine Zeitung (04.02.1950).

men sei, „die alle bisherigen Spielregeln über den Haufen" geworfen habe, konstatiert der Erzähler:

> Ich rede sehr ungern davon, da im Laufe der späteren Jahre wir alle so oder so beteiligt wurden, meist ohne wirklich beteiligt zu sein, und jetzt, da alles vorüber ist und wir zugleich auf den Trümmern unseres rechtsradikalen Jerusalems sitzen und an den trüben Ufern unseres militärischen Euphrat jammern, jetzt kommt keiner so recht darüber hinweg.[374]

Es mag diesem Widerwillen des Erzählers geschuldet sein, über jenes „rechtsradikale Jerusalem" zu sprechen, dass über sein Zustandekommen und Funktionieren kaum Worte verloren werden – was durchaus zur grundsätzlichen Passivität des Durchschnittsdeutschen passt (beteiligt werden ohne beteiligt zu sein). Wird der Systemkonflikt zwischen Sozialismus und Faschismus während der späten Weimarer Republik noch kurz als juvenile Schlägerei porträtiert,[375] so formt sich fortan eine zunehmend apolitische Grundtendenz des Textes. Zwar spart der Erzähler nicht mit Anekdoten, die dazu angetan sind, das politische Personal des NS-Apparats als lächerliche Dummköpfe[376] sowie zentrale Elemente des faschistischen Habitus[377] verächtlich zu machen, dass das Gebot der Stunde hingegen die Vermeidung des Politischen ist, daran lässt der Text keinen Zweifel.

Am deutlichsten artikuliert sich diese apolitische Dimension ausgerechnet in jener Interaktionsform, der im Interregnum als makropolitischen Transitionsraum selbst politische Bedeutung zukommt: dem Gespräch beziehungsweise dem Dialog. Der Roman operiert über weite Strecken hinweg mit dialogischen Sequenzen, häufig mit größeren Figurengruppen. Dabei fällt auf, dass die vielen, teils sehr pointiert strukturierten und zumeist um den Witz und die überlegene Eloquenz des Erzählers herum gruppierten Dialoge stark thesenartig verfahren; sie erörtern geschichtliche, literaturwissenschaftliche oder ethische Probleme, stehen aber häufig zusätzlich (manchmal auch ausschließlich) im Dienst

---

[374] Krämer-Badoni: *In der großen Drift*, a.a.O., S. 31. Dort auch das vorige Zitat.
[375] Vgl. ebenda S. 39f.
[376] Vgl. ebenda, S. 72–74, wo ein Gauleiter eine vollendet begriffsstutzige Rede über die Größe von Karl dem Großen hält.
[377] Vgl. ebenda, S. 68 sowie S. 72.

der Konturierung des besonderen Status des Erzählers selbst. Dass die Figuren zudem oft typisiert sprechen, verstärkt den Eindruck der Thesenartigkeit. Dies gilt insbesondere für den „Stammtisch potenter Vögel",[378] einer Gruppe von Kommilitonen um den Erzähler, die sich jeweils durch eine besondere Eigenschaft auszeichnen. Besonders hervor sticht dabei die Figur Bober, der als marxistischer Student zum Sprachrohr einer politisierten Weltwahrnehmung und Kulturdeutung avanciert, diese aber mitunter so plakativ vertritt, dass es dem Erzähler leichtfällt, ihn inhaltlich zu kritisieren und zu widerlegen. In der Art, wie Bober beispielsweise Gespräche mit seinen Kommilitonen immer wieder mit der Formel „Lest mal den Lukacs"[379] beendet, erscheint er nicht nur befangen in einem sozialistischen Dogmatismus, er fungiert auch als Antipode zum hermeneutisch argumentierenden Erzähler, dessen wesentliches Lektüreerlebnis die Bibel war. Obwohl Bober also als politische Figur dargestellt wird, verschwindet in der Interpretation des Erzählers, warum Bober als Marxist verfolgt wird, das Politische fast vollständig: „Der Bober wird es immer schwer haben, sagte ich mir [...]. Mir gefällt er, weil er selbstständig denkt. Nein, ganz einfach: mir gefällt er. Er wird immer und zu allen Zeiten verfolgt werden."[380]

Aus dem Protagonisten einer politischen Bewegung, die sich vor allem durch ihre historische Methode auszeichnet und deren Verfolgung selbst eine historisch konkrete ist, wird eine Figur, die durch eine zeitlose Eigenschaft charakterisiert ist, dem selbstständigen Denken. Der politische Ursprung von Bobers Verfolgung fällt dieser Perspektivierung so zum Opfer.[381]

Lediglich an zwei Stellen wird in der Beschreibung der Vorkriegszeit transparent, dass die offene Rede einem restringierenden und normierenden Zugriff unterliegt. Einmal, als sich der Erzähler in einer Bar über die romantisierende Deutschtümelei Elfriedes lustig macht, deren Aussage, Adolf Hitler sei „ein wunderbarer Mensch"[382] vom Erzähler so mit Spott überzogen wird, dass ein Mann am Nebentisch in Gelächter ausbricht –

---

[378] Ebd., S. 57.
[379] Ebd., S. 46.
[380] Ebd., S. 72.
[381] So auch in der Episode, in der dem Erzähler vom inhaftierten Bruder seiner Vermieterin erzählt wird, vgl. ebd., S. 79f.
[382] Ebd., S. 94.

und ihn sodann warnt, dass am Nachbartisch „einer von der Gauleitung"[383] sitze. Es ist für die moralische Codierung des Romans typisch (und für die Nachkriegsliteratur insgesamt nicht unüblich), dass die restringierende Instanz des NS-Staates in Form eines höheren Beamten verkörpert wird. Die zweite Szene spiegelt in gewisser Hinsicht den Stammtisch „potenter Vögel"; es handelt sich dabei um einen kommunistischen Kreis, in den der Erzähler von Bober eingeführt wird. Während sich die Kommilitonen aber öffentlich treffen, trägt dieser Kreis alle Zeichen des Illegalen: Man achtet darauf, ob man verfolgt wird, ermahnt sich, nicht zu laut zu sprechen und kontrolliert das Rauchverhalten.[384] In den Diskussionen des Kreises, die auch Formen gemeinsamer Textanalyse annehmen, geht es allerdings in dem in der Diegese verbrieften Gespräch ausgerechnet um das Judentum. In einem Akt der Verkehrung von Ursache und Wirkung bezeichnet ein antisemitisches Mitglied der Gruppe (das auch als solches ausgewiesen wird) die Juden als „Erfinder der vorschnellen Sammelurteile"[385] und mutmaßt, dass deren Engagement für den Kommunismus die klassenlose Gesellschaft lediglich als häretische Rache an Jesus nutzt.[386] Zwar regt sich gegen diese historisch haarsträubende Behauptung Widerstand – argumentativ begegnet wird ihr aber nicht. Wie in anderen Stellen auch kommt es nicht zu einer diskursiven Auseinandersetzung, sondern man löst die Spannung dadurch, dass man lacht.[387] Dass sich Anhänger des Kommunismus nicht mehr in gleicher Offenheit bewegen und treffen können wie zuvor, war bereits einmal zuvor kurz angeklungen, als Bober, der sich nach der Machtübernahme Hitlers aus Furcht nicht mehr in öffentlichen Kneipen treffen möchte, dies schließlich doch tut – und vom Kneipenwirt „gerührt" und „besonders herzlich" begrüßt wird.[388] Mit Verbundenheit qua politischer Zugehörigkeit hat dies aber, wie der Erzähler sofort nachschiebt, nichts zu tun: „Was die Ursache der Gefahr war, das interessierte den alten Restaurateur

---

[383] Ebd., S. 95.
[384] Vgl. ebenda, S. 110. Wenn zu viel geraucht wird, ließe sich dadurch auf eine größere Menschenansammlung, mithin auf einen konspirativen Zirkel schließen.
[385] Ebd., S. 111.
[386] Vgl. ebenda, S. 111.
[387] Vgl. ebenda, S. 112.
[388] Ebd., S. 104. Dort beide Zitate.

nicht."[389] Indem der Text diese Freundlichkeit sozusagen als unbedingte Menschlichkeit ausweist, inszeniert er Solidarisierung als Entpolitisierung.

Die Darstellung der Vorkriegszeit, die der Erzähler in seiner Retrospektion liefert, liest sich wie die einer weitestgehend normalen Zeit, vermeidet also pejorative Überspitzungen, die allerdings mit auffallenden Leerstellen einhergehen; eine Sinnproduktion ganz eigener Art.[390] Denn nicht nur die Juden sind in diesem Text auffallend absent, sondern auch ihre Widerparts – die Nazis. Als Figuren reglementierten und reglementierenden Sprechens tauchen diese im Text kaum auf, was hinsichtlich einer Analyse transitiver Momente insofern schwierig ist, als es kaum literarisches Personal gibt, das zu Subjekten normativer Übergänge werden könnte. Es hat sich ja, wie weiter oben bereits konstatiert wurde, wenig Wesentliches geändert. Was die beiden zuvor interpretierten Romane von Frank und Richter auszeichnete, nämlich die Inszenierung eines Wechsels des kommunikativen Codings vom Befehl zum Diskurs, fehlt bei Krämer-Badoni bereits dadurch, dass das NS-Regime kaum als Bruch aufgefasst wird. Es geht letztlich vor allem darum, dass man in einer Zeit, die den Wert des Individuums zugunsten eines totalitären Staatsapparates zu erdrücken droht, wie die Juden in Ägypten – das Beste daraus macht. Nichtsdestotrotz lohnt sich ein Blick auf die Darstellung von Dialogen und Kommunikationssituationen, in denen sich nicht nur eine grundsätzliche Skepsis gegenüber dem Politischen fortschreibt, sondern die zugleich die Nachkriegszeit als Moment des (polyphonen) Verstummens porträtiert.

---

[389] Ebd.
[390] Vgl. Ernestine Schlant: *Die Sprache des Schweigens. Die deutsche Literatur und der Holocaust*, München 2001, S. 19: „Schweigen ist keine semantische Leere; es ist von Erzählstrategien erfüllt, die Ideologien transportieren und unausgesprochene Voraussetzungen enthüllen. Was Schweigen konstituiert, ist die Abwesenheit von Wörtern, doch gleichzeitig und deswegen ist es die Anwesenheit ihrer Abwesenheit."

4.4.5 Dialogisches intern II – kommunikative Omnipotenz und Verständnislosigkeit

Dass es dem Erzähler nahezu mühelos gelingt, mit allen möglichen Figuren ins Gespräch zu kommen, und er außerdem grundsätzlich in der Lage ist, diese in seinem Sinne zu manipulieren, darf als ästhetischer Ausdruck der Pikaro-Struktur des Romans gewertet werden. Seine Aussage, er sei „vernagelt",[391] ist im besten Falle eine Form der Koketterie, da er seine soziale Umwelt nichtsdestotrotz intellektuell überflügelt, die ihm zumeist in Form von ‚Dümmlingen'[392] begegnet. Mag also seine kommunikative Omnipotenz zum Stilrepertoire des Genres gehören, so findet sie sich auch als politisch-moralische Sentenz im Text selbst. Es ist erneut Bober, der sie liefert. Als er mit Hilfe des Erzählers seiner Verfolgung dadurch zu entgehen versucht, dass er sich in dessen alter Heimat versteckt, und zwar ausgerechnet in der Nähe eines (mehr oder minder) bekennenden Nazis, meint er lapidar: „Man kann ja auch mit Leuten reden, mit denen man nicht reden kann."[393] Auch wenn diese Aussage nicht weiter expliziert wird, artikuliert sich in ihr ein für den Nachkriegsdiskurs zentraler Gedanke, nämlich der, dass Kommunikation über (politische) Grenzen hinweg möglich ist. In diesem Sinne also meint „reden" in Bobers Aussage nicht lediglich basale Verständigung, sondern muss emphatisch verstanden werden als Möglichkeit beziehungsweise Unmöglichkeit der Verständigung über wesentliche Momente des Zusammenlebens.

Dass sich mit jedem zu jeder Zeit und über alles reden lässt, demonstriert der Erzähler aber ausgerechnet während des Krieges. Wo Darstellungen des Zweiten Weltkrieges, gerade wenn diese sich auf die letzten Kriegsjahre im Osten beziehen, vor allem dessen alles Humane korrodierende Logik der „Anti-Vernunft"[394] in den Mittelpunkt rücken, bleiben Töten und Sterben in Krämer-Badonis Roman seltsam nebensächlich. Die Episoden, die der Erzähler schildert, zeichnen sich nicht nur dadurch aus, dass es niemanden gibt, der sich *pro bello* äußert, sondern auch, dass es grundsätzlich Raum für offene Dialoge gibt. In den Textpassagen, die sich

---

[391] Krämer-Badoni: *In der großen Drift*, a.a.O., S. 13.
[392] Vgl. zum Motiv-Duo von Schelm und Dümmling Irmgard Meiners: *Schelm und Dümmling in Erzählungen des deutschen Mittelalters*, München 1967.
[393] Krämer-Badoni: *In der großen Drift*, a.a.O., S. 101.
[394] Ebd., S. 15.

den Kriegserlebnissen des Erzählers widmen, tauchen nur Soldaten auf, die den „Scheißkrieg"[395] satthaben – in seiner Autobiographie wird Krämer-Badoni keinen Zweifel daran lassen, dass dies der Realität der Truppe entsprach, wenn er davon berichtet, dass es in seiner gesamten Kompanie nicht nur lediglich einen einzigen Nazi gegeben habe, sondern mit diesem auch „harte politische Diskussionen"[396] möglich waren – ganz ohne Angst vor Denunziation. Sowohl im Roman als auch in der Autobiographie gilt: Es war „einzig und allein Hitlers Krieg gewesen".[397] Wo der Krieg als Grausamkeit oder ideologische Vernichtungshandlung greifbar wird, präsentiert der Text unmittelbar Rationalisierungen in Form von Pathologisierungen[398] oder löst das Geflecht kollektiver Verantwortung auf in individuelle Schuld und Sühne.[399] Rede und Widerrede (auch gegenüber Ranghöheren) sind weitestgehend unproblematisch.

Begreift man Bobers Diktum, das man auch mit jenen reden könne, mit denen man nicht reden könne, in seiner politischen Dimension, so ist es durchaus verwunderlich, dass gerade der Zeitraum nach Beendigung des Krieges als historischer Ort identifiziert wird, an dem dieses Programm an seine Grenzen zu kommen scheint. Das liegt mitunter auch an der den ganzen Text durchziehenden Tendenz der Entpolitisierung, die schließlich auch Bobers Aussage ergreift. Eine Zeit gesteigerten Redebedürfnisses (wie sie u.a. auch in Richters Reportage *Unterhaltungen am Schienenstrang* geschildert wird), die sich auch als Ort der Erprobung

---

[395] Ebd., S. 162.
[396] Krämer-Badoni: *Zwischen allen Stühlen*, a.a.O., S. 82.
[397] Ebd. S. 62. Diese Formulierung wird an anderer Stelle noch einmal als „Tatsache" bezeichnet, ebenda S. 78. Es mögen auch Äußerungen wie diese gewesen sein, die Hans Werner Richter dazu gebracht haben, in Krämer-Badoni einen Gesinnungsgenossen zu sehen, teilt er doch, wie bereits gezeigt, diese Ansicht.
[398] So zum Beispiel, wenn ein Landser, der wehrlose Gefangene erschießt, vom Erzähler schlicht als Säufer abgetan wird; er gehöre nicht unter Menschen, sondern „in eine Säuferheilanstalt. Oder ins Narrenhaus". Krämer-Badoni: *In der großen Drift*, a.a.O., S. 221.
[399] Beispielsweise im Kontext eines Soldaten, der eine alte jüdische Frau erschießt, an dieser Tat seelisch zugrunde geht und sich schließlich selbst erschießt. Der Erzähler bezeichnet diesen Soldaten schlicht als „Schwein" (was dieser so akzeptiert; S. 163) und kommentiert den Sühneselbstmord knapp: „Saubere Arbeit, […], doch ein Kerl." S. 187.

politischen Redens versteht, muss notgedrungen mit dieser Tendenz kollidieren. Wie sich der Erzähler zu dieser Re-Politisierung verhält, zeigen exemplarisch zwei Szenen. Als er nach Kriegsende aufgrund seiner SA-Zugehörigkeit (der er nur beigetreten war, um billiger studieren zu können) zum Schuttschaufeln rangzogen wird, gerät er mit einigen weiteren Leuten seiner Arbeitskolonne aneinander. Eine Reaktion von Seiten des Erzählers unterbleibt, und zwar weil er befürchtet, dass eine von ihm persönlich gemeinte Bemerkung politisch verstanden würde: „Sie hätten eine Sache, die ich persönlich meinte, politisch verstanden. Damals wurde jeder Mückenstich politisch verstanden."[400] Dass die Situation selbst – das als Sühne apostrophierte Schuttschaufeln von Menschen verschiedener sozialer Zugehörigkeit – durchaus dazu angetan ist, politisch verstanden zu werden, wird nicht in Erwähnung gezogen. Die pejorative Wendung vom „Mückenstich" scheint zudem mit der bereits zuvor von Mende getroffenen Feststellung, „die Leute werden jetzt alle komisch",[401] zu koalieren. Sowohl die Erosion einer erzwungenen ‚Volksgemeinschaft', worauf Mendes Aussage gemünzt ist, als auch die Re-Politisierung einer zuvor durch Führerprinzip politisch kastrierten Gesellschaft werden mit auffallender Abneigung registriert. Von dieser Warte aus verwundert es nicht mehr, dass der Erzähler das gesteigerte Redebedürfnis seiner Zeitgenossinnen und Zeitgenossen vor allem darin artikuliert sieht, dass sich „jeder in jedes Gespräch"[402] einmische. Der Erzähler koppelt diese Feststellung an den Bericht eines Gesprächs mit einem Mann über das jüngst vergangene „Unheil des unbedingten Gehorsams",[403] was dazu führte, dass zwei junge Männer ihm Gewalt androhen – die (Un-)Sitte der Einrede wird flankiert vor jener, dass man „leicht Ohrfeigen angeboten" bekommen habe, vor allem in der Eisenbahn. Die kurze Passage liest sich wie die Summe nazistischer Kommunikationsregulation: Gefolgschaft plus gewaltsanktioniertes Redeverbot. Bezeichnenderweise verlegt der Text aber die erste Nennung dieser Mechanik ausgerechnet in die Nachkriegszeit.

Rücken mit diesen kurzen Anmerkungen die Reflexion auf das Sprechen selbst sowie die sozialen Strukturen seiner Ermöglichung bezie-

---

[400] Krämer-Badoni: *In der großen Drift*, a.a.O., S. 320.
[401] Ebd., S. 313.
[402] Ebd., S. 323.
[403] Ebd. Dort auch das folgende Zitat.

hungsweise Verhinderung in den Blick, so konkretisiert sich die politische Valenz des Sprechens in jener Episode, als der Erzähler von einem Zeitschriftenherausgeber als Mitarbeiter gewonnen werden will. Dieser stellt das Programm der Zeitschrift kurz vor und verknüpft es mit einer Analyse der gegenwärtigen Lage, die er im „Chaotischen" verortet:

> Alles, was vorher da war, ist ja wie weggefegt. Wir stehen vor einer tabula rasa im vollsten Sinne des Wortes. Alle Werte sind in Frage gestellt, und sie sind es nicht etwa theoretisch, obwohl sie dies auch sind, sie sind es vielmehr in einer geradezu physischen Weise. Mit anderen Worten: die Tatsache, daß alles in Frage gestellt ist, ist den Menschen noch weit dichter als das Hemd auf den Leib gerückt. [...] Und hier sehe ich das Verpflichtende und das Gefährliche der augenblicklichen publizistischen Aufgabe. Man kann jetzt alles aus den Menschen machen, alles Gute und alles Üble, und es kommt alles darauf an, mit welcher Kompetenz man an diese Aufgabe herantritt, und daß man nach einem wohldurchdachten Plan und Schema handelt.[404]

Das Zitat liest sich wie eine Zusammenfassung gängiger Nachkriegsinterpretationen, die in Kriegsende und im Zusammenbruch des deutschen Faschismus eine historische Zäsur sehen, die die Menschen formbar werden lässt – wenn auch der Optimismus des Herausgebers durchaus naive Züge trägt. Präsentiert wird hier eine Variation der Denkfigur des Dazwischen, die in dieser Ausdeutung einen moralischen Nullpunkt und daraus resultierende Orientierungslosigkeit setzt und deren Eckpunkte die vollständige Erosion des Alten und die Konturlosigkeit des Neuen sind. Die Aufgabe der Publizistik ist es, so das Zitat, hier wegweißend zu intervenieren. Sie tritt auf in der Funktion des Lehrers, der die demokratischen Neophyten behutsam und nach „Plan und Schema" in die richtige Richtung lenkt und also den Transitionsprozess maßgeblich beeinflusst. Dass dieses Bild zugleich dazu angetan ist, die deutsche Bevölkerung hinsichtlich ihres politischen Reflexionsvermögens und demokratischen Reifegrades zu infantilisieren, merkt nicht nur Elfriede (die sich ihren Nazismus bewahrt) zu einem späteren Zeitpunkt an,[405] sondern auch der Redakteur selbst greift auf das Bild vom Deutschen als Schulkind zurück.

---

[404] Ebd., S. 351f.
[405] Ebd., S. 359.

Denn obwohl die Zeitschrift ihren Teil zum normativen Wiederaufbau der Gesellschaft beitragen möchte, „Plan und Schema" dieser Rekonstruktionsleistung stehen selbst nicht zur Disposition; noch sei niemand „zur Diskussion einer solchen Grundsätzlichkeit reif. Die Menschen dieser Nachkriegszeit sind ja im Zustande von Elementarschülern, und man kann Menschen, die man sich umzuerziehen anschickt, nicht die Erziehungsgrundsätze zur Diskussion vorlegen."[406] Die Figur des Herausgebers, der in seiner Rede von der „verschüttete[n] Natur des Menschen",[407] die es wieder auszugraben gälte, die Schaufeltätigkeit des Erzählers metaphorisch fortführt, akzentuiert dabei eine scheinbar unvermeidliche paternalistische Dimension des Interregnums-Diskurses – aus dem (selbst verschuldeten) liminalen Zwischenreich führt nur der Weg über die Unterordnung unter eine normative Führungsinstanz.

Während die Protagonisten in Richters *Die Geschlagenen* ihre Freiheit hinter Stacheldraht[408] als zentrales Moment der Befreiung von den *sacra* der alten Ordnung begreifen und Franks *Jünger Jesu* bereits essenzielle Momente der neuen Ordnung in ihren kommunikativen Praktiken vorwegnehmen, wird an dieser Stelle von *In der großen Drift* der Gedanke referiert, dass die Deutschen zur demokratischen Freiheit erst befähigt werden müssten. Dass dies auch und gerade sprachlich geschehen müsse, wird nicht nur durch die Tatsache unterstrichen, dass diese Position von einem Zeitschriftenherausgeber vertreten wird, sondern auch dadurch, dass dieser die Bereitstellung von „saubere[n] Begriffen, durch welche so etwas wie Politik überhaupt erst ermöglicht"[409] werde, als wesentliche Aufgabe seiner Zeitschrift begreift. Diese semantische Reinigungsarbeit, die ihrerseits ihre Entsprechung in den politischen sowie poetologischen Debatten nach 1945 hat, soll das Neue als noch nicht realisierte soziale Realität mitgestalten. Der Erzähler, dessen überpointierte Unbestechlichkeit in diesem Dialog erneut bis zur Erschöpfung ausgebreitet wird, lehnt diese Interpretationen allerdings ab – und zwar gerade mit Verweis auf jene Gespräche, die er in den Eisenbahnen mitbekommen habe, dem einzigen Ort, wo „die Leute öffentlich [reden]", da sie dort unter Fremden

---

[406] Ebd., S. 354.
[407] Ebd.
[408] Von dieser Freiheit will Krämer-Badonis Erzähler nichts wissen: „Die beste Gefangenschaft taugt nichts." Ebd., S. 342.
[409] Ebd., S. 355.

sind, denn: „Sie haben die Terror- und Spitzelangst noch zu sehr in den Knochen."[410] Und in diesen Momenten einer Öffentlichkeit, in der sich die Menschen zur Äußerung der eigenen Meinung ermöglicht finden, zeige sich eben gerade nicht eine mentale Stunde Null, sondern ein Hang zum rückwärtsgewandten Revanchismus, den der Erzähler schlicht als „Dummheit"[411] bezeichnet.

Vertreten wird dieser in erster Linie von Elfriede; sie identifiziert das Schutträumen mit der Demokratie selbst,[412] äußert den Verdacht, die KZs seien eine Lüge der Alliierten,[413] lehnt den Gedanken, Kinder zu bekommen, mit dem Vermerk ab, diese wären letztlich Sklaven,[414] und bezeichnet die aus dem Moskauer Exil zurückgekehrten Kommunisten als „Vaterlandsverräter".[415] Sie ist das Sprachrohr der alten Welt, die den Abbruch der eigenen sozialen Geltung nur als historischen Leerlauf und die Zukunft lediglich als Neuauflage des Vergangenen begreifen kann. Die Gespräche, die der Erzähler mit ihr führt und die er dezidiert in einen Erziehungskontext stellt,[416] werden so zu dialogischen Miniaturen der *Re-Education* (und in gewisser Hinsicht zu Wiederholungen des zuvor skizzierten Zeitschriftenprogramms; denn der Erzähler lässt keinen Zweifel daran, dass auch er über die richtigen, ‚sauberen' Begriffe verfügt). Allerdings: Das Programm scheitert, die Dialoge führen letztlich immer wieder in ihr Gegenteil – ins Schweigen.[417] Das liegt nicht zuletzt daran, dass der Text die Positionen von Erzähler und Elfriede als normative Kontrapunktik inszeniert und mit Grenzbereichen der Sagbarkeit beziehungsweise Erzählbarkeit operiert. Die Grenzen der Verständigung scheinen dabei entlang der jeweiligen Erlebnisfront zu verlaufen – sprich zwischen ‚Heimatfront' und Kriegsfront. Während der Erzähler in einem Gespräch mit Elfriede deren Meinungen über die vermeintlichen KZ-Lügen gedanklich dahingehend kommentiert, dass Elfriede eben keine

---

[410] Ebd., S. 353. Dort auch das vorige Zitat.
[411] Ebd.
[412] Vgl. ebenda, S. 333.
[413] Vgl. ebenda, S. 361.
[414] Vgl. ebenda, S. 341.
[415] Ebd. S. 368.
[416] Vgl. ebenda, S. 359.
[417] Vgl. ebenda, S. 341f. sowie 361f.

Kampfeinsätze erlebt habe,[418] behält sie die Geschichte einer Frau, die nach erlittener Vergewaltigung durch russische Soldaten versucht habe, sich und ihre ebenfalls vergewaltigten Töchter zu ermorden, für sich und merkt schlicht an: „Dir kann man so etwas nicht erzählen."[419] Vor allem Elfriedes Erzählung dient dazu, Schuld und Verantwortung neu zu perspektivieren und die Deutschen vor allem als Opfer zu porträtieren, während der Erzähler seine Kriegserfahrungen gegen seine Frau als absolut setzt, insofern diese ihm einen letztlich uneinholbaren Erfahrungsvorsprung bieten. Die damit einhergehenden Deutungskämpfe um das gerade Vergangene finden in Form konkurrierender Narrative statt, die verschiedene Handlungsorte sowie Protagonisten in konfligierender Art und Weise positionieren. Das (mitunter verhinderte) Erzählen wird damit nicht zuletzt greifbar als sprachlicher Bestandteil von Sinnstiftungsaktivitäten, die sich schließlich nicht mehr kommunikativ integrieren lassen. Elfriede und der Erzähler stehen sich am Ende verständnislos gegenüber – im wörtlichen wie im übertragenen Sinne. Es ist, so scheint es, nicht alles kommunikabel. Begreift man Elfriede weniger als individuelle Figur (der man, wie Bober es tut, einfach attestiert, dass sie zum Diskutieren zu dumm sei[420]), sondern als Typus des Noch-Nazis, dann liefert der Roman einen eher skeptischen Ausblick auf die zu leistende kommunikative Annäherung im Kontext der deutschen Nachkriegsgesellschaft.[421]

Diese Interpretation wird außerdem durch die letzte große Dialogszene des Romans genährt, in der sowohl die literarische Form des Dialogs als auch der dargestellte Dialog selbst zerbrechen. Dieser Dialog erinnert,

---

[418] Vgl. ebenda, S. 342.
[419] Ebd., S. 348. Dort auch die Erzählung von der Mutter und den Töchtern.
[420] Vgl. ebenda, S. 368.
[421] Verschärft wird dieser Skeptizismus noch dadurch, dass in dem Gespräch zwischen Elfriede und Bober, in dem letzterer Elfriede attestiert, zum Diskutieren zu dumm zu sein („Dazu langt's bei dir doch nicht"), diese mehr oder minder offen dafür plädiert, „alle Vaterlandsverräter hinter Schloß und Riegel" zu bringen" – womit an dieser Stelle auch Bober selbst gemeint ist. Mit dem Begriff des Vaterlandsverräters rekurriert Elfriede auf eine Kategorie der homogenen Gesellschaft, die sich der kommunikativen Auseinandersetzung mit bestimmten Personen enthoben sieht und diese wegsperrt. Konsequenterweise bricht Elfriede das Gespräch an dieser Stelle ab. Vgl. ebenda, S. 368.

was die an ihm teilhabenden Figuren anbelangt, an ein parlamentarisches Setting, treffen doch Anhänger verschiedener politischer Richtungen zusammen. Damit führt der Text *in praxi* ein zentrales Element jener Gesellschaftsform vor, die zuvor noch vom Erzähler lediglich als „Schlagwort"[422] bezeichnet wurde: der Demokratie. Dieses im Text inszenierte Privat-Parlament führt neben dem Erzähler (der sich, wie gezeigt, politisch gerade nicht verorten will) den Linken Bober, den Liberalen Diolett (einen Weinhändler, bei dem der Erzähler kurzzeitig wohnt), Elfriede, den bereits erwähnten Herausgeber sowie christliche Publizisten an einem Abend zusammen.[423] Dass der Einladung zu Dioletts „große[r] Gesellschaft"[424] so viele gefolgt sind, merkt der Erzähler süffisant an, liegt vor allem an der Tatsache, dass Wein selten war. Dioletts genuines Interesse an verschiedenen politischen Positionen hingegen scheint echt zu sein und nicht lediglich der Tatsache zu entspringen, dass er „gerade für die liberale Partei" kandidiert; ihm geht es um den „politischen Wiederaufbau".[425] Dass dieses Treffen eben jenem Wiederaufbau dienen soll und vom Text auch in diesen Kontext gestellt wird, spiegelt sich in dem Parlamentssetting wider – und wird dezidiert vom Erzähler mit deutlichem Vorbehalt beurteilt: „Ich hatte sogleich das Gefühl, daß es mit einer so

---

[422] Ebd., S. 370. In dem an dieser Stelle stattfindenden Gespräch mit Bober wird Demokratie vom Erzähler simplifizierend als „Regierung ohne Terror" bezeichnet. Die sich anschließende Kritik an der Sozialutopie des Marxismus, die bereits Argumentationsstrategien der sogenannten Totalitarismus-These vorwegnimmt (die sich darauf konzentriert, ideologische sowie praxeologische Parallelen zwischen den totalitären Regimes des Nationalsozialismus und der KPdSU zu formulieren), operiert mit konservativen Standards und gipfelt in der Verwunderung des Erzählers darüber, dass Bober nach seiner Zeit im KZ noch immer am Kommunismus festhält – wo die Freiheit aller Menschen doch eine Illusion sei. Durch die immer wieder in den Gesprächsverlauf montierten Textfragmente eines Kinderreims, die Bobers Argumente flankieren, wird seine Position zusätzlich infantilisiert. Vgl. ebenda, S. 371–375.
[423] Vgl. ebenda, S. 381.
[424] Ebd.
[425] Ebd., S. 381. Dort auch das vorige Zitat. Tatsächlich wurden im Mai 1946 bereits Kommunalwahlen in Frankfurt (wo der Erzähler zur Zeit der Abendgesellschaft wohnt) abgehalten.

zusammengewürfelten Gesellschaft nicht gut ausgehen könnte."[426] Dieses Zitat hingegen lässt eher die vom Erzähler bereits zuvor präferierte private vor der politischen Perspektive durchscheinen, da ja der Sinn eines Parlaments darin besteht, diverse Positionen ‚zusammenzuwürfeln'. Dass dieses Kollektiv jedoch auf eine gemeinsame kommunikative Praxis zurückgreifen können muss (beispielsweise einer Art Geschäftsordnung oder rituellen Abläufen, wie sie die *Jünger Jesu* nutzen), um bei aller Pluralität seine Funktionalität zu bewahren, trennt diese Gesellschaft unweigerlich von seinem politischen Pendant – denn diese Gruppe hat ganz offenkundig nicht gelernt, mit Dissensen umzugehen. Dabei ist es ausgerechnet eine Figur der Mitte, an der sich der (ziellose) Disput entzündet: nämlich am ebenfalls anwesenden Violinisten Gerdenbind, einem typischen Mitläufer, der sich mit dem NS-Regime arrangiert hatte. Es werden verschiedene Sichtweisen über dessen Verhalten kundgetan, die sich zumeist widersprechen und, da man sich gegenseitig nicht ausreden lässt, eher Stichworte bleiben. Das Pathos der Diskussion, die Ethik des Gesprächs schrumpfen hier zusammen zur Ziellosigkeit selbstgefälligen Geplauders. Das Bemühen um Verständigung wird relativ schnell aufgegeben und es kommt zum offenen Streit. Anstatt sich allerdings an dem Gespräch zu beteiligen, geht der Erzähler in sein Zimmer und holt das Manuskript einer Erzählung, die er jüngst geschrieben hat und liest es der Gesellschaft vor. Er reagiert also bezeichnenderweise auf ein Gespräch über Kunst mit Kunst. Diese Erzählung wird in Gänze abgedruckt und verwandelt den eben noch geführten Dialog in einen größeren Monolog, der sich zugleich als kalkulierte Provokation zeigt: Denn es geht dabei um einen unsterblichen Außerirdischen, der auf die Erde kommt, letztlich für Jesus Christus gehalten wird und später, ganz im Stile der Montesquieu'schen *lettres persanes*, seinen verwunderten Landsleuten vom Leben auf der Erde berichtet.[427] Das Resultat dieses Vorlesens ist eine klare Frontenbildung zwischen jenen, die für, und jenen, die gegen die Erzählung argumentieren.

Auch hier findet keine Annäherung der Positionen statt;[428] die Gruppe zerbricht zuletzt daran, dass einer der Gesprächsteilnehmer sein Eintreten

---

[426] Ebd., S. 382.
[427] Vgl. ebenda, S. 387–396.
[428] Und entgegen der Ankündigung des Erzählers, nicht mehr lediglich zuzuhören, sondern fortan sprechen zu wollen (ein seltsames Vorhaben, da er bis

in die NSDAP als „Idealismus"[429] bezeichnet, was die Polarisierung perfekt macht und den Erzähler noch einmal dazu bringt, sein Programm des Wahr-statt-schön-Sprechens in Anspruch zu nehmen: „Lassen sie uns die großen Worte über Bord werfen, die alle nichts heißen."[430] Damit überschreitet der Erzähler eine Grenze – als der Gastgeber Diolett droht, zu Bett zu gehen, verlässt der Erzähler die Gesellschaft. Die Szene zeigt noch einmal, dass bei zentralen Aspekten der Vergangenheitsdeutung in erster Linie auf Schlagworte zurückgegriffen wird, was sowohl eine Annäherung als auch die schlichte Analyse der politischen Sachlage verunmöglicht. Es findet durch das Gespräch kein Prozess des Verflüssigens von Positionen statt, die Figuren verharren im *status quo*. Der Text akzentuiert damit vor allem die Fliehkräfte, die sich der Pluralität beziehungsweise Bipolarität von Standpunkten verdanken; eine gelingende Vergemeinschaftung durch Sprache wird selten bis nie erzählt. Transitionen oder metamorphische Momente bleiben ebenso aus, ein Umstand, der durch die formalästhetische Tatsache flankiert wird, dass der Text – trotz der Vielzahl von dargestellten Dialogen – durch keine wirkliche Polyphonie gekennzeichnet ist.[431] Was bleibt, ist die hegemoniale Stimme des Erzählers.

Lediglich an einer Stelle scheint so etwas wie Verständigung auf, die sich nicht bereits schon vorher identischer Standpunkte verdankt. Als der Erzähler im Zuge seiner Schaufeltätigkeit mit drei Jugendlichen ins Gespräch kommt, deren materiell und psychologisch besonders schwere Lage er erkennt, stellt er fest, dass in deren Verwendung des System-Begriffs sich deutliche Parallelen zur Vorkriegszeit ergeben: „Es ist immer wieder dasselbe. Da reden die Jungen, wie damals die Jungen redeten."[432] Dadurch vor die „verdammte Notwendigkeit gestellt, entweder ein ver-

---

zu diesem Zeitpunkt sehr viel bereits gesagt hat), schweigt er doch, als es zur Diskussion seines Textes kommt, und bedenkt jede Äußerung lediglich mit unausgesprochenen Gedanken. Vgl. ebenda, S. 396f.

[429] Ebd., S. 400.
[430] Ebd., S. 402.
[431] Dieser Umstand kollidiert außerdem mit der Einordnung des Texts in die Gattung Bildungsroman, da Reflexions- und Transformationsprozesse auf Ebene des Erzählsubjekts auffallend ausbleiben.
[432] Ebd., S. 337.

nünftiges Wort zu sagen oder den Dingen träge ihren Lauf zu lassen",[433] entscheidet sich der Erzähler für Ersteres – und das mit Erfolg. Mag auch die Verbindung von Zeitdiagnose und Haltungsempfehlung („Jeder muss daran denken, das Beste aus seiner Lage zu machen"[434]) unterkomplex ausfallen und das implizite Votum für den Individualismus eher der Schwarzmarktlogik der „Zusammenbruchsgesellschaft" entspringen, zentral ist, dass das Reden gelingt – und zwar in dem Sinne, dass es zu einer Annäherung zwischen den Dialogpartnern kommt.[435] Es verwundert kaum, dass den Jugendlichen, die dem Erzähler „nachdenklich [zuhörten]", Elfriede als Gegenpol gegenübergestellt wird; sie bildet das Extrem ausbleibender sprachlicher Annäherung und dämmernder Verständnislosigkeit, die den letzten Teil des Textes durchzieht. Dass die vom Erzähler konstatierte „verdammte Notwendigkeit" des Redens ausgerechnet bei Jugendlichen greift, hat seinerseits System. Auch in *In der großen Drift* erscheinen sie – so unterrepräsentiert sie unterm Strich sind – als Figurationen von Veränderung und Erneuerung, als Träger einer (indefiniten) Zukunft. Dass sich der Erzähler allerdings eines politischen Ratschlags enthebt, verwundert angesichts seiner grundsätzlichen Polit-Skepsis nicht, trennt ihn aber sowohl von jenem Gesprächsteilnehmer in Dioletts Gesellschaft, der den Idealismus der Jugend[436] gegen den Erzähler verteidigen zu müssen meint, als auch von Elfriede, welche die vermeintliche moralische Orientierungslosigkeit der Jugend zum Anlass nimmt, „Führerin bei den Pfadfinderinnen"[437] zu werden. Der Text unterstreicht an dieser Stelle erneut, dass Kommunikation Grenzen kennt, die sich entlang normativer Überzeugungen etablieren: Denn nach dieser Verkündigung Elfriedes bricht der Erzähler endgültig mit ihr. Die Grenzen der Sprache sind hier, ganz nach Wittgenstein, tatsächlich die Grenzen einer Welt.

---

[433] Ebd., S. 339.
[434] Ebd.
[435] Ebd., S. 339f.
[436] Die Rede vom fehlgeleiteten Idealismus der Jugend gehört zu den Standards des Entschuldungsdiskurses nach 1945. Vgl. u.a. Rolf Schörken: *Jugend 1945. Politisches Denken und Lebensgeschichte*, Opladen 1990, S. 126.
[437] Krämer-Badoni: *In der großen Drift*, a.a.O., S. 404.

5. Figuren des Dazwischen I: Der Deserteur

5.1 Historische Erscheinung und literarische Gestaltungen

Der Deserteur ist in gewisser Hinsicht eine paradigmatische Figur des Dazwischen. Ihr sozialer Status liegt zwischen seiner verlassenen Position als Militär, zu der er nur unter der Gefahr (teils drakonischer) Bestrafung zurückkehren kann, und dem von ihm anvisierten Status als Zivilist, den er noch nicht erreicht hat – was nicht zuletzt dadurch unterstrichen wird, dass er im Falle seiner Ergreifung Subjekt der Militärrechtsprechung ist. Der Bereich des Zivilen ist allerdings nicht nur Sehnsuchtsort des Deserteurs, an dem sich seine Vorstellungen von einem friedlichen Leben in Form von Erinnerungen und Erwartungen entzünden und immer wieder nähren, sondern zugleich auch Ort der Gefährdung, die ihm beispielsweise durch Denunziationen droht.[1] Sein Lavieren zwischen beiden Bereichen ist somit von einer gewissen Eigenlogik geprägt, von Praktiken des Versteckens, des Untertauchens und der Flucht, aber ihm wachsen auch Formen des solidarischen Zusammenhalts sowie der Unterstützung zu. All dies zeigt bereits an, dass die moralische Bewertung des Deserteurs und seiner Tat diskursiv hart umkämpft ist. Er wird als Feigling und Verräter bezeichnet, als Kameradenschwein verunglimpft und genießt zugleich für seine als mutig apostrophierte Tat hohes Ansehen. Dieses Changieren des Deserteur-Bildes zwischen Verräter und Vorbild[2] ist nicht

---

[1] Diese drohte ihm selbstverständlich auch innerhalb des militärischen Gefüges, da die versuchte Distanznahme von der (mythisch überformten) Kameradschaft und der ihr eingeschriebenen Vereinnahmung des Einzelnen grundsätzlich die Gefahr der Denunziation mit sich brachte. Vgl. Thomas Kühne: *Zwischen Männerbund und Volksgemeinschaft: Hitlers Soldaten und der Mythos der Kameradschaft*, in: *Archiv für Sozialgeschichte* 38 (1998), S. 165–189, hier S. 182.

[2] Vgl. Fietje Ausländer (Hg.): *Verräter oder Vorbilder? Deserteure und ungehorsame Soldaten im Nationalsozialismus*, Bremen 1990."

zuletzt abhängig von gesellschaftlichen Verhältnissen, vorherrschenden Maskulinitätskonzepten[3] sowie der Stellung des Soldaten innerhalb der sozialen Wertematrix.[4]

Entlang sich verändernder Bedeutungen des Deserteurs lassen sich somit Wandlungen des gesellschaftlichen Selbstverständnisses beziehungsweise dominierender Deutungsmuster ablesen, die sich in Europa nach 1945 und im Kontext der kulturellen Erinnerung(en) des Zweiten Weltkrieges vor allem in Deutschland zugunsten einer positiveren Bewertung der Fahnenflucht entwickelten. Dass in den innergesellschaftlichen Verhandlungen darüber, wem im Prozess kultureller Erinnerung welche Wertigkeit zukommt, jene, die den Kampf verweigern, trotzdem das Emblem des Helden(haften) tragen können, gehört zu den Eigenheiten einer sich zunehmend als „postheroisch" verstehenden Gesellschaft.[5]

---

[3] Vgl. René Schilling: *„Kriegshelden". Deutungsmuster heroischer Männlichkeit in Deutschland 1813–1945*, Paderborn u. a. 2002; vgl. auch Karen Hagemann: *Von Männern, Frauen und der Militärgeschichte*, in: *L'Homme. Europäische Zeitschrift für Feministische Geschichtswissenschaft* 12 (2001), S. 144–153.

[4] Die Bewertung sowie die blanke Möglichkeit der Desertion hängen nicht zuletzt auch von dem Grad der Militarisierung einer Gesellschaft ab, vom Mobilisierungsgrad, der Art und Weise, wie sie Soldaten rekrutiert, und welche persönlichen Beziehungen es zwischen Soldatentum und Zivilisten gibt. Auch die Art der symbolischen Einbindung des einzelnen Soldaten (Treueeid) spielt hierbei eine Rolle sowie die Generierung sozialen Kapitals beispielsweise durch einen (soldatischen) Ehrbegriff. Während die beiden großen Weltkriege des 20. Jahrhunderts trotz ihres immensen Schreckens eine verblüffend geringe Desertionsquote aufweisen, kennt die Kriegsführung des 18. Jahrhunderts Fälle, in denen ganze Regimenter fahnenflüchtig wurden. Vgl. George L. Mosse: *Fallen Soldiers. Reshaping the Memory of the World Wars*, New York 1990, S. 17f. Michael Sikora sieht im 18. Jahrhundert die „Zeit der Deserteure", vgl. Michael Sikora: *Das 18. Jahrhundert: Die Zeit der Deserteure*, in: *Armee und ihre Deserteure. Vernachlässigte Kapitel einer Militärgeschichte der Neuzeit*, hg. von Ulrich Bröckling/ders., Göttingen 1998, S. 86–111.

[5] Zum Begriff der postheroischen Gesellschaft vgl. Herfried Münkler: *Kriegssplitter. Die Evolution der Gewalt im 20. und 21. Jahrhundert*, Berlin 2015, S. 9. Vgl. auch Ders.: *Heroische und postheroische Gesellschaften*, in: *Merkur. Deutsche Zeitschrift für europäisches Denken* 61 (2007), S.742–

Die in NS-Deutschland allgegenwärtige Rede von heldenhaften Taten und heroischen Leistungen, die zum Kerninventar einer soldatischen Anthropologie gehörte und eine wesentliche Komponente der nazistischen Moralvorstellung darstellte,[6] stand vor allem gegen Ende des Krieges verstärkt im Dienst semantischer Arbeit – Niederlagen und Sterben sollte ein Sinn verliehen und es sollte zugleich die Kampfmoral von Heer und Bevölkerung aufrechterhalten werden. Sich diesem Zugriff zu entziehen, wie es der Deserteur mit seiner „moralische[n] antimilitaristische[n] Tat"[7] beabsichtigt, wurde konsequent mit dem Tode bestraft; wer nicht gewillt war, für die ‚Volksgemeinschaft' zu töten und zu sterben, kam durch sie um. Obwohl sich also vermuten ließe, dass der soldatische Heldenbegriff nach 1945 in seiner moralischen Valenz deutlich ramponiert war – er hielt sich, und mit ihm hielt sich auch die pejorative Konturierung des Deserteurs. Zwar lassen sich direkt nach Kriegsende publizistische Bemühungen dokumentieren, dem soldatischen Heroismus ein Bild vom

---

752. Es muss allerdings festgehalten werden, dass für die Figur des Helden beziehungsweise die Rede vom Heroischen sich zwar im Bereich des Militärischen ein zunehmender Bedeutungsverlust feststellen lässt – Akteure anderer sozialer Bereiche (beispielsweise im medizinischen Sektor) werden hingegen vermehrt mit diesem Attribut versehen. Dass es außerdem einen gesellschaftlichen Bedarf an heroischen Subjekten zu geben scheint, lässt sich angesichts der Flut an Superhelden-Filmen zumindest plausibel vermuten. Im Kontext popkultureller Film- und Literaturproduktionen ist noch immer der waffenstarrende Krieger das klassische Subjekt ästhetischer Heroisierung; hier herrscht auch weiterhin eher *die hard* als Desertion. Zur Persistenz des Heroischen vgl. Ulrich Bröckling: *Postheroische Helden - Ein Zeitbild*, Berlin 2020.

[6] Vgl. Wolfgang Bialas: *Moralische Ordnungen des Nationalsozialismus*, Göttingen 2014, S. 157–161.

[7] Jens Ebert: *Verräter, Helden, Außenseiter. Deutsche Deserteure im politischen und literarischen Diskurs nach 1945*, in: *Krieg und Nachkrieg. Konfigurationen der deutschen Literatur (1940–1965)*, hg. von Hania Siebenpfeiffer/Ute Wölfel, Berlin 2004, S. 25–38., hier S. 29. Jörg Kammler spricht in Bezug auf den Deserteur sogar von einer „antimilitaristischen Leitfigur". Jörg Kammler: *Deserteure. Zeitgeschichtliche und aktuelle Anmerkungen zu einer antimilitaristischen Leitfigur*, in: *Geschichte von unten. Modelle alternativer Geschichtsschreibung*, hg. von Bernd Jaspert, Hofgeismar 1990, S. 150–178.

„Helden ohne Waffen"[8] entgegenzusetzen. Wie stark sich aber die an Pathosbegriffen wie Treue, Tapferkeit und ‚Manneszucht' orientierten Vorstellungen vom Heroischen in Sprache und Denken abgelagert hatten, bezeugt noch Victor Klemperer in seiner *Lingua Tertii Imperii* (*LTI*), wenn er 1946 im Gespräch mit jungen Menschen feststellt, dass diese sofort wieder im „Gewölk des Nazismus"[9] verschwänden, sobald die Rede vom Heroischen aufkommt. Es kann von daher kaum Wunder nehmen, dass auch die Vertreter der Jungen Generation auf das Pathos des Heroischen zurückgriffen, um ihre Soldatenjahre vor der völligen Sinnlosigkeit zu bewahren. In seinem programmatischen, im *Ruf* veröffentlichten Artikel *Das junge Europa formt sein Gesicht* schreibt Alfred Andersch dezidiert von den „heroischen Waffentaten"[10] junger Soldaten; es ist eine

---

[8] So der Titel einer in der Zeitschrift *Horizont* erschienenen Reihe von Texten über berühmte Persönlichkeiten des wissenschaftlichen oder zivilen Lebens, die, wie es in der Vorbemerkung zu einer Sammlung einiger dieser Texte unter gleichem Titel heißt, „dem Geist des Lebens dienten." *Helden ohne Waffen*, hg. vom Horizont Verlag, Berlin 1947, o. S. Der schmale Band, dessen Preis – „Eine Mark" – den operativen Charakter der Publikation unterstreicht, enthält unter anderem zwei Texte der Schriftstellerin Elisabeth Langgässer, einmal über den katholischen Priester und Ordensgründer Giovanni Melchiorre Bosco, genannt Don Bosco, der für seine caritative Arbeit für Waisenkinder 1934 seliggesprochen wurde, und einmal über die Wissenschaftlerin Marie Curie. Im *Ruf* erschien eine sehr kurze Besprechung dieses Büchleins von Siegfried Heldwein (*o.T.*, in: *Der Ruf* 2 [1947], S. 13), wo der Autor schreibt, er habe auf dem Titel zunächst nur das Wort „Held" gelesen und dies habe sich ihm „auf den Magen" gelegt: „So empfindlich ist man geworden." Zum Buch selbst heißt es: „Man feiert Frieden, Güte, Versöhnung; und Liebe zum Menschen. Das Buch wird Gutes bewirken. Und es macht ein Heer von drohenden Zeigefingern überflüssig, die doch nur die Sicht verdecken." Ebenfalls kritisch zum Heldenbegriff: Hans Werner Richter: *Zyankali – oder die Wandlung des Heldenbegriffs*, in: *Der Ruf* 1 (1946), S. 7. Angesichts des Umstandes, so Richter, dass hohe Nazi-Funktionäre ihrem Leben mit Zyankali ein Ende bereitet hätten, gerade jene also, die noch zuvor nicht müde geworden seien, vom Heldentod des Soldaten zu schwadronieren, habe sich der Heldenbegriff selbst erübrigt.

[9] Victor Klemperer: *LTI. Notizbuch eines Philologen*, 8. Aufl., Leipzig 1975, S. 8.

[10] Alfred Andersch: *Das junge Europa formt sein Gesicht*, in: *Der Ruf* 1 (1946), S. 1–2, hier S. 2. Auch die auffallende Verwendung des Wortes „fanatisch"

Spannung ganz eigener Art, dass das sicherlich populärste Buch über die Verweigerung weiterer heroischer Waffentaten ebenfalls aus Anderschs Feder stammt – 1952 erschien sein paratextuell als Bericht markiertes Buch *Die Kirschen der Freiheit*.[11]

Anderschs Buch war nicht die erste Auseinandersetzung mit dem Themenkomplex Desertion nach Kriegsende, bis zum Erscheinen von *Die Kirschen der Freiheit* lagen bereits einige, wenn auch wenige literarische Arbeiten vor, die die Desertion mal mehr, mal weniger explizit ins Zentrum der Narration rückten. Neben den im Folgenden genauer zu analysierenden Romanen von Heinz Rein und Wolfgang W. Parth thematisieren auch Walter Bauer, Hugo Hartung und Walter Enlen die Desertion, allerdings in eher verklausulierter Form (Bauer) beziehungsweise lediglich als narrative Schlussfigur (Enlen).[12] Diesen unter dem Schutz der

---

bezeugt die unheimliche Langlebigkeit des nazistischen Jargons auch über dessen politische Implosion hinaus.

[11] Alfred Andersch: *Die Kirschen der Freiheit. Ein Bericht*, Zürich 1971 [EA: 1952]. Allerdings wiederholt Andersch hier seine Aussage von 1946, wenn auch in sprachlich geläuterter Form, und verknüpft sie zugleich mit einer herben Kritik an den Alliierten. Er beginnt den Passus mit einer Reflexion über den Begriff der „Wehrmacht", die es so nie gegeben hätte, und schreibt: „Weder Wehr noch Macht also, aber Millionen ziemlich tapferer Männer, die es im Bauch hatten, daß es im Grunde Quatsch war, zu kämpfen. Wenn sie es taten – und oft taten sie es gut –, dann unter Zwang oder um gerade noch eben das Gesicht zu wahren, weil man das Gesicht wahren mußte, als die Vollidioten bei den anderen gesiegt hatten und mit der Formel von der ‚bedingungslosen Übergabe' (unconditional surrender) anrückten. Die deutschen Soldaten haben das Gesicht gewahrt [...]." Ebd., S. 80. So gefasst, gesellt sich zum Zwang durch das nazistische System der Zwang, das Gesicht zu wahren, der einem durch die ‚idiotische' Kriegsführung der Alliierten aufgezwungen wurde; Zwang allerorten. Eine in vielerlei Hinsicht heikle, wenn auch nicht unübliche Argumentationsfigur.

[12] Walter Bauer: *Das Lied der Freiheit*, in: Ders.: *Das Lied der Freiheit*, München 1948, S. 9–87; Hugo Hartung: *Die große belmontische Musik*, Berlin, Buxtehude 1948; Walter Enlen: *Soldat Georg Hessler*, Karlsruhe 1947. Die (scheiternde) Desertion ist in Enlens Roman nur eine Randerscheinung; die Hauptfigur Hessler entfernt sich mit mehreren anderen Soldaten von der Truppe, als dieser der Befehl gegeben wird, in eine aussichtslose Schlacht einzugreifen. Hessler wird, nachdem er Unterschlupf

alliierten Militäradministration publizierten Texten, die die Desertion als Widerstandshandlung inszenieren und anhand des Umgangs mit Deserteuren die Menschenverachtung der NS-Kriegsführung demonstrieren wollen, folgten in den nächsten drei Jahrzehnten Bearbeitungen von Gert Ledig, Heinrich Böll, Stefan Hermlin oder Heinar Kipphardt und in jüngster Zeit etwa bei Jochen Missfeldt oder Ralf Rothmann.[13] Nicht zuletzt taucht der Deserteur in autobiographischen Texten auf, in einigen Fälle, wie bei Justus Franz Wittkop, bereits unmittelbar nach Kriegsende.[14] All den Texten ist jedoch gemein, dass sie nicht ansatzweise die Resonanz erzielen konnten, die Anderschs erster Buchpublikation nach Kriegsende zuteil wurde, was sowohl für die zeitgenössischen Reaktionen gilt als auch in puncto Forschungsarbeiten.

bei italienischen Bauern gesucht hat, von einer Streife ergriffen und umstandslos aufgehängt (vgl. ebd. S. 120–125). Hartungs Text ist gar die Geschichte eines Deserteurs wider Willen. Der als Soldat eingezogene Schriftsteller T. wird dabei ertappt, wie er versucht, seine Manuskripte in einem Kohlehaufen zu verbergen, damit sie vor Beschuss sicher sind. Da man vermutet, er habe vor, sich selbst dort zu verstecken, wird er inhaftiert, kommt aber durch den Tod seiner Bewacher wieder frei und stirbt schließlich bei der Bombardierung seines Hauses. Obwohl T. als zutiefst unsoldatisch beschrieben wird, bleibt ihm die Idee der Desertion – unter Rückgriff auf einen fragwürdigen Schicksalsbegriff – fremd: „[E]r hatte immer auch gefunden, daß man sich als Einzelner nicht dem allgemeinen Schicksal entziehen dürfe, überzeugt, daß auch das Leid und das Erleiden fruchtbar zu werden vermöchten." Zitiert nach Hugo Hartung: *Der Deserteur oder Die große belmontische Musik*, München 1951, S. 32. T. substituiert das Nachdenken über den ethischen Gehalt beziehungsweise die politische Valenz der Desertion durch den Verweis auf die vermeintliche Werkwerdung des Erlittenen.

[13] Gert Ledig: *Stalinorgel*, Hamburg 1955; Heinrich Böll: *Entfernung von der Truppe*, Köln 1964; Heinar Kipphardt: *Der Deserteur*, in: Ders.: *Der Mann des Tages und andere Erzählungen*, München 1977; Jochen Missfeldt: *Steilküste*, Hamburg 2006; Ralf Rothmann: *Im Frühling sterben*, Berlin 2015.

[14] Vgl. Justus Franz Wittkop: *Pariser Tagebuch*, München 1948. Vgl. außerdem Erich Kuby: *Mein Krieg. Aufzeichnungen aus 2129 Tagen*, München 1975 sowie Dieter Wellershoff: *Der Ernstfall*, Köln 1995.

Abgesehen von den mitunter heftigen Reaktionen, die unmittelbar auf Anderschs Veröffentlichung folgten – Rudolf Krämer-Badoni kündigte Andersch die Freundschaft und Egon Holthusen fühlte sich zu einer gleichermaßen scharfen wie vom eigenen Besserwissen beseligten Rezension im *Merkur* gedrängt[15] –, wurde, vor allem angeregt durch einen Aufsatz von W. G. Sebald, zunehmend die Frage nach der historischen Entsprechung des als Bericht bezeichneten Textes gestellt.[16] Weitet man den Blick über *Die Kirschen der Freiheit* hinaus, dann rückt in Bezug auf Anderschs Fahnenflucht ein mehrere Texte umfassender „Desertionskomplex" in den Blick, an dem sich exemplarisch die Schwierigkeiten mit dem Phänomen und seiner Literarisierung nachverfolgen lassen – ein dank umtriebiger Forschung heute weitestgehend aufgearbeiteter Komplex.[17] Die autobiographische Grundierung des Textes sowie seine moralische Dimension dürften wesentlich zu seiner polarisierenden Wahrnehmung beigetragen haben, vor allem aber der Umstand, dass in *Die Kirschen der Freiheit* die Desertion als Akt des (individuellen) Widerstands porträtiert wird – Andersch spricht von seiner Desertion als „privater 20. Juli",[18] und verknüpft damit die individuelle Fahnenflucht mit dem (bereits relativ bald nach Kriegsende ebenfalls als heroisch bezeichneten) gescheiterten Hitler-Attentat einiger ranghoher Militärs um Claus

---

[15] Vgl. Hans Egon Holthusen: *Reflexionen eines Deserteurs*, in: *Merkur* 59 (1953), S. 78–83.

[16] Vgl. W. G. Sebald: *Between the Devil and the Deep Blue Sea – Alfred Andersch. Das Verschwinden in der Vorsehung*, in: *Lettre International* 20 (1993), S. 80–84.

[17] Vgl. Jörg Döring/Felix Römer/Rolf Seubert: *Alfred Andersch desertiert. Fahnenflucht und Literatur (1944–1952)*, Berlin 2015. Der Begriff „Desertionskomplex" ist dieser Arbeit entnommen, vgl. ebenda, S. 146.

[18] Andersch: *Die Kirschen der Freiheit*, a.a.O., S. 74. Konturiert Andersch durch Rekurs auf dieses Datum seine Desertion als Widerstandshandlung, so stattet er diese mit zusätzlichem symbolischem Wert aus, da er den Tag seines Überlaufens auf den 06. Juni legt – dem sogenannten D-Day, dem Tag der Landung alliierter Truppen in der Normandie. Eine schlüssige Erzählung, die, wie Döring, Römer und Seubert nachweisen, ein bisschen zu gut passt; die Autoren können anhand verschiedener Militärdokumente nachweisen, dass Andersch den Tag seiner Desertion im Dienst autofiktionaler Wirkungsabsichten nach vorne verlegt hat. Vgl. Döring/Römer/Seubert: *Alfred Andersch desertiert*, a.a.O., S. 63–76.

Schenk Graf von Stauffenberg. Diese Verbindung von Desertion und individuellem Widerstand, die bei konservativeren Kritikern auf besonderes Unverständnis stieß,[19] war es, die Anderschs Buch in den 1980ern im Kontext der erstarkenden Friedensbewegung und Deserteurs-Initiativen zu einem zweiten Rezeptionshöhepunkt verhalf.[20] Erst drei Jahrzehnte nach Gründung der BRD setzte, befeuert durch die erstarkende Friedensbewegung im Zuge des Nato-Doppelbeschlusses,[21] ein langsamer Wandel in der Wahrnehmung und Bewertung des Deserteurs ein. Hielt man zuvor am Bild vom Verräter und Feigling fest, an dem auch die Literatur mitgeschrieben hatte,[22] so bemühten sich Deserteurs-Initiativen und Historiker um eine Neubewertung, die sich zuletzt in verschiedenen parlamentarischen Debatten und schließlich in der Rehabilitierung der Wehrmachts-

---

[19] Diese Parallelisierung nahm nicht nur Krämer-Badoni zum Anlass, die Freundschaft zu Andersch zu beenden, auch Karl Korn konnte ihr nichts abgewinnen. In seiner Rezension zu Anderschs Buch schreibt er, dessen „privater 20. Juli" sei eben genau das gewesen – ein privates Ereignis: „Aber diese Desertion hat nichts mit dem 20. Juli zu tun." Zitiert nach: Döring/Römer/Seubert: *Alfred Andersch desertiert*, a.a.O., S. 104. Zum Moment der Privatheit in Anderschs Text vgl. Helmut Peitsch: ‚*Was geschieht, wenn [...] neben den üblichen Generals-Memoiren plötzlich das Buch eines Deserteurs erscheint?'* Alfred Anderschs Kirschen der Freiheit im Kontext*, in: *Imaginäre Welten im Widerstreit. Krieg und Geschichte in der deutschsprachigen Literatur seit 1900*, hg. von Lars Koch/Marianne Vogel, Würzburg 2007, S. 250–270.

[20] Mario Dräger spricht sogar davon, dass *Die Kirschen der Freiheit* zum „Kultbuch" der Bewegung avancierten. Marco Dräger: *Deserteur-Denkmäler in der Geschichtskultur der Bundesrepublik*, Frankfurt a. M. 2017, S. 143.

[21] Vgl. Wolfram Wette: *Wehrmacht-Deserteure im Wandel der öffentlichen Meinung (1980–1995)*, in: *Deserteure der Wehrmacht: Feiglinge, Opfer, Hoffnungsträger? Dokumentation eines Meinungswandels*, hg. von ders., Essen 1995, S. 14–27. Vgl. außerdem Dräger: *Deserteur-Denkmäler in der Geschichtskultur der Bundesrepublik Deutschland*, a.a.O., S. 117–156 sowie Hannes Metzler: *Ehrlos für immer? Die Rehabilitierung der Wehrmachtsdeserteure in Deutschland und Österreich*, Wien 2007, S. 32.

[22] So beispielsweise in Romanen von Heinz G. Konsalik, Fritz Wöss oder Hans Hellmut Kirst. Vgl. Thomas Kraft: *Fahnenflucht und Kriegsneurose. Gegenbilder zur Ideologie des Kampfes in der deutschsprachigen Literatur nach dem Zweiten Weltkrieg*, Würzburg 1994, S. 129–133.

Deserteure niederschlug.[23] Die sich parallel abspielenden Diskussionen über die Möglichkeit beziehungsweise Unmöglichkeit eines Deserteur-Denkmals spiegeln diesen konfliktreichen und langwierigen Prozess wider; das erste öffentliche Denkmal wurde 2009 erstellt. Der *ésprit militaire*, so scheint es, verflüchtigt sich nur langsam.

Trotzdem avancierte der Deserteur schließlich zur zentralen Figur antimilitaristischen Handelns, in der sich Individualismus gegen Zwangskollektiv sowie Gewissen gegen Befehl stellt; allesamt Elemente, die sich auch in Anderschs Text nachweisen lassen.[24] Dabei ist es gerade das individualistische Moment, das in der emphatischen Lesart des Deserteurs als Widerstandsfigur und ihrer Literarisierung in den Vordergrund gerückt wird und das aus der Desertion den, wie es noch in der Geschichtsforschung der 1980er-Jahre hieß, „20. Juli des gemeinen Soldaten"[25] werden lässt. In der literarischen Fokussierung auf den Einzelnen werden „Flucht und Freiheit [...] zu zentralen Bewußtseinskategorien", wobei Flucht nicht als „Rückzug und Resignation, sondern als bewußte Willensäußerung auf dem Weg der Selbstfindung verstanden"[26] werden will. Dabei gerinnt, wie Magnus Koch in (unveröffentlichten) Romanen desertierter Soldaten zeigen konnte, die Flucht von der Truppe mitunter zum Topos vom (heroischen) Einzelgänger und der ihm eigenen Einsamkeit.[27]

---

[23] Vgl. Ebert: *Verräter, Helden, Außenseiter*, a.a.O., S. 27. Einen Überblick über besagte parlamentarische Debatten bietet Metzler: *Ehrlos für immer?*, a.a.O., S. 34–53.

[24] Auch wenn, entgegen der Darstellung in *Die Kirschen der Freiheit*, Andersch wohl vermutlich nicht allein desertierte, sondern im Verbund mit anderen Soldaten. Vgl. Döring/Römer/Seubert: *Alfred Andersch desertiert*, a.a.O., S. 236.

[25] Norbert Haase: *Deutsche Deserteure*, Berlin 1987, S. 14. Dieser Rückgriff Haases auf einen Vergleich Anderschs zeigt, dass die zivilgesellschaftlichen und historiographischen Bemühungen um eine Neubewertung des Deserteurs auf (Sprach-)Bilder zurückgriffen, die in den späten 1940ern entwickelt wurden.

[26] Kraft: *Fahnenflucht und Kriegsneurose*, a.a.O., S. 104.

[27] Vgl. Magnus Koch: *Fahnenfluchten. Deserteure der Wehrmacht im Zweiten Weltkrieg – Lebenswege und Entscheidungen*, Paderborn u.a. 2008, S. 379f.

Es ist dieses Verständnis der Desertion als soziale Los- und Herauslösung mit (politisch grundiertem) Widerstandspotential,[28] das eine Lesart des Deserteurs als exemplarische Figur des Dazwischen sowie Transitionsfigur motiviert. An ihr soll sich nicht nur ein antimilitaristisch-moralischer Impetus artikulieren, sondern es soll zugleich der Übergang in ein ordnungspolitisches Danach vorbereitet werden. Sławomir Piontek schreibt über Deserteurserzählungen der österreichischen Nachkriegsliteratur, diese inszenierten

> Prozesse des Reifens, des Umdenkens, der Entschlussfähigkeit der Soldaten, die, aus welchen ideologischen oder emotionalen Gründen auch immer, sich schließlich aus den sozialen Bindungen der Kameradschaft lösen und sich gegen das repressive militärische bzw. ideologische System stellen und somit, als herbeigewünschte Metonymie, Initiatoren eines gesamtgesellschaftlichen Umwertungsprozesses zu werden erhoffen.[29]

---

[28] Auch und gerade im Kontext der parlamentarischen Debatten wurde immer wieder darauf hingewiesen, dass nicht jede Desertion als Widerstandshandlung zu bewerten sei; den Ausschlag zur Fahnenflucht gaben ohnehin meistens eher „Motivbündel" als ein singulärer Antrieb. Vgl. Koch, *Fahnenfluchten*, S. 377. Trotzdem plädiert Norbert Haase (nicht zu Unrecht) dafür, die Desertion auch weiterhin als einen „Akt politischer Illoyalität" zu verstehen, „auch dann, wenn er nicht solchermaßen intendiert war". Norbert Haase: *Fahnenflucht – ‚Widerstand des kleinen Mannes'?*, in: *Der militärische Widerstand gegen Hitler im Lichte neuer Kontroversen*, hg. von Manuel Becker/Holger Löttel/Christoph Studt, Berlin 2010, S. 201–211, hier S. 202. Hierzu kritisch Dräger: *Deserteur-Denkmäler in der Geschichtskultur der Bundesrepublik Deutschland*, a.a.O., S. 490–497, der vor allem in den Arbeiten der 1980er-Jahren vorwirft, den Deserteur als „martyriologisches Vorbild" aufzubauen (ebd., S. 493). Vor allem bei linken Autoren erfährt das Reden über die Desertion aus der Wehrmacht eine zumeist antifaschistische Grundierung.

[29] Sławomir Piontek: *„Erben des Feuers." Krieg, Nationalsozialismus und Identitätsfrage in den Nachkriegsromanen der österreichischen „jungen Generation"*, Posen 2008, S. 120. Pionteks Befund, dass „[a]uffallend viele Romane der jungen Nachkriegsschriftsteller […] sich mit dem Thema der Desertion" beschäftigten, steht, wie er selbst unter Rekurs auf Jochen Pfeiffers *Der deutsche Kriegsroman* feststellt, in deutlichem Gegensatz zur Situation auf dem deutschen Büchermarkt. Vgl. ebenda, S. 118.

Es sind jene „herbeigewünschten Metonymien", die in der Terminologie dieser Arbeit als Entsprechungen von systemischem Umbau auf Makroebene und individueller Wandlung auf Mikroebene bezeichnet werden. Vorweggenommen werden kann bereits, dass die Lesart des Deserteurs als Figur des (System-)Wechsels durch die exemplarische Analyse der Romane von Rein und Parth bestätigt werden wird. Sie fungieren, wie Norbert Mecklenburg angemerkt hat, geradezu als „Muster, nach dem eine ganze Reihe von späteren Deserteursromanen erzählt worden sind".[30] Gemeint ist das „Grundmuster der Wandlung", für das sich die „historische Phänomenologie der Desertion [...] offenbar besonders gut"[31] eignet – auch wenn besagtes Wandlungsprogramm vor allem in DDR-Romanen, welche die Deserteurs-Motivik aufgreifen, häufig allzu eindimensional Verwendung findet.[32]

Als jüngstes Beispiel für die sich wandelnden Bewertungen und Wahrnehmungen der Deserteurs-Thematik sei an dieser Stelle kurz der Roman *Der Überläufer* von Siegfried Lenz herangezogen. Der weitestgehend 1951 entstandene Text, der die Geschichte des desertierenden Soldaten Walter Proska erzählt, wurde seinerzeit aufgrund politischer Bedenken vonseiten des Verlags nicht veröffentlicht, avancierte aber, als er 2016 schließlich publiziert wurde, zum Bestseller.[33] Bezeichnend ist, dass der Lektor Otto Görner über die zweite, erweiterte Fassung des Typoskripts schreibt, ein „solcher Roman hätte 1946 erscheinen können. Heute will es bekanntlich keiner mehr gewesen sein."[34] Das Zitat verweist dezidiert auf die veränderten Bedingungen, denen ein Deserteurs-Text – bei Lenz noch verschärft durch den Umstand, dass der desertierte Proska später auf Seiten des ‚Feindes' kämpft – vor und nach der Gründung der BRD und der damit verbundenen Liberalisierung des Buchmarktes unterworfen

---

[30] Norbert Mecklenburg: *Hilfloser Antimilitarismus? Deserteure in der Literatur*, in: *Militärische und zivile Mentalität. Ein literaturkritischer Report*, hg. von Ursula Heukenkamp, Berlin 1991, S. 225–251, hier S. 238.
[31] Ebd.
[32] Vgl. Jost Hermand: *Darstellungen des zweiten Weltkrieges*, in: *Literatur nach 1945*, Bd. 1: *Politische und regionale Aspekte*, hg. von ders., Wiesbaden 1979, S. 11–60, hier S. 53.
[33] Vgl. den Kommentar in Siegfried Lenz: *Der Überläufer*, Hamburg 2016, S. 341–348.
[34] Ebd., S. 347.

war, koppelt diese aber zugleich an Veränderungen im psycho-emotionalen Haushalt der Deutschen: Man möchte von dergleichen Themen doch bitte nicht mehr behelligt werden.

Zugleich, richtet man den Blick auf die inhaltliche Ebene, herrscht in Lenz' Roman eine Entwicklungslogik vor, die sich in gleicher Weise auch in den im Folgenden untersuchten Texten nachweisen lässt und die dem Deserteur als besonderer Zwischen-Figur wesentlich inhärent ist. In konzentrierter Form ist diese Entwicklungslogik Gegenstand eines Figurendialogs zwischen dem bereits erwähnten Walter Proska und einem jungen Soldaten, Wolfgang Kürschner. Spielt bereits die Dialogform selbst eine zentrale Rolle, weil sie Teil einer ästhetischen Mäeutik ist, die den Kern der Veränderung, der in den Figuren angelegt ist, hervorbringt, so soll hier der dem Gesagten vorangegangene Denkprozess in seinen raumzeitlichen Ermöglichungsbedingungen im Fokus stehen. Kürschner skizziert in dem besagten Dialog das Programm eines geistigen Widerstands. Er reflektiert die rhetorischen Strategien des Nazismus und die mobilisierende Kraft nationalistischer Pflicht-Semantiken („rhetorisches Sickergift"[35]). Proska fragt ihn daraufhin: „Wo hast du dir das überlegt?"[36] Die spatiale Markierung der Frage (ein temporales „Wann" wäre ja ebenso denkbar gewesen) ist bezeichnend, suggeriert sie doch, dass diese Gedanken von einer Art sind, dass man sie sich nicht überall machen konnte. Ebenso bezeichnend ist die Antwort Küschners, diese Gedanke habe er sich nicht „zu Hause im Garten" oder „im Hörsaal"[37] (als einem akademischen Denkraum *par excellence*) machen können, sondern nur in der kleinen Festung „Waldesruh",[38] in die es die Handvoll Soldaten um Küschner und Proska verschlagen hat – weitab also der gesellschaftlichen Strukturen, die für das gängige Denken kennzeichnend sind.

Der geistige Entfernungsprozess (dem die Entfernung von den Fahnen folgen sollte) ist direkt mit einem sozialen und räumlichen Entfernungsprozess verbunden, die räumliche Sekludierung ermöglicht die geistige Separierung vom nazistischen Kodex. Das Niemandsland der polnischen Sümpfe, in denen Walter Proska schließlich landet, wird zum Erfahrungsraum einer Entfremdung. Dies ist ein zentraler Punkt der durch die Text-

---

[35] Ebd., S. 101.
[36] Ebd.
[37] Ebd.
[38] Ebd., S. 65.

räume gestalteten Bedeutungsdimension des Romans. Proska geht weder aus dem Gespräch noch aus der Waldfestung unverändert hervor. Diese Entwicklung geschieht nicht an einem Ort, an dem die alte Ordnung noch in Form starker sozialer Bindungen präsent und funktionabel ist, sondern in einem räumlichen wie sozialen Abseits und zudem in unmittelbarer Nähe zum Feind als existentiell bedrohlicher Ordnungsstörung, der nicht nur Gefahr, sondern zugleich Ausdruck einer alternativen Existenz ist (obwohl auch er zumeist Uniform trägt). Der Schritt in die Desertion ist also mehr als nur das

> Ende der Teilnahme an Kampfhandlungen, es ist das grundsätzliche Aufkündigen des militärischen Gehorsams, der völlige Bruch mit den Werten des Systems, mit dem geleisteten Fahneneid. Es ist ebenso das Ausgliedern aus einer Gemeinschaft, aus einem kulturellen System.[39]

Der Umstand, dass die Ausgliederung aus einer Gemeinschaft sowie dem zugehörigen kulturellen System nicht unmittelbar in eine neue Gemeinschaft mit neuer Kultur mündet, führt zur bereits konstatierten Zwischen-Existenz des Deserteurs[40] und erklärt die Verunsicherung sowie den Bedarf an Orientierung. Der Deserteur, dies ist bereits seiner Etymologie eingeschrieben, verlässt eine Ordnung (lat. *deserere*, verlassen) und kündigt den darin eingeschlossenen Handlungspakt auf. Indem er sich befreit und in die Freiheit tritt, entledigt er sich allerdings nicht nur sämtlicher militärischer Zwänge – er ist auch, gerade im historischen Kontext des Nationalsozialismus und dessen hochgradig ideologisch fundierter Kriegsführung, frei aller Rechte. Die vor allem gegen Ende des Krieges

---

[39] Ebert: *Verräter, Helden, Außenseiter*, a.a.O., S. 29. So auch bei Magnus Koch, der schreibt, das Handeln des Deserteurs „verunsichert nachhaltig und übergreifend, stellt es doch bis heute Befehls- und Gehorsamsverhältnisse und damit die Funktionsfähigkeit von Armeen grundsätzlich in Frage." Koch: *Fahnenfluchten*, a.a.O., S. 13. Vgl. außerdem Mecklenburg: *Hilfloser Antimilitarismus?*, a.a.O., S. 231, der von einer „Ethik der Verweigerung, des Sichentziehens und nicht mehr Mitmachens, des Aussteigens und Weggehens" spricht.

[40] Andersch bezeichnet genau dieses Dazwischen als „Augenblick der Freiheit zwischen Gesetz und Gesetz." Alfred Andersch: *Flucht in Etrurien*, in: Ders.: *Gesammelte Werke in zehn Bände*, Bd. 4: *Erzählungen I*, hg. von Dieter Lamping, Zürich 2004, S. 193–240, hier S. 199.

installierten fliegenden Standgerichte (wie sie beispielsweise in Heinz Reins Roman präsent sind), nur mehr leere juristische Hüllen, bloße Chimären einer bereits zuvor hochgradig pervertierten Rechtsordnung, werden zur zentralen Bedrohung des Deserteurs. Der soziale Raum, den der Deserteur betritt, bezeichnet Alfred Andersch diesbezüglich zutreffend als „Wildnis" und ergänzt unter Hinweis auf den realgeographischen Ort seiner Desertion, „Campagna diserta": „‚Diserta', dachte ich, der gleiche Wortstamm wie ‚désert', die Wüste, also das richtige Gebiet für Deserteure. Deserteure sind Leute, die sich selbst in die Wüste schicken."[41] Die räumliche Komponente geht einher mit ihrer sozialen Implikation. Wer sich in die Wüste schickt, aus dem Kollektiv ausschert, wird unweigerlich auf sich selbst zurückgeworfen, bei Andersch aufgewertet zu einem Moment der Freiheit. Die Identitätsangebote des Militärs verfangen nicht mehr.

Die politische Signatur des Deserteurs trägt in gewisser Hinsicht Züge des Camus'schen *homme révolté*, des Menschen in der Revolte. Wie er ist auch der Deserteur ein „Mensch, der nein sagt. [...] Ein Sklave, der sein Leben lang Befehle erhielt, findet plötzlich einen neuen unerträglich."[42] Aus diesem Moment negativer Sättigung erwächst in Camus' Deutung der Revolte zugleich ein Positives, mag dieses zunächst auch noch in einer lediglich „dunkeln Gewißheit"[43] lagern – jenseits der Grenze, die das „Nein" setzt, muss es etwas diesen Akt Motivierendes und Legitimierendes geben, welche das verneinende Individuum übersteigt, einen Wert, wie Camus schreibt. Ausschlaggebend für die Lesart des Deserteurs als Mensch in der Revolte ist, dass der Weg zum „Nein" und von dort zur klaren Einsicht in seine Genese als „Bewußtwerdung"[44] verstanden wird. Ähnlich wie Hegel, für den das Denken selbst „wesentlich Bewegung ist",[45] und Ernst Bloch, der – seinerseits in hegelianischer Dialektik geschult – das Denken ebenfalls als einen Bewegungsakt kon-

---

[41] Andersch: *Die Kirschen der Freiheit*, a.a.O., S. 128. „Die Wildnis" ist der Titel des dritten Teils des Buches (vgl. S. 117).
[42] Albert Camus: *Der Mensch in der Revolte. Essays*, Hamburg 1969, S. 14.
[43] Ebd.
[44] Ebd., S. 15.
[45] Tereza Matějčková: *Gibt es eine Welt in Hegels Phänomenologie des Geistes?*, Tübingen 2018, S. 49.

zipiert („Denken heißt überschreiten"[46]), schreibt Camus über den Menschen in der Revolte:

> Oft hatte er, ohne zu reagieren, empörendere Befehle erhalten als denjenigen, der seine Weigerung auslöste. Er nahm sie mit Geduld auf, sträubte sich vielleicht im Innern gegen sie, aber, da er schwieg, mehr um sein unmittelbares Interesse bekümmert als seines Rechts schon bewußt. Mit dem Verlust der Geduld, mit der Ungeduld, beginnt im Gegenteil eine Bewegung, die sich auf alles erstrecken kann, was vorher hingenommen wurde. [...] Das Bewußtsein tritt zusammen mit der Revolte an den Tag.[47]

Die Revolte ist letztliche eine Parallelität von Verneinung und Bejahung, wobei Letztere nicht schlagartig ins Bewusstsein rückt, sondern sich sukzessive erhellt und Licht auf einen Wert wirft, der den des Individuums übersteigt, weil er in allen Menschen liegt: „Scheinbar negativ, da sie nichts erschafft, ist die Revolte dennoch zutiefst positiv, da sie offenbart, was im Menschen allezeit zu verteidigen ist."[48] Damit inkorporiert der Moment der Revolte auch ein Moment des Politischen, das ebenfalls seine Entsprechung im Deserteur findet. In der Befreiung von einer als falsch erkannten Kollektivität tritt der Deserteur in einen liminalen Zustand, der sich vor allem durch die Konzentration auf seine Individualität auszeichnet (die im Kontext des Militärs keine Rolle gespielt hat), und von dort eine neue Kollektivität anstrebt. Diese Transition ist, wie bereits diskutiert, durch einen doppelten Bewegungsverlauf geprägt, zum einen auf raumzeitlicher, zum anderen auf kognitiver Ebene. Mit dem Schritt in die Liminalität wird die Frage nach dem Gemeinsamen, dem Geteilten als Grundlage eines Kollektivs, neu gestellt; die Art ihrer Beantwortung entscheidet nicht nur darüber, wie sich das liminale Subjekt eine neue Gemeinschaft vorstellt, sondern auch darüber, welches Subjekt es darin selbst sein will. In diesem Aushandlungsprozess liegt die politische Potenz besagter Transition.

---

[46] Ernst Bloch: *Das Prinzip Hoffnung*, Bd.1, 3. Aufl., Frankfurt a. M. 1976, S. 2.
[47] Camus: *Der Mensch in der Revolte*, a.a.O., S. 15.
[48] Ebd., S. 19.

5.2 Desertion und Widerstand

Dieses Beziehungs- und Bedingungsgefüge von räumlicher Entfernung, geistiger Loslösung, Re-Politisierung und Dialogizität kennzeichnet auch die Deserteurs- und Widerstandsromane *Finale Berlin* von Heinz Rein sowie *Die letzten Tage* von Wolfgang W. Parth. Das Inszenierungsmodell, das beide Romane nutzen, um den Weg der Figuren in die Desertion zu motivieren, ist dem oben bei Siegfried Lenz diskutierten analog und wie dieser koppeln sie die Deserteurs-Thematik noch an einen weiteren Aspekt – den des aktiven Widerstands gegen das NS-Regime. Wendet sich der Deserteur, wie weiter oben schon angesprochen, mit der Niederlegung der Waffen bereits gegen den militärischen Komplex, so weitet der Schritt in den Widerstand die Opposition des Deserteurs zur fundamentalen Verneinung des gesamten politischen Systems.[49] Die Befreiung vom Zwang des Gehorsams, wie Camus es fasst (und wie es im historisch-konkreten Beispiel der Deserteurs-Figur der Fall ist), mündet in den Kampf gegen die Urheber des Zwangs. Die Frage, inwiefern das Handeln der Deserteurs-Figuren in besagten Roman als Widerstand zu klassifizieren ist, erübrigt sich; in ihnen fallen zuletzt dissidente Haltung und widerständiges Handeln zusammen.[50]

---

[49] Hier gilt, was Norbert Haase allgemeiner über Deserteurserzählungen der Nachkriegszeit konstatiert, dass es nämlich die Schriftstellerinnen und Schriftsteller gewesen waren, die nicht nur die Desertion thematisierten, sondern sie „mit dem Widerstand gegen den Nationalsozialismus in Verbindung brachten." Norbert Haase: *Die Wehrmachtsdeserteure und die deutsche Nachkriegsliteratur*, in: *Deserteure der Wehrmacht. Feiglinge – Opfer – Hoffnungsträger? Dokumentation eines Meinungswandels*, hg. von Wolfram Wette, Essen 1995, S. 95–106, hier S. 95.

[50] Zur Beziehung von Haltung und Handlung vgl. Wolfgang Benz: *Im Widerstand. Größe und Scheitern der Opposition gegen Hitler*, München 2018, S. 16–22. Auch Benz eruiert die Frage, inwieweit man die Fahnenflucht dem Bereich des Widerstands subsumieren kann und befindet zuletzt: „Ungeachtet der jeweils individuellen Motive [...] war die Verweigerung eine Form von Widerstand, die auch von der postnationalsozialistischen Gesellschaft – und zwar in der demokratischen Bundesrepublik ebenso wie in der totalitär verfassten DDR – jahrzehntelang nicht anerkannt wurde." Ebd., S. 444.

Damit gehören diese Texte nicht nur zu den frühen Beispielen eines literarischen Gegendiskurses zur vorherrschenden Diskriminierung des Deserteurs als Feigling und Vaterlandsverräter, wie sie vor allem während der ersten Jahrzehnte der BRD Standard war, sondern dokumentieren außerdem das frühe Vorhandensein der Thematik des innerdeutschen Widerstands in der Literatur. Obwohl an der Erkenntnis kein Weg vorbeiführte, dass der Widerstand gegen das NS-Regime in Deutschland zu keiner Zeit eine kritische Masse erreicht hat und also niemals eine wirklich systembedrohende Kraft darstellte, war das Vorhandensein verschiedener Widerstandsformen und -akte für die Konstruktion eines alternativen Deutschlandbildes von großer Bedeutung. Dieses Bild eines sich in Taten und Worten, manchmal nur in Gesten oder Gedanken widerständig verhaltenen Teils der Bevölkerung diente nicht nur zur Abwehr der sogenannten Kollektivschuld-These,[51] sondern auch der individuellen Entlastung, auch und gerade in Schriftsteller- und Intellektuellenkreisen. So parallelisiert beispielsweise Gustav René Hocke in seinem im amerikanischen *Ruf* erschienenen Aufsatz *Gab es keinen Widerstand?*[52] den kämpferischen Widerstand, der sich im Untergrund abgespielte, mit dem intellektuellen Widerstand, dem Nichtanpassen, der sich im „Übergrund" vollzogen habe – der „heimliche Widerstand der Anständigen", die sich Denkfreiheit bewahrt hätten. Zu diesen Anständigen zählt Hocke (der sich auch selbst dieser Gruppe zugehörig fühlt) unter anderem Erich Wiechert; wenig verwunderlich nahmen nach 1945 mehrere, mitunter zweifelhafte Protagonisten der Inneren Emigration für sich in Anspruch, Bewohner der

---

[51] So bereits früh im amerikanischen *Der Ruf. Zeitung der deutschen Kriegsgefangenen in USA* 1 (1945), S. 5 (in der nicht namentlich gezeichneten Rubrik *Das andere Deutschland*). So auch noch bei Günther Weisenborn (*Der lautlose Aufstand. Bericht über die Widerstandsbewegung des deutschen Volkes 1933–1945*, Hamburg 1953), der als eine Antwort auf die Frage, was die deutsche Widerstandsbewegung erreicht habe, schreibt: „Dem Vorwurf der deutschen Kollektivschuld konnte wirksam entgegengetreten werden." (ebd. S. 20) Da dieser Vorwurf nie von Seiten der Alliierten explizit erhoben wurde, besteht die von Weisenborn benannte Funktion in erster Linie in einem innerdeutschen Schulddiskurs.

[52] Gustav René Hocke: *Gab es keinen Widerstand?*, in: *Der Ruf. Zeitung der deutschen Kriegsgefangenen in USA* 1, S. 1–2, hier S. 2.

von Hocke beschworenen „*Insel der Besonnenheit*"[53] gewesen zu sein. Sie hätten, so das Narrativ, indem sie sich im Ringen um moralische Integrität positionierten, durch ihren geistigen Widerstand „das andere Deutschland"[54] entstehen lassen. Bedenkt man die Vehemenz, mit der nach Kriegsende eine geistige Erneuerung Deutschlands beschworen und proklamiert wurde, so ist es nur konsequent, dass jene gesellschaftlichen Akteure, die sich bereits zuvor für geistig nicht korrumpiert hielten, teils energisch eine Führungsposition einforderten.

Dem Kampf der Deutschen gegen das NS-Regime, der über die bloße geistige Widerspenstigkeit hinausging, widmeten einige wenige Autorinnen und Autoren bereits vergleichsweise früh literarische Arbeiten, denen allerdings die Anerkennung im großen Stile verwehrt blieb. Dies gilt beispielsweise für das Drama *Die Illegalen* von Günter Weisenborn, das es zwar mittlerweile in jede Literaturgeschichte schafft, jedoch zur Zeit der Publikation auf ein eher verhaltenes Echo von Seiten des Publikums stieß. Das Stück, das am 21. März 1946 am Hebbel-Theater in Berlin uraufgeführt und im darauffolgenden Jahr in Buchform im Aufbau Verlag publiziert wurde,[55] erzählt von dem Wirken einer Widerstandsgruppe sowie deren Auffliegen. Weisenborn, der kurz nach der Fertigstellung seines Theaterstückes seinen autobiographischen Text *Memorial* veröffentlichte, in dem er über seine eigene Widerstandtätigkeit sowie seine Zeit im Gestapo-Gefängnis in der Berliner Prinz-Albrecht-Straße berichtet,[56] gab außerdem 1953 das unter anderem auf Materialsammlungen der

---

[53] Ebd. Hervorhebung i. O.
[54] Unter diesem Titel gab es im amerikanischen *Ruf* eine eigene Rubrik. Vgl. *Der Ruf. Zeitung der deutschen Kriegsgefangenen in USA* 1 (1945), S. 5. Unter dem Titel *Das andere Deutschland* organisierte die „Vereinigung der Verfolgten des Naziregimes" (VVN) 1948 eine Ausstellung. Vgl. Miriam Schumacher: *Erzählen vom Widerstand als Erzählen von Gemeinschaft. Literarische Repräsentationen des Widerstands gegen den Nationalsozialismus in (West-)Deutschland (1945–1989)*, Oldenburg 2016, S. 149. Zum Topos des „anderen Deutschland" vgl. Ulrich Fröschle: *Das andere Deutschland. Zur Topik der Ermächtigung*, in: *Zuckmayer-Jahrbuch* 7 (2004), S. 47–85.
[55] Günther Weisenborn: *Die Illegalen. Drama der deutschen Widerstandsbewegung*, Berlin 1947. Ein Jahr später erschien eine Ausgabe in der amerikanischen Zone (München 1948).
[56] Günther Weisenborn: *Memorial*. München 1947.

Schriftstellerin Ricarda Huch basierende Buch *Der lautlose Aufstand*[57] heraus; bereits zuvor waren (auto-)biographische, journalistische sowie historische Werke zum innerdeutschen Widerstand erschienen.[58]

Huch hatte, zu diesem Zeitpunkt bereits 82 Jahre alt, einen Aufruf veröffentlicht mit der Bitte, ihr Materialien über die bekannten und unbekannten Männer und Frauen des innerdeutschen Widerstands zuzusenden, um „Lebensbilder dieser für uns Gestorbenen aufzuzeichnen und in einem Gedenkbuch zu sammeln, damit das deutsche Volk daran einen Schatz besitze, der es mitten im Elend noch reich macht".[59] Dieses Verfahren der Sammlung dokumentarischen Materials, das Briefe, Tagebücher sowie, allgemeiner, Schilderungen und letztlich auch Bilder umfasste, sollte in erster Linie die Existenz des Widerstands und seiner Protagonistinnen und Protagonisten bezeugen und zugleich, wie das vorangegangene Zitat andeutet, den Deutschen als moralischer „Schatz" dienen.[60] Wie zentral der Bezug zum Dokumentarischen ist, belegt noch der Umstand, dass auch erste Fiktionalisierungen des innerdeutschen Widerstands gegen das NS-Regime, wie beispielsweise Elfriede Brünings *...damit du weiterlebst* oder, in geringerem Maße, Hans Falladas *Jeder stirbt für sich alleine* auf Dokumente zurückgreifen.[61] Auch Heinz Rein greift in seinem Roman

---

[57] *Der lautlose Aufstand. Bericht über die Widerstandsbewegung des deutschen Volkes 1933–1945*, hg. von Günther Weisenborn, Hamburg 1953.

[58] Vgl. u.a. Hans Rothfels: *Die deutsche Opposition gegen Hitler. Eine Würdigung*, Krefeld 1949; Rudolf Pechel: *Deutscher Widerstand*, Zürich 1947. Weisenborn gibt einen ersten, auffallend ausführlichen, leider aber nicht formal gegliederten Überblick über die „Literatur der Widerstandsbewegung", vgl. Weisenborn: *Der lautlose Aufstand*, a.a.O., S. 341–347.

[59] Ricarda Huch: *Aufruf*, in: *Der lautlose Aufstand. Bericht über die Widerstandsbewegung des deutschen Volkes 1933–1945*, hg. von Günther Weisenborn, Hamburg 1953, S. 9.

[60] Zu Ricarda Huch im Kontext der Widerstandsliteratur vgl. Ursula Heukenkamp: *Das lautlose Deutschland. Widerstandsliteratur und ihre Rezeption*, in: *Unterm Notdach. Nachkriegsliteratur in Berlin 1945–1949*, hg. von dies., Berlin 1996, S. 267–316, hier S. 267–280. In die von Weisenborn fertiggestellte Version des Buches sind allerdings keine Bilder aufgenommen worden.

[61] Elfriede Brüning: *...damit du weiterlebst*, Berlin 1949, erzählt die Geschichte der Widerstandskämpfer Hilde und Hans Coppi, die 1943 beziehungsweise 1942 hingerichtet wurden; Hans Fallada: *Jeder stirbt für sich allein*, Berlin

Finale Berlin vermehrt auf Dokumente zurück, wenn auch, wie zu zeigen ist, in anderer Form. Obwohl Widerstandsbiographien sicherlich zur Generierung sozialen Kapitals im postfaschistischen Deutschland taugten, war die Bewertung des innerdeutschen Widerstands sowie seiner Akteure umstritten und die Erinnerung an sie wurde in den beiden deutschen Staaten gemäß der dominierenden politischen Ausrichtung instrumentalisiert und ideologisch zugerichtet. Während in der BRD vor allem das von hochrangigen Militärs getragene Attentat auf Hitler vom 20. Juli Eingang in die Erinnerungskultur gefunden hat und generell der Widerstand eher mit dem Wirken konservativer Eliten identifiziert wurde, inszenierte man in der DDR den als heroisch diskursivierten, mitunter ins Mythologische überspannten antifaschistischen Widertand linker Gruppierungen als Gründungserbe des Staates.[62] Zu Letzterem passt, dass die Romane von Wolfang W. Parth und Heinz Rein, die beide (wenn auch nicht exklusiv) den Widerstand gegen Hitler vor allem als linksgrundiert porträtieren, nicht nur in der SBZ erschienen sind, sondern vor allem auch ausschließlich dort wahrgenommen wurden und mitunter hohe Auflagen erzielten.

Während also nach Gründung der beiden deutschen Staaten auf je eigene Weise erkannt wurde, dass sich die Opposition gegen Hitler als „Integrationsmoment, Legitimationschance und Basis zur Konsensfähigkeit unterschiedlicher Gruppen"[63] in Anspruch nehmen ließ und dadurch nicht zuletzt die Grenzen des als legitim wahrgenommenen Widerstands festgezurrt wurden, zeichneten sich die unmittelbaren Jahre nach Kriegsende durch eine breitere, soziale Schichtungen übergreifende Wahrnehmung aus. Dieses zunächst grenzüberschreitende Moment zeigt sich nicht

---

1947, erzählt, allerdings mitunter stark bearbeitet, die Geschichte von Otto und Elise Hampel, die ebenfalls 1943 aufgrund von Widerstandshandlungen hingerichtet wurden. Seit 2011 liegt eine vollständige Ausgabe des zum erstmaligen Erscheinungszeitpunkts gekürzten Romans vor.

[62] Vgl. Wolfgang Benz: *Der deutsche Widerstand gegen Hitler*, München 2014, S. 114–120.

[63] Regina Holler: *20. Juli 1944, Vermächtnis oder Alibi? Wie Historiker, Politiker und Journalisten mit dem deutschen Widerstand gegen den Nationalsozialismus umgehen. Eine Untersuchung der wissenschaftlichen Literatur, der offiziellen Reden und der Zeitungsberichterstattung in Nordrhein-Westfalen von 1945–1986*, München 1994, S. 65.

zuletzt noch in der Zusammensetzung jener Widerstandsgruppe, die den Figurenkern von Reins *Finale Berlin* ausmacht. Der zunehmende Ost-West-Konflikt führte auch hier zu einer deutlich eingeschränkteren Perspektivierung.[64] Eine ganzheitliche Erinnerung und Wertschätzung über politische und soziale Grenzen und Gruppierungen hinweg wurde erst mehrere Jahrzehnte nach Kriegsende möglich.

5.3 Heinz Rein: *Finale Berlin* (1947)

5.3.1 Ein frühes Erfolgsbuch zwischen Dokumentarismus, Ideologiekritik und Luftkrieg

Nachdem Heinz Rein 1946 seinen ersten Roman veröffentlicht hatte, der ohne größere Resonanz geblieben war,[65] erschien bereits ein Jahr später der 700-seitige Nachfolger *Finale Berlin*,[66] der sich zu einem der auflagenstärksten Titel der frühen Nachkriegszeit entwickelte und 1952 die Zahl von 100.000 verkauften Exemplaren überstieg.[67] Dieser Erfolg ist allerdings deutlich geographisch markiert: *Finale Berlin* verkaufte sich in erster Linie in der SBZ. Waren dort bis 1948 bereits mehrere Auflagen erschienen, kam es bis zur Gründung der beiden deutschen Staaten zu keiner Lizenzausgabe in einer der westlichen Besatzungszonen. Auch die Zeitungen im Westen nahmen von Reins Roman kaum Notiz; an ihm und seinem Buch dokumentiert sich somit erneut, dass „der Markt für

---

[64] Vgl. ebd., S. 66–68.
[65] Heinz Rein: *Berlin 1932. Ein Roman aus der großen deutschen Arbeitslosigkeit*, Berlin 1946.
[66] Zitiert wird nach folgender Ausgabe: Heinz Rein: *Finale Berlin*, Berlin 1948. Die Ausgabe ist nicht mit einem Vermerk über die Auflage versehen, sondern lediglich mit der Anmerkung „61.–80. Tausend".
[67] So Rein selbst in einem Brief an Arno Schmidt, dem er *Finale Berlin* im Tausch gegen dessen *Brand's Haide* (Hamburg 1951) anbot, nicht ohne die Entschuldigung vorwegzuschicken, *Finale Berlin* müsse dem Bargfelder Sprachartisten „vielleicht herkömmlich, konventionell, nicht originell, mit einem Wort nicht neu" vorkommen. Arno Schmidt: *Briefwechsel mit Kollegen*, hg. von Gregor Strick, Bargfeld 2007, S. 325. Die Reaktionen Schmidts fielen tatsächlich eher verhalten aus.

Ostautoren und Remigrantinnen in den westlichen Zonen schwierig war".[68] Diese Schwierigkeiten mögen sich in diesem Falle auch durch das Thema des Romans erklären lassen.

Rein erzählt in *Finale Berlin* die Geschichte einer Widerstandsgruppe um den linken Kneipenwirt Oskar Klose, zu deren Kern der sozialdemokratische Arzt Dr. Böttcher sowie der kommunistische Gewerkschaftsfunktionär Fritz Wiegand gehören und zu denen zu Beginn des Romans der junge desertierte Soldat Joachim Lassehn stößt. Vor dem historischen Hintergrund der Schlacht um Berlin (16. April bis 2. Mai 1945) entwickelt der Text nicht nur ein teilweise sehr spannend geschriebenes Panorama dissidenten Verhaltens sowie illegaler Tätigkeiten gegen den NS-Staat, sondern gestaltet zudem die Geschichte des Deserteurs Lassehn als politischen Bewusstwerdungsprozess. Und nicht zuletzt liefert der Text vor dem Hintergrund der letzten Tage des NS-Regimes eine Generalabrechnung mit dessen zentralen Ideologemen sowie eine Theorie des deutschen „Faschismus als Mittelstandsbewegung",[69] indem er in Form von Figurendialogen und eigenen Kapiteln (beispielsweise „Biographie eines Nationalsozialisten"[70]) ein Psychogramm des deutschen Durchschnittsfaschisten zu zeichnen versucht – und sich hier und da an simplifizierten Nazi-Klischees abarbeitet. Die dabei vorherrschende Fokussierung auf den Kleinbürger (unter die auch Hitler selbst als „entgleiste[r] Kleinbürger aus Braunau"[71] subsumiert wird), auf dessen Autoritätshörigkeit und politische Unmündigkeit, ist Teil der normativen Dimension des Textes, die die letzten Reste politischer Autonomie im linken Spektrum verortet – ohne dass allerdings mit Kritik an der deutschen Arbeiterschaft gespart wird.[72]

---

[68] Adam: *Der Traum vom Jahre Null*, a.a.O., S. 64. Obwohl Adams Untersuchung über den Büchermarkt nach 1945 sich an den Bestseller der Zeit orientiert, um so die Verflechtungen und Kontinuitäten zur NS-Zeit zu illustrieren, fehlt Reins Name komplett. Sein Roman wird mit keiner Silbe erwähnt.

[69] Reinhard Kühnl: *Faschismustheorien. Ein Leitfaden*, aktual. Aufl., Heilbronn 1990, S. 98.

[70] Vgl. Rein: *Finale Berlin*, a.a.O., S. 209–227.

[71] Ebd., S. 686.

[72] Kritik an der deutschen Arbeiterschaft wird auf folgenden Seiten geübt: Ebd., S. 183 („die deutsche Arbeiterschaft hat leider zum großen Teil versagt")

Besonderes Augenmerk verdient die Form, die Rein seinem Roman gibt, und die zu einem gewissen Teil den Umfang desselben erklärt. *Finale Berlin* ist geprägt durch ein dokumentarisches Textverfahren. Permanent sind Abdrucke von Flugblättern, Zeitungen, Zeitschriften, Büchern oder Reden in den Textfluss montiert, teils werden auch Werbesprüche, Liedtexte oder die im Berlin eines sterbenden Regimes allgegenwärtigen Durchhalte- und Hetzparolen aufgegriffen. Die Summe dieser zumeist mit Quellenangaben versehenen Zitate ergibt eine polyphone Collage, die nicht nur die für Hitler-Deutschland bezeichnende Gleichzeitigkeit nazistischer Phraseologie und albern-sentimentalen Kitschs evoziert,[73] sondern steht im Dienste einer umfassenden Ideologiekritik (worüber später noch ausführlicher zu reden sein wird). Dieses dokumentarische Verfahren teilt der Text mit anderen Kriegsromanen, beispielsweise dem 1930 erschienenen *Heeresbericht* von Edlef Köppen, der Dokumente aus den titelgebenden Heeresberichten des Ersten Weltkriegs in den fiktiven (aber stark autobiographisch gefärbten) Handlungsverlauf integriert, um einen spannungsreichen Kontrast zwischen beschönigender offizieller Berichterstattung und Fronterlebnis aufzubauen und dadurch schließlich den Anspruch auf Deutungshoheit durch die OHL (Oberste Heeresleitung) zu unterminieren.[74] Ähnlich verfährt Theodor Pliviers Erfolgsroman *Stalingrad*, zwischen 1945 und 1949 einer der meistverkauften Texte überhaupt, der eine „auf Dokumenten, Briefen, aufgezeichneten Gesprächen beruhende, reportagehafte Narration [ist], in der das Fiktionale zuzeiten gänzlich in den Hintergrund tritt, um dann in unzähligen Binnenerzählungen [...] den Fluß des Faktischen zu unterbrechen".[75] Auch *Finale Berlin* ist geprägt von mehreren Wechseln

---

sowie S. 192; allerdings, auch für den kleinen Arbeiter scheint zu gelten, dass er in erster Linie „missbraucht" wurde, vgl. S. 535.
[73] Besonders eindrücklich dargestellt ist dieser Gedanke in der Parallelität von KZ-System und „Rühmanns alberne[n] Späße[n]". Ebd., S. 196.
[74] Vgl. Roman Schafnitzel: *Die vergessene Collage des Ersten Weltkrieges. Edlef Köppen: Heeresbericht (1930)*, in: *Von Richthofen bis Remarque. Deutschsprachige Prosa zum 1. Weltkrieg*, hg. von Thomas F. Schneider/Hans Wagener, Amsterdam 2003, S. 319–341.
[75] Jörg Bernig: *Der große Krieg im Osten und die tragische Selbstbehauptung des Individuums. Antitotalitarismus und individualistischer Anarchismus in Theodor Plieviers Kriegstrilogie Moskau. Stalingrad, Berlin*, in: *Schuld und*

zwischen, mit Genette gesprochen, intradiegetischer und metadiegetischer Ebene. Von einem „Fluß des Faktischen" lässt sich hier hingegen nur bedingt sprechen, denn die Vielzahl von abgedruckten Dokumenten wird durch den hohen Anteil an Dialogen (die manchmal ganze Kapitel umfassen) permanent kommentiert und eingeordnet; diese Dialogpartien geraten so zu Idealfällen kritischer Medienrezeption und stehen damit ihrerseits im Dienst einer Demonstration neuer kommunikativer Praktiken.

Es lässt sich weiter darüber spekulieren, inwiefern der Erfolg von Reins Roman, dessen schiere Größe und Thesenlastigkeit nicht unbedingt klassische Ingredienzien eines Bestsellers sind, sich der Thematisierung einer weiteren notorisch ambivalenten Komponente der kollektiven Erinnerung verdankt: dem Luftkrieg. In den vergangenen Jahren ist der Frage nach An- beziehungsweise Abwesenheit des Luftkrieges in der deutschen Literatur durch W. G. Sebald neue Relevanz zugewachsen, der die Bombardierung deutscher Städte zur „terra incognita des Krieges"[76] erklärt und der deutschen Literatur nach 1945 ein anhaltendes „Überlieferungsdefizit"[77] in Sachen Luftkrieg attestiert hat. Sebald, der diese Thesen zunächst 1997 in seinen Zürcher Vorlesungen vorstellte,[78] rührte damit – unabhängig von der Frage nach der literarhistorischen Angemessenheit seiner manchmal etwas überspitzten Thesen – offenkundig an einem neuralgischen Punkt, was sich nicht zuletzt an den Reaktionen auf die Vorlesungen sowie die zwei Jahre später publizierte Buchfassung ablesen lässt. Fast scheint es so, als läge damit ein weiterer Fall von, wie dies Peter Handke in seiner berüchtigten Einrede bei einer Tagung der Gruppe 47 in

---

Sühne? Kriegserlebnis und Kriegsdeutung in deutschen Medien der Nachkriegszeit (1945–1961), hg. von Ursula Heukenkamp, Amsterdam 2001, S. 113–126, hier S. 114f.

[76] W.G. Sebald: *Luftkrieg und Literatur. Mit einem Essay zu Alfred Andersch*, München 1999, S. 41.

[77] Ebd., S. 17.

[78] Sebald hatte die wesentlichen Punkte seiner These vom Luftkrieg als gesellschaftlicher Erinnerungslücke schon in einem Aufsatz 1982 ausgebreitet, in dem die moralisierende Verknüpfung von Literatur und Gesellschaft bereits präsent ist. Vgl. Mario Gotterbarm: *Die Gewalt des Moralisten. Zum Verhältnis von Ethik und Ästhetik bei W. G. Sebald*, Paderborn 2016, S. 101.

Princeton nannte, „Beschreibungsimpotenz"[79] vor – für den Bombenkrieg schien die Literatur keine Worte gefunden zu haben. Es herrscht, so die dominierende Lesart, eine Art Artikulationsdefizit, sowohl in den literarischen Gestaltungen des Themas als auch in den Augenzeugenberichten Betroffener.[80] Indem die Gesellschaft der Erfahrung ihrer durch das Flächenbombardement ins Werk gesetzten „absoluten Degradation"[81] keinen Ort im kollektiven Gedächtnis zuweist, gelingt es auch den Schriftstellerinnen und Schriftstellern nicht, eine für diese Erfahrung adäquate Sprache zu finden;[82] ein Umstand, der nicht nur für die deutschsprachige Literatur in Anschlag gebracht wird.[83] Das Leid, das die Bombar-

---

[79] Vgl. Peter Handke: *Zur Tagung der Gruppe 47 in den USA*, in: Ders.: *Ich bin ein Bewohner des Elfenbeinturms*, 4. Aufl., Frankfurt a. M. 1976, S. 29–34, hier S. 29.

[80] Vgl. Sebald: *Luftkrieg und Literatur*, a.a.O., S. 34f. So auch Ursula Heukenkamp, die schreibt: „Nicht Vergeßlichkeit, sondern mangelnde Expressivität der Betroffenen verursachte ihre Schweigsamkeit. Die vorhandenen Erzählversuche, ob literarisch oder biographisch, weisen symptomatisch Ausdrucksschwierigkeiten auf wie die Häufigkeit von Zitaten aus wenigen, immer gleichen Quellen, Metaphern und Vergleichen, die übermäßige Verwendung von apokalyptischem Vokabular, vorzugsweise des Wortes ‚Inferno'. Auch wiederholen sich Habitus und Positionierung der Erzähler, die Topographie, die Auslassungen und Leerstellen. Auffällig ist außerdem das Mißlingen von eigenständiger Symbolbildung." Ursula Heukenkamp: *Gestörte Erinnerung. Erzählungen vom Luftkrieg*, in: *Schuld und Sühne? Kriegserlebnis und Kriegsdeutung in deutschen Medien der Nachkriegszeit (1945–1961)*, hg. von dies., Bd. 2, Amsterdam 2001, S. 469–492, hier S. 470f.

[81] Sebald: *Luftkrieg und Literatur*, a.a.O., S. 20.

[82] Heukenkamp: *Gestörte Erinnerung*, a.a.O., S. 471, vertritt die These, dass „die Erzähler keine eigene Sprache fanden, weil der gesamte Erfahrungskomplex zu keiner Zeit einen Ort in der Gesellschaft besaß."

[83] Von den Schwierigkeiten, die eigenen Erfahrungen des Bombenkriegs in einem literarischen Werk zu kanalisieren, ohne dabei auf etablierte Sprachbilder und andere Versatzstücke zurückzugreifen, zeugt auch Kurt Vonneguts Erfolgsroman *Slaughterhouse Five*. In diesem 1969 publizierten Text, dem Vonneguts Erfahrungen als Kriegsgefangener in Dresden zur Zeit der völligen Zerstörung der Stadt zugrunde liegen, heißt es: „I would hate to tell you what this lousy little book cost me in money and anxiety and time. When I got home from the Second World War twenty-three years ago, I

dierung deutscher Städte mit sich brachte und das die Bewohner großer Städte mit weitverzweigten Industriestandorten mit Bewohnern kleiner, in militärischer Hinsicht häufig völlig irrelevanter Orte zu einer Erfahrungsgemeinschaft zusammenschloss, drängte in weitaus geringerem Maße auf künstlerische Artikulation – verglichen mit den Erzählungen von Krieg, Heimkehr und Gefangenschaft ist schon die bloße Zahl auffallend gering. Rein gehört mit *Finale Berlin* also zu einer relativ überschaubaren Menge von Schreibenden, die unmittelbar nach dem Krieg dieses Thema aufgriffen. Und obwohl er durch seine Konzentration auf die letzten Kriegstage in Berlin der Realität des permanenten Bomberdemants durch alliierte Streitkräfte teils sehr explizite Beschreibungen widmet, taucht sein Name in den entsprechenden literaturwissenschaftlichen Arbeiten nicht auf.

Dabei wäre ein Vergleich mit anderen Texten, beispielsweise Gert Ledigs 1956 erschienenem Skandal-Roman *Vergeltung* durchaus lohnenswert; anders als Ledigs Zweitwerk, das durch seine teils drastischen Schilderungen des Luftkrieges (unter anderem beschreibt er die Vergewaltigung einer jungen Frau, nachdem sie mit einem Mann in den Trümmern eines bombardierten Hauses eingeschlossen wurde) sowie seine schon im Titel des Buches anklingende moralische Rahmung des Geschehens bei den zeitgenössischen Leserinnen und Lesern weitestgehend auf

thought it would be easy for me to write about the destruction of Dresden, since all I would have to do would be to report what I had seen. And I thought, too, that it would be a masterpiece or at least make me a lot of money, since the subject was so big. But not many words about Dresden came from my mind then – not enough of them to make a book, anyway. And not many words come now, either, when I have become an old fart with his memories and his Pall Malls, with his sons full grown." Kurt Vonnegut: *Slaughterhouse Five, or The Children's Crusade*, New York 2009, S. 2f. Der schlichte Report der Ereignisse versagt vor den Ereignissen selbst. Für Vonnegut wurde es zunehmend einsichtig, dass es „um so etwas wie eine adäquate Abbildung der Katastrophe nicht gehen kann. Beschreibungen, historische wie fiktionale, müssen scheitern – die Vielfalt des Leids von mehreren Hunderttausend Einwohnern kann nicht angemessen erzählt werden." Sven Hanuschek: *Wir leben noch. Ida und Erich Kästner, Kurt Vonnegut und der Feuersturm von Dresden. Eine Zugfahrt*, Zürich 2018, S. 66.

Unverständnis und Ablehnung stieß,[84] wird der Luftkrieg in *Finale Berlin* häufig nur als Resultat erzählt. Er ist präsent in Form zerstörter Straßenzüge und ganzer Stadtviertel, oder aber als Episode im Luftschutzkeller, wo sich die Narration mit der Konzentration auf das angstvolle Ausharren der Bevölkerung begnügt. Lediglich einmal rückt der Bombenkrieg der Leserschaft nahe, und zwar in dem eigens dafür eingeschobenen Unterkapitel „Geschichte des Straßenbahnschaffners Max Eckert".[85]

Dieses in sich geschlossene Kapitel, das in Form eines metadiegetischen Erzählstrangs von einer Nebenfigur erzählt wird, macht seine Anleihe an Gerhart Hauptmanns Novelle *Bahnwärter Thiel* bereits im Titel kenntlich. Hier wie dort steht das Schicksal eines Mannes im Mittelpunkt, der über dem tragischen Tod geliebter Familienmitglieder den Verstand verliert; anders als bei Hauptmann versinkt der Straßenbahnschaffner Eckert jedoch nicht völlig im Wahnsinn, sondern erkennt zuletzt, dass der Wahnsinn nicht in ihm liegt, sondern in den Verhältnissen, denen er den Tod von Frau und Tochter, die beide bei einem Luftangriff ihr Leben verlieren, anlastet. Von Sinnen stürzt er sich zuletzt auf einen Polizisten, der ihn „auf den Trümmern von Berlin"[86] mit „Heil Hitler" verabschiedet hat und wird von einem zweiten Polizisten, der seinem Kollegen zu Hilfe eilt, erschossen. Obwohl Rein in diesem novellistische Züge tragenden Kapitel, welches das schmerzliche Erwachen eines Menschen aus seiner politischen Lethargie inszeniert, eindrucksvoll das Zerstörungswerk der Bomben in expressionistischem Duktus beschreibt, bleibt es resultativ:

> Zwischen den eingestürzten und immer noch brennenden Häusern stehen zerschmetterte Straßenbahnen, Autos und Fuhrwerke, liegen erschlagene Menschen und Pferde, Leichenteile und Kadavereste, Köpfe ohne Körper, Körper ohne Köpfe, Rümpfe ohne Beine, Beine ohne Rümpfe, undefinierbare Anhäufungen von verbrannten, verkohlten, zerfetztem Menschenfleisch, irren verzweifelte, jammernde, halbirrsinnige Menschen umher [...].[87]

---

[84] Vgl. Volker Hage: *Zeugen der Zerstörung. Die Literaten und der Luftkrieg. Essays und Gespräche*, Frankfurt a. M. 2003, S. 46–49.
[85] Vgl. Rein: *Finale Berlin*, a.a.O., S. 659–682.
[86] Ebd., S. 680.
[87] Ebd., S. 674.

Der eigentliche Angriff jedoch, dem auch Eckerts Familie zum Opfer fällt, verlegt der Text in den Bereich der Imagination der Figur selbst. In anaphorischen Wiederholungen („Kann es nicht so gewesen sein"), imaginiert Eckert die möglichen Sterbearten seiner Familie, malt sich detailliert aus, wie sie erstickten, verbrannt oder zerquetscht wurden.[88] Die eigentliche Schilderung jedoch bleibt aus, beziehungsweise verbleibt im Konjunktiv. Es herrscht eine gewisse Scheu vor dem Indikativischen, die sich geradezu als Pietät vor den Toten des Luftkriegs lesen lässt, in gewisser Hinsicht aber schon Teil jener von Sebald konstatierten Tabuisierung zu sein scheint. Eine Erzählung des Bombentodes selbst findet nicht statt; diesen, wenn man so möchte, Kontrakt zwischen Autor und Lesenden hält Rein gewissenhaft ein. In seinem Text können Leserinnen und Leser ihren eigenen leidvollen Erfahrungen begegnen, während zugleich das Unvorstellbare des Todes im Keller gewahrt bleibt. So konzipiert, besteht der Skandal um Ledigs Roman wiederum in einer Art Vertragsbruch.

Der Erfolg von *Finale Berlin* zur Zeit der Publikation 1947 mag sich also einer Mischung aus administrativer Bevorzugung, thematischer Schwerpunktsetzung sowie einem spannenden *plot* verdanken, der unmittelbar an die Erfahrungsrealität potentieller Leserinnen und Leser anzuknüpfen vermochte. Ein Startschuss für eine nachhaltige schriftstellerische Karriere von größerem Ausmaß, wie es die Verkaufszahlen seines Zweitwerkes suggerieren, war *Finale Berlin* jedoch nicht. Es gehört zur Geschichte des Romans, dass er seinen Autor nicht vor dem Vergessen bewahrte, ihm aber knapp 70 Jahre später ein durchaus veritables *comeback* bescherte.

5.3.2 Die zwei Leben des Heinz R. – Zur Publikationsgeschichte

2015 erschien im Frankfurter Verlag Schöffling & Co. Heinz Reins Roman *Finale Berlin* in einer Neuauflage. Der in dieser Form knapp 800-seitige Roman, der mit einem Nachwort von Fritz Raddatz einen der letzten Texte des eigenwilligen Literaturkritikers vor dessen Freitod im gleichen Jahr enthält, avancierte in kurzer Zeit zum Bestseller und führte im

---

[88] Vgl. ebenda, S. 676–678.

Juni 2015 die SWR-Bestenliste an. Gerahmt wurde dieser Erfolg, der nicht zuletzt das augenscheinlich ungebrochene Interesse an literarischen Werken der Interregnums-Zeit dokumentiert, durch die sich aufdrängende Rede von der Wiederentdeckung eines vergessenen Werkes und seines Autors, beispielsweise in der Besprechung des Buches von Ursula März für die 3Sat-Sendung *Kulturzeit*.[89] Auch andere Rezensionen bedienten sich des Topos von der Wiederentdeckung eines vergessenen Buches, teilweise mit überschwänglichem Nachdruck. Man liest von einer „großartige[n] Wiederentdeckung" (Sigrid Löffler), gar einer „zwingende[n] Wiederentdeckung" (Katrin Hillgruber), die „Literarische Welt" spricht von einem großen Buch, „das zu Recht der Vergessenheit entrissen worden" sei und in der FAZ wird die Veröffentlichung des Buches in seiner Bedeutung mit der von Hans Falladas *Jeder stirbt für sich allein* verglichen.[90] Für kurze Zeit erlebte der 1991 verstorbene Autor eine zweite Hochkonjunktur – sie fiel indes, trotz einer ebenfalls recht erfolgreichen Taschenbuchausgabe des Romans, ähnlich kurz aus wie die jene im Anschluss an die erstmalige Veröffentlichung des Buches 1947. Obwohl *Finale Berlin*, das im Dietz Verlag Berlin erschien, bereits 1948 in einer auf 80.000 Stück bezifferten Auflage vertrieben wurde, war dem Autor kein bleibender Erfolg beschieden. Nach der Publikation seiner als „Quer-

---

[89] Allerdings kann diese Besprechung kaum zu den Sternstunden deutschsprachiger Literaturkritik gezählt werden. Im Wesentlichen orientiert sich März in ihrer Besprechung an dem, was bereits Fritz Raddatz in seinem Nachwort zum Roman geschrieben hat, so beispielsweise in der Betonung der großen Eile, in der Rein seinen Roman verfasst habe, der gestelzten Art der Dialoge oder der Montage zeitgenössischer Dokumente. Letztere beeindruckte März besonders; allerdings, bei der von ihr erwähnten Frontzeitung *Der Panzerbär* handelte es sich mitnichten um ein Format, das in erster Linie für Kinder und Jugendliche gedacht war, wie März behauptet. Der Bär im Titel ist kein Verweis auf ein Kinderspielzeug, sondern bezieht sich auf das Wahrzeichen der Stadt Berlin. *Der Panzerbär* war schlicht eine Frontzeitung, die sich in plumpen und vor Realitätsverweigerung strotzenden Durchhalteparolen erschöpfte und lediglich in acht Ausgaben erschien. Vgl. *Kulturzeit* ,30.04.2015, https://www.3sat.de/ (letzter Zugriff 11.03.2024).
[90] Alle Zitate sind der Homepage des Schöffling & Co Verlages entnommen. Vgl. https://www.schoeffling.de/ (letzter Zugriff 03.02.2024).

schnitt" angelegten gesammelten Literaturkritiken *Die neue Literatur*[91] – ein Panoptikum der belletristischen Literatur der Interregnums-Zeit, die Rein teilweise äußerst scharf beurteilte – geriet er ins Visier eines bereits kurz nach der Gründung der DDR sich ideologisch verhärtenden Kulturbetriebs. Eine von Wolfgang Harich lancierte und von Johannes R. Becher protegierte Kampagne[92] führte schließlich dazu, dass der bekennende Linke Heinz Rein, der während der Nazi-Regierung einem strikten Publikationsverbot unterlag und zu Zwangsarbeit herangezogen worden war,[93] schließlich mit der SED brach und die DDR verließ. An seinen frühen Nachkriegserfolg konnte er zu seinen Lebzeiten nicht mehr anknüpfen; die Renaissance seines Hauptwerkes erfolgte postum.

Allerdings, ganz ohne sein Zutun fand diese nicht statt, denn die Neuauflage von 2015 ist so neu nicht, sondern letztlich der Nachdruck einer Textvariante, die Rein bereits 1980 publiziert hatte – „überarbeitet und verbessert".[94] In ihr lassen sich zwar noch immer einige formale Mankos nachweisen, wie Fritz Raddatz in seinem Nachwort zur 2015er Ausgabe moniert,[95] auch der Eindruck, der Text sei in großer Eile verfasst worden, hat sich in der Neuauflage erhalten, ebenso wirken die Dialoge zuweilen wie theoretische Debatten (was sie allerdings zugleich fruchtbar macht für eine Lesart des Textes als Applikationsfolie kommunikativer Praktiken) und sind einige der Figuren vielleicht ein wenig zu eindeutig beziehungsweise eindimensional ausgefallen – es lassen sich aber auch klare Veränderungen nachweisen. Die seinerzeit für die Büchergilde Gutenberg besorgte Ausgabe enthält nicht nur Textpassagen, die in der Urfassung von 1947 nicht zu finden sind, der Text ist auch in politisch-ideologischer Hinsicht deutlich anders positioniert.

---

[91] Heinz Rein: *Die neue Literatur. Versuch eines ersten Querschnitts*, Berlin 1950.

[92] Vgl. Ursula Heukenkamp: *Das lautlose Deutschland. Widerstandsliteratur und ihre Rezeption*, in: *Unterm Notdach. Nachkriegsliteratur in Berlin 1945–1949*, hg. von dies., Berlin 1996, S. 267–316, hier S. 312.

[93] Vgl. ebenda, S. 306.

[94] Heinz Rein: *Finale Berlin*, vom Autor überarbeitet und verbessert, Frankfurt a. M. 1980.

[95] Fritz J. Raddatz: *Nachwort*, in: Heinz Rein: *Finale Berlin*, Frankfurt a. M. 2015, S. 753–759, hier S. 754f. Die Neuauflage des Romans wird im Folgenden durch den Zusatz „Neu" kenntlich gemacht.

Die Gründe für die letztgenannte Veränderung lassen sich sowohl in der persönlichen Situation des Autors als auch in den neuen (welt-)politischen Koordinaten des Publikationskontextes finden. Reins Erfahrungen mit der DDR dürften kaum dazu angetan gewesen sein, dass er gegenüber dem realexistierenden Sozialismus, seinen Ideologemen sowie zentralen Akteuren und Adjutanten sich eine positive Grundhaltung erhielt. In gewisser Hinsicht spiegeln Reins Werke nach seiner Übersiedelung in die BRD diese politische Enttäuschung wider, insofern sie politische Themen und Schwerpunkte nahezu vollständig ausklammern, die seine ersten Nachkriegspublikationen deutlich prägten; diesbezüglich ließe sich von einer Parallelität von biographischem und bibliographischem Bruch sprechen. Zudem lagen in puncto Publikationskontext vollends verschiedene Ausgangsbedingungen vor. Reins Roman erschien 1947 in dem zentralen Parteiverlag der SED, dem Dietz Verlag, erfreute sich also offizieller Unterstützung durch die Sowjetische Militäradministration (SMAD). Es verwundert von daher wenig, dass angesichts von Reins Position sowie der zur Zeit der Entstehung und Publikation des Romans vorherrschenden literaturpolitischen Maßgaben die Textfassung von 1947 äußerst pro-sowjetisch ausgefallen ist. Explizite Kritik an der Kriegsführung der Roten Armee oder Vorbehalte gegenüber dem Bild der Sowjetunion als friedliebendem Arbeiterparadies werden entweder nicht geäußert oder als nazistische Propaganda einem bestimmten Figurenarsenal zugeordnet. Die Textform von 1980 beziehungsweise von 2015 zeigt sich diesbezüglich deutlich skeptischer, der in der Erstausgabe mitunter ins Propagandistische abdriftende Ton gegenüber den russischen Befreiern ist nahezu verschwunden und es finden sich Szenen, deren Abdruck 1947 schlicht undenkbar gewesen wären. Die äußerst positive Perspektivierung der Sowjetunion, ihrer Soldaten und ihres politischen Systems sind stark abgemildert und haben einem offen kritischen bis dezidiert abweisenden Blick Platz gemacht. Am deutlichsten zeigt sich dies am Ende des Romans. Während die Hauptprotagonisten in der Fassung von 1947 zuletzt die Schule verlassen, in der die militärische Verwaltung der Sowjets ihren Sitz hat (und die als symbolischer Ort die russischen Sieger zugleich als politische Lehrmeister inszeniert), und, sich gegenseitig Mut zusprechend, auf die zerstörten Straßen treten, wo gerade ein Lautsprecherwagen die Kapitulation verkündet, fügt die spätere Fassung eine bedeutende akustische Dimension hinzu. In das Bild der Soldaten, die „mit stumpfen

Mienen und glanzlosen Augen zu den Sammelstellen [taumeln]", mischen sich die „Schreie der vergewaltigten Frauen aus den Häusern".[96] Die spätere Textfassung fügt mit dem Verweis auf die sexualisierte Gewalt gegen Frauen der Darstellung der letzten Kriegstage nicht nur eine wesentliche Erfahrungsdimension hinzu, sondern verweigert sich dem Nimbus des Sowjetsoldaten als friedvollem Befreier der Deutschen, an dem die Erstausgabe von 1947 noch Teil hatte. Der Zugewinn an Realismus wird allerdings – hier wie an anderer Stelle – durch eine pejorative Markierung erkauft. Denn es sind genau diese Schreie, die Dr. Böttcher als größte Hypothek im Neuaufbau Deutschlands ausmacht, wenn er dem auch in der Erstausgabe stehenden Satz „Es ist fast zu schwer"[97] hinzufügt: „Diese Schreie werden uns noch lange verfolgen..."[98] Und es ist der marxistische Dogmatiker Schröter (der in der Erstfassung an dieser Stelle nicht erscheint), der diese Bedenken mit einem schlichten „Ach was! [...] Du siehst zu schwarz"[99] abtut. Rein zeichnet in der knapp 35 Jahre später entstandenen Fassung also ein bedeutend negativeres Bild der Sowjetunion und ihrer Soldaten sowie der diesen als hörig erscheinenden dogmatischen Linken. Die Koordinaten des Sagbaren hatten sich deutlich verschoben, was den Text zwar historisch nuancenreicher gestaltet, ihn aber zugleich ideologisch neu festigt – dieses Mal in sowjetkritischer Hinsicht. Die jeweiligen Romanfassungen sind nicht zuletzt Kinder ihrer Zeit.

5.3.3 „Haben Sie das schon gelesen?" – Lektüre(n) eines Lektüreromans

Wie bereits angemerkt, ist es ein auffallendes Charakteristikum des Textes, dass in ihm permanent andere Quellentexte aufgegriffen und – im Druckbild deutlich abgesetzt[100] – in den Textfluss montiert werden. Dieses beständige Zitieren von Zeitungen, Zeitschriften, Liedzeilen, Rundfunkansprachen oder sonstigen Reden wird intradiegetisch durch das

---

[96] Heinz Rein: *Finale Berlin*, Frankfurt a. M. 2015, S. 751.
[97] In der Erstausgabe findet sich der Satz auf Seite 703.
[98] Rein: *Finale Berlin Neu*, a.a.O., S. 751.
[99] Ebd.
[100] In der Neuauflage von 2015 sind diese Wechsel in der Typographie eingeebnet.

ständige Vorhandensein von Druckerzeugnissen oder Radioapparaten motiviert, auf die sich die Figuren beziehen – oder an die sie sich teils im Wortlaut erinnern und die dementsprechend präzise wiedergegeben werden können[101] (was sowohl die dichte Atmosphäre der Erzählung aufbricht und dem ansonsten betonten Realismus des Textes entgegensteht). Eigentlich sind die Protagonisten des Romans ständig am Lesen, in jeder noch so brenzligen Situation zieht eine der Figuren eine zerknitterte Zeitung aus der Manteltasche hervor, weist die übrigen Anwesenden auf einen bestimmten Artikel hin und bespricht diesen mit ihnen; denn mindestens genauso wichtig wie die Lektüre ist die Diskussion darüber.

Es wird allerdings nicht zum Vergnügen gelesen, sondern der Leseakt sowie die sich daran anschließenden Diskussionen werden als angewandte Ideologiekritik gerahmt. Da es sich bei der erdrückenden Mehrheit aller historischer Dokumente, die in den Text integriert sind, um nazistische Druckerzeugnisse handelt, wird die ‚richtige' Lektüre derselben zum Prüfstein eines aufgeklärten Bewusstseins. Selbst da, wo der Zweck der Informationsvermittlung noch nicht vollständig von dem der Massensuggestion aufgezehrt ist, gilt es, den Sinn des Gesagten zu dechiffrieren, weil – wie es vor allem bei den offiziellen Verlautbarungen des Oberkommandos der Wehrmacht der Fall ist – alles Publizierte dem Prinzip der Verschleierung und Schönfärberei unterliegt. Das Dokument selbst ist nicht Ausweis von Faktizität, sondern illustriert im Kontext des symbolischen Arrangements des Romantexts einen grundsätzlichen Skeptizismus am „Medium Sprache", das „in der Gegenwart in ungeahntem Maße zum Manipulations- und Herrschaftsinstrument geworden"[102]

---

[101] So beispielsweise gleich zu Beginn des Romans, als der Deserteur Lassehn dem linken Kneipenwirt Klose minutiös den Text eines sowjetischen Flugblattes wiedergibt, der sodann von Klose auch noch bestätigt wird; er hatte den Text beim heimlichen Hören von Radio Moskau gehört. Vgl. Rein: *Finale Berlin*, a.a.O., S. 25f. So auch auf den Seiten 515 sowie 690.

[102] Hans Gerd Winter: *Dokumentarliteratur*, in: *Literatur in der Bundesrepublik Deutschland bis 1967*, hg. von Ludwig Fischer, München 1986, S. 379–402, hier S. 379. Winter bezieht sich in der zitierten Stelle auf Dieter Wellerhoffs poetologische Aufsatzsammlung *Die Auflösung des Kunstbegriffs*, der den Rückgriff aufs Dokumentarische unter anderem in dem „Kompetenzzweifel" der Schriftsteller sowie deren „Entfremdung […] von der Realität, vom

war. Dieser so im Romantext plastisch zur Anschauung kommenden Sprache der Macht wird eine diese dekonstruierende Lektüre gegenübergestellt. Dabei muss die Stellung dieser Textdokumente als metonymisch verstanden werden; im haltlosen Umgang mit der Wahrheit, der sich in ihnen ausspricht, offenbart sich das politische System NS-Deutschlands im Gesamten als verlogen. Textkritik ist hier Systemkritik.

Dass sich Dokumentarliteratur nicht darauf zurückziehen kann, lediglich die Dokumente selbst ,sprechen zu lassen', darf als literaturwissenschaftlich gesichertes Wissen gelten. Die Frage nach der Literarizität des Dokumentarischen ist, grob gesprochen, die nach der Art des Arrangements der Dokumente im betreffenden Text. In Reins Roman stehen lediglich im paratextuellen Bereich Zitate ohne größere Einordnung durch Erzählerkommentare oder Figurendialoge. Die übrigen Dokumente hingegen werden von den Figuren oder dem Erzähler explizit adressiert; ihr Vorhandensein in der Diegese dient damit auf der einen Seite der Produktion von Authentizität. Auf der anderen Seite sollen sie aber dazu dienen, den kompletten moralischen Verfall des Regimes zu dokumentieren, das sich zuletzt nur mehr in Schlagworten an seine Bevölkerung wendet und seinen eigenen Untergang an den des ganzen Landes koppelt.[103] Damit drängt, wie Thomas Koebner in Bezug auf das dokumentarische Drama der 1960er-Jahre geschrieben hat, die „politische Thematik in den Vordergrund: meistens in Gestalt von Haupt- und Staatsaktionen, von Verbrechen gegen die Menschlichkeit, von Gewalttaten der Mächtigen, der

Leben" begründet sieht. Dieter Wellershoff: *Die Auflösung des Kunstbegriffs*, Frankfurt a. M. 1976, S 49.

[103] Es ließe sich also von einem besonderen Verhältnis von (Roman-)Ästhetik und Wahrheitsanspruch sprechen, in dessen Dienste Rein seine auf Authentizität verpflichtete Schreibweise stellt. Die damit mitunter einhergehende „Defiktionalisierung des narrativen Personals" ist für (Anti-)Kriegsbücher des Ersten und Zweiten Weltkrieges nicht untypisch. Vgl. Rainer Leschke: *Von den Verlusten der Kriegserzählung*, in: *Imaginäre Welten im Widerstreit. Krieg und Geschichte in der deutschsprachigen Literatur seit 1900*, hg. von Lars Koch/Marianne Vogel, Würzburg 2007, S. 98–118, hier S. 101.

Regierungen".[104] Dieses Fokussieren des Politischen ist wesentlicher Bestandteil der Bedeutungsgenerierung des Textes und zugleich als Schwerpunktsetzung poetologisches Prinzip. Obwohl es von Rein keine dezidiert poetologischen Schriften gibt, so lässt sich sein (frühes) Literaturverständnis doch relativ problemlos aus seinen Rezensionen extrahieren – wie sich dabei zeigt, spielt das Dokumentarische und der damit verknüpfte Anspruch auf Objektivität eine zentrale Rolle.

In den *Ansichten über Literaturkritik*, die Reins Rezensionssammlung *Die Neue Literatur* programmatisch einleiten, formuliert er eine an den wesentlichen Eckpunkten materialistischer-marxistischer Literaturtheorie orientierte Position, die das Politische ins Zentrum literarischer Analysen rückt und dem Autonomieanspruch literarischer Werke eine deutliche Absage erteilt. Reins Aussage, es sei „nicht möglich, die Literatur von der Politik zu trennen",[105] wird dabei um die autortheoretische Annahme ergänzt, gemäß derer ein unpolitischer beziehungsweise ‚tendenzloser' Autor eine bare Unmöglichkeit sei, weil jeder Schreibende unweigerlich in eine von divergierenden Interessen durchzogene Gesellschaftsstruktur mit ihren jeweiligen Herrschaftsverhältnissen gestellt ist: „Und so, wie die Literatur ein Teil des gesellschaftlichen Lebens ist, ist der Schriftsteller ein Mitglied der politischen Gesellschaft."[106] Selbst da, wo er sich nicht positionieren will, positioniert er sich letztlich doch.[107] Die bereits im frühen 20. Jahrhundert hieraus gezogene Konsequenz ist die Identifi-

---

[104] Thomas Koebner: *Tendenzen des Dramas*, in: *Tendenzen der deutschen Gegenwartsliteratur*, hg. von ders., 2., neuverfasste Aufl., Stuttgart 1984, S. 287–349, hier S. 309.

[105] Rein: *Die Neue Literatur*, a.a.O., S. 8.

[106] Ebd., S. 10.

[107] Vgl. ebenda, S. 9f. Der Vorwurf, gegenüber der eigenen Parteilichkeit blind zu sein, gehört zum Standardrepertoire linker Wissenschaftskritik. Stellvertretend sei Ernst Bloch zitiert, der konstatiert, dass auch „die bürgerliche Wissenschaft […] nie eine neutrale [war], obwohl sie sich darüber im falschen Bewußtsein wiegte. […] Es gibt so wenig eine gesellschaftlich unabhängige Wissenschaft, wie es Schifffahrt ohne Ordre gibt." Ernst Bloch: *Parteilichkeit in Wissenschaft und Welt*, in: *Literatur und Literaturwissenschaft. Materialien zur Einführung*, hg. von Heinz Geiger/Albert Klein/Jochen Vogt, Düsseldorf 1973, S. 62–65, hier S. 65. Aus seiner eigenen Parteilichkeit machte Bloch nie einen Hehl: „[D]ie Fahne des Verstandes ist rot." Ebd., S. 65.

kation von literarischer Tendenzlosigkeit als falscher Tendenz, was als Ausdruck des vielbemühten ‚falschen Bewusstseins' verstanden wurde.[108]

Die Bedeutung des Dokumentarischen, die für Reins Roman außer Frage steht, wird zwar in den *Ansichten über Literaturkritik* nicht diskutiert, innerhalb seiner Rezensionen aber immer wieder bestätigt. Dies geschieht bezeichnenderweise vor allem in Besprechungen von Romanen, die sich ihrerseits dem innerdeutschen Widerstand widmen (versammelt in dem Unterkapitel „Der Widerstand in Deutschland") und wo das Faktische beziehungsweise Dokumentarische als qualitativer Messwert fungiert. Besonders deutlich wird diese Vorgehensweise in der Kritik zu Alfred Neumanns im Exil verfasstem und 1944 sowohl in englischer wie deutscher Sprache publiziertem Roman *Es waren ihrer sechs*,[109] der die Widerstandstätigkeiten der studentischen Gruppierung *Weise Rose* zur Grundlage hat. Neumanns Roman sah sich bereits früh einer Kritik ausgesetzt, die die historische Adäquatheit des Textes bezweifelte, ihn also anhand der historischen Datenlage beurteilte und, trotz der Tatsache, dass Neumann in späteren Auflagen die von ihm genutzten Quellen offen darlegte, teils vehement ablehnte.[110]

Eine vergleichbare Kritik findet sich auch in Heinz Reins Besprechung des Buches, die überdies mit einem gängigen Ressentiment gegenüber Exil-Schriftstellern aufwartet, so wenn Rein meint anmerken zu müssen, dass das Buch „in der besinnlichen Stille von Buen Retiro, fünftausend Kilometer von den Ereignissen entfernt, erdacht und niedergeschrieben wurde".[111] Neben der Anspielung auf Neumanns gutsituierte Stellung in den USA (als erfolgreicher Schreiber im Dienste Hollywoods

---

[108] Vgl. Andreas Dörner/Ludgera Vogt: *Literatursoziologie: Eine Einführung in zentrale Positionen – von Marx bis Bourdieu, von der Systemtheorie bis zu den British Cultural Studies*, 2. Aufl., 2013, S. 13f.

[109] 2018 ist im Verlag *Das kulturelle Gedächtnis* eine Neuausgabe des Buches erschienen.

[110] Eine fundierte Übersicht bietet Christian Ernst: *Die Weiße Rose – eine deutsche Geschichte? Die öffentliche Erinnerung an den Widerstand in beziehungsgeschichtlicher Perspektive*, Osnabrück 2018, S. 91–107.

[111] Rein: *Die Neue Literatur*, a.a.O., S. 204.

eher ein „Ausnahmefall"[112]) fällt vor allem die Betonung der schieren geographischen Distanz auf, die Neumann von „den Ereignissen" getrennt habe – es ist von hier aus nicht weit zu den „Logen und Parterreplätzen des Auslands",[113] von denen laut dem nationalkonservativen Schriftsteller Frank Thiess Exilanten wie Thomas Mann (auf den die Aussage gemünzt ist) dem Elend Deutschlands zugesehen hätten. Rein, der es nicht bei dieser einen Spitze gegen exilierte Schriftstellerinnen und Schriftsteller beließ,[114] verknüpft den Gedanken räumlicher Distanz mit dem einer Distanz gegenüber dem Faktischen – zu viel in Neumanns Roman sei erfunden, und zwar falsch erfunden. Neumanns Behandlung des Themas habe

> nichts mit dichterischer Freiheit, um so mehr aber mit Willkür und Leichtfertigkeit zu tun, weil sie Größenverhältnisse verschiebt. Es kann keineswegs als Begründung oder Entschuldigung anerkannt werden, daß dem

---

[112] Vgl. Guy Stern: *Erfolg in Hollywood. Der Ausnahmefall Alfred Neumann*, in: *Deutsches Exildrama und Exiltheater*, hg. von Wolfgang Elfe, Frankfurt a. M. u.a. 1977, S. 36–56.

[113] So Frank Thiess in einem Artikel in der *Münchener Zeitung* vom 18. August 1945. Hier zitiert nach Antonia Gruneberg: ‚*Und was tatest du?' Schriftsteller und politische Macht nach 1945. Zum Streit zwischen Thomas Mann und Walter von Molo*, in: *Autor, Macht, Staat. Literatur und Politik in Deutschland. Ein notwendiger Dialog*, hg. von Gerd Langguth, Düsseldorf 1994, S. 110–130, hier S. 111.

[114] An besagter Stelle stößt sich Rein an der im Buch vorgetragenen „Theorie", nach welcher der Krieg nicht dadurch zustande gekommen sei, dass die „Nazis machthungrig und besitzgierig waren", sondern weil der Krieg die „Ultima ratio aller Diktaturen" sei. Dazu Rein: „Diese Theorie ist zu absurd, als daß wir uns hier näher mit ihr zu befassen brauchen, sie erscheint uns nur deshalb bemerkenswert, weil sie ein bezeichnendes, blitzartig erhellendes Licht auf eine gewisse Spezies von Emigranten und ihre Ansichten über den deutschen Freiheitskampf in den zwölf Jahren zu werfen geeignet ist." Worin genau dieses Bezeichnende liegt, ob Romane tatsächlich Theorien liefern oder sogar liefern müssen und inwiefern Neumanns Buch paradigmatisch für so etwas wie einen ‚Emigranten-Blick' auf den innerdeutschen Widerstand ist, wird nicht erörtert und gerade in dieser Art der Anspielung zeigen sich ihrerseits „blitzartig" die typischen Ressentiments gegenüber den vermeintlich Nichtdabeigewesenen. Rein: *Die Neue Literatur*, a.a.O., S. 211.

Autor zur Zeit der Niederschrift an Material so gut wie nichts zur Verfügung gestanden, daß er lediglich Kenntnis von der Tatsache der Revolte gehabt hat. Wir sind keineswegs der Meinung, daß der deutsche Widerstand gegen Hitler sich nicht in die Form eines Romans kleiden ließe [...]. Wir sind aber auch der Meinung, daß ein Roman, der sich auf tatsächliche Vorkommnisse stützt, auf Vorkommnisse sogar von erheblicher historischer Bedeutung, daß ein solcher Roman dem Autor die Pflicht auferlegt, seiner Fabulierkunst die Zügel anzulegen und sich der Fakten zu bemächtigen, sonst gerät er in Gefahr, daß auch die Konstruktion seines Gedankengebäudes fehlerhaft wird.[115]

Es verwundert angesichts der Betonung des Faktischen nicht, dass Rein den dergestalt kritisierten Roman „eine grobe Fälschung"[116] nennt, obwohl er ihm zugleich attestiert, zwei Kapitel zu enthalten, die „zu den stärksten Leistungen der neuen deutschen Literatur"[117] gehören. Im Widerstreit zwischen freier „Fabulierkunst" und Faktentreue habe Neumann eine falsche Gewichtung gewählt; dadurch sei es ihm nicht gelungen, ein adäquates Bild des innerdeutschen Widerstands zu zeichnen. Mit dieser Kritik reiht sich Rein in die Phalanx ähnlich argumentierender Texte,[118] stattet aber zugleich seinen eigenen Roman mit zusätzlicher Legitimation aus – er seinerseits hatte genügend Material gesammelt und in seinen Text integriert, um einen Anspruch auf Authentizität und historische Akkuratesse geltend zu machen.[119]

Auch Hans Mayer, dessen kurze Besprechung von *Finale Berlin* ebenfalls in der Sammlung *Die Neue Literatur* abgedruckt ist, sieht in der

---

[115] Ebd., S. 205.

[116] Ebd.

[117] Ebd., S. 207.

[118] Vgl. Christine Hikel: *Sophies Schwester: Inge Scholl und die Weiße Rose*, München 2013, S. 73–75. Die hier versammelten Besprechungen des Romans zeugen von einer mitunter irritierenden Abneigung gegen Werk und Autor.

[119] Implizit mag an dieser Stelle auch das von Ursula Heukenkamp monierte Wächtertum bei Rein eine Rolle spielen, der in seiner Doppelrolle als linker Dissident und Schriftsteller sich „zum Wächter über die Reinheit des Andenkens an den Widerstand [machte], soweit es dessen literarische Verarbeitung betraf". Heukenkamp: *Das lautlose Deutschland*, a.a.O., S. 310.

Montage von Zeitdokumenten eine historische Methode am Werk, der es
– in Analogie zu Leopold von Ranke – darum gegangen sei zu zeigen,
„,wie es wirklich gewesen ist'".[120] Im Kontext einer solchen Methode und
der mit ihr einhergehenden Zielsetzung, nämlich dem Erreichen historischer Objektivität, sei die Montage von Textdokumente gerechtfertigt, so
Mayer: „In einem Roman, der bewußt geschichtliche Genauigkeit anstrebt, ist solche Montage ebenso zulässig, wie etwa die Einblendung von
Wochenschauaufnahmen in einem großen Spielfilm mit historisch-doku-
mentarischer Tendenz."[121]

Da, wie weiter oben gezeigt, Rein eine Literaturkonzeption vertritt,
die das Literarische und das Politische grundsätzlich miteinander verschränkt, geht die von Mayer konstatierte „geschichtliche Genauigkeit"
jedoch nicht einher mit einer Art politischer Neutralität. Die von Rein
durch das dokumentarische Textverfahren bewerkstelligte Fokussierung
auf das Politische ist verbunden mit einer deutlichen Parteilichkeit. Dass
Rein diese Parteinahme nicht als literarischen Makel begreift und also
nicht vor ihr zurückschreckt, zeigt sich auch in den bereits zitierten „Ansichten über Literaturkritik", in denen die „parteipolitische Absicht"[122] als
eines jener Merkmale weltliterarischer Werke von Aischylos über Dante
bis hin zu Schiller und Goethe genannt und geadelt wird – wohl nicht
zuletzt deshalb, weil sich in ihr ein hoher Grad an Bewusstsein über die
soziale Positionierung des Autorensubjekts artikuliert. Wenn Rein
schreibt, dass Die Neue Literatur dezidiert ein politisches Buch sei,[123] so
spiegelt das nicht nur seine eigene Überzeugung wider (sowie die
bewusste Positionierung im maßgeblich durch politische Vorgaben ge-

---

[120] Hans Mayer in Rein: *Die Neue Literatur*, a.a.O., S. 317. Die Aussage von Rankes, auf die Mayer anspielt, lautet im Ganzen wie folgt: „Man hat der Historie das Amt, die Vergangenheit zu richten, die Mitwelt zum Nutzen zukünftiger Jahre zu belehren, beygemessen: so hoher Aemter unterwindet sich gegenwärtiger Versuch nicht: er will bloß sagen, wie es eigentlich gewesen." Leopold von Ranke: *Geschichten der romanischen und germanischen Völker von 1494 bis 1535*, Bd. 1, Leipzig, Berlin 1824, S. V–VI.
[121] Mayer in Rein: *Die Neue Literatur*, a.a.O., S. 317.
[122] Rein: *Die Neue Literatur*, a.a.O., S. 8.
[123] Vgl. ebenda, S. 17.

prägten literarischen Feld der eben erst gegründeten DDR[124]), sondern ist direkte Konsequenz jenes dem Buch vorangestellten Zitats aus Goethes *Maximen und Reflexionen*: „Aufrichtig sein kann ich versprechen, unparteiisch zu sein aber nicht."[125]

Diese Parteilichkeit, die durch die Art und Weise des Arrangements der Dokumente sowie durch ihre intradiegetische Kommentierung hergestellt wird, steht ihrerseits im Dienst einer politischen Pädagogik. Der vor den Nationalsozialisten über Dänemark nach Schweden geflohene Literaturwissenschaftler Walter Arthur Berendsohn weist in seinen Ausführungen zu *Finale Berlin* auf diesen Punkt hin, wenn er bezüglich der sich häufig an den montierten Textdokumenten entzündenden Diskussionen der Figuren schreibt:

> Die Widerstandsleute diskutieren viel, untereinander und mit Menschen, die sie zu sich herüberziehen wollen [...]. In diesem Roman, dem es wahrhaftig nicht an dramatischer Handlung fehlt, ist eine sehr eingehende Kritik des Nationalsozialismus eingefügt. Gewiß tritt in diesen Diskussionen die Tendenz nackt hervor, sehr lehrhaft und, vom ästhetischen Standpunkt, ein wenig störend. In Wirklichkeit wird oft nicht Zeit und Ruhe zu so viel sachlichen Erörterungen gewesen sein, mitten in den Aktionen. Aber das deutsche Volk braucht in seiner heutigen geistigen Lage solche Aufklärung ebensosehr wie das tägliche Brot.[126]

Berendsohn benennt eine soziale Funktion der von Mayer erwähnten historischen Methode, durch die die schlichte historische Rekonstruktion des innerdeutschen Widerstands transzendiert werde: Es gehe um die Belehrung der Leserschaft in NS-kritischer Hinsicht. Berendsohn greift also auf den Publikationskontext aus, um die ästhetische Gestaltung des Romans zu erklären und zu legitimieren. Diese Form der politischen Pädagogik,

---

[124] Es ist von daher nicht ohne eine gewisse Ironie, dass Rein ausgerechnet dieses Buch zum Verhängnis wurde, das ihm diese Feldpositionierung nicht nur misslang, sondern er aus dem literarischen Feld der DDR schließlich ausschied.

[125] Johann Wolfgang Goethe: *Maximen und Reflexionen über Literatur und Ethik*, in: *Goethes Werke*, hg. im Auftrage der Großherzogin Sophie von Sachsen [Weimarer Ausgabe], I, 42.2, Weimar 1907, S. 129.

[126] Auch Berendsohns Text ist abgedruckt in Rein: *Die Neue Literatur*, a.a.O., S. 323.

die ein wesentliches Moment der alliierten Umerziehungsbemühungen nach Kriegsende ausmachte, ergibt sich durch die Funktionalisierung der Dokumente im Text. Indem sich ein fiktives Figurenarsenal auf Texte bezieht, die gleichermaßen der Diegese wie der Welt der Lesenden angehören, wird die vermeintlich starre Differenz zwischen dem Fiktiven und dem Realen fluid. Damit wird nicht nur gezielt Anschluss an die Erfahrungsrealität der Leserinnen und Leser geschaffen, denen sicherlich einige der Schriftstücke oder Radioansprachen noch geläufig gewesen sind, sondern das pädagogisch motivierte Verfahren insofern initiiert, als eine bestimmte Lesart und Bewertung dieser Texte herausgehoben wird und hegemonialen Status erreicht; affirmative Lektüren, die in sehr geringem Umfang ebenfalls im Roman zur Sprache kommen, werden als ideologische Verblendungen markiert und als korrekturbedürftig ausgewiesen. Und diese Korrektur zielt letztlich auf beide Welten ab. Sie findet intradiegetisch statt, drängt aber auf Wirkung in der textexternen Welt, wo sie als Bestandteil der textgestützten Umerziehung der Deutschen fungiert. Das dokumentarische Textverfahren ist in *Finale Berlin* also dezidiert operativ gemeint.

Wie bereits Hans Mayer anmerkte, haben die abgedruckten Textdokumente direkten Einfluss auf die Handlungen und Planungsaktivitäten der Widerstandsgruppe; Angaben darüber, wo die Front verläuft oder welchen Bodengewinn die Alliierten gemacht haben, sind für die Entscheidungsfindung der Gruppe relevante, wenn nicht lebensentscheidende Daten.[127] Darüber hinaus wird anhand der Zeitungsartikel und Radiobeiträge eine Praxis der Gegenlektüre eingeübt, in der das Gesagte vom Gemeinten geschieden und an der Realität gemessen wird – ein mitunter diffiziles Verfahren, so wenn beispielsweise Wiegand in einem Artikel von Goebbels feststellt, dieser benutze darin das Wort „Appell" und daraus schließt, dass die Logik des Befehls zu versagen beginnt. Goebbels wisse genau, dass „ihnen die Zügel bereits aus der Hand geglitten sind. Das ganze [sic] aber ist der schlagendste Beweis, daß die Herrschaften auf dem allerletzten Loch pfeifen."[128] Zu diesen Beispielen gelingender Gegenlektüren, zu denen auch Lassehn bereits früh fähig ist (so wenn er die Durchhalteparolen mit der ihn umgebenden Realität abgekämpfter

---

[127] Vgl. Rein: *Die Neue Literatur*, a.a.O., S. 317.
[128] Rein: *Finale Berlin*, a.a.O., S. 520.

und zunehmend apathischer Berliner vergleicht[129]), gesellen sich allerdings auch Momente, die die ungebrochene Geltungskraft nazistischer Propaganda illustrieren. In ihnen wird klar, dass – wie Lassehn es formuliert – noch immer gilt: „Kritik an einer offiziellen Auslegung ist etwas so Ungewohntes."[130]

Die in Diktion und in puncto Realitätsverweigerung immer schärfer werdenden Dokumente, die sich zuletzt weitestgehend in platten Durchhalteparolen und schäumenden Gewaltandrohungen gegenüber Abweichlern aller Art erschöpfen,[131] sind nicht lediglich die Eckpunkte jener von Ian Kershaw konstatierten „Anatomie der Selbstzerstörung",[132] sondern zeigen die bis zuletzt durchgehaltenen Bemühungen um die Produktion eines nazistischen Kollektivs.

Die Frage nach dem Ort sowie dem ontologischen Status politischer Macht wurde in den letzten Jahren zunehmend unter Gesichtspunkten von Performativität beziehungsweise Theatralität[133] sowie der Verbindung von Macht und Fiktion[134] gestellt. Jenseits der schieren Sanktionskraft von Macht, die, wie es in der kanonischen Formulierung von Max Weber heißt, darin besteht, seinen Willen gegen den eines anderen durchsetzen zu können,[135] bedarf politische Macht ihrer permanenten Inszenierung,

---

[129] Vgl. ebenda, S. 83.

[130] Ebd., S. 356.

[131] Maßgeblich hierfür sind die Abdrucke der weiter oben bereits kurz erwähnten Frontzeitung *Der Panzerbär*, vgl. ebenda, S. 619f., 633–635 sowie 654f. In einem der montierten und diskutierten Texte heißt es zwei Tage vor Hitlers Selbstmord: „Wo der Führer ist, ist der Sieg!" Ebd., S. 655.

[132] Ian Kershaw: *Das Ende. Kampf bis in den Untergang. NS-Deutschland 1944/45*, München 2013, S. 523.

[133] Vgl. Clemens Pornschlegel: *Die Grimasse der Macht. Die Theatralität des Politischen*, in: *Souveränität und Subversion. Figurationen des Politisch-Imaginären*, hg von Rebekka A. Klein/Dominik Finkelde, Freiburg, München 2015, S. 262–276, hier S. S. 275.

[134] Vgl. Albrecht Koschorke: *Macht und Fiktion*, in: *Des Kaisers neue Kleider. Über das Imaginäre politischer Herrschaft. Texte. Bilder. Lektüren*, hg von Thomas Frank u.a., Frankfurt a. M. 2002, S. 73–84, hier S. 77.

[135] Max Weber: *Wirtschaft und Gesellschaft, Grundriss der verstehenden Soziologie*, 5. Aufl., Tübingen 1985, S. 28: „Macht bedeutet jede Chance, innerhalb einer sozialen Beziehung den eigenen Willen auch gegen Widerstreben durchzusetzen, gleichviel worauf diese Chance beruht." So

verwirklicht sich also nicht zuletzt durch ästhetische Praktiken, in denen Herstellung und Darstellung von Macht ineinanderfließen, womit ihr eine wesentlich sinnliche Komponente zuwächst.[136] Fluchtpunkt dieser Praktiken war im Kontext der faschistischen Regime in Europa die Figur des Führers, in dem sich das politische Kollektiv als Gesamtes und als Einheit gespiegelt sah.[137] Damit war vor allem das nationalsozialistische Deutschland dauerhaft auf die Aufgabe verwiesen, das politische Kollektiv der Volksgemeinschaft beständig neu zu inszenieren und seine schiere Existenz wieder und wieder zu bestätigen. Dies geschah nicht zuletzt durch die Konstruktion äußerer und innerer Feinde und gegen Ende des Krieges durch die mantrahafte Beschwörung der deutschen Schicksalsgemeinschaft. Genau diese Form narrativer Konstituierung des nazistischen Kol-

---

verstanden artikuliert sich Macht am deutlichsten im Moment der Ausübung beziehungsweise des Erleidens von Gewalt, wie Heinrich Popitz mit dem Begriff der Aktionsmacht unterstreicht: „Wer Aktionsmacht ausübt, kann etwas tun, wogegen andere nicht gefeit sind; er hat die Macht, andere etwas erdulden zu lassen. [...] Aktionsmacht ist Verletzungsmacht, der Aktionsmächtige der Verletzungsmächtige." Heinrich Popitz: *Phänomene der Macht*, 2. stark erw. Aufl., Tübingen 1992, S. 43.

[136] Zu dieser sinnlichen Dimension von Macht heißt es: „Politik wird erst politisch, wenn sie sinnlich ist, zur Erscheinung kommt, repräsentiert ist. Herrschaft muss sich darstellen, um als legitim anerkannt werden zu können." Jan Andres/Alexa Geisthövel/Matthias Schwengelbeck: *Einleitung*, in: *Die Sinnlichkeit der Macht. Herrschaft und Repräsentation seit der Frühen Neuzeit*, hg. von dies., Frankfurt a. M. 2005, S. 7–17, hier S. 11.

[137] Gleichzeitig ist die Ästhetik des Führerkults die einer permanenten Überhöhung und Mystifizierung der Führerpersönlichkeit, wie sie beispielsweise Leni Riefenstahl in ihren Filmen betrieben hat. Vgl. Martin Loiperdinger: ‚*Triumph des Willens'. Führerkult und geistige Mobilmachung*, in: *Faszination und Gewalt. Zur politischen Ästhetik des Nationalsozialismus*, hg. von Bernd Ogan/Wolfgang W. Weiß, Nürnberg 1992, S. 159–162. In Bezug auf Leni Riefenstahl und ihr Filmwerk während der NS-Zeit schreibt Wolfgang Benz, dass diese Filme „freilich nicht die Realität [dokumentierten], sie schufen vielmehr mit ästhetischen Mitteln die eigentliche Vision der Auftraggeber vom nationalsozialistischen Deutschland und seiner Menschen." Wolfgang Benz: *Die 101 wichtigsten Fragen. Das Dritte Reich*, 2. Aufl., München 2008, S. 84.

lektivs ist in den von Rein gesammelten und in *Finale Berlin* montierten Dokumenten omnipräsent.

Dort, wo die Textquellen von einem „wir" sprechen, also eine Gemeinschaft anrufen, wird diese erst konstituiert; die Spannung zwischen diesem Bild und der überall erodierenden und nur mehr mit offener Gewalt zusammengehaltenen realen Gemeinschaft ist evident. Hat die Rede von einer politischen Gemeinschaft, gerade auf der Ebene der Nation, grundsätzlich den Charakter des Fiktiven (weil sich die Rede von der Nation nur über den Rekurs auf eine geteilte Fiktion eben dieser Gemeinschaft erreichen lässt),[138] so weist der Text durch das Faktuale der Dokumente gerade deren fiktiven Charakter aus – in ihnen spiegelt sich nicht die Realität einer Gemeinschaft wider, sondern deren imaginierte Ideal-Variante nationalsozialistischer Prägung. Es ist in *Finale Berlin* gerade der intellektuell eher unbedarfte Kneipenwirt Klose, der diesen Punkt ins Spiel bringt. In einem Gespräch mit Lassehn, das sich – wie soll es anders sein – an einem Zeitungsartikel entzündet hat, kommen sie auf die Frage zu sprechen, ob Berlin trotz der Massen von Flüchtlingen, Frauen und Kindern verteidigt werden wird. Klose hat, mit Blick auf den von ihnen gelesenen und diskutierten Erlass von Heinrich Himmler, wonach jeder Ort verteidigt wird (eine „selbstverständliche nationale Pflicht"[139]), diesbezüglich keine Hoffnungen und antwortet Lassehn, der sich fragt, warum die Nazis nicht so viel Anstand haben und den Krieg beendeten, mit einem Verweis auf Breslau. Dort hätten die Nazis Frauen, Kinder und Gefangene dazu gezwungen, mitten in der Stadt und unter Beschuss durch feindliche Artillerie einen Flugplatz anzulegen. Der Hinweis auf Breslau steht metonymisch für die Abwehrstrategie der Nazis, jede Stadt zur Festung auszubauen, „an der sich der Feind entweder verblutet oder die ihre Besatzung im Kampf Mann gegen Mann unter sich begräbt".[140] Diente Breslau

---

[138] Vgl. Benedict Anderson: *Die Erfindung der Nation. Zur Karriere eines folgenreichen Konzepts*, Berlin 1998. Einen vergleichbaren konstruktivistischen Ansatz verfolgen Eric Hobsbawm und Terence Ranger in ihrem Buch *The Invention of Tradition*, Cambridge 1992.

[139] Rein: *Finale Berlin*, a.a.O., S. 180.

[140] So die Formulierung in einem Grundsatzbefehl Hitlers. Zitiert nach Heinrich Schwendemann: *Der deutsche Zusammenbruch im Osten 1944/45*, in: *Kriegsende 1945. Verbrechen, Katastrophen, Befreiungen in nationaler und*

unmittelbar nach 1945 als Symbol nazistischer Untergangsromantik, so avanciert das von Klose ins Spiel gebrachte Kolberg (poln. Kołobrzeg) bereits vor Kriegsende zum Sinnbild des Durchhaltens bis zum Schluss. In der ihrerseits verteidigten und nahezu restlos zerstörten Stadt wollten, wie Klose wütend anmerkt, „die Herren wohl achtzehnhundertsieben spielen, Gneisenau, Schill und der olle Nettelbeck, heroische Verteidigung, frei nach Veit Harlan".[141] Es ist ein doppelter Verweis, den Klose hier anbringt. Zum einen jenen auf die historische Vorlage der Schlacht um Kolberg im Zuge der antinapoleonischen Kriege 1807 (Klose nennt die Namen der in preußischen Dienst tätigen Soldaten), zum anderen auf die Filmadaption jener Schlacht durch den Filmemacher Veit Harlan. Dessen Film *Kolberg*, der 1943 von Goebbels in Auftrag gegeben wurde und es am 30. Januar 1945 noch in die Kinos schaffte, mobilisierte in der Spätphase des Krieges unglaubliche Ressourcen (für den Dreh wurden angeblich 187.000 Soldaten als Statisten angefordert) und beschwor in ausufernden Filmkulissen die dem Nationalsozialismus eigene Faszination am Untergang, am Durchhalten angesichts einer aussichtslosen Lage und am als Heldentod apostrophierten Sterben des deutschen Soldaten.[142] In Kloses Anspielung fließen Realität (die Erklärung von Städten zu Festungen, die bis zum letzten Mann gehalten werden) und Fiktion (der Kolberg-Film als nazistische Blaupause besagter Verteidigungslogik) zusammen. In der Art und Weise, wie Reins Text das Zitat Himmlers und den Verweis auf Harlans Film in einen Dialog bringt, entlarvt sich die vermeintliche Faktizität der Dokumente als fiktives *wishful thinking*. Der soziale Körper, dessen Erhaltung die Performanz eines beständig proklamierten „Wir" dient, hat bereits begonnen zu sterben.[143]

---

internationaler Perspektive, hg. von Bernd-A. Rusinek, Göttingen 2004, S. 125–150, hier S. 125.

[141] Rein: *Finale Berlin*, a.a.O., S. 185.

[142] Vgl. Klaus Kanzog: *„Staatspolitisch besonders wertvoll". Ein Handbuch zu 30 deutschen Spielfilmen der Jahre 1934 bis 1945*, München 1994, S. 356–366; Ingrid Buchloh: *Veit Harlan. Goebbels' Starregisseur*, Paderborn 2010, S. 133–150; Frank Noack: *Kolberg*, in: *Der NS-Film*, hg. von Friedemann Beyer/Norbert Grob, Ditzingen 2018, S. 445–454.

[143] So beispielsweise in einer Passage des Romans illustriert, in der das gezielte Aufrufen der nationalsozialistischen Volksgemeinschaft nurmehr Gelächter erzeugt (Rein: *Finale Berlin*, a.a.O., S. 280) – allerdings nur so lange wie

5.3.4 *de milite ad civem* – Wechsel der anthropologischen Leitfigur

Dass das Zwischenreich ein Ort revolutionären Wandels sein kann, weil in ihm die Bausteine geltender Ordnung in ihrer Gültigkeit aufgelöst und in eine neue Ordnung gebracht werden können, wurde weiter oben bereits diskutiert. Dieser Wandel wird in *Finale Berlin* wesentlich durch die, nach Lotmans Terminologie, Sujethaftigkeit[144] des Romans gestaltet, wobei Rein mit der Figur des Deserteurs Lassehn den revolutionären Aspekt dieses Wandels inszenatorisch ins Zentrum rückt. Der Text ist gekennzeichnet durch eine vermeintlich impermeable Grenze, welche die erzählte Welt in zwei Bereiche teilt, deren unterschiedliche Wertigkeit durch topologische und semantische Codierung ausgeflaggt wird.[145] Diese Grenze wird nicht lediglich konstatiert, sondern letztlich überschritten – ein zentrales erzählerisches Moment in Deserteurs-Narrationen – und konstituiert im Wesentlichen die Handlung und macht das Sujethafte des Textes aus. Dadurch, dass eine Grenzüberschreitung stattfindet, wird

---

keine Uniform in der Nähe ist, vor der, wie mit einiger Bitterkeit konstatiert wird, die Deutschen sofort wieder zu „Arschleckern" werden (ebd., S. 202). Gerade dieser Umstand befeuerte in den Geschichtswissenschaften die Frage danach, wie die „Strukturen des deutschen Regimes in seiner Sterbephase" (Kershaw: *Das Ende*, a.a.O., S. 26) bestellt waren, dass trotz des allgegenwärtigen Verfalls sozialer, politischer wie militärischer Institutionen der Krieg nicht durch Kapitulation beendet wurde und Hitlers zunehmend wirrere Befehle trotz allem zum größten Teil verwirklicht wurden. Auch Reins Roman stellt sich diese Frage immer wieder.

[144] Lotman bestimmt das Sujet eines Textes als Überschreitung einer Grenze zwischen verschieden semantisierten Räumen durch einen Protagonisten (Helden). Vgl. Jurij M. Lotman: *Die Struktur des künstlerischen Textes*, Frankfurt a. M. 1973, S. 360. Zuvor heißt es schon, das „Ereignis als Einheit der Sujetfügung" sei „die Versetzung einer Figur über die Grenze des semantischen Feldes hinaus." Ebd., S. 350.

[145] Vgl. Matias Martinez/Michael Scheffel: *Einführung in die Erzähltheorie*, 8. Aufl., München 2009, S. 142. Martinez und Scheffel sprechen vom Sujet als der „globale[n] Struktur der Handlung", womit die umfassende Struktur des Textes selbst gemeint ist. Vgl. ebenda, S. 140.

die klassifikatorische Ordnung der erzählten Welt nicht nur sichtbar, sondern zugleich durchbrochen.[146]

Folgt man der oben getroffenen Definition des Deserteurs als einer Figur zwischen den beiden Ordnungen des Militärischen und des Zivilen, dann wird die zentrale klassifikatorische Grenze durch das dominante Weltbild des Militärischen gezogen – der Deserteur überschreitet diese Grenze und betritt soziales Niemandsland. Zwar lassen sich allerhand semantische Oppositionen in Reins Text nachweisen, offen/verborgen, positiv/negativ, legal/illegal, nicht zuletzt – wie im nächsten Kapitel eingehender diskutiert werden soll – oben/unten beziehungsweise überirdisch/unterirdisch, aber sowohl klare topographische als auch topologische Zuordnungen sind in dieser Eindeutigkeit oftmals nicht auszumachen. Dazu kommt, dass *Finale Berlin* den Grenzübertritt selbst nicht erzählt – Lassehn wird unmittelbar als Deserteur eingeführt, seine Fahnenflucht wird lediglich in der Retrospektive kurz rekapituliert.[147] Nichtsdestotrotz zerfällt die erzählte Welt in zwei getrennte Teilbereiche, die nicht nur verschieden semantisiert werden, sondern denen auch, wie der Begriff der Fahnenflucht beziehungsweise die Rede von der Entfernung von der Truppe anzeigen, eine räumliche Dimension eingeschrieben sind. Wie stark das Militärische von einer im ‚Normalfall' impermeablen Grenze umgeben ist, wird textintern vor allem dadurch markiert, dass sie von niemandem sonst überschritten wird. Ihre weltstrukturierende Geltung bleibt bis zuletzt intakt; trotzdem ist *Finale Berlin* die Erzählung einer gelingenden Grenzüberschreitung und damit, in Lotmans Sujet-Konzeption, revolutionär.[148] Die raumsemantische Struktur des Romans kor-

---

[146] Dadurch bedingt sich auch, wie Lotman schreibt, der „organische Zusammenhang" des Sujets „mit dem Weltbild, das die Maßstäbe dafür abgibt, was ein Ereignis und was eine Variante davon ist, die uns nichts Neues mitteilt". Was als Grenzüberschreitung verstanden werden kann, ist demnach relativ zu den durch ein bestimmtes Weltbild erst gesetzten Grenzen. Lotman: *Die Struktur des künstlerischen Textes*, a.a.O., S. 351.
[147] Vgl. Rein: *Finale Berlin*, a.a.O., S. 40.
[148] Lotman: *Die Struktur des künstlerischen Textes*, a.a.O., S. 357: „Das Sujet ist im Verhältnis zum ‚Weltbild' ein ‚revolutionäres Element'."

respondiert mit der dargestellten inhaltlichen Revolution – der Überwindung einer militärischen *raison d'être*.[149]

Diese Form der Grenzüberschreitung als Akt des Durchbrechens jener für die erzählte Welt zentralen klassifikatorischen Ordnung kann jedoch auch scheitern oder zurückgenommen werden und damit ein restitutives Moment akzentuieren.[150] Beide Momente, Revolution wie Restitution, sind in Form verschiedener Figuren in Reins Roman präsent; an ihnen wird das Zwischenreich des Deserteurs lesbar als Transitionsphase, deren Gelingen nicht gesichert, deren transformative Potenz aber deutlich sichtbar ist. Eingebettet ist die revolutionär codierte Grenzüberschreitung in einen Wechsel zweier anthropologischer Leitfiguren, vom Soldaten zum Bürger, verstanden als politisch-emphatische Figur. Gemeint ist also nicht die Figur des Bourgeois als besonderer Klassentyp,[151] sondern der Bürger als *Citoyen*, als politisch selbstständige und selbstermächtigte historische Erscheinung und Entwicklungsideal.

Lassehn wird direkt als Figur eingeführt, die sich, in den Worten Alfred Anderschs, bereits in die Wüste geschickt und die ‚Wildnis' sozialer Entwurzelung betreten hat. Dass er seines sozialen Status verlustig gegangen ist und innerhalb der gesellschaftlichen Ordnung nur mehr einen Platz innehat, dessen existentiell-prekäre Stellung durch ein Sammelsurium pejorativer Begriffe angezeigt wird, wird dadurch noch hervorgehoben, dass Lassehn auf dieser Welt sprichwörtlich niemanden mehr hat

---

[149] Die Lesart von Reins Roman als revolutionär motiviert sich nicht nur durch die Raumstruktur der erzählten Welt sowie der Figurenentwicklung, sondern außerdem durch ein dem Roman paratextuell vorgeschaltetes Zitat. Bei diesem handelt es sich um einen Auszug aus dem 1848 entstandenen und publizierten Gedicht *Die Todten an die Lebenden* von Ferdinand Freiligrath, dessen Verse „[…] daß unsre Schmerzgebärde / Dem, der zu töten uns befahl, ein Fluch auf ewig werde!" als direkter poetischer Kommentar auf Hitler und den Zweiten Weltkrieg verstanden werden können. Darüber hinaus wird durch die Stellung des Zitats vor dem eigentlichen Text dessen sozio-politischer Entstehungskontext adaptiert; Roman wie Paratext sind gleichermaßen in einer revolutionären Situation verortet.

[150] So die Wortwahl bei Martinez/Scheffel: *Einführung in die Erzähltheorie*, a.a.O., S. 142.

[151] Zum (vermeintlichen) Verschwinden des Bourgeois, der noch in den 1960ern/1970ern Hochkonjunktur hatte, vgl. Franco Moretti: *The Bourgeois. Between History and Literature*, New York 2013.

– er also tatsächlich sozial ‚verwildert' ist. Seine Eltern kamen beide bei einem Luftangriff ums Leben, Geschwister oder enge Freunde hat er, der sich vor der „Landsknechtromantik"[152] des Nationalsozialismus in die Musik flüchtete, nicht und die Ehe, die er während eines Urlaubs von wenigen Tagen eingegangen ist, wird sich als nicht tragfähig erweisen. Lassehn reflektiert seine Zwischen-Existenz sehr genau:

> Und was ist von dieser Vergangenheit übriggeblieben? Die Eltern sind elend und hilflos verbrannt, in einem Massengrab in Baumschulenweg beigesetzt worden, er selber, immer ein Einzelgänger, nie der vielbesungenen Volksgemeinschaft zugehörig, hat sich jetzt ganz herausgelöst aus ihr, er hat einen Schritt getan, der nicht mehr rückgängig gemacht werden kann. Aber wohin führt der Weg, den er jetzt beschritten hat? Wo ist sein Leitstern? Was ist sein Ziel?[153]

Die Inszenierung von Lassehns Schritt ins „unbekannte Neuland"[154] – im Akt seiner Desertion dadurch symbolisch überhöht, dass er einfach stehen bleibt, also nicht mehr mitmarschiert[155] – kennt nicht nur eine durch die Bewegung angezeigte räumliche Dimension, sondern zitiert geradezu alle Eckpunkte liminaler Existenz. Lassehn ist endgültig aus der ihn sozial definierenden „Volksgemeinschaft" ausgeschert, ohne dass ihm dadurch jedoch eine neue Zugehörigkeit erwachsen wäre. Der Mangel eines neuen Ziels, eines neuen „Leitsterns", unterstreicht die Offenheit des Zukünftigen und illustriert zudem Lassehns Bedürfnis nach Orientierung, das gewissermaßen leitmotivisch den Roman durchzieht. Von den älteren

---

[152] Rein: *Finale Berlin*, a.a.O., S. 41. Ein Motiv, das sich in nahezu identischer Form auch in der Erzählung *Das Lied der Freiheit* von Walter Bauer wiederfindet. Der junge Soldat Golling träumt dort davon, während eines Fronturlaubes sich in „eine Welt von Musik, von Flamme und Süßigkeit, von Traum und Wirklichkeit, schöner, dauernder als alle Wirklichkeit" zu flüchten. Diesem eskapistischen Moment, durch das Bauer zugleich die Frage nach einer gegenwartsbezogenen Ästhetik reflektiert, wird allerdings – wie auch in *Finale Berlin* – eine Absage erteilt. Walter Bauer: *Das Lied der Freiheit*, in: Ders.: *Das Lied der Freiheit*, München 1948, S. 9–87, hier S. 10.
[153] Ebd., S. 39f.
[154] Ebd., S. 40.
[155] Vgl. ebenda.

Mitgliedern der Widerstandsgruppe wird dieses Merkmal von Lasssehns liminaler Situation gleichgesetzt mit einem Mangel an Überzeugungen und Weltanschauung jenseits nazistischer Propaganda. Innerhalb des Textes wird dieser Zustand jedoch nicht lediglich mit der Figur Lassehn in Verbindung gebracht, sondern geweitet zu einer allgemeinen Diagnose der deutschen Jugend. Dies geschieht dadurch, dass die Erfahrung, an nichts mehr zu glauben und über keine im weitesten Sinne ideellen Ressourcen zu verfügen, um sich eine Zukunft vorzustellen,[156] nicht nur auf Lassehn zutrifft, sondern auch auf andere junge Soldaten. Paradigmatisch hierfür ist ein Gespräch, das der zu diesem Zeitpunkt bereits geläuterte Lassehn mit dem Soldaten Hellwig führt und in dem Letzterer auf die von ihm selbst aufgeworfene Frage „Was kann aus uns denn noch werden?"[157] keine Antwort weiß. Er, der sich in seiner beruflichen Selbstverortung als „MG-Schütze, Soldat, Held, Massengrab-Aspirant"[158] bezeichnet, hat außer dem Handwerk des Kriegers nichts gelernt – und hat dementsprechend „Angst vor dem sogenannten zivilen Leben, Angst, diesem Leben, das uns bevorsteht und dessen Gesicht uns noch verhüllt ist, Angst, diesem Leben nicht gewachsen zu sein."[159] Im Augenblick der Erkenntnis, dass der Krieg verloren ist und der Nationalsozialismus versagt hat, kann die soldatische Jugend auf nichts zurückgreifen. Es gibt kein zeitliches Vorher, das es ihr ermöglichen würde, eine andere als die vom NS-Regime projizierte Zukunft zu imaginieren. Diesen Umstand hat Lassehn zum Zeitpunkt dieses Gesprächs bereits reflektiert; seine Conclusio dieser Unterhaltung fasst auch seine eigenen Irrungen und Wirrungen pointiert zusammen: „Wenn alte Begriffe stürzen, entsteht immer Verwirrung, bis sich das Neue erhebt."[160] Man kann diesen Satz nur schwerlich nicht auch als Kommentar zur unmittelbaren Nachkriegszeit und der ihr eigenen Transitionslogik lesen.

---

[156] Zu Lassehn heißt es: „Er kennt keine Idee, die sein Leben trägt und seinem Ziele entgegendrängt, er kennt nur Ablehnung dessen, was ihm bisher mit Pathos und Brachialgewalt als Idee aufgezwungen werden sollte […]. […] Es muß etwas geben, für das es sich zu leben lohnt, aber er kennt es nicht […]." Rein: *Finale Berlin*, a.a.O., S. 46.
[157] Ebd., S. 610.
[158] Ebd.
[159] Ebd., S. 613.
[160] Ebd., S. 615.

Die Lage der Jugend ist außerdem Gegenstand der Gespräche innerhalb des Widerstandskreises, der sich zu großen Teilen aus älteren Männern und Frauen zusammensetzt. Immer wieder kommt die Gruppe auf Lassehns Lage zu sprechen und setzt ihre eigene hierzu als Kontrapunkt. Als der junge Deserteur bekennt, es sei schwierig, sich zu orientieren, man habe „so gar keine Maßstäbe, keine Richtschnur",[161] erwidert der Gruppenintellektuelle Dr. Bötcher, dass darüber bereits mehrmals diskutiert wurde: „Ihre Generation, Herr Lassehn, ist in einer bedauernswerten Lage", was daran liege, dass sie mit dem Zusammenbruch des Nationalsozialismus nicht nur die Fundamente ihrer Indoktrination verlieren, sondern dadurch auch jeder anderen Form von Weltanschauung skeptisch gegenübertreten würde und, „bewußt oder unbewußt, mit den Maßstäben messen [wird], die ihr anerzogen sind".[162] Während die Älteren sich in die kulturellen oder politischen Systeme der prä-faschistischen Ära zurückziehen können, wird die Jugend mit „leeren Händen und enttäuschten Herzen"[163] dastehen – es ist weniger der nach 1945 immer wieder konstatierte und forcierte Generationenkonflikt, der diese Perspektive prägt, sondern eine Art Generationenkluft. In den Biografien der Älteren gibt es Bereiche, die sich nicht durch das Nazitum kolonisieren lassen, mag auch die unmittelbare Lebenswelt unablässig „Sieg Heil" schreien. Die Tragödie der Jugend besteht darin, dass ihr dies verwehrt ist; selbst wenn sie richtig handelt – und daran, dass Lassehns Desertion richtig ist, lässt der Text keinen Zweifel[164] –, handelt sie ohne die Orientierung durch eine

---

[161] Ebd., S. 51.
[162] Ebd. Dort auch das vorherige Zitat.
[163] Ebd.
[164] Bereits am Anfang des umfangreichen Textes findet sich eine Passage, in der die Nachkriegsdiskussionen über den Deserteur und seinen moralischen Status *in nuce* abgehandelt und zugunsten der Desertion entschieden werden. Lassehn, der zu Beginn noch kaum das Wort „Deserteur" hören möchte, wird von Dr. Böttcher zurechtgewiesen: „Weshalb nicht? [...] Deserteur zu sein ist absolut keine Schande, Herr Lassehn, im Gegenteil, Sie haben durch ihre Desertion mehr Mut bewiesen als Ihre Kameraden, die ihre vermeintliche Pflicht stur weitertun. Ich bin nämlich der Meinung, daß Ihre Desertion keine Feigheit ist, weil Sie damit verhaßte Fesseln abgeworfen haben und sich nicht länger mißbrauchen lassen, weil Sie sich nicht weiter schuldig machen wollten an den Verbrechen, die an fremden Völkern und auch am deutschen Volke begangen werden. Feige sind vielmehr die

gefestigte Gesinnung.[165] Der Text wirft konsequent die Frage danach auf, wie sich dieses geistige Vakuum füllen lässt und koppelt diese Frage an Gelingen beziehungsweise Scheitern der liminalen Existenz Lassehns. In Bezug auf die deutsche Jugend allerdings (deren Situation wohlwollend bis eher eindimensional beurteilt wird) fordert die Gruppe, in den Worten Dr. Böttchers, ein „Generalpardon".[166]

Die Rede von der gefestigten Gesinnung beziehungsweise einer tragfähigen Weltanschauung ist in *Finale Berlin* verknüpft mit dem weiter oben bereits angeklungenen Gedanken der Parteilichkeit. Auch Reins Roman macht aus seiner Vorliebe für bestimmte politische Tendenzen keinen Hehl, der Sozialismus ist fraglos die dominante politische Position im Text. Dominant nicht nur deswegen, weil er das größte Figurenarsenal auf sich vereinen kann, sondern vor allem deswegen, weil er diese Figuren zu moralischer Eindeutigkeit in Denken und Handeln ermächtigt. Auf einen ‚Gesinnungslosen' wie Lassehn wirkt dies irritierend; so fragt er sich mit Verwunderung, nachdem ihm in einer brenzligen Situation eine ältere Berlinerin mit größter Selbstverständlichkeit geholfen hat: „Was hat sie veranlaßt? Mitleid? Güte?"[167] Die Frage wird nicht explizit beantwortet, obwohl der Text die Berlinerin wortgewaltig aufbaut als altgediente Linke, die sich lautstark empört darüber, dass die Nazis „die best'n Jenoss'n ins Konzertlager jeschleppt und uff de Flucht aschoss'n hab'n".[168] Erst als der Kneipenwirt Klose mit gleicher Selbstverständlich-

---

anderen, die alle Befehle, auch wenn sie grausam und gewalttätig sind, ausführen und dabei ihr Gewissen abtöten, sie sind zwar nach urpreußischer Auffassung pflichttreu und tapfer, aber sie sind es nur, weil sie feige sind, weil ihnen der Mut fehlt, Schluß zu machen und sich zu widersetzen. So müssen Sie das sehen, Herr Lassehn." Und man möchte fast hinzusetzen: Und Sie auch, liebe Leserinnen und Leser. Rein: *Finale Berlin*, a.a.O., S. 50f.

[165] So die Diagnose Kloses in Bezug auf die Handlungsmotivation Lassehns. Vgl. ebenda, S. 178. Auch der Gewerkschaftsfunktionär Wiegand stellt fest: „Was ihm fehlt, ist ein solides, politisches oder weltanschauliches Fundament. Aber wo soll ein junger Mensch das jetzt her haben, wenn er es nicht von zu Hause mitbekommen hat." Ebd., S. 437.

[166] Ebd., S. 528.

[167] Ebd., S. 119.

[168] Ebd., S. 124. Dies ist zudem die erste Figur, die im Berliner Dialekt spricht, ein hinsichtlich der Figurenzeichnung auffallender Mangel. Dass der Dialekt

keit Lassehn bei sich aufnimmt, fällt das Stichwort von der Solidarität – was damit gemeint ist, weiß Lassehn allerdings nicht. Sein bildungsbürgerlicher Versuch, das Wort aus dem Lateinischen herzuleiten, wird von Klose abgewürgt: „Ob das lateinisch oder griechisch oder sonst was ist, das weiß ich allerdings nicht [...], aber daß es aus der Arbeiterbewegung kommt, das weiß ich genau, und es bedeutet, daß einer für den anderen einsteht, ihm beispringt, wenn er in Not ist, das verstehen wir unter Solidarität."[169] So richtig die historische Verortung des Solidaritätskonzepts in der Arbeiterbewegung ist,[170] so funktional ist die Erwähnung; es geht dem Text nicht zuletzt darum, ein Konzept von Zugehörigkeit zu entwickeln, das über die engen Koordinaten des völkischen Kollektivs hinausreicht und zugleich den Schulterschluss mit den vermeintlichen Feinden der Deutschen, den Alliierten (vor allem den Russen), semantisch vorbereitet.[171] Konsequenterweise wird die Idee der Kameraderie als Substitut für solidarisches Handeln abgelehnt; Solidarität unter Zwang sei letztlich keine, sie erwachse nur aus freiwilliger Selbstverpflichtung[172] –

---

an dieser Stelle auftaucht, markiert ihn als besonderen Soziolekt und verankert das linke Gedankengut, das in ihm vorgetragen wird, im Milieu des ‚kleinen' Arbeiters beziehungsweise der ‚kleinen' Arbeiterin.

[169] Ebd., S. 176.

[170] Vgl. Heinz Bude: *Solidarität. Die Zukunft einer großen Idee*, München 2019, S. 27–33.

[171] Nicht zuletzt geht es auch darum, nach zwölf Jahren Diffamierung durch das NS-Regime ein positives Korrektiv der Arbeiterbewegung und ihrer Ideale zu bieten.

[172] Rein: *Finale Berlin*, a.a.O., S. 177. Auch Alfred Andersch sieht sich in seinem Bericht *Kirschen der Freiheit* genötigt, ein Wort über seine Kameraden (die zumeist in Anführungsstrichen erscheinen) zu verlieren. Das erzählende Subjekt dieses Textes verbindet Kameradschaft vor allem mit der Unmöglichkeit, sich zurückzuziehen: „Sie hingen mir meterlang zum Hals heraus, die sogenannten Kameraden. Sie kotzten mich regelrecht an. Das Schlimmste an ihnen war, daß sie immer da waren." Es verwundert daher wenig, wenn es später heißt: „Ihretwegen sollte ich nicht desertieren? Aus ‚Kameradschaft' sollte ich ‚beim Haufen bleiben'? Es war zum Lachen." Die distanzierte bis offen ablehnende Haltung den übrigen Soldaten gegenüber motiviert sich aus der Vorgeschichte des Erzählers: „Ich konnte meine Kameraden nicht lieben, weil ich die Genossen liebte, die von denen getötet worden waren, für die meine Kameraden kämpften." Andersch: *Die*

worin sich nicht zuletzt der Gedanke der Autonomie des politischen Subjekts artikuliert.

Allerdings: Von einer ungebrochenen Hegemonie des Sozialismus kann nicht die Rede sein. Stattdessen wird er innerhalb der Widerstandsgruppe flankiert von anderen politischen Positionen, sodass deren Pluralität als Miniatur einer kommenden demokratischen Ordnung gelesen werden kann. Dieser Pluralismus wird von der Gruppe selbst hervorgehoben:

> Zu uns gehört jeder, der kein Nazi ist, ganz gleich aus welchen Gründen, der Wiegand zum Beispiel ist Kommunist und der Doktor Böttcher Sozialdemokrat, und du kannst bei mir auch andere kennenlernen, katholische Politiker und Leute, die früher lauwarme Demokraten waren, aber jetzt gehören sie alle zusammen, der gemeinsame Feind hat sie endlich zusammengebracht. Wäre früher ganz undenkbar gewesen, daß der Wiegand mit den Katholiken die gleiche Ausgangsstellung bezogen hätte, dazu waren sie beide viel zu dogmatisch, der eine mit, der andere ohne Gott, jeder hielt seinen Standpunkt für den alleinseligmachenden.[173]

Das Zitat reflektiert nicht nur die notorische Zerstrittenheit an sich demokratischer Kräfte in der Weimarer Republik, die sich letztlich auch für das höhere Ziel des Erhalts der Republik nicht über ihre ideologischen Gräben hinweg verständigen konnten, sondern zeichnet auch das für die Nachkriegsordnung tonangebende konsensorientierte Grundmodell nach. Hier wird die Koalition zwar durch den gemeinsamen Feind motiviert, trotzdem lässt sich ein Umschwenken von einer Konflikt- auf eine Konsensorientierung konstatieren – und das unter Beibehaltung des jeweiligen politischen Profils. Denn als Lassehn nachfragt, ob es denn nun keine Unterschiede mehr gäbe, verneint Klose: „Die Unterschiede sind geblieben, und sie werden auch gar nicht geleugnet, aber sie sind keine extremen Gegensätze mehr, sie schließen sich nicht mehr unbedingt aus."[174] In gewisser Hinsicht sind dies die Eckpunkte der parlamentarischen Verfasst-

---

Kirschen der Freiheit, a.a.O., S. 63, 67, 73. Die scharfe Ablehnung, die Anderschs Buch bei seinem Erscheinen erfuhr, mag sich auch durch die Verweigerung erklären, in das Hohelied der Kameradschaft einzustimmen.

[173] Rein: *Finale Berlin*, a.a.O., S. 177.
[174] Ebd.

heit der Widerstandsgruppe: Einhegung der politischen Differenzen zugunsten eines übergeordneten Ziels, das erst die Möglichkeit der konsensuellen Organisation bietet.

Damit einher geht die Absage an politische Extremismen und Dogmatismus aller Couleur – die Figur Schröter, ein Widerstandskämpfer aus einer anderen Gruppe, wird dezidiert als „dogmatischer und fanatischer Marxist"[175] bezeichnet, dessen Deutungen des Nationalsozialismus sowie der deutschen Arbeiterbewegung immer wieder kritisiert und der durch ihn vermittelten Alleingeltungsanspruch der dogmatischen Linken infrage gestellt wird.[176] Bezeichnenderweise geschieht dies ebenfalls durch das der Gruppe wesentliche Charakteristikum des gemeinsamen Diskutierens, bei dem nicht zuletzt – gestützt durch philosophische, historische, mitunter sogar philologische Argumente – die eigene Position immer mit auf dem diskursiven Prüfstand steht. Obwohl an der moralischen Redlichkeit Schröters keine Zweifel laut werden, wird seine Position doch dadurch marginalisiert, dass er sich dieser kommunikativen Praxis nicht gewachsen zeigt, was unter anderem dadurch angedeutet wird, dass er gerne laut oder böse wird, sollten die Diskussionen in eine ihm unangenehme Richtung gehen. Die von ihm vertretene Eindeutigkeit will nicht so recht passen in die kommende Ordnung.[177]

Bei der Erörterung der Frage, inwieweit es sich bei *Finale Berlin* um einen revolutionären beziehungsweise restitutiven Text handelt, sieht sich die Analyse vor allem auf den Kontrast zweier Figuren verwiesen – nämlich zwischen dem Deserteur Lassehn sowie dessen ehemaligem Klassenkameraden Tolksdorff, einem hochdekorierten, aber, wie sich zeigt, zunehmend desillusionierten Soldaten. Wie bereits diskutiert, kann Lassehn das „Neue" in sich noch nicht recht benennen und erst gegen Ende des Textes wird er auf die Frage eines anderen jungen Soldaten, was aus ihnen

---

[175] Ebd., S. 646.
[176] Vgl. ebenda, S. 336f. sowie 339, wo Schröter Wiegand vorwirft, er sei nicht mehr derselbe wie noch vor 1933 – und Wiegand dies bestätigt mit dem Hinweis, er habe „an Dogmatik verloren und an Verständnis gewonnen."
[177] Wie weiter oben bereits angedeutet, avanciert die Figur Schröter in der Neuausgabe des Romans zum Sprachrohr der kommenden Eindeutigkeit des diktatorischen realexistierenden Sozialismus sowjetischer Provenienz; diese Neufassung der Figur hat – angesichts der historischen Entwicklung – eine gewisse Berechtigung.

denn noch werden könne, die – recht unverbindliche – Antwort geben: „Ich will dir sagen, was wir werden können, was wir werden müssen: Menschen."[178] So unkonkret diese Antwort in ihrem Zitieren des für den Nachkriegsdiskurs nicht untypischen Pathos der Menschlichkeit auch ist, sie fügt sich in eine größere Argumentationskette ein. Der Text ist gekennzeichnet durch etwas, was sich in Anlehnung an Frans de Waal als „Fassadentheorie der Moral" bezeichnen ließe. De Waal kennzeichnet mit diesem Begriff jene Theorien, die davon ausgehen, dass Moral lediglich „eine dünne Kruste [ist], unter der antisoziale, amoralische und egoistische Leidenschaften brodeln".[179] Die in *Finale Berlin* gebotene Theorie verfährt hierzu analog: Der Nationalsozialismus habe den zivilisatorischen Firnis vom Menschen gekratzt und die darunter liegenden animalischen Urinstinkte freigelegt, der überbordende, menschenverachtende Militarismus des NS-Regime verdanke sich letztlich dessen Bemühen, „die schützende Hülle, die der Menschheit in langen Jahrhunderten anerzogen worden war und die wilden Instinkte des kannibalischen Urwaldmenschen überdeckt hatte", zu zerstören und damit „den Barbaren wachrüttelte und alle wilden Triebe [...] wieder bloßlegte".[180] Der Nationalsozialismus ist auch deswegen ein Bruch mit dem humanistischen Erbe, weil er den „homo primigenius" zum Ideal erkoren habe und jene „barbarischen Instinkte" fördert und fordert, die „durch zwei Jahrtausende Christentum, durch humanistische Erziehung und Furcht vor dem Gesetz überwunden schienen".[181] So gewendet, ist der Nationalsozialismus eine zivilisatorische Regression, die den Einzelnen aller moralischer Hemmschwellen entkleidet und ihn – so die pejorative Perspektivierung – in eine tierische Existenz zwingt. Dies bestätigt noch jener

---

[178] Ebd., S. 610.
[179] Frans de Waal: *Primaten und Philosophen. Wie die Evolution die Moral hervorbrachte*, München 2008, S. 28. De Waal selbst nutzt den Begriff im pejorativen Sinne; ihm geht es in seinem Buch gerade darum, die Unhaltbarkeit der Fassadentheorien zu belegen.
[180] Rein: *Finale Berlin*, a.a.O., S. 140. Dort auch das vorangegangene Zitat.
[181] Ebd., S. 308. Diese Denkfigur stiftet Verbindungen über politische oder generationelle Zugehörigkeiten hinweg. So spricht auch Ernst Wiechert vom „Dschungel", der tief unter den kulturellen Formungen liege. Vgl. Ernst Wiechert: *Über Kunst und Künstler. Aus einer ungesprochenen Rede*, in: *Aufbau* 1 (1946), S. 1–8, hier S. 2.

Soldat, dem Lassehn die neuerliche Menschwerdung als Ziel vorschlägt: „Nachdem wir auf Tier abgerichtet sind, sollen wir Mensch werden?"[182] Das Tier als politische Reflexionsfigur ist auch in der Wutrede des Soldaten Ruppert präsent, in der noch einmal die ganze Erniedrigung des Menschen beschworen und zugleich die Frage nach dem sozialpolitischen Warum gestellt wird: „Müssen denn Menschen so leben [...], wie die Schweine, schlimmer als die Schweine, primitiver als das primitivste Tier?"[183] Dass es letztlich der Deserteur Lassehn ist, der das Programm einer Re-Humanisierung formuliert, darf als Kulminationspunkt dieser Argumentation verstanden werden; an ihm als der paradigmatischen Übergangsfigur verdeutlicht sich die Notwendigkeit einer vollumfänglichen Abkehr vom Nationalsozialismus als politischer Ideologie. Zugleich erscheint die Desertion als erste humane Tat und als Bedingung für diese neuerliche Menschwerdung.[184]

Wie dieser Übergang *en détail* aussehen müsste, wird in *Finale Berlin* zwar nicht ausbuchstabiert; ein wesentlicher Punkt allerdings ist, wie schon angedeutet, der Übergang vom Soldaten zum *Citoyen*. Ist der Soldat, so wie er im Roman auftritt, das Resultat einer besonderen kulturellen Formungskraft des Nationalsozialismus, so ist der Bürger sein Gegenbild, da in ihm zugleich politische Potenz sowie, als *cives*, eine zivilisatorische Komponente angelegt ist. Der Zivilist steht der Zivilisation mit ihren Bemühungen um Gewalteinhegung näher als der Weltanschauungssoldat, der sich in einen biologistisch motivierten Vernichtungskrieg gestellt sieht. Der Roman liefert damit ein fiktives Handlungsgefüge jener in der Analyse der Zeitschriften nachgezeichneten (Gesellschafts-)Transformation, in der der Soldat als definierender sozialer Maßstab zugunsten des Bürgers abgelöst werden soll.

Dass der Soldat die zentrale anthropologische Leitfigur der nationalsozialistischen Gesellschaft ist, daran lässt *Finale Berlin* keinen Zweifel.

---

[182] Rein: *Finale Berlin*, a.a.O., S. 610.
[183] Ebd., S. 603.
[184] Dieser Gedanke findet sich auch bei Heinrich Böll wieder, der in Bezug auf die Desertion schreibt, mit ihr erst beginne die Menschwerdung, erst in jenem Moment, „wenn einer sich von der jeweiligen Truppe entfernt." Zitiert nach Norbert Mecklenburg: *Hilfloser Antimilitarismus? Deserteure in der Literatur*, in: *Krieg und Literatur/War and Literature* 2 (1990), S. 135–158, hier S. 144.

Er fungiert als Formvorlage männlicher Identität und Körperbildung und ist zugleich Ausdruck der Homogenisierung und Uniformierung der Gesellschaft sowie ihrer dezidert hierarchischen Strukturierung. In Lassehns Erinnerungen an seine militärische Ausbildungszeit wird diese Lesart deutlich; er, der als Soldat an dem Gedanken zu verzweifeln beginnt, seine „beste[n] Jahre nutzlos vertun zu müssen", beschreibt bereits den „Arbeitsdienst" als Versuch, „alle Individualität in eine bestimmte Form einzuschleifen, jeden selbstständigen Gedanken zu unterdrücken, Körper und Geist ganz auf das militärische Ziel auszurichten".[185] Steht bereits der Arbeitsdienst – gemeint ist der Reichsarbeitsdienst (RAD), der in der nationalsozialistischen Sozial- und Erziehungspolitik eine Schlüsselstelle besetzte[186] – im Dienst der militärischen Subjektbildung[187] (wenn auch, wie Lassehn anmerkt, überformt durch eine Semantik des sozialen Ausgleichs), so kennt das Militär selbst nur das eine Ziel, „den jungen Menschen zu ertüchtigen und geistig zum willenlosen Werkzeug zu machen, um ihn dann auf dem kürzesten Wege auf das Schlachtfeld zu führen".[188] In Lassehns Erinnerungen wird plastisch, dass zum Konstrukt des NS-Soldaten sowohl das körperliche als auch das kognitive ‚Schleifen' gehört, neben den Aufbau einer „Stahlgestalt"[189] die Negation selbst-

---

[185] Rein: *Finale Berlin*, a.a.O., S. 104.
[186] Nach Einführung der gesetzlichen Arbeitsdienstpflicht 1935 wurde der RAD zu „einem Riesenbetrieb [...], durch den Hunderttausende von jungen Männern und Frauen ein Jahr lang hindurchgeschleust wurden." Hans Ulrich Wehler: *Deutsche Gesellschaftsgeschichte*, Bd. 4: *Vom Beginn des Ersten Weltkries bis zur Gründung der beiden deutschen Staaten 1914–1949*, Bonn 2010, S. 628.
[187] Vgl. Jens Warburg: *Das Militär und seine Subjekte. Zur Soziologie des Krieges*, Bielefeld 2008. Warburg stellt die grundsätzliche Frage, inwiefern Soldaten überhaupt Subjekte sein können (vgl. S. 41) und spricht sich für eine Perspektive aus, die Soldaten nicht lediglich als Objekte eines – in Kants Terminologie – heteronomen Willens wahrnimmt.
[188] Rein: *Finale Berlin*, a.a.O., S. 104.
[189] So das Bild, das Ernst Jünger vom neuen, durch die Materialschlachten des Ersten Weltkriegs geformten Mann zeichnet. Ernst Jünger: *Der Kampf als inneres Erlebnis*, 6. Aufl., Berlin 1936, S. 76. Jüngers Hymne auf den Soldaten des Stellungskrieges hat, bei aller Brutalität, geradezu kitschige Züge, wenn er etwa über besagte Soldaten schreibt, „ihre Gesichter, die im Schatten des Stahlhelms liegen, sind scharf, kühn und klug. Ich weiß, sie

ständiger Willensbildung tritt. Diese Formung des ganzen Menschen zum ‚ganzen Mann' folgt vor allem seit dem Ersten Weltkrieg einer Metaphorik des Industriellen,[190] die in der faschistischen Ästhetik in der Rede vom stählernen Körper omnipräsent ist – der Körper selbst soll analog zu jenen Maschinen werden, an und mit denen er den Ort seiner Bestimmung betritt: den Krieg. Die Kaserne wird zur Werkstatt des soldatischen Maschinenmenschen[191] und sorgt zugleich – in institutioneller Union mit dem RAD als Formstätte der „Soldaten der Arbeit"[192] – für eine umfassende Integration ins nationalsozialistische Ganze.

Es ist diese Totalintegration des Einzelnen über das soldatische Leitbild, die der Erzähler meint, wenn er darüber sinniert, dass es „in Hitler-Deutschland […] kein Fleckchen Erde [gibt], das nicht Kasernenhof, und keinen Menschen, der nicht Soldat ist."[193] Dies ist auch die dominierende Perspektive innerhalb der Widerstandsgruppe, welche die Bedeutung des Soldaten als anthropologische Leitfigur zugleich historisch kontextualisiert: „[D]as Militärische ist in Deutschland – und das nicht erst seit Hitlers Tagen – immer die herrschende und beherrschende Lebensform gewesen, ihr hatte sich alles unterzuordnen."[194] Schließlich sei das Militärische im Kontext des Nationalsozialismus zur „einzig möglichen Lebensart erklärt"[195] worden, ein Umstand, den Wiegand mit dem Begriff

    zaudern vor der Gefahr nicht einen Augenblick; sie springen sie an, schnell, sehnig und gewandt." Ebd., S. 75.
[190] Vgl. Christoph Jahr, Stefan Kaufmann: *Den Krieg führen: Organisation, Technik, Gewalt*, in: *Erster Weltkrieg. Kulturwissenschaftliches Handbuch*, hg. von Niels Werber/Stefan Kaufmann/Lars Koch, Stuttgart 2014, S. 164–231, hier S. 210.
[191] Vgl. Klaus Theweleit: *Männerphantasien*, Bd. 2: *Männerkörper – Zur Psychoanalyse des weißen Terrors*, Hamburg 1990, S. 149–151, wo der „Umbau des Leibs in der Kadettenanstalt" diskutiert wird, sowie S. 195–205, v.a. S. 199, wo es heißt: „Mit allen Maschinen in den Krieg, um alles, was wir sind und werden können, zu erfahren, das ist die Parole […]. ‚Mann bleibt Mann' oder ‚Mann wird Mann' in und auf den Maschinen, mit denen er in den Krieg zieht."
[192] Vgl. Kiran Klaus Patel: *Soldaten der Arbeit. Arbeitsdienste in Deutschland und den USA, 1933–1945*, Göttingen 2003.
[193] Rein: *Finale Berlin*, a.a.O., S. 204.
[194] Ebd., S. 539.
[195] Ebd.

von der „militärischen Weltanschauung"[196] zu fassen sucht. Die Allgegenwart dieser Weltanschauung wird auch durch das dem Soldaten eigentümliche kommunikative Steuerungsinstrument des Befehls illuminiert, das immer wieder im Text explizit thematisiert wird. Als, wie es in einem Erzählerkommentar heißt, „kategorischer Imperativ"[197] übt der Befehl nicht nur eine die individuelle Verantwortung negierende Wirkung aus, er ist Teil der Formungsmaschinerie des NS-Menschen.[198] Über Vernunft oder Unvernunft eines Befehls wird nicht entschieden: „Wir sind nicht hier, um zu diskutieren, sondern um uns erteilte Befehle auszuführen."[199] Vor diesem Hintergrund erscheint das permanente Diskutieren der Widerstandsgruppe als dezidierter Gegenentwurf zur diskussionsfeindlichen und befehlsorientierten Kommunikationslogik des NS-Regimes. Dessen Prämissen werden gerade durch das, was es am meisten verabscheut, erledigt: kommunikative Rationalität.[200]

Wie weiter oben bereits erwähnt, ist der Wechsel der anthropologischen Leitfiguren im Einzelfall vom Scheitern bedroht. Das hat nicht zuletzt mit der empfundenen Orientierungslosigkeit zu tun, die der Schritt ins Neue mit sich bringt. Das Freigesetztwerden von den ideologischen Stützpfeilern der alten Ordnung, den nazistischen *sacra*, führt bei Lassehn

---

[196] Ebd., S. 540.

[197] Ebd., S. 294.

[198] Über den kommunikativen Komplementärpart des Befehls heißt es: „Das Gehorchen sitzt denen schon so in den Knochen." Ebd., S. 442. Diese Feststellung muss über den sprichwörtlichen Charakter hinaus verstanden werden als Teil der nazistischen Biomacht, sprich der Formung des Körpers und der Modellierung von Leben.

[199] Ebd., S. 504.

[200] Es sei nur noch einmal kurz angemerkt, dass der Widerstand der Gruppe darüber weit hinausreicht und damit ein Bild des innerdeutschen Widerstands skizziert, das von deutlichem Aktivismus geprägt ist. Dieser geht bis zur Gewalt gegen Vertreter des NS-Systems, allein Lassehn erschießt zwei von ihnen. Dies ist insofern bemerkenswert, als viele Literarisierungen des Widerstands diesen Aspekt aussparen. Eine ähnliche Ausnahme findet sich beispielsweise in dem 1943 erstmals im amerikanischen Exil entstandenen Roman *Hotel Berlin* von Vicki Baum, in dem der vor seiner Hinrichtung entflohene Martin Richter kurzerhand einen SS-Schergen tötet und seine Leiche in einen Fahrstuhlschacht wirft. Vgl. Vicky Baum: *Hotel Berlin*, Berlin 2018.

und Konsorten zu einer Form vollumfänglicher Negativität. Man weiß zwar, wogegen man ist, aber nicht, wofür. Es ist letztlich Lassehn selbst, der in einem Akt der Autodiagnostik auf die Denkfigur des Dazwischen zurückgreift; er kleidet diese, ganz Musiker, in ein etwas geschraubtes, musiktheoretisches Vokabular:

> Die Zeit, die zwischen den Beginn seiner Flucht und den Anfang eines neuen Lebens gelegt ist, ist nicht länger ein leerer, toter Zwischenraum im tiefsten Wellental seines Lebens, sie ist wie eine Fermate nach einer schmerzlich verklingenden Coda, ein stiller Takt, in dem sich die Energie sammelt zu neuen, glutvollen Akkorden, die von der Grenze tödlicher Resignation hinüberleitet in einen trotzigen Lebenswillen.[201]

Lassehn, der zuvor noch für sich feststellte, dass es etwas geben müsse, „für das es sich zu leben lohnt, aber er kennt es nicht",[202] greift an dieser Stelle auf das ihm vertraute musiktheoretische Vokabular zurück, um eine letztlich kompensatorische Funktion zu bewerkstelligen. Der Schritt ins noch namenlose Neue wird in der Sprache des bekannten Alten vorexerziert. Aber: Lassehn, der anfangs noch äußert, er habe bisher den Sinn seines Lebens in der Musik gesehen,[203] wird sich in dem Moment von dieser Annahme distanzieren, als ihm bewusst wird, dass die Musik in seinem Leben lediglich ein Platzhalter für eine noch nicht vorhandene Gesinnung gewesen ist. Sie wird, wie er gegenüber Klose beteuert, nur mehr „Begleitmelodie" sein können, solange bis er „ein Fundament" gefunden hat, auf dem er sein „neues Leben gründen kann".[204]

An Lassehn, der mehrmals betont, dass er „ein für allemal die Brücken hinter [sich] abgebrochen"[205] habe, führt der Text die Möglichkeiten vor, „Oasen in der Wüste des Interregnums zu schaffen", wie es Arthur Koestler formuliert hat.[206] Sinnbildung inmitten der Sinnlosigkeit eines bereits verlorenen Krieges wird somit zum Kerngeschäft der Figur wie des Textes selbst. Nicht zuletzt geht es darum, dem Akt der Desertion eine

---

[201] Rein: *Finale Berlin*, a.a.O., S. 46f.
[202] Ebd., S. 46.
[203] Vgl. ebd., S. 57.
[204] Ebd., S. 179.
[205] Ebd., S. 234. So auch schon zuvor, S. 41.
[206] Koestler: *Die Gemeinschaft der Pessimisten*, a.a.O., S. 4.

solide Begründung zu verleihen, die über die schiere Angst vor einem gewaltsamen Tod hinausgeht, und ihn zugleich als zentralen Schritt im Wechsel vom Soldaten zum *Citoyen* zu funktionalisieren. Dieser Wechsel wird in erster Linie an Lassehn vorgeführt, dessen Forderung nach einer neuen Menschlichkeit den Endpunkt seines liminalen Prozesses markiert, zugleich aber auch durch die – scheiternde – Komplementärfigur, den ehemaligen Klassenkameraden Tolksdorff. Während Lassehn vor allem durch den Kontakt mit der Widerstandsgruppe langsam dahin kommt, seine Fahnenflucht nicht mehr „schimpflich empfinden" zu müssen, und konstatiert, dass anstelle dieses Gefühls „etwas Neues getreten" ist, das zwar „noch keine Gestalt und keinen Namen"[207] hat, ihn aber motivatorisch trägt, wird

Tolksdorff den letzten entscheidenden Schritt in dieses Neue nicht tun. Und das, obwohl er sowohl in Gesprächen mit Lassehn als auch mit der gesamten Widerstandsgruppe, die sich darum bemüht, ihn auf ihre Seite zu ziehen, zeigt, dass er den nationalsozialistischen Anspruch auf sein Leben zunehmend schärfer zurückweist. Er ist zuletzt sogar gewillt, die ihm unterstehenden Soldaten und Volkssturmmänner einfach wegzuschicken und erreicht schließlich den Punkt, an dem er, enttäuscht und angewidert von dem sinnlosen und brutalen Agieren der SS, in eine tiefe Resignation verfällt. Als ein weiterer Befehl an ihn ergeht, der das Leben aller ihm Unterstellten kosten würde, kündigt er seine Gefolgschaft auf: „‚Ich habe nicht die Absicht, diesen Befehl auszuführen', sagte er langsam, aber mit klarer Stimme. Ich werde in meinem ganzen Leben keinen Befehl mehr ausführen, der gegen Gewissen und Vernunft verstößt, denkt er, ich werde überhaupt keine Befehle mehr ausführen."[208] Damit hat Tolksdorff, wie auch Lassehn, die Brücken hinter sich abgebrochen. Anders als dieser jedoch wird er es nicht aus dem so geschaffenen Zwischenbereich hinausschaffen; er erschießt sich, als sich die Widerstandsgruppe, die sich ihm zuvor angeschlossen hatte, abzusetzen beginnt. Dem Alten den Rücken zu kehren, war ihm zuletzt möglich; sich gegen das Alte zu wenden, vermag er nicht.

---

[207] Rein: *Finale Berlin*, a.a.O., S. 268. Dort auch die vorherigen Zitate.
[208] Ebd., S. 638.

5.3.5 *transition underground* – Illegalität und Liminalität

Wie gezeigt, besitzt die Inszenierung von Lassehns Desertion eine räumliche Komponente, der sprichwörtlichen Flucht vor den Fahnen – im Kontext der nationalsozialistischen Kriegsführung gerne um das Attribut „blutig"[209] ergänzt – korrespondiert eine zunehmende Distanzierung im Denken. Es findet also eine doppelte Absatzbewegung statt, die ihrerseits ein räumliches Ziel kennt, nämlich die aller sozialer Klassifikationen und Ansprüche entledigte ‚Wildnis', im Roman versinnbildlicht durch die Trümmerlandschaften der Stadt Berlin. In der Figur Lassehn fallen somit Illegalität und Liminalität in eins – ein Zug, der auch das Widerstandskollektiv als Ganzes prägt. Ihre Schwellenexistenz ist wesentlich dadurch gekennzeichnet, dass sie sich in einem existentiellen Widerspruch zur herrschenden Macht befinden; gleichzeitig stellt die Widerstandsgruppe für Lassehn (aber letztlich auch für die ihr bereits angehörenden Mitglieder) einen Raum zur Verfügung, der eine besondere Erfahrung von Gemeinschaft, individueller Selbstermächtigung sowie Re-Individualisierung (verstanden als Gegenbewegung zur nazistischen Vereinnahmung des Einzelnen) erst ermöglicht.[210] Dieser Raum wird im Wesentlichen durch das Handeln der Widerstandskämpfer konstruiert – nur durch ihre besondere Kommunikationspraxis der argumentgestützten und konsensorientierten Diskussion, die ihrerseits eine dezidierte Gegenpraxis zur Befehlslogik des NS-Regime darstellt, ist Kloses Kneipe, in der sich die Gruppe trifft, mehr als nur eine durchschnittliche Bierpinte. Sie ist als Gegenwelt zugleich resistent und prospektiv – in ihr sind die Konturen einer neuen gesellschaftlichen Ordnung schon präsent. Gerade deshalb ist ihre räumliche Existenz aber dauerhaft gefährdet und auf Verschleierung angewiesen. Anders als die Kneipe selbst ist dem sozialen Raum, den die

---

[209] Ebd., S. 271, wo die Rede von „Hitlers blutigen Fahnen" ist.
[210] Von diesem Raum, der ja wesentlich durch seine Illegalität gekennzeichnet ist, geht eine besondere Form der Solidarität aus, die über jene der durch die Tradition der Arbeiterbewegung erwachsende hinausgeht und sich unmittelbar der Illegalität der Beteiligten verdankt. Rolf Schroers hat in seinem Buch über die Figur des Partisanen geschrieben, es sei jene „Ausnahmesituation, in der sich der Illegale befindet, die er zugleich selber schafft", die eine „eigene, unvergleichliche Solidarität" erzwinge. Rolf Schroers: *Der Partisan. Ein Beitrag zur politischen Anthropologie*, Köln 1961, S. 328.

Widerstandsgruppe konstituiert, die Wahrnehmbarkeit verwehrt. Er ist nicht nur unsichtbar im physiologischen Sinne, sondern auch im kommunikativen; man kann sich positiv nur dann auf ihn beziehen, wenn man bereits Teil davon ist. Als sozialer Raum muss das Widerstandskollektiv also unterhalb der Schwelle gesellschaftlicher Sichtbarkeit agieren; es darf nur in seinen Taten sichtbar sein.

Die Widerstandsgruppe als sozialer Raum verfügt mit Kloses Kneipe zwar über ein „materielles Substrat",[211] das es ermöglicht, den Ort der Gruppe zu lokalisieren, ihr also ein „Wo" in der physischen Welt zuzuschreiben; die sozialen Güter, die die Kneipe konstituieren, sind aber gerade deswegen notwendig, weil sie die Existenz der Widerstandsgruppe kaschieren sollen. Stärker also als die relationale Gruppierung von sozialen Gütern und Lebewesen bestimmt sich die Existenz der Widerstandsgruppe durch eine gemeinsam geteilte (Sprech-)Praxis, der gerade keine Form gesellschaftlicher Institutionalisierung entspricht. Der Handlungsaspekt überwiegt also klar den der Struktur[212] beziehungsweise ist letztlich darauf angelegt, eine Welt vorbereiten zu helfen, die eine solche Struktur überhaupt erst wieder beinhalten kann.

Die räumliche Markierung der Widerstandstätigkeit wird bereits im Begriff vom Untergrund deutlich, in dem sich diese Tätigkeit, die – um im (Raum-)Bild zu bleiben – das politische System untergrabende ‚Wühlarbeit', vollzieht und womit die oben benannte gesellschaftliche Unsichtbarkeit bezeichnet ist; wer, wie der Gewerkschaftsfunktionär Wiegand, untertaucht, bedarf nicht nur einer neuen Identität – er lebt fortan in Räumen, die sein ‚altes' Ich nicht widerspiegeln. Wiegand wohnt in nahezu leeren Wohnungen, die keine Rückschlüsse auf ihren Bewohner zulassen und die er außerdem häufig wechselt. In diesem Aspekt spiegelt sich erneut die weiter oben in Bezug auf Lassehn diskutierte soziale Seklusion des liminalen Subjekts. Neben Lassehn wird dies bei keiner anderen Figur des Romans so deutlich wie bei dem ebenfalls in Illegalität lebenden Wiegand, der, ausgestattet mit dem Namen eines gefallenen Soldaten, alle Räume meiden muss, die noch Spuren seines alten Lebens tragen. Als er

---

[211] Weidenhaus: *Soziale Raumzeit*, a.a.O., S. 39.
[212] Zum Verhältnis von Struktur und Handlungsaspekt vgl. ebenda, S. 44.

schließlich enttarnt wird, bleibt auch ihm nur mehr das Hinterzimmer in Kloses Kneipe.[213]

Dass *Finale Berlin* in gewisser Hinsicht als „Raum-Roman"[214] gelesen werde kann, deutet bereits der Titel an. Tatsächlich ist das Handlungsgeschehen wesentlich von der textuellen Raumgebung geprägt und entfaltet sich entlang der vom Text gestalteten Räume, wobei auch der Bewegung zwischen diesen Räumen größere Aufmerksamkeit zukommt, beispielsweise den zunehmend schwieriger werdenden Straßenbahnfahrten und den Wanderungen durch die zerstörten Straßen, womit eine Art Kartographie Berlins am Vorabend der Kapitulation geliefert wird. Bereits die Exposition des Romans entfaltet sich, ähnlich wie in Leonhard Franks *Die Jünger Jesu*,[215] über eine Raumfigur. Das *Vorfinale* betitelte Kapitel, das dem ersten Teil des Textes als Auftakt vorangestellt ist (und in dem noch keine der späteren Figuren auftritt), hat den Ort des Handlungsgeschehens selbst zum Protagonisten. Berlin wird nicht nur unter Angabe exakter Koordinaten („52 Grad 30 Minuten nördlicher Breite und 13 Grad 24 Minuten östlicher Länge") sowie weiterer geographischer Angaben („32 m über dem Meeresspiegel, eingebettet in eine Düne der Eiszeit"[216]) eindeutig lokalisiert, sondern zugleich mit einer historischen Tie-

---

[213] Zum Hinterzimmer als Heterotopie des Widerstands siehe das folgende Kapitel zu Wolfgang W. Parth.
[214] Wolfgang Kayser: *Das sprachliche Kunstwerk. Eine Einführung in die Literaturwissenschaft*, 7. Aufl., Bern, München 1961, 363f. Kayser grenzt den Raumroman gegen den Figurenroman sowie den Geschehnisroman ab und entwickelt so eine Typentrias entlang charakteristischer Textgestaltungen.
[215] Leonhard Frank ist allerdings nicht lediglich in Form von Textäquivalenzen in *Finale Berlin* präsent, sondern wird namentlich genannt. Als Lassehn seine Frau findet, kommt es zu einem Gespräch zwischen beiden, in dem sie Lassehn zunächst nicht erkennt und er sich als einen Kameraden seiner selbst ausgibt. Als er sich ihr schließlich zu erkennen gibt, misstraut sie ihm noch immer – und greift zur Beschreibung der Situation auf Leonhard Franks Erzählung *Karl und Anna* zurück. Dieser Text schildert die Geschichte zweier Soldaten, von denen der eine seinem Kameraden detailliert von seiner Frau erzählt, worauf hin sich dieser in das Bild jener Frau verliebt, die ihm geschildert wird. Als dieser Soldat früher aus der Gefangenschaft entlassen wird, sucht er die Frau seines Kameraden auf – und übernimmt die Rolle des Ehemannes. Vgl. Rein: *Finale Berlin*, a.a.O., S. 364.
[216] Ebd., S. 9. Dort auch das vorherige Zitat.

fenschicht ausgestattet, die bis in die Zeit der „Markgrafen und Kurfürsten von Brandenburg"[217] und darüber hinaus reicht. Ähnlich wie bei Leonhard Frank dient diese raumzeitliche Verortung dazu, der *longue durée* einer historischen Stadtwerdung, die sich über Jahrhunderte hinzog, eine vergleichsweise kurze Zeit ihres Niedergangs gegenüberzustellen und zugleich das Bild einer gewachsenen Stadt gegen die „Reißbrettarchitektur Speers"[218] abzugrenzen. Fluchtpunkt dieses Narrativs ist es, die Art, wie der Nationalsozialismus Lebensräume (ein nicht zuletzt durch ihn vergiftetes Wort), und in diesem konkreten Falle Stadträume, verändert, nicht als organisches Einschreiben in eine Raumgeschichte darzustellen, sondern als Abbruch einer Traditionslinie und als gewaltsamen Wandel.

Diesen Gedanken greift Rein, wenn auch unter anderen politischen Vorzeichen, in dem *Ethnologie einer deutschen Kleinstadt* betitelten Kapitel noch einmal auf. Bei der besagten Kleinstadt handelt es sich dabei um das südöstlich von Berlin liegende Eichwalde, das Rein als Sinnbild kapitalistischer Siedlungspolitik inszeniert:

> Eichwalde [...] ist das Produkt einer Gründung, entsprungen den Hirnen von Kaufleuten und Grundstückspekulanten. Es gibt hier keine Tradition und keine Überlieferung, landschaftliche oder landwirtschaftliche Notwendigkeiten haben hier keine Rolle gespielt, entscheidend war einzig die günstige Verkehrslage und die Nähe der Großstadt.[219]

Die Rede von der Traditionslosigkeit dieser Gründung wird flankiert von einer durchaus befremdlichen, in ähnlicher Form auch im anderen politischen Spektrum verbreiteten Verklärung des Bodens, der für den „Charakter eines Ortes" entscheidend sei. Es mache einen wesentlichen Unterschied, so der Erzähler, ob die Geburt eines Ortes nicht „im Schoße der Erde, sondern im kahlen, nüchternen Büro eines Grundstückmaklers stattfindet, wenn der Same, der ihn gezeugt, und die Eizelle, die ihn empfangen hat, nicht den Urkräften der Natur zugehören".[220] Zwar stehen hier die biologistischen Metaphern im Dienste einer Kritik des Kapitalismus,

---

[217] Ebd.
[218] Ebd., S. 12.
[219] Ebd., S. 130.
[220] Ebd., S. 129. Dort auch das vorige Zitat.

der sich nicht um gewachsene soziale Gebilde schert, aber in Bildwahl sowie Diktion entsteht eine irritierende Nähe zur nationalkonservativen bis nazistischen Schollen-Romantik, die ihrerseits gerne das Bild des (zumeist als jüdisch attribuierten) Büros als Kontrastfolie bedient. Die Traditionslosigkeit, die der Kapitalismus schaffe, wird in der im Kapitel angekündigten „Ethnologie" weiterhin auf zweierlei Art funktionalisiert. Zum einen unterstreicht sie den Zug zur Homogenisierung, den diese Form der Stadtgründung begünstigt, zum anderen macht sie die Traditionslosigkeit als Wesenszug eben jener Begünstigten aus: des Bürgertums. Die in diesem Kapitel gelieferte Raumdiagnostik ist letztlich eine Klassendiagnostik, es ist – in Reins Ethnologie – das deutsche Bürgertum, das dergleichen Kleinstädte besiedelt und sich in deren aller historischer Spuren entledigter Architektur wohlfühlt. Diese korrespondiert mit der im Bürgertum gepflegten Individualität, die der Erzähler als „Individualität von Schafen" bezeichnet und die das Bürgertum für den politischen Autoritarismus und Militarismus anfällig mache.[221] Die Wiegands, die ebenfalls in Eichwalde wohnen und Teil sind jenes „Zuzug[s] von nichtbürgerlichen Elementen",[222] wundern sich letztlich nicht, dass man auf das zunehmende Leid, das mit den wiederkehrenden Verhaftungen von Friedrich Wiegand einhergeht, mit Rückzug und völliger Entsolidarisierung reagiert.

Damit fügt sich diese ethnologische Erkundung, die die Reißbrett-Vorstädte als Zuchtstätten politischer Kleingeistigkeit ausmacht, in die weiter oben erwähnte, größere ideologische Erzählung vom Faschismus als Mittelstandsbewegung ein. Es wurde bereits auf die Bedeutung hingewiesen, welche die Figuren des Widerstandszirkels (und darüber hinaus) der Traditionsbildung im Kontext der Arbeiterbewegung und ihrer politischen Institutionen zuweisen; sie befähigt diese Figuren im herausragenden Maße dazu, den Vereinnahmungen durch den NS-Staat zu widerstehen und ist Grundlage ihres solidarischen Miteinanders, eben weil die klassenspezifische Geschichtsperspektive den Einzelnen sozial verortet, ihn also mit einer übergreifenden kollektiven Identität ausstattet. Da der geschichts- und traditionslose Bürger – so der Subtext – dieser Verortung ermangelt, ist er ausschließlich auf sich selbst zurückgeworfen, auf sein

---

[221] Vgl. ebenda, S. 131. Dort auch das vorige Zitat.
[222] Ebd., S. 130.

Besitzstreben (der Erzähler spricht deutlicher vom „Besitzwahn"[223]), das ihn von der organisierten Arbeiterschaft trennt und der Herrenmenschen-Rhetorik des Nazismus zuerst in die Arme, dann in die Armee treibt. In *Finale Berlin* wird dieser Schritt in die Reihen des „Rattenfängers aus Braunau"[224] nicht zuletzt dadurch erklärt, dass sich das Bürgertum nach einer neuen Autorität sehnt und durch Hitler dem „Interregnum einer autoritätslosen Zeit"[225] – gemeint ist die Weimarer Republik – zu entkommen hofft. Auch hier greift die der Denkfigur des Dazwischen inhärente Logik des Übergangs, die in dem die ethnologische Analyse individualbiographisch ergänzenden Kapitel „Biographie eines Nationalsozialisten" noch einmal aufgenommen wird. Die dort erzählte Geschichte des Otto Hille, eines geistig unbedarften, grundbrutalen Mannes, der die Zeit beim Militär als Befreiung von der Zumutung selbstständigen Denkens erlebt, greift noch einmal den Gedanken von der autoritätslosen Zeit auf, die Hille durch seinen Eintritt in die SA maßgeblich zu beseitigen hilft. Die überspitzte Darstellung dieser durch und durch verhetzten Figur, die bei einem ersten Treffen selbst Goebbels für einen „miesen Judenjungen mit dem Klumpfuß"[226] hält, illustriert ein Staatsverständnis, in dem „der Begriff Staat [...] unverkennbar mit dem Begriff Befehl verbunden"[227] ist. Es ist diese Befehlssehnsucht, die der Erzähler in *Finale Berlin* bereits in dem geschichtslosen Vorort Eichwalde auszumachen meint.

Der Raum-Auftakt im *Vorfinale* ist aber noch durch einen weiteren spatialen Aspekt ausgezeichnet, der im Verlauf des Romans zunehmend an Bedeutung gewinnt. Verbunden ist er mit der bereits geschilderten Kontrastierung von der jahrhundertelangen Aufbauarbeit des Raums Berlin und seiner Zerstörung innerhalb der wenigen Jahre nationalsozialistischer Herrschaft. Es sind hier jedoch nicht die wenigen Minuten eines Flächenbombardements, die, wie im Falle Würzburgs in *Die Jünger Jesu*, das Aufbauwerk von Jahrhunderten vernichten; die „Brände und Erdbeben", die Berlin vernichten, „haben fast zwei Jahre gedauert".[228] Zwar wird auch hier durch die Betonung der langen Entstehungszeit Berlins ein

---

[223] Ebd., S. 131.
[224] Ebd.
[225] Ebd., S. 132.
[226] Ebd., S. 218.
[227] Ebd., S. 215.
[228] Ebd., S. 9.

Kontrast zur selbsternannten Herrlich- und Beständigkeit des proklamierten 1000-jährigen Reiches hergestellt, die relativ lange Dauer der Zerstörung hingegen unterstreicht die Intensität des Leids und die Irrationalität der Ursache. Berlin – im *Vorfinale* konsequent personifiziert – ist von Wunden gezeichnet, eine „Ruinenstadt, deren Leib verbrannt und zerbrochen, deren Eingeweide zerfetzt und aufgerissen sind",[229] und dessen Fläche zunehmend weniger Bewegungsraum bietet. Das Leben friert ein beziehungsweise, wie es das Bild von Berlin als „bewohntes Pompeij"[230] suggeriert, erstarrt im Moment des Sterbens. Es sind folglich vor allem Räume unter der Erde, Keller und Luftschutzbunker – durch ihre Topographie bereits mit den kulturellen Signa des Sterbens und des Todes behaftet –, die im Verlauf der Geschichte mehr Textraum einnehmen und die Handlungen strukturieren, die ihrerseits von immer weniger Bewegungen geprägt sind. Warten und Ausharren dominieren. Sowohl die Keller als auch die Luftschutzbunker, in denen die Bevölkerung vor den zunehmenden Flächenbombardements Zuflucht sucht, avancieren zu phobischen Räumen, die in den Seelenlandschaften um und nach 1945 eine zentrale Position besetzen und deren Rolle bis heute noch wenig erforscht ist.[231] In diesen Räumen verdichten sich Hilflosigkeit und Orientierungslosigkeit, da Keller wie Luftschutzbunker ihre Insassen zu passiven Zuhörern eines für sie unsichtbaren Geschehens degradieren. Zugleich aber sind sie Räume, in denen sich der Untergang – seinerseits ein *terminus spatii* – des politischen Systems selbst abbildet. In Reins Roman wird dieser Nexus von Untergrund und Untergang dadurch herge-

---

[229] Ebd., S. 13.
[230] Ebd., S. 81.
[231] Es wäre fraglos lohnenswert, die Literatur nach 1945 unter dieser Perspektive erneut zu lesen und die Gestaltung phobischer Räume beziehungsweise einer durch die Erfahrung der Zerstörung deutscher Städte konturierte (traumatische) Seelenlandschaft nachzuzeichnen. Wie der Begriff der Seelenlandschaft schon andeutet, ginge es dabei weniger um ein Ausbuchstabieren der urbanen Physiognomie als vielmehr, wie dies Cornelia Zumbusch formulierte, um das Aufzeigen des „umgestülpte[n] Innen von Figuren." Cornelia Zumbusch: *Der Raum der Seele. Topographien des Unbewussten in Joseph von Eichendorffs Eine Meerfahrt*, in: *Räume der Romantik*, hg. von Inka Mülder-Bach/Gerhard Neumann, Würzburg 2007, S. 197–216, hier S. 200.

stellt, dass gegen Ende ein ganz besonderer Bunker in den Fokus rückt, nämlich jener unter dem Garten der Reichskanzlei, der sogenannte Führerbunker. Das Kapitel, in dem dieser das erste Mal Erwähnung findet, ist aufgebaut wie eine Kamerafahrt durch das zerstörte und umkämpfte Berlin, zeichnet verschiedene Stationen der Schlacht um Berlin nach, vermerkt (militärisch sinnlose) Akte der Zerstörung ziviler Infrastruktur durch die SS (z. B. die Sprengung des Landwehrkanals) und mündet schließlich im Führerbunker, in dessen akkurate Beschreibung sich wortwörtliche Äußerungen Hitlers mischen. Der Gang in den Bunker, für gewöhnlich dem Auge der absoluten Mehrheit aller Menschen entzogen, wird im Modus der Fiktion (die sich entlang des Faktualen aufspannt) ermöglicht, wobei der Schritt ins Unterirdische des NS-Regimes zugleich ein Abtauchen in die vom Wahnsinn umnebelte Gedankenwelt des ‚größten Feldherrn aller Zeiten' ist, der nach Görings Bruch unter anderem fordert: „Die ganze Luftwaffe gehört aufgehängt."[232] Eine zweite und dritte Episode in besagtem Bunker wird diesbezüglich noch expliziter, nicht nur in puncto Darstellung, sondern auch hinsichtlich der Erzählerkommentare. Von Hitler ist nun mehr die Rede als von einem „irrsinnige[n] Hysteriker" mit „sadistischem Vernichtungstriebe", der Armeen dirigiert, „die längst nicht mehr existieren".[233] In der letzten dieser Episoden rekonstruiert Rein mit großer Akribie den Selbstmord Hitlers, vermerkt dessen politisches Testament und an welche Personen es verteilt wird, bevor er sich, wie es in auffallender Deutlichkeit heißt, „feige aus seinem verfluchten Leben" schleicht, indem er sich „in den lästerlichen Mund"[234] schießt.

Diese an Drastik nichts vermissenlassenden Formulierungen sind Teil der raumbasierten Bedeutungskonstruktion, deren semantische Codierung eindeutig ausfällt. Der Weg unter die Erde ist – ein seit der Romantik tradiertes ästhetisches Verfahren – zugleich ein Weg in die menschliche Psyche. Momente der Selbstreflexion oder der Bewusstwerdung allerdings bleiben in den Hitler-Episoden aus; hier ist der unterirdische Raum

---

[232] Rein: *Finale Berlin*, a.a.O., S. 559.
[233] Ebd., S. 580.
[234] Ebd., S. 686. Dort auch die übrigen Zitate.

tatsächlich ein Grab.[235] Allerdings findet nicht nur das Ende seine symbolische Gestaltung unter der Erdoberfläche, auch die das Neue vorbereitende Transition ist eine *underground*.

Wie gezeigt, ist die räumliche Gestaltung der Widerstandsarbeit eine, die sich im gesellschaftlichen Untergrund abspielt und die ihre (sozialen) Räume der Sichtbarkeit entziehen muss, was sich als Konsequenz ihrer Illegalität ergibt, aus der sie zugleich ihre Legitimität bezieht. Auch für die Figuren des Widerstands gilt, dass im Verlauf der Romanhandlung ihr Handlungsspielraum zunehmend kleiner wird, wobei dies tatsächlich den Raum für mögliche Handlungen meint. Agierten Lassehn, Böttcher und Wiegand zuvor noch in mehreren Stadtteilen Berlins, mitunter bis in die Vororte hinein, konzentriert sich die Handlung der letzten Kapitel auf einige wenige Straßenzüge der Berliner Innenstadt. Zuletzt sitzt man nur noch in einem Nebenraum in Kloses Kneipe beziehungsweise in einem der vielen Keller, die den Roman durchziehen. Während Berlin sich in ein „Gräberfeld" verwandelt und beschrieben wird als Ansammlung „verwüstete[r], rauchgeschwärzte[r] Straßenzeilen" sowie als „chaotische[] Stein- und Schuttwüste",[236] der dargestellte urbane Raum also zunehmend amorph wird und sich massenhaft mit den Zeichen einer zerfallenden sozialen Ordnung anreichert, stiftet die Widerstandsgruppe zugleich Ordnung in dieser konturlosen Umwelt. Der durch sie hergestellte geistige Raum, der sich in ihren Gesprächen aufspannt, wirkt als Gegenbewegung zu dieser Auflösung – er ist das Imaginarium einer kommenden Zeit, die durch Ordnung und Orientierung geprägt ist und die im Modus der Kommunikation in eben diesen Qualitäten bereits vorweggenommen wird. Das Gespräch selbst stiftet Ordnung und Orientierung.

Der Schritt in den Untergrund ist nicht zuletzt ein Akt der Erdung, wie in der Transitionserzählung des Deserteurs Lassehn ersichtlich wird. Er, der seine Orientierungs- und Bindungslosigkeit in die Denkfigur des Dazwischen kleidet und noch in einem zu Beginn geführten Gespräch über Kunst, in dem er eine kunstautonome Position vertritt, davon spricht, er befinde sich in einem „geistigen Schwebezustand",[237] verdankt dem Un-

---

[235] Dies gilt auch für die scheiternde Transition von Tolksdorff. Es ist ein Keller, wo er sich von jeder Befehlskette lossagt, und es ist derselbe Keller, in dem er sich kurz darauf erschießt. Vgl. ebenda, S. 641.
[236] Rein: *Finale Berlin*, a.a.O., S. 262.
[237] Ebd., S. 58.

tergrund seine humanistische Neuausrichtung. An ihm artikuliert sich exemplarisch, was der frühen Widerstandsliteratur als Ganzer zukommt, nämlich als moralischer Impuls zur Orientierung in einer gesellschaftlichen Umwelt nach 1945 zu fungieren.[238] Und es sind ja auch diese Figuren des Widerstands, denen in einem symbolisch gerahmten Akt die Aufgabe des Neuaufbaus überantwortet wird.

Zuletzt ist der Untergrund, genauer der Keller, ganz konkret Ort der gelingenden Transition, sprich des Überlaufens zu den russischen Truppen. In einem solchen Keller findet sich die Widerstandsgruppe nebst einigen weiteren Soldaten und Zivilisten wieder und ihre Zustandsbeschreibung ähnelt auffallend jener des frühen Lassehn:

> Der Keller wankt und schwankt, die Grundmauern zittern unter den Stößen der Einschläge, die Erde stöhnt dumpf auf und scheint zu kreisen, aber die fünfzehn Menschen sitzen unbeweglich in diesem Keller inmitten des entfesselten Orkans aus Eisen und Pulver, ihnen ist, als hätten sie sich ganz aus ihrem Leben herausgelöst, als säßen sie in diesem Keller wie auf einem Floß, das in einem aufgewühlten Meere steuerlos dahintreibt.[239]

War es bei Hans Werner Richter noch ein reales Schiff, das symbolisch die Verflüssigung alter Normen und Ansprüche verdeutlicht hat, greift Rein seinerseits auf eine nautische Metaphorik zurück, um im Wesentlichen das Gleiche anzuzeigen: die endgültige Loslösung von alten Bindungen, die soziale Sekludierung, der Aufbruch ins Neue respektive Unbekannte und den – um im Bild zu bleiben – Untergang des Alten. Der Keller ist der paradigmatische Ort, der sowohl dem Ungewissen des Kommenden als auch den sozialen Status der Gruppe – sprich ihre Illegalität – räumlich Ausdruck zu verleihen vermag. Und es wird zuletzt ein

---

[238] Vgl. Monika Melchert: *Die Zeitgeschichtsprosa nach 1945 im Kontext der Schuldfrage*, in: *Deutsche Erinnerung. Berliner Beiträge zur Prosa der Nachkriegsjahre (1945–1960)*, hg. von Ursula Heukenkamp, Berlin 2000, S. 101–166, hier S. 140, wo es heißt: „In der frühen Literatur über den Widerstand ist fast überall ein moral-didaktischer Impuls deutlich erkennbar und manifestiert sich auch ästhetisch im Zurückgreifen auf traditionelle Erzählformen. Diese erleichtern das Angebot der Identifikation mit neuen Vorbildern, wozu die Helden des Widerstands nach und nach aufgebaut werden."

[239] Rein: *Finale Berlin*, a.a.O., S. 644.

Keller sein, in dem der Schritt in die neue, als befreiend empfundene Ordnung getan wird: „Geht's oben nicht, dann muß es unten gehen."[240] Diese Aussage ist mehr als nur eine unmittelbare Problemanalyse, die der Marxist Schröter trifft, als die Gruppe feststellt, dass der überirdische Weg zu den russischen Soldaten verstellt ist; sie ist ein Befund, demgemäß aus der Umklammerung durch den Nationalsozialismus kein legaler Weg mehr herausführt. Als sich die Gruppe in einen weiteren Keller geflüchtet hat, entschließt man sich, den Durchbruch zu einem anderen Keller zu nutzen, um auf die russische Seite zu gelangen. Als die Mauer durchbrochen ist, rettet die Gruppe letztlich die bereits mehrfach angesprochene linke Traditionsbildung. Denn als man im Dunkel des Kellers auf russische Soldaten stößt, nutzt Wiegand die zentrale Pathosformel linker kollektiver Identität, um Kontakt herzustellen: „Towarisch."[241] Genosse.

Mit diesem Wort endet der zentrale Handlungsteil des Romans, dem sich noch ein nur wenige Seiten umgreifender Epilog anschließt, der wiederum aufgeteilt ist in zwei kleinere Abschnitte, betitelt „Ende..." sowie „...und neuer Anfang", letzterer in der Neuauflage versehen mit einem Fragezeichen.[242] Während der erste Teil die Unterzeichnung der Kapitulation durch den General der Artillerie Weidling nachzeichnet und hierbei auch dessen Befehl zur Einstellung aller Kampfaktivitäten im Wortlaut abdruckt, noch einmal also das dokumentarische Verfahren bemüht, beschreibt der zweite Teil die bereits weiter oben erwähnte Übergabe der Bezirksverwaltung an Wiegand und Dr. Böttcher. Der Text macht an dieser Stelle erneut deutlich, dass jene, die dem Hitler-Regime aktiven Widerstand entgegengesetzt haben, ein moralisches Anrecht auf eine füh-

---

[240] Ebd., S. 692.
[241] Ebd., S. 694. Auch diese Stelle hat in der Neuauflage des Romans eine bezeichnende Veränderung erfahren. Während in der Erstfassung dem Wort „Towarisch", das bereits zuvor als „geflügelte[s] Wort" der Verständigung zwischen „klassenbewußten Arbeitern und ihren russischen Genossen", sprich Zwangsarbeitern, eingeführt worden war (ebd., S. 193), das Händeschütteln zwischen Wiegand und dem russischen Soldaten folgt, heißt es in der Neuauflage: „‚Towarisch', sagt er [i.e. Wiegand] mit bewegter Stimme und hebt die Hände hoch. Der russische Soldat blickt ihn ruhig an, dann verzieht er die Lippen zu einem verächtlichen Lächeln und antwortet: ‚Nix Towarisch. Gib Uri. Dawai.'" Rein: *Finale Berlin Neu*, a.a.O., S. 743.
[242] Rein: *Finale Berlin Neu*, a.a.O., S. 749.

rende Rolle im sich anschließenden Wiederaufbau haben. Denn in ihnen zeigt sich das alternative Deutschland und die mit diesem verbundene „,mögliche' deutsche[] Geschichte, die halb zu entwerfen, halb zu dokumentieren war"²⁴³ – die Geschichte derer, die nicht (mehr) mitmarschiert sind, und denen, um noch einmal Camus zu bemühen, bewusst wurde, dass das „Übel, welches ein Einzelner erlitt, [...] zur kollektiven Pest"²⁴⁴ geworden war. Reins Roman ist damit nicht zuletzt eine Geschichte über Solidarität in finsteren Zeiten.

5.4 Appendix – Wolfgang W. Parth: *Die letzten Tage*

Noch bevor Heinz Reins Roman veröffentlicht wurde, erschien 1946 im Berliner Aufbau Verlag das literarische Debüt eines jungen ehemaligen Journalisten und Unteroffiziers: Wolfgang W. Parths *Die letzten Tage*.²⁴⁵ Der recht schmale Band erreichte noch im Jahr seiner Publikation die

---

[243] So Ursula Heukenkamp über das geplante Buchprojekt über den innerdeutschen Widerstand von Ricarda Huch. Heukenkamp: *Das lautlose Deutschland*, a.a.O., S. 279.

[244] Camus: *Der Mensch in der Revolte*, a.a.O., S. 21. Dieser Umschlag vom individuellen Protest zur kollektiven, sprich organisierten Revolte zeichnet Reins Roman anhand der Figur Lassehn nach – und unterstreicht damit die Bedeutung der Organisation, da sich in ihr die politische Grundierung des Widerstands selbst zeigt. Es verwundert von daher nicht, dass Heukenkamp Rein Schwierigkeiten im Umgang mit Widerstandserzählungen attestiert, die nicht den Wert „soziale[r] Gemeinsamkeit" betonen. Vgl. Heukenkamp: *Das lautlose Deutschland*, a.a.O., S. 321.

[245] Sigrid Töpelmann spricht in Bezug auf Parth sogar von einem „speziellen ‚Vorläufer', der die ‚letzten Tage' von Berlin in einer ähnlichen Mischung von dokumentarischen und fiktiven Elementen darstellt." Sigrid Töpelmann: *Autoren, Figuren, Entwicklungen. Zur erzählenden Literatur in der DDR*, Berlin, Weimar 1975, S. 343, Anm. 25. Töplemanns Untersuchung ist jedoch aufgrund ihrer ideologischen Ausrichtung von zweifelhaftem Wert, da sie sämtliche Texte unter Berücksichtigung der „richtigen, auf der Grundlage des Marxismus-Leninismus wissenschaftlich begründeten Erkenntnis der Wirklichkeit" in den Blick nimmt (ebd., S. 166). Damit haften ihren mitunter klugen Beobachtungen etwas grundsätzlich Reduktives an.

dritte Auflage (41.-60.000),[246] was trotz der notorisch hohen Erstauflagen des Aufbau Verlags als durchaus veritabler Erfolg des Debütanten verbucht werden darf.[247] Parth schildert in seinem Buch die Erlebnisse dreier von Prag nach Berlin desertierender Soldaten. Dort schließen sie sich einer Widerstandsgruppe an, die durch Plakataktionen und Gespräche versucht, in der sich anbahnenden Schlacht um Berlin für ihren Straßenzug das Schlimmste zu verhindern. Neben dem Schauplatz der Handlung sowie dem *plot* teilt der Roman mit *Finale Berlin* das Aufgreifen und Montieren dokumentarischen Materials, allerdings in einem weitaus bescheideneren Maß.[248] Und wie diesem ist ihm eine Widmung vorangestellt: „Helmut Kindler zur Erinnerung an die gemeinsamen Erlebnisse." Diese Widmung an den späteren Verleger Kindler, der für die Publikation mehrere Bücher von Parth verantwortlich zeichnet, ruft gemeinsame Erlebnisse von Autor und Widmungsadressat auf und perspektiviert die Handlung des Romans somit in autobiographischer Hinsicht. Bei Parth finden sich diesbezüglich keine weiteren Angaben; fündig wird man hingegen in der opulenten Autobiographie von Helmut Kindler.

Dort beschreibt dieser, wie er, der bereits zuvor aufgrund widerständiger Handlungen im Gefängnis saß, zur ‚politischen Bewährung' in eine Propagandakompanie versetzt wurde und schließlich wegen Abhörens feindlicher Sender mit dem Standgericht bedroht war, auf Wolfgang Parth trifft, der ihn vor der Bedrohung warnt. Man verschafft sich unter Ausreden Marschbefehle und setzt sich damit halboffiziell von Mährisch-Ostrau (heute: Ostrava, Tschechien) über Prag nach Berlin ab, wo Kindler Parth bei einer befreundeten Tänzerin unterbringt.[249] Damit sind im Wesentlichen alle Stationen benannt, die auch die Figuren in Parths Roman

---

[246] Es wird im Folgenden nach eben jener dritten Auflage zitiert: Wolfgang W. Parth: *Die letzten Tage*, Berlin 1946.

[247] Die Erstauflagen im Aufbau-Verlag changierten in den frühen Jahren bis zur Währungsreform konsequent zwischen 10.000 und 30.000 Stück. Vgl. Carsten Wurm: *Der frühe Aufbau-Verlag 1945–1961. Konzepte und Kontroversen*, Wiesbaden 1996, S. 27.

[248] So wird beispielsweise aus OKW-Berichten zitiert und auch die Frontzeitung *Der Panzerbär* findet erneut Erwähnung. Vgl. Parth: *Die letzten Tage*, a.a.O., S. 100f. sowie 124f.

[249] Vgl. Helmut Kindler: *Zum Abschied ein Fest. Die Autobiographie eines deutschen Verlegers*, München 1992, S. 274–276.

durchlaufen: Der Text beginnt mit dem Warten der beiden desertierten Soldaten Martin Buck und Gerhard Brinkmann – die mit ihren *alter egos* Wolfgang Parth und Helmut Kindler schon die Silbenzahlen ihrer Namen teilen – auf den „einzige[n] Prager Zug von Mährisch-Ostrau"[250] und zeichnet deren Weg nach Berlin in die Kreise einer kleinen Widerstandsgruppe nach. Die Parallelen zwischen Kindlers Autobiographie und Parths Roman sind so explizit, dass sich sogar die Ausfüllung der erinnerten beziehungsweise fiktiven Marschbefehle gleichen.[251] Auch Tatjana Gsovsky, jene Balletttänzerin und Choreographin, bei der Wolfgang Parth in den letzten Tagen des Zweiten Weltkrieges untergekommen war, findet im Roman ihre Entsprechung: Die Widerstandsgruppe trifft sich in einem Hinterzimmer einer Ballettschule.[252]

Die Wandlungen der Figuren in *Die letzten Tage* stellen eine eher marginale Komponente dar, lediglich der als „der Kleine" benannte dritte Deserteur durchläuft einige wenige Veränderungen, die allerdings zu vernachlässigen sind[253] – das widerständige Figurenpersonal des Romans hat (Neu-)Orientierung und antifaschistische Metamorphosen nicht mehr nötig. Dafür erfährt die figurenzentrierte Analyse bei Heinz Rein hier nun eine verstärkt die Kategorie Raum fokussierende Ergänzung; parallel zu Rein inszeniert Parth in seinem Roman den Raum des Widerstands als einen, der sich sozialer Sichtbarkeit entziehen muss, was im Text durch das für sich genommen banale Verhängen der Fenster illustriert wird – eine Handlung allerdings mit deutlichem Symbolüberschuss. Über das

---

[250] Parth: *Die letzten Tage*, a.a.O., S. 7.
[251] Vgl. Kindler: *Zum Abschied ein Fest*, a.a.O., S. 274 sowie Parth: *Die letzten Tage*, a.a.O., S. 53 sowie 113.
[252] Vgl. Parth: *Die letzten Tage*, a.a.O., S. 32.
[253] Er, dessen Weltanschauung die am wenigsten gefestigte ist – er desertiert ausschließlich aus privaten Gründen –, wird auch der einzige aus dem Kreis der Widerstandskämpfer sein, der im Verlauf der Handlung sein Leben verliert. Bei dem Versuch, einige deutsche Soldaten am Verlegen von Mienen zu hindern, fliegt er auf und wird erhängt; eine Todesart, von der sich der Deserteur stetig umgeben weiß. Vgl. ebenda, S. 167. Bereits zuvor finden sich Schilderungen erhängter Deserteure, vgl. ebenda, S. 112f. Gleich zu Beginn des Textes findet ein weiterer Deserteur Erwähnung, dessen Fluchtmotiv durch eine Fotographie, die „eine Frau und zwei Kinder zeigt", angedeutet wird. Auch er wird ergriffen. Ebd., S. 18.

Hinterzimmer heißt es: „Da in den Fenstern schon lange keine Scheiben mehr sind, werden immer, wenn ein paar Leute hier sind, die Innenflügel mit den Verdunkelungspappen zugemacht, damit man von den gegenüberliegenden Wohnungen nicht ins Zimmer sehen kann."[254] Dem Entzug sozialer Sichtbarkeit korrespondiert die heterotopische Signatur des Hinterzimmers, dessen Bezeichnung bereits seine sozial-periphere Position anzeigt. Er liegt gleichsam ‚hinter' den vorherrschenden sozialen Realitäten und ermöglicht ein Operieren im gesellschaftlichen ‚Dunkel'. Auch hier gilt, dass das Hinterzimmer erst zu einem *l'autre espace* werden kann, wenn ein bestimmtes Handeln ihn als innergesellschaftlichen Gegenentwurf herstellt. Hier wird, wie auch im Kneipenraum von Otto Klose in *Finale Berlin*, eine Vernetzung von physischer Gegebenheit und sozial-praxeologischer Dimension aufgezeigt: Ohne ein bestimmtes Handeln bleibt das Hinterzimmer lediglich ein Hinterzimmer, ohne den physischen Raum, der realkörperliche Begegnungen und Kommunikation ermöglicht, bleibt aller Widerstand bloß mental oder vereinzelt.

Auch dieses Zimmer, das seine Tarnung dem noch bis kurz vor Kriegsende aufrechterhaltenen Ballettunterricht verdankt, dessen ihm vorgelagerte Sichtbarkeit seine Unsichtbarkeit erst ermöglicht,[255] ist dadurch ausgezeichnet, dass es über klare Zugangsbeschränkungen verfügt. Es steht lediglich jenen offen, die bereits in Fundamentalopposition zu den herrschenden Verhältnissen stehen und agieren, wobei sich die Möglichkeiten dieses Agieren wesentlich erst aus der Existenz dieses Raumes ergeben. Konsequenterweise wird er von den Figuren selbst als „Insel"[256] bezeichnet, was seinen isolierten und abgegrenzten Status anzeigt[257] – dass dieser (um im Bild zu bleiben) von den faschistischen Fluten umbrandete Raum zugleich für seine Bewohner eine behütende und beschützende Funktion einnimmt, artikuliert sich in der Rede vom „anti-

---

[254] Ebd., S. 47.
[255] Vgl. ebenda, S. 40.
[256] Vgl. ebenda, S. 39f. Der Erzähler übernimmt diese Sprechweise, setzt die Bezeichnung aber fortan in einfache Anführungsstriche. Vgl. ebenda, S. 47, 51, und weitere.
[257] Allerdings bemüht sich der Roman darum, sowohl den Raum als auch die in ihm sich treffende Gruppierung nicht als singuläre Erscheinung darzustellen, sondern bettet sie ein in größere solidarische Untergrundstrukturen.

faschistische[n] Nest",[258] in der Schutz und Widerstand zusammengehen. Dabei ist die Ein- und Aufrechterhaltung des dem Raum eigenen Grenzregimes von zentraler Bedeutung: Es sichert die Identität der Gruppe nach innen und schirmt sie zugleich gegen Zugriffe von außen ab. Wird diese Grenze von jemandem übertreten, der der Gruppe nicht angehört, bleibt letztlich nur die Neutralisation, um auf diese Störung zu reagieren. Genau dies führt der Text vor. Als das Haus, in dem sich die Ballettschule und das antifaschistische Nest befinden, mit einem wild zusammengewürfelten Haufen Soldaten und Volkssturmmänner belegt wird, platzt ein Stabsfeldwebel auf der Suche nach einem Schlafplatz plötzlich in das Hinterzimmer. Zwar schätzt er die Lage falsch ein und vermutet in der Gruppe nur weitere einquartierte Soldaten, folgenlos bleibt der Grenzübertritt aber nicht.

Denn der Stabsfeldwebel schüttet, wie es im Text heißt, einer der Frauen der Widerstandsgruppe, Frau Westkamp, sein Herz aus; seine Frau wohne mit den gemeinsamen Kindern nur unweit von hier und sie habe ihn gebeten, „doch einfach Schluß zu machen".[259] Nun ringe er, was er tun solle, „dem Ruf seiner Frau und der Kinder folgen, oder weiter seine Pflicht als Soldat erfüllen".[260] Obwohl bereits Frau Westkamp ihm dringend rät, die Truppe zu verlassen, fällt die Entscheidung doch erst in besagtem Hinterzimmer: „Da er aber immer noch mit sich kämpft, ist es wohl besser, ich führe ihn mal hier herein."[261] Die Metaphorisierung der Entscheidungsfindung als Kampf verweist – bei aller Alltäglichkeit der Verwendung – auf die Ursache der Schwierigkeiten, sich zu entscheiden: „Ich war immerhin zwölf Jahre Soldat."[262] Mit dieser Aussage lässt sich die Größe der sich anbahnenden Transformation abschätzen: Es geht um nicht weniger, als um den Bruch mit dem nationalsozialistischen System. Das Ablegen der Uniform und das Anziehen ziviler Kleidung ist somit mehr als lediglich ein Wechsel der Garderobe; hier wird der Wandel von der anthropologischen Leitfigur des Soldaten zu jener des *cives* versinnbildlicht, ein Wandel, dessen Bedeutung der Text in Form der Figurenrede selbst betont: „„So still ging alles vonstatten – und doch ist eben eine

---

[258] Parth: *Die letzten Tage*, a.a.O., S. 40.
[259] Ebd., S. 120.
[260] Ebd., S. 121.
[261] Ebd.
[262] Ebd.

Welt geborsten.'"[263] Dem räumlichen Grenzübertritt folgte konsequent der ideologische. Die Ermöglichungsstrukturen des als heterotopisch codierten Hinterzimmers werden durch den Wandel auf der Figurenebene transparent.

Das Hinterzimmer ist damit die exemplarische Antistruktur zum NS-Staat, in der eine alternative Kollektivität in der Gegenwart ermöglicht und zugleich die Arbeit an einer anderen Zukunft vorangetrieben wird. Zu einem gewissen Teil ist diese Zukunft bereits innerhalb der Gruppe verwirklicht, insofern sie sich in ihrer Sprechpraxis dezidiert gegen die Sanktionierung des politischen Gesprächs wendet – die Präsenz dieser das NS-Regime kennzeichnenden Kommunikationsreduktion wird textuell durch die Wiedergabe eines Schildes in der Bahnhofshalle in Prag hergestellt: „POLITISCHE GESPRÄCHE VERBOTEN!".[264] Auch hier verfährt der Text entlang historischer Tatsachen beziehungsweise Objekte, gab es diese Schilder doch tatsächlich.[265]

Diese Zukunft allerdings, an deren Herstellung die Gruppe mitwirkt, ist (ebenfalls äquivalent zum Schluss von *Finale Berlin*) mit einem Fragezeichen versehen; denn zuletzt wird den russischen Soldaten ausgerechnet jene Frau mit der weißen Fahne entgegengehen, die zuvor als treue Regime-Anhängerin porträtiert wurde. Auch in *Die letzten Tage* kommen die Protagonisten des Widerstands nicht um die bittere Erkenntnis herum, dass sie trotz Einsatz ihres Lebens an der Befreiung Deutschlands keinen rechten Anteil hatten: „Freiheit – ja, aber wir haben sie uns nicht selbst geholt. Ich fürchte, wir werden noch viel dafür tun müssen …"[266] Die drei Punkte, mit denen der Romantext schließt, versinnbildlichen noch einmal die Kontingenz des Kommenden, die bei Parth kaum eine (partei-)politische Eingrenzung erfährt – Desertion sowie Widerstand und der diesen unterliegende Antifaschismus sind eine Sache der moralischen Haltung und werden kaum politisch konturiert.

Die Erkenntnis, dass man als Teil des innerdeutschen Widerstands zuletzt wenig für die Befreiung Deutschlands tun konnte, wird ausgerechnet

---

[263] Ebd., S. 122.
[264] Ebd., S. 28. Majuskeln im Original.
[265] Exemplare besagter Schilder finden sich v.a. bei auf Militaria spezialisierten Online-Händlern. Abbildungen lassen sich leicht über gängige Online-Suchdienste finden.
[266] Ebd., S. 172.

von einer (positiv ausfallenden) Rezension des Buches hervorgehoben und mit einer bestimmten Aktion in Verbindung gebracht. In der in *Welt und Wort* publizierten Rezension geht der Autor auf die im Roman geschilderte Nein-Aktion ein, bei der die Widerstandsgruppe und andere widerständige Gruppierungen auf Häuserwände das Wort „Nein" malen, um gegen die Vorbereitungen zur Verteidigung Berlins zu protestieren und zu mobilisieren.[267] Während am folgenden Tag das „Nein" teilweise übermalt wird, nutzen einige Fanatiker das Wort für ihr eigenes Fanal, indem sie davor „kapitulieren?" schreiben. Diesen Umstand nutzt der Rezensent für folgende Deutung: „So ist die Gruppe zu untätigem Stillhalten verurteilt. Und eben dieses Stillhaltenmüssen war ja das Schicksal der meisten von uns. Weil wir das auch mitgemacht haben, sprechen uns die Schilderungen des Buches so unmittelbar an."[268] Es ist eine auffallende Wendung, dass eine in Teilen misslungene Widerstandsaktion zum Sinnbild eines allgemeinen Stillhaltenmüssens stilisiert und zugleich als Erfahrungsrealität einer Mehrheit postuliert wird. Nicht zuletzt zielt diese Wendung darauf ab, das Handeln der Widerstandsgruppe für die – nach eigenem Dafürhalten – zum Stillhalten verurteile Masse zu kolonisieren.

Darüber hinaus stiftet die erwähnte „Nein"-Aktion erneut Anschluss an historische Ereignisse und verkoppelt die Ebene der Fiktion mit der des Faktualen. Denn eine solche Aktion hat es gegeben; koordiniert wurde sie von der kommunistischen Widerstandsgruppe „Ernst" unter Beteiligung der Widerstandsgruppe „Onkel Emil", die vor allem von der Journalistin Ruth Andreas-Friedrich und dem Dirigenten Leo Borchard getragen wurde und der Wolfgang Benz jüngst ein kluges, liebevolles Buch gewidmet hat.[269] Parth wird diese Aktion gekannt haben, falls er nicht direkt oder indirekt sogar an ihr beteiligt war. Diese Vermutung liegt deshalb nahe, weil Wolfgang Harich, seinerseits Deserteur und Widerstandskämpfer, der in der Gruppe „Ernst" aktiv war, nicht nur Beziehungen zur Gruppe „Onkel Emil" bestätigt, sondern auch zu Helmut Kindler, Tatjana

---

[267] Vgl. Joseph Forster: Rezension zu *Wolfgang Parth: Die letzten Tage*, in: *Welt und Wort* 1 (1946), S. 24. Zur Episode im Roman vgl. Parth: *Die letzten Tage*, a.a.O., S. 78–82 sowie 87–89.

[268] Forster: *Rezension*, a.a.O., S. 24.

[269] Wolfgang Benz: *Protest und Menschlichkeit. Die Widerstandsgruppe „Onkel Emil" im Nationalsozialismus*, Ditzingen 2020. Zur „Nein"-Aktion vgl. die Seiten 126–131.

Gsovsky, bei der, wie erwähnt, Wolfgang Parth nach seiner Desertion Unterschlupf gefunden hat und zuletzt zu Parth selbst.[270] Sowohl die Widerstandsaktion selbst als auch ihre Protagonisten dürften Parth also nicht fremd gewesen sein. Bezeugt wird diese autobiographische Nähe außerdem durch ein textuelles Indiz. In *Die letzten Tage* findet sich nämlich der Abdruck eines Flugblattes, dessen Text jenem historischen Klebezettel ähnelt, der im Gefolge auf die „Nein"-Aktion verteilt wurde; im Roman wird die Widerstandsgruppe zwar als „Otto" bezeichnet, aber dies darf wohl getrost der Literarisierung zugerechnet werden.[271] Dass Parth seinen Roman entlang real existierender Widerstandsgruppierungen konzipiert hat und seine Figuren eventuell sogar reale Personen als Grundlage haben, darf somit als gesichert gelten. Die autobiographischen und historischen Bezüge sind jedenfalls vorhanden.

Die tagebuchartigen Aufzeichnungen von Ruth Andreas-Friedrich, jener zentralen Protagonistin der Widerstandsgruppe „Onkel Emil", erschienen bereits 1947 in Deutschland, nachdem sie zuvor in den USA publiziert wurden.[272] Die Rezension, die Heinz Rein zu diesem Buch verfasste, zeigt noch einmal, wie kurz nach Kriegsende die Rede über den Widerstand, der sich selbst als bar aller parteipolitischer Limitierungen verstand, weltanschaulich eingehegt wurde. Das widerständige Engagement der Autorin völlig verkennend, bezeichnet Rein sie nicht nur als „journalistischen Backfisch[]" und attestiert ihr „unbeschreibliche Naivi-

---

[270] Vgl. Wolfgang Harich: *Widerstand und Neubeginn im zerstörten Berlin. Ein autobiographisches Fragment*, in: Ders.: *Frühe Schriften*, Bd. 1.: *Neuaufbau im zerstörten Berlin*, hg. von Andreas Heyer, Marburg 2016, S. 122–141, hier S. 124. Parth, dessen Zweitname Willi lautete, wird dort fälschlicherweise als „Wolfgang E. Parth" geführt. Vgl. außerdem Benz: *Protest und Menschlichkeit*, a.a.O., S. 133. Später wird Helmut Kindler kurzzeitig mit Ruth Andreas-Friedrich und Heinz Ullstein das Frauenmagazin *sie* herausgeben; von Dauer war diese Arbeitsbeziehung allerdings nicht. Andreas-Friedrich schied bereits ein Jahr nach Gründung des Magazins im November 1946 wieder aus. Vgl. ebenda, S. 147 sowie Kindler: *Zum Abschied ein Fest*, a.a.O., S. 346.
[271] Vgl. Parth: *Die letzten Tage*, a.a.O., S. 78f. sowie Benz: *Protest und Menschlichkeit*, a.a.O., S. 129.
[272] Ruth Andreas-Friedrich: *Der Schattenmann. Tagebuchaufzeichnungen 1938–1945*, Berlin 1947 [zuvor englisch: *Berlin underground 1938–1945*, New York 1947].

tät" und „himmelschreiende politische Ahnungslosigkeit", sondern wirft ihr zuletzt genau jene Parteilosigkeit vor, die dieses Engagement ausgezeichnet hat.[273] Indem Rein alles Nachdenken über den Widerstand zuletzt auf Klassenaspekte eindampft, entgeht ihm auch, dass die von Ruth Andreas-Friedrich vorgetragene Selbstverortung – „Wir wollten immer nur Menschen sein"[274] – genau dem Projekt einer neuen Menschwerdung seines Protagonisten Lassehn in *Finale Berlin* entspricht. Das Gemeinsame des antinazistischen Widerstands war bereits dem Blockdenken des Kalten Krieges zu Opfer gefallen. In einer Formulierung Ruth Andreas-Friedrichs, die auf einen ehemaligen Weggefährten gemünzt ist, findet diese neue Separierung ihren Niederschlag: „Aus Verbündeten von gestern beginnen politische Gegner von heute zu werden."[275] Das Interregnum ist eben auch der historische Ort einer neuen Spaltung.

---

[273] Rein: *Die neue Literatur*, a.a.O., S. 164. Der Vorwurf, parteilos zu sein, findet sich auf Seite 167.
[274] Zitiert nach ebd., S. 167.
[275] Zitiert nach Benz: *Protest und Menschlichkeit*, a.a.O., S. 144.

6. Figuren des Dazwischen II: Der Werwolf

6.1 Wolf-Werdung und Re-Humanisierung: Eine Hinführung

Schon der mythologische Werwolf ist eine klassische Grenzgängerfigur, ihre Verortung zwischen Mensch und Wolf macht sie zu einer typischen Erscheinung des Dazwischen. Neben den vielfältigen Formen, in denen der mythologische Werwolf in Schauergeschichten und popkulturellen Aneignungen präsent ist, erfährt er als Sinnbild wilder, kämpferischer Selbstbehauptung in der (rechts-)konservativen Literatur nach dem Ersten Weltkrieg eine erste Hochphase. Der Werwolf (von althochdeutsch „wer", verwandt mit dem lateinischen „vir", die beide „Mann, Mensch" bedeuten) findet seine prägnante, literatur- sowie kulturgeschichtlich wirksame Ausgestaltung bei Hermann Löns in dessen gleichnamigem Roman *Der Wehrwolf*.[1] Bereits hier ist eine für die spätere Verwendung der Werwolf-Figur zentrale Verquickung von gewaltaffiner Selbstermächtigung, politischer Souveränität und der Logik des Ausnahmezustands nachweisbar, die im Kontext des Nationalsozialismus dezidiert in den Vordergrund rückt, und die zwei verschiedene Ordnungstypen – eine Friedensordnung und eine Ordnung des Wolfes – gegeneinander positio-

---

[1] Vgl. Jörg Vollmer: *Imaginäre Schlachtfelder. Kriegsliteratur in der Weimarer Republik. Eine literatursoziologische Untersuchung*, Berlin 2003, S. 266f.: „Wie wohl kaum ein zweiter Roman der Vorkriegszeit imaginiert *Der Wehrwolf* eine durch äußere Bedrohung zusammengeschweißte, klassenlose völkische Gemeinschaft, die in ihrem Abwehrkampf gegen äußere Bedrohungen die Heimat mittels Lynchjustiz verteidigt, ein Phantasma, mit dem das 1910 erschienene Buch wohl die Einkreisungsparanoia der Zeitgenossen ebenso ansprechen konnte wie es für die Blut-und-Boden-Literatur des Dritten Reiches einen Vorläufer abzugeben vermochte." Vollmers Text wurde über das Refubium der FU Berlin online publiziert, https://refubium.fu-berlin.de/ (letzter Zugriff am 04.02.2024).

niert.[2] Die ordnungspolitische Dimension der Figur lässt sich jedoch schon zuvor in verschiedenen juristischen Wendung auffinden. So kennt beispielsweise die Rechtsprechung des Mittelalters die Rede von der Acht, der Vertreibung des Delinquenten aus der sozialen Ordnung, woraufhin er als ‚Wolf' bezeichnet wird[3] – diese soziale Reduktion des Einzelnen auf sich selbst wird in den kommenden Analysen eine zentrale Rolle spielen. Im Wandel vom Menschen zum Wolf, die als metaphorische oder tatsächliche Metamorphose alle Werwolf-Erzählungen verbindet, wird, wie Jörg Vollmer anmerkt, „dieses Außenseiter- und Grenzgängertum fortgeschrieben".[4]

Außerdem konzentrieren sich im Bild des Wolfes all jene zivilisatorisch nicht zu bändigenden Potentiale des Menschen, die im Wandlungsmotiv des Werwolfs freigesetzt werden[5] – diese Denkfigur durchzieht noch die weiter oben diskutierte Regress-Theorie des Faschismus, wie sie in Heinz Reins *Finale Berlin* präsent ist. Indem der Mensch als Wolf sich aus dem gesellschaftlichen Reglement ausgliedert (oder als Delinquent ausgegliedert wird), betritt er den Bereich der Gewalt, deren Doppelcharakter als ordnungszersetzende (*violentia*) beziehungsweise ordnungsstif-

---

[2] Vgl. ebenda.
[3] Vgl. ebenda, S. 264. Den altgermanischen und mittelalterlichen Indizien spürt auch Giorgio Agamben nach und konstatiert: „Der Werwolf, der sich im kollektiven Unbewußten als hybrides Monster, das, halb Mensch, halb Tier, halb in der Stadt und halb in der Wildnis lebt, niederschlagen sollte, ist also ursprünglich die Figur dessen, der aus der Gemeinschaft verbannt worden ist." Giorgio Agamben: *Homo sacer. Die souveräne Macht und das nackte Leben*, Frankfurt a. M. 2002, S. 115.
[4] Vollmer: *Imaginäre Schlachtfelder*, a.a.O., S. 264.
[5] Außerdem vermag diese Wandlungsmotivik, die vor allem in der Ästhetik des Horrorfilms seine konkrete Ausgestaltung findet, persönliche Umbruchsmomente, Sehnsüchte und individuelle Bedrohungsszenarien zu illustrieren, vgl. Marcus Stiglegger: *Humantransformationen – das Innere Biest bricht durch. Zum Motiv des Gestaltenwandels im Horrorfilm*, in: *Horror und Ästhetik. Eine interdisziplinäre Spurensuche*, hg. von Claudio Biedermann/Christian Stiegler, Konstanz 2008, S. 30–49. Vgl. auch Hans Richard Brittnacher: *Ästhetik des Horrors. Gespenster, Vampire, Monster, Teufel und künstliche Menschen in der phantastischen Literatur*, Frankfurt a. M. 1992, S. 219.

tende (*potestas*) Kraft die Existenz des Werwolfs wesentlich prägt.[6] Der Werwolf ist greifbar als Produkt dieser gesellschaftliche Ordnungen garantierenden und stabilisierenden Gewalt und zugleich selbst Ausdruck der Vorstellung, qua Gewalt Ordnungen stiften zu können. Agamben liest den Werwolf beziehungsweise die Verwandlung vom Menschen in den Wolf als Auflösung des Gemeinwesens, sprich als Ausnahmezustand.[7] Das Wölfische verkörpert den durch keine Kontrolle mehr verhinderten Souveränitätsanspruch, der sich vor allem im basalen Tötenkönnen artikuliert, im sprichwörtlichen Zerreißen des Körpers des Anderen.[8] Die Verbindung zwischen Willkür, Gewaltmomenten, ordnungspolitischer Dimension und dem Bildmotiv des Wolfes, die bereits bei Platon präsent ist,[9] unterstreicht den Umstand, dass der Werwolf als politische Denkfigur gelesen werden muss; er ist ein „Repräsentant politischer Umstände"[10] und seine Erscheinung ist zumeist an Fragen der Souveränität gekoppelt.

Die Art und Weise, wie rechtskonservative Bewegungen sowie der Nationalsozialismus sich in diese Bild- und Bedeutungstradition einschreiben, folgt in erster Linie jenem Komplex von Souveränität und gewaltbasierter Selbstermächtigung, wobei die üblichen Attribute des Wölfischen – wild, gefährlich, edel, frei und dergleichen mehr – ebenfalls

---

[6] Zu diesem Doppelcharakter der Gewalt vgl. Sybille Krämer: ‚*Humane Dimensionen'* sprachlicher Gewalt oder: Warum symbolische und körperliche Gewalt wohl zu unterscheiden sind, in: *Gewalt in der Sprache. Rhetoriken verletzenden Sprechens*, hg. von dies./Elke Koch, München 2010, S. 21–42, hier S. 22f.

[7] Vgl. Agamben: *Homo sacer*, a.a.O., S. 117.

[8] Vgl. Claudia Simone Dorchain: *Ästhetik der Gewalt. Der ‚Werwolf' als Symbol des negativen Heroismus und politischer Willkür*, in: *Ästhetischer Heroismus. Konzeptionelle und figurative Paradigmen des Helden*, hg. von Nikolas Immer/Mareen van Marwyck, Bielefeld 2013, S. 51–62, hier v.a. S. 55.

[9] Dort gerahmt in der Frage nach der Entstehung des Tyrannen. In der *politeia* heißt es, dass jenem Herrscher, der das Blut seiner Untergebenen vergießt, bestimmt ist, entweder „durch seine Feinde unterzugehen oder ein Tyrann und also aus einem Menschen ein Wolf zu werden". Platon: *Sämtliche Werke*, Bd. 3: *Phaidon, Politeia*, hg. von Walter F. Otto/Ernesto Grassi/Gert Plamböck, Hamburg 1962, S. 265 (566 a).

[10] Christian Stiegler: *Vergessene Bestie. Der Werwolf in der deutschen Literatur*, Wien 2007, S. 59.

aufgegriffen werden. Schon die Bezeichnung selbst taucht früh und auffallend oft auf: Bereits 1923 gründete sich in Halle ein aus ehemaligen Frontsoldaten bestehender, rechtsgerichteter und zutiefst republikfeindlicher Wehrverband, der sich „Der Wehrwolf" nannte (die Schreibweise dürfte sich aus der Kenntnis des gleichnamigen Romans von Löns ergeben haben[11]), zunächst in Konkurrenz zu anderen Wehrverbänden wie dem „Stahlhelm" sowie der NSDAP stand, 1933 schließlich aufgelöst und in die SA eingegliedert wurde.[12] Ferner existierte von 1942 bis ins Frühjahr 1944 in der Ukraine, nahe Winnyzja, ein Führerhauptquartier mit dem Namen „Werwolf"[13] – die Rede vom Wolf war im Nationalsozialismus geradezu ubiquitär.[14] Ins kollektive Gedächtnis brannte sich der Begriff jedoch durch seine Verwendung gegen Kriegsende ein. 1944 wurde auf Befehl Heinrich Himmlers versucht, eine Werwolf-Organisation aufzubauen, deren Aufgabe darin bestand, zumeist hinter den feindlichen Li-

---

[11] Die Bedeutung, die später nationalsozialistische Funktionäre diesem Buch einräumten, wird dadurch unterstrichen, dass es trotz Papiermangel bis ins Spätjahr 1944 nachgedruckt wurde und es sogar Sonderauflagen für Volkssturmmänner gab. Vgl. Volker Koop: *Himmlers letztes Aufgebot. Die NS-Organisation „Werwolf"*, Köln 2008, S. 13. Zur orthographischen und etymologisch-konzeptionellen Differenz zwischen „Wehrwolf" und „Werwolf" vgl. Roderick H. Watt: *Wehrwolf or Werwolf? Literature, Legend, or Lexical Error into Nazi Propaganda?*, in: *The Modern Language Review* 87 (1992), S. 879–895.

[12] Vgl. Stiegler: *Vergessene Bestie*, a.a.O., S. 118–122 sowie Koop: *Himmlers letztes Aufgebot*, a.a.O., S. 15f.

[13] Spielte dieses Führerhauptquartier militärisch oder politisch auch kaum eine Rolle, so besteht doch eine räumliche Verbindung zur deutschen Literaturgeschichte; keine 100 Kilometer entfernt wurden im Zwangsarbeiterlager Michailowka die Eltern von Paul Ancel ermordet, der sich unter dem Namen Paul Celan in die deutsche Literaturgeschichte einschreiben sollte. Vgl. Thomas Sparr: *Todesfuge. Biographie eines Gedichts*, 2. Aufl., München 2020, S. 46–55.

[14] Man denke nur an das Führerhauptquartier „Wolfsschanze" oder den Umstand, dass sich Hitler im vertrauten Umfeld als „Wolf" ansprechen ließ. Vgl. Jan Mohnhaupt: *Tiere im Nationalsozialismus*, München 2020, S. 21–48, v.a. S. 33.

nien durch Partisanentätigkeiten Verunsicherung zu stiften.[15] Daran anschließend entwickelte Josef Goebbels das Projekt einer Propaganda-Welle gleichen Namens, die das Bild des verhetzten und bis zuletzt kampfeswilligen Deutschen zeichnete, der sich aller Restriktionen in puncto Kriegsführung enthoben sah. Damit einher ging auch eine Ausweitung der Operationszone, wandte man doch fortan im Zweifelsfalle auch Gewalt gegen deutsche Zivilisten an, die sich dem Kriegseinsatz zu entziehen versuchten oder denen schlicht Defätismus vorgeworfen wurde. Es sei, so Volker Koop, eine „wesentliche Aufgabe der Werwolf-Kampagne [gewesen], die Bevölkerung von einer Zusammenarbeit mit den Alliierten abzuhalten".[16] Zu diesem Zweck wurden sowohl eine Zeitung als auch ein Radiosender geschaffen, die die Rede vom Werwolf popularisieren sollten.[17] Es steht außer Frage, dass sowohl Himmlers Partisanengruppe als auch die Goebbel'schen Wölfe zu keinem Zeitpunkt eine kriegsentscheidende Rolle gespielt haben. Wo sie in Kämpfe eingriffen, war ihre tatsächliche militärische Effektivität gering,[18] häufig beschränkte sich das Agieren auf lokale terroristische Akte gegen die deutsche Bevölkerung selbst[19] – wenig verwunderlich waren die Werwölfe bei der brei-

---

[15] Vgl. Hermann Weiß: *Werwolf*, in: *Legenden, Lügen, Vorurteile. Ein Wörterbuch zur Zeitgeschichte*, hg. von Wolfgang Benz, 8. Aufl., München 1996, S. 220–222.

[16] Koop: *Himmlers letztes Aufgebot*, a.a.O., S. 66.

[17] Vgl. ebenda, S. 59. Der Werwolf-Sender nahm seine Arbeit am 1. April 1945 auf.

[18] Die sicherlich aufsehenerregendste Tat einer Werwolf-Einheit war die Ermordung des Aachener Oberbürgermeisters Franz Oppenhoff am 25. März 1945; Oppenhoff war bereits im Oktober 1944 von den Amerikanern als Oberbürgermeister eingesetzt worden und hatte sich um den Wiederaufbau der Stadtverwaltung bemüht. Seine Ermordung wurde gezielt als Signal an alle vermeintlichen ‚Kollaborateure' durch Goebbels instrumentalisiert. Vgl. ebenda, S. 122–136. Zu einer anderen Einschätzung der Werwolf-Aktivitäten kommt Perry Biddiscombe: *The Last Nazis. SS Werewolf Guerilla Movement in Europe 1944–1947*, Stroud 2000, S. 9, wo es heißt, der Werwolf „did considerable damage. Their malicious combination of guerilla warfare and vigilantism caused the death of several thousand people, either directly or through the Allied and Soviet reprisal that they provoked."

[19] Vgl. Cord Arendes: *Schrecken aus dem Untergrund: Endphaseverbrechen des ‚Werwolf'*, in: *Terror nach Innen. Verbrechen am Ende des Zweiten*

ten Bevölkerung, der zunehmend klar wurde, dass der Krieg verloren war und nur mehr unter größter Anstrengung verlängert wurde, äußerst unbeliebt. Sie fungierten allerdings dadurch als Verstärker bereits existierender Ängste sowohl auf Seiten der kriegsmüden deutschen Zivilbevölkerung als auch auf Seiten der Alliierten, befürchtete man doch eine endgültige Korrosion der Unterscheidung zwischen Kombattanten und Nicht-Kombattanten. Der nationalsozialistische Werwolf war somit ein Produkt der radikalisierten Kriegsführung ab 1944 und war, wie dies auch die beiden Texte von Walter Kolbenhoff und Dieter Meichsner zeigen, dezidiert darauf angelegt, geltendes Recht zu transzendieren und die Logik des Freund-Feind-Schemas rigide und brutal durchzusetzen: „Wer nicht mit macht, ist gegen uns."[20] Der Werwolf verkörperte damit nicht zuletzt den Anspruch, auch weiterhin für das „Fortbestehen der Ideale des Nationalsozialismus auch über das Kriegsende hinaus zu kämpfen – und zwar mindestens bis fünf nach zwölf!"[21]

An der Figur des Werwolfs und der dieser inhärenten Wandlungsmetaphorik artikuliert sich besonders deutlich die während des Interregnums zu bewerkstelligende Transitions- und Transformationsleistung. Der Schritt ins Wölfische lässt sich begreifen als Liminalisierung, als Weg in ein Zwischenreich, das weitestgehend frei von allen gesellschaftlichen Vorgaben und Regeln ist;[22] die Frage danach, welchen Weg aus diesem Zwischenreich der (nationalsozialistische) Werwolf einschlägt, ist wesentlich durch die historische Situierung des Interregnums selbst bestimmt, dessen soziopolitischen Koordinaten in die Texturen der Werwolfs-Narrationen eingewebt sind. Die Re-Humanisierung des Menschwolfes – der die De-Humanisierung und Wolf-Werdung vorausging[23]

Weltkrieges, hg. von ders./Edgar Wolfrum/Jörg Zedler, Göttingen 2006, S. 149–171, hier S. 157–161.

[20] Vgl. Koop: *Himmlers letztes Aufgebot*, a.a.O., S. 14.

[21] Arendes: *Schrecken aus dem Untergrund*, a.a.O., S. 157.

[22] So auch bei Stiegler: *Vergessene Bestie*, a.a.O., S. 24, wo es heißt: „Die Verkörperung des Werwolfs ist oft auch eine Wunschphantasie, die einen Ausbruch aus der Enge gesellschaftlicher Normen und Regeln sowie die Überwindung eigener Ängste und Grenzen beinhaltet."

[23] Victor Klemperer verbindet diesen Aspekt mit dem mythischen Gehalt des Werwolf-Begriffs. In der Wahl dieses Begriffes zeige sich in der Sprache die „ungeheuerliche Reaktion, das absolute Zurückgreifen auf die primitive,

– wird dadurch lesbar als eine Variante des nach Kriegsende ins Werk zu setzenden Wandlungsprozesses einer faschisierten Gesellschaft in eine demokratische und damit als Spielart der *Re-Education*. Dass dieser Prozess nicht grundsätzlich erfolgreich sein muss, zeigt die Analyse des ersten und sicherlich bekanntesten Werwolf-Textes, Walter Kolbenhoffs Nachkriegsdebüt *Von unserm Fleisch und Blut*.

6.2 Ein politisches Problem? Walter Kolbenhoffs *Von unserem Fleisch und Blut* (1947)

Walter Kolbenhoffs Roman *Von unserem Fleisch und Blut* gehört mit Wolfgang Borcherts *short stories* zweifellos zu den paradigmatischen Ausformungen einer Literatur der unmittelbaren Nachkriegszeit, deren Mischung aus Pathos und sprachlicher Kargheit vor allem die Ästhetik jener Texte prägte, die gemeinhin der Jungen Generation zugeschrieben werden. Anders als Borchert jedoch blieben anhaltende Rezeption oder gar Kanonisierung aus;[24] daran haben auch die Neuauflagen der Romane Kolbenhoffs in den 1970er- und 1980er-Jahren nichts geändert. Zwar taucht sein Name in den einschlägigen Literaturgeschichten unter dem Stichwort ‚Trümmerliteratur' regelmäßig auf, intensivere Auseinandersetzungen mit seinem Werk bleiben aber weiterhin überschaubar. Kolbenhoff avancierte nach seiner Rückkehr aus amerikanischer Kriegsgefangenschaft, wo er bereits in Kontakt mit Hans Werner Richter und Alfred Andersch kam,[25] zum gefragten Autor und Journalisten, er schrieb sowohl für den Münchner *Ruf* als auch für die *Neue Zeitung* (dessen Feuilleton von Erich Kästner geleitet wurde) und galt als literarische Instanz, an die sich in den Trümmerjahren eine Vielzahl junger Schreibender

---

die raubtierhaften Anfänge der Menschheit und damit das demaskiert eigentliche Wesen des Nazismus." Klemperer: *LTI*, a.a.O., S. 258.

[24] Vgl. Helmut Peitsch: *Vom ‚Realismus' eines Kriegsromans – ‚unmittelbar', ‚magisch' oder ‚tendenziös'? Walter Kolbenhoff: Von unserem Fleisch und Blut (1947)*, in: *Von Böll bis Buchheim. Deutsche Kriegsprosa nach 1945*, hg. von Hans Wagener, Amsterdam 1997, S. 63–90, hier S. 63.

[25] Vgl. Werner Brand: *Der Schriftsteller als Anwalt der Armen und Unterdrückten. Zu Leben und Werk Walter Kolbenhoffs*, Frankfurt a. M. 1991, S. 30.

wandte – Kolbenhoff musste zuletzt öffentlich darum bitten, dass man ihm keine weiteren Manuskripte zusandte.[26] Er beteiligte sich an poetologischen Debatten (beispielsweise im vergleichsweise kurzen Disput mit Wolfdietrich Schnurre[27]) und wandte sich in einem öffentlichen Brief an die Nobelpreisträgerin Sigrid Undset, die aus verständlichem Gram – sie verlor einen Sohn an den Krieg gegen die Deutschen und musste aufgrund ihrer Widerstandsaktivitäten 1940 aus Norwegen fliehen – den Deutschen Unfähigkeit zu höherer Kultur und Demokratie vorwarf.[28] Dass ansonsten nur Denker wie Karl Jasper[29] sich ebenfalls öffentlich zu Undsets Anklage äußerten, unterstreicht die Position, die Kolbenhoff für kurze Zeit einnahm. Sein Eintreten für einen schnörkellosen Realismus, vor allem aber für einen europäischen Sozialismus trug mit dazu bei, ihn im sich bildenden literarischen Feld der BRD zunehmend zu marginalisieren. Der 1949 veröffentlichte Roman *Heimkehr in die Fremde* sollte der letzte für über

---

[26] Er tat dies in einem Artikel im *Ruf*, betitelt *An meine jungen Kollegen*, vgl. Vaillant: *Der Ruf*, a.a.O., S. 76.

[27] Der junge Schnurre hatte in einem in der Zeitschrift *Horizont* veröffentlichten Artikel ein Künstlerverständnis propagiert, das den Künstler auf ewige Werte und Bleibendes (v. a. Naturmotivik) verpflichtete, woraus sich eine kurze Kontroverse mit Kolbenhoff entwickelte, der Schnurre soziale Blindheit vorwarf. Vgl. Artur Nickel: *Zwischen literarischer Tradition und existentiellem Neubeginn: Wolfdietrich Schnurres Kontroversen mit Manfred Hausmann und Walter Kolbenhoff*, in: *Zwei Wendezeiten. Blicke auf die deutsche Literatur 1945 und 1989*, hg. von Walter Erhart/Dirk Niefanger, Tübingen 1997, S. 71–92 sowie Engler: *Die ‚Schizophrenie' des Anfangs*, a.a.O., S. 387–438.

[28] Vgl. Sigrid Undset: *Die Umerziehung der Deutschen*, in: *Die Neue Zeitung* (25.10.1945). Noch während des Krieges hatte Undset ein Buch veröffentlicht, in dem sie den Gedanken, die mentale Verfassung der Deutschen befähige sie nicht für ein friedliches Miteinander im internationalen Völkerverbund, ausführlicher darlegte: *Wieder in die Zukunft*, Zürich 1944. Zur Kritik vgl. Walter Kolbenhoff: *Brief an Sigrid Undset*, in: *Der Ruf* 1 (1946), S. 13.

[29] Karl Jasper: *Antwort an Sigrid Undset*, in: *Die Neue Zeitung*, 4.11.1945. Der Text erschien später erneut in Buchform: *Die Antwort an Sigrid Undset mit Beiträgen über die Wissenschaft im Hitlerstaat und den neuen Geist der Universität*, Konstanz 1947.

eine Dekade sein; in den 1950er-Jahren erschien von Kolbenhoff kein weiterer Roman.[30]

Kolbenhoff führt den Schreibanlass für seinen zweiten Roman *Von unserem Fleisch und Blut*, den er in amerikanischer Kriegsgefangenschaft fertiggestellt hat,[31] in seinem autobiographischen Bericht *Schellingstraße 48* auf eine persönliche Begegnung zurück. In einem Kriegsgefangenenlager in Baton Rouge, Louisiana, sei Kolbenhoff auf einen fanatisierten jungen Soldaten getroffen, Paul, der, nach Hitlerjugend und kurzer Ausbildung direkt an der Front eingesetzt, durch seinen unbändigen Glauben an Hitler und die NS-Phraseologie die älteren Soldaten irritiert und belustigt habe:

> Vor allem die Frontsoldaten versuchten, ihn zu necken. „Was würdest du denn tun, Kleiner, wenn du jetzt in der Heimat wärst, im Bombenregen in Hamburg, Berlin, Frankfurt…? Was würdest du denn tun? Hier bist du wenigstens sicher, drüben nicht." „In der Heimat", antwortete Paul, „würde ich kämpfen bis zum Tode. Ich würde die Schmach so nicht hinnehmen wie ihr." Die Landser lachten, weil sie sich von seinem Fanatismus peinlich berührt fühlten und Worte wie „Schmach" oder „kämpfen bis zum Tode" nicht mehr hören konnten. Sie gaben es bald auf, mit ihm

---

[30] Allerdings veröffentlichte er regelmäßig Hörspiele, wofür ihm 1953 der Hörspiel-Förderpreis des Bayerischen Rundfunks zugesprochen wurde. Das publizierte erzählerische Werk ist relativ schmal, neben fünf Romanen findet sich noch eine Autobiographie der Jahre bis 1947 sowie eine *Moderne Balladen* betitelte Gedichtsammlung, die 1936 auf Dänisch erschienen ist; Kolbenhoff lebte von 1933 bis 1942 im dänischen Exil, bevor er wieder nach Deutschland kam, um (nach eigenen Angaben) im Auftrag der Kommunistischen Partei – die ihn 1933 unter anderem aufgrund seines Romans *Untermenschen* (1933) ausgeschlossen hatte – in der Wehrmacht zu agitieren. Wenig verwunderlich ein erfolgloses Unternehmen. Vgl. Walter Kolbenhoff: *Schellingstraße 48. Erfahrungen mit Deutschland*, Frankfurt a. M. 1984, S. 237–242.

[31] Vgl. Brand: *Der Schriftsteller als Anwalt der Armen und Unterdrückten*, a.a.O., S. 31 sowie Peitsch: *Vom ‚Realismus' eines Kriegsromans*, a.a.O., S. 70. Der Roman erschien 1947 parallel in zwei Verlagen, zum einen im schwedischen Bermann-Fischer Verlag (Stockholm 1947), zum anderen bei der Nymphenburger Verlagshandlung (München 1947). Zitiert wird im Folgenden nach: Walter Kolbenhoff: *Von unserm Fleisch und Blut*, Frankfurt a. M. 1983.

darüber zu reden. Mich aber interessiert der Junge ungemein, ich sah in ihm ein politisches Problem, und als ich dann in anderen Lagern viele von diesen jungen Burschen, eigentlich waren es ja fast noch Kinder, kennenlernte, beschloß ich, darüber ein Buch zu schreiben.[32]

Das Zitat greift nicht nur erneut auf das Moment der Grenzen sprachlicher Verständigung zurück, das entlang ideologischer Gräben entsteht und hier zudem generationell gerahmt ist (der fanatische Jungsoldat ist in der Figurentypologie der Nachkriegsliteratur häufig anzutreffen[33]), sondern begreift das Verhalten von Paul beziehungsweise seine gesamte Erscheinung als „politisches Problem". Es ist eine auffallende Konstatierung, ließe sich doch denken, dass ein zutiefst deformiertes Bewusstsein weitaus eher ein psychologisches als ein politisches Problem darstellt. Kolbenhoff spezifiziert allerdings nicht, worin dieses politische Problem besteht – die Analyse sieht sich hierbei auf den Roman selbst verwiesen, wo sich, vorausgreifend gesagt, die Parallelität von Politikum und Psychologikum erweisen wird.

---

[32] Kolbenhoff: *Schellingstraße 48*, a.a.O., S. 70. Peitsch ergänzt diesen autobiographischen Befund durch einen medientheoretischen. Kolbenhoffs „Informationsgrundlage für das besetzte Deutschland vor der Kapitulation waren die US-amerikanischen Medien, in denen aus einer bestimmten Einschätzung der Lage im faschistischen Deutschland heraus die Erwartung von Werwolf-Aktionen eine große Rolle spielte." Der Text sei somit kein Beispiel jenes dominanten Deutungsmusters der Nachkriegszeit, das unter dem Begriff des Erlebnisses eine „Einheit zwischen dem Leben des Autors und dem Werk" annimmt. Stattdessen, so Peitsch, gilt: „Nur aus der Entstehungssituation ist zu erklären, daß Kolbenhoff als Helden einen Werwolf wählte." Peitsch: *Vom ‚Realismus' eines Kriegsromans*, a.a.O., S. 71. Dort alle Zitate. Peitsch versteht die Äußerung Kolbenhoffs in seinem autobiographischen Text als eine Form der Nachreichung jenes Erlebnisses, das die Textgenese motiviert, und verweist seinerseits auf die Rahmung dieses Erlebnisses als „politisches Problem." Vgl. ebenda, S. 72, Anm. 51. Darüber hinaus vermutet er als „stoffliche Anregung" die Ermordung mehrerer Menschen durch Werwolf-Partisanen in der Nähe von München, die als „Prenzberger Mordnacht" historisiert wurde. Vgl., ebenda, S. 77, Anm. 60. Zur „Prenzberger Mordnacht" vgl. Koop: *Himmlers letztes Aufgebot*, a.a.O., S. 137–158.

[33] Beispielsweise in Heinz Reins *Finale Berlin* (1947), Arno Schmidts *Leviathan oder Die Beste der Welten* (1949) oder Manfred Gregors *Die Brücke* (1958).

Von unserm Fleisch und Blut erzählt die Geschichte des fanatisierten Hitlerjungen Hans, der Teil einer Werwolf-Einheit ist (auch wenn das Wort selbst im Text nicht fällt[34]) und in einer bereits von den Amerikanern eroberten Stadt bewaffnet durch die Trümmer schleicht und sich in Rache- und Gewaltfantasien ergeht. Auf seiner Odyssee durch eine völlig amorphe Stadtlandschaft – in der sich trotzdem die Spuren eines früheren Lebens erhalten haben[35] – ermordet er insgesamt zwei Menschen, sucht, da er sich von den amerikanischen Truppen verfolgt fühlt, Schutz bei seiner Mutter, die ihn aber verstößt, und landet zuletzt auf einer Müllkippe, wo er sich bei einem stadtbekannten Clown und Stadtstreicher (der eines seiner Opfer werden soll) versteckt. Der Text endet damit, dass Hans einschläft und noch währenddessen seinem verstorbenen Hauptmann schwört: „[I]ch werde ihre Befehle ausführen ohne Rücksicht auf Verluste."[36] Dieses Zitat verdeutlicht, dass Kolbenhoffs Roman die Erzählung einer scheiternden Transition ist; die, wie sich zeigen wird, Loslösung von allen sozialen und ethischen Bindungen, die die Liminalisierung der Existenz des jungen Werwolfs anzeigt, ist zuletzt eine, welche die andauernde Verhaftung im nationalsozialistischen Denken unterstreicht. Dem Schritt in die Zwischenwelt folgt keiner, der Hans wieder aus dieser herausführen würde.

Von unserm Fleisch und Blut ist in 29 Kapitel gegliedert, in denen in zumeist alternierender Abfolge die Geschichte von Hans und mehreren weiteren Figuren erzählt wird, wobei die erzählte Zeit eine einzige Nacht umfasst und oft durch Analepsen in Form von Figurenerinnerungen ergänzt wird. Der heterodiegetische Erzähler, der sich größerer Kommentierungen enthält, tritt in den Episoden mit Hans häufig zurück und macht Raum für weitreichende innere Monologe des Hauptprotagonisten, die dessen Handeln psychologisch greifbar machen. Diese inneren Monologe geraten zunehmend zu ausufernden Rechtfertigungstiraden, die nicht nur das Handeln des jungen Mannes legitimatorisch auf das moralische Netz-

---

[34] Allerdings findet sich das erste Kapitel aus Kolbenhoffs Roman als Auszug unter dem Titel *Der Werwolf* in der Zeitschrift *Die Fähre* 2 (1947), S. 153–156.
[35] So wenn er an Häuserwände gemalte Schriftzüge findet, die er gemeinsam mit einigen Freunden dort angebracht hat. Vgl. Kolbenhoff: *Von unserm Fleisch und Blut*, a.a.O., S. 136–139.
[36] Ebd., S. 215.

werk des Nationalsozialismus hin ausrichten, sondern zugleich die keimenden Zweifel sowie die konkrete Angst vor dem eigenen Tod einhegen sollen. Gestaltet wird die Form eines misslingenden Selbstgesprächs, misslingend deswegen, weil es keine Bewusstseinstransformationen oder auch nur kleinere Distanzierungsbewegungen vorführt, sondern zuletzt immer wieder am Ausgangspunkt ankommt.[37] Die Textgestalt unterstreicht diesen Aspekt durch die von Hans mantraartig wiederholten nationalsozialistischen Phrasen sowie durch das Zurückgreifen auf Verse faschistischer Lyrik und Lieder,[38] die das *dulce et decorum est* des als heroisch apostrophierten Sterbens für Nazi-Deutschland beschwören und deren beständiges Zitieren eine quasi-magische Handlung darstellt; mit ihr sollen die Zweifel und die damit zusammenhängenden identitätsbedrohenden Potentiale des eigenen Ichs gebannt werden.[39] Zu dieser Fixierung der Figur auf Formen gebundener Rede beziehungsweise künstlerischen Sprechens passt, dass die zentrale Bezugsperson von Hans, der Hauptmanns Kruse, selbst als Verfasser nationalsozialistischer Literatur in Erscheinung getreten ist.[40] Mit dieser Verbindung reflektiert der Roman nicht zuletzt das Verhältnis von Literatur und der Herausbildung eines (politischen) Bewusstseins, wobei Literatur in diesem Geflecht nicht als Gegenmacht in Erscheinung tritt, sondern als ideologisch-ästhetische

---

[37] So etwa auch bei Brand: *Der Schriftsteller als Anwalt der Armen und Unterdrückten*, a.a.O., S. 135, der schreibt, der Protagonist drehe „sich gedanklich zunehmend im Kreise".

[38] Mehrmals wird der Anfang eines Lieds des Schriftstellers Eberhard Wolfgang Möller („Deutschland, heiliges Wort") zitiert, dessen antisemitische und lobdienernde Schriften ihm zunächst hohe Posten im nationalsozialistischen Kulturbetrieb einbrachten; einen Karriereknick um 1940 wusste er geschickt zu einer Neubewertung seiner Person nach 1945 zu instrumentalisieren, bevor er sich in den 1960ern wieder offen neofaschistisch äußerte. Vgl. hierzu Stefan Busch: *„Und gestern, da hörte uns Deutschland". NS-Autoren in der Bundesrepublik. Kontinuität und Diskontinuität bei Friedrich Griese, Werner Beumelburg, Eberhard Wolfgang Möller und Kurt Ziesel*, Würzburg 1998, S. 149–169 sowie 196–208.

[39] So auch Peitsch, der schreibt, der Protagonist vergegenwärtige sich den Sinn seines Handelns „in Zitaten faschistischer Lyrik, die er gegen die Erfahrung der Angst vor dem Tod und der Einsamkeit beschwört." Peitsch: *Vom ‚Realismus' eines Kriegsromans*, a.a.O., S. 76.

[40] Vgl. Kolbenhoff: *Von unserm Fleisch und Blut*, a.a.O., S. 29.

Staatsstütze, vor allem aber als Archiv militaristischer und nationalistischer Bilder und Emotionen.[41]

Zum inneren Monolog von Hans fügen sich stellenweise pseudo-dialogische Momente, die allerdings nicht als Korrektiv fungieren, sondern die mentale Isolation der Figur nur noch deutlicher herausstellen. Dialogpartner ist zumeist der verstorbene Kruse. Mit ihm unterhält sich Hans beispielsweise nach einer Panikattacke:

> „Bitte Herrn Hauptmann Kruse um Entschuldigung. Bin schwach geworden, soll nicht wieder vorkommen! […] „Schon gut", sagte Kruse in ihm. „Kann mal vorkommen. Reiß dich zusammen." „Werde mein Bestes versuchen!" „Du darfst eines nicht vergessen: Opfere dich!" „Das ist mein Schwur." „Alles geht unter, und auch du mußt untergehen." „Zu Befehl." „Es ist süß zu sterben, wenn du glaubst." „Zu Befehl."[42]

Obwohl der Erzähler zuvor konstatiert, dass Hans die Worte „in das Halbdunkel des toten Raumes [flüsterte]",[43] wird durch die Verortung Kruses – er antwortet „*in* ihm" – deutlich, dass diese Dialogpartie als Fortführung des Monologischen verstanden werden muss. Dass ein Abweichen von zuvor gefassten Meinungen und Überzeugungen in diesem Pseudo-Dialog nicht vorgesehen ist, wird außerdem durch die Sprechform des Befehls angedeutet. Der Befehl ist das kommunikative Zentrum von Hans, das ebenfalls in ihm selbst lokalisiert ist; seine Handlungen führt er zurück auf und legitimiert sie durch einen „inneren Befehl."[44] In dieser Betonung der Verinnerlichung liegt eine der Verstrebungen von Politik und Psychologie, die, wie an anderer Stelle herausgearbeitet wurde,[45] sich

---

[41] Reflexionen über die eigene soziale Position und Funktion als Schriftsteller finden sich nach 1945 bei Kolbenhoff in großer Zahl, bereits die weiter oben angesprochene Kontroverse mit Wolfdietrich Schnurre gehört hierzu. Vgl. außerdem: Gerhard Hay: *Nachwort*, in: Walter Kolbenhoff: *Von unserm Fleisch und Blut*, Frankfurt a. M. 1983, S. 216–228, hier S. 218f. sowie 226f.

[42] Kolbenhoff: *Von unserm Fleisch und Blut*, a.a.O., S. 146.

[43] Ebd.

[44] Ebd., S. 98.

[45] Vgl. Gabriele Schultheiß: *Die Muse als Trümmerfrau. Untersuchung der Trümmerliteratur am Beispiel Walter Kolbenhoff*, Frankfurt a. M. 1984. Schultheiß liest den Roman ausschließlich entlang marxistisch-psychoanalytischer Termini, was ihr zwar erlaubt, deutliche Bezüge zum Faschismus-

stark an der sozialpsychologischen beziehungsweise marxistisch-psychoanalytischen Faschismustheorie von Wilhelm Reich orientiert, den Kolbenhoff noch aus Berliner Zeiten kannte und im dänischen Exil wieder traf.[46] Zugleich wird der Befehl erneut greifbar als Kernelement der kommunikativen Logik des Faschismus sowie als dessen wesentlicher Beitrag zur Subjektformung. Der junge Protagonist hat diese Logik vollends verinnerlicht, sie ist ihm Zwang und Stütze zugleich und wird, wie bereits erwähnt, den Text beschließen; in der bis zuletzt intakten Ausrichtung auf den Befehl – die symbolisch schon dadurch als überkommen ausgewiesen wird, dass sie mit einem bereits verstorbenen Hauptmann als Referenz aufwartet – artikuliert sich überdeutlich die ausbleibende Transition des Werwolfs. Einmal Wolf geworden, sind ihm die Wege in eine neue Humanität verschlossen.

Der Blick auf die kommunikative Verfassung von Hans unterstreicht auch die in der Forschung üblich gewordene Rede von der Gegenhandlung, die durch die übrigen Handlungsstränge ins Werk gesetzt werde.[47] Diese Gegenläufigkeit korrespondiert nicht zuletzt mit der Textform selbst.[48] Dem inneren Monolog von Hans – der, wenn er mit anderen Figuren spricht, schnell zur physischen Gewalt als Substitutionsform des Kommunikativen überzugehen droht[49] – kontrastieren die Dialoge der übrigen Figuren, die sich durch den Austausch miteinander Trost verspre-

> Theorem Wilhelm Reichs aufzuzeigen (und Kolbenhoff zugleich einen „für die damaligen Verhältnisse sehr progressiven Begriff von den Bedingungen des Faschismus" zu attestieren [ebd., S. 116]), die auffallende Konsistenz dieser Interpretation wird allerdings durch eine merkliche Komplexitätsreduktion erkauft. Dass Kolbenhoffs Text einen Nexus zwischen Liebesverzicht, Sexualtabuisierung und Faschisierungen konstruiert, ist zwar plausibel (und an anderen Texten zuvor bereits von Klaus Theweleit, auf den sich Schultheiß bezieht, im großen Stile durchexerziert worden), die Ausschließlichkeit dieses Zugriffs darf vor dem Hintergrund der aktuellen Faschismusforschung (u.a. bei Roger Griffin) aber bezweifelt werden. Nicht jede Gewalthandlung lässt sich symbolisch als „eiserne Ejakulation" (ebd., S. 87) verstehen.

[46] Vgl. Kolbenhoff: *Schellingstraße 48*, a.a.O., S. 217.
[47] Vgl. Peitsch: *Vom ‚Realismus' eines Kriegsromans*, a.a.O., S. 80; Brand: *Der Schriftsteller als Anwalt der Armen und Unterdrückten*, a.a.O., S. 129.
[48] So auch schon Peitsch: *Vom ‚Realismus' eines Kriegsromans*, a.a.O., S. 80f.
[49] Vgl. beispielsweise Kolbenhoff: *Von unserm Fleisch und Blut*, a.a.O., S. 53f.

chen und sich über ihre Ängste und Hoffnungen zu verständigen suchen. Dieser Kontrast illustriert nicht nur das in sich verschlossene Bewusstsein des Werwolf-Protagonisten, dessen Monologe anders als jene der diktatorischen Macht nicht (mehr) in der Lage sind, Realitäten zu setzen, sondern verweist durch die klar konturierte Konfrontation von Monolog und Dialog auf den Entstehungs- und Publikationskontext des Romans selbst. Kolbenhoff – das wurde bereits in den vorherigen Kapiteln deutlich – wies nach 1945 an verschiedenen Stellen darauf hin, dass sich durch den Nationalsozialismus die Koordinaten sprachlicher Verständigung verschoben hatten.[50] Aus der (historisch älteren) Umklammerung durch eine vertikal organisierte Kommunikationspraxis, deren paradigmatischer Ausdruck der Befehl ist, gilt es, sich durch eine Re-Dialogisierung gesellschaftlicher Kommunikation zu befreien. Die hierfür notwendige Suche nach einer neuen Sprache sowie die Reflexion von Manipulations- und Deformationskräften von Sprache überhaupt gehören zu den Kernproblemen der Literatur nach 1945[51] und lassen sich nicht zuletzt auch in Kolbenhoffs Roman wiederfinden.[52] Die sprachliche Verhaftung

---

[50] Vgl. das Kapitel zu den Zeitschriften sowie die einleitenden Überlegungen zum Kapitel „Praktiken des Dazwischen".

[51] Diese Suche lässt sich beispielsweise als verbindendes Element der Jungen Generation, vor allem aber der Gruppe 47, identifizieren und motiviert unter anderem die Hinwendung zur amerikanischen *short story*, deren Form dem Bedürfnis nach sprachlicher Kargheit und Pathosverzicht entgegenkam. Dass die Sehnsucht und Forderung nach einer neuen Sprache allerdings zumeist auf der Ebene der Proklamation stecken blieben, zeigt sich beispielsweise in der Lyrik. So forderte unter anderem Stephan Hermlin in seiner *Ballade von den alten und den neuen Worten*: „Drum gebt mir eine neue Sprache!" Dass Gedicht selbst ist aber noch nicht Ausdruck dieser neuen Sprache (die bei Hermlin auch politisch dimensioniert ist), sondern bleibt sowohl in Diktion als auch in Form der Tradition verbunden. Vgl. Heinz Ludwig Arnold: *Die drei Sprünge der westdeutschen Literatur. Eine Erinnerung*, Göttingen 1993, S. 17f. sowie Anne Hartmann: *Traditionalismus und Forderung des Tages: DDR-Lyrik*, in: *Geschichte der deutschen Literatur von 1945 bis zur Gegenwart*, hg. von Winfried Barner, 2. erw. Aufl., München 2006, S. 307–320, hier S. 308f.

[52] Auch Kolbenhoffs zweiter Nachkriegsroman *Heimkehr in die Fremde* (München 1949) lässt sich als Reflexion post-faschistischer Sprachlosigkeit lesen.

im Nazismus ist in *Von unserm Fleisch und Blut* nicht nur ein zentraler Bestandteil jenes von Kolbenhoff ausgemachten „politischen Problems", das Hans darstellt, sondern auch die sich daran anschließende Frage nach der Möglichkeit der Verständigung nach 1945. Besonders deutlich wird dies an dem verhinderten Dialog zwischen Hans und seiner Mutter, zu der sich der junge Werwolf flüchtet, nachdem er in den Trümmern seiner Pistole – Signum seiner nicht-sprachlichen Macht – verlustig geht.[53] Die erhoffte Hilfe jedoch, derer er sich im Voraus trotz aller Spannungen noch sicher war,[54] bleibt aus; Hans, der sich zuvor von seiner Familie, vor allem aber von seinem Vater und seinem Bruder losgesagt und ganz dem Nationalsozialismus verschrieben hatte,[55] wird von der Mutter (der Vater, Objekt kindlicher Furcht, ist bereits verstorben) verstoßen. Es kommt zu keiner Aussprache; weder gelingt es Hans, seine Ängste zu versprachlichen, noch stellt seine Mutter, die aus einer moralisch privilegierten Position heraus agiert, Fragen, die als Startpunkt eines Dialogs fungieren könnten. Seiner Forderung „Du mußt mir helfen!",[56] einmal ergänzt durch „Eine Mutter muß es tun. Es steht in allen Büchern",[57] entgegnet die Mutter nur mit ihrer enttäuschten Erwartung, sie habe gehofft, der andere Sohn, Paul, sei zurückgekommen.[58] Im Kontext einer faschistischen Detoxikation wäre dieses Gespräch der zentrale Heilungsmoment gewesen,[59] gelingt es dem Werwolf Hans doch nicht, sich selbst in einer

---

[53] Vgl. Kolbenhoff: *Von unserm Fleisch und Blut*, a.a.O., S. 141. Dem Verlust der Waffe geht ein hauptsächlich durch Erinnerungen an die eigene Kindheit und den Bruder Paul (im Text der positive Konterpart zu Hans) initiierter nervlicher Zusammenbruch voraus. Auffallend in diesem Kontext ist ein Kommentar des Erzählers, der nicht nur auf die unmittelbare Bedrohung Hans' durch die amerikanischen Soldaten abzielt, sondern viel eher seine heillose Verstrickung in den deutschen Faschismus andeutet: „Er war ein Gefangener, für den es kein Entrinnen gab." Ebd., S. 140.

[54] Vgl. ebenda, S. 151.

[55] Vgl. ebenda, S. 160f. sowie 174f.

[56] Ebd., S. 176.

[57] Ebd., S. 177.

[58] Vgl. ebenda.

[59] So auch Schultheiß: *Die Muse als Trümmerfrau*, a.a.O., S. 119f. Ihr Urteil über die Figur der Mutter, diese sei „ohne alles Verständnis" (ebd., S. 121), scheint allerdings über den durch textliche Evidenz gesicherten Rahmen hinauszugehen.

qualitativ anderen Zukunft zu imaginieren, in der auch er ein anderer wäre. Er bleibt der Wolf, der seine misslungene Rückkehr in die alte Familie mit der Vaterfigur seiner neuen ‚Familie', dem verstorbenen Hauptmann Kruse, in Form eines erneuten monologischen Dialogs zu bewältigen versucht.[60]

Tatsächlich wäre die Restitution einer kommunikativen Verbindung zur Mutter als Repräsentantin einer vergangenen Zeit eine Möglichkeit gewesen, aus der faschistisch-wölfischen Zwischenwelt herauszutreten. Diese Schwelle, topologisch durch die Türschwelle zur elterlichen Wohnung versinnbildlicht, wird nicht überschritten.[61] Dass sich der Zustand des jungen Werwolfs selbst als einer der Liminalität und des Ausnahmezustands lesen lässt, wird durch mehrere Textsignale gestützt und ist bereits im Bild des Wolfes selbst angelegt. Schon in der Loslösung vom familiären Bezugssystem liegt ein erster Schritt in die Liminalität, die sich dadurch verstetigt, dass der als neues (Ziel-)Kollektiv angepeilte Nationalsozialismus als gesellschaftliche Institution implodiert. In seinen monologischen Selbstreflexionen realisiert Hans, wie weit er sich bereits von allen Bindungen gelöst hat, und er bringt diese weitreichende Freisetzung immer wieder mit dem Moment der Freiheit sowie der mit seinem Status als Werwolf konzeptuell verbundenen Sehnsucht nach dem eigenen Untergang in Verbindung: „Ich bin ein Wolf, dachte er, und ich werde kämpfend untergehen. Ein Gefühl maßloser Freiheit ergriff ihn. Ich kann alles tun, dachte er, es gibt keine Gesetze mehr für mich. Ich bin frei wie niemals zuvor ein Mensch frei war."[62]

Die Freiheit, die Hans an solchen Stellen beschwört, ist nicht nur eine, die der Logik des Krieges und seiner Handlungsnorm entspricht und in erster Linie die Entlastung von bürgerlicher Moral und Tötungsverbot meint; es ist die Freiheit des liminalen Ausnahmezustands, die sowohl durch die Existenz des Werwolfs initiiert wird als auch diesen wesentlich konstituiert. Der Wolf ist das Symbol absoluter Befreiung von allen Normierungen, die den Menschen an ein Kollektiv binden und seine Kollek-

---

[60] Vgl. Kolbenhoff: *Von unserm Fleisch und Blut*, a.a.O., S. 182–185.
[61] Vgl. Schultheiß: *Die Muse als Trümmerfrau*, a.a.O., S. 100.
[62] Kolbenhoff: *Von unserm Fleisch und Blut*, a.a.O., S. 71f. So auch an anderer Stelle, vgl. ebenda, S. 185 („Ich bin frei, denn ich habe meine eigenen Gesetze!") sowie S. 197 („[I]ch bin frei und werde alles tun, was man mir befiehlt. Ich habe keine Bindungen mehr, ich bin allein.").

tivierung erst ermöglichen – und zugleich ist er Ausdruck eines solchen Kollektivs, das sich des Symbols vom Wolf massenhaft bedient, um eine an Natürlichkeitskult und sozialdarwinistisch gerahmten Überlebenskampf orientierte Ästhetik des Wehrhaften zu etablieren. Greift der Nationalsozialismus bereits ausgiebig auf den Wolf zurück, so wird er auch in der Nachkriegszeit noch einmal bedient, um das zerstörte Vertrauen zwischen den Menschen sowie das durch materielle Not bedingte ‚wölfische' Verhalten des Einzelnen bildlich einzufangen. Die Rede von der „Wolfszeit"[63] findet sich noch Jahrzehnte später in der historischen Publizistik wieder und auch Kolbenhoff greift in seinem Roman *Heimkehr in die Fremde* von 1949 auf sie zurück. Dort sagt der Hauptprotagonist dem zutiefst pessimistischen ehemaligen Lagergenossen Rinka, er solle sich zusammenreißen und anfangen zu arbeiten: „Wie können Sie dieses Land und die Verzagtheit seiner Bewohner sehen, ohne daß Sie sofort dafür einspringen möchten!" Rinkas Antwort steht stellvertretend für die durch den Nationalsozialismus ins Werk gesetzte Zerrüttung der deutschen Gesellschaft: „‚Was habe ich noch mit diesem Lande zu tun?', fragte er. ‚Ich gehöre zu niemandem. Man hat mir die Ideen und Ideale aus dem Schädel herausgeschlagen. Ich bin ein Wolf unter Wölfen geworden. Eure verlogene Moral kotzt mich an.'"[64] Während diese Aussage der Figur Rinka

---

[63] Vgl. Jähner: *Wolfszeit*, a.a.O., S. 10. Dort heißt es: „Von der ‚Niemandszeit' sprach man, von der ‚Wolfszeit', in der ‚der Mensch dem Menschen zum Wolf' geworden war. Dass sich jeder nur um sich selbst oder sein Rudel kümmerte, prägte das Selbstbild des Landes bis tief in die Fünfziger hinein, als es längst schon wieder besser ging, aber man sich noch immer verbissen in die Familie zurückzog als selbstbezüglichen Schutzraum. Noch im berühmten ‚Herrn Ohnemichel', jenem von der Aktion Gemeinsinn in den späten fünfziger Jahren beklagten Typus des unpolitischen Mehrheitsdeutschen, lebte – im biederen Gewand – der Wolf fort, zu dem man 1945 den einstigen Volksgenossen herabsinken gesehen hatte." Vgl. außerdem Mohnhaupt: *Tiere im Nationalsozialismus*, a.a.O., S. 198–200.

[64] Walter Kolbenhoff: *Heimkehr in die Fremde*, Frankfurt a. M. 1949, S. 32f. Dort auch das vorige Zitat. Auch in *Von unserm Fleisch und Blut* findet sich dieser Gedanke. Dort wird er von einem Deserteur geäußert, der ähnlich wie Rinka zutiefst desillusioniert und verstört ist: „‚Wir werden wie die Wölfe leben müssen', sagte er. ‚Wie die Tiere im Dschungel. Jeder muß aufpassen, daß er nicht erschlagen wird und daß er den größten Bissen kriegt.'" Kolbenhoff: *Von unserm Fleisch und Blut*, a.a.O., S. 61.

den Wolfszustand des Menschen als gewaltinduzierte Schwundstufe des Humanen begreift, gerät dieselbe bei Hans zur eigentlichen Verwirklichung des nationalsozialistischen Herrenmenschen. Zugleich weiß auch Hans von seiner Einsamkeit, die seine vermeintlich absolute Freiheit flankiert; die Notwendigkeit, aus dem wölfischen Schwellendasein herauszutreten, wird von ihm zwar artikuliert.[65] Allerdings nicht dergestalt, dass er selbst dabei ein anderer sein wird. Hans imaginiert seine Zukunft wesentlich braun – ein Umstand, der die Rezeption des Romans früh beeinflusst hat.[66]

Der junge Werwolf ist also gleich in mehrerlei Hinsichten ein politisches Problem. In seinem Hang zum Monologisieren ist er Reflektor der Notwendigkeit einer neuen kommunikativen Praxis nach 1945 und als verhetzter Jugendlicher ist er eine Extremfigur, anhand derer sich die Indoktrinationsleistungen eines faschistischen Terrorstaates artikulieren – an ihm lässt sich die Kraft politischer Formierung besonders eindrücklich vorführen. Zudem entwickelt der Text durch die Psychologisierung der Figur (die sich nicht zuletzt der Form des inneren Monologs verdankt[67])

---

[65] Vgl. Kolbenhoff: *Von unserm Fleisch und Blut*, a.a.O., S. 46 sowie 98. An beiden Stellen wird eine mögliche Vereinigung mit anderen nazistischen Untergrundkämpfern imaginiert; an anderer Stelle sieht sich Hans selbst auch zukünftig als Wolf unter Feinden (vgl. ebenda, S. 186). Zuletzt jedoch überwiegt der Gedanke auf Wiedervereinigung und Wiedereingliederung: „[U]nd dann gehe ich in die große Stadt. In der Stadt werde ich sie finden. Es muß Unzählige geben, die so alt sind wie ich und die die Wahrheit erkannt haben." Ebd., S. 215.

[66] Dieses Verharren der Figur im Nationalsozialismus wurde Kolbenhoff beispielsweise von Heinz Rein beanstandet, der in seiner Rezension des Romans das Ausbleiben einer positiven Perspektive moniert, vgl. Rein, *Die neue Literatur*, S. 298–304. Stefan Heymann wird diese Rezension später noch einmal aufgreifen und in seinem Artikel *Ein Karrierist entlarvt sich*, bis zur Unkenntlichkeit verzerrt, als Grundlage für seine Bezeichnung Kolbenhoffs als neofaschistischen Autor gebrauchen. Vgl. Stefan Heymann: *Ein Karrierist entlarvt sich*, in: *Neues Deutschland*, Nr. 92 (1950), S. 3.

[67] Peitsch weist zurecht daraufhin, dass der innere Monolog Teil einer größeren narrativen Funktionsstruktur ist: „Erlebte Rede, innerer Monolog und Erzählerbericht gehen so ineinander über, daß Vergangenheit und Gegenwart des Jungen auf eine Struktur hin durchsichtig werden." Peitsch: *Vom ‚Realismus' eines Kriegsromans*, a.a.O., S. 75.

eine Genese der Faschisierung eines jugendlichen Bewusstseins, die vor allem auf soziale Kränkungen und Triebverbote rekurriert. Der Werwolf ist aber, wie weiter oben bereits skizziert, nicht nur ein politisches Problem, sondern eine genuin politische Figur. In ihr verdichten sich Liminalität, Ausnahmezustand und Souveränität, vermittelt durch die Tötungsmacht beziehungsweise durch die Selbstermächtigung zum Töten. All diese Momente sind im Kolbenhoff'schen Werwolf angelegt. Er ist der negative Held, in dem sich die Kämpfe um Souveränität und die damit verbundene Logik des Tötenkönnens zentralisieren. Hans ist gleichermaßen das Produkt einer korrodierten Ordnung wie Ausdruck der Vorstellung, den dadurch eingetretenen Ausnahmezustand durch das ordnungsstiftende Potential der Gewalt in einem Akt der Resouveränisierung zu überwinden. Vermeintlich frei von allen Gesetzen, gibt er sich seine Gesetze selbst – was bereits in der Ankündigung der Werwolfs-Guerilla durch Goebbels anklingt: „Der Werwolf hält selbst Gericht und entscheidet über Leben und Tod."[68] Genau das tut Hans. So wie sein Ausnahmezustand allerdings ein individueller ist und bleibt, so sind auch seine Bemühungen um Souveränität letztlich nur ein individuelles Aufbäumen gegen eine als unzumutbar empfundene Realität; das Tötenkönnen des Werwolfes sinkt bei Hans ab zur schlichten Gewalt des Gangstertums, wenn auch die politische Grundierung in der Motivik erhalten bleibt. Das ihm eigene Mittel zur Resouveränisierung, die Gewalt, ist es auch, die ihn in der Liminalität hält und dazu beiträgt, dass er auch weiterhin auf den Soldaten als Leitfigur seines Handelns verpflichtet bleibt – für den Bürger als politische Figur des zivilen Lebens hat er lediglich Verachtung übrig. Gerade das also, was ihn in den Ausnahmezustand gebracht hat, führt in nun nicht mehr heraus, sondern zementiert diesen Zustand. Zwar lässt Kolbenhoff seinen negativen Helden nicht untergehen – wie es in der Rezension von Heinz Rein heißt[69] –, aber es zeichnet sich für ihn auch kein Ausweg ab. Zuletzt findet er Unterschlupf in der Bleibe des von ihm ermordeten Clowns Zempa, die sich bezeichnenderweise auf einer Mülldeponie befindet. Der vielbemühte Müllhaufen der Geschichte steht Pate für den Textraum, an dem Kolbenhoff seinen jugendlichen Protagonisten in

---

[68] Zitiert nach Mohnhaupt: *Tiere im Nationalsozialismus*, a.a.O., S. 34.
[69] Vgl. Rein: *Die neue Literatur*, a.a.O., S. 303.

jenem Schlaf der (politischen) Vernunft verharren lässt, der Ungeheuer gebiert.

Dass Hans in eben jenem Moment einschläft, als intradiegetisch ein neuer Tag beginnt, ist gleichermaßen direkte Konsequenz der Werwolf-Metaphorik (und dem damit einhergehenden Zwang zur Heimlichkeit) sowie Ausdruck seines politischen Bewusstseins, das weiterhin verdunkelt bleibt. Der Werwolf ist, daran lässt der Text keinen Zweifel, ein Geschöpf der Nacht. Die mit dem Projekt der Aufklärung verbundene Licht- und Sonnenmetaphorik – die sich im Schlagwort vom Licht der Vernunft tradierte – ist auch in Kolbenhoffs Roman *ex negativo* enthalten.[70] Die Handlungslogik des Werwolfs bringt es mit sich, dass er unentdeckt operieren muss und dementsprechend die Schatten sucht;[71] das Helle scheut er. Bereits das Leuchten des Mondes lässt bei Hans schon zu Beginn des Textes den Gedanken aufkommen: „Es ist verdammt hell draußen."[72] Bemerkungen dieser Art durchziehen als Äußerungen und Gedanken auf Figurenebene den gesamten Text[73] und finden sich auch als Erzählerkommentare wieder, so als eine der letzten Anmerkungen, bevor Hans in den Müllunterschlupf bei Zempa kriecht: „Es wurde zusehends heller."[74] Hans selbst fasst sein Verhältnis zum Mond als Lichtquelle und den Schatten wie folgt zusammen:

> Der Mond jetzt bedeutete den Tod. [...] Leuchte nur, dachte er, mach alles hell, ich werde dich nicht mehr ansehen. Du bist mein Feind, wie sie alle meine Feinde sind. Meine Freunde sind die Schatten. Er kroch über Hügel und durch Schluchten, ging an Kratern vorbei und an steilen gefährlichen Mauern, aber er sah nicht mehr in den Mond. Die Schatten waren seine Freunde, in den hellen Flecken aber, die neben den schwarzen Schatten ruhten, lauerte der Tod.[75]

---

[70] Vgl. hierzu auch Peitsch: *Vom ‚Realismus' eines Kriegsromans*, a.a.O., S. 81.
[71] Vgl. Kolbenhoff: *Von unserm Fleisch und Blut*, a.a.O., S. 112f., 135, 151, 185f.
[72] Ebd., S. 9.
[73] Vgl. ebenda, beispielsweise S. 72 sowie 182.
[74] Ebd., S. 208.
[75] Ebd., S. 119. Bereits zuvor heißt es: „Und er kroch die Schatten entlang und verfluchte den Mond, diesen dreckigen Mond, der alles hell machte." Ebd., S. 99.

Diese Stelle sticht insofern heraus, als sie eine Parallelität zwischen gegenwärtigem Erleben und Erinnerung evoziert; Hans erinnert sich an eine Szene aus seiner Kindheit, in der er sich ebenfalls vor dem Mond flüchtet, der zuvor das Bett des Jungen beleuchtet hatte. Es sei dahingestellt, ob man die fragliche Szene tatsächlich „unschwer als Onanierlebnis" und damit verbundene Furcht vor der Entdeckung durch die elterlichen Instanzen lesen kann,[76] zentral ist der Nexus von Mond und (Selbst-)Erkenntnis. Der Mond als nächtliche Lichtquelle wird deswegen als Bedrohung empfunden, weil er das Selbst mit seinem Handeln sprichwörtlich ins Licht der Aufmerksamkeit rückt.[77] In beiden Fällen reagiert Hans mit Verweigerung; in der Erinnerung hüllt er sich vor der Mutter in Schweigen, in der intradiegetischen Gegenwart flüchtet er sich in die Schatten. In und um Hans bleibt es dunkel.[78]

---

[76] So Schultheiß: *Die Muse als Trümmerfrau*, a.a.O., S. 89.
[77] Die Verbindung von Mond und Tod, die Peitsch konstatiert, findet hier ihre symbolische Entsprechung; das Mondlicht ist konkret todbringend, weil Hans von den amerikanischen Soldaten entdeckt werden könnte und mit einem gewaltsamen Tod rechnen müsste. Das Mondlicht ist aber auch symbolisch todbringend, weil es den Werwolf zur Selbstreflexion nötigen und eine Verbindung von Früher und Heute erzwingen könnte. Vgl. Peitsch: *Vom ‚Realismus' eines Kriegsromans*, a.a.O., S. 78.
[78] Dabei lässt diese Lesart eine überindividuelle Dimension zu: Die Nacht, in der Hans agiert und in der er verbleibt, lässt sich identifizieren mit dem Nationalsozialismus selbst als der politischen Nacht Deutschlands. In dieser Verwendungsform taucht die Metapher in *Heimkehr in die Fremde* auf, wo der bereits erwähnte Rinka sagt: „Ich dachte, die Menschen werden glücklich sein, daß die furchtbare Nacht vorüber ist [...]." Kolbenhoff: *Heimkehr in die Fremde*, a.a.O., S. 151. Silke Hermanns weist auf diesen Bedeutungsaspekt kritisch hin: „Die Nacht-Metapher behauptet aber auch, daß die Ereignisse der unmittelbaren Vergangenheit in einer Atmosphäre der Undurchschaubarkeit stattgefunden haben, auf die die darin Handelnden keinen Einfluß gehabt haben und innerhalb derer sie machtlos gewesen sind. Zugleich offenbart die Verwendung der Nacht-Metapher ein fatalistisches Verständnis des Geschichtsverlaufs, indem dieser mit der unabänderlichen Folge von Tageszeiten verglichen wird." Silke Hermanns: *Trümmer(in) der Erinnerung. Strategien des Erzählens über die unmittelbare Nachkriegszeit*, Bielefeld 2006, S. 49f. Es sei dahingestellt, inwiefern Metaphern etwas behaupten können, aber die von Hermanns herausgestellten Implikationen

Die These, dass die Lichtmetaphorik in *Von unserm Fleisch und Blut* im Dienst eines Aufklärungsgedankens steht, wird durch eine weitere Figur gestützt, nämlich durch jenen Heimkehrer, der als einziger im Text seine Rolle im Nationalsozialismus offen reflektiert und sowohl schuldhafte Verstrickung wie ohnmächtiges Erleiden konstatiert. Er legt, kaum aus dem Krieg zurückgekommen, einen unbändigen Aufbauwillen an den Tag, der sich jedoch nicht als Verdrängungsleistung präsentiert, sondern sich aus Wut über die Nationalsozialisten und Scham über die eigene Rolle speist.[79] In einem Gespräch mit seiner Frau, das er kurz vor Sonnenaufgang führt, lehnt er deren Ansinnen, sich zurückzuziehen und sich lediglich um die eigene kleine Familie zu kümmern, ab und verwirft ihren aus Gram und Angst geborenen Freund-Feind-Schematismus: „'Das ist verkehrt', sagte er. ,So haben wir damals gedacht, und deshalb sitzen wir hier in diesem Verschlage.'"[80] Anders als die Mehrzahl der übrigen im Text versammelten Figuren, die ihre momentane Lage unerklärlich finden,[81] zieht der Heimkehrer eine kausale Verbindung zwischen früherem Handeln und den gegenwärtigen Gegebenheiten – auch wenn diese im Vagen bleibt und konkrete Benennungen vermeidet.[82] Diese Reflexions-

---

    sind nicht von der Hand zu weisen. Die Parallelen zwischen den beiden Romanen Kolbenhoffs sind teilweise frappierend und zeitigen mitunter wortwörtliche Entsprechungen. So findet sich die Aussage des Deserteurs aus *Von unserm Fleisch und Blut* („Ich wünsche ich wäre gefallen. Gleich zu Anfang.", S. 61) exakt so in *Heimkehr in die Fremde*, dort geäußert von Rinka („,Ich wünschte, ich wäre gefallen', sagte er. ,Gleich zu Anfang.'", S. 151).

[79] Vgl. Kolbenhoff: *Von unserm Fleisch und Blut*, a.a.O., S. 87–95 sowie 196–206.

[80] Ebd., S. 204.

[81] Vgl. ebenda, S. 39, wo sich zwei Frauen unterhalten „,Womit haben wir das alles verdient?', fragte die andere. ,Ich habe immer meine Steuern bezahlt und mich nie um die Politik bekümmert.' ,Ich weiß es nicht', sagte Frau Huber schluchzend. ,Aber irgend etwas müssen wohl auch wir verkehrt gemacht haben …'"

[82] Diese Form eines „kommunikativen Beschweigens", das sich damit begnügt, hergestellte historische Beziehungen im Vagen zu belassen und nicht weiter zu explizieren, benennt Silke Hermanns als zentrales Funktionsprinzip in *Heimkehr in die Fremde*. Vgl. Hermanns: *Trümmer (in) der Erinnerung*, a.a.O., S. 48–64.

leistung zeichnet ihn vor allen übrigen Figuren aus und befähigt ihn, als Fürsprecher eines halbwegs aufgeklärten Neubeginns zu fungieren. Dabei parallelisiert der Text Aufbauwillen und den Anbruch eines neuen Tages. In dem Gespräch mit seiner Frau weist der Heimkehrer immer wieder darauf hin, dass es langsam hell wird und lässt sich zuletzt auch durch Bitten nicht davon abbringen, sein Aufbauwerk zu beginnen: „‚Es ist hell', sagte er und stand auf. Er fing an, die schweren Bretter wegzuräumen, die den Zugang des Verschlages versperrten."[83] Hierin zeigt sich eine letzte konträre Bewegung. Während der Heimkehrer aus dem engen Raum seines Verschlages in die Helligkeit des neuen Tages tritt, geht Hans gerade den entgegengesetzten Weg und flüchtet sich vor dem Tag in die düstere Müllbleibe Zempas, dessen Leiche diesen Ort zur Grabkammer werden lässt.[84]

Diese strukturelle Opposition ergänzt nicht nur die Untergangsromantik des jungen Werwolfs durch die positive Perspektivierung eines möglichen Neuanfangs, sondern macht die erzählte Zeit der Nacht als Transitionsphase lesbar. Es handelt sich bei der erzählten Nacht nicht um eine von vielen (sie ist schon durch den Erzählakt selbst hervorgehoben), sondern versammelt – gerade hinsichtlich der Werwolf-Episoden – eine Vielzahl entscheidungsrelevanter sowie transformationsermöglichender Momente. Durch die Strukturierung des Textes in verschiedene Erzählstränge, durch die der Text zu einem gesellschaftlichen Panoptikum gerät, lässt sich die geschilderte Nacht zugleich als Versuch eines realistischen Abbildes der Nachkriegsmentalitäten sowie als politisch-moralischen Appell verstehen.[85] Kolbenhoffs Roman führt auf der Mikroebene des

---

[83] Kolbenhoff: *Von unserm Fleisch und Blut*, a.a.O., S. 206.
[84] Bereits zu Beginn des Romans denkt Hans darüber nach, ob er nicht „schon im Grabe" liege. Ebd., S. 28.
[85] Vgl. Peitsch: *Vom ‚Realismus' eines Kriegsromans*, a.a.O., S. 88. Die Appellstruktur des Textes (die sich vor allem durch die kontrapunktische Struktur ergibt und weniger offensichtlich zutage tritt) korrespondiert mit Kolbenhoffs Literaturverständnis, das sich durch seine Verpflichtung auf eine politisch-moralische Tendenz ausweist. Dem nach 1945 wieder erstarkenden (und sicherlich seinerseits als Reaktion auf die Vereinnahmung der Literatur durch den Nationalsozialismus verständlichen) Ruf nach einer *littérature pure* erteilt Kolbenhoff, wie dies beispielsweise in seiner Rede zum zweiten deutschen Schriftstellerkongress 1948 geschah, eine deutliche

Figurendenkens und -handelns die auf der gesellschaftlichen Makroebene notwendigen Transformationsleistungen vor, ohne dabei allzu geradlinige Lösungsvorschläge zu machen. Zugleich führt er mit dem Werwolf Hans eines der zentralen politischen Probleme der Nachkriegszeit vor: Wie beginnt man neu, wenn sich die Persistenz des Alten als beständiger erweist als erwartet?

6.3   Wiedergeburt in Kellern. Dieter Meichsner: *Versucht's noch mal mit uns* (1948)

Wie wir gesehen haben, setzt Kolbenhoff zwar in seiner autobiographischen Retrospektive ein persönliches Erlebnis als Schreibanlass für seinen Werwolf-Roman, die Erzählung selbst speist sich hingegen nicht aus persönlichen Erfahrungen des Autors. Das mag ihm die Möglichkeit gegeben haben, den Text stärker durch die Formsprache der Moderne – innere Monologe, Inszenierungen des Bewusstseinsstromes, Sequenzierungen der Narration – zu strukturieren, als dies durch eine vollständige Verpflichtung auf authentische Wiedergabe des Erlebten eventuell der Fall gewesen wäre. Dies markiert gleich auf formaler Ebene einen wesentlichen Unterschied zwischen Kolbenhoffs Roman und jenem zweiten Werwolf-Text, der im Folgenden zur Sprache kommen soll.

Dieter Meichsner, der zum Zeitpunkt der Veröffentlichung von *Versucht's noch mal mit uns*[86] gerade einmal 20 Jahre alt war, gestaltet in seinem Text seine eigenen Erfahrungen als Jungvolkführer (ein Grad in der Hitlerjugend) und Teilnehmer einer Werwolf-Aktion in und um Berlin

---

Absage. „Ich erachte es als die vornehmste Pflicht des Schriftstellers, seine Kunst in den Dienst der Menschheit zu stellen und das Gewissen seiner Zeit zu verkörpern." Zitiert nach: Gerhard Hay: *Literatur und Medien. Literarische Positionen im München der Nachkriegszeit*, in: *Trümmerzeit in München. Kultur und Gesellschaft einer deutschen Großstadt im Aufbruch 1945–1949*, hg. von Friedrich Prinz, München 1984, S. 209–219, hier S. 215. Bezeichnenderweise wurde Kolbenhoffs Rede nicht in den Sammelband zum Kongress aufgenommen, vgl. Heinrich Becholdt (Hg.): *Literatur und Politik. Sieben Vorträge zur geistigen Situation in Deutschland*, Konstanz 1948.

[86] Dieter Meichsner: *Versucht's noch mal mit uns*, Hamburg 1948.

kurz vor Kriegsende. Der Text, der ohne paratextuelle Gattungsbezeichnungen auskommt, also dezidiert nicht als Roman tituliert wird, vermengt systematisch Elemente des Autobiographischen und Fiktionalen. Dass es sich bei Meichsners Text um eine Mischform handelt, mag außerdem das kurze Nachwort beziehungsweise die editorische Notiz erklären, die der Rowohlt-Verlag beigefügt hat und die sich mit einer genauen Einordnung des Texts selbst schwertut. So heißt es über Meichsner:

> Er kann beobachten, und er kann das Beobachtete fixieren. Er hat dieses Buch als Neunzehnjähriger geschrieben. Was entstand, ist noch keine Literatur, es ist weder Roman noch Reportage. Aber es ist ein Dokument. Und da die jüngste Generation zu dichterischer Aussage noch nicht reif ist, andererseits aber alles, was von Älteren über sie gesagt wird, nicht frei ist von Fragwürdigkeit, hat sich der Verlag entschlossen, dieses Dokument zu veröffentlichen.[87]

In dem Zitat werden gewisse Schwierigkeiten hinsichtlich der Frage deutlich, wie sich Meichsners Text kategorial einordnen ließe – der Begriff des Dokuments ist letztlich eine Verlegenheitslösung. Legitimiert wird die Veröffentlichung desselben (trotz bemerkter qualitativer Schwächen) durch den bereits mehrfach zur Sprache gekommenen Konflikt zwischen alter und junger Generation, zusätzlich versehen durch eine paternalistisch-generalisierende Nebenbemerkung über die „Reife" junger Schriftstellerinnen und Schriftsteller. Tatsächlich ist der Text geprägt durch Momente des Berichtsartigen und Reportagehaften, formal angezeigt durch das weitestgehende Fehlen herausstechender ästhetischer Gestaltung sowie durch den streng chronologischen Aufbau der Narration, lediglich an wenigen Stellen ergänzt durch Analepsen in Form von Erinnerungen des autodiegetischen Erzählers. Es überrascht, dass sich der Verlag in seinem Nachwort gegen das Etikett „Reportage" sperrt, wird doch ein Jahr nach der Veröffentlichung von *Versucht's noch mal mit uns* Hans Werner Richters Debütroman *Die Geschlagenen* häufig als (im positiven Sinne) Reportage bezeichnet und wahrgenommen werden. Allerdings ist der diskursive Rückzug auf den Begriff des Dokuments angesichts des betont kunstlosen Schreibstils vieler erlebnisbasierter Texte unmittelbar nach 1945 auch nicht untypisch; die etablierten Wertungs-

---

[87] Ebd., o.P. [etwa S. 207].

maßstäbe der Literaturkritik waren diesbezüglich, um auf die Verlagsnotiz anzuspielen, in der Tat nicht „frei von Fragwürdigkeit".[88]

Der Text zerfällt inhaltlich in zwei Teile, wobei er formal in drei Teile gegliedert ist. Meichsner, der später als Journalist beim NDR und im Fernsehen arbeitete und weitere Romane publizierte,[89] erzählt die Erlebnisse des Jungvolkführers Peter, der als Werwolf zu einem Einsatz in das bereits von den russischen Truppen eroberte Polen, nahe der deutschen Grenze, verschickt wird, diesen Einsatz überlebt (was nicht vorgesehen war), sich erneut nach Deutschland durchschlägt und sich gemeinsam mit drei weiteren Werwölfen in Berlin in einem Keller verschanzt, um im Fall der Einnahme der Stadt durch die Russen Terrorakte zu verüben. Anders als bei Kolbenhoff ist in Meichsners Text der Begriff ‚Werwolf' von Anfang an präsent, und zwar nicht lediglich in seiner metaphorischen Verwendung. Der autodiegetische Erzähler rechnet sich dieser Partisanengruppierung zu, rekapituliert seine rituelle Aufnahme und reflektiert die mit dieser Zugehörigkeit einhergehende Loslösung von familiären Bindungen und die Erosion der persönlichen Vergangenheit – wobei beides betont sachlich abläuft und zu keiner Zeit das Freiheitspathos des Kolbenhoff'schen Werwolfs bedient. Zudem gestaltet Meichsner in weitaus größerem Umfang die „inneren Krisen- und Ablösungsprozesse [...], die den Weg zum zivilen Dasein im post-faschistischen Staat gebahnt haben",[90] und lässt zuletzt seinen Erzähler einen Weg aus der wölfischen Existenz mitsamt ihrer Ausrichtung auf die faschistischen Werte- und Handlungsmuster finden.

Die motivischen und strukturellen Parallelen zu *Von unserm Fleisch und Blut* sind jedoch unübersehbar. Auch in Meichsners Text bedient sich der Hauptprotagonist und Erzähler einer an der Sprache des Untergangs geschulten Rhetorik, die permanent das persönliche sowie kollektive Ende beschwört, also den eigenen Tod an den Untergang des Regimes

---

[88] Den Konflikt zwischen als ‚alt' apostrophierter Literaturkritik und ‚junger' Literatur betont auch Franz Schonauer: „Literaturkritik und Restauration", in: *Bestandsaufnahme. Eine deutsche Bilanz 1962*, hg. von Hans Werner Richter, München 1962, S. 477–493.

[89] Darunter der 1953 erschienene und 2008 erneut aufgelegte Roman *Die Studenten von Berlin*.

[90] Sibylle Hübner-Funk: *Loyalität und Verblendung. Hitlers Garanten der Zukunft als Träger der zweiten deutschen Demokratie*, Potsdam 1998, S. 51.

koppelt. Die Werwölfe hätten, wie es der Erzähler fasst, „Angst vor dem Ende, und wir wollten, es käme bald".[91] Dabei speist sich auch eine zentrale Motivation, sich dem Werwolf anzuschließen – denn der Erzähler schildert seinen Weg in diese Einheit nicht als willkürliches Aufgegriffenwerden, sondern als bewusste Entscheidung –, aus der Vorstellung des Untergangs: Der Krieg ist verloren und man kann sich das Kriegsende selbst nur vorstellen als ein Dahinvegetieren in russischen Gefangenenlagern oder schlimmer: man wird „abgestochen [...] wie das Schlachtvieh."[92] Diese Einsicht, dass der Krieg nicht zu gewinnen ist, überwältigt den Erzähler, der ein typisches Kind des Krieges ist;[93] der Werwolf ist eine Zuflucht für den, dem mit dem Krieg der ganze ideologische Kosmos verloren geht.[94] Das Beschwören des eigenen Untergangs und die omnipräsente Rede vom Ende entpuppen sich zuletzt, ähnlich wie die Zitations- und Rezitationspraxis des Kolbenhoff'schen Werwolfs, als Strategien, um Zweifel und Ängste zu bannen und sie in die gebliebenen Rudimente der betont abgeklärten nazistischen Heldensprache zu überführen: „Am Ende würden nur die bestehen, die sich schon lange klar geworden waren, daß es zu Ende war. Sie würden gelassen sein."[95] Genau diese Gelassenheit wird sich zuletzt, trotz aller Selbstbeschwörungsformeln der Härte,[96] als Fiktion herausstellen.

---

[91] Meichsner: *Versucht's noch mal mit uns*, a.a.O., S. 20.

[92] Ebd., S. 18. Das Bild vom Schlachtvieh, das der Erzähler für all jene nutzt, die sich dem Ende in einer Form bewusstloser Ergebung annähern, nutzt er später noch einmal: „Nur sollten sie sich nicht besser dünken als das Schlachtvieh, besser als die anderen, die stumpf das Ende erwarteten." Ebd., S. 87f.

[93] „Ich hatte den Frieden nicht mehr richtig erlebt. Soweit ich mich genauer zurückerinnern konnte, war immer Krieg gewesen." Ebd., S. 86.

[94] „Die Erkenntnis, daß wir doch verlieren würden, kam zu plötzlich über mich, als daß ich noch einen anderen Ausweg sehen konnte." Ebd., S. 87.

[95] Ebd., S. 99.

[96] Die zu Beginn des Textes vom Erzähler noch geäußerte Angst, dass er „einmal weich werden könnte, gerade wenn es darauf ankam, brutal und rücksichtslos zu sein", schleift sich zunehmend ab und macht einer gewissen Abstumpfung Raum: „Mein Herz hatte sich verhärtet, wir waren brutal geworden. Ich schauderte nicht mehr zurück beim Anblick hingemordeter Frauen oder eingeschlagener Schädel. Ich zitterte nicht mehr, wenn die Russen in der Ferne brüllten oder wenn sie uns dicht auf den Fersen waren."

Auch die Betonung der mit dem Werwolf-Status einhergehenden Loslösung von alten sozialen Bindungen findet sich als wesentliches Strukturelement der Narration wieder, wie auch bei Kolbenhoff verdeutlicht durch den Bezug auf die Familie. Peter entscheidet sich, vor seinem Werwolf-Einsatz (von dem er nicht glaubt, noch einmal zurückzukehren) nicht mehr zu seiner Familie zu gehen, um sich zu verabschieden, sondern begnügt sich mit einem kurzen Telefonat, aus Angst davor, dass die alten Bindungen wieder wirksam werden könnten: „Jedes Bild, jedes Möbelstück, hätte mich festhalten wollen. Die Schiffsmodelle in meinem Zimmer, meine Tennisschäger [sic!] und meine Kletterschuhe. Alles, was mich an bessere Zeiten erinnerte, hätte mich angestarrt."[97] War es bei Kolbenhoff die amorphe, zerstörte Stadtlandschaft, die die soziale Sekludierung des Werwolfs flankierte, so gesellt sich bei Meichsner stärker eine räumliche Entfernung zur sozialen Loslösung. Der Einsatz findet hinter der Front statt, in der als Wildnis porträtierten polnischen Grenzregion. Der in früheren Kapiteln bereits konstatierte Nexus zwischen räumlicher und kognitiver Distanzierung findet auch hier seine Entsprechung. Kurz nach dem Fallschirmabsprung hinter die feindlichen Linien begegnet die kleine Werwolf-Gruppierung einer anderen Gruppe, die bereits seit mehreren Wochen im Niemandsland hinter den Linien operiert. In einem kurzen Gespräch über die gegenwärtige Lage äußert sich die ältere Gruppe negativ über die NS-Führung, was einen der Werwölfe äußern lässt, in Berlin habe man „neulich ein paar Leute aufgehängt, weil sie

---

Trotzdem wird der Erzähler beim Tod seines jugendlichen Mit-Werwolfs Uli sich Mühe geben müssen, „nicht loszuheulen, denn ich war nicht so kaltschnäuzig wie sonst." Ebd., S. 16, 39, 170.

[97] Ebd., S. 20. Hier taucht erneut, wie schon bei Kolbenhoff, das Motiv des Angeschautwerdens auf, vor dem sich beide Protagonisten fürchten. Im Blick des Anderen (bei Kolbenhoff konkret im Blick des Vaters, bei Meichsner eine eher metaphorische Wendung) droht das fragile Rechtfertigungsgerüst der jeweiligen Protagonisten Schaden zu nehmen, weil der Blick die Protagonisten zur selbstreflexiven Wendung zwingt, in der, wie es bei Sartre heißt, das Ich „mit einem Schlag Bewußtsein von [sich]" hat. Genau dieser Schlag soll vermieden werden. Vgl. Jean-Paul Sartre: *Das Sein und das Nichts. Versuch einer phänomenologischen Ontologie*, 14. Aufl., Hamburg 2008, S. 470.

ähnlich geredet haben".[98] Die Reaktion darauf akzentuiert das strukturelle Moment von innerer und äußerer Distanzierung:

> Schließlich sagte einer ruhig: „Zum Teufel mit Heil Hitler und Sieg Heil! Nur schade, daß wir nicht mehr zurückkommen. Ich glaube, ich bin nicht der einzige, der hier draußen viel Zeit zum Nachdenken hatte. Sehr viel Zeit. Sei du erst mal ein paar Wochen hier, dann werden dir auch verschiedene Lichter aufgehen."[99]

Das Zitat führt *in nuce* noch einmal die Verbindung der (sozialen) Wildnis mit dem Moment der Befreiung vom alten Denken vor. Der Ausnahmezustand, in dem sich diese Gruppe befindet, hat bereits jene Transformationsleistung getätigt, die, wie gezeigt, beim Kolbenhoff'schen Werwolf ausbleibt. Wie stark dieser Prozess als Bewegung imaginiert wird, zeigt – wenn auch nur *ex negativo* – die Anmerkung des Soldaten, es sei schade, dass man nicht zurückkomme. Der Weg aus der alten Gemeinschaft ist gelungen; der in die neue bleibt verschlossen.[100] Der Text führt jedoch die Konsequenz dieser Aussage insofern fort, als es der Erzähler selbst ist, dem das Zurückkommen als einzigem möglich sein wird. Nach einem missglückten Anschlag auf eine russische Nachschubkolonne wird die Werwolf-Gruppe in dem Waldstück, in dem sie lagerte, eingekreist und es gelingt lediglich dem Erzähler, der bezeichnenderweise sein Handeln mit Desertion in Verbindung bringt, zu entkommen.[101] Anstatt sich jedoch zu verstecken und auf das Kriegsende zu warten, schlägt sich der Erzähler durch die feindlichen Linien hindurch zurück nach Deutschland und schafft es wieder nach Berlin, dem Ausgangspunkt seiner Reise. Der Text beschreibt an dieser Stelle eine Kreisbewegung, die sich auch auf der Ebene des Figurenbewusstseins abbildet: Denn der Erzähler ist zwar zutiefst desillusioniert (und fragt sich während seines Rückweges, ob er nun

---

[98] Meichsner: *Versucht's noch mal mit uns*, a.a.O., S. 29.
[99] Ebd.
[100] Allerdings ist dieser Erkenntnisprozess gekoppelt an den Umstand, dass der Krieg verloren ist. Die Erfahrung der sich ankündigenden Niederlage beschleunigt die Einsicht in die Sinnlosigkeit des eigenen Tuns, die im Falle eines Sieges wahrscheinlich ausgeblieben wäre.
[101] Vgl. ebenda, S. 42–49.

endgültig zu den Verrückten zu zählen sei),[102] aber er hält am Werwolf fest. In gewisser Hinsicht ist der zweite inhaltliche Teil des Textes eine Wiedererzählung des ersten unter anderen räumlichen Bedingungen; statt im Wald und auf Feldwegen operiert man nun in der Trümmerstadt Berlin kurz vor der Eroberung durch die Rote Armee.

Der Erzähler schildert ausführlich die von ihm wahrgenommenen Auflösungserscheinungen des Militärischen (inklusive gehängter Deserteure)[103] wie des Sozialen und erzählt davon, wie er gemeinsam mit drei weiteren Werwölfen einen Keller entdeckt, der sich als Unterschlupf für die Zeit nach dem Regime-Zusammenbruch eignet. Minutiös richten sie den Keller für ihre Bedürfnisse her und sammeln in ihm Waffen und Sprengstoff; allerdings, obwohl der Erzähler dieser Arbeit mitunter verbissen nachgeht, wird die Grundlage für sein Handeln, ihr legitimatorisches Geflecht, zusehends dünner. Zwar bleibt die Angst vor den Russen virulent und lässt den Erzähler Äußerungen tätigen, die wohl ein Jahr vor der eigentlichen Publikation des Textes, um 1947, kaum Chancen auf Veröffentlichung gehabt hätten;[104] aber die nazistische Symphonie von Heldentum, Pflicht und Treue verfängt nicht mehr:

---

[102] Vgl. ebenda, S. 70f. sowie 90, wo es heißt: „Für uns Junge war es jetzt aus. Warum hatten wir überhaupt gelebt, wenn schon alles vorüber war? Ich hatte genug erlebt, mehr, als andere früher in meinem Alter. Der Blutgeruch würde nie mehr aus meiner Nähe weichen, weil ich einer von den Jungen war, einer von den Verrückten, einer von denen, die glaubten, sie müßten bis zum Ende weitermachen."

[103] Vgl. ebenda, S. 178–181.

[104] Wie weiter oben diskutiert, änderte sich ab 1947 im Zuge des sich zunehmend verschärfenden Ost-West-Konflikts die Publikationskoordinaten in den Westzonen; Kritik an der UdSSR war fortan durchaus erwünscht und griff mitunter auf alteingespielte antirussische Stereotype mit rassistischen Obertönen zurück. Dergleichen findet sich auch in Meichsners Text, wo die eingestreuten Gewalteskapaden, die russischen Soldaten zugeschrieben werden, in ihrer auf Erregung von Grauen und Mitleid ausgerichteten Sprache schon fast Kolportage sind. So heißt es beispielsweise von einem Werwolf, der in die Hände der Roten Armee gefallen ist, er sei mit Bajonetten an den Baum genagelt worden und habe dabei „Mutti" und „hört doch auf" gerufen (vgl. ebenda, S. 58). Neben dieser die Grausamkeit der russischen Soldaten markierenden Stelle sind es weitere Passagen, die das Subalterne des russischen Menschen beispielsweise über die Physiognomie

> Ich merkte auch nicht, daß ich stumpf geworden war. In mir war nichts von Pflichtbewußtsein, alles schien leer. Auch an den Widerstand bis zum Letzten dachte ich nicht und an das Niedertrampelnlassen. Dachte ich überhaupt noch etwas? Ich wußte wohl nur noch, wie ich meine Maschinenpistole zu laden und abzudrücken hatte. Das war alles, was ich noch wußte, und wie ich eine Sprengladung zündete. Das wußte ich auch, ich würde es im Schlaf noch können. Aber alles andere? Was empfand ich denn noch?[105]

Zwar zeigt das Zitat auch die Erfolge des Nazismus in seiner Reduktion des Einzelnen auf die soldatische Maschine, zugleich dokumentiert es aber auch die zunehmenden Zweifel und inneren Distanzierungsbewegungen, die ebenso an anderen Textstellen geäußert werden, denen aber zugleich die Tatsache entgegensteht, dass der Erzähler trotzdem weitermacht – obwohl der Kampf definitiv verloren ist[106] und er an ein Weiterleben des Nazismus in irgendeiner Form kaum glaubt. Symbolisch verdichtet artikuliert sich dieser Umstand in der Szene, als der Erzähler mit einem Freund aufgefordert wird, die Fahnen des Banns (Gliederungseinheit der Hitlerjugend und des BDM) für ein zeitliches Später zu vergraben – und sie stattdessen verbrennt.[107] Die Reflexionen, die diese Handlungen begleiten, sind allerdings eher weniger dazu angetan, mit den verbrannten Fahnen zugleich auch deren Geist zu begraben: „Das Schöne, das wir unter den Fahnen erlebt hatten, die Lager, die Fahrten, hatten wir nur einzelnen zu danken gehabt, den wirklichen Führern, die so betrogen worden waren wie wir, von den anderen da oben."[108] Das Zitat greift nicht nur eine für die Nachkriegsdebatte um Schuld und Verantwortung typische Form der Exkulpation auf, die sich mit dem Verweis auf ein sozialhierarchisches „Oben" begnügt, sondern liefert auch eine damit einhergehende Generalamnesie für die „Jungen", die – so die historische Analogie – wie bei Langemarck betrogen worden seien.[109] Auffallend ist, dass diese

---

  herauszustellen versuchen, so wenn ein Russe als „kleine[r] Gelbe" bezeichnet wird, der aus „seinen Schlitzaugen schielte" (ebd., S. 62).
[105] Vgl. ebenda, S. 149f.
[106] Vgl. ebenda, S. 157.
[107] Vgl. ebenda, S. 132–137.
[108] Ebd., S. 136.
[109] Vgl. ebenda, S. 136. Zum Mythos von Langemarck vgl. Bernd Hüppauf: *Schlachtenmythen und die Konstruktion des ‚Neuen Menschen'*, in: *„Keiner*

Apologie der Jugend[110] auch, wie das Zitat vermerkt, jene „wirklichen Führer" einschließt, die ihrerseits zu den Betrogenen zu zählen seien.[111] Der Text bietet damit ein weitreichendes Entlastungsnarrativ, das Schuld und Verantwortung grundsätzlich im gesellschaftlichen Oben verortet.

Zuletzt wird auch in Meichsners Text der Prozess der „De-Konversion und Re-Zivilisation",[112] den der Erzähler exemplarisch zu durchlaufen hat und der sich wesentlich an das liminale Moment seiner Existenz als Werwolf knüpft, an die bereits von Kolbenhoff bekannte Licht- sowie Grabesmetaphorik gekoppelt. Es ist erneut der in den Seelenlandschaften der Nachkriegsliteratur eine so wesentliche Rolle spielende Keller, der zum raumsemantischen Ausgangspunkt dieser metaphorischen Beziehung stilisiert wird. Es sei ihnen trostlos zumute gewesen, berichtet der Erzähler, „wenn wir in den Keller stiegen. Draußen war der blaue Frühling, aber in unserem Stützpunkt war die feuchte, dumpfe Moderluft. Wie in einem Grab."[113] Der Grab-Vergleich findet seinen entsprechenden

---

fühlt sich hier mehr als Mensch". Erlebnis und Wirkung des Ersten Weltkriegs, hg. von Gerhard Hirschfeld/Gerd Krumeich/Irina Renz, Essen 1993, S. 43–84.

[110] Besonders kritisch wird dies bei Heukenkamp bewertet, die schreibt, die junge Generation, die sich in Meichsners Text als von den ‚Alten' betrogen fühle, erscheine in Form des Werwolfs als „freilich irregeleitete, aber kindlich reine Seele. […] Das abenteuerliche Leben und die Freiheit des Dürfens bewahren noch aus der Nachkriegsperspektive etwas von ihrer Faszination, obwohl es sich hier nicht um Unabhängigkeit handelt und schon gar nicht um Opposition, sondern um Verwilderung und schließlich Flucht vor der Realität." Heukenkamp: *Der Zweite Weltkrieg in der Nachkriegsprosa (1945–1960)*, a.a.O., S. 313f.

[111] Bereits zuvor konstatiert der Erzähler mit Blick auf eine Ansammlung von Hitlerjungen und BDM-Mädchen: „Man hatte sie alle betrogen." Vgl. Meichsner: *Versucht's noch mal mit uns*, a.a.O., S. 123.

[112] So die Formulierung von Hübner-Funk: *Loyalität und Verblendung*, a.a.O., S. 283. Zum Begriff der „De-Konversion" schreibt Hübner-Funk: „Angesichts des Umstandes, daß es sich nicht allein um die Auflösung eines (kriegsführenden) Staates, sondern um die Auflösung eines ideologischen ‚Glaubenssystems' gehandelt hat, eignet sich der Begriff der – quasi-religiösen – ‚De-Konversion' hierfür wohl am besten." Ebd., S. 288.

[113] Meichsner: *Versucht's noch mal mit uns*, a.a.O., S. 125. So auch auf S. 188: „In wenigen Stunden würde die Sonne aufgehen. Wir konnten es aber nicht

Konterpart in der Verbindung von Leben und Licht (Sonne), wie sie sich beispielsweise in dem Abschnitt zeigt, in dem der Erzähler mit zwei weiteren Werwölfen auf Erkundung um Berlin beordert wird. Statt allerdings die Gegend in kriegsrelevanter Hinsicht auszukundschaften, radeln die drei Jungen in einen Wald und legen sich auf eine kleine Lichtung. Das Gefühl von Frieden, das die Jungen ergreift, wird zuletzt durch ein Insigne des Krieges verscheucht; als der Erzähler sich auf die Seite dreht, drückt ihn seine Pistole, die er in der Tasche hat. Als er daraufhin anregt, wieder aufzubrechen, heißt es: „Die anderen empfanden wohl wie ich, was wir auf der kleinen, hellen Lichtung zurückließen."[114] Die Bedeutung dieser Lichtungs-Szene, in der „das alte Leben"[115] noch einmal präsent war, wird dadurch unterstrichen, dass sie immer wieder in den Erzählfluss integriert wird und als Gegenerzählung zur allgegenwärtigen Rede von Untergang und Ende fungiert. Ähnlich wie zuvor bei Kolbenhoff lässt sich ein konträres Arrangement zweier Topographien ausmachen: der mit Tod assoziierte Keller, dessen Enge und Dunkelheit mit der offenen, hellen Lichtung kontrastiert, die, wie gezeigt, mit Leben und Frieden assoziativ verbunden ist. Es sind allerdings nicht nur die Bilder und Gefühlswelten der jeweiligen Räume, die kontrastiv angeordnet sind, es sind auch die jeweils damit einhergehenden Handlungslogiken – denn der Keller dient ganz konkret der Vorbereitung des eigenen Todes sowie des Todes anderer Menschen.

Der Keller ist damit nicht nur paramilitärischer Operationsraum des auf das Klandestine verpflichteten Werwolfs, der sprichwörtlich unter der Schwelle gesellschaftlicher Sichtbarkeit agieren muss, sondern zugleich auch Ausdruck seiner liminalen Existenz. Wie in *Von unserm Fleisch und Blut* reflektiert der Erzähler in *Versucht's noch mal mit uns* seine Stellung jenseits aller Gesetzgebung; er ist das Resultat einer korrodierenden Ordnung sowie eines moralischen Freibriefs.[116] Ihm ist alles erlaubt, solange

---

    merken. Für uns würde es auch dann noch Nacht bleiben. Es würde sein wie in einem Grab."

[114] Ebd., S. 119. Dort findet sich auch die Stelle mit der Pistole.
[115] Ebd.
[116] Vgl. ebenda, S. 112. Der Erzähler bringt diesen Komplex stärker in Verbindung mit der psychischen Zerrüttung der jugendlichen Werwölfe, erwähnt aber auch die für ihre Liminalisierung zentrale Loslösung von alten Ordnungen und Orientierungen. Die Werwölfe hätten „so Furchtbares erlebt, daß sie nicht mehr unterscheiden konnten zwischen gut und böse. Wer hatte denn

es nicht gesehen wird. Die Konsequenz daraus ist eine Geisteshaltung, die sich voll und ganz dem Untergang verschrieben hat, und mit einer Leichtigkeit über das Leben Anderer hinweggeht, die selbst den Erzähler erschreckt.[117] Der Keller ist räumlicher Ausdruck dieses gesellschaftlichen Jenseits – um die Grab-Metaphorik noch einmal aufzugreifen –, in dem sich zum einen die wölfische *Communitas* artikuliert und das zum anderen zum Ausgangspunkt der endgültigen Lösung vom Werwolf und also der gesellschaftlichen Wiedereingliederung wird.[118] Der Erzähler schildert, wie er sich mit drei anderen Jugendlichen in dem Keller versteckt und dort den Einmarsch der Roten Armee übersteht. Das eigentliche Kriegsende bekommen die Werwölfe nicht mit. Der Text löst das Problem der Leserorientierung – woran soll man erkennen, dass das Kriegsende bereits eingetreten ist – dadurch, dass er einen der Werwölfe ein Tagebuch führen lässt, in dem der Jugendliche neben standardisierten Formeln à la „Wenn wir doch bald an den Feind kämen!"[119] das Datum des jeweiligen Tages vermerkt. Dem Monolog des Tagebuchs, der weiterhin von der nazistischen Phraseologie beherrscht wird, korrespondiert zunächst das Schweigen der übrigen Werwölfe, das die Monotonie aus Warten, Schlafen und Essen durchzieht. Als man von draußen Feuerwehrsirenen hört, entschließt man sich zu einem Erkundungsgang und stellt fest, dass die Kampfhandlungen eingestellt wurden.[120] Am Folgetag bricht man auf, um nach den eigenen Familien zu sehen, nur der Erzähler bleibt im Keller: „Ich hatte Angst, aus der Geborgenheit des Kellers ins helle Sonnenlicht hinauszusteigen."[121] Auch hier ist die Rede vom Sonnenlicht aufgeladen mit dem Moment der Selbsterkenntnis. Deutlicher wird dies, als die anderen Werwölfe zurück in den Keller kommen und berichten, dass die

---

noch Gewalt über sie? Der Vater war längst eingezogen worden, und als kleine Burschen wurden sie schon in Lager gesteckt, ganz auf sich gestellt, allen Einflüssen ausgesetzt." Ebd., S. 113.
[117] Vgl. ebenda, S. 38, 112, 158.
[118] Dabei lassen sich durchaus Parallelen zur Szenerie der biblischen Auferstehungserzählung ausmachen – der Eingang in das ‚Kellergrab' wird sorgfältig verschlossen und bevor der Erzähler hineinkriecht, fragt er sich: „Wann würde ich den Himmel wiedersehen?" Ebd., S. 187.
[119] Ebd., S. 191.
[120] Vgl. ebenda, S. 192–194.
[121] Ebd., S. 194.

Eltern eines der Jugendlichen verstorben sind und ein anderer, aufgrund seiner zuvor begangenen Handlungen, mit Verhaftung rechnen muss. Es entspinnt sich nun etwas, was zuvor kaum stattgefunden hat: ein Dialog. In dessen Verlauf optiert ausgerechnet der Jugendliche, der seine Eltern verloren hat, dafür, wieder ins Leben zurückzukehren, und zweifelt offen daran, dass das, wofür man gekämpft hat, tatsächlich alles gewesen ist, wofür es sich zu leben lohnt. Die sich daran anschließende, kurze Diskussion darüber, ob die Beweggründe des eigenen Handelns tatsächlich immer „gut [...] und anständig"[122] waren, verdeutlicht noch einmal die um sich greifenden Zweifel, für die der Dialog katalysatorisch wirkt, und akzentuiert die Spannung zwischen Helligkeit und Dunkel. Denn die Frage des Erzählers, ob alles „Schwindel war, wofür wir kämpfen wollten", wird unter Bezug auf den Raum, in dem das Gespräch stattfindet, nicht abschließend beantwortet: „Da antwortete er nicht. Vielleicht wagte er das furchtbare ‚ja' noch nicht auszusprechen, vielleicht konnten wir es damals im Keller auch noch nicht oder wollten nicht."[123] Am Ende der Diskussion steht die Entscheidung, den Ausnahmezustand des Werwolfs und damit den Keller „ins Licht hinaus"[124] zu verlassen.

Auffallend ist der Umstand, dass die Erzählung von der wölfischen Zwischenwelt direkt mit dem ebenfalls in einer Zeit des Dazwischen angesiedelten Erzählakt selbst verbunden wird. Ohne explizit eine Schreibszene zu schildern, ist diese doch präsent, wenn der Erzähler abschließend erwähnt, er habe seine Erlebnisse lange niemandem und zuletzt einem Mädchen erzählt, das ihn nicht recht verstanden habe, dafür sei es zu jung gewesen. Sieht man einmal von dem Topos des Unverstandenseins ab, so lenkt diese narrative Schlussfigur in einer metapoetologischen Wendung das Augenmerk auf das zuvor Erzählte selbst und adressiert damit auch die Leserinnen und Leser als Zeitgenossinnen und Zeitgenossen des Interregnums, denen in antimilitaristischer Perspektivierung ein Apell in Form einer vom Erzähler formulierten Hoffnung mitgegeben wird: „Da dachte ich, hoffentlich werden einmal alle, die so jung sind, nicht mehr wissen, was das ist: Dreck, Blut und Tod."[125] Dass diese Hoffnung selbst als Ausdruck einer Lernerfahrung verstanden werden kann, zeigt eine Be-

---

[122] Ebd., S. 201.
[123] Ebd., S. 202.
[124] Ebd., S. 203.
[125] Ebd., S. 205.

merkung, die der Erzähler kurz vorher macht. Er erwähnt, dass er nun gemeinsam mit den anderen Werwölfen wieder zur Schule geht – und in diesem Kontext heißt es: „Ich merkte, was es bedeutete, daß der Mensch galt, nicht die Bewegung, die Partei."[126] Auch wenn diese Formulierung im Vagen bleibt, rückt sie die Re-Humanisierung der Weltwahrnehmung in den Bereich des Erlernbaren und verweist damit auf zentrale Anliegen der *Re-Education*, für die metonymisch die Schule steht.

---

[126] Ebd.

7. Verfahren des Dazwischen

7.1 Politische Brüche, ästhetische Kontinuitäten – Spielarten des Magischen Realismus nach 1945

In seinem Buch über das „geistige Berlin" zwischen 1945 und 1948 zeichnet Wolfgang Schivelbusch nach, wie die Trümmerlandschaften der zerstörten Hauptstadt bei den Zeitgenossinnen und Zeitgenossen immer wieder Vergleiche mit Bühnenkulissen hervorriefen, in denen sich das „unheimliche Leben"[1] der Ruinen abspiele. Die Wahrnehmung der „surrealen Züge im Gesicht Berlins" speiste sich aus einer „Qualität des Unwirklichen, Traumhaften, Gespenstischen",[2] die unmittelbar mit der Erfahrung von Niederlage und Systemimplosion verbunden war. Man befand sich plötzlich in einem „Schwebezustand",[3] eine Formulierung, die für die Zustandsbeschreibungen nach dem Krieg topisch wurde und die in sich die politische wie allgemein gesellschaftliche Situation nach Kriegsende vereinte: die Offenheit bezüglich des Kommenden, die Demontage zuvor wirksamer politischer Institutionen und Rechtsorgane, die Ungewissheiten hinsichtlich des Verhaltens der alliierten Besatzungsmächte sowie die Ungewissheiten und Unsicherheiten bezüglich der materiellen Grundlagen des Weiterlebens. Das Bild vom Schwebezustand rekurriert auf ein bestimmtes, mit dem Interregnum als gesellschaftspolitischer Realität verbundenes Lebensgefühl, das vor allem durch die im Moment des Schwebens angezeigte Bindungslosigkeit, Uneindeutigkeit und (in sozialer Hinsicht) Ortlosigkeit, also wesentlich durch Liminalität gekennzeichnet ist. Der Schwebezustand ist als Moment des Unentschiedenen zugleich – wie dies Victor Turner entwickelt hat – ein Moment der Mög-

---

[1] Wolfgang Schivelbusch: *Vor dem Vorhang. Das geistige Berlin 1945–1948*, München 1995, S. 35.
[2] Ebd., S. 38. Dort auch das vorherige Zitat.
[3] Ebd., S. 39.

lichkeiten, das sich gerade dadurch ergibt, dass man, bildlich gesprochen, den Boden unter den Füßen verliert. Zumindest zeitweise.

Um der dergestalt empfundenen Zwiegesichtigkeit der Zeit zu begegnen beziehungsweise sie in literarischer Hinsicht zu gestalten, greifen die im Folgenden diskutierten Autorinnen und Autoren auf literarische Verfahrenstechniken und Schreibweisen zurück, die sich in den 1920er Jahren in dezidierter Auseinandersetzung mit der literarischen Moderne ausgebildet haben und die nach 1945 eine durchaus erstaunliche Renaissance erfuhren. Die Rede vom ästhetischen Comeback muss allerdings ergänzt werden; es handelt sich nämlich in einer Vielzahl von Fällen weniger um ein erneutes Aufgreifen bereits entwickelter Verfahrensweisen, als viel eher um ein Weiterschreiben und Weiterpublizieren, also um strukturelle sowie personelle Kontinuitätslinien. Im Vordergrund der folgenden Ausführungen steht dabei der sogenannte Magische Realismus, wie er nach Kriegsende 1945 etwa bei Hermann Kasack, Ernst Kreuder, Elisabeth Langgässer, Günter Eich oder Horst Lange Verwendung gefunden hat, deren schriftstellerische Karrieren die besagten Kontinuitäten über die politischen Zäsuren der Jahre 1933 und 1945 exemplarisch bezeugen. Weitere Namen ließen sich anführen. Sie alle haben während der NS-Jahre publizieren können und taten dies, wie das Beispiel Günter Eich zeigt, auch in mitunter umfangreicherer Art und Weise.[4] Bei Schriftstellerinnen und Schriftstellern wie Elisabeth Langgässer oder Friedo Lampe, der das Kriegsende nur um wenige Tage überleben sollte, fand die Wiederentdeckung ihrer nicht-nationalsozialistischen Werke erst viele Jahrzehnte später statt.[5] Es sind dann auch diese Namen, anhand derer der Fortbestand bestimmter Schreibweise über die NS-Jahre hinweg literaturhistorisch nachgezeichnet und im Anschluss daran für eine neue Periodisierung argumentiert wurde. An ihnen hat die literaturwissenschaftliche

---

[4] Eichs agieren im literarischen Feld zwischen 1933 und 1945 hatte 1993, nach Erscheinen eines Artikels von Axel Vieregg, das Potential zu einem veritablen Skandal. Einen Überblick über die einzelnen publizistischen Äußerungen bietet Axel Vieregg (Hg.): „*Unsere Sünden sind Maulwürfe.*" *Die Günter-Eich-Debatte*, Amsterdam 1996.

[5] Neuauflagen von Lampes Romanen *Septembergewitter* sowie *Am Rande der Nacht* erschienen 2001 beziehungsweise 1999 im Wallstein Verlag, Göttingen. Eine erste Biographie liegt seit 2020 vor. Vgl. Johann-Günther König: *Friedo Lampe. Eine Biographie*, Göttingen 2020.

Forschung in zunehmender Schärfe das, wie es Hans Dieter Schäfer nannte, „Problem der Kontinuität ins Blickfeld gerückt".[6]
Dieses Problem lässt sich folgendermaßen formulieren: Aufgrund der Dominanz inhaltskonzentrierter und zeitgeschichtlicher Periodisierungsansätze, in deren Zentrum die als Epochenzäsuren verstandenen Daten 1933 sowie 1945 stehen, sind ästhetische Gesichtspunkte zunehmend aus dem Fokus geraten.[7] Auf die Bezeichnungen des Stilpluralismus im Kontext der Klassischen Moderne, welche die Aufmerksamkeit auf Verfahrens- und Schreibweisen legen (beispielsweise Expressionismus, Jugendstil, Dadaismus), folgen sodann inhaltliche wie politische Bezeichnungen, die ihre Verpflichtung auf außer-literarische Bezugspunkte direkt kenntlich machen, etwa Exil-Literatur, NS-Literatur oder Nachkriegsliteratur. Diese für die zweite Hälfte des 20. Jahrhunderts gängigen Periodisierungen der deutschsprachigen Literatur verdecken weithin die, wie Jörg Schuster formulierte, „Fortführung und Transformation moderner Schreibweisen unter extremen Bedingungen",[8] sprich den Fortbestand moderner Ästhetiken über die gesellschaftspolitische Zäsur 1933 hinaus. Dabei kann und soll die Bedeutung dieses Datums nicht geleugnet werden, dafür sind die Auswirkungen auf die deutsche Literatur durch die

---

[6] Hans Dieter Schäfer: *Zur Periodisierung der deutschen Literatur seit 1930*, in: Ders.: *Das gespaltene Bewußtsein. Deutsche Kultur und Lebenswirklichkeit 1933–1945*, München 1981, S, 69–90, hier S. 70.

[7] Vgl. ebenda, S. 69: „Die moralisierende Fixierung auf den Nationalsozialismus hatte bis dahin zu einer Überbetonung der Zäsuren von 1933 und 1945 geführt und eine literaturgeschichtlich differenzierte Darstellung der verschiedenen Strömungen sowie die Bestimmung des Epochenzusammenhangs über diese Daten hinaus verhindert." Vgl. außerdem Moritz Baßler/Hubert Roland/Jörg Schuster: *Kontinuitäten und Diskontinuitäten literarischer Verfahren von 1930 bis 1960*, in: *Poetologien deutschsprachiger Literatur 1930–1960. Kontinuitäten jenseits des Politischen*, hg. von dies., Berlin, Boston 2016, S. 1–14, hier S. 2f; Gustav Frank/Rachel Palfreyman/Stefan Scherer: *Einleitung*, in: *Modern Times? German Literature and Arts Beyond Political Chronologies. Kontinuitäten der Kultur. 1925–1955*, hg. von dies., Bielefeld 2005, S. 9–23, hier S. 9; Jörg Schuster: *Die vergessene Moderne. Deutsche Literatur 1930–1960*, Stuttgart 2016, S. 8: „Seit 1933 besitzen zeithistorische Daten offensichtlich eine solche Dominanz auch innerhalb des kulturellen Feldes, dass die literaturgeschichtliche Periodisierung ihnen zwangsläufig folgt."

[8] Schuster: *Die vergessene Moderne*, a.a.O., S. 10.

Vertreibung und Ermordung von Schriftstellerinnen und Schriftstellern sowie durch die nationalsozialistische Kulturpolitik zu gravierend. Diese im weitesten Sinne zeitgeschichtliche Perspektive muss jedoch um eine dezidiert ästhetische Perspektive ergänzt werden, um „das spezifisch Literarische, de[n] spezifisch kunstförmige[n] Beitrag zu den allgemeinen und politischen Diskursen der Zeit"[9] literaturgeschichtlich genauer fassen zu können.

Die im Anschluss an Hans Dieter Schäfer publizierten Arbeiten, dessen erste Entwürfe zu einer Neu-Periodisierung der Literaturgeschichte zwischen 1930 und 1960 bereits in den späten 1970er Jahren entstanden sind, machen deutlich, dass sich jenseits der Einschnitte im Politischen deutliche ästhetische Kontinuitäten nachweisen lassen. Es gilt hier ergo, wie Gregor Streim schreibt, „Bruch und Kontinuität zusammen zu denken",[10] um ein facettenreicheres Bild der deutschen Literatur vor, während und nach der NS-Zeit entwickeln zu können. Zu den wesentlichen Erkenntnissen dieser Arbeiten gehört der Hinweis auf den Fortbestand spezifisch moderner Schreibweisen, die die Jahrzehnte von 1930 bis 1960 durchweg als eine „Periode der fortwährenden Transformation der Moderne"[11] greifbar werden lassen. Im Zentrum der folgenden Ausführungen steht dabei, wie bereits erwähnt, der Magische Realismus,[12] der sich im Kontext moderner Malerei und Literatur der 1920er-Jahre entwickelt und dessen – in begrifflicher Hinsicht – notorische Unschärfe eine relativ

---

[9] Baßler/Roland/Schuster: *Kontinuitäten und Diskontinuitäten literarischer Verfahren von 1930 bis 1960*, a.a.O., S. 2.

[10] Gregor Streim: *Das Ende des Anthropozentrismus. Anthropologie und Geschichtskritik in der deutschen Literatur zwischen 1930 und 1950*, Berlin, New York 2008, S. 9.

[11] Schuster: *Die vergessene Moderne*, a.a.O., S. 10.

[12] Zum Magischen Realismus bis heute einschlägig: Michael Scheffel: *Magischer Realismus. Die Geschichte eines Begriffes und ein Versuch seiner Bestimmung*, Tübingen 1990. Eine jüngere Veröffentlichung zum Magischen Realismus, die explizit mit dem Begriff des (literarischen) Verfahrens operiert, ist die Dissertation von Torsten W. Leine: *Magischer Realismus als Verfahren der späten Moderne. Paradoxien einer Poetik der Mitte*, Berlin 2018.

breite Varianz an Schreibweisen und nicht zuletzt politischer Positionierungen zuließ und zulässt.[13]

Historisch betrachtet entwickelt sich der Magische Realismus in Auseinandersetzung mit dem Expressionismus und der Neuen Sachlichkeit. Von besonderer Bedeutung für die Ausbildung einer literarischen Spielart des Magischen Realismus ist die 1929 gegründete Zeitschrift *Die Kolonne* um Martin Raschke, in der nicht nur nahezu alle Autorinnen und Autoren, die gemeinhin mit dem Magischen Realismus in Verbindung gebracht werden, publiziert haben; dort finden sich auch die zentralen poetologischen Äußerungen Raschkes, die es ermöglichen, die wesentlichen Äquivalenzen und Differenzen zu avantgardistischen sowie neu-sachlichen Stilen nachzuzeichnen. Die poetologischen Koordinaten des Magischen Realismus, wie er sich innerhalb des Kolonne-Kreises ausbildet, lassen sich *in nuce* wie folgt skizzieren: In Abgrenzung zur Großstadtorientierung (wie sie beispielsweise häufig im Expressionismus anzutreffen ist) und unter Ablehnung eines Autorschaftkonzepts, das den Schreibenden, so Martin Raschke, zum Reporter degradiere, optiert der Magische Realismus für eine Neuausrichtung auf den Raum der Natur und dafür, den Autor wieder als Dichter und Verkünder höherer (beziehungsweise tieferer) Wahrheiten zu begreifen.[14] Während sich der so initiierte *Retour à la nature* verstärkt in Formen naturmagischer Lyrik niederschlägt und eigene Topoi und Topographien ausbildet[15] (und sich in letzter Konse-

---

[13] Vgl. Gustav Frank/Stefan Scherer: *Textur der Synthetischen Moderne (1925– 1955). (Döblin, Lampe, Fallada, Langgässer, Koeppen)*, in: *Poetologien deutschsprachiger Literatur 1930–1960. Kontinuitäten jenseits des Politischen*, hg. von Moritz Baßler/Hubert Roland/Jörg Schuster, Berlin, Boston 2016, S. 77–104, hier S. 90.

[14] Vgl. Schuster: *Die vergessene Moderne*, a.a.O., S. 36f.; vgl. Schäfer: *Zur Periodisierung der deutschen Literatur seit 1930*, a.a.O., S. 73.

[15] Gemeint sind jene von Burkhard Schäfer herausgearbeiteten brachliegenden Bodenflächen, anhand derer sich eine eigene Poetologie des Abseits beziehungsweise des Abseitigen nachzeichnen lassen und deren Bewuchs, namentlich das Unkraut, zum magisch-realistischen Gewächs par excellence avanciert. Burkhard Schäfer: *Unberühmter Ort. Die Ruderalfläche im Magischen Realismus und in der Trümmerliteratur*, Frankfurt a. M. 2001. Auch Burkhard stellt eine direkte Verbindung zwischen den historischen Ursprüngen des Magischen Realismus und der Literatur nach 1945 (beziehungsweise nach 1989) her, die er als „eine Weiterführung und Radikalisierung des Magischen Realismus" begreift. Ebd., S. 13.

quenz anschlussfähig für die Blut-und-Boden-Romantizismen der hoffierten Literatur im NS-Staat zeigt), geht die Ablehnung des Dichters als Reporter zugleich einher mit einer realistischen Neuausrichtung des Schreibens. Diese *prima facie* paradoxe Bewegung – steht der Reporter doch gleichsam für die unmittelbare Wiedergabe ‚der' Realität – verweigert sich einer unmittelbaren Mimesis dadurch, dass Momente des Magischen und Wunderbaren bereits in der Realität selbst festgemacht werden. Martin Raschke verortet das Programm der *Kolonne* dezidiert zwischen „Wunder und Sachlichkeit" und betont, dass „die Ordnung des Sichtbaren Wunder genug erscheint".[16] Das Magische und Wunderbare wird somit als Teil des Realen verstanden und damit ein Synthese- beziehungsweise Integrationsprogramm formuliert; gerade indem die Realität besonders deutlich wahrgenommen wird, offenbart sich ihr magischer Gehalt.[17] Damit ist ein wesentlicher Aspekt der dem Magischen Realismus eigenen Ästhetik angesprochen, nämlich die Gleit- beziehungsweise Kippbewegungen vom Realistischen ins Magisch-Wunderbare.[18] Es geht also, trotz antimoderner Anklänge, nicht um eine wie auch immer konzeptualisierte Wiederverzauberung der Welt, sondern um deren eigentlich adäquate Wahrnehmung.

Diese Parallelität von Magie und Sachschärfe beziehungsweise von, so ließe sich reformulieren, oberflächlicher und hintergründiger Realität, akzentuiert ein erkenntnistheoretisches Moment. Um die Realität selbst zu erkennen, muss ihr gleichsam – in Anspielung auf Erich Kästner – hinter das Gesicht geblickt werden. Damit einher geht eine dezidierte Aufwertung der Fantasie als Komplementärpart zur Wirklichkeit (eine Denk-

---

[16] Martin Raschke: *Vorspruch*, in: *Die Kolonne. Zeitung der jungen Gruppe Dresden* 1 (1929), S. 1. Vgl. auch Scheffel: *Magischer Realismus*, a.a.O., S. 77.

[17] Es handele sich, so Schuster, bei diesem literarästhetischen Konzept des Magischen Realismus um 1930 um einen „gewissermaßen […] überdrehten Realismus, einen übergenauen Blick, der durch zu große Sachschärfe ins Magische kippt". Schuster: *Die vergessene Moderne*, a.a.O., S. 38.

[18] Dass dieses bewusste „Changieren zwischen Realität und Magie" in der Textur des Textes selbst abgebildet und also in einem Moment der Selbstreferentialität greifbar gemacht wird, darin liegt die Modernität naturmagischen beziehungsweise magisch-realistischen Schreibens. Schuster: *Die vergessene Moderne*, a.a.O., S. 49.

figur, die nach 1945 von verschiedenen und auf den ersten Blick disparaten Gruppierungen genutzt wird) und deren Ausbleiben in Spielformen des Neo-Realismus nach Kriegsende von Protagonisten des Magischen Realismus in mitunter scharfer Polemik beklagt wird. Stellvertretend für andere sei Ernst Kreuder zitiert, der gemeinhin dem Magischen Realismus zugerechnet wird[19] und nach Kriegsende für kurze Zeit eine durchaus prominente Stellung im literarischen Feld einnahm. Bereits im November 1945 schreibt Kreuder in einem Brief an den mit ihm befreundeten Horst Lange von den Protagonisten jenes „bitteren Realismus" und dessen „Krematoriumsklängen", die durch ihre ausschließliche Fokussierung auf Leid und Not den „Leser alsdann betrübt, verdüstert oder mit dem seelischen Holzhammer bearbeitet"[20] zurücklassen würden. Diese Texte markierten, wie es in einem Artikel Kreuders aus dem Jahr 1947 heißt, den „Einbruch des Amusischen" in die deutsche Literatur; in ihrer Oberflächenfixierung auf Leid und Gewalt gestehen sich diese Texte letztlich nur ein, zu einem Typus zu gehören, „dem die Phantasie geschwunden ist, der keine ‚Stoffe' mehr hat, dafür hat er eine kahle, nüchterne, treffsichere Beobachtungstechnik".[21] Die Kritik an diesem lediglich vermeintlich objektiven „Pseudorealismus"[22], in der die bereits bekannte Kritik Raschkes am Schriftsteller als Reporter präsent ist, läuft auf die weiter oben diskutierte Annahme hinaus, dass die Realität vielschichtiger („Die Wirklichkeit hat viele Schichten"[23]) und mit ihrer lediglich der

---

[19] Vgl. Scheffel: *Magischer Realismus*, a.a.O., S. 83.
[20] Ernst Kreuder: *Briefe an Horst Lange (1939–1946)*, in: Ders.: *Die Gesellschaft vom Dachboden. Erzählungen, Essays, Selbstaussagen*, hg. v. Peter-Alexander Fiedler, Berlin, Weimar 1990, S. 519–530, hier S. 526. Kreuder nennt keine Namen und verbleibt im Vagen; Stefan Rauer schreibt dementsprechend, dass die von Kreuder abgelehnten „Schreibweisen […] ihm eher als eine Art ‚Pappkamerad'" dienen, hinter dem „für ihn auch weiterhin die alte Neue Sachlichkeit steckt". Stefan Rauer: *Ernst Kreuder. Vorgeführtes Erzählen, vorgeführtes Erinnern (1933–1959)*, Bielefeld 2008, S. 138.
[21] Ernst Kreuder: *Vom Einbruch des Amusischen*, in: Ders.: *Die Gesellschaft vom Dachboden. Erzählungen, Essays, Selbstaussagen*, hg. v. Peter-Alexander Fiedler, Berlin, Weimar 1990, S. 530–535, hier S. 534. Zuerst erschienen in *Welt und Wort* 2 (1947), S. 346–347.
[22] Ebd.
[23] Kreuder: *Briefe an Horst Lange (1939–1946)*, a.a.O., S. 524.

Oberfläche verpflichteten Deskription nicht einzuholen sei. Ein echter Realismus kann den Anspruch auf Fantasie nicht suspendieren, will er „durch diese vermurkste Realität" in „die Firmamente einer essenziellen, schwebenden, symbolträchtigen zeitlosen Welt"[24] vordringen. Kreuder greift die Rede von der Fantasie beziehungsweise ihrem Mangel auch in seiner sicherlich bekanntesten Erzählung *Die Gesellschaft vom Dachboden* von 1946 erneut auf:

> Die Dummheit aber ist das Unschöpferische schlechthin. Aller Übel Erzübel. Unglück und Verbrechen, sie sind auf das Konto der allgewaltigen Dummheit zu buchen. Dummheit ist der Mangel aller Mängel, nicht an Vernunft, denn die Dummen können auch vernünftig sein. Dummheit ist der Mangel an *Phantasie*.[25]

Konsequenterweise gipfeln diese poetologischen Erkundungen in dem – wie zuvor in Figurenrede vorgetragenen – Ausruf „es muß jeder sein eigener Phantast werden"[26] sowie in der in einem Brief an Lange getroffenen Feststellung, man habe eine neue „Gesinnungs-Literatur nötig, nämlich die einer unbedingt schöpferischen Gesinnung".[27] Dass diese poetologischen Bemerkungen trotz (oder gerade aufgrund) ihrer polemischen Signatur durchaus symptomatisch für das Nachdenken über Literatur nach 1945 sind, zeigt nicht zuletzt die Betonung der Fantasie als

---

[24] Ebd., S. 530. Dort auch das vorige Zitat.
[25] Ernst Kreuder: *Die Gesellschaft vom Dachboden*, in: Ders.: *Die Gesellschaft vom Dachboden. Erzählungen, Essays, Selbstaussagen*, hg. v. Peter-Alexander Fiedler, Berlin, Weimar 1990, S. 63–230, hier S. 87. Hervorhebung i. O. Wie zentral diese hier in Figurenrede vorgetragenen Überlegungen für Kreuder sind, zeigt sich auch an dem Umstand, dass er diesen Ausschnitt aus seiner Erzählung unter dem Titel *Waldemars Ansichten über Literatur* in der Zeitschrift *Der Ruf* abdrucken ließ. Vgl. Volker C. Dörr: *Mythomimesis. Mythische Geschichtsbilder in der westdeutschen (Erzähl-)Literatur der frühen Nachkriegszeit (1945–1952)*, Berlin 2004, S. 355. Rauer weist darauf hin, dass die dort entwickelten poetologischen Überlegungen vor allem aus der Auseinandersetzung Kreuders mit Alfred Döblin resultieren und bis in die mittleren 1930er Jahre datieren. Vgl. Rauer: *Ernst Kreuder*, a.a.O., S. 77–92.
[26] Kreuder: *Die Gesellschaft vom Dachboden*, a.a.O., S. 88.
[27] Kreuder: *Briefe an Horst Lange (1939–1946)*, a.a.O., S. 529.

Differenzierungsmoment gegenüber ‚bloß' realistischen Schreibens in Georg Hensels Debüt *Nachtfahrt*.

Die Aufwertung von Fantasie und Fantastik, Schwebezuständen und Traumwelten steht also im Dienst einer Erkenntnis der Realität, die selbst als wesentlich in der Schwebe wahrgenommen wurde. Es ist insofern von einiger Konsequenz, dass nach 1945 erneut auf Schreibweisen zurückgegriffen wird, die diese Verquickung von Realität und, im weitesten Sinne, Magie bereits erprobt hatten. Der ‚Schwebezustand' der unmittelbaren Nachkriegszeit, sprich des Interregnums, wird so übersetzt in eine Formsprache, die diesen Zustand als Oszillieren zwischen Traum und Realität gestaltet (bei Georg Hensel und Gerd Gaiser) oder ihn dadurch literarisch greifbar werden lässt, dass die erzählte Handlung an halb-magische Orte verlegt wird (bei Martha Saalfeld). Weitere Beispiele ließen sich nennen. So greift unter anderen Gunter Groll, der als Lektor beim Münchner Kurt Desch Verlag Martha Saalfelds größere Erzählung *Der Wald* (1949) betreute, in seinem (unter dem Pseudonym Sebastian Grill veröffentlichten) Roman *Laterna Magica oder Die Nacht ist voller Träume* eine, wie es an anderer Stelle heißt, eher eskapistische Variante des Magischen Realismus auf,[28] um das Münchner Künstlerviertel Schwabing zu gestalten. Die Transformation dieses konkreten Ortes erfolgt schon auf lexikalischer Ebene; aus dem Toponym „Schwabing" wird in Grolls Text „Schwarming" und an anderer Stelle wird (in unmittelbarer Nähe zum Kalauer) von „Magisch-G'münd" gesprochen.[29] Die fantastische Handlung des Romans gipfelt in dem letzten, bezeichnenderweise „Ende und Anfang" betitelten Kapitel, in dem der Hauptprotagonist Johannes mit dem Schriftsteller Sebastian Grill (!) ein Gespräch darüber führt, ob es lohnen würde, das Erlebte literarisch festzuhalten. Die von einem weiteren Freund eingeforderte ‚natürliche' Erklärung des Erlebten

---

[28] Vgl. Heiner Widdig/Jürgen Egyptien: *Art. „Gunter Groll"*; in: *Killy Literaturlexikon. Autoren und Werke des deutschsprachigen Kulturraumes*, Wilhelm Kühlmann, Bd. 4, 2., vollst. überarb. Aufl., Berlin 2009, S. 442. Auch bei Kreuder wird immer wieder auf dessen Eskapismus verwiesen, der auch seinen Erfolg in der frühen Nachkriegszeit erkläre. Vgl. Volker Wehdeking/Günter Blamberger: *Erzählliteratur der frühen Nachkriegszeit (1945–1952)*, München 1990 S. 117 sowie Rauer: *Ernst Kreuder*, a.a.O., S. 114f.

[29] Sebastian Grill (i.e. Gunter Groll): *Laterna Magica oder Die Nacht ist voller Träume. Ein Capriccio*, München 1956, S. 12 [EA: München 1947].

wird von Grill vehement abgelehnt, weil nur ohne eine solche Erklärung „die Fantasie der Leser ein wenig anzuregen"[30] sei. Johannes aber stellt die Frage, ob „man denn heute überhaupt eine solche Verzauberung oder Entrealisierung unserer aufgeklärten Zeitläufte"[31] vertrage. Dieser Dialog am Ende des Textes führt den Leserinnen und Lesern nicht nur abschließend vor Augen, dass sich im Konflikt zwischen rationaler Erklärung und Raumschaffen für das Fantastische Sebastian Grill durchgesetzt hat (dem zuletzt der Auftrag erteilt wird, Johannes Abenteuer literarisch zu fixieren); mit diesem poetologischen Exkurs, der durch Namensnennungen beispielsweise der Fee Rosabelverde oder Peter Schlemhils Figuren der literarischen Romantik aufruft, legitimiert sich auch das Verfahren des Textes selbst, das sich gerade nicht der ‚entzauberten' Gegenwart verpflichtet sieht und von zeitgeschichtlichen Realien des Publikationskontextes denkbar weit entfernt ist. Dass die Handlung des Romans nichtsdestotrotz Anspruch darauf erhebt, nicht lediglich Johannes private Erlebnisse zu schildern, der als Figur eingeführt wird, die immer bereit sei, „dem Wunder zu begegnen",[32] sondern darüber hinaus auch Allgemein-Menschliches zu verhandeln, wird in dem *en passant* gegebenen Hinweis des Schriftsteller deutlich, Johannes Geschichte sei „in etwas direkterer und gröblicherer Weise" das, was „unsere weniger verträumten Zeitgenossen in den Schlupfwinkeln ihres Unterbewußtseins, in ihren Träumen und Spielen abzumachen pflegen..."[33] Diese „Schlupfwinkel" geben zugleich – metaphorisch gesprochen – die Baupläne ab für die Struktur des Textes ab.

Es kann angesichts der Verpflichtung auf Traumwelten und Unterbewusstes kaum verwundern, dass in Grolls Roman – der im Paratext als Capriccio bezeichnet wird – Kontakt mit Geistern keine Seltenheit ist. Durch sie lässt sich auf fantastische Art und Weise Vergangenheit mit Gegenwart verbinden und das ‚Unwirkliche' der Gegenwart inszenieren. Dergleichen lässt sich beispielsweise in der Erzählung *Das nächtliche Aquarium* von Hermann Lenz wiederfinden, die in dessen Erzählsamm-

---

[30] Ebd., S. 317.
[31] Ebd., S. 318.
[32] Ebd., S. 10.
[33] Ebd., S. 319.

lung *Das doppelte Gesicht* von 1949 erschienen ist.[34] Der Hauptprotagonist Alexander Valtamare – bezeichnenderweise von Beruf Illusionist – kehrt nach Ende des Krieges aus der Emigration nach Wien zurück, um unter anderem nach seinem in Wien verbliebenen Bruder Daniel zu suchen. Auf seiner nächtlichen Reise durch Wien (diese zeitliche Fixierung auf eine Nacht findet sich in vergleichbarer Form bei Georg Hensel wieder) trifft Alexander auf eine Vielzahl bereits verstorbener, aber in ihrem Agieren höchst lebendiger Figuren, anhand derer Fragen nach der eigenen Identität, Schuld und Verantwortung verhandelt werden. So gerät Alexanders Rückkehr letztlich zu einer „selbsttherapeutische[n] Erinnerungsreise in die eigene verschüttete Vergangenheit",[35] wobei verschiedene Wirklichkeitsebenen – wie es bereits die Präsenz der Toten anzeigt – konsequent übereinandergelegt werden; Lenz operiert also mit einem Repertoire an Verfremdungseffekten, das sich in ihrer Erzeugung einer, wie es Thomas Mann nannte, „Un- und Überwirklichkeit"[36] dem Magischen Realismus zuordnen lässt. In seinen späteren poetologischen Überlegungen verknüpft Lenz dieses literarische Verfahren mit dem Zeitgefühl der unmittelbaren Nachkriegszeit:

> So entwickelte sich eine traumähnliche Bilderfolge, wahrscheinlich ausgelöst durch ein Lebensgefühl, das als zweiflerisch oder leicht erschütterbar bezeichnet werden kann; denn nach dem Kriege war's mühsam geworden, sich zurechtzufinden. Außerdem waren die vielen Toten der jüngsten Vergangenheit überall spürbar, und ihre Seelen hingen unsichtbar in der Luft.[37]

---

[34] Zitiert wird nach Hermann Lenz: *Das nächtliche Aquarium*, in: Ders.: *Das doppelte Gesicht. Drei Erzählungen*, Frankfurt a. M. 1978, S. 7–99.

[35] Manfred Durzak: *Magischer Realismus bei Hermann Lenz*, in: *Begegnung mit Hermann Lenz. Künzelsauer Symposium*, hg. von Rainer Moritz, Tübingen 1996, S. 106–120, hier S. 115.

[36] So Thomas Mann in seiner sehr wohlwollenden Einschätzung von Lenz' Buch in einem Brief an Hans Reisiger, zitiert nach: Manfred Durzak: *Die zweite Phase des westdeutschen Nachkriegsromans*, in: *Geschichte der deutschen Literatur von 1945 bis zur Gegenwart*, hg. von Wilfried Barner, 2. aktual. u. erw. Aufl., München 2006, S. 368–434, hier S. 403.

[37] Hermann Lenz: *Leben und Schreiben. Frankfurter Vorlesungen*, Frankfurt a. M. 1986, S. 50.

Die Erzählung integriert Momente des Wunderbaren und Traumhaften in die erzählte Realität und verweigert sich möglichen Rationalisierungen; was Alexander widerfährt, sind gerade nicht, wie er kurzzeitig vermutet, Streiche der Einbildung seines Gewissens.[38] Stattdessen geht es auch Lenz darum, die „empirische Wirklichkeitsvorstellung zum Numinosen und Imaginären hin"[39] aufzustoßen, die eigenständige Realität der dadurch textlich hergestellten Zwischenwelt zu betonen und ihre „Doppelbödigkeit"[40] zum narrativen Strukturprinzip des Textes selbst zu machen. Gleichzeitig stellt der Text (anders als beispielsweise Grolls Roman) immer wieder Kontextbezüge her, etwa durch die Rede von Wien als „Trümmerstätte",[41] durch Begrifflichkeiten wie „Besatzungsmacht"[42] oder dem geisterhaften Menschenzug, bei dem es sich, wie sich herausstellt, um deportierte Juden handelt.[43]

Nicht zuletzt partizipiert Lenz' Text an der Deutung des Interregnums als historischem Ort, an dem sich in verdichteter Form die Frage nach Vergangenheitsdeutung, Gegenwartswahrnehmung und Zukunftserwartung stellt. Alexander erscheint als paradigmatische Figur für die Ambivalenzen des Vergangenen gegenüber, das sowohl Sehnsuchtsort[44] ist als

---

[38] Vgl. Lenz: *Das nächtliche Aquarium*, a.a.O., S. 46.

[39] So die Formulierung Manfred Durzaks in einem Beitrag über Hartmut Lange und den strukturellen Ähnlichkeiten seiner Texte mit dem Magischen Realismus der Nachkriegszeit. Manfred Durzak: *Opfer und Täter. Hartmut Langes Beitrag zur Holocaust-Literatur in seiner Novelle ‚Das Konzert'*, in: *Der Dramatiker und Erzähler Hartmut Lange*, hg. von ders., Würzburg 2003, S. 178–190, hier S. 180.

[40] Durzak: *Magischer Realismus bei Hermann Lenz*, a.a.O., S. 116. Durzak zieht eine Parallele zwischen dem, was Alexander als Illusionist bei seinem Publikum erreichte, und seinem eigenen Erleben; hier wie dort gerate man in einen „Schwebezustand", in dem „Realität und der Schein der Illusion […] ununterscheidbar" würden. Ebd.

[41] Lenz: *Das nächtliche Aquarium*, a.a.O., S. 9.

[42] Ebd., S. 68.

[43] Vgl. ebenda, S. 88.

[44] Vgl. ebenda, S. 24: „Ein alter Traum von mir geht in Erfüllung, indem ich früher immer gewünscht habe, daß alles, was an der Vergangenheit des Aufhebens und der Erhaltung würdig wäre, also nicht nur alte Möbel und architektonisch bedeutsame Häuser, sondern untergegangenen Lebensformen der Vergänglichkeit entrissen werden sollten." Die Verbindung von Vergangen-

auch als Gefahr wahrgenommen wird.[45] Der Text lässt hingegen keinen Zweifel daran, dass das Zukünftige ohne mitunter schmerzhafte Prüfung der eigenen Vergangenheit kaum zu erlangen ist. Er schließt mit einer Gegenwartsdiagnose – nicht ohne noch einmal die Frage aufzuwerfen, ob die Erlebnisse der zu Ende gehenden Nacht nicht doch nur Täuschung waren. Ausgehend von dem Eindruck, dass ihm die „Gegenwart durchsichtig" werde, reflektiert Alexander:

> Die Nacht schien ihm dies wieder zu beweisen, denn seine jüngsten Erlebnisse kamen ihm wirklicher vor als manches, was sich frisch vor seine Sinne stellte, doch konnte es gut möglich sein, daß alles eine Täuschung war, die ihm sein schwebendes Alter bereitete. Er dachte über die Zweifel nach, die sich in seiner Brust besänftigt regten und nur in seinem Hirn das seltsame Theater der verflossenen Nacht erzeugt hatten, das ihm allein sichtbar geworden war, weil er sich schuldig fühlte. Wurde es ihm deutlich, was er dachte, oder verlor sich in dieser trügerischen Morgenstunde alles im Unsicheren und Trüben? ‚Die Gegenwart ist krank', sagte er zu sich selbst und zu den unsichtbaren, aber verständigen Menschen, die noch immer um ihn waren und ein gutes Gewissen hatten.[46]

Letztlich bietet auch die Museumsgesellschaft, auf die Alexander trifft, ihm vor dieser kranken Gegenwart keine „magische Heimstätte";[47] sie bildet jedoch als magisch aufgeladene Parallelgesellschaft ein erzählerisches Element, das sich in vielen Texten des Magischen Realismus wiederfinden lässt, am prominentesten sicherlich in Kreuders *Die Gesellschaft vom Dachboden*, aber auch – wie noch zu zeigen ist – in Georg Hensels *Nachtfahrt*.

Es greifen nach 1945 also Autorinnen und Autoren verschiedener politischer wie letztlich auch poetologischer Provenienz auf Verfahrenswei-

---

    heit und Möbel sowie die Frage nach dem Erhaltenswerten des Vergangenen wird in ähnlicher Form bei Martha Saalfeld aufgegriffen.

[45] So fragt sich Alexander in Bezug auf eine Gruppe, die ihn verhören möchte und ihn verfolgt: „Oder war am Ende die Zeit der Verschleppung und Verhöre noch immer nicht vorüber, und er war einer Clique in die Hände gefallen, die *das alte Leben* weiterführte und ihn alles entgelten lassen wollte, dem er sich im Exil mit List und Tücke zu entziehen gewußt hatte?" Ebd., S. 41f. Hervorhebungen M. F.

[46] Ebd., S. 98.

[47] Ebd., S. 87.

sen des Magischen Realismus zurück, darunter jene, die wie Eich, Huchel, Langgässer, Saalfeld oder Lange diese Schreibstile wesentlich mitentwickelt haben, oder Autoren wie Hermann Kasack oder Ernst Kreuder, die sie für ihre mythologisch-geschichtsphilosophischen Epochendiagnosen[48] beziehungsweise zur poetologischen Standortbestimmung nutzen, oder auch schriftstellerische Solitäre wie Hermann Lenz. Die Rede von einem Magischen Realismus findet sich aber auch in Umfeld der *Ruf*-Redaktion und späteren Protagonistinnen und Protagonisten der Gruppe 47, wobei dort der Rekurs auf Traditionen der 1920er Jahre, wie Scheffel anmerkt, nicht unbedingt bewusst geschieht.[49] Der Begriff findet sich unter anderem an prominenter Stelle bei Hans Werner Richter in dessen Artikel *Literatur im Interregnum*, in dem er das Programm eines neuen Realismus dezidiert mit der Gegenwartssignatur verbindet. Es seien gerade das „blutige Erlebnis unserer Zeit und unseres Lebens" und die „Fragwürdigkeit unserer geistigen Existenz" die dazu drängen, sich mit einem ‚bloßen' Realismus der Tatsachen nicht zufriedenzugeben, sondern die „Wahrnehmung des Objektiven ins Magische"[50] zu steigern. Wie bereits weiter oben diskutiert, proklamiert auch Richter einen Realismus, der sich der Realität hinter der Realität öffnet, um „hinter der Wirklichkeit das Unwirkliche, hinter der Realität das Irrationale, hinter dem großen gesellschaftlichen Wandlungsprozeß die Wirklichkeit des Menschen sichtbar werden zu lassen".[51]

Richter bleibt dieser Argumentationsweise auch noch nach seiner Zeit im *Ruf* verpflichtet und entwickelt sie erneut in einem für die angepeilte (aber nie zustande gekommene) Zeitschrift *Der Skorpion* verfassten Aufsatz, dieses Mal aber unter deutlicher Verwendung der Denkfigur des Dazwischen. Richter stellt zunächst verallgemeinernd fest, ‚dem' Menschen

---

[48] Vgl. Dörr: *Mythomimesis*, a.a.O., S. 278–317.
[49] Vgl. Scheffel: *Magischer Realismus*, a.a.O., S. 29.
[50] Richter: *Literatur im Interregnum*, a.a.O., S. 10.
[51] Ebd., S. 11. Vgl. auch Scheffel: *Magischer Realismus*, a.a.O., S. 31f., Wehdeking: *Der Nullpunkt*, a.a.O., S. 136–142 sowie Dörr: *Mythomimesis*, a.a.O., S. 122–135. Dörr weist darauf hin, dass Richter durch die Verpflichtung der neuen Literatur auf eine „Erkenntnisleistung in Richtung auf eine Tiefenstruktur der (historischen) Wirklichkeit" sich „konzeptionell in großer Nähe zu mythischen Auffassungen von Geschichte" bewege. Ebd., S. 128.

sei durch den Krieg eine Welt zerbrochen, die sich nicht einfach wieder restaurieren lasse;[52] um auf die gegenwärtige Realität der Trümmer literarisch adäquat reagieren zu können, bedarf es zudem der Anerkennung dieser Realität – ästhetische Ausflüchte in Stoffwelten der Vergangenheit oder ins vermeintlich Zeitlose und Ewige seien hierbei nur hinderlich.[53] Der Realismus, der Richter vorschwebt, zielt auf eine „Synthese zwischen Magie und Wirklichkeit", die das „Magische unserer Zeit, ihre Zwiegesichtigkeit, ihre Dämonie, ihre irrationale Unsicherheit in den Bereich des Wirklichen ziehen" solle und so „die Wirklichkeit transparent und das Unwirklich real"[54] werden lasse. In dieser doppelten Perspektivierung auf das Reale und das dem Realen Hintergründige glaubt Richter also vor allem die Gegenwart in ihrer „Zwiegesichtigkeit", die sich in seinem Programm eines Magischen Realismus abbildet, adäquat wiedergeben zu können. Diese von ihm entwickelte Poetologie (die sich bei ihm zu keiner Zeit in einen literarischen Text übersetzt) speist sich vor allem aus eben dieser Gegenwartswahrnehmung, die Richter in besagtem Artikel in dichter Form nachreicht und die *in nuce* alle wesentlichen Stichwörter der Denkfigur des Dazwischen zitiert. Der Mensch „dieser Zeit" habe „alle Bindungen verloren" und verspüre eine „Losgelöstheit von allem Gegebenen", er lebe „zwischen gestern und morgen" und stehe „zwischen den Zeiten" und empfinde gerade deswegen das „Dämonische, Magische, Irrationale stärker als der Mensch einer gebundenen Ordnung und Zeit".[55] Das Magische verdankt sich, so Richter, dieser Interregnums-Mentalität, dieser empfundenen Loslösung in sozialer wie geschichtlicher Hinsicht, an die sich außerdem die Aufforderung koppelt, ein neues „Morgen" zu verwirklichen, das „von unseren Händen geschaffen werden muß".[56] Durch diese Wendung verpflichtet Richter die Literatur der Gegenwart aufs gesellschaftliche Engagement:

> Wir befinden uns zwischen Gestern und Morgen. Unsere Zeit ist ein Niemandsland zwischen den Zeiten. Sie ist voller Dunkelheit. Sie lebt in einer seelischen und geistigen Verwirrung, die ohne Grenzen ist. In einer sol-

---

[52] Vgl. Hans Werner Richter: *Ohne Titel [Leitartikel]*, in: *Der Skorpion*, hg. von Heinz Ludwig Arnold, Göttingen 1991, S.7–9, hier S. 7.
[53] Vgl. ebenda, S. 8.
[54] Ebd. Dort auch das vorherige Zitat.
[55] Ebd. Dort alle Zitate.
[56] Ebd., S. 9.

chen Zeit wächst der Literatur eine neue Aufgabe zu. Sie muß klären und führen. Sie kann sich nicht zurückziehen. Sie muß auf die Straße gehen und mit der Straße leben.[57]

Richters Programm einer engagierten Literatur mit magisch-realistischem Profil verdankt sich also einer bestimmten Gegenwartsdiagnostik, in der sich ein für ihn kennzeichnendes Denken in Übergängen artikuliert.

Ähnlich strukturiert sind die Überlegungen, die der junge Wolfdietrich Schnurre in einem frühen und für die unmittelbare Nachkriegszeit nicht unüblichen Disput mit Walter Kolbenhoff entwickelte.[58] Nachdem Schnurre zunächst eine realitätsferne Poetologie vertreten hat, die den Dichter auf Ewigkeitswerte verpflichtet, schwenkt er, nach Kritik an seiner Position durch Kolbenhoff, auf dessen Kurs eines die soziale Realität wahrnehmenden Schreibens um, bemüht sich aber weiterhin darum, sein Schreiben gegen Kolbenhoff abzugrenzen. Im Gegensatz zu diesem sei sein Realismus nämlich, wenn man so wolle, magisch. Und dieser magische Realismus habe, so Schnurre, die „irdisch-dämonische Doppelexistenz"[59] des Menschen und damit die treibenden Kräfte hinter dem Realen zu erleuchten. Die Analogien zu Richter sind augenscheinlich. Dergleichen Aussagen zeigen, dass auch im Kontext der frühen Gruppe 47 das Magische und Dämonische Eingang finden in poetologische Reflexionen. Wobei, wie ein Radiofeature Alfred Anderschs zu einem frühen Treffen der Gruppe 47 zeigt, man sehr darauf bedacht ist, sich gegen Spielarten des Magischen Realismus abzugrenzen, in denen man in

---

[57] Ebd.
[58] Vgl. zur Debatte Arthur Nickel: *Zwischen literarischer Tradition und existentiellem Neubeginn: Wolfdietrich Schnurres Kontroversen mit Manfred Hausmann und Walter Kolbenhoff*, in: *Zwei Wendezeiten. Blicke auf die deutsche Literatur 1945 und 1989*, hg. von Walter Erhart/Dirk Niefanger, Tübingen 1997, S. 71–92; Jürgen Engler: *Die ‚Schizophrenie' des Anfangs. Wolfdietrich Schnurre – ein Autor der ‚Trümmerliteratur'*, in: *Unterm Notdach. Nachkriegsliteratur 1945–1949*, hg. von Ursula Heukenkamp, Berlin 1996, S. 387–438; Manuel Förderer: *‚Die Drossel regiert'. Zum Motivkomplex von Natur und Gewalt bei Wolfdietrich Schnurre*, in: *treibhaus. Jahrbuch für die Literatur der fünfziger Jahre* 16 (2020), S. 182–205, hier v.a. S. 183–186.
[59] Wolfdietrich Schnurre: *Für die Wahrhaftigkeit*; in: *Der Skorpion*, hg. v. Heinz Ludwig Arnold, Göttingen 1991, S. 43–46, hier S. 46.

erster Linie Realitätsverweigerung sah – worunter beispielsweise auch der weiter oben bereits erwähnte Roman von Gunter Groll fiel.[60] Aufschlussreich sind die von Andersch festgehaltenen Ausführungen von Richter auch deswegen, weil sich die Ablehnung Grolls als Typus des „ästhetizistischen, pseudo-innerlichen Elfenbeinturm-Bewohner[s]" verbindet mit einer Absage an die „Posaunisten eines angeblich neuen Realismus, die ewigen Frontberichter und literarischen Landser, die Dokumentarier, Reporter und Plakateure".[61] Zu beiden Fraktionen wollte man offenbar nicht gehören; dass gerade Richters erster Roman *Die Geschlagenen* vor allem mit dem Stichwort der Reportage beschrieben werden soll, gehört zu den Widersprüchen früher literarischer Selbstfindungsprozesse.

Diese literarhistorischen Erkundungen zeigen, dass die Präsenz des Magischen Realismus nach 1945 nicht nur persönliche wie poetologische Kontinuitäten bezeugt, sondern dessen literarische Verfahren auch gerade dazu geeignet schienen, den eingangs erwähnten Schwebezustand des Interregnums ästhetisch einzuholen. Im Folgenden soll diesem Gedanken, dass sich das Interregnum als geschichtlicher Ort des Dazwischen auch in der Form literarischer Texte abbildet, an Arbeiten von Georg Hensel, Martha Saalfeld und Gerd Gaiser nachgegangen werden, die sich dem Umfeld des Magischen Realismus zuordnen lassen, ohne dass sie zu zentralen Protagonistinnen und Protagonisten jener „vergessenen Modern" (Jörg Schuster) zu zählen wären. Vergessen sind ihre Werke – wenn auch in unterschiedlichem Maße – jedoch definitiv.

---

[60] Auch Rudolf Hartung schreibt in einem programmatischen Artikel „Zur Situation unserer Literatur", erschienen 1946 in *Welt und Wort*, dass angesichts zerbombter Städte und Millionen Heimatloser eine „freundlichere, spielerische Phantastik" unangebracht sei. Zitiert nach Dörr: *Mythomimesis*, a.a.O., S. 123.

[61] Alfred Andersch: *Gruppe 47. Fazit eines Experiments neuer Schriftsteller*, in: Ders. *Gesammelte Werke*, Bd. 8: *Essayistische Schriften I*, hg. von Dieter Lamping, Zürich 2004, S. 227–252, hier S. 233.

7.2 Georg Hensel: *Nachtfahrt* (1949)

7.2.1 Typik und Ästhetik eines Nachkriegsdebüts

Im literarischen Feld des Interregnums ist Georg Hensel keine untypische Erscheinung. Bei Kriegsende ist der gebürtige Darmstädter 22 Jahre alt, hat noch nichts veröffentlicht und verfügt über keinerlei Erfahrungen im literarischen Betrieb oder im literarischen Schreiben – wenn man einmal von privaten literarischen Fingerübungen absieht, die ihrerseits wiederum typisch für junge Schreibende während und kurz nach dem Krieg sind. In seinem autobiographischen Buch *Glück gehabt*, zwei Jahre vor Hensels Tod 1996 erschienen, berichtet er, wie er während des Krieges Tagebuch geführt und darin auch Gedichte notiert habe,

> meist Sonette, rachitisch und unselbstständig, doch immerhin nach dem frechen Vorbild Klabund und nicht nach irgendeinem Klassizisten. Nach dem Krieg stellte sich heraus, daß damals unverabredet alle Amateur-Poeten Sonette schrieben so, wie sie nach dem Krieg Kafka-Prosa schrieben, ohne ihn gelesen zu haben. In meinen Tagebüchern verdrängte ich die Realität und floh in stilistische Exerzitien: es war der perfekteste, wie man nach dem Krieg sagte, „Eskapismus".[62]

Mag der Verweis auf den Satiriker Klabund der Distinktion dienen (denn tatsächlich stehen die meisten Sonetten-Sammlungen der Nachkriegszeit, wie beispielsweise die sehr erfolgreiche Sammlung *Venezianisches Credo* von Rudolf Hagelstange, eher in einem klassizistischen Traditionszusammenhang), der Umstand, sich in einer als chaotisch empfundenen Zeit der Formstrenge des Sonetts zuzuwenden,[63] wird auch von Hensel als typisch

---

[62] Georg Hensel: *Glück gehabt. Szenen aus einem Leben*, 3. Aufl., Frankfurt, Leipzig 1994, S. 90.

[63] Paradigmatisch für die Verbindung von chaotischer Gegenwart und Ordnungsideal in Form des Sonetts ist Johannes R. Bechers schlicht *Das Sonett* betiteltes Gedicht, in dem es – natürlich in Sonettform – als Antwort auf eine sich gewaltsam verändernde Welt heißt: „alsdann erscheint, in seiner schweren Strenge / und wie das Sinnbild einer Ordnungsmacht, / als Rettung vor dem Chaos – das Sonett." Zitiert nach Anne Hartmann: *Traditionalismus und Forderungen des Tages: DDR-Lyrik*, in: *Geschichte der deutschen Li-*

benannt. Zur Typik des jungen Interregnums-Schriftstellers gehört auch, dass Hensel seinem kleinen Roman *Nachtfahrt*, publiziert 1949, keine weiteren literarischen Texte folgen lässt, sondern sich dem Journalismus, genauer dem Theater-Feuilleton zuwendet. Der Roman bleibt eine literarische Einzeltat, wie es für eine Vielzahl von Schreibenden unmittelbar nach dem Krieg der Fall war, denen die Struktur des Literaturbetriebs zwischen 1945 und 1949 Publikationsmöglichkeiten offerierte. Eine schriftstellerische Karriere strebten die meisten nicht an – nicht selten dürften hierbei, wie bei Georg Hensel, auch materielle Gründe eine Rolle gespielt haben.

Obwohl *Nachtfahrt* einen Vorabdruck in der von Alfred Döblin herausgegebenen Zeitschrift *Das goldene Tor* erfuhr,[64] wodurch der Rowohlt-Verlag auf den Autor aufmerksam wurde und zuletzt dessen Buch publizierte, waren die Verkaufszahlen trotz guter Besprechungen äußerst gering.[65] Hensel entschied sich schließlich für eine journalistische Laufbahn, in deren Verlauf er fast drei Jahrzehnte für das *Darmstädter Echo* arbeitete und danach von 1975 bis 1989 als Chefkritiker ins Feuilleton der FAZ wechselte. Bekannt wurde er außerdem durch seinen

---

teratur von 1945 bis zur Gegenwart, hg. von Wilfried Barner, 2. erw. u. aktual. Aufl., München 2006, S. 307–320, hier S. 307. Die große Anzahl an Sonett-Sammlungen, die nach 1945 in rascher Folge erschienen, wurde nicht selten mit Verwunderung und Ablehnung registriert. Stellvertretend sei die Formulierung von Günter Eich zitiert, der 1947 in einer Rezension von einer „Flut der über uns hereinbrechenden Sonette" spricht. Vgl. Günter Eich: *Neue Gedichtbücher*, in: Ders.: *Gesammelte Werke*, Bd. IV: *Vermischte Schriften*, hg. von Axel Vieregg, Frankfurt a. M. 1991, S. 580–581, hier S. 580.

[64] Der Romanauszug erschien unter dem durchaus programmatischen Titel *Begegnung – tief unten*. Vgl. *Das goldene Tor* 2 (1947), S. 650–659.

[65] Vgl. Hensel: *Glück gehabt*, a.a.O., S. 122, wo geschildert wird, wie Heinrich-Maria Ledig-Rowohlt nach der Lektüre des in *Das goldene Tor* abgedruckten Textes mit Hensel Kontakt aufnimmt sowie S. 125, wo Hensel die Verkaufszahlen seines Romans referiert: „Mit verzagtem Hochmut erwartete ich eine kleine, aber exquisite Leserschaft. Zwischen dem 1. Juli 1949 und dem 31. März 1950 wurden 307 Bücher verkauft, ich erhielt pro Exemplar 39 Pfennig." Und er stellt süffisant fest: „Die Zigaretten, die ich während des Schreibens geraucht hatte, kosteten wesentlich mehr, als das Geschriebene einbrachte." Ebd., S. 126.

mehrfach aufgelegten Schauspielführer *Spielplan*[66] sowie durch weitere Bücher über das Theater der Gegenwart – sein erster und einziger Roman wurde zwar 1994 noch einmal aufgelegt,[67] ist aber weiterhin nur einer verschwindend kleinen Zahl an Lesenden bekannt. Nicht ganz zu Unrecht wird Georg Hensel mit *Nachtfahrt* in einem kleinen Artikel der Zeitschrift *Kritische Ausgabe* in der Rubrik „Vergessene Autoren" geführt.[68] Obwohl dieser Text also auf die Biographie seines Autors keinen allzu weitreichenden Einfluss gehabt hat, räumt dieser ihm in seinen autobiographischen Ausführungen einigen Platz ein – der Grund hierfür mag, wie noch zu diskutieren ist, in Hensels Kontakt zur frühen Gruppe 47 gelegen haben.

Die ausbleibende Rezeption und die damit einhergehende ökonomische Erfolglosigkeit dürfte dabei in direkter Beziehung zur Form stehen, in die Hensel den Inhalt seines Romans gekleidet hat; bereits Heinrich-Maria Rowohlt-Ledig soll laut Hensel auf diesen Nexus hingewiesen haben, dass „im vorliegenden Fall das verlegerische Risiko ebenso phantastisch ist wie das Büchlein selbst".[69] Die formale Gestaltung von *Nachtfahrt* orientiert sich an ästhetischen Verfahren, die in den Formanalysen der literaturwissenschaftlichen Forschung[70] immer wieder mit Be-

---

[66] Vgl. Georg Hensel: *Spielplan – ein Schauspielführer von der Antike bis zur Gegenwart*, Frankfurt a. M. 1966.
[67] Der seitengetreue Nachdruck der Erstausgabe erschien im Kranichsteiner Literaturverlag, Darmstadt, mit neuem Cover sowie einem Nachwort des Autors, das sich teilweise mit den Ausführungen aus dem zeitgleich veröffentlichten Buch *Glück gehabt* überschneidet.
[68] Vgl. Katja Moses: *Albtraum in der Geisterbahn. Georg Hensel und sein einziger Roman Nachtfahrt*, in: *Kritische Ausgabe* 16 (2008), S. 115–117.
[69] Vgl. Hensel: *Glück gehabt*, a.a.O., S. 123. Allerdings hielt Ledig-Rowohlt das Risiko gezielt niedrig, indem er Hensel, wie auch eine Vielzahl weiterer junger Autoren bei Rowohlt, nicht in die RoRoRo-Serie aufnahm und damit seiner eigenen Aussage, er wolle junge Autorinnen und Autoren durch eine hohe Auflage ins Bewusstsein der Öffentlichkeit bringen, entgegenhandelte. Vgl. Ursula Reinhold: *RoRoRo-Bücher für alle*, in: *Unterm Notdach. Nachkriegsliteratur in Berlin 1945–1949*, hg. von Ursula Heukenkamp, Berlin 1996, S. 197–218, hier S. 202.
[70] Die literaturwissenschaftlichen Arbeiten zu *Nachtfahrt* lassen sich an einer Hand abzählen: Yara Staets: *Ein Aufschwung in das Phantastische? Schuld-, Kriegs- und Nachkriegsdarstellung in Georg Hensels Roman Nachtfahrt*,

griffen wie Surrealismus und Fantastik[71] bezeichnet sowie in die Nähe zur Programmatik des Magischen Realismus gerückt wurden.[72] Und wo *Nachtfahrt* zum Erscheinungszeitpunkt positiv aufgenommen wurde, wurde der Text auch gerade wegen dieser formalen Merkmale hervorgehoben. Stellvertretend sei Alfred Andersch erwähnt, der in einem Radio-Feature aus dem Jahr 1949 zu einem Treffen der Gruppe 47 über Georg Hensel festhält, dieser gehe „bewußt den Weg des Surrealismus[…] mit einer Verve, die nach seinem Erstlingswerk, dem bei Rowohlt erscheinenden Roman *Nachtfahrt*, Höchstes erwarten läßt."[73] Auch wenn die von Andersch geäußerten Erwartungen enttäuscht werden sollten, die „Verve", mit der Hensel den „Weg des Surrealismus" geht, ist tatsächlich frappierend; nur wenige Texte der unmittelbaren Nachkriegszeit bedienen sich in vergleichbarem Maße surrealistischer Verfremdungsmethoden, um ein zuletzt (erschreckend) banales Ereignis innerhalb eines Krieges zu erzählen: die Erschießung eines Menschen.

in: *Erinnerung in Text und Bild. Zur Darstellbarkeit von Krieg und Holocaust im literarischen und filmischen Schaffen in Deutschland und Polen*, hg. von Jürgen Egyptien, Berlin 2012, S. 51–64; Raffaele Louis: *Gleichnisse vom verlorenen Sinn. Georg Hensels ‚Nachtfahrt', Jens Rehns ‚Feuer im Schnee', Werner Warsinskys ‚Kimmerische Fahrt' und Herbert Zands ‚Letzte Ausfahrt'*, in: *Der Zweite Weltkrieg in erzählenden Texten zwischen 1945 und 1965*, hg. von Jürgen Egyptien, München 2007, S. 125–156.

[71] Hierzu muss allerdings einschränkend angemerkt werden, dass fantastische Ereignisse nicht als solche explizit adressiert werden; die Figuren zeigen sich ihnen gegenüber kaum verwundert, auch wenn durch sie die Basispostulate eines alltäglichen Realitätsbegriffes verletzt werden. Fantastik meint hier also weniger die Annahme einer ontologisch differenten Anderswelt (die Welt der Diegesis ist weitestgehend homogen) als vielmehr ein bestimmtes Set an literarischen Verfremdungseffekten. Zum Begriff der Basispostulate vgl. Marianne Wünsch: *Die fantastische Literatur der Frühen Moderne (1890–1930). Definition, denkgeschichtlicher Kontext, Strukturen*, München 1991, S. 17–24.

[72] Vgl. besonders Staets: *Ein Aufschwung in das Phantastische?*, a.a.O., S. 49, die Hensels Roman als ein formales Gemisch aus Kahlschlag, Surrealismus und Magischem Realismus diskutiert und vor allem den Schluss desselben mit der Poetik des Magischen Realismus in Beziehung bringt (S. 61f.).

[73] Andersch: *Gruppe 47. Fazit eines Experiments neuer Schriftsteller*, a.a.O., S. 237. Hervorhebung i. O.

In seiner Melange aus realistischen Schilderungen, surrealistisch-traumartigen Szenen und Strukturen sowie einem Wirklichkeitsverständnis, das Nahe jenem ist, das weiter oben als zentral für den Magischen Realismus herausgestellt wurde, steht Hensels Debüt ästhetisch Werken wie Hermann Kasaks *Die Stadt hinter dem Strom* und Ernst Kreuders *Die Gesellschaft vom Dachboden* nahe, wobei sich diese Parallelen auch auf inhaltlicher Ebene wiederfinden lassen.[74] Wie in Kasaks Erfolgsroman betritt auch der Protagonist in *Nachtfahrt* eine Welt jenseits der bekannten Welt, deren besonderer Status (wie auch bei Kasak) durch ihre Topographie unterstrichen wird – diese räumliche Markierung zeigt sich besonders deutlich im Titel des im *Goldenen Tor* erschienen Vorabdrucks *Begegnung – tief unten –*, und wie bei Kreuder trifft Hensels Protagonist auf eine besondere Gemeinschaft, die quasi als Parallelgesellschaft fungiert und maßgeblich für den Handlungsfluss verantwortlich ist.[75] Durch das Ausweisen dieser formalen Äquivalenzen lässt sich dem Text also ein literaturhistorischer Ort zuweisen, der zudem oft mit der Rede von einer Kafka-Renaissance nach 1945 in Verbindung gebracht wird, auf die Hensel in der weiter oben zitierten Passage seiner Autobiographie anspielt – sich selbst sieht er hingegen nicht als Teil davon.[76] Inwieweit Hensel mit seinem Text an der Um- und Weiterschreibung Kafkas beteiligt war, sei an dieser Stelle beiseitegelassen;[77] die Referenz auf den Prager Autor

---

[74] Auf die formale Nähe zu Ernst Kreuder hat bereits Nino Erné in seiner Kritik von Hensels Roman hingewiesen; Hensel sei gleichsam bei diesem „in die Schule gegangen". Nino Erné: *Georg Hensel: Nachtfahrt*, in: *Welt und Wort* 5 (1950), S. 26. Vgl. auch Louis: *Gleichnisse vom verlorenen Sinn*, a.a.O., S. 138.

[75] Kreuder, der wie Hensel in beziehungsweise bei Darmstadt wohnte, war mit diesem persönlich bekannt, in den 1950er Jahren kommt es zu einigen persönlichen Treffen. Vgl. Rauer: *Ernst Kreuder*, a.a.O., S. 324.

[76] So Hensel in dem Nachwort zur Neuauflage seines Romans: Georg Hensel: *Nachwort*, in: Ders.: *Nachtfahrt*, Darmstadt 1994, S. 173–178, hier S. 176f. Vgl. zu Kafka als Bezugsrahmen Louis: *Gleichnisse vom verlorenen Sinn*, a.a.O., S. 138.

[77] In einem in der Zeitschrift *Wort und Welt* publizierten Artikel wird Hensel dezidiert jenen Autoren zugerechnet, die nach 1945 durch Anlehnung an Kafka einen Weg ins literarische Schreiben zu finden versuchten. Vgl. Inge Meidinger-Geise: *Kafka und die junge Literatur*, in: *Wort und Welt* 7 (1952), S. 189–194. Vgl. außerdem Klaus Schenk: *Kafka-Umschriften. Zur Inter-*

unterstreicht vor allem die formal prononcierten Uneindeutigkeiten und Mehrdeutigkeiten des Erzählten sowie dessen parabolischen Gehalt.

Wie erwähnt fungiert als Ausgangspunkt der Narration das Erschießen eines Menschen. Der Obergefreite Anton erschießt, während er auf Wache ist, einen russischen Soldaten. Nach dem Krieg kehrt er in seine völlig zerstörte Heimatstadt zurück, wo er auf den Besitzer einer „Graphischen Kunstanstalt, Hoch- und Flachdruck"[78] trifft, der nur Iggs genannt wird und der Anton rät, seine Erlebnisse zu verschriftlichen. Nach einer Fahrt mit der Straßenbahn, die bereits alle Züge des Surrealen und Fantastischen trägt, landet der Protagonist in den Ruinen einer Kirche, wo er auf die „Gemeinschaft aller Lebendigen"[79] trifft, einer undurchsichtigen Gruppierung von zumeist ehemaligen Kriegsteilnehmern, die zu einem Großteil damit beschäftigt sind, ihre im Krieg gemachten Erfahrungen in Literatur umzuwandeln. Es folgen groteske politische Versammlungen, landsertypische Saufgelage, nächtliche Spaziergänge durch Ruinen, der Besuch einer Frau, erneute kriegerische Handlungen und zuletzt die Verhaftung des Protagonisten – seine Verurteilung zum Tode durch Erhängen wird allerdings nicht vollstreckt, stattdessen bemerkt Anton, dass die Zelle, in die er gesperrt wurde, nicht verschlossen ist. Mit dem Aufkommen des neuen Tages endet Antons verwirrende, traumartige Reise, die Figuren, denen er zuvor begegnet war, sind allesamt verschwunden und die Erzählung endet denkbar profan: Mit dem Besteigen der nächsten Straßenbahn.

Die Handlung vollzieht sich, wie der Titel des Romans bereits andeutet, im Verlauf einer Nacht, die erzählte Zeit umfasst also lediglich die dunklen Stunden des Tages. Dass Hensel für seine surrealistische Erzählweise die Nacht als Handlungszeitraum wählt, ist literatur- und kulturhistorisch konsequent. Es gehört zum ikonischen Erbe von Aufklärung und Romantik, dem mit der ‚Helligkeit' der Vernunft assoziierten Tag die der Fantasie zugeordnete Nacht gegenüberzustellen, der durch vernünftige Prinzipien reglementierten Tageshelle die von vernünftigen Regeln ent-

---

und Hypertextualität einer Rezeptionsweise, in: *Franz Kafka. Wirkung und Wirkungsverhinderung*, hg. von Steffen Höhne/Ludger Udolph, Köln 2014, S. 137–163.
[78] Georg Hensel: *Nachtfahrt*, Stuttgart 1949, S. 8.
[79] Ebd., S. 42.

bundene, im Traum entgrenzte Dunkelheit zu kontrastieren.[80] Dass die solcherart mit Bedeutung aufgeladene Finsternis der Nacht außerdem eine räumliche Komponente aufweist, zeigt sich bereits exemplarisch in Novalis *Hymnen an die Nacht*, deren Thanatophilie für das Werk des Frühverstorbenen nicht untypisch ist: „*Abwärts* wend ich mich zu der heiligen, unaussprechlichen, geheimnisvollen Nacht."[81] Hensel greift diese Vorstellungswelten der Nacht als Ort fantastischer Übersteigerung des Vernünftigen auf und versieht diese ebenfalls mit einem Vektor, insofern er seinen Protagonisten über weite Teile in den Katakomben einer zerbombten Kirche, in Luftschutzkellern oder Abwasserrohren herumirren lässt. Wie schon häufig in der Literatur der Romantik anzutreffen, korrespondiert dem metaphorischen Hinabsteigen in die Nacht und dem konkreten räumlichen Hinabsteigen das Hinabsteigen in die Dimension des Seelischen der jeweiligen Figuren. Diese Parallelität betont auch der Autor Hensel, wenn er schreibt, in seinem Roman sei die „Außenwelt des Krieges […] in eine traumhafte Innenwelt verwandelt" worden. Es ist von daher nicht verwunderlich, wenn Hensel in seiner autobiographischen Retrospektive die Handlungsszenerien seines Romans mit einem „Alptraum" vergleicht.[82]

Die Tag/Nacht-Metaphorik steht allerdings nicht lediglich im Dienst der Illustration mentaler Prozesse des Individuums, sondern fand unmit-

---

[80] Vgl. stellvertretend für viele ähnliche Äußerungen die Ausführungen von August Wilhelm Schlegel, der in seinen Berliner Vorlesungen schreibt: „Der Sonnenschein ist die Vernunft als Sittlichkeit auf das tätige Leben angewandt, wo wir an die Bedingungen der Wirklichkeit gebunden sind. Die Nacht aber umhüllt diese mit einem wohltätigen Schleier und eröffnet uns dagegen durch die Gestirne die Aussicht in die Räume der Möglichkeit." August Wilhelm Schlegel: *Allgemeine Übersicht des gegenwärtigen Zustandes der deutschen Literatur*, in: Ders.: *Geschichte der klassischen Literatur*, hg. von Edgar Lohner, Stuttgart 1964, S. 22–85, hier S. 65.

[81] Novalis: *Hymnen an die Nacht*, in: Ders.: *Werke in einem Band*, 3. Aufl., Berlin, Weimar 1985, S. 3–15, hier S. 3. Hervorhebungen M. F.

[82] Hensel: *Nachwort*, a.a.O., S. 176. Dort auch das vorige Zitat. Mit diesem Verlegen des Äußeren ins Innere trifft sich Hensel mit den poetologischen Überlegungen des jungen Schnurres, der in seiner Kritik an Walter Kolbenhoffs Roman *Von unserm Fleisch und Blut* schreibt: „Ich hätte seinen äußeren Schauplatz ins Innere der Hauptperson verlegt." Schnurre: *Für die Wahrhaftigkeit*, a.a.O., S. 46.

telbar nach 1945 auch Verwendung zur Beschreibung kollektiver Erfahrungswelten. Die Nacht erscheint als raumzeitlich klar umgrenzte Episode, die es auf dem Weg zu einem neuen Tag zu durchschreiten galt. Während Autoren wie Walter Kolbenhoff diese Metaphorik zur Veranschaulichung politischer Wandlungsprozesse der Nachkriegszeit nutzen, greifen konservativere Autorinnen und Autoren die Rede von Tag und Nacht auf, um die Zeit des Nationalsozialismus als Einbruch des ‚Dunkeln' in die deutsche Geschichte zu prononcieren. So schreibt beispielsweise Gertrud von Le Fort in einem bezeichnenderweise *Unser Weg durch die Nacht* betitelten kleinen Buch, die Deutschen hätten durch „die Ungeheuerlichkeit der Nacht […] eine ganz neue Erfahrung des Lichts"[83] gemacht. Diese Formulierung lässt deutlich das den ganzen Text prägende christliche Werteverständnis der Autorin durchscheinen und liefert eine Deutungsweise der NS-Zeit, die diese gleichsam als Prüfung beziehungsweise, um in der Semantik des Zitats zu bleiben, als Versuchung des Deutschen durch das Böse begreift. Wie in dem Zeitschriften-Kapitel diskutiert, greift dieses Bild implizit auf eine der Denkfigur des Dazwischen verpflichtete Transitionserzählung zurück, ergänzt um eine christliche Semantik der Verführung und Versuchung, des Erduldens und Erleidens.

Es ist eben jene Transitionserzählung, die auch in Hensels Roman präsent ist, ins Werk gesetzt durch die zeitliche Strukturierung des Erzählten. Die in dem Roman geschilderte Nachtfahrt ist gleichermaßen eine äußere wie innere Übergangserzählung, wobei sich das in ihr entworfene Szenario des Dazwischen als Trauma-Situation darstellt, also gerade ein transitionsbedrohendes Potential artikuliert.[84] Hensels Roman verknüpft in seiner Form Traum und Trauma und greift seinerseits zudem, wie sich gleich zu Beginn zeigt, die christliche Rede von der Versuchung auf und stellt sie dem Text programmatisch voran.

---

[83] Gertrud von Le Fort: *Unser Weg durch die Nacht. Worte an meine Schweizer Freunde*, Wiesbaden 1949, S. 11.

[84] Dass Transitionen selbst traumatisch wirken können, diskutieren im Kontext des Zerfalls Jugoslawien Boris Previsic/Svjetlan Lacko Vidulic (Hgg.): *Traumata der Transition. Erfahrung und Reflexion des jugoslawischen Zerfalls*, Tübingen 2015.

7.2.2 Eine (verhinderte) Heiligenlegende? Paratextuelle Konsequenzen

Hensels Roman ist paratextuell mit einem Motto versehen, das, ähnlich wie in Rudolf Krämer-Badonis Roman *In der großen Drift*, durch seine historische wie thematische Distanz zum Erzählgeschehen sowie zum Produktionskontext irritierend fremd erscheint. Es handelt sich um einen Satz aus der *Legenda aurea*, einer populären Sammlung von Heiligenlegenden des Jacobus de Voragine, einem italienischen Erzbischof des 13. Jahrhunderts. Hensel zitiert ihn (mit lateinischer Quellenangabe) wie folgt: „Im Mannesalter hatte er unzählige Versuchungen von den Dämonen zu erdulden."[85] Diese Aussage ist auf die Vita des heiligen Antonius gemünzt, dessen Versuchungen und Peinigungen durch Dämonen nicht nur zum Kanon beliebter Bildmotive mittelalterlicher Kunst gehörten – die wohl berühmteste Darstellung findet sich auf einer Bildtafel des von Matthias Grünewald bebilderten Isenheimer Altars –, sondern auch in der Literatur und Malerei der Moderne immer wieder aufgegriffen wurden.[86] Im zeitlichen Kontext des Interregnums tritt der Antonius-Stoff noch einmal in Form eines Bildes beziehungsweise gleich mehrerer Bilder auf. Für seine filmische Adaption von Guy de Maupassants Roman *Bel Ami* (1885) suchte der US-Regisseur Albert Lewin 1945 eine zeitgenössische Darstellung der Versuchung des Heiligen Antonius, da ihm aufgrund der damals vorherrschenden US-Zensurbestimmungen verboten war, eine im Roman eigentlich vorkommende Jesus-Darstellung auf die Leinwand zu bringen. Gemeinsam mit dem Produzenten David L. Loew schrieb Lewin die kurzfristig für Aufregung sorgenden *Bel Ami International Art Competition* aus, bei der insgesamt 12 internationale Künstlerinnen und Künstler (darunter unter anderen Max Ernst und Salvador Dalí) Bilder einreichten. Als Sieger des Wettbewerbs ging Max Ernst hervor, dessen

---

[85] Hensel: *Nachtfahrt*, a.a.O., o. S. Das äußerst umfangreiche Werk de Voragines lag seit 1925 in einer Übersetzung von Richard Benz vor, die auch nach dem Krieg mehrmals neu aufgelegt wurde (*Die Legenda aurea des Jakobus de Voragine*. Aus dem Lateinischen übersetzt von Richard Benz, Heidelberg 1925). Die von Benz vorgelegte Übersetzung weicht allerdings von jener bei Hensel deutlich ab, die sich stärker am lateinischen Original orientiert.

[86] Zu den sicherlich bekanntesten Arbeiten gehören E.T.A. Hoffmanns *Die Elixiere des Teufels* (1815/1816) sowie Gustave Flauberts *La tentation de Saint Antoine* (1874).

in surrealistische Landschaften eingefügte Darstellung des heiligen Antonius sich augenscheinlich an Matthias Grünewald orientierte.[87]

Hensel greift also mit seinem Motto-Zitat auf einen in Kunst, Literatur und Film etablierten Stoff zurück und durfte demnach damit rechnen, dass Teile der Leserschaft des Romans den Anschluss an diese Stoff- und Motivtradition herstellen konnten. Obwohl dieser Paratext auf den ersten Blick keine direkte Verbindung mit dem Romantext aufweist, lassen sich doch Bezüge nachzeichnen, die ihrerseits durch einen anderen Paratext unterstrichen werden – denn der Roman trug, wie Hensel in seiner Autobiographie berichtet, zunächst den Titel „Antonius wird nicht heilig gesprochen".[88] Dieser Titel, von dem in der endgültigen Textfassung nur mehr der Name des Protagonisten – Anton – geblieben ist, verweist allerdings zugleich auf die zentrale Differenz zwischen der Hagiographie Antonius' bei de Voragine und Hensels eigener Erzählung; anders als die Heiligenvita ist das in *Nachtfahrt* geschilderte Geschick Antons gerade nicht auf ein übergeordnetes Sinnsystem hin ausgerichtet, das dem eigenen Leiden und dem eigenen als leidvoll erfahrenen Handeln eine höhere Bedeutung verleihen würde. Dadurch wird auch der Gegenpol zur ausbleibenden Heiligkeit neu konturiert: Die Abwesenheit des Heiligen bewirkt die Profanität des ‚Widersachers' – der Krieg und seine Ausläufer sind in ihrer Unmenschlichkeit nur allzu menschlich.

Als herausragende Biographien bezeugen Heiligenlegenden, deren Wahrheitsgehalt nicht zuletzt durch eine besondere narrative Struktur legendarischer Erzählformen hergestellt werden soll,[89] die Existenz des Sakralen durch die textliche Verbriefung dessen, was Mircea Eliade Hierophanie nannte – den Einbruch des Heiligen in die Welt, die fortan

---

[87] Vgl. Christine Ivanović: *Sprache und Sprachlosigkeit der Bilder. Die Versuchung des heiligen Antonius im medienüberschreitenden Diskurs der Phantastik*, in: *Phantastik – Kult oder Kultur? Aspekte eines Phänomens in Kunst, Literatur und Film*, hg. von Dies./Jürgen Lehmann/Markus May, Stuttgart 2003, S. 95–123, hier S. 105 sowie S. 108–111.
[88] Hensel: *Glück gehabt*, a.a.O., S. 121.
[89] Vgl. Felix Prautzsch: *Die Wahrheit der Legende. Geltungsbedingungen und Geltungsstrategien legendarischen Erzählens am Beispiel der Legenda aurea*, in: *DIEGESIS. Interdisziplinäres E-Journal für Erzählforschung* 7 (2018), S. 90–110.

in *Sanctum* und *Profanum* separiert ist.⁹⁰ Hagiographien sind somit zugleich exemplarische Erzählungen der Anwesenheit des Sakralen sowie Biographien von besonderer Prägekraft; als Exemplum fungieren sie als Mittler zwischen dem herausragenden Einzelfall, den sie repräsentieren, und dem mit diesem inhaltlich verbundenen Regelwerk als Allgemeinem.⁹¹ Zwar schildert auch Hensels Roman ein exemplarisches Leben, dieses *exemplum* allerdings verweist nurmehr auf die Durchschnittlichkeit des Erzählten, auf seine Alltäglichkeit im Kontext eines Krieges, der als historische Erscheinung wiederum alle Züge des Anormalen trägt.⁹² Der Protagonist Anton erschießt während seiner Wache einen russischen Soldaten – ein Ereignis, das angesichts von Millionen von Toten, die im Verlauf der sechs Kriegsjahre zu beklagen waren, kaum der Erwähnung wert zu sein scheint. Hensels eigener Lesart, das Besondere sei darin beschlossen, dass hier kein „üblicher Schuß in eine allgemeine Richtung, auf einen kollektiven Feind, sondern die vorsätzliche Tötung eines einzelnen Menschen"⁹³ vorliege, lässt sich entgegenhalten, dass auch eine solche vorsätzliche Tötung sicherlich massenhaft vorgekommen ist – und auch ein Schuss in „eine allgemeine Richtung" ist letztlich eine (versuchte) vorsätzliche Tötung. Die Tat selbst bleibt exemplarisch, ebenso wie die sich daran anschließenden seelischen Leiden des Protagonisten an dieser Tat. Der Text gestaltet also keine markante Kriegergestalt, die sich durch besondere Tapferkeit oder Leidensfähigkeit auszeichnet, wie sie beispielsweise Willi Heinrich mit seiner Figur des Steiners, Hauptprotagonist in seinem Erfolgsroman *Das geduldige Fleisch*,⁹⁴ entworfen hat. Die-

---

⁹⁰ Vgl. Mircea Eliade: *Das Heilige und das Profane. Vom Wesen des Religiösen*, Frankfurt a. M. 1990, S. 14.

⁹¹ Vgl. Stefan Willer/Jens Ruchatz/Nicolas Pethes: *Zur Systematik des Beispiels*, in: *Das Beispiel. Epistemologie des Exemplarischen*, hg. von dies., Berlin 2007, S. 7–59, hier S. 8–10.

⁹² Vgl. Jürgen Link: *Versuch über den Normalismus. Wie Normalität produziert wird*, 4. Aufl., Göttingen 2009, S. 318–322.

⁹³ Hensel: *Nachwort*, a.a.O., S. 176.

⁹⁴ Vgl. Willi Heinrich: *Das geduldige Fleisch*, Stuttgart 1955. Heinrichs Roman wurde von dem US-amerikanischen Regisseur Sam Peckinpah verfilmt und kam 1977 in die Kinos – in Deutschland verweist der Titel des Filmes dezidiert auf die heroische Hauptfigur: *Steiner – Das Eiserne Kreuz* (englischer Originaltitel: *Cross of Iron*).

ser *hagiografia belli*, einer modernen Heiligenlegende des Krieges, steht der Protagonist aus *Nachtfahrt* direkt gegenüber. Obwohl also die Verbindung zwischen der Handlung von Hensels Roman und der Struktur der klassischen Heiligenlegende nicht unmittelbar ersichtlich ist, sind doch zuletzt gewisse Parallelen erkennbar. Die rasche Abfolge von Anfechtungen bis hin zu physischen Angriffen, die der heilige Antonius in de Voragines Erzählung zu erdulden hat und die dementsprechend die Textgestalt prägen, lässt sich auch für *Nachtfahrt* ausmachen. Anton stolpert geradezu von einem Ereignis ins nächste, wobei das Erzähltempo – vereinzelt unterbrochen unter anderem durch längere monologische Passagen – die Fluchtbewegung des Protagonisten illustriert, der vor seiner eigenen Tat flieht, um diese zuletzt, wie er entsetzt feststellen muss, zu wiederholen.[95] Kurz vor Ende des Romans konstatiert Anton diese Wiederholung mit Bitterkeit:

> Die Gegenwart hat mich kaputt gemacht. Es wurde mir schwarz vor den Augen, als ich die Schreiber hörte. Ihre Literatur reißt mir das Herz aus dem Leib. Ich bekam Fieberanfälle, als sich die Geschäftigen um mich bemühten, als sie mich aufnahmen in ihren Bund. Ich habe mich berauscht an Selbstzerknirschung und bin im Kot gekrochen. Ich mußte fliehen vor dem ausgekernten Leben des einfachen Mannes. Ich bin gesunken von Stufe zu Stufe, ins schweißnasse Hurenbett, ins Lügennest der Kameradschaft, in Kneipentaumel, Brutalität und Gewalt. Und ich habe es wieder getan.[96]

Anton zählt hier, in verklausulierter Form, nahezu alle Erlebnisse auf, die ihm im Verlauf der einen im Roman geschilderten Nacht widerfahren sind

---

[95] Der Eindruck eines besonders raschen Erzähltempos verdankt sich vor allem in den einzelnen Erzählungen der *Legenda aurea* dem nahezu ausschließlichen Fokussieren der Erzählinstanz auf die Handlung selbst, unter Aussparungen größerer kommentierender oder reflektierender Passagen. Vgl. Eva von Contzen: *Heiligkeit als narratives Konstrukt: Die kommunikative Situation in ausgewählten Heiligenviten des englischen Mittelalters*, in: *Gottes Werk und Adams Beitrag. Formen der Interaktion zwischen Mensch und Gott im Mittelalter*, hg. von Thomas Honegger/Gerlinde Huber-Rebenich/Volker Leppin, Berlin 2014, S. 113–127, hier S. 115. Gleiches lässt sich – bis zum 7. Kapitel – auch für den Erzähler und Hauptprotagonisten in Hensels *Nachtfahrt* konstatieren.

[96] Hensel: *Nachtfahrt*, a.a.O., S. 163f.

und an deren Ende, wie es scheint, die unausweichliche Wiederholung des die Erzählung einleitenden Tötungsakts steht. Auffallend ist die Replik, die Anton auf diese Tirade erhält und die semantisch an die paratextuelle Rahmung der Erzählung als (verhinderte) Heiligenlegende anknüpft: „Und Sie glauben also, Sie haben alles erschöpft? Alles versucht? […] Sich allen Versuchungen, die nur möglich sind, hingegeben?"[97] Auch wenn Anton nicht weiter auf diese Formulierung eingeht („Darauf kommt es jetzt nicht an"[98]), ist die Bezeichnung seiner Erlebnisse und Handlungen als „Versuchungen" auffallend, weil sie im Wortlaut Bezug nimmt auf das dem Text vorangestellte Zitat und damit die Handlungsfolge des Romans strukturell mit der Heiligenlegende in Verbindung bringt. Die weiter oben zitierte Auflistung gerät dadurch zu einem Verzeichnis jener im Motto-Zitat verbrieften „unzählige[n] Versuchungen von den Dämonen", die sich als Folge des Hinabsteigens in die Nacht der eigenen Seele einstellen. Antons Geschichte lässt sich, gemäß der Formulierung Hensels, der Roman gestalte die Verwandlung einer Außenwelt in eine Innenwelt, als Ringen mit den eigenen ‚Dämonen' der Vergangenheit lesen, die nicht nur in Form von Kriegserfahrungen und Kriegserinnerungen präsent ist, sondern auch durch Figuren aus Antons Jugendjahren verkörpert wird, wie den Hitlerjugend-Führer Emil Klotz;[99] auch der ‚Dämonie' sexuellen Begehrens, die sich in der Figur Patrizia artikuliert,[100] muss Anton beggnen, von den Ängsten und Befürchtungen, die sich im Umfeld seiner Tötungstat konzentrieren, ganz zu schweigen. Die Deutungsfolie, die das Zitat aus de Voragines *Legenda aurea* vorgibt, transformiert das auf den ersten Blick Chaotische, Ungeordnete der Handlung in eine Abfolge verschiedener ‚dämonischer' Versuchungen.

Obwohl die (wenigen) Forschungstexte zu Hensels Roman Bedeutendes zur Klärung der Form sowie zur Frage, inwiefern dessen surrealistische Ästhetik die Frage nach Kriegsschuld und die Möglichkeit der Kriegsdarstellung beeinflusst, beitragen konnten,[101] blieb das vorange-

---

[97] Ebd., S. 164.
[98] Ebd.
[99] Vgl. ebenda, S. 111f.
[100] Patrizia taucht bereits im ersten Treffen Antons mit Iggs auf und durchzieht den Text bis fast zum Ende hin.
[101] Vgl. zu diesem Punkt v.a. Staets: *Ein Aufschwung in das Phantastische?*, a.a.O., passim.

stellte Zitat und die mit diesem einhergehende Einwirkung auf das Bedeutungsgeflecht des Textes unberücksichtigt. Das ist insofern irritierend, als das infrage stehende Zitat als Motto des Textes prominent platziert ist und es, wie gezeigt, weitere paratextuelle Fingerzeige hinsichtlich seiner Bedeutung gibt. Zudem eröffnet die dort präsente Rede von den Dämonen – die intradiegetisch nicht mehr aufgegriffen wird – einen Anknüpfungspunkt an einen ganz eigenen Diskurs der unmittelbaren Nachkriegszeit. Denn das Sprechen von Dämonen beziehungsweise dem Dämonischen hatte nach 1945 Hochkonjunktur; in ihm als Teil eines „numinose[n] Bildfeld[s] des Bösen"[102] verdichtete sich die Erfahrung von Zeitgenossinnen und Zeitgenossen mit dem Nationalsozialismus und lieferte, wie Heidrun Kämper gezeigt hat, sowohl Tätern als auch Nicht-Tätern ein sprachliches Instrumentarium, das ihr Handeln und Leiden in einen größeren (das Individuum zumeist entlastenden) Sinnkomplex integrierte.[103] Wer von einem Dämon verführt wurde – womit zumeist Hitler als exemplarische Verkörperung des Dämonischen gemeint ist –, auf den lässt sich der Begriff der individuellen Schuld beziehungsweise Verantwortung schwerlich anwenden.[104] Welche Anziehungskraft und Persistenz dieses Begriffsfeld besitzt, zeigt sich auch daran, dass noch bis in die späten 1990er-Jahre am Bild vom Dämon als seelischer Wirkmacht festgehalten wurde, so beispielsweise bei Tilmann Moser, dessen Buch *Dämonische Figuren* sich dem Nachleben des Nationalsozialismus in

---

[102] Heidrun Kämper: *Opfer, Täter, Nichttäter: ein Wörterbuch zum Schulddiskurs 1945–1955*, Berlin 2007, S. 29.

[103] Vgl. ebenda, S. 29–33. Den von Kämper gesammelten Belegen zur Verwendung des Begriffsfeld ‚Dämon/Dämonisch' lässt sich noch Erwin Reisners 1947 bei Suhrkamp erschienenes und 1986 erneut aufgelegtes Buch *Der Dämon und sein Bild* hinzufügen, das sich dem Dämon aus einem größeren theologisch-metaphysischen Kontext nähert und ihn als Seelenpotenz im Menschen selbst verortet.

[104] Clemens Münster, Journalist und späterer Fernsehdirektor des Bayerischen Rundfunks, schreibt in einem schlicht *Dämonen* betitelten Artikel, die Deutschen hätten „die Dämonen entdeckt. [...] Was Wunder, daß die unter der Kollektiv-Anklage Stehenden aufzuatmen beginnen und endlich unwiderlegliche Entlastungszeugen für ihr Verfahren vor der Spruchkammer oder im inneren Prozeß der Besinnung zu finden glauben: eben jene Dämonen. Was konnte der kleine Mann gegen dies Aufgebot finsterer Mächte schon ausrichten?" Clemens Münster: *Dämonen*, in: *Frankfurter Hefte* 1 (1946), S. 5–6, hier S. 5.

Form „dämonischer Introjekte" im Seelenleben der Täter und deren Kinder widmet.[105]

Kennzeichnet bereits die erzählte Zeit (der Verlauf einer Nacht) das Geschehen als Transitionserzählung, so unterstreicht die Rahmung des Textes als modern-groteske Variante einer Heiligenvita diesen Eindruck. Heiligenlegenden greifen in ihren Erzählungen von exzeptionellen Figuren immer wieder auf ein Erzählgerüst zurück, in dem jene ein als falsch erkanntes Leben verlassen und in ein neues Leben zu gelangen suchen – ein Übergang, der sich zwar häufig einem punktuellen Moment verdankt, selbst aber nicht zwangsläufig *ad hoc* geschieht.[106] Viel eher gilt es, sich von den Widerhaken des alten Lebens zu befreien, häufig dadurch versinnbildlicht, dass man, wie auch in der Antonius-Erzählung, seinen irdischen Besitz verschenkt, um – *imitatio christi* – die Nachfolge Jesu als neues Leben anzutreten. Außerdem illustriert die Antonius-Erzählung paradigmatisch, dass die Transition vom alten ins neue Leben selten reibungslos verläuft; die Dämonen, von denen de Voragine in seiner Heili-

---

[105] Tilmann Moser: *Dämonische Figuren. Die Wiederkehr des Dritten Reiches in der Psychotherapie*, Frankfurt a. M. 2001, S. 19. [EA: 1996] Moser spricht von „dämonischen Instanzen, wie sie durch Hitler oder Stalin implantiert wurden" (ebd., S. 25), womit eben jener Prozess der Introjektion gemeint ist, der im konkreten Falle die Aufnahme überfamilialer Ideologeme in den seelischen Apparat bezeichnet. Im gleichen Jahr, 1996, greift die Zeitschrift *Der Spiegel* ebenfalls auf das Dämonen-Bild zurück, und zwar in seiner Titelgeschichte zum Erscheinen von Daniel Goldhagens Buch *Hitler's Willing Executioners. Ordinary Germans and the Holocaust*. Der *Spiegel* stellte sich hier die Frage, ob man es mit einem „Volk von Dämonen" zu tun gehabt hätte. Vgl. Fritjof Meyer: *Ein Volk von Dämonen?*, in: *Der Spiegel* 21 (1996), S. 48–77.

[106] Ähnlich der Erweckungserzählung des Augustinus spielt auch bei Antonius ein besonderes Rezeptionserlebnis eine ausschlaggebende Rolle. In der Übersetzung von Richard Benz aus der *Legenda aurea* heißt es hierzu: „Antonius war seines Alters zwanzig Jahre, da hörte er in der Kirche lesen ‚Willst du vollkommen sein, so gehe hin und verkaufe alles was du hast und gieb es den Armen.' Da verkaufte er all sein Gut und teilte es unter die Armen, und nahm an sich ein Einsiedlerleben." *Die Legenda Aurea des Jacobus de Voragine*, aus dem Lateinischen übersetzt von Richard Benz, Köln, Olten 1969, S. 122. Erst daraufhin musste er sich den Versuchungen und Peinigungen der Dämonen stellen.

genlegende berichtet und die Hensel seiner eigenen Narration voranstellt, sind metaphorisch-symbolischer Ausdruck für jene Kräfte, die diesen eingeschlagenen Weg ins Neue nach Kräften zu verhindern suchen. Die Logik der Versuchungen unterliegt, strukturell gesprochen, jener der bei van Gennep und Turner diskutierten *rite de passage*. Es gilt, von einem Zustand in einen anderen zu gelangen – wobei jener Weg, der bewältigt werden muss, sprichwörtlich von den Monstern der Transition gesäumt ist.

Wie gesagt lässt sich die Form der Antonius-Erzählung nicht unmittelbar auf das Erzählgeschehen in *Nachtfahrt* übertragen. Anton wird nicht nur nicht heiliggesprochen, sondern es bleibt auch unklar, welche Konturen sein neues Leben eigentlich hat beziehungsweise haben soll. Deutliche Parallelen hingegen zeigen sich in der Struktur des Übergangs sowie in der die Bereiche des Realistischen transzendierenden Fantastik, die das ‚Dämonische' nahezu aller Adaptionen des Antonius-Stoffes begleitet. Als Auseinandersetzung mit den inneren Dämonen, denen Anton während seiner Nachtfahrt begegnet und die als Resultate äußerer Verletzungen verstanden werden können, fließen nicht nur Suchen und Versuchung in einer Art Nachkriegs-Aventüre zusammen; die Lektüre des Romans als verhinderte Heiligenlegende bereitet zugleich jene desselben als Trauma-Narration vor, die später diskutiert werden soll.

7.2.3 „Aus dem Blut die Druckerschwärze zu destillieren" – Verschriftlichungen zwischen Kritik und Sehnsucht

Nachtfahrt ist über weite Strecken hinweg nicht zuletzt ein Roman über das Schreiben und die Verwandlung von Erfahrungen und Erlebnissen in Literatur. Nähert man sich dieser These vom Ende der Handlung an, so sticht eine Passage ins Auge, die das gesamte Erzählgeschehen direkt als Schreibakt des Protagonisten Anton hervortreten lässt.

Die besagte Passage steht in Verbindung mit der Figur Iggs, die den gesamten Text durchzieht. Er ist präsent als Erinnerung von Anton, wo von dessen Macht berichtet wird und davon, dass Anton sich manchmal für Iggs ausgab,[107] er tritt, wie schon erwähnt, auf als Inhaber der Graphi-

---

[107] Vgl. Hensel: *Nachtfahrt*, a.a.O., S. 8.

schen Anstalt, später als Fahrer der Straßenbahn, in der Anton sitzt,[108] als Anführer der Gemeinschaft aller Lebendigen[109] und als Bänkelsänger mit Namen Tolstoi.[110] Unter Iggs fachen neue Kämpfe zwischen den Mitgliedern auf und schließlich wird zur Jagd auf Iggs geblasen – mit dem Resultat, dass Anton für Iggs gehalten und inhaftiert wird. In der Zelle, in die Anton gesperrt wird und die sich in jener Kirche befindet, in der sich ein Großteil der Handlung abspielt, tritt ein Mitglied der Gemeinschaft aller Lebendigen zu ihm, dem Anton bereits früh begegnet ist, und der den programmatischen Namen Komma trägt. Anton, der zunächst einen scheiternden Suizidversuch begeht, begehrt zu wissen, warum man ihn für Iggs hält; Kommas Antworten fallen – für den Gesamtkontext des Romans wenig verwunderlich – eher erratisch-kryptisch aus und kulminieren in der Antwort auf Antons Frage, was er nun tun solle: „Schreiben Sie einstweilen Ihre Memoiren […]. Es ist der Rat eines Literaten."[111]

Durch die Verbindung von Schreiben und dem Raum der (kirchlichen) Zelle gestaltet der Roman an dieser Stelle eine Schreibszenerie, deren Vorbild die mönchische Klause ist, wie sie beispielsweise in den Darstellungen des Heiligen Hieronymus oder Luthers Bibelübersetzung in seiner Zelle auf der Wartburg bei Eisenach tradiert worden ist. Diese Assoziation mit letzterem ist dabei weder willkürlich noch zufällig, sondern wird in der Komposition des Textes selbst vorbereitet. Einige Seiten zuvor, als Anton gemeinsam mit Emil Klotz einen Gang in der Kirche sprengen soll, wo Iggs' Männer vermutet werden, sucht Anton Schutz vor der Detonation, indem er in das unterste Regal eines Bücherschranks kriecht: „Rasch warf ich die dickleibigen Wälzer heraus und kroch in das Regal."[112] Hier wie an vielen anderen Stellen im Roman kommt es zu einer Engführung von Literatur und Kriegserfahrung, wobei hier im Besonderen (wenn auch auf ironische Art und Weise) die Schutzfunktion der Literatur hervorgehoben wird; Anton verkriecht sich förmlich zwischen den Büchern. Was folgt, ist für das ästhetische Verfahren des Textes symptomatisch. Während Anton zwischen den Büchern die Detonationen erträgt, findet ein Wechsel der zeitlichen Ebene statt, angezeigt durch das nunmehr kursive

---

[108] Vgl. ebenda, S. 31.
[109] Vgl. ebenda, S. 63.
[110] Vgl. ebenda, S. 136.
[111] Ebd., S. 166.
[112] Ebd., S. 142.

Druckbild.[113] Gegenwärtige Wahrnehmung und Erinnerungen fließen hier wie in einer Art Überblendung ineinander, wobei auch die Erinnerungen selbst mehrere Ebenen aufweisen. Anton erinnert sich an ein Ereignis aus dem Krieg, als er mit einem Kameraden von russischen Panzern angegriffen und schließlich in seinem Erdloch verschüttet wird. Diese Erinnerung wiederum ist durchzogen von einer Erinnerung an Antons Schulzeit; wird, wie sich später herausstellt, die Erinnerung an das Verschüttetwerden im Krieg dadurch getriggert, dass auf der Ebene der (schriftlich vermittelten) Gegenwart über Anton die Bücher zusammenbrechen, so bedingt sich die Erinnerung an die Schulzeit durch die in der Kriegserinnerung beschriebene Wahrnehmung des Erdloches:

> „Der Schacht war gestreift in Farben von gelb bis schwarz. Gelbe Schichten hier unten, denen nach oben zu dunklere Schichten folgten, bis zur obersten, tiefschwarzen, deren Ränder vom Gras, grün und heiter, überweht wurden. Schwarze Erde, Schwarzerd, Melanchthon, eine Hummel brummte wütend gegen die Scheibe, der Geschichtslehrer, ein Flämmchen weißer Haare über dem braungebrannten Gesicht, lief vor der Klasse auf und ab. Den Tiger nannten wir ihn.[114]

Während die Verbindung von der Kriegs- zur Schulerinnerung durch die farblichen Äquivalente hergestellt wird – also von den gelb-schwarz abgestuften Segmenten des Erdreiches zur gelb-schwarzen Hummel und, mit geringerer Deutlichkeit, zum als „Tiger" bezeichneten Geschichtslehrer – stellt die Assoziationsreihe „Schwarze Erde, Schwarzerd, Melanchthon" (Melanchthon hieß mit Nachnamen eigentlich Schwarzerdt, Melanchthon ist eine Gräzisierung dieses Namens) eine Verbindung zur zuvor diskutierten Schreibszenerie her:

---

[113] Hensel berichtet in seiner Autobiographie, dass Heinrich-Maria Ledig-Rowohlt ihn gedrängt habe, den Roman nicht nur deutlich zu kürzen, sondern ihn auch um der Lesbarkeit willen anders zu strukturieren, was „durch Stichwörter am Kopf jeder Seite" sowie „durch Kursivsatz der irrationalen Partien erreicht werden" sollte. Hensel: *Glück gehabt*, a.a.O., S. 122. Allerdings werden in *Nachtfahrt* auch Passagen kursiviert, die sich nicht den (als Bezeichnung ohnehin wenig trennscharfen) „irrationalen Partien" zurechnen lassen. Eine Ordnungsfunktion nimmt die Kursivierung also nur in sehr bedingtem Maße ein.
[114] Hensel: *Nachtfahrt*, a.a.O., S. 142.

Melanchthon und das Tintenfaß an der Wand der Burg zu Eisenach. Die Besucher hatten dort ein Loch in die Wand gekratzt, Souvenir, echte Luthertinte, nach dem Teufel verspritzt. Preisfrage: Läßt sich der Teufel durch Tinte vertreiben? Wieviel Tinte muß man verspritzen, wer muß sie verspritzen?[115]

Einer Legende zufolge, die sich zwar auf mehrere Quellen stützen kann, allerdings auf keine einzige Textstelle bei Luther selbst, soll dieser während seines Aufenthalts in der Wartburg zu Eisenach ein Tintenfass nach dem ihn bei der Bibelübersetzung störenden Teufel geworfen haben.[116] Das Zitat bei Hensel greift diese Erzählung auf und spielt außerdem auf den Reliquientourismus an, dem die vermeintliche Luthertinte mitsamt des zugehörigen Mauerwerks zum Opfer gefallen sei. Auch wenn der Schritt von Melanchthon zur Tintenfass-Episode in Luthers Leben etwas sprunghaft ist, wird in der dadurch hergestellten Koalition von Schrift und Bösem, von Tinte und Teufel, unschwer die zuvor angesprochene Verbindung von Literatur und Krieg sichtbar. Antons Aufenthalt in der kirchlichen Zelle spiegelt die Luther-Szene wider und wirft erneut die Frage auf, inwiefern sich das Böse durch seine Verschriftlichung tatsächlich bannen lässt.[117] Diese Frage zieht sich, wie noch diskutiert wird, durch den ganzen Text.

Der Aufforderung, zunächst seine Memoiren zu schreiben, kommt Anton tatsächlich nach, wodurch der Schreibakt selbst in den Vordergrund tritt. Die besagten Memoiren sind nämlich, wie deutlich wird, eben jene Schilderungen, welche die Leserschaft bis zu diesem Moment gelesen hat. Sie sind der Text selbst, und zwar bis in seinen Peritext hinein, so

---

[115] Ebd., S. 142.
[116] Vgl. Volker Leppin: ‚Der alt böse Feind'. Der Teufel in Martin Luthers Leben und Denken, in: Das Böse, hg. von Martin Ebner, Neukirchen-Vluyn 2012, S. 291–321, hier S. 291f. Die älteste Quelle spricht allerdings davon, dass der Teufel das Tintenfass nach Luther geworfen hätte, was die Frage danach, inwiefern sich das Böse durch Tinte (beziehungsweise Worte oder Schrift) vertreiben lasse, obsolet macht. Hensel dürfte dieser Befund allerdings zu Zeiten der Abfassung seines Romans nicht bekannt gewesen sein.
[117] Auch die Erwähnung, wie Anton während seiner Schreibarbeit „in der Zelle auf und ab laufend, schrie und gestikulierte", arbeitet mit an der Luther-Parallele; auch Anton, so scheint es, ringt mit seinen Teufeln – und zwar um den Text. Hensel: *Nachtfahrt*, a.a.O., S. 167.

wenn der Erzähler berichtet, er „setzte dann an das obere Ende des ersten Blattes ‚Erstes Kapitel', darunter römisch I"[118] und damit exakt die Textaufmachung des Romans zitiert. Es wird außerdem auf die Gliederung des Textes eingegangen: „Was ich berichten wollte, gliederte sich willig in sieben Kapitel, die wieder in Unterabschnitte zerfielen."[119] Dringt der sich selbst schreibende Schreiber (beziehungsweise der sich selbst erzählende Erzähler) mit diesem metaleptischen Bruch also in jene Bereiche vor, die dem Personal der Diegese für gewöhnlich nicht zugänglich sind, so spart er auffallender Weise das Motto aus; in das Spiel mit dem Fiktionalitätsbruch wird dieses nicht aufgenommen, seine eigene Heiligenvita thematisiert Anton nicht.

Bereits bevor Anton sich seinen autobiographischen Notaten widmet, kommt es zu einer expliziten Thematisierung des Schreibaktes sowie seines rezeptiven Gegenübers. Zu Beginn des siebten Kapitels tritt der Erzähler als solcher hervor und wendet sich direkt an die Adressaten seines Textes. In dieser geradezu klassischen Leseransprache (durch die *en passant* der Rezeptionsakt und die Lesererwartungen als Teil der Bedeutungskonstellation des Textes angesprochen werden) thematisiert der Erzähler in erster Linie sein Erzählverfahren: „Mein Bericht hatte nichts Außergewöhnliches oder gar Phantastisches zu bewältigen, er hatte lediglich meine Erlebnisse, frei von allen Eitelkeiten meiner Person, so schlicht und einfach wie möglich wiederzugeben."[120] Den Lesenden sei bis zu diesem Moment wenig mehr geboten worden als eine „Deskription einer Realität", die „ihn ohnehin auf Schritt und Tritt umfängt". Der „Aufschwung ins Phantastische",[121] den man nun zurecht nun erwarte könne, finde auf den folgenden Seiten statt. Hier liegt, wie bereits auch an anderer Stelle bemerkt wurde,[122] eine bezeichnende Inversion vor, eine Verkehrung der Bezeichnungen, klassifiziert doch der Erzähler das bis zum siebten Kapitel Erzählte als Deskription und behauptet damit einen mimetischen Anspruch hinsichtlich einer den Lesenden nur zu gut bekannten Realität. Die tatsächlich vorliegende Hegemonie des Fantastischen und Surrealistischen wird nicht nur nicht benannt, sondern als ein

---

[118] Ebd., S. 166.
[119] Ebd., S. 168.
[120] Ebd., S. 159.
[121] Ebd. Dort auch das vorherige Zitat.
[122] Louis: *Gleichnisse vom verlorenen Sinn*, a.a.O., S. 137 sowie Staets: *Ein Aufschwung in das Phantastische?*, a.a.O., S. 63.

noch zu verwirklichender Anspruch an die Erzählform der kommenden Seiten delegiert – die dann allerdings betont nüchtern, sprich realistisch ausfallen.

Begriffe wie Deskription und Bericht, Formulierung wie jener von der „selbst auferlegten Disziplin nüchterner Abschilderung"[123] sowie funktionale Verpflichtung des Erzählens auf die Wahrheit hin,[124] verweisen auf ein Schreibprogramm, das nach 1945 vor allem mit den Protagonistinnen und Protagonisten der sogenannten Jungen Generation in Verbindung gebracht wird. Dass der Erzähler für seine bis zu diesem Moment vorgetragenen „Erlebnisse" gerade ein solches, für die Textur selbst völlig unpassendes poetologisches Programm in Anspruch nimmt, ist mehr als eine ironische Wendung, sondern Teil eines größeren poetologischen Diskurses.

Die Frage nach der Adäquatheit literarischer Darstellungsweisen in Bezug auf kriegerische Ereignisse und Handlungen begleitete die Rezeption von Hensels Text von Anfang an[125] und er selbst äußert sich noch knapp ein halbes Jahrhundert nach dessen Erstveröffentlichung dezidiert zur Textform, die – wie der Erzähler ja selbst konstatiert – zwischen realistischen und fantastisch-surrealistischen Polen changiert. Genau diese Parallelität sei als Formprinzip intendiert gewesen, so Hensel:

> Als ich anfing, die Prosa zu schreiben, die später zur Nachtfahrt wurde, konnte ich von realistischen Beschreibungen nicht lassen, kombinierte sie aber mit symbolisch verschlüsselten Bedeutungen. Der Realismus, dachte ich, soll die Gefühle des Lesers treffen und der Symbolismus die mitdenkenden Köpfe.[126]

---

[123] Hensel: *Nachtfahrt*, a.a.O., S. 159.
[124] Ebd., S. 160: „Denn mein Anliegen ist Wahrheit."
[125] Vgl. Louis: *Gleichnisse vom verlorenen Sinn*, a.a.O., S. 136.
[126] Hensel: *Nachwort*, a.a.O., S. 174. Nahezu identisch äußert sich Hensel in seiner Autobiographie, wobei dort nicht mehr von Symbolismus die Rede ist, sondern lediglich davon, dass der Roman eine Parabel sei, eine „gleichnishafte Geschichte, aufgebaut aus realistischen Details. Davon versprach ich mir eine doppelte Wirkung: Das Gleichnis mußte man mit dem Verstand entschlüsseln, und der Realismus, hoffte ich, werde die Gefühlswelt treffen." Hensel: *Glück gehabt*, a.a.O., S. 125.

Hensel legitimiert die formale Melange seines Textes also damit, dass sie dadurch zwei rezeptive Instanzen ansprächle, Gefühl und Verstand. Mag dies auch in puncto Konzept und Ausführung wenig originell sein, so dient die – in Hensels Worten – Parallelität von Realismus und Symbolismus auch der gegenseitigen Valorisierung. Denn gerade dem Programm eines ‚reinen' Realismus, der sich um „Deskription" bemüht und sich dem „Bericht" verpflichtet sieht, wie es in der zuvor diskutierten Leseransprache heißt, wird intradiegetisch eine Absage erteilt. Propagator eines solchen Programms ist die bereits erwähnte Figur Komma.

Nachdem Anton mit Iggs in die zerstörte Kathedrale gegangen ist, um dort der Gemeinschaft aller Lebendigen zugeführt zu werden, wird er zunächst in ein „Kontobuch"[127] aufgenommen. Der Nüchternheit dieses bürokratischen Aktes korrespondiert die Lakonie der Antwort auf die Frage, warum Anton hier sei („Erschießung eines Menschen"), ergänzt durch einen bezeichnenden Zusatz von Iggs. Der Feststellung des Kontobuchführers, wegen so etwas kämen „die Burschen jeden Tag" entgegnet Iggs: „Bei ihm ist's etwas Besonderes [...], er hat Phantasie. Das macht den Fall für ihn schwierig und für uns interessant."[128] Mit dem Verweis auf Antons Fantasie wird ein Zentralbegriff literarischen Schaffens aufgegriffen; sie ist der wesentliche Faktor, der dazu beiträgt, dass aus der schrecklichen Banalität eines kriegerischen Aktes („Erschießung eines Menschen") der Stoff für eine romaneske Erzählung wird.[129] Die Rede von der Fantasie Antons bereitet die folgende Episode vor, in der Anton auf Komma trifft und ist über die intradiegetische Verhandlung des Problemkomplexes Literatur/Krieg hinaus auch für die Geschichte des Romans selbst sowie seiner Wirkungsintention zentral. Denn nach Hensel bietet vor allem das zweite Kapitel seines Romans eine (äußerst frühe) Kritik der Gruppe 47.

Die Figur Komma ist innerhalb der Organisation von Iggs zuständig für die „literarische[] Ausbeute von Kriegserlebnissen",[130] eine Formulierung, die *nolens volens* bereits die Fragwürdigkeit dieses Unterfangens

---

[127] Hensel: *Nachtfahrt*, a.a.O., S. 35
[128] Ebd., S. 37. Dort beide Zitate.
[129] Zugleich lässt sich die „Phantasie" dem Antonius-Komplex zuweisen, insofern als die Versuchungen und Peinigungen des Antonius oft als Zudringlichkeiten seiner Fantasie verstanden wurden, die seine Gedanken von Gott abzuziehen drohten.
[130] Hensel: *Nachtfahrt*, a.a.O., S. 38.

andeutet. Untergebracht ist dieser Teil der Organisation sinnigerweise in den Räumen des ehemaligen Luftschutzkellers eines über unterirdische Gänge mit der Kirche verbundenen Hospizes. Nach Kriegsende habe man die Leichen der dort umgekommenen Menschen in einigen wenigen anderen Räumen zusammengetragen und in die freigewordenen Räume jene Abteilung eingerichtet, der Komma nun vorsteht. Dieses räumliche Nebeneinander von (gewaltsamem) Tod und Literatur (in Form von Kommas Abteilung) wird explizit thematisiert und strukturell aufeinander bezogen. Alle Räume zusammen ergeben

> dreimal achtundvierzig Kubikmeter, sind einhundertvierundvierzig Kubikmeter Leichen in unmittelbarer Nachbarschaft des Dichters Komma. [...] Einhundertvierundvierzig Kubikmeter Leichen sind außerordentlich inspirierend. Das ist eine Unmasse latenter Gedichte, Novellen, Kurzgeschichten, Romane, Dramen, Stoff für ein Jahrtausend! Aus dem Blut die Druckerschwärze zu destillieren – meine Aufgabe.[131]

An keiner Stelle des Romans wird die Verbindung von Tod und Literatur expliziter benannt als hier. Die als chemischer Prozess beschriebene Transformation setzt einen direkten Nexus zwischen massenhaftem Sterben und literarischem Schaffen und verweist damit auf den Produktionskontext des Romans. Verbunden wird dieser Produktionszusammenhang mit einem poetologischen Programm, das Komma ganz zu Beginn des Gespräches mit Anton formuliert: „Nichts hasse ich mehr als Unklarheiten. [...] Unklarheiten zeugen von mangelnder Denkdisziplin." Diese in „sehr korrekte[m] Hochdeutsch"[132] vorgetragene Ansicht, die in augenscheinlichem Konflikt mit der Textform des Romans selbst steht, der – salopp formuliert – permanent Unklarheiten produziert, wird von Komma sodann in einem performativen Akt vorgeführt. Man habe nämlich die „Krankenlisten" des zerstörten Hospizes gefunden und sie im eigenen Archiv eingelagert. Auf diesen Listen sind jene Menschen verzeichnet, die sich zum Zeitpunkt der Bombardierung der Stadt im Luftschutzkeller des Hospizes befunden hatten. Komma führt nun anhand dieser Listen sein poetologisches Postulat der Klarheit vor, indem er eine Auswahl aus ihnen referiert: „Darunter waren Metzger, die in ihrem La-

---

[131] Ebd., S. 41.
[132] Ebd., S. 38. Dort auch das vorherige Zitat.

den auf der Marmorplatte mit einem langen Messer ein Viertel Pfund Wurst von der Stange säbelten."[133]

Diese Struktur wird noch an einer Vielzahl weiterer Berufe durchdekliniert, bis Komma schließlich lakonisch feststellt, diese Menschen „erstickten wohl so ungefähr zu gleicher Zeit, als alle Ausgänge verschüttet waren".[134] Mögen Listen und Auflistungen als epistemologische Objekte zwar keinen erzählerischen Gehalt haben, weil sie „auf die sinnstiftenden Zeit-, Handlungs- und Motivationsstrukturen von Erzählungen [verzichten], mit der eine Kette von Ereignissen, Handlungssequenzen, die Konstellation von Figuren sowie räumliche und zeitliche Verhältnisse narrativ geordnet werden",[135] so fungieren sie bei Komma doch als Ausgangspunkt für mögliche Erzählungen, die sich aber zuletzt in der bloßen Registratur (möglicher) Sachverhalte erschöpfen.

Diese betont nüchterne Erzählhaltung, die Komma an besagter Stelle vorführt, bestimmt auch seinen Blick auf die ‚Werke', die im Rahmen der von ihm geleiteten Abteilung geschaffen werden. Auf seinem Streifgang zu seinen „Retorten"[136] – eine Wortwahl Kommas, die seine frühere Chemie-Analogie fortführt – passiert man entlang etablierter Gattungsbegriffe Unterabteilungen zu Lyrik, Drama, Kurzgeschichte und Roman, wobei vor allem der Begriff der Kurzgeschichte als dezidierter Verweis auf den literaturhistorischen Kontext nach 1945 hinweist, in der es zu einer erneuten (allerdings kurzen) Blütezeit dieser Form kommt.[137] Zuletzt

---

[133] Ebd., S. 39.

[134] Ebd., S. 40.

[135] Matthias Schaffrick/Nils Werber: *Die Liste, paradigmatisch*, in: *Zeitschrift für Literaturwissenschaft und Linguistik* 47 (2017), S. 303–316, hier S. 306. Zur Liste als epistemologischen Objekt vgl. Jack Goody: *Woraus besteht eine Liste?*, in: *Schreiben als Kulturtechnik. Grundlagentexte*, hg. von Sandro Zanetti, Berlin 2012, S. 338–396.

[136] Hensel: *Nachtfahrt*, a.a.O. S. 41.

[137] Die Gründe für diese neuerliche Hochkonjunktur liegen nicht lediglich in materiellen Aspekten beschlossen (ein reges Zeitschriftenleben bot reichhaltige Publikationsmöglichkeiten für kürzere Formate), sondern vor allem in dem mit dieser Form verbundenen „Erneuerungsanspruch": „Daher ist der plötzliche, umfassende Aufstieg der deutschen Kurzgeschichte als moderner, eigenständiger Literaturform nach 1945 im Zusammenhang mit diesen bewussten Umorientierungsversuchen der deutschen Literatur in den ersten vier bis fünf Nachkriegsjahren zu sehen […]." Leonie Marx: *Die deutsche Kurzgeschichte*, 3. aktual. u. erw. Aufl., Stuttgart 2005, S. 113.

landet man in einem Konferenzraum, in dem stoffliche Entwürfe vorgestellt und diskutiert werden, darunter die Geschichte eines Knopfes, an dessen Veränderungen sowie verschiedenen Trägern ein „Querschnitt durch die jüngste Vergangenheit" geboten werden soll und der den „Triumph des Zeitromans"[138] darstelle – die Ironie dieser Aussage ist nicht zu überlesen. Auch zwei weitere, geradezu anekdotenhafte Vorschläge beschäftigen sich mit Ereignissen aus dieser jüngsten Vergangenheit, sprich dem Krieg, und werden von Komma mit dem Urteil, das sei „nur noch im Kino zu ertragen",[139] beiseite gewischt. Anton wird von Erzähler zu Erzähler geschoben, die ihre jeweiligen Entwürfe ohne merkliche Rührung vortragen und auch nicht auf Kommas Kritik reagieren. Zuletzt erzählt ein Mann von einer Geschichte, die ihm zugetragen worden sei und die deswegen größere Erwähnung verdient, weil in ihr der Mord an den europäischen Juden erzählt wird – allerdings, und das ist auffallend, nicht in Form des industrialisierten Massenmordes, sondern als Strafaktion.

Diese Geschichte ist selbst ein gutes Beispiel für die von Hensel angeführte Verbindung von Realismus und Symbolismus. Die Figur, die sie erzählt, konstatiert vorweg, dass es sich dabei um eine „derart hintergründige Sache" handele, dass man gut daran tue, „vom Hintergründigen zu schweigen und nur die Tatsachen zu registrieren".[140] Zielt der Verweis auf das (vermeintlich) bloße Registrieren von Tatsachen gleichermaßen auf Kommas Poetologie des Klaren sowie auf den von Autoren wie Walter Kolbenhoff, Wolfdietrich Schnurre oder Wolfgang Weyrauch formulierten Anspruch, zu schreiben, was ist, so tritt das Hintergründig-Symbolische in der formalen Organisation der Erzählung offen zutage. Er wolle nämlich, so der Binnenerzähler, seine Geschichte „an vier Haken aufhängen",[141] was sich unschwer als Rekurs auf das Zentralsymbol des Nationalsozialismus, das Hakenkreuz, erkennen lässt. Die folgende Geschichte hängt also im sprichwörtlichen Sinne an den Haken dieser politischen Ideologie. Es ist die Erzählung von zwei LKW-Fahrern, die immer wieder anfahren und anhalten, bis ihnen von der Laderampe des Fahrzeugs ein „fertig" zugerufen wird und sie wieder anfahren und anhalten.

---

[138] Hensel: *Nachtfahrt*, a.a.O., S. 44. Dort beide Zitate.
[139] Ebd., S. 46.
[140] Ebd.
[141] Ebd., S. 46.

Die Auflösung dieser Tätigkeit kommt zum Schluss: „Auf dem Kasten des Lastwagens stehen etwa zwei Dutzend Juden, jeder einzeln wie ein langes Paket sauber verschnürt, mit einem Strick um den Hals. [...] Der in der Uniform bindet, wenn der Wagen unter einem Baum hält, einen Strick an einem Ast fest und ruft: ‚Fertig.'"[142] Motiviert wird diese Ermordung durch den Tod deutscher Soldaten, für den die Juden nun büßen sollen.

Die Binnenerzählung gliedert sich, gemäß den angekündigten vier Haken, in vier Abschnitte, die jeweils voneinander durch einen Zwischenruf Kommas getrennt sind, der den Binnenerzähler immer wieder auffordert, „[z]ur Sache"[143] zu kommen. Hier zeigen sich die möglichen Auswüchse der von Komma bereits zuvor vorgeführten Erzählhaltung, die alle Unklarheiten zu vermeiden sucht; die Binnenerzählung fokussiert auf eine Unzahl nebensächlicher Details und verzeichnet repetitiv die immer gleichen Abläufe, vor deren Monotonie der Horror der Handlung zu verblassen scheint. Diese Passagen sind im Kontext der im gesamten Roman präsenten Thematisierungen von Prozessen der Verschriftlichung insofern bedeutsam, als hier nicht Erzählungen von Kriegserlebnissen vorliegen, sondern Erzählungen *von Erzählungen* von Kriegserlebnissen. Diese Metaebene richtet den Fokus auf das Erzählen selbst, ohne ihn aber gänzlich vom Inhalt des Erzählten abzuziehen – was angesichts der Grausamkeiten auch nur schwer möglich wäre. Zuletzt verliert Anton, dem bereits zuvor schon die „Knie zitterten",[144] vor so viel gezielter Verwertung individueller Erlebnisse das Bewusstsein. Was genau hierfür letztlich den Anlass bietet, ist nicht eindeutig zu benennen, allerdings spricht einiges dafür, dass es sich um die Erzählhaltung der Männer handelt – wobei der Begriff hier ganz konkret gemeint ist. Die Binnenerzähler tragen ihre jeweiligen Entwürfe in soldatischer Manier vor, ungerührt ob des Erzählten, in ihren gefärbten Uniformröcken als ehemalige Wehrmachtsangehörige erkennbar, die „Augen auf den Blickpunkt gerichtet, eine Handbreit über dem Horizont, wie es die Heeresdienstvorschrift befiehlt".[145] So wie man sich zuvor als Soldat benommen hat, so macht man nun auch Literatur: streng nach Vorschrift. Hensels Roman demonstriert an dieser Stelle in

---

[142] Ebd., S. 48.
[143] Ebd., S. 47f.
[144] Ebd., S. 42.
[145] Ebd., S. 49. Der Hinweis auf die gefärbten Uniformröcke findet sich auf S. 43.

ironischem Gestus die Persistenz des Soldatischen im Modus der Literatur – und akzentuiert damit eine Kontinuität, die den vielbeschworenen literarischen Neuanfang nach 1945 karikiert.[146]

Auch wenn es keine absolut sicheren Belege dafür gibt, so spricht einiges dafür, dass Hensel bei einem Treffen der Gruppe 47 unter anderem dieses Kapitel vorgelesen hat und es – will man den späteren Darstellungen in seiner Autobiographie sowie in dem Nachwort zur Neuauflage des Romans Glauben schenken – gezielt als Parodie auf die Gruppe, ihre Rituale und den Habitus ihrer Mitglieder, verstanden wissen wollte. Mögliche Anknüpfungspunkte gibt es tatsächlich. Auf poetologischer Ebene ließen sich beispielsweise die Abneigung gegen Unklarheiten sowie der Bezug auf Begriffe wie „registrieren" oder auf die Form des Berichts anführen, die von Seiten der Gruppe 47 stark gemacht wurden. Die Szene im Konferenzraum lässt sich durchaus als Verballhornung der Gruppen-Lesungen betrachten, ebenso passen die thematischen Ausrichtungen sowie der vorherrschende Landser-Ton, den beispielsweise auch Hans Werner Richter betonte.[147] Auch die soziale Zusammensetzung der Gemeinschaft der Lebendigen gleicht jener der Gruppe 47: „Keine Alten, keine Jungen, nur wenige Frauen."[148] Selbst der *en passant* erwähnte Virginiatabak[149] lässt sich als Referenz begreifen, da dieser stark mit der

---

[146] So auch Louis: *Gleichnisse vom verlorenen Sinn*, a.a.O., S. 151: „Hensel deutet hier an, daß diese Form der Kriegsliteratur der Kälte und gefühllosen Grausamkeit den Regeln des Krieges weiterhin verhaftet ist."

[147] Vgl. Hans Werner Richter: *Bruchstücke der Erinnerung*, in: *Literaturmagazin* 7 (1977), S. 134–138, hier S. 137.

[148] Hensel: *Nachtfahrt*, a.a.O., S. 62. Zum Zeitpunkt, als Hensel an den Gruppentreffen teilnahm, waren tatsächlich kaum Frauen dort anwesend; Ausnahmen bildeten die Ehefrauen der Schriftsteller (beispielsweise Isolde Kolbenhoff und Toni Richter) sowie Ilse Schneider-Lengyel, die für die Gründungsphase der Gruppe eine wesentliche Rolle spielte. Vgl. Helmut Böttiger: *Die Gruppe 47. Als die deutsche Literatur Geschichte schrieb*, München 2012, S. 53 sowie 18–26 (zu Ilse Schneider-Lengyel). Den Frauen in der Gruppe 47 hat Wiebke Lundius eine ausführliche Arbeit gewidmet: *Die Frauen in der Gruppe 47. Zur Bedeutung der Frauen für die Positionierung der Gruppe 47 im literarischen Feld*, Berlin 2017.

[149] „Es roch süßlich nach Virginiatabak." Hensel: *Nachtfahrt*, a.a.O., S. 43.

amerikanischen Besatzungsmacht in Verbindung gebracht wurde[150] – und als Verweis auf zentrale Protagonisten der Gruppe 47 wie Andersch, Kolbenhoff und Richter fungieren könnte, die in amerikanischen Gefangenenlagern interniert waren und ihre frühen journalistischen Posten der amerikanischen *Information Control Devision* (ICD) verdankten.

Die wesentliche Kritik Hensels allerdings betrifft eben jenes Unterfangen, das der von Komma geleiteten Abteilung den Namen gegeben hat, nämlich die (literarische) Ausbeutung von Kriegserlebnissen. Bei dem Gruppentreffen in Jugenheim 1948, so liest man in *Glück gehabt*, habe Hensel „aus ‚Nachtfahrt' eine Parodie auf die Gruppe 47 mit ihrer entweder kaltschnäuzigen oder weinerlichen literarischen Ausbeutung von Kriegserlebnissen"[151] vorgestellt – eine Formulierung, die nicht nur den Namen von Kommas Abteilung zitiert, sondern zugleich die weiter oben besprochene Nähe von Literatur und Tod aufruft. Präziser wird Hensel an dieser Stelle nicht. Weder gibt er an, was genau er aus seinem zu diesem Zeitpunkt noch unveröffentlichten Roman vorgelesen hat, noch nennt er Namen von Autorinnen oder Autoren dieser „kaltschnäuzigen oder weinerlichen" Texte. Allerdings fügt er hinzu, dass die Parodie nicht als solche erkannt wurde: „Niemand fühlte sich getroffen, alle hatten sie ein ganz anderes Bild von sich selbst, ich war bitter enttäuscht."[152] Das negative Bild, das Hensel von der Gruppe 47 als einer Vereinigung politischer Träumer, die es sich in der letztlich harmlosen Position der „heimatlosen Linken" bequem gemacht hätten,[153] zeichnet, trägt sicherlich die

---

[150] So beispielsweise in Heinrich Bölls Roman *Haus ohne Hüter*, wo es heißt: „Ein neuer Onkel tauchte auf, der mit zwei Gerüchen in die Erinnerung einging: Amis – das war der Geruch von Virginiazigaretten – und nasser Gips." Heinrich Böll: *Haus ohne Hüter*, Gütersloh o. J. [1963], S. 15. Vgl. auch Nicole Petrick-Felber: *Kriegswichtiger Genuss. Tabak und Kaffee im „Dritten Reich"*, Göttingen 2015, S. 505.
[151] Hensel: *Glück gehabt*, a.a.O., S. 124. So auch in Hensel: *Nachwort*, a.a.O., S. 174.
[152] Hensel: *Glück gehabt*, a.a.O., S. 124.
[153] Vgl. ebenda, S. 124f. Hensels Vorwurf, die Mitglieder der Gruppe 47 hätten kein „Verständnis für die Forderungen der politischen Praxis" (ebd., S. 124) besessen, verkennt nicht nur den Umstand, dass die Konstitutionsphase der Gruppe 47 mit der Konstitutionsphase einer neuen politischen Praxis in Deutschland zusammenfällt und die genannten „Forderungen" definitiv weniger klar erkennbar waren, als dies Hensel suggeriert; er scheint der Idee,

Spuren einer knapp fünfzigjährigen Distanz und zehrt von in dieser Zeitspanne entstandenen und tradierten Kritikpunkten und Klischees. Sein wenig reflektiertes Pauschalurteil, die Treffen hätten ihm „außer einer unsäglichen Langeweile, wenn sie ihre pathetisch klobigen Sachen vorlasen",[154] nichts gebracht, steht zumindest im Widerspruch zu den wohlwollenden und zustimmenden Aussagen, die Hensel als junger Journalist des *Darmstädter Echo* seinerzeit publizierte.[155] Von Hensel erschien zudem noch 1962 im *Almanach der Gruppe 47* die Erzählung *In der großen Pause. Die Geschichte von den Abitursoldaten*, die in ihrer Betonung des gemeinschaftsstiftenden Kriegserlebnisses deutliche Parallelen zu Perspektiven Richters oder Anderschs aufweist.[156] Obwohl er also, wie er schreibt, Richter darum bat, nicht mehr eingeladen zu werden,[157] lässt sich

---

das Politische als Sphäre des Neuen zu verstehen, die sich gerade nicht mit den Forderungen einer etablierten politischen Praxis zufrieden geben will, prinzipiell reserviert gegenüberzustehen. Für die politische Linke, auch und gerade im Kontext der Studentenbewegung der sechziger Jahre, sowie Formen einer operativen Literatur hatte Hensel wenig übriggehabt, wie etwa ein bornierter und schlechtsitzender Verweis auf deren „Religionsgründer Marx, de[m] Moses aus dem 19. Jahrhundert" zeigt (ebd., S. 199).

[154] Ebd., S 125.

[155] Vgl. Georg Hensel: *Gruppe 47 macht keine geschlossenen Sprünge*. In: Darmstädter Echo vom 8. April 1948. Nachgedruckt in: Reinhard Lettau (Hg.): *Die Gruppe 47. Bericht, Kritik, Polemik. Ein Handbuch*, Neuwied, Berlin 1967, S. 36–39. Von der späteren Gehässigkeit, die Hensel in Bezug auf die Protagonistinnen und Protagonisten der Gruppe 47 verlautbaren lässt, findet sich hier noch keine Spur. Stattdessen zeigt sich Hensel durchaus angetan von der „Verbindung von Freundschaft und kritischer Grausamkeit", die das Gruppentreffen charakterisiere. Ebd., S. 39.

[156] Vgl. Nicole Weber: *Kinder des Krieges, Gewissen der Nation. Moraldiskurse in der Literatur der Gruppe 47*, Paderborn 2020, S. 232–239.

[157] Hensel: *Glück gehabt*, a.a.O., S. 125. Richter zählte Hensel noch bis 1950 zu den Mitgliedern der Gruppe 47, vgl. Richter: *Briefe*, a.a.O., S. 110f. Es bliebe noch zu klären, ob sich schriftliche Zeugnisse, in denen Hensel Richter darum gebeten hat, nicht mehr weiter zu Gruppentreffen eingeladen zu werden, erhalten haben. Hensels Behauptung konnte Richter selbst nicht mehr widersprechen; er war bereits ein Jahr vor Veröffentlichung besagter Autobiographie verstorben.

das Verhältnis von Hensel zur Gruppe 47 in ihren frühen Jahren am besten als ambivalent beschreiben.

Die diskutierten Textpassagen des Romans, die Hensel als Kritik an der Gruppe 47 verstanden wissen will, können also durchaus als solche gelesen werden; vor allem der Entstehungskontext des Romans sowie die biographischen Bezugslinien des Autors stärken diese Lesart. Die Kritik ist Teil jenes Textkomplexes, dem es allgemein um Adressierung und Thematisierung von Verschriftlichungen geht, der aber auch konkrete Tendenzen und Prozesse im literarischen Feld der Interregnums-Zeit (wie der Rekurs auf die Gruppe 47 verdeutlicht) registriert. Zuletzt wird dieser Komplex mit der Struktur des Romans als Transitionserzählung zusammengeführt. Jener Prozess der Selbstreflexion, der durch das Abfassen von Antons Memoiren eingeleitet wurde, also maßgeblich als Schreibprozess gerahmt ist, kulminiert auch in einer Schreibszene. Nachdem Anton die Niederschrift seiner Erlebnisse beendet hat, möchte er die Beobachtung einer Spinne notieren und greift, da ihm kein weiteres Papier zur Verfügung steht, auf jenes Schulheft zurück, das er die ganze Zeit bei sich getragen hat; zu Beginn der Handlung bekommt er es von der Nachbarin seiner Eltern. Sein Vater hatte es bei ihr vergessen, kurz bevor die Eltern bei einem Bombenangriff auf die Stadt ihr Leben verloren.[158] Die bereits beschriebenen Seiten enthalten ein Schuldiktat, bestehend aus äußerst einfachen Sätzen wie „Die Sonne scheint. Das Blatt ist grün. Der Himmel ist blau."[159]

Anton kopiert nun genau diese Struktur, die in gewisser Hinsicht eine Extremvariante der Komma'schen Poetologie der Eindeutigkeit darstellt,[160] und nutzt sie für sein eigenes Diktat, in dem es zu einer großangelegten Identifikation mit (nahezu) allen Figuren und selbst Handlungsorten des Romans kommt und das in die Sätze mündet: „ICH BIN IGGS PLUS DAS GEHEIMNIS. […] ICH BIN EIN TEIL DES GEHEIMNIS-

---

[158] Vgl. Hensel: *Nachtfahrt*, a.a.O., S. 9.
[159] Ebd., S. 170.
[160] Es lässt sich zudem ein Bezug zu der von Wolfgang Weyrauch formulierten und proklamierten Kahlschlag-Poetologie herstellen. In seinem Nachwort zu der Anthologie *Tausend Gramm* heißt es, die Dichterinnen und Dichter des Kahlschlags würden wieder „von vorn anfangen, ganz von vorn, bei der Addition der Teile und Teilchen der Handlung, beim A-B-C der Sätze und Wörter". Weyrauch: *Nachwort*, a.a.O., S. 180.

SES."[161] Die Rede vom Geheimnis, ausgerechnet von Komma begonnen,[162] wird auf Handlungsebene nicht vorbereitet, lässt sich aber sowohl als Teil der formalen Verfassung des Textes sowie als Teil des poetologischen Diskurses begreifen.[163] Der Verweis auf das Geheimnis ist eine Komponente einer Poetologie, die sich sowohl der schlichten Abbildung des Realen sowie dem Anspruch seiner endgültigen Durchdringung verweigert und, wie dies in gewisser Hinsicht bereits in den Autorkommentaren Hensels angeklungen ist, auf eine Form des Ausgleiches beider Positionen drängt, ohne dass es zu einer gegenseitigen Assimilation kommt. Das Reale bleibt als solches bestehen, wird aber mit einem doppelten Boden versehen; durch diese Art der ontologischen Doppelbödigkeit wird das, was formal als die erratische Handlungsgestaltung sowie Momente des Surrealen und Fantastischen die Textgestalt bestimmt, in den Bereich des Erzählten selbst aufgenommen. Dabei wird das Geheimnis zwar als solches benannt, aber es wird nicht expliziert, worin dieses Geheimnis besteht. Es avanciert damit zur Leerstelle – vergleichbar der Figur Iggs, deren Name an eine mathematische Variable erinnert[164] –, die auf eine andere Ordnung zu verweisen scheint, über die sich aber, zumindest mit den Mitteln der Ratio, nichts sagen lässt.

---

[161] Hensel: *Nachtfahrt*, a.a.O., S. 171. Majuskeln im Original.
[162] „Was halten Sie von dem Geheimnis? [...] Ich meine, glauben Sie, daß es notwendig ist, alles zu wissen, auch das Letzte. [...] Was halten Sie davon, wenn man sich damit zufrieden gäbe, daß es das Geheimnis gibt, das niemand zu wissen braucht, niemand wissen soll, niemand wissen darf?" Ebd., S. 165.
[163] Die Rede vom Geheimnis gehört außerdem zum Standardrepertoire des Magischen Realismus und stiftet zudem erneut Bezug zu Ernst Kreuder, der seine Nachkriegserzählung *Die Geschichte durchs Fenster* mit dem Satz eröffnet: „,Alles, was du wissen wolltest', sagte plötzlich eine Stimme unterm Fenster, ‚ist Geheimnis.'" Ernst Kreuder: *Die Geschichte durchs Fenster*, in: Ders.: *Die Gesellschaft vom Dachboden. Erzählungen, Essays, Selbstaussagen*, hg. von Peter-Alexander Fiedler, Berlin, Weimar 1990, S. 233–267, hier S. 233. Vgl. außerdem Rauer: *Ernst Kreuder*, a.a.O., S. 123 sowie Scheffel: *Magischer Realismus*, a.a.O., S. 111.
[164] Vgl. Staets: *Ein Aufschwung in das Phantastische?*, a.a.O., S. 59 sowie Louis: *Gleichnisse vom verlorenen Sinn*, a.a.O., S. 153: „Am Ende bleibt Iggs in seiner Bedeutung als Leerstelle und Suchformel eine gestaltlose Chimäre."

Dass dieses Spiel mit zwei Codierungssystemen letztlich ein Spiel des Textes mit seiner eigenen Textur ist,[165] wird dadurch noch unterstrichen und herausgestellt, dass Anton sich gerade selbst in der Niederschrift des Textes befunden hat und die Einsicht in die eigene Verstrickung in das Geheimnis ebenfalls das Resultat seiner Schreibarbeit ist. Einmal aufgeschrieben, ist die Rede vom Geheimnis gleichermaßen Eingeständnis und Einverständnis; Antons Bemühungen, das, was um ihn herum geschieht, zu verstehen, inklusive seiner eigenen Rolle in dieser Nachtfahrt, können nicht zu einer endgültigen Klärung vordringen. Selbst schreibend kann man sich, so die durchaus pessimistische Pointe dieses Gedankens, nur bis zu einem gewissen Grad der Frage nach dem Warum des Geschehenen annähern. Das gilt *mutatis mutandis* auch für den Rezeptionsakt; dem Anspruch auf umfassendes Verstehen entzieht sich der Text und macht dadurch das Geheimnis zur hermeneutischen Lücke im Akt des Lesens selbst – und unterstreicht damit seine Verbundenheit mit der Ästhetik der Literarischen Moderne. Antons Einsicht in die Unmöglichkeit, sich diesem Geheimnis tatsächlich anzunähern, äußert sich zuletzt in einem ontologischen Schulterzucken. Was sich weder sagen noch schreiben lässt, vor dem kann man nurmehr einen „Kratzfuß"[166] machen und sich dankend verabschieden, womit gestisch die Bedeutungsschwere der Rede vom Geheimnis ironisch aufgebrochen wird.[167]

---

[165] Textur meint hier ein Textverfahren, das selbstreflexiv auf das eigene Gemachtsein verweist und die referentielle Funktion des Textes beschränkt, wodurch Verstehensprozesse mitunter erheblich erschwert werden. Vgl. Moritz Baßler: *Die Entdeckung der Textur: Unverständlichkeit in der Kurzprosa der emphatischen Moderne 1910–1916*, Tübingen 1994, S. 12–16. Hensels Bezeichnung seines eigenen Werks als Mischung aus Realismus und Gleichnis ist insofern mit einem Fragezeichen zu versehen, als der parabolische Gehalt sich nur sehr unzureichend entschlüsseln lässt und damit dem Spiel mit Bedeutungsverweigerung näherzustehen scheint.

[166] Hensel: *Nachtfahrt*, a.a.O., S. 172.

[167] So auch Staets, die schreibt, Anton suche zuletzt nicht mehr „nach einem Sinn, er akzeptiert, dass das Leben ein nicht zu ergründendes Geheimnis ist. Die existentiellen Fragen, die Anton quälten, sind durch seine Akzeptanz des Geheimnisses gelöst. An die Stelle von Sinnsuche, Protest und Resignation tritt eine gelassene Akzeptanz." Staets: *Ein Aufschwung in das Phantastische?*, a.a.O., S. 61. Staets entwickelt über Rekurse auf Camus und Sartre eine Lesart, die das Geheimnis als Teil einer Parabel auf die menschliche Freiheit versteht. So überzeugend sich das weitestgehend liest, so problema-

7.2.4 Zirkelbewegungen zwischen Traum und Trauma

Es wurde weiter oben bereits erwähnt, dass sich *Nachtfahrt* formal hinsichtlich seines literaturgeschichtlichen Ortes (Surrealismus) sowie als Adaption eines besonderen Erzählformats (Heiligenvita) diskutieren lässt. Die folgenden Ausführungen hingegen speisen sich aus der Überlegung, dass der Erzählung die Erfahrung eines Traumas zugrunde liegt und demnach sich die besondere Form des Textes als aus eben jener Erfahrung eines traumatischen Erlebnisses resultierend begreifen lässt. Liest man Hensels Roman als Trauma-Erzählung, gewinnt auch die Rede von der (Alp-)Traumhaftigkeit des Textes neue Konturen. In der formalen Verfasstheit des Textes fließen Traum und Trauma zusammen.

Dieser Gedanke findet sich – für das Nachdenken über ein auf den ersten Blick rein individual-psychologisches Moment wenig verwunderlich – bereits bei Sigmund Freud. In seinem 1920 publizierten Aufsatz *Jenseits des Lustprinzips* kommt Freud auch auf das Krankheitsbild der „gemeinen traumatischen Neurose"[168] zu sprechen. Neben der im landläufigen Verständnis des Traumas sicherlich nicht unbekannten Feststellung, dass das „Hauptgewicht der Verursachung auf das Moment der Überraschung, auf den Schreck, zu fallen"[169] scheint, formuliert Freud eine Beobachtung, die für die Lektüre von Hensels Roman fast zu gut passen möchte: „Nun zeigt das Traumleben der traumatischen Neurose den Charakter, daß es den Kranken immer wieder in die Situation seines Unfalles zurückführt, aus der er mit neuem Schrecken erwacht."[170] Es ist also der Traum – das bevorzugte Terrain psychoanalytischer Introspektion –, in dem es zu einer Rückkehr des Traumatisierten zu dem Moment des Schreckens kommt und gerade nicht das Wachleben, während dessen, wie Freud bemerkt, sich die „Erkrankten nicht mit der Erinnerung an ihren Unfall beschäftigen. Vielleicht bemühen sie sich eher, nicht an ihn zu

---

tisch wird diese Perspektivierung, wenn sie von dem konkreten historischen Moment, nämlich den Kriegserfahrungen, vollends entkoppelt wird (vgl. ebenda S. 59) und sich dadurch ins Beliebig-Allgemeine verflüchtigt.

[168] Sigmund Freud: *Jenseits des Lustprinzips*, in: Ders.: *Werkausgabe in zwei Bänden*, Bd. 1: *Elemente der Psychoanalyse*, hg. von Anna Freund, Ilse Grubrich-Simitis, Frankfurt a. M. 1978, S. 184–226, hier S. 188.

[169] Ebd.
[170] Ebd.

denken."[171] Dem Bemühen um Verdrängung während der wachen Stunden des Tages, in denen es zu gelingen scheint, das traumatisierende Erlebnis nicht bewusst werden zu lassen, korrespondieren jene Stunden des Traums, in denen diese Bemühungen scheitern; in ihnen wird der Erkrankte an den Ort seines Seelenlebens zurückgeführt, den er gerne vermeiden möchte.

In den vergangenen drei Jahrzehnten hat das Nachdenken über Traumata eine neue Qualität gewonnen, was in erster Linie daran liegt, dass sich das Trauma aus „einem klinischen Konzept in ein kulturelles Phänomen verwandelt"[172] und sich als im besonderen Maße anschlussfähig für das Nachdenken über Erinnerungskulturen erwiesen hat. Der Konnex zwischen Trauma und Geschichte, vor allem der Geschichte der Moderne, ist stellenweise so geläufig geworden, dass Mark Setzer formulieren konnte: „the modern subject has become inseparable from the categories of shock and trauma."[173] Die Moderne selbst sei gekennzeichnet durch Momente des Traumatischen, allen voran die Weltkriege, wobei dem Zweiten Weltkrieg besonderes Augenmerk zukommt und, mit diesem verbunden, vor allem dem Holocaust. Die Moderne, so noch einmal Setzer, trage „the sign of the wound".[174]

Die Rede von dem Trauma als Wunde, die immer wieder aufbricht, bezeichnet im geschichtsphilosophischen Diskurs ein Moment der Disruption, des Abreißens von Kontinuitäten.[175] Individualpsychologie und Geschichtsphilosophie greifen an diesem Punkt auf die gleiche Denkfigur zurück. Das Trauma stellt ein Erlebnis von besonderer Intensität dar, deren Qualität das Individuum überwältigt und dazu führt, dass das Erlebte

---

[171] Ebd., S. 189.
[172] Sigrid Weigel: *Télescopage im Unbewußten. Zum Verhältnis von Trauma, Geschichtsbegriff und Literatur*, in: *Trauma. Zwischen Psychoanalyse und kulturellem Deutungsmuster*, hg. von Elisabeth Bronfen/Birgit R. Erdle/dies., Köln 1999, S. 51–76, hier S. 51.
[173] Mark Seltzer: *Wound Culture: Trauma in the Pathological Public Sphere*, in: *October* 80 (1997), S. 3–26, hier S. 18.
[174] Ebd.
[175] Vgl. Birgit R. Erdle: *Die Verführung der Parallelen. Zu Übertragungsverhältnissen zwischen Ereignis, Ort und Zitat*, in: *Trauma. Zwischen Psychoanalyse und kulturellem Deutungsmuster*, hg. von Elisabeth Bronfen/dies./Sigrid Weigel, Köln 1999, S. 27–50, hier S. 31.

nicht in ein bestehendes Erfahrungsmuster überführt werden kann.¹⁷⁶ Vor dem Neuen des Traumas versagen die etablierten Begrifflichkeiten. Zugleich artikuliert die Metapher von der Wunde die körperliche Dimension des Trauma-Begriffes. Es ist, wie Aleida Assmann schreibt, gleichsam eine „körperliche Einschreibung, die der Überführung in Sprache und Reflexion unzugänglich ist und deshalb nicht den Status von Erinnerungen gewinnen kann".¹⁷⁷ Um Bestandteil eines individuellen oder kollektiven Gedächtnisses werden zu können, müsste aber das Trauma den Status einer Erinnerung erlangen, was aufgrund seiner aufgezeigten zerstörerischen Qualität nicht möglich scheint. Die ausbleibende Integration des Traumas hält die Wunde offen.

Abseits der tatsächlichen therapeutischen Problemkonstellationen, die dieser Befund mit sich bringt, ist es die damit verbundene Repräsentationsproblematik, die das Trauma auch und gerade für eine literaturwissenschaftliche Fragestellung öffnet. Eine der Konsequenzen der ausbleibenden Integration des traumatischen Gehalts in bestehende Erfahrungsmuster und Begriffe besteht darin, dass sich das Trauma seiner Repräsentation entzieht. Das Konzept des Traumas bewegt sich, wie Christiane Weller schreibt, in der „Spannung zwischen dem Sagbaren und dem Unsagbaren".¹⁷⁸ Dieser Topos der Unsagbarkeit verweist nicht nur auf die Schwierigkeiten beim Ausbilden einer kollektiven Erzählung, die das Trauma jenseits der individuellen Erfahrung als geschichtliche Größe kulturell lesbar macht und hält, sondern richtet den Blick auf künstlerische Näherungsversuche an das Phänomen. Die Frage nach dem Verhältnis von Kunst beziehungsweise Literatur und Trauma hat – vor allem im anglophonen Sprachraum – in den letzten Jahren eine Vielzahl an Bearbei-

---

[176] Vgl. die beinahe schon kanonische Formulierung von Kirby Farrell, ein Trauma sei „a ‚mind-blowing' experience that destroys a conventional mind-set and compels (or makes possible) a new worldview." Kirby Farrell: *Post-traumatic Culture. Injury and Interpretation in the Nineties*, Baltimore, London 1998, S. 19.

[177] Aleida Assmann: *Trauma des Krieges und Literatur*, in: *Trauma. Zwischen Psychoanalyse und kulturellem Deutungsmuster*, hg. von Elisabeth Bronfen/Birgit R. Erdle/Sigrid Weigel, Köln 1999, S. 95–116, hier S. 95.

[178] Christiane Weller: *Trauma und Melancholie*, in: *Moderne begreifen. Zur Paradoxie eines sozio-ästhetischen Deutungsmusters*, hg. von Christine Magerski/Robert Savage/dies., Wiesbaden 2007, S. 157–168, hier S. 159.

tungen erfahren, hauptsächlich im Kontext von Studien zum Holocaust[179] sowie zu den Terroranschlägen auf das World Trade Center am 11. September 2001.[180] Darüber hinaus wurde aber auch das Potential von Kunst und Literatur in den Fokus genommen, als Artikulations- und Repräsentationsinstrument traumatischer Ereignisse zu fungieren.[181] Wo das Trauma die raumzeitliche Verortung des Individuums beschädigt, bieten sich dabei vor allem Erzählformen abseits des realistischen Paradigmas an, die das Nicht-Normale des Erlittenen ästhetisch flankieren.[182] Die Anzahl an literarischen Texten, die sich traumatischen Ereignissen mit Stilmitteln des Grotesken oder der Fantastik nähern, scheint für diese Annahme zu sprechen.

Die Verbindung von zeitlicher Tiefenstruktur des Traumas und der Frage nach seinen Repräsentationsformen führt zurück zur eingangs zitierten Feststellung Freuds, der Traum zwinge den Erkrankten immer wieder zum Moment des Traumatischen zurück. Damit benennt Freud ein für die temporale Ordnung des Traumas wesentliches Moment: die Wiederholung. Das Subjekt ist (nicht notwendigerweise nur während des Schlafes) gezwungen, die einmal gemachte, überwältigende Erfahrung immer wieder zu erleben; in der Form des Flashbacks hat dieser Aspekt bereits Spuren in der Ästhetik des Traumas hinterlassen.[183] Die so erzwungenen

---

[179] Vgl. u.a. Michael Rothberg: *Traumatic Realism: The Demands of Holocaust Representation*, Minneapolis 2000; Thorsten Wilhelm: *Holocaust Narratives: Trauma, Memory and Identity Across Generations*, London 2020.

[180] Vgl. Christina Cavedon: *Cultural Melancholia: US Trauma Discourses Before and After 9/11*, Leiden 2015; Katharina Donn: *A Poetics of Trauma after 9/11. Representing trauma in a digitized present*, London 2017. Für den deutschsprachigen Raum vgl. Heide Reinhäckel: *Traumatische Texturen. Der 11. September in der deutschen Gegenwartsliteratur*, Bielefeld 2012.

[181] Vgl. Hannes Fricke: *Das hört nicht auf. Trauma, Literatur und Empathie*, Göttingen 2014.

[182] Vgl. Stella Setka: *Empathy and the Phantasmic in Ethnic American Trauma Narratives*, London 2020.

[183] Vgl. Alan Gibbs: *Contemporary American Trauma Narratives*, Edinburgh 2014, S. 4. Gibbs referiert an besagter Stelle die Diskussion um den Flashback-Begriff („people experience their trauma as photographic reenactments", ebd.), dem von Kritikern vorgeworfen wird, er sei von Lobbyverbänden, die die Interessen von Vietnam-Veteranen vertraten, als

Wiederholungen lassen sich direkt mit dem Nachdenken über Momente des Dazwischen in Verbindung bringen, denn das Trauma bedroht das chronologische Zeitempfinden des Individuums, insofern es dieses in einer Art Limbus gefangen hält. Die Vergangenheit ist nie ganz vergangen, die Gegenwart nie ganz präsent und die Zukunft angesichts der erzwungenen Wiederholungen lediglich ein Abbild des schon Gewesenen.[184] In diesen Zirkelbewegungen scheint das Subjekt gefangen und es mag aus dieser Deutung des Traumas heraus noch stärker verständlich werden, warum sich vor allem nicht-realistische Darstellungsformen für diese Erfahrung zu eignen scheinen. Der Verlust von Linearität und Sequenzialität lässt sich besonders gut durch eine Formsprache veranschaulichen, die ihrerseits diese beiden Aspekte infrage stellt.

Diese hier in aller Kürze skizzierten Konturen des Nachdenkens über Traumata lassen es nun zu, Hensels *Nachtfahrt* als Trauma-Narrativ zu rekonstruieren. Auch die traumartigen Stunden, die Anton im Verlauf der erzählten Zeit durchlebt, führen ihn immer wieder zurück zu jenem „Ort des Schreckens",[185] als er während seiner Wache einen russischen Solda-

---

psychologisches Faktum erfunden worden – tatsächlich handele es sich dabei aber um ein Stilmittel in Film und Literatur.

[184] Marita Nadal/Mónica Calvo: *Trauma and Literary Representation. An Introduction*, in: *Trauma in Contemporary Literature. Narrative and Representation*, hg. von dies., New York 2014, S. 1–13, hier S. 3: „Thus, the peculiar temporal structure of trauma involves unfinishedness and repetition." So schon Dori Laub: „The traumatic event, although real, took place outside the parameters of ‚normal' reality, such as causality, sequence, place and time. The trauma is thus an event that has no beginning, no ending, no before, no during and no after." Das Trauma zwinge das Subjekt in „ceaseless repetitions and reenactments." Dori Laub: *Bearing Witness, or the Vicissitudes of Listening*, in: *Testimony: Crises of Witnessing in Literature, Psychoanalysis, and History*, hg. von Shoshana Felman/dies., New York, London 1992, S. 57–74, hier S. 69.

[185] Louis: *Gleichnisse vom verlorenen Sinn*, a.a.O., S. 147. Louis verweist an dieser Stelle ihrerseits auf Freud, der in seiner Schrift *Das Unheimliche* (1919) das „Szenario eines Menschen entworfen [hat], der sich, in einem Hochwald von Nebel überrascht, verirrt hat und nun trotz aller Bemühungen, einen bekannten oder markierten Weg zu finden, wiederholt zu der einen, durch eine bestimmte Formation gekennzeichneten Stelle zurückkommt." (Ebd.) Auf den Trauma-Begriff geht Louis an dieser Stelle nicht ein,

ten erschießt. Da der Roman mit der (kursiv gesetzten) Schilderung dieses Ereignisses einsetzt, sei sie hier in voller Länge zitiert:

> *Ich habe vor einiger Zeit einen Menschen erschossen. Es regnete, und in dem von der Straße etwas abgelegenen Haus wurde das Lied gesungen: Nimm den Ring von meinem Finger / Nimm den Ring von meiner Hand / Drück auf ihre weiche Birne / Einen Kuß als Flaschenpfand. Die Krähen flogen kreischend von den Pappeln auf; Knäuel dürrer Zweige ballten sich im Geäst. Die Krähen befanden sich natürlich im Irrtum, obwohl ihr Fleisch unter Umständen ganz vorzüglich schmeckt. Die in dem Haus hatten den Schuß nicht gehört. Ich hängte den Karabiner um, Münden nach unten, damit es nicht in den Lauf regnen konnte. Das Zeichen für Angehörige einer demoralisierten Truppe, so sagten sie. Die Tür des Hauses hing, halboffen, schief in den Angeln, das Sackleinen an der Innenseite war zerrissen, Lumpen quollen hervor. Unter dem Lattengitter um den Türrahmen war der Kalk von der Wand gefallen. Ich dachte zuerst: von dem Schuß. Aber auf dem Boden lag kein Kalk, er mußte sich schon früher gelöst haben. Nach jedem Erschrecken sieht man besser. Diese Geschichte erzählte ich Iggs.*[186]

Diese, wenn man so möchte, Urerzählung von Antons Traumatisierung – die als Erzählakt ausgewiesen wird („Diese Geschichte erzählte ich Iggs") – ist zum einen gekennzeichnet durch eine präzise Wiedergabe der Erzählerwahrnehmung, wobei vor allem die für den stilisierten Landser-Humor typische Verballhornung des Liedes *Fern bei Sedan auf den Höhen* auffällt.[187] Zum anderen ist diese Passage geprägt durch Unvollständigkeiten, die das Verstehen des Erzählten zunächst erschweren. Die Bemerkung,

wodurch die Frage nach dem Warum des ständigen Zurückkehrens an den gleichen Ort unterbeleuchtet bleibt. Nur kurz vor Schluss ihres (sehr ergiebigen) Aufsatzes nutzt Louis eher *en passant* den Trauma-Begriff, wenn sie in Bezug auf Werner Warsinskys Roman *Kimmerische Fahrt* (1953) schreibt, die dort beschriebene Reise ins „Land der Träume" sei „als Eingeholt-Werden von der traumatischen Kriegswirklichkeit zu verstehen" (Ebd., S. 154f.).

[186] Hensel: *Nachtfahrt*, a.a.O., S. 7. Hervorhebungen i. O.
[187] Die von Hensel aufgegriffene und variierte Strophe aus dem Soldatenlied *Fern bei Sedan auf den Höhen* lautet: „Nimm den Ring von meinem Finger / Nimm den Ring von meiner Hand / Drück auf ihre weiße Stirne / Einen Kuß als Abschiedspfand."

die Krähen „befanden sich natürlich im Irrtum, obwohl ihr Fleisch unter Umständen ganz vorzüglich schmeckt", ist für die Leserschaft an dieser Stelle kaum sinnvoll einzuordnen; erst später im Textverlauf wird klar, was der Erzähler mit dieser Bemerkung eigentlich feststellt: „Die Krähen [...] flogen kreischend von den Pappeln auf. Sie befanden sich natürlich im Irrtum. Sie glaubten, ich habe auf sie geschossen."[188] Der Kontext, in dem diese Ergänzung stattfindet, ist aus zweierlei Gründen bemerkenswert. Erstens äußert sie Anton im Gespräch mit einem älteren Ehepaar, das er in einem Kellerraum trifft, in dem ein Kellner Getränke serviert – wobei dieser ungeachtet der Bestellung grundsätzlich Wasser bringt.[189] Diese surreale Szenerie wird dadurch noch weiter ins Traumhafte gerückt, dass das ältere Ehepaar das ihnen gebrachte Wasser als den eigentlich bestellten Wein wahrnimmt, und dass das sich zwischen Anton und dem Paar entspinnende Gespräch im besten Falle als ein konsequentes Aneinander-Vorbeireden bezeichnet werden kann. Während das Ehepaar in völliger Verkennung seiner Umgebung (man sitzt immerhin in dem Keller eines durch Bomben zerstörten Hauses) und der geschichtlichen Umstände (warum man in einem zerstörten Haus sitzt, wird zu keinem Zeitpunkt reflektiert) von der gerade gesehenen Oper und den eigenen Kindern spricht, erzählt Anton erneut sein traumatisches Erlebnis. Es findet somit kein wirkliches Gespräch statt, zu keinem Zeitpunkt reagieren die beiden Gesprächsparteien aufeinander.[190] Die zwei Erzählstränge stehen

---

[188] Ebd., S. 22.
[189] Vgl. ebenda, S. 18.
[190] Vgl. ebenda, S. 18–24. Lediglich an einer Stelle nähern sich die beiden Erzählungen von Anton und dem älteren Ehepaar an, allerdings ohne diesen Umstand direkt zu thematisieren. Das Ehepaar erzählt von ihrem Sohn, der als Soldat im Krieg sei und der zuvor Altphilologie studiert habe („Jetzt wird er Schulmeister. Altphilologe." ebd., S. 21) und Platon liest. Kurz darauf erwähnt Anton, dass auch er vor dem Krieg studiert habe, weshalb er von den anderen Soldaten gehasst wurde: „Sie hassen immer die, die ein bißchen mehr gelernt haben" (ebd., S. 20). Das letzte, was Anton zu Hause gelesen hatte, sei Platon gewesen. Mag die Lektüre von Platon auch kein durch und durch seltenes Phänomen sein, so ist die textuelle Nähe an dieser Stelle bezeichnend. Denn auch wenn der Sohn des Ehepaars nicht Anton, sondern Robert heißt, lässt der Text es zu, eine Parallele zu Antons Eltern herzustellen. Diese sind, wie gleich zu Beginn erwähnt wird, bei einem Bombenangriff ums Leben gekommen – genauere Details spart der Text aus.

sich wie monolithische Blöcke gegenüber und verhindern ein gegenseitiges Verständnis – Anton bleibt mit seiner Geschichte allein. Diese Gesprächssituation ist für *Nachtfahrt* nicht ungewöhnlich, an vielen Stellen werden Gespräche und Unterhaltungen geschildert, in denen sich die Gesprächspartner wenig bis gar nicht um die Grice'schen Konversationsmaximen bemühen. Verständlichkeit und Informationsübertragung sind keine Richtlinien dieser Dialoge.

Zweitens ist in der Passage ein Textverfahren sichtbar, das sich als Zusammenspiel von Wiederholung und Variation beziehungsweise Wiederholung und Ergänzung bezeichnen lässt.[191] Anton erzählt seine Geschichte immer wieder und ergänzt sie – wie gezeigt – um Beobachtungen und Reflexionen. Diesem beständigen Zurückkehren zum Moment der Traumatisierung entspricht eine sich durch den gesamten Text ziehende Wegmetaphorik, die allerdings nicht auf Geradlinigkeit abzielt (also keine linearen Chronotopoi wie jene der Landstraße oder der Heimkehr aufruft), sondern vor allem Kreise beschreibt.[192] Dem erzählerischen Umkreisen des traumatischen Moments korrespondiert beispielsweise Antons Fahrt mit der Straßenbahn, die explizit als „Ringbahn"[193] benannt wird und mit der Anton insgesamt fünf Runden fährt, bis die Bahn – ebenfalls ein textliches Spiel mit Wiederholung, Variation und Ergänzung – plötzlich abbiegt und in der Katharinenkirche zum Halten kommt;[194] eine Unmöglichkeit aufgrund der Schienengebundenheit der Bahn. Gerade

> Dass sie in ihrem Keller sterben, ist nahezu sicher (womit eine räumliche Parallele hergestellt wird), von besonderer Bedeutung ist jedoch die Wasser-Motivik. Der Vater Antons habe in Briefen immer wieder geschildert, wie er bei den Nachbarn half, den Keller auszupumpen. Anton erhält im Gespräch mit der Nachbarin den Schirm des Vaters und während des eigenwilligen Gesprächs mit dem älteren Ehepaar beginnt Wasser in den Keller einzudringen. Zuletzt löst sich die Szenerie förmlich auf, die Decke wird vom Wasser aufgeweicht und zerbricht, der Wasserspiegel steigt zusehends. Während Anton den Keller sodann verlässt, bleibt das Ehepaar sitzen. Es ist also durchaus möglich, diese Passage als Modellierung des Tods im Keller von Antons Eltern zu begreifen.

[191] So auch Staets: *Ein Aufschwung in das Phantastische?*, a.a.O., S. 54 sowie 63.
[192] Vgl. ebenda, S. 60 sowie Louis: *Gleichnisse vom verlorenen Sinn*, a.a.O., S. 147.
[193] Hensel: *Nachtfahrt*, a.a.O., S. 25: „Es stellte sich heraus, daß ich in der Ringbahn saß. Ich löste für fünf Runden."
[194] Vgl. ebenda, S. 30.

dieses dadurch versinnbildlichte Ausbrechen aus den Kreisbewegungen verweist auf die Kreisbewegungen des Erzählers selbst, dem es – wie bereits diskutiert wurde – zuletzt doch geling, sich aus den Umklammerungen seiner ‚Dämonen' zu befreien, aus den ewigen Umkreisungen der Nachtfahrt auszubrechen.

Anton bringt – wie es in den titelgebenden Kopfzeilen mehrmals heißt – noch an weiteren Stellen seine Geschichte an, die ihrerseits durch das Wechselspiel von Wiederholung, Ergänzung und Variation geprägt sind. Mitunter fließen (wie dies schon zuvor anderweitig besprochen wurde) Wahrnehmung und Erinnerung des Erzählers ineinander. Dies ist beispielsweise der Fall, als er ein weiteres Mitglied der Gemeinschaft aller Lebenden, Theodor, zu ihm nach Hause begleitet und auf der Straße plötzlich Gesang hört und die Singenden sogleich als seine „Kumpels"[195] identifiziert, da sie eben jenes Lied singen, das auch gesungen wurde, als Anton den russischen Soldaten erschoss. Diesem Wiederholungsmoment schließt sich gleich das nächste an. Statt der bekannten Kumpels trifft Anton auf einen bärtigen Sänger mit Gitarre, Tolstoi (der sich später als Iggs herausstellen soll) und einige ehemaligen Soldaten, die – eine Wiederholung der Konferenzraum-Szene um Komma – alle Erlebnisse aus dem Krieg erzählen. Diese Erzählungen, unter denen auch jene der erhängten Juden erneut erscheint, umfassen Kriegsverbrechen (Erschießung von Gefangenen) sowie die Schonung von Kriegsgegnern und Zivilisten. Dem chorischen „Ich habe mir nichts dabei gedacht", das alle kleine Binnenerzählungen beschließt, folgt unmittelbar die Bewertung durch Tolstoi, der Erzähler sei ein Schwein – ungeachtet dessen, was er getan hat.[196] Auch Anton erzählt seine Tat, die von Tolstoi, wie die anderen Taten auch, als nichts Besonderes beurteilt wird: „Du bist ein ganz gewöhnliches Schwein."[197] Trotzdem bezeichnet Tolstoi diese Erzählungen als ein Ausstellen von Wunden, rahmt das Sprechhandeln also in christologischer Hinsicht und weist dem Erzählen darüber hinaus einen kulturellen

---

[195] Ebd., S. 88.
[196] Vgl. ebenda, S. 90f.
[197] Ebd., S. 92. Auch dieses Urteil wiederholt sich später erneut, als Anton in einer weiteren traumartigen Szene mit einer Prostituierten in einem Wehrmachtsbordell spricht und ihr erneut seine Geschichte erzählt. Ihre Frage „Hast du geschossen auf Brieder meine?" bejaht Anton und wird von ihr daraufhin als „Dreckschwein" bezeichnet. Ebd., S. 123.

Ort zu: „Es ist das große Purgatorium."[198] Damit wird das Versprachlichen von Kriegserfahrungen (und zwar unterschiedslos aller Couleur) mit dem Bedürfnis nach Läuterung in Verbindung gebracht und zugleich auf ein (theologisch weitestgehend überwundenes) Bild eines Zwischenzustandes zurückgegriffen. Das Purgatorium ist jener Raum zwischen dem *Sanctum* des Himmels und dem ewigen Höllenfeuer, in den sich jene Seelen verwiesen finden, die noch der Läuterung bedürfen. Das Erzählen ist zwar Ort dieser Läuterung, kann sie aber selbst nicht vollbringen; ihm folgt kein *ego te absolvo*, weshalb Tolstoi (der nun jenes Lied singt, das Antons Erschießung eines russischen Soldaten begleitete) alle Erzähler dazu auffordert, Buße zu tun – was vom Erzähler mit Begeisterung aufgenommen wird.[199]

Dieses Bedürfnis nach Erlösung durch das Erzählen lässt sich als Gegenpol zur aufs Ökonomische getrimmten Ausbeutung begreifen, wie sie der von Komma geleiteten Abteilung zugrunde liegt. Denn auch er liefert eine Wiederholung von Antons Geschichte, die er, weil sie für sich so uninteressant sei („Es gehört zur Gepflogenheit des Kriegers, daß er seinen Gegner erschießt. Wen interessiert so etwas?"[200]), umschreibt, um sie „schmackhaft"[201] zu machen.

Kommas Umdichtung, die es sich zur Aufgabe gemacht hat, aus Antons alltäglicher Kriegserfahrung sowie seinem „widerwärtig[em]"[202] Leiden daran eine genießbare Erzählung zu formen („Genießbar hängt zusammen mit Genuß – Sie verstehen"[203]), greift zwar die bekannten Details auf und übernimmt den autodiegetischen Erzähler, variiert die Handlung aber in entscheidender Hinsicht. Denn jetzt erschießt nicht nur Anton den russischen Soldaten, sondern dieser erschießt auch ihn. Die beiden Soldaten treffen sich dann, in ihrem Verhalten höchst lebendig, in einer russischen Kneipe und unterhalten sich über das Vorgefallene, wobei die Erzählungen jeweils damit enden, dass der entsprechende Schütze den Ort der Handlung verlässt und zu seiner Truppe zurückkehrt. Kommas Variante von Antons Geschichte bietet dabei auf der Ebene der Figurenkonstellation eine Modellierung von Antons Zustand; er, der das Gefühl hat,

---

[198] Ebd., S. 92.
[199] Vgl. ebenda, S. 92.
[200] Ebd., S. 58.
[201] Ebd., S. 59.
[202] Ebd., S. 58.
[203] Ebd., S. 59.

seit seiner Tat selbst ein Stück weit gestorben zu sein, formuliert in Kommas Erzählung dieses Gefühl *expressis verbis*: „Ich habe manchmal gedacht: als ich dich damals erschossen hatte, da hatte ich auch mich erschossen. Ich lebe nicht mehr." Und der russische Soldat ergänzt zustimmend: „Ich habe mich mit dir umgebracht."[204] Bezeichnend ist die Antwort auf die Frage der Wirts, ob denn hier nun alle tot seien: „Nein, [...] wir leben nicht mehr."[205] Damit ist die zentrale Differenz benannt. Man ist nicht tot – man lebt nur nicht mehr. Diese zunächst paradoxe Formulierung verweist auf die dislozierende Wirkung der traumatischen Erfahrung des Tötens, die das Subjekt gleichsam in ein Zwischenreich zwischen Leben und Tod stellt. Diese Grenzerfahrung macht das Subjekt selbst zum Grenzgänger, dessen Leben sich – wie dies das Zitat nahelegt – fortan an der Peripherie des Lebens abspielt. Kommas Variation von Antons Trauma-Geschichte zeigt zudem, wie das von Hensel genutzte Textverfahren im Spiel von Wiederholung, Variation und Ergänzung nicht nur ein Surplus an Informationen bewirkt, sondern zugleich einen Zuwachs an Bedeutungsnuancen.

Die Rede vom Trauma als sich beständig wiederholende, erzwungene Rückkehr an den Ort des Schreckens findet sich allerdings nicht nur bei Anton selbst, sondern wird auch an anderen Figuren exemplifiziert, wobei die Rückkehr den Bereich des Erzählerischen verlässt und ins konkret Räumliche übersetzt wird. So trifft Anton auf einen anderen Mann, Theodor, der ihn zu sich nach Hause einlädt. Begleitet von Theodors Sohn erreichen sie schließlich dessen Haus, das sich als Ruine darstellt – was aber Theodor nicht zu sehen scheint. Er führt Anton durch sein Haus, erzählt davon, wie er es wieder instand gesetzt hat, verweist auf Möbelstücke und Tapeten und bittet Anton, Rücksicht auf die bereits zu Bett gegangene Frau zu nehmen.[206] Dass nichts dergleichen tatsächlich vorhanden ist, die Wahrnehmung von Theodor also im wahrsten Sinne des Wortes ver-rückt ist, wird nur durch die Äußerungen des Sohnes bezeugt.[207] In einem kontrapunktischen Wechselspiel antwortet der Sohn mit seinen Wahrnehmungen auf jene des Vaters und korrigiert sie damit. Dass

---

[204] Ebd., S. 58. Dort auch das vorherige Zitat.
[205] Ebd.
[206] Vgl. ebenda, S. 95–99.
[207] Er ist es auch, der sowohl das Verhalten des Vaters als auch jenes von Anton als verrückt bezeichnet. Vgl. ebenda, S. 101.

Theodor gezielt zu diesem Ort zurückgekehrt ist, an dem – wie man den Aussagen seines Sohnes entnehmen kann – weder er noch der Rest seiner Familie wohnt, ist eine weitere Variation des Trauma-Themas, die dasselbe anschlussfähig macht für Diskurse jenseits kriegerischer Akteure und den durch den Luftkrieg bedingten Verlust des eigenen Heims in den Raum des Traumatischen einbezieht. Auch Theodor wird immer wieder an jenen Ort zurückgetrieben, an dem der Einbruch des Nicht-Normalen stattgefunden hat und der im psychologischen Gefüge diesen Einbruch symbolisch-räumlich markiert.[208]

Die Wiederholungsstruktur des Textes als formale Übersetzung des Traumatischen kulminiert in *Nachtfahrt* in der Wiederholung der Tat selbst – es kommt also nicht lediglich zu einer „Wiederbelebung der Erinnerung",[209] sondern Anton begeht die Tat, die ihn traumatisch gefangen hält, erneut. Der Krieg, zum Zeitpunkt der erzählten Handlung eigentlich bereits beendet, dauert noch fort: „Es war Krieg. Ich war auf Posten."[210] Auch diese Erzählung von Antons Wiederholungstat operiert auf sprachlicher Ebene mit den bereits bekannten Versatzstücken; erneut sitzen Krähen auf Pappeln, erneut trägt Anton den Karabiner mit dem Lauf nach unten, es finden sich die abgeplatzten Kalkbrocken wieder, die Hütte, in der sich die trinkenden und singenden Kameraden aufhalten und der unvermeidlich erscheinende Feind, den Anton erneut niederschießt.[211] Der Wachdienst und das mit diesem verbundene, immer gleiche Abschreiten einer festgelegten Route – ein Bild, das die anfangs erwähnte Ringbahn aufruft – avancieren zum Sinnbild des Unvermeidbaren: „ich kannte die Zukunft genau."[212] Verhindern kann Anton diese Zukunft aber nicht. Mit der Wiederholung der ursprünglichen Tat sowie der Einsicht in deren Unvermeidbarkeit enden schließlich die Kreisbewegungen des Textes und münden in der bereits weiter oben beschriebenen Zellen-Episode. Waren die Suchbewegungen des Erzählers (die aufgrund der formalen Verfasstheit

---

[208] Auch diese Szene lässt sich als Wiederholung begreifen, nämlich als jene des Nicht-Wahrnehmens von Realität wie bei dem älteren Ehepaar im Keller, und wird später ihrerseits in einer weiteren Traumszene wiederholt. Vgl. ebenda, S. 118f.
[209] Weller: *Trauma und Melancholie*, a.a.O., S. 164.
[210] Hensel: *Nachtfahrt*, a.a.O., S. 146.
[211] Vgl. ebenda, S. 146–148.
[212] Ebd., S. 147.

des Textes auch jene der Lesenden sind[213]) bis zu diesem Moment von großer Komplexität geprägt, simplifizieren sie sich nun zusehends. Sie enden schließlich, wie bereits gezeigt, in den basalen Schreibübungen, im Zuge derer sich Anton eingesteht, dass diese Suchbewegungen nicht an ein definites Ende gelangen können.

Einer in sich vollends konsistenten Interpretation scheint sich *Nachtfahrt* bis zuletzt zu entziehen. Es werden zu viele Stränge eröffnet, zu viele Anspielungen platziert und zu viele Widersprüche provoziert. Dadurch erübrigt es sich, eine einzige, hegemoniale Perspektive auf den Text zu bemühen. Obwohl also die Lektüre des Romans als Trauma-Narrativ diesen in seinen Wiederholungsstrukturen begreifbar werden lässt, bleibt auch sie letztlich unvollständig. Wie Anton der traumatischen Verhaftung entkommt, ist nicht mit letzter Sicherheit anzugeben. Dass der Prozess der Verschriftlichung, der im letzten Kapitel geschildert wird, eine wesentliche Rolle spielt, scheint naheliegend – das Übertragen von Erfahrung in Literatur wird allerdings zuletzt mit einer gewissen Skepsis betrachtet. Eine einzige Stelle im Roman, in der das ‚Problem Anton' als gelöst beiseite getan wird, ist konsequenterweise eine weitere Traumszene. In ihr wird Anton, in Windeln gewickelt, Iggs auf den Schreibtisch gelegt, direkt neben einige von ihm bearbeitete Korrekturbögen. Das, was Komma sodann über Anton und seine Geschichte sagt, ist gerade nicht das, was der Roman *Nachtfahrt* selbst vorexerziert: „Wir haben ihn freigesprochen […], es ist ihm alles vergeben, seine Geschichte erscheint als Roman, ein Beispiel allen Menschen. Er hat gesühnt, er beginnt neu, gib ihm den Sinn."[214] Dieses Zitat versammelt noch einmal eine Vielzahl von Aspekten, die bereits diskutiert wurden; die Hoffnung, durch das Geschriebene freigesprochen zu werden, die Sinnsuche, die Sühne und den Neubeginn. Damit greift das Zitat auch noch einmal einige Koordinaten jener Konstellationen des Dazwischen auf, die *Nachtfahrt* als Transitions-

---

[213] Louis schreibt, dass „Reflexion über Richtung und Ziel im Rahmen der Wegmetaphorik […] nachweislich in die Frage nach Sinn und Form" des Textes überführt werde. Der Text gebe so „das dargestellte Problem der Sinn-Suche mittels schwer verständlicher uneigentlicher Sprache an die Leser weiter" und erzeuge dadurch „eine Parallelität zwischen [den] orientierungslos suchenden Protagonisten und dem Leser im Prozeß der Lektüre." Louis: *Gleichnisse vom verlorenen Sinn*, a.a.O., S. 143f.

[214] Hensel: *Nachtfahrt*, a.a.O., S. 120.

erzählung lesbar machen: die topologischen Elemente, die sich im räumlichen Hinabsteigen sowie in der temporalen Struktur zeigen, die Rahmung als Heiligenvita, mit der exemplarisch die Spannung zwischen altem und neuem Leben gestaltet wird, sowie die durch den Einbruch des Traumatischen bewirkten Wiederholungen, die Anton förmlich in einen Bereich des Dazwischen bannen, in den er auch während seiner Traumreise immer wieder zurückgeführt wird und worin die transitorische Dimension zu ersticken droht.

Wo das Zitat allerdings bereits einen Neuanfang setzt und damit einen Ausgang aus der verhinderten Transition, für die das Trauma steht, andeutet, endet der Roman wesentlich offener. Zwar fällt das Ende der Nacht mit Antons Austritt aus der Zelle und der zerstörten Katharinenkirche zusammen, wie genau sein Neuanfang hingegen aussieht, bleibt vage. Zuletzt verabschiedet er sich von der Stätte seiner Sinnsuche mit einem „Kratzfuß" und einem schlichten „Merci". Dass seine Suche allerdings noch nicht abgeschlossen ist, darauf mag das Ziel seiner Straßenbahnfahrt hinweisen – er besteigt nämlich die erste Straßenbahn in Richtung Bahnhof. Der Weg scheint immerhin in eine andere, neue Richtung zu weisen. Die Offenheit des Kommenden wird schließlich durch ein kleines Detail unterstrichen – zugleich ein weiteres der vielen Ironiesignale des Textes. Es ist die Liednummer 362, die noch immer an der Wand der zerstörten Kirche zu sehen ist. Hinter dieser Nummer verbirgt sich ein Lied von Paul Gerhardt: „Geh aus mein Herz und suche Freud."

7.3   Martha Saalfeld: *Der Wald* (1949)

7.3.1 Die Rückkehr der „pfälzischen Sappho" – eine werkbiographische Einführung

Als Erich Kästner 1957 den Büchner-Preis erhielt, läutete seine Preisrede nicht nur eine rebellischere, weil politischere Bezugnahme auf den Namensgeber ein, die sich von den literaturimmanenten Deutungen früherer Preisträger abwandte und in Büchner vor allem den politisch verfolgten Exilanten betonte,[215] sondern er ließ auch das gesamte Preisgeld finanziell

---

[215] Vgl. Judith S. Ulmer: *Geschichte des Georg-Büchner-Preises. Soziologie eines Rituals*, Berlin 2006, S. 184.

klammen Kolleginnen und Kollegen aus dem PEN-Club zukommen. Eine der Adressatinnen dieser Zuwendung war die mit ihrem Mann, dem Maler und Grafiker Werner vom Scheidt, in Bad Bergzabern lebende Schriftstellerin Martha Saalfeld – die freilich erst von dem mit ihr befreundeten Schriftsteller Kasimir Edschmid dazu gedrängt werden musste, dieses Geld auch anzunehmen.[216] Bedarf allerdings bestand bei Saalfeld allemal.

Bereits 1925 konnte Saalfeld, durch Vermittlung von Rudolf G. Binding, einige Gedichte in der *Neuen Rundschau* publizieren, bevor dann 1931 ihr erster Gedichtband erschien.[217] Die wohlwollenden Reaktionen auf ihre Lyrik, dazu die positive Aufnahme ihrer 1932 am National-Theater in Mannheim uraufgeführten Tragikomödie *Beweis für Kleber* schienen zunächst den Beginn einer schriftstellerischen Karriere anzudeuten; die Werkbiographie Saalfelds reißt allerdings 1934 ab. In der nationalsozialistischen Kulturpolitik war für sie, die an das NS-Regime keine Konzessionen machte, kein Platz mehr. 1938 wurde ihr Schriftstellerausweis eingezogen, womit weitere Publikationen faktisch unmöglich wurden.[218] Erst zwölf Jahre nach ihrer letzten Veröffentlichung erschienen von ihr, die während der Nazi-Jahre als Apothekenassistenz in verschiedenen Städten gearbeitet hatte, wieder Gedichte,[219] denen kurz darauf die zwei Erzählsammlungen *Das süße Gras*[220] und *Idyll in Babensham*[221] sowie die größere Erzählung *Der Wald*[222] folgten. Letztere markiert dabei die endgültige Rückkehr Saalfelds ins literarische Leben Nachkriegsdeutschlands, gelang es ihr doch, den Text im Verlagspro-

---

[216] Vgl. Sven Hanuschek: *Geschichte des bundesdeutschen PEN-Zentrums von 1951 bis 1990*, Tübingen 2004, S. 136.

[217] Michael Scheffel: *Art. „Saalfeld, Martha"*, in: *Killy Literaturlexikon. Autoren und Werke des deutschsprachigen Kulturraumes*, hg. von Wilhelm Kühlmann, Bd. 10, 2., vollst. überarb. Aufl., Berlin 2011, S. 128. Diese Episode gestaltet Saalfeld später in ihrem ersten Roman *Pan ging vorüber*, München 1954.

[218] Vgl. Wolfgang Diehl: *Art. „Saalfeld, Martha"* in: *Neue Deutsche Biographie* 22 (2005), S. 314–315, Online-Version, https://www.deutsche-biographie.de (letzter Zugriff am 09.02.2024).

[219] Martha Saalfeld: *Deutsche Landschaft*, Düsseldorf 1946.

[220] Martha Saalfeld: *Das süße Gras*, Söcking 1947.

[221] Martha Saalfeld: *Idyll in Babensham*, Düsseldorf 1947.

[222] Martha Saalfeld: *Der Wald*, München 1949. Das Copyright ist auf 1948 datiert.

gramm des Kurt Desch Verlags zu platzieren, einem für die Literaturlandschaft nach 1945 zentralen Akteur, der es vorzüglich verstand, sein Verlagsprogramm mit den Anforderungen der amerikanischen Besatzungspolitik und deren kulturpolitischen Vorstellungen zu harmonisieren – was Desch nicht nur zu einer einflussreichen Persönlichkeit, sondern auch zu einem reichen Mann machte.[223] Bei ihm sollten fortan alle folgenden Bücher Saalfelds erscheinen; insofern galt auch für sie ein Bonmot aus den späten 1940er-Jahren: *Desch is so permanent* (in Anspielung auf ein Verkehrsschild für die amerikanischen Besatzungssoldaten: „Drive carefully. Death is so permanent").[224] Getroffen hat Saalfeld ihren Münchner Verleger erst 1955 im Rahmen der Verleihung des Preises der bayerischen Akademie der schönen Künste, den sie zusammen mit Gerd Gaiser erhielt;[225] nur wenige Jahre nach ihrem Tod 1977 war keines ihrer Bücher mehr über den Buchhandel zu beziehen. Neuauflagen besorgte ihr einstiger Hausverlag, den der Gründer Kurt Desch 1973 verkauft und der zu dieser Zeit mit einigen Skandalen zu ringen hatte, nicht mehr.

Ihre drei vorigen Publikationen waren bei den kleinen Verlagen *Drei Eulen* (gegründet und geführt von Hulda Pankok[226]) sowie bei Heinrich F. S. Bachmair, der bereits vor dem Ersten Weltkrieg als Verleger tätig gewesen war und seinen Verlag 1946 neu gegründet hatte, erschienen. Beide Verlage sollten die Umstrukturierung des Buchmarktes nach der Währungsreform nur um kurze Zeit überleben. Freilich, in puncto Auflagenhöhe gab es kaum Unterschiede, auch *Der Wald* erschien in nur einer (Norm-)Auflage von 5000 Stück. Einen weiteren Nachdruck hat der Text

---

[223] Reinhard Wittmann: *Verlagswesen und Buchhandel 1945–1949. Ein Überblick*", in: *Buch, Buchhandel und Rundfunk 1945–1949*, hg. von Monika Estermann, Wiesbaden 1997, S. 34–49, hier S. 41.

[224] Vgl. ebenda.

[225] Vgl. Martha Saalfeld: *Begegnung mit Kurt Desch*, in: *Martha Saalfeld 1898–1976. Dokumente und Materialien*, hg. von Wolfgang Diehl, Landau 1986, S. 82–83.

[226] Saalfelds Mann Werner vom Scheidt war mit dem Maler Otto Pankok, dem Mann Hulda Pankoks, befreundet. Diese freundschaftlichen Beziehungen spielten eine wesentliche Rolle beim Umzug der Eheleute 1937 nach Düsseldorf, wo die Pankoks wohnten. Vgl. den autobiographischen Text von Werner vom Scheidt: *Leben mit einer Dichterin*, in: Martha Saalfeld: *Die Gedichte*, hg. von Berthold Roland, Blieskastel 1998, S. 207–345, hier S. 281f.

bis heute nicht erfahren; er teilt dieses Schicksal mit allen weiteren Erzählbänden der Autorin. Obwohl Saalfeld Spuren in den Tagebüchern und Korrespondenzen von Hermann Hesse, Thomas Mann, Kasimir Edschmid oder Elisabeth Langgässer hinterließ und am Ende ihres Lebens auf ein zwar schmales, aber von Kolleginnen und Kollegen geschätztes und nicht zuletzt mit Preisen prämiertes Werk zurückblicken konnte, hat dies alles sie nicht vor Marginalisierung und Vergessen geschützt. Versuche, sie und ihre Bücher wieder ins Bewusstsein der lesenden Öffentlichkeit zu bugsieren, sind bis dato gescheitert – obwohl es seit 1994 einen vom Land Rheinland-Pfalz vergebenen Martha-Saalfeld-Preis gibt. Wobei vermutet werden darf, dass der Preis bekannter ist als seine Namenspatronin.

Das Ausbleiben einer postumen Rezeption wurde in den ersten Jahrzehnten nach Saalfelds Tod mit teils ausschweifender Larmoyanz konstatiert.[227] Besonders bedauerlich in diesem Kontext ist der Umstand, dass das Ende der 1990er-Jahre begonnene Projekt einer Werkausgabe nach lediglich drei von sechs Bänden zum Erliegen gekommen ist[228] – und auch diese Bände sind nurmehr antiquarisch zu beziehen. Geradezu desolat ist die Situation allerdings bezüglich der Erzählungen, die Saalfeld kurz nach Kriegsende zu veröffentlichen begann; wer sich für diese Texte interessiert, muss nicht nur größere Suchbewegungen in Kauf nehmen, sondern mitunter auch hohe Preise.[229] Während also durch die Edition der Gedichte im Rahmen der Werkausgabe die Entwicklungslinien von Saalfelds lyrischem Schreiben nun nachgezeichnet werden können, ist ein

---

[227] Vgl. Wolfgang Diehl: ‚Die Gefährten schlang die Erde ein‘. Über die Notwendigkeit, das Andenken an die Dichterin Martha Saalfeld wachzuhalten und zu erneuern, in: Martha Saalfeld 1898–1976. Dokumente und Materialien, hg. von ders., Landau 1986, S. 9–19.

[228] Die von Berthold Roland herausgegebene Werkausgabe umfasst die Bände Die Gedichte (Blieskastel 1998), Judengasse, Isi oder Die Gerechtigkeit. Zwei Romane (Blieskastel 1999) sowie Pan ging vorüber, Anna Morgana, Mann im Mond. Drei Romane (Blieskastel 2001).

[229] Damit wiederholt sich der Befund Wolfgang Diehls von 1986: „Besonders bedauernswert ist es, daß die Erzählungen und Kurzgeschichten von vor 1950 [...] inzwischen fast gänzlich verschollen sind, zumal sie in sehr bescheidener technischer Nachkriegsausstattung erscheinen mußten." Diehl: ‚Die Gefährten schlang die Erde ein‘, a.a.O., S. 17.

vergleichbarer werkgenetischer Blick auf das erzählerische Werk (das auch unveröffentlichte Erzähltexte umfasst[230]) weiterhin nur eingeschränkt möglich. Das ist insofern bedauerlich, als schon eine nur oberflächliche Lektüre der Prosa von Martha Saalfeld zeigt, dass diese immer wieder auf die gleichen biographischen Momente sowie motivischen und stofflichen Versatzstücke zurückgreift, um in unterschiedlichen Variationen gleiche Problemkomplexe zu gestalten. Dies gilt auch für *Der Wald*.

Vor allem mit ihrer in den 1920ern und 1930ern publizierten Naturlyrik stand Saalfeld jenen Autorinnen und Autoren nahe, die sich um die von Martin Raschke gegründete Zeitschrift *Die Kolonne* versammelten,[231] und deren Anspruch, konkurrierende Schreibweisen zur Neuen Sachlichkeit zu entwickeln,[232] sie teilte. Der Formgebung und dem motivischen sowie stilistischen Repertoire der naturmagischen Schule beziehungsweise des Magischen Realismus blieb Saalfeld auch über gesellschaftspolitische Zäsuren, allen voran jene von 1945, hinweg treu.[233] Zu den ästhetischen Parallelen zum *Kolonne*-Kreis trat nicht zuletzt auch ein Netzwerk aus Kontakten und Freundschaften, beispielsweise zu Oda Schaeffer, die der Freundin bei ihren Problemen auf dem Buchmarkt beistand,[234] zu Georg von der Vring, oder zu Elisabeth Langgässer, wobei sich der Kontakt hier auf Briefe beschränkte. Langgässer äußerte sich sehr wohlwollend über die Veröffentlichungen Saalfelds nach 1945, setzte

---

[230] Beispielsweise die Erzählung *Der Maler von Eschenloh*, die gerne mit der Jahreszahl 1947 versehen wird (vgl. Heidrun Ehrke-Rotermund: *‚Nun find' ich mich in diesem bitterbösen Märchen wieder...' Zu den Zeitromanen der Rheinpfälzerin Martha Saalfeld*, in: Blätter der Carl-Zuckmayer-Gesellschaft 11 (1985), S. 5–22, hier S. 6), die aber nie erschienen ist. Werner vom Scheidt erwähnt, Saalfeld habe 1938 „sogar einen Roman zu schreiben begonnen", womit eben dieser Text gemeint ist, und skizziert in Kürze die Umstände, unter denen er entstanden ist; das Manuskript ist vorhanden, harrt bis auf Weiteres aber noch seiner Veröffentlichung. Vgl. vom Scheidt: *Leben mit einer Dichterin*, a.a.O., S. 290 sowie die zugehörige Anmerkung des Herausgebers, S. 377.
[231] Vgl. Scheffel: *Magischer Realismus*, a.a.O., S. 83.
[232] Vgl. Schuster: *Die vergessene Moderne*, a.a.O., S. 34.
[233] Vgl. Scheffel: Art. *„Saalfeld, Martha"*, a.a.O., S. 128.
[234] Vgl. Monika Bächer: *Oda Schaefer (1900–1988). Leben und Werk*, Bielefeld 2006, S. 136.

sich für ihre Aufnahme in den PEN-Club ein[235] und prägte das in Gedenktexten und vergleichbaren Formaten gern genutzte Schlagwort von der „pfälzische[n] Sappho".[236] Gleichwohl bezeugt ein Brief Oda Schaefers eine bezeichnende Differenz zwischen den beiden Schriftstellerinnen: „...seltsamerweise hat Elisabeth die Saalfeld eigentlich abgelehnt, weil ihre Welt unchristlich ist. Ich halte sie für eine grosse Lyrikerin und liebe ihre Gedichte sehr."[237] Tatsächlich spielen theologische Fragen oder Gott keine prominente Rolle in den Werken von Martha Saalfeld, was Langgässer in ihrem *Porträt einer pfälzischen Dichterin* explizit anmerkt: „Wie gesagt: das christliche Element fällt aus."[238] Und mit Bezug auf die 1946 erschienenen Gedichte *Pfälzische Landschaft* fragt Langgässer: „[K]ennt die Dichterin Martha Saalfeld nicht auch die Wegekreuze ihres pfälzischen Heimatlandes, die nun über abgeernteten Feldern wieder weiß in den blaßblauen Himmel ragen?" Dass Saalfeld (beziehungsweise ihr „Ingenium") diese augenscheinlich nicht kenne, darin liege die „Tragik dieser liebenswerten und bedeutenden Dichterin".[239]

Angesichts Langgässers eigener Frömmigkeit sowie der Rolle, die sie selbst dem Christlichen in ihrer Arbeit zuweist, kann es kaum verwundern, dass sie das Ausbleiben des Christlichen bei Saalfeld moniert. Denn dass es sich hier um eine (neutral gesprochen) Leerstelle handelt, daran bleibt für sie kein Zweifel. Auch Curt Hohoff weist auf diese Leerstelle in seiner Abhandlung über „Das religiöse Problem in der erzählenden Literatur" hin, wobei er sich in seiner äußerst knappen Besprechung von

---

[235] Darüber berichtet Elisabeth Langgässer in einem Brief an die Schauspielerin Martha Ziegler: „Die Saalfeld hab ich im P.E.N. ‚durchgebracht'. Sie wird es wohl jetzt schon wissen. Es war garnicht so einfach, denn die Leute verlangen eine ausführliche Begründung. Nun, die konnte ich ja geben. Hab geredet wie Aaron vor seinem Volk!" Elisabeth Langgässer: *Briefe 1924–1950*, hg. von Elisabeth Hoffmann, Bd. 2, Düsseldorf 1990, S. 982.

[236] Elisabeth Langgässer: *Porträt einer pfälzischen Dichterin*, in: *Martha Saalfeld 1898–1976. Dokumente und Materialien*, hg. von Wolfgang Diehl, Landau 1986, S. 21–24, hier S. 22 [ED: Allgemeine Zeitung Mainz, 23.08.1948].

[237] Oda Schaefer in einem Brief vom 22.11.1950 an Wilhelm Hoffmann, den Ehemann der im Juli des gleichen Jahres verstorbenen Elisabeth Langgässer. Der im Deutschen Literaturarchiv Marbach befindliche Brief wird zitiert nach Bächer: *Oda Schaefer (1900–1988)*, a.a.O., S. 136.

[238] Langgässer: *Porträt einer pfälzischen Dichterin*, a.a.O., S. 23.

[239] Ebd., S. 24. Dort auch die vorherigen Zitate.

Saalfelds *Der Wald* damit konfrontiert sieht, dass es dort kein eigentlich religiöses Problem gibt – die einzige Stelle, an der eine der Figuren sich (fast aus Verlegenheit) auf Gott beruft, wird von Hohoff nicht herangezogen. Nichtsdestotrotz, so der Autor, zeige die „tiefe Melancholie und Verlorenheit" der Figuren „deutlich, daß die Religion hier nicht nur fehlt, sondern daß dies Fehlen ein objektiver Mangel ist".[240] Der in logischer Hinsicht fragwürdige Schluss von der Absenz eines Phänomens auf seinen „objektiven Mangel" zeugt eher von den Bemühungen des Rezensenten, seiner Ausgangsprämisse, dass nämlich „*die* wichtigen Romane heute religiöse Romane sind",[241] Geltung zu verschaffen. Die zentralen Probleme der Gegenwart seien – Stichwort „Verlorenheit" – religiöse Probleme.[242] Warum Hohoff für diese These ausgerechnet bei Saalfeld glaubt fündig geworden zu sein, bleibt offen. Allerdings liefert er trotzdem einen auch für die folgende Lesart des Textes zentralen Hinweis; es sei nämlich, so Hohoff, der Wald selbst der „Held des Buches, fast auf Stiftersche Art, und die Menschen, die in ihm leben und langsam zugrunde gehen, bedeuten für ihn nicht mehr als der Hauch auf der Fensterscheibe; diese Realität ‚Wald' lebt aber mit beängstigender Vitalität."[243] Die Frage, welche Realität der Wald bezeichnet und inwiefern er eine Variante der Denkfigur des Dazwischen modelliert, steht im Zentrum der folgenden Überlegungen. Dieses Kapitel soll ein Versuch sein, Martha Saalfelds *Der Wald* als literarische Gestaltung der unmittelbaren Nach-

---

[240] Curt Hohoff: *Das religiöse Problem in der erzählenden Literatur*, in: Hochland 42(1949), S. 178–187, hier S. 180.

[241] Ebd., S. 178. Hervorhebungen i. O.

[242] Wie leicht Hohoff noch Jahre zuvor seine religiöse Semantik in den ideologischen Dienst des nazistischen Eroberungskrieges im Osten gestellt hat, zeigt ein Zitat aus seinem Bericht *Östliches Land*, veröffentlicht in der Zeitschrift *Das Innere Reich*, in dem Hohoff über die Menschen der eroberten Gebiete urteilt: „Sie waren tief gefallen, aber man merkte ihnen nicht mehr an, daß sie ehedem oben gestanden hatten. Darin offenbarte sich zutiefst, daß ihr Wert gering war, daß sie, wollte man streng sein, auch nichts anderes verdient hatten; sie waren gewogen und zu leicht befunden." Eine weitere Kommentierung bedarf dieser Passus nicht. Zitiert nach: Hans Dieter Schäfer: *Horst Langes Tagebücher aus dem Zweiten Weltkrieg*, in: Ders.: *Das gespaltene Bewußtsein. Deutsche Kultur und Lebenswirklichkeit 1933–1945*, München 1981, S. 91–115, hier S. 114.

[243] Hohoff: *Das religiöse Problem in der erzählenden Literatur*, a.a.O., S. 179.

kriegszeit nachzuzeichnen, ihn also als ‚Zeitroman' vor der Phase der eigentlichen Zeitromane Saalfelds zu lesen.[244] Tatsächlich kommt der Text ohne irgendwelche unmittelbaren Bezüge zu seinem Entstehungskontext aus; es fallen keine Namen, keine historischen Daten, es gibt keine Toponyme, keine Trümmer, keine Rede vom Krieg. Die sich so ergebende Zeitlosigkeit beziehungsweise Enthistorisierung ist allerdings nur eine scheinbare. Tatsächlich lässt sich *Der Wald* als Konfiguration der Nachkriegszeit rekonstruieren, was vor allem über die räumliche Dimension der Erzählung sowie über die Figurenzeichnung und -beziehungen geschieht.

7.3.2 Tod eines Bürgers oder Ambivalenz der Realität Wald

In dem bereits zitierten *Porträt einer pfälzischen Dichterin* lobt Elisabeth Langgässer Saalfelds *Der Wald*; sie schreibt, dies sei „ein höchst merkwürdiges und bemerkenswertes Stück Prosa, das in der deutschen Literatur, was das Sujet angeht, wenig Vergleichbares hat" und betont, ähnlich wie Hohoff, dass dieser Wald nichts Verklärt-Romantisches an sich habe, sondern ein „kalter dämonischer Irrgarten"[245] sei. Während dem Lob der Dichterfreundin die Auszeichnung des Buches mit dem 2. Preis des Rheinisch-Pfälzischen Literatur-Wettbewerbs korrespondiert (der erste Preis wurde nicht vergeben[246]), unterstreicht der Verweis auf

---

[244] Ehrke-Rotermund zählt zu den Zeitromanen die drei Werke *Mann im Mond*, *Judengasse* sowie *Isi oder Die Gerechtigkeit*, weil in ihnen die „historischsoziale Realität […] in ganz neuer Art und Weise ernst" genommen würde. Ehrke-Rotermund: *‚Nun find' ich mich in diesem bitterbösen Märchen wieder...'*, a.a.O., S. 7.

[245] Langgässer: *Porträt einer pfälzischen Dichterin*, a.a.O., S. 23.

[246] Für den Preis wurde man nicht vorgeschlagen, sondern musste sich bewerben, was Elisabeth Langgässer zu einigem Spott über das verantwortliche Kultusministerium anregte und dazu, Martha Saalfeld zu raten: „So bitter das Ganze auch ist: ziehen Sie Ihre Arbeit lieber rechtzeitig zurück und begründen Sie es damit, dass Sie betonen, Sie möchten nicht in Konkurrenz mit einem Haufen minderwertiger Arbeiten treten. Vielleicht öffnet das den Leuten die Augen über die unmögliche Situation, in die sie sich hineinmanövriert haben – ich glaube es aber nicht." Langgässer: *Briefe*

den schon durch den Titel hervorgehobenen besonderen Raum der Erzählung dessen Bedeutung für das Sinngefüge des Textes. Erzählt wird die Geschichte der Familie Corvin, die, aus ungenannten Gründen verarmt, sich in einen Wald zurückzieht und dort ein stattliches Landhaus bewohnt – so viel klassenspezifisches Bewusstsein haben sich vor allem die Eltern, Herr und Frau Corvin, bewahrt. Sie werden porträtiert als typische Protagonisten des Bürgertums, die sich in besonderem Maße um Ansehen und materielle Zeichen des sozialen Status bemühen, während die Tochter, Else Corvin, sich zunehmend wohler im Wald fühlt und sich diesen *peu à peu* zur neuen Heimat macht. Das Auftauchen zweier Leute aus der Stadt, Hanna und Thomas Leander, die sich nach einigen Urlaubstagen überlegen, ein Ferienhaus unweit des Corvin'schen Hauses, zu dem auch ein See gehört, zu bauen, verschärft die Konfliktlinien innerhalb der Familie, die sich in ein klares Dafür (Eltern) und Dagegen (Else) separieren. Während sich Thomas Leander in Else verliebt, sehen die Eltern ihre Hoffnungen auf erneuten gesellschaftlichen Anschluss zunehmend enttäuscht; zuletzt weist Else ihren Verehrer endgültig ab, die Leanders kehren in die Stadt zurück und ihr Vater verstirbt bei dem Versuch, den Wald zu verlassen.

Heidrun Ehrke-Rotermund hat in ihrer Untersuchung zu den Zeitromanen Saalfelds darauf hingewiesen, dass deren zeitgeschichtlicher Realitätsbezug nicht offen zutage liegt. „Martha Saalfelds Prosa gibt immer eine indirekte Darstellung der Wirklichkeit. Schwerwiegende Probleme, brutale Faktizität werden unter Zuhilfenahme märchenhaft-phantastischer oder idyllischer Elemente behandelt."[247] In puncto Textverfahren sei es so, dass die „Phantasie immer unabdingbare Voraussetzung für jeden er-

---

1924–1950, a.a.O., S. 1047. Ein Nachspiel hatte diese verhinderte Preisvergabe 1952, als bei der erneuten Vergabe betont wurde, es hätte sich vier Jahre zuvor kein „Dichter unter den Bewerbern" gefunden, weswegen der Preis nicht vergeben worden sei; eine Formulierung, gegen die mitunter heftig protestiert wurde. Der Preis ging dann an Stefan Andres. Das Zitat stammt aus einem Brief des Literarischen Vereins der Pfalz an das Kultusministerium, abgedruckt in Wolfgang Diehl: (Hg.): *Martha Saalfeld 1898–1976. Dokumente und Materialien*, Landau 1986, S. 162–164, hier S. 163.

[247] Ehrke-Rotermund: '*Nun find' ich mich in diesem bitterbösen Märchen wieder...*', a.a.O., S. 7.

kennenden Umgang mit der Realität"[248] bliebe. Saalfeld übernimmt also in ihren Prosaarbeiten nach 1945, die fortan den größten Teil ihrer literarischen Produktion ausmachen sollten, das Stilrepertoire, das sie bereits in ihren lyrischen Arbeiten der mittleren 1920er-Jahre entwickelt hat. Dadurch kommt es zu jener Verbindung von Lyrik beziehungsweise lyrischem Ton und Prosa,[249] der oft als wesentliches Merkmal ihres Schreibens hervorgehoben und als zentraler Ausweis ihrer dichterischen Qualität gewertet wurde, mithin aber auch zu Verklärungen ihrer Texte als, wie es beispielsweise Hermann Hesse formulierte, „reine Dichtung"[250] führte. In der Art und Weise, in der zeitgeschichtliche Begebenheiten, gesellschaftliche wie politische Realien und zeitspezifische Befindlichkeiten aufgegriffen und literarisch in Szene gesetzt werden, lässt sich also von einer Ästhetik des Indirekten sprechen, die sich maßgeblich der angesprochenen Verfremdungstechniken des Märchenhaften, Fantastischen und Lyrischen verdankt. Saalfeld verweist auf diesen Aspekt ihres Schreibens in einer poetologisch lesbaren Wendung, die sich in der titelgebenden Kurzgeschichte ihrer Sammlung *Das süße Gras* findet. Dort heißt es in Bezug auf die Glocken, die die geschilderten Kühe um den Hals tragen und die unablässig bimmeln, während die Tiere sich über die karge Weide bewegen: „Sie [i.e. die Glocken] sprechen das Harte und Bittere auf eine

---

[248] Ebd., S. 6.
[249] Vgl. ebenda.
[250] So Hermann Hesse über Saalfelds 1954 publizierten Roman *Pan ging vorüber*, abgedruckt in *Spektrum des Geistes. Literaturkalender* 1956, zitiert nach Wolfgang Diehl: (Hg.): *Martha Saalfeld 1898–1976. Dokumente und Materialien*, Landau 1986, S. 84. Das Zitat selbst entstammt einem Brief Hesses an Saalfeld, vgl. Hermann Hesse: *Briefe*, neue, erw. Ausgabe, Frankfurt a. M. 1959, S. 451–452, hier S. 451. Mit dem Hirtengott Pan greift Saalfeld zudem auf eine durch ihren Charakter als Mischwesen gekennzeichnete Figur zurück, die im Magischen Realismus äußerst beliebt war. Vgl. Schuster: *Die vergessene Moderne*, a.a.O., S. 55f. Der Titel ihres ersten Romans könnte direkt aus einem Gedicht Oskar Loerkes stammen, nämlich aus dessen *Der Silberdistelwald*, dessen erste Strophe lautet: „Mein Haus, es steht nun mitten / Im Silberdistelwald. / Pan ist vorbeigeschritten. / Was stritt, hat ausgestritten / In seiner Nachtgestalt." Oskar Loerke: *Die Gedichte*, hg. von Peter Suhrkamp, Frankfurt a. M. 1984, S. 402.

sanfte und fromme Weise aus [...]."[251] Was für die Glocken gilt, gilt auch für den Text selbst, hier wie an anderer Stelle; er erzählt von dem „Friß oder stirb"[252] der Figuren in betont sanfter Art und Weise, ohne, dass dadurch das menschliche Leid vollends kaschiert würde. Das in den kurzen Erzähltexten entworfene Bergszenario scheint nur auf den ersten Blick aus den ästhetischen Koordinaten eines Heimatfilmes zusammengesetzt; die Textsignale eines *locus amoenus* rahmen hier die Erzählungen von wirtschaftlicher und sozialer Prekarität, sozialer Hierarchisierung (so wenn nach einer Notschlachtung die reichste Bäuerin sich das beste Stück Fleisch wählt und dazu noch etwas geschenkt bekommen muss[253]), Konflikten zwischen den Generationen, sexueller Gefährdung von Kindern sowie der Einschleppung von Krankheiten. Und spätestens wenn geschildert wird, wie die Katze aus Vergnügen (oder Freude an der Schönheit) eine Eidechse aufschlitzt,[254] wird klar, dass auch die Natur kein harmonisches Refugium ist.

In *Der Wald* sind die benannten ästhetischen Momente wesentlich mit der Darstellung des Waldes selbst verknüpft; Saalfeld schließt damit an eine Kulturgeschichte des Waldes an, die diesen abseits seiner Funktion als Ort der Ressource Holz als Hort „imaginativer Ressourcen" versteht, sprich als Verschränkung „reale[r] und mentale[r] Topographien".[255] Dem Wald wuchs im Anschluss an seine romantische Überhöhung um 1800 verstärkt die Bedeutung zu, als Raum des Fantastischen und als vermeintlich wilde und natürliche Gegenwelt zur zivilisierten Daeinssphäre des modernen Menschen zu fungieren.[256] Die räumlich markierte Ferne

---

[251] Martha Saalfeld: *Das süße Gras*, in: Dies.: *Das süße Gras*, Söcking 1947, S. 9–12, hier S. 9.

[252] Ebd.

[253] „Die Schwanderbäuerin geht voraus. Sie ist die dickste und reichste von allen, aber wird sie auch das meiste Fleisch kaufen? Keineswegs. Sie wird ein kleines, saftiges Stück aussuchen, und man wird ihr einen großen Knochen umsonst dazutun müssen." Martha Saalfeld: *Die Notschlachtung*, in: Dies.: *Das süße Gras*, Söcking 1947, S. 21–24, hier S. 24.

[254] Martha Saalfeld: *Die Katze*, in: Dies.: *Das süße Gras*, Söcking 1947, S. 29–33, hier S. 29.

[255] Klara Schubenz: *Der Wald in der Literatur des 19. Jahrhunderts. Geschichte einer romantisch-realistischen Ressource*, Konstanz 2020, S. 467.

[256] Vgl. Christian Heger: *Der Wald – eine mythische Zone. Zur Motivgeschichte des Waldes in der Literatur des 19. und 20. Jahrhunderts*, in: Ders.: *Im*

zur Zivilisation[257] geht bei Saalfeld einher mit einer gewissen Bedrohlichkeit, die zum einen aus dem Umstand resultiert, dass man dem Wald das Notwendigste zum Leben mit harter Arbeit abringen muss, zum anderen aus seiner Ungreifbarkeit. Diese teilt sich besonders Herrn Corvin mit, der von allen Figuren den größten Hass auf den Wald kundtut. Ihm ist oft, als sei „dieser Wald wie das Leben selbst, dunkel und verworren, erfüllt von Grauen und einer seltsamen Süßigkeit, die zu Herzen ging und leiden machte".[258] Diese Parallelität von Anziehung und Bedrohung, versinnbildlicht durch die zwischen den Himbeeren wachsenden, hochgiftigen Tollkirschen,[259] kennzeichnet nicht nur das Verhältnis Herrn Corvins zum Wald, sondern zitiert zugleich den Tod als möglichen Ausweg aus dem Wald: „Herr Corvin wußte, wie nahe der Tod hier bei den süßen Beeren saß, er kannte die Versuchung, von der Tollkirsche zu kosten, die zwischen den köstlichen Himbeeren gedieh. […] Er ahnte, daß er dem Wald nicht mehr entfliehen konnte […]."[260] Diese Verbindung von Flucht und Tod durchzieht den gesamten Text und verschärft sich gegen Ende zusehends. So beispielsweise, als Herr Corvin kurzzeitig glaubt, dem Wald durch einen Brief, den seine Tochter schreibt, entkommen zu können und aus diesem Grund die im Keller gehaltenen Stallhasen, die nicht den

---

Schattenreich der Fiktionen. Studien zur phantastischen Motivgeschichte und zu unwirtlichen (Medien-)Moderne, München 2010, S. 61–85. Vgl. außerdem Johannes Litschel: *Rückzug und Freiheit. Der Wald als Raum für Muße in der zweiten Hälfte des 19. Jahrhunderts: Kontexte, Rahmenbedingungen und Formen einer spezifischen Waldwahrnehmung*, Freiburg 2022, S. 40–55.

[257] Das Haus der Corvins befindet sich gut eine Stunde vom nächsten Dorf entfernt und war vor allem deshalb günstig zu haben, weil „kein Mensch so in der Einöde hausen mochte". Saalfeld: *Der Wald*, a.a.O., S. 8.

[258] Ebd., S. 9.

[259] Saalfeld greift auch in anderen Texten auf das Motiv der Tollkirsche zurück, um die Parallelität von Leben und Tod zu inszenieren. So heißt es beispielsweise in der in *Das süße Gras* enthaltenen Kurzgeschichte *Die Forelle*: „Die braunroten Beeren der Tollkirsche an zarten und schlaffen Zweigen leuchten in Reichweite. Der Mann weiß, daß ihr Gift genügen würde, seinen kranken Körper zu heilen." Martha Saalfeld: *Die Forelle*, in: Dies.: *Das süße Gras*, Söcking 1947, S. 42–45, hier S. 44.

[260] Saalfeld: *Der Wald*, a.a.O., S. 9.

„Eingeborenen"[261] in die Hände fallen sollen, erschlägt.[262] Auch das Bild von der Blume, die Herr Corvin kurz danach „weit oben am Stengel",[263] sprich am ‚Hals' abschneidet („Es sah aus, als schlachte er schöne seltene Tiere"[264]), reiht sich in diese Motivik ein, akustisch flankiert durch das Erklingen von an Totenglocken erinnernde Glockentöne.[265] Am Ende steht die Erkenntnis: „Er wußte plötzlich, daß er nicht mehr herauskommen würde aus dem Wald."[266] Konsequenterweise resultiert die motivische Engführung von Flucht und Tod in deren Symbiose, in der Flucht in den Tod.

Als Herr Corvin an seinem Geburtstag schließlich erkennen muss, dass der Brief seiner Tochter nicht das *Entre Billet* zurück in die ersehnte Zivilisation ist, sondern dazu dienen sollte, einen bis dato lediglich gepachteten Acker zu erwerben und ihn also im Wald zu halten, beschließt er, sich auf den Weg in die Stadt zu machen – aufgrund seiner körperlichen Schwäche und der großen Hitze ist ihm bewusst, dass er dieses Vorhaben nicht überleben wird. Da es kein Weg in ein Jenseits des Waldes gibt, wird es ein Weg ins Jenseits, textlich bereits vorbereitet durch Herr Corvins Weigerung, einen der Sommergäste ins Dorf zu begleiten: „Ich muß diesen Weg allein gehen."[267] Im Text verdichtet sich die ohnehin stark präsente Thanatos-Symbolik[268] bis zu dem Moment, als Herr Corvin zusammenbricht und „vor seinen Augen […] der Wald empor"[269] wächst. Es ist das letzte, was er sieht.

[261] Ebd., S. 122.
[262] Vgl. ebenda, S. 124f.
[263] Ebd., S. 125.
[264] Ebd.
[265] Vgl. ebenda.
[266] Ebd., S. 127.
[267] Ebd., S. 111.
[268] Diese rahmt nicht nur die scheiternde Fluchtgeschichte von Herrn Corvin, sondern verhindert außerdem eine Romantisierung des Waldes, indem sie Natur als grundsätzlich und notwendigerweise todesbedroht und vergänglich präsentiert. Gleich zu Beginn heißt es beispielsweise: „An der höchsten Stelle war ein Fuchsbau. Er hatte sieben Ausgänge und war eine rechte Mördergrube. Ein Rabenflügel lag an der Erde, dicht daneben der saubergenagte Schädel eines Eichhorns." Ebd., S. 6. Eine ähnliche Passage findet sich auf Seite 111, wo Herr Corvin davon berichtet, wie ein Bussard ein Bläßhuhn geschlagen hat: „Der Hals war eine einzige, frische rote Wunde."
[269] Ebd., S. 151.

Es gehört hingegen zur Ambivalenz der Realität ‚Wald', dass dieser nicht ausschließlich – wie es vor allem Herr Corvin tut – als Grab imaginiert wird,[270] sondern zugleich als Rückzugsort, der einen Neubeginn ermöglicht. Dies gilt in erster Linie für Else Corvin, der Tochter, die dem strapaziösen Leben im Wald körperlich gewachsen ist und die ihre Flinte nicht nur auf Ratten und Schlangen, sondern auch auf ungebetene Liebhaber richtet.[271] Else Corvin ist damit nicht nur eine von vielen starken Frauenfiguren, welche die Prosa Martha Saalfelds bewohnen, sondern illustriert darüber hinaus einen intergenerationellen Konflikt. Die Gestaltung einer Kluft zwischen Altem und Neuem beziehungsweise zwischen Alt und Jung gehört zum diskursivem Kerninventar nach 1945 und wird in *Der Wald* in soziologischer Hinsicht konkretisiert. Herr und Frau Corvin sind aufgrund ihres Habitus sowie ihrer Objektfixierung unschwer als klassische Vertreter des Bürgertums erkennbar. Vor allem die Konzentration auf eine – angesichts der Lage der Corvins geradezu parodistisch wirkende – Besitzstandswahrung, die in erster Linie die verbliebenen Möbel betrifft, unterstreicht eine soziale Selbstverortung, die nur schwer mit der mittlerweile eingetretenen Verarmung in Einklang zu bringen ist. Man ist trotz alledem „stolz auf [seine] Sachen."[272] Die Möbel sind Symbol eines sozialen Status, der bereits eingebüßt wurde. Insofern dienen sie vor allem einer bestimmten Erinnerungsaufgabe: Sie halten das Bild eines vermeintlich besseren Früher wach und sind Teil eines nurmehr mühsam aufrechtzuerhaltenden Identitätsgefüges.

Der Begriff des Bürgertums wird hier in erster Linie hinsichtlich seiner pejorativen Bedeutung greifbar, sprich als entpolitisiertes, selbstbezügliches, auf den eigenen Besitz fokussiertes und um soziale Abgrenzung bemühtes Handlungsmuster,[273] das sich aus einer „spezifische[n]

---

[270] Vgl. ebenda, S. 12.
[271] Vgl. ebenda, S. 15.
[272] Ebd., S. 55.
[273] Jürgen Kocka: *Einleitung*, in: *Bürger und Bürgerlichkeit im 19. Jahrhundert*, hg. von ders., Göttingen 1987, S. 7–20, hier S. 15f. Vgl. außerdem Jürgen Kocka: *Bürgertum und Bürgerlichkeit als Probleme der deutschen Geschichte vom späten 18. zum frühen 20. Jahrhundert*, in: *Bürger und Bürgerlichkeit im 19. Jahrhundert*, hg. von ders., Göttingen 1987, S. 21–63, hier S. 32f.

Art der Lebensführung",[274] eben jener der Bürgerlichkeit, ergibt. Gerade diese Lebensführung allerdings ist in *Der Wald* nur mehr in Form überlebter Rudimente vorhanden. Der Text lässt sich somit auch lesen als Gestaltung des nach 1945 erneut diskutierten „Untergang des Bürgertums"[275] (wie Hans Werner Richter einen Artikel von sich überschrieb), der seinerseits anschließt an die antibürgerlichen Diskurse beispielsweise des Expressionismus und der Kritik am Bürgertum, wie sie von Autoren wie Kurt Tucholsky oder Carl von Ossietzky formuliert wurde.[276] Die Überlegung, dass das Bürgertum an sein historisches Ende gekommen sei, speist sich nicht nur daraus, dass man ihm inhaltliche Nähe zum Nationalsozialismus attestierte,[277] sondern vor allem – und das ist in erster Linie in Saalfelds Text präsent – durch die konkrete Vernichtung materieller Werte und die dadurch eingetretene Armut. Es sei gerade das damit verbundene Denken in Kategorien materieller Sicherheit, das durch den Krieg und seine Auswirkung irreversibel geschädigt worden sei, jene Begriffe also von „Zuflucht und Sicherheit […], die dem Bürgerlichen wesensgemäß"[278] zugehörten, wie Heinz Pauck 1948 schrieb. Mit der materiellen Not ging auch dieses auf ökonomische Sekurität basierende Lebensgefühl (zunächst) verloren. Die 1950er stehen dann bereits wieder im Zeichen einer neuen Verbürgerlichung.[279]

---

[274] M. Rainer Lepsius: *Zur Soziologie des Bürgertums und der Bürgerlichkeit*, in: *Bürger und Bürgerlichkeit im 19. Jahrhundert*, hg. von Jürgen Kocka, Göttingen 1987, S. 79–100, hier S. 96.

[275] Hans Werner Richter: *Der Untergang des Bürgertums*, in: *Volk und Zeit* 3 (1948), S. 91–93.

[276] Vgl. Gunilla Budde/Eckart Conze/Cornelia Rauh: *Einleitung: Bürgertum und Bürgerlichkeit nach 1945*, in: *Bürgertum nach dem bürgerlichen Zeitalter. Leitbilder und Praxis seit 1945*, hg. von dies., Göttingen 2010, S. 7–25, hier S. 7.

[277] Vgl. zu dieser Fragestellung Norbert Frei (Hg.): *Wie bürgerlich war der Nationalsozialismus?*, Göttingen 2018.

[278] Heinz Pauck: *Begriff des Bürgerlichen*, erschienen am 17.12.1948 in *Die Neue Zeitung*, zitiert nach: Barbara Wolbring: *Trümmerfeld der bürgerlichen Welt. Universität in den gesellschaftlichen Reformdiskursen der westlichen Besatzungszonen (1945–1949)*, Göttingen 2014, S. 193.

[279] Wobei Michael Schäfer zurecht darauf hinweist, dass trotz materieller Verluste und Währungsreform weite Teile des Bürgertums auch nach 1945 aufgrund ihres kulturellen wie sozialen Kapitals deutliche bessere Ausgangsbedingungen vorfanden als andere gesellschaftliche Gruppierungen.

Zurück zu den Corvin'schen Möbeln: An ihnen entzündet sich der Konflikt zwischen Eltern und Tochter hinsichtlich der Frage, wie mit diesem materiellen Erbe der Vergangenheit umzugehen sei. Else plädiert für eine radikale Abkehr von Möbeln und Landhaus (das man ohnehin nur deswegen bewohne, damit man Platz für die Möbel habe) und damit von der sie symbolisierenden Vergangenheit – sie würde die Möbel gerne zu Brennholz zerhacken.[280] Else lehnt außerdem das immaterielle Erbe der Familie Corvin ab; sie orientiert sich nicht weiter an einer Kollektividentität des Bürgertums, sondern umgibt sich – so sie überhaupt menschliche Gesellschaft sucht – mit Bauern und Holzarbeitern. Besonders deutlich wird der Kontrast mit Blick auf die Wunschwelten von Frau Corvin, die sich diese imaginiert, nachdem von einigen Sommerurlaubern im Gefolge der Leanders – wie auch diese zumeist als „Fremde"[281] tituliert – der Plan entwickelt wurde, eine Ferienhaussiedlung im Wald zu errichten. Frau Corvin erträumt sich in eine bürgerliche Fantasiewelt, in der

> weißgekleidete Kinder am Stege spielen, dort, wo jetzt der zaubrische Eisvogel unbeweglich auf Beute lauerte. Im Schatten der wilden Kirschen standen die Liegestühle der Erwachsenen. Überall aus dem Rasen wuchsen buntgestreifte Schirme, die im Wind leise knarrten. Überall wurden Erfrischungen gereicht, die Tische bogen sich, Früchte rollten ins Gras. Nie aber – wie zufolge geheimer Verabredung – ließ sich ein Armer blicken, keines Armen Hand streckte sich nach Wein und Äpfeln aus. Frau Corvin selbst bewegte sich nur scheu im Hintergrund ihrer Träume.[282]

Das lässt sich vor allem anhand der frappierenden Kontinuitäten an Universitäten oder in wirtschaftlichen Betrieben aufzeigen. Vgl. Michael Schäfer: *Geschichte des Bürgertums. Eine Einführung*, Köln, Weimar, Wien 2009, S. 219–225.

[280] Vgl. Saalfeld: *Der Wald*, a.a.O., S. 15 sowie 19. Eine ähnliche Konstellation findet sich in Saalfelds erstem Roman *Pan ging vorüber*; hier werden die Möbel zwar nicht zerhackt, aber gegen Nahrungsmittel und Heizmaterial eingetauscht.

[281] Ebd., passim (u.a. S. 88).

[282] Ebd., S. 117f. Wird Frau Corvin bereits in ihren eigenen Träumen in den „Hintergrund" gerückt, so gerät sie auch im Verlauf des Textes zunehmend in den Hintergrund und verschwindet schließlich vollends; nach dem Tod ihres Mannes findet auch sie keine Erwähnung mehr.

Dieser Traum, der die Eckdaten bürgerlicher Feierkultur pittoresk versammelt, kennt eine bezeichnende Leerstelle: die Armut, die wie aufgrund einer „geheimen Verabredung" nicht anwesend ist. In der Ignoranz der Armen artikuliert sich Frau Corvins Klassenbewusstsein, das zugleich dafür sorgt, dass sie nicht erkennt, dass sie selbst zu diesen Armen gehört – und entsprechend für sie selbst in ihrem eigenen Traum nur im Hintergrund Platz ist; die stillschweigende Verachtung, die ihr von Seiten der nun auch für sie – soziologisch gefasst – ‚Fremden' entgegenschlägt, nimmt sie nicht einmal mehr wahr.

Frau Corvins nicht verstummender Schwanengesang vom „Verlust des Geldes, Glanz und Niedergang der Familie",[283] der dadurch von ihrem Ehemann – um im Bild der Avifauna zu bleiben – abgekanzelt wird, dass seine Frau ja leider ein „Taubengehirn"[284] habe (was nicht verhindert, dass auch er sich von den angestellten Erörterungen gefesselt zeigt), ist nicht nur Teil jener „globalen Kennzeichnung der Nachkriegsarmut",[285] die als zeitgeschichtliche Marker eine Text-Kontext-Relation herstellen. Hier artikuliert sich ein Lebensgefühl der Unsicherheit, das sich dem Verlust des Vermögens und der gesellschaftlichen Bühne verdankt – wobei letztere noch in mittlerweile sinnlos gewordenen Symbolhandlungen präsent zu sein scheint: Man besteht nicht nur auf das große Haus, das sich kaum heizen lässt, sondern auch auf Garage (obwohl man kein Auto hat[286]) und auf den Tennisplatz (obwohl dort keiner spielt).[287] Der Tennisplatz ist darüber hinaus dadurch mit besonderer Bedeutung aufgeladen, dass er von Frau Corvin immer wieder gegen die Natur verteidigt werden muss, die ihn beständig mit Unkraut zu überwuchern droht: „Das Unkraut wuchs unter ihren Händen nach. Aber je sinnloser dies alles war, um so leidenschaftlicher wurde es geübt."[288] Die Fruchtlosigkeit dieser Bemühungen kontrastiert mit einer anderen Art der ‚Bodenbearbeitung', die gerade darauf abzielt, Früchte zu tragen, nämlich Else Corvins Arbeit auf dem Kartoffelacker: „[W]ir haben ihn gegen den Wald verteidigt, haben

---

[283] Ebd., S. 18.
[284] Ebd.
[285] Ehrke-Rotermund: ‚*Nun find' ich mich in diesem bitterbösen Märchen wieder...*', a.a.O., S. 7.
[286] Man hat noch nicht einmal ein Fahrrad, vgl. Saalfeld: *Der Wald*, a.a.O., S. 105.
[287] Vgl. ebenda, S. 19.
[288] Ebd., S. 103.

Steine ausgelesen, Gerank und Gedörn herausgerissen."[289] Diese Spannung im Handeln zwischen Mutter und Tochter kristallisieren sich noch deutlicher heraus, als es darum geht, den Acker gegen den Zugriff der „Fremden" zu verteidigen, die ihn gerne als Bauplatz nutzen würden; während sich die älteren Corvins dafür aussprechen und sich nach einer Gesellschaft sehnen, in der sie – obwohl sie nach eigener Auskunft mitunter schon etwas „verwildert"[290] sind – ihren eigenen Wertekosmos gespiegelt sehen, stemmt sich Else gegen das Vorhaben. Im Kontext dieses Kampfes gegen die sozialen Kräfte jenseits des Waldes fällt auch das Wort „Gott", als sich Else auf die spöttische Nachfrage, wie sie es denn verhindern wolle, dass auf dem Acker gebaut werde, antwortet: „Gott [...] wird es verhindern."[291] Diese Antwort kommt ihr freilich direkt danach „unerklärlich und unmöglich"[292] vor und zuletzt ist es kein Gott, sondern der betuchte Bruder, der den Acker retten wird. Gegen die Macht des Geldes hilft nur – Geld.

7.3.3 Zwischen Ent- und Neuverwurzelung: Heimatlosigkeit als Grundthema

Diese zentralen Textoppositionen – Armut/Reichtum, Bürgertum/Arbeiterstand, Jung/Alt, letztlich auch Wald/Stadt – bilden die Koordinaten des eigentlichen Themas, nämlich das der Heimatlosigkeit. Gemeint ist damit nicht die reale Heimatlosigkeit, wie sie Vertriebene, Flüchtlinge und Exilanten erfahren mussten, sondern ein Gefühl der Orientierungslosigkeit und der – wie es Hans Bender in einem Artikel zu Saalfelds 60. Geburtstag formuliert hat – Entwurzelung. *Der Wald*, so Bender, spiegele „ohne naturalistische Nachzeichnung [] die Situation der Vertriebenen, der Entwurzelten, der nicht-mehr oder noch-nicht beheimateten Menschen".[293] Und tatsächlich durchziehen Wurzelmotiviken und

---

[289] Ebd., S. 87f. So noch einmal S. 113.
[290] Ebd., S. 45.
[291] Ebd., S. 100.
[292] Ebd.
[293] Hans Bender: *Die Dichterin Nummer eins unseres Landes. Martha Saalfeld zum 60. Geburtstag am 15. Januar*, in: *Martha Saalfeld 1898–1976.*

Wurzelvergleiche den gesamten Text und konturieren so die von Bender benannte Situation des Nicht-Mehr und Noch-Nicht. Gleich zu Beginn des Textes wird geschildert, wie Herr Corvin unter größter Anstrengung versucht, eine alte Baumwurzel auszugraben, um sie als Brennholz zu verwenden; dadurch, dass die Gedanken von Herrn Corvin dabei zu seiner Tochter und deren Wunsch, die alten Möbel zu Brennholz zu zerschlagen, abschweifen, gestaltet der Text bereits hier eine Parallele zwischen konkreter und sozial-emotionaler Entwurzelung. Dabei steht das geradezu manisch betriebene Wurzelausreißen von Herrn Corvin in einem bezeichnenden Kontrast zu seiner eigenen Entwurzelung, die sich auch im innerfamiliären Gefüge zeigt, denn er strengt sich vor allem deswegen so sehr an, weil er seiner Tochter beweisen will, dass noch immer er ‚Herr im Haus' ist – was zuletzt nicht gelingt.[294] Dem Verlust der sozialen Stellung entspricht jener als paternalistisches Oberhaupt innerhalb der Familie. Die Wurzelvergleiche illustrieren außerdem Hanna Leanders Abscheu vor dem Wald, den sie unter anderem deswegen meidet, weil sie befürchtet, dass sie „eines Tages nicht mehr herauskomme" und dass sie „Wurzel schlage und verwandelt werde".[295] Diesem magischen Verwandlungspotential des Waldes, das dessen Bedeutung als Raum der Transition und Transformation unterstreicht, kontrastieren und korrespondieren die angepeilten Baumaßnahmen der Leanders selbst, die ihrerseits auf eine (zumindest kleinteilige) Verwandlung des Waldes abzielen. Auch von diesem Plan heißt es, er habe „Wurzel geschlagen in dem schweren, dun-

Dokumente und Materialien, hg. von Wolfgang Diehl, Landau 1986, S. 134–137, hier S. 136. Benders Text erschien erstmals 1958.

[294] Vgl. Saalfeld: *Der Wald*, a.a.O., S. 28.
[295] Ebd., S. 59. Hannas Angst davor, sprichwörtlich im Wald zu bleiben, steht dabei den Wünschen und Sehnsüchten ihres Mannes gegenüber, dem der Wald zum Sehnsuchtsort wird, weil in ihm Else Corvin wohnt. Hier greift Saalfeld auf bekannte kulturelle Topoi zurück, um den Wald als Raum der Versuchung zu stilisieren, wo sich zugleich Alternativen zur eigenen Lebensführung anzubieten scheinen. Saalfeld gibt diesem bekannten Topos jedoch eine besondere geschlechterpolitische Wendung: Denn Thomas Leander will aus seinem alten Leben nicht ausbrechen (so echt seine Verliebtheit auch sein mag), sondern sich, wie es Else formuliert, ein „Sommerhaus und [e]ine Sommerfrau" zulegen, worauf sie begreiflicherweise keine Lust hat. Ebd., S, 90.

keln Waldboden, der Same und Keim wohl hütete und bewahrte".[296] Zuletzt knüpft auch der Bilderkomplex um die Wurzel an die Thanatos-Symbolik an. Kurz bevor sich Herr Corvin auf seinen Weg aus dem Wald macht, den er nicht überleben wird, reflektiert er seine Todesahnung ebenfalls unter Verwendung des Wurzelbildes:

> Es war nicht anders als wachse der Wald in ihm, gewaltiges Wachstum, nicht einzudämmendes. Die Riesen senkten ihre Wurzeln in sein Herz, sie durchbrachen es wie lockere Scholle. Im Geäst der Adern wohnten die Vögel des Waldes. Zwischen seinen Zehen wuchs das Gras und die Bäume schüttelten das erste Herbstlaub auf ihn nieder. Nicht lange mehr, da würden die Blätter ihn bedecken.[297]

Wie zentral die Rede von der Wurzel ist, demonstriert nicht nur ihre hervorgehobene Stellung in der Exposition der Erzählung, sondern auch, dass sie Teil der narrativen Schlussfigur ist. Saalfeld beschließt ihren Text mit einer kurzen Passage, in der Else auf ihrem Acker einen kleinen „Fichtensprößling, den der Wind hier angesiedelt hatte", mitsamt den Wurzeln ausgräbt und ihn mit den Worten „Wir wollen gute Nachbarschaft halten"[298] zurück zum Wald trägt. Damit wird die Anfangsszene noch einmal aufgegriffen, aber positiv gewendet; anders als das Ausgraben der Wurzel durch Herrn Corvin ist die Handlung seiner Tochter nicht Sinnbild eines zuletzt vergeblichen Ankämpfens gegen den Wald und das Leben in ihm, sondern Auftakt zu einem neuen Leben. Während die älteren Corvins mit dem Verlust ihrer alten (sozialen wie konkret geographischen) Heimat zu kämpfen haben und ihr Handeln beständig darauf abzielt, diese zu erhalten, will Else „wieder ganz von vorne anfangen".[299] Bezeichnenderweise aber stammt diese Aussage nicht von Else Corvin selbst – sondern von ihrem Vater, dem gerade dieser Neuanfang nicht gelingen will. Die ganze Aussage liest sich nicht zuletzt wie ein Kommentar auf die unmittelbare Nachkriegssituation *in toto* und der in ihr zu bewerkstelligenden Transformationsleistungen: „Wenn man hier leben will […] muß man sich völlig umstellen. Man muß wieder ganz von vorne anfan-

---

[296] Ebd., S. 92.
[297] Ebd., S. 141.
[298] Ebd., S. 152. Dort auch das vorherige Zitat.
[299] Ebd., S. 47f.

gen. Man darf keine Mühe scheuen. Man muß entbehren können."[300] Dass es um die Arbeit an einer neuen Identität geht, verdeutlicht auch Else Corvins Aussage: „Wer in den Wald geht […], muß seinen Namen vergessen."[301] Da es gilt, mit dem Namen als Chiffre der Herkunft und der eigenen Geschichte zu brechen, fungiert der Wald als Raum der Disruption, in dem individuelle wie kollektive Biographien ein- und abreißen. Wie die soziale und politische Realität des Interregnums markiert also auch der Wald einen (in die Familienbiographie verlegten) historischen Bruch und provoziert Fragen nach der Bewertung der Vergangenheit und möglichen Konturen der Zukunft, die in *Der Wald* trotz der für Saalfeld typischen Ästhetik des Indirekten verhältnismäßig klar zutage treten. Neben diesen Fragen zwingt der Wald die Figuren außerdem dazu, ihre gewohnten Denkkategorien und Handlungsmaximen zu verändern. Wie wenig dies den älteren Corvins gelingt, zeigen nicht zuletzt deren Vorstellungswelten, so beispielsweise bei Herrn Corvin, der sich seine Geburtstagsfeier als eine Art Materialschau imaginiert; er würde seinen Gästen den Wald wie ein „Schauspiel" vorführen und sieht sich in großbürgerlicher Manier seinen vermeintlichen Besitz vorzeigen: „Seine Bereitschaft, zu verschwenden, war unbegrenzt. Wald, Wiese, Feld – er teilte mit vollen Händen aus."[302] In seinem Versuch, Unverfügbares „her[zu]zeigen wie eine Sache",[303] soll nicht nur die Bedrohlichkeit des Waldes gezähmt werden; in ihm offenbart sich die Persistenz eines Denkens und Handelns, das sich den Anforderungen der Realität Wald nicht gewachsen zeigt.

Das Anverwandeln des Waldes zu einer neuen Heimstätte gelingt letztlich nur Else; sie sticht aus dem Figurengefüge insofern heraus, als sie es schafft, sich aus diesem Raum des Dazwischen, den der Wald bezeichnet, in eine neue Heimat herauszuarbeiten – sie akzeptiert die Realität Wald, behauptet aber zugleich ihren Platz in ihr. Die alte Welt, von der sich die ‚alten' Corvins nicht lösen können und die in ihrem Handeln noch

---

[300] Ebd.
[301] Ebd., S. 134.
[302] Ebd., S. 140. Die fehlerhafte Kommasetzung in diesem Zitat mag mit dem wohl eher mangelhaft ausgefallenen Lektorat beziehungsweise dem nicht ganz gewissenhaften Satz erklärbar sein; bereits im Umbruch von Seite 34 zu Seite 35 findet sich ein größerer Satzfehler, dem eine ganze Zeile zum Opfer gefallen ist.
[303] Ebd., S. 141.

präsent ist, wird von Else dementsprechend konsequent verneint; in ihrer sich abzeichnenden neuen Welt ist für die Eltern wiederum kein Platz. Eine Versöhnung zeichnet sich in diesem Spannungsszenario nicht ab. Und: Es zeichnet sich auch bei Else Corvin keine neue soziale Ein- und Anbindung ab. Abseits des sporadischen Kontakts zu Waldarbeitern und Bauern ist Else Corvin geradezu einsam. Sie, die sich aus der für sie einengenden Umklammerung ihrer kollektiven Herkunft befreit, geht in kein neues Kollektiv ein; der Prozess ihrer Subjekt-Werdung ist identisch mit der Kultivierung ihrer Rolle als Einzelgängerin.

Auch Saalfelds *Der Wald* lässt sich also als Text lesen, in dem exemplarisch die Frage nach Transition und Transformation im Anschluss an den Verlust der sozialen und letztlich auch ideologischen Heimat verhandelt wird. Die Figuren sehen sich mit der Herausforderung konfrontiert, sich ein ihnen fremdes, mitunter feindliches Terrain zu eigen zu machen; dieses Moment des Übergangs nötigt die Figuren zugleich, sich zu ändern, ihr Handeln anzupassen und zugleich die Frage nach dem Erbe der Vergangenheit zu stellen – die Spannweite der Antworten hierauf reichen von Bewahrung bis zum charmant-überspitzten Entsorgungswillen, wie er sich im Vorschlag, die Möbel zu Brennholz zu zerschlagen, äußert. Letztlich wird also auch hier eine Konstellation des Dazwischen konstruiert, die auf Ebene einer Familiengeschichte zentrale gesellschaftliche Konfliktlinien aufscheinen lässt und mit dem Abgesang auf das Bürgertum direkte zeitgenössische Bezugslinien aufweist. Alle übrigen Bezüge bleiben jedoch indirekt. Ob die Verarmung der Corvins eine Folge des Krieges ist, lässt sich nicht klären – aufgrund der biographischen Grundierung des Textes aber auch nicht grundsätzlich von der Hand weisen. So heißt es an einer Stelle, die Corvins befänden sich nun den dritten Sommer im Wald.[304] Setzt man also als Zuzugsdatum den Sommer 1945, spielt die Erzählung ungefähr im Sommer 1948 – das Ehepaar Saalfeld-Scheidt war zu diesem Zeitpunkt selbst bereits seit drei Jahren mehr oder minder mittellos.[305] Es ist zudem das Jahr, in dem

---

[304] Vgl. ebenda, S. 29.

[305] Die seinerzeit in Düsseldorf eingelagerten Habseligkeiten des Ehepaars gingen bei einem Bombenangriff auf die Stadt restlos verloren. Vgl. vom Scheidt: *Leben mit einer Dichterin*, a.a.O., S. 297. Auch Saalfeld selbst berichtet vom Verlust der materiellen Habe und verknüpft diesen mit dem Möbel-Motiv, das sowohl in *Der Wald* als auch in ihrem ersten Roman *Pan*

Saalfeld bereits die Korrekturfahnen des Texts bearbeitete[306] und man schließlich selbst in beziehungsweise an den Wald zog, zu einer Tante Saalfelds in pfälzische Bad Bergzabern.[307] Es lassen sich also über den Rekurs auf biographische Eckpunkte kontextuelle Beziehungen aufzeigen, die es wahrscheinlich machen, dass Saalfeld den Text, dessen Entstehungszeit sich bis in die mittleren 1930er-Jahre rückdatieren lässt, später überarbeitet und aktualisiert hat. Die biographischen Aspekte reichen nämlich zeitlich bedeutend weiter zurück. Werner vom Scheidt zufolge gehen erste Entwürfe zu *Der Wald* auf einen Besuch des Ehepaars bei von Scheidts Vater im Jahr 1936 zurück. Seine Schilderungen machen deutlich, wie eng sich Martha Saalfeld bei der Arbeit an *Der Wald* am eigenen Erleben orientierte; so finden sich der Karpfenteich wieder, der aggressive Schwan, die Eltern vom Scheidts halten – wie die Corvins – Hühner, Kaninchen und ein Reh und zuletzt heißt es: „Wir feierten noch den 70. Geburtstag des Vaters, der sich nach den Jahren dieser Waldeinsamkeit bei zunehmendem Alter wieder mehr menschlichen Umgang wünschte. [...] Aber kaum waren wir zu Hause, erreichte uns die Nachricht von seinem unerwarteten Tod."[308] Es lassen sich also bis in die

---

ging vorüber präsent ist: „[D]er ganze Plunder ist verbrannt. Das ist recht nach meinem Herzen, denn längst bin ich darauf gekommen, daß der Mensch nur ein paar Bretter braucht. Bismarck sagt, wer schöne Möbel hat, bei dem ißt man nicht gut. Die Voraussetzung zu ausgezeichnetem Essen ist also bei uns vorhanden." Martha Saalfeld: *Von mir – über mich*, in: *Martha Saalfeld 1898–1976. Dokumente und Materialien*, hg. von Wolfgang Diehl, Landau 1986, S. 80–82, hier S. 80.

[306] Vgl. vom Scheidt: *Leben mit einer Dichterin*, a.a.O., S. 311. Lektoriert wurde Saalfelds Text von Gunter Groll, der später zum Cheflektor bei Desch aufstieg und dessen eigener, 1947 unter dem Pseudonym Sebastian Grill veröffentlichter Roman *Laterna magica oder Die Nacht ist voller Träume. Ein Capriccio* (München 1947) eine der Ästhetik Saalfelds nahekommende Verfahrensweise zeigt. Vgl. ebenda. Vom Scheidt berichtet außerdem davon, dass Karl Rauch, der Saalfelds ersten Gedichtband veröffentlicht hatte, sich während der NS-Jahre vergeblich um eine Druckerlaubnis für den „Waldroman" bemüht hatte, es also bereits zu diesem Zeitpunkt eine als publikationsfertig erachtete Textvariante gegeben hat. Vgl. ebenda, S. 307.

[307] Vgl. ebenda, S. 311. Vgl. auch Saalfeld: *Von mir – über mich*, a.a.O., S. 83, wo es heißt: „Am Ende saßen wir dann im Kastanienwald, aus dem – so schien es lange Zeit – kein Weg mehr zu den Menschen führte."

[308] vom Scheidt: *Leben mit einer Dichterin*, a.a.O., S. 277.

Figuren hinein autobiographische Bezugslinien ausmachen, die sich auch in der finalen Version von 1949 erhalten haben.

Zwar gilt auch für *Der Wald*, dass Saalfeld zeithistorische Aspekte und biographische Erlebnisse nutzt, um eine weit darüber hinausreichende Erzählung zu entwerfen; trotzdem muss der Text, wie schon die Erzählsammlung *Idyll in Babensham*, als literarische Gestaltung einer spezifischen historischen Realität begriffen werden. *Der Wald* ist, trotz aller Indirektheit, ein Stück Literatur des Interregnums, nicht allein seines Erscheinungsdatums wegen, sondern weil das Interregnum als gesellschaftliche Realität selbst in diesem „dämonische[n] Irrgarten", wie es bei Langgässer heißt, anwesend ist.

7.4 Gerd Gaiser: *Zwischenland* (1949)

7.4.1 Rezeptionsgeschichte eines schwierigen Autors

An Gerd Gaiser scheiden sich seit jeher die Geister. Den einen gilt er aufgrund seiner wertkonservativen Position und seiner Poetizität und Lyrismus verpflichteten Sprache als einer der großen Schriftsteller der frühen Bundesrepublik, den anderen ist er aus genau diesen Gründen verdächtig bis verhasst. Unbestritten gehörte Gaiser, der neben seiner Tätigkeit als Autor zuerst als Lehrer, ab 1962 als Professor für Kunsterziehung an der Pädagogischen Hochschule Reutlingen arbeitete, zu den erfolgreicheren und auflagenstärkeren Protagonisten des literarischen Feldes Nachkriegsdeutschlands und wurde von ihm politisch wie ästhetisch nahestehenden und mitunter recht einflussreichen Kritikern wie Friedrich Sieburg, Günter Blöcker oder Rudolf Krämer-Badoni geschätzt und in entsprechenden Publikationen gewürdigt. Allen voran sein Freund Curt Hohoff tat sich mit lobenden bis überschwänglichen Äußerungen zu Werk und Person Gaisers hervor, schrieb eine kleine Monografie[309] über ihn und widmete ihm in der Neuauflage der von Albert Soergel erstmals veröffentlichten und von Hohoff in einer Neuausgabe erweiterten Literaturgeschichte *Dichtung und Dichter der Zeit* mehrere Seiten. Dort gilt er neben Felix Hartlaub als der bedeutendste Autor jener „zum großen Teil im

---

[309] Curt Hohoff: *Gerd Gaiser. Werk und Gestalt*, München 1962.

Krieg gefallenen Zwischengeneration"[310] und wird auf insgesamt drei vollen Seiten gewürdigt; zum Vergleich, Wolfgang Koeppen erhält lediglich einige Zeilen, seine berühmten Nachkriegsromane (*Tauben im Gras, Treibhaus, Tod in Rom*) genau einen, die Qualität dieser Bücher abwertenden Satz.[311]

Flankiert wurden diese wohlwollenden Stimmen über Gaiser, die in ihm mitunter schon einen deutschen Nobelpreis-Aspiranten sehen wollten, von kritischen Stimmen aus zumeist linksliberaler Richtung, die sich vor allem in den frühen 1960er Jahren – im Anschluss an Gaisers häufig als Hauptwerk bezeichneten Roman *Schlussball*[312] – zunehmend Gehör verschafften. Während sich Walter Jens in einem in der Wochenzeitung *Die Zeit* erschienenen, polemischen Artikel vor allem auf Gerd Gaisers Sprache kapriziert,[313] zielen die kritischen Aufsätze von Helmut Kreuzer[314] und Marcel Reich-Ranicki[315] auf strukturelle und

---

[310] Albert Soergel/Curt Hohoff: *Dichtung und Dichter der Zeit. Vom Naturalismus bis zur Gegenwart*, Bd. 2, Neuausgabe, Düsseldorf 1963, S. 825. Die Ausführungen zu Gaiser finden sich auf den Seiten 841–844.

[311] Koeppens Romane verlören sich „in politischer Polemik an dem Satirisch gemeinten Stoff". Ebd., S. 827. Weitere Beispiele, die die politische Einfärbung dieser vermeintlich unpolitischen, weil nur auf die Kunst gerichteten (auf das „wahre[] Wort", wie es im Vorwort heißt, ebd. S. 7) Literaturgeschichte transparent werden lassen, ließen sich finden.

[312] Gerd Gaiser: *Schlussball. Aus den schönen Tagen der Stadt Neu-Spuhl*, München 1958.

[313] Walter Jens: *Gegen die Überschätzung Gerd Gaisers. Nicht alles, was zur Klampfe gesungen wird, ist Dichtung*, in: *Die Zeit* (25.11.1959). Konträr dazu Elfriede Stutz: *Über die Sprache Gerd Gaisers*, in: *Der Deutschunterricht* 15.3 (1963), S. 70–82, die einige der von Jens monierten Stilblüten etymologisch legitimiert, Gaiser einen immensen Wortschatz bescheinigt, sich aber selbst in blumigen Formulierungen verliert, wenn sie beispielsweise schreibt: „Die Welt bebt, das Herz bebt – aus diesem Befund strömen die Formulierungen" (S. 82).

[314] Helmut Kreuzer: *Auf Gaisers Wegen. Korrekturen eines Bildes*, in: Ders.: *Aufklärung über Literatur. Autoren und Texte. Ausgewählte Aufsätze*, Bd. 2, hg. v. Wolfgang Drost/Christian W. Thomsen, Heidelberg 1993, S. 213–219. Der Aufsatz war zuerst 1960 in den *Frankfurter Heften* erschienen.

[315] Marcel Reich-Ranicki: *Der Fall Gerd Gaiser*, in: Ders.: *Deutsche Literatur heute*, Gütersloh 1970, S. 142–164. Der Aufsatz war zuerst 1963 in der Zeitschrift *Der Monat* erschienen.

ideologische Gesichtspunkte in Gaisers Werk. Mögen diese Arbeiten zwar in ihrer ebenfalls polemischen Schlagseite zu Vereinfachungen und Zuspitzungen tendieren, sie lediglich als „Sotisse"[316] abzutun, wie dies Manfred Durzak in Bezug auf Reich-Ranicki getan hat, wird der Sache nicht gerecht. Wenn Durzak darauf hinweist, dass die Attacken auf Gaiser vor allem auf „vermeintliche nationalsozialistische Relikte seines Schreibens"[317] abzielen, so benennt diese Formulierung zum einen den inhaltlichen Kern des Angriffs und spiegelt zum anderen die Skepsis gegenüber diesen Vorwürfen nazistischer Kontinuitäten wider, die bis heute anhält. Dass Gaiser in die NS-Kulturpolitik eingebunden war und die ethischen und politischen Grundlagen des Nationalsozialismus zumindest zeitweise geteilt hat, lässt sich nur schwer bestreiten. Es sind dann eben auch die Publikationen Gaisers während der Hitler-Jahre, die seine Kontrahenten immer wieder thematisieren und die als Ausgangspunkt des Vorwurfes fungieren, in Gaisers Werk hätten sich zentrale Ideologeme der NS-Zeit in lediglich modifizierter oder gar nur kaschierter Form konserviert. Im Zentrum dieses Vorwurfs steht der 1941 publizierte Gedichtband *Reiter am Himmel*,[318] ein, wie Thomas und van der Will schreiben, „unauffällige[s] literarische[s] Debut"[319] – eine Formulierung, die die Frage provoziert, worin genau diese Unauffälligkeit denn besteht. In der ausgebliebenen Rezeption der Gedichte oder darin, dass diese nicht aus der Fülle vergleichbarer Blut- und-Boden-Werke herausstachen?

Zumindest der zweite Punkt lässt sich klar bestätigen. Gaisers pathetisch überfrachtete, von Archaismen durchzogene und zumeist ungelenke Verse besingen nicht nur Führerideologie und kriegerischen Aktivismus, sondern reden vor allem einer zutiefst rassistisch grundierten Vormachtstellung des weißen Europäers das Wort[320] und konturieren ein Weltbild,

---

[316] Manfred Durzak: *Die deutsche Kurzgeschichte der Gegenwart. Autorenporträts, Werkstattgespräche, Interpretationen*, Stuttgart 1980, S. 495.
[317] Ebd., S. 374.
[318] Gerd Gaiser: *Reiter am Himmel*, München 1941.
[319] R. Hinten Thomas/Wilfried von der Will: *Der deutsche Roman und die Wohlstandsgesellschaft*, Stuttgart u.a. 1969, S. 21.
[320] Vgl. Reinhold Grimm: *Schwarze und Juden in der deutschen Literatur. Zur Imagologie des ‚Gegentyps'*, in: *Jahrbuch Deutsch als Fremdsprache* 12

das sich grundsätzlich mit dem Nationalsozialismus kompatibel zeigt. Reich-Ranickis Formulierung, dass sich in diesen Versen ein „Rassenhaß"[321] ausspreche, mag zwar drastisch erscheinen, ist aber letztlich in der Sache nicht völlig falsch. Vögtlins Versuch, in seiner Dissertation – der letzten größeren Studie zu Gaisers Werk – dem Begriff des „Rassenhasses" den der „Rassenhierachie"[322] entgegenzustellen, kann nicht überzeugen, passt aber zur Grundtendenz seiner Arbeit, Gaisers BluBo-Lyrik als Gemisch aus autobiographischer Auseinandersetzung mit dem Wertekosmos des Elternhauses und antikommunistischen sowie xenophoben Ängsten zu stilisieren.[323] An der Feststellung jedoch, dass *Reiter am Himmel*

(1986), S. 56–71, hier S. 63: „Dieses unsägliche Produkt übelster ‚Blut und Boden'-Literatur, das u.a. ein Gedicht mit dem Titel *Unheil, ihr weißen Völker* enthält, befürwortet nicht nur Hitlers Eroberungskriege und Weltherrschaftsbestrebungen, sondern, sieht man näher zu, selbst den von ihm veranlaßten Massenmord. Weiße und Angehörige der roten oder gelben Rasse mögen, laut Gaiser, als von den Deutschen rechtens Unterworfene allenfalls in Frieden leben; ausgeschlossen von Gaisers *pax nazista* aber bleiben die Schwarzen und Juden." Hervorhebungen i. O.

[321] Reich-Ranicki: *Der Fall Gerd Gaiser*, a.a.O., S. 154.

[322] Bernhard Karl Vögtlin: *Gerd Gaiser – Ein Dichter seiner Zeit. Eine Studie zur Zivilisationskritik im 20. Jahrhundert*, Marburg 2004, S. 48.

[323] Vögtlin erkennt in den Gedichten einen „*Kampf gegen die Konventionen seines Elternhauses*" (Ebd., S. 19, Hervorhebungen i. O.) und schreibt, in ihnen sei es dem jungen (zum Zeitpunkt der Veröffentlichung allerdings bereits 33 Jahre alten) Gaiser darum gegangen, den „alten Glauben durch ein neues religiöses Credo zu ersetzen" (ebd., S. 21), das sich durch stark kriegerische und nationalistische, letztlich völkische Töne auszeichne. Diese Lesarten und die Hinweise auf Gaisers jugendbündische Vergangenheit und seine Anleihen an nietzscheanisches Gedankengut mögen fraglos ihre Berechtigung haben; geradezu tendenziös ist hingegen Vögtlins beständiges Beschwören einer Gefahr von Links, die als Erklärung für Gaisers politische Radikalisierung herangezogen wird. So sei „Gaisers Parteinahme für die NSDAP [...] aus einer Angst vor der sozialistischen Bewegung innerhalb und außerhalb Deutschlands" erfolgt (ebd., S. 26). Diese Angst dehnt Vögtlin auf „weite[] Teile der Bevölkerung" aus, erklärt sie mit der „Radikalität der sowjet-russischen Politik" und dem „Führungsanspruch[] der Kommunistischen Internationale" (ebd., S. 30) und wird nicht müde, die „tatsächliche Bedrohung durch das sowjetrussische Imperium und den internationalen Sozialismus" (ebd., S. 51) zu betonen und Gaisers Eintreten für den Nationalsozialismus in erster Linie als phobische Reaktion zu

eine Fülle rassistischer und antisemitischer Verse versammelt, führt kein Weg vorbei. Selbst Hans Egon Holthusen, ein bekennender Verfechter von Gaisers Werk und Person, sprach in diesem Kontext von einer „skandalösen" Lyrik und betont, Gaiser sei zum fraglichen Zeitpunkt wohl tatsächlich ein „Nazi" gewesen („einer von der sogenannten idealistischen Sorte"[324]) – womit der ehemalige SS-Obersturmführer Holthusen wohl weniger Probleme gehabt haben mag als andere. Zudem lässt sich schwerlich bestreiten, dass sich auch in späteren Texten eine allem Fremden misstrauende bis abwertende, mitunter (krypto-)rassistische Figurenzeichnung erhalten hat.[325]

Man mag sich also am Ton der Angriffe auf Gaiser gestört haben, sie als substanzlos abzutun oder sie lediglich auf persönliche Befindlichkeiten zu reduzieren, verfehlt den Kern der Sache. Bezeichnend in der Diskussion um Gaiser und den literarischen Wert seines Werkes ist, dass sich der dergestalt attackierte und zugleich protegierte Autor selbst nicht zu Wort meldet – zumindest nicht öffentlich.[326] Eine Auswertung des Nachlasses, vor allem der Korrespondenzen, steht allerdings noch aus.

---

klassifizieren. Zudem ist die Quellenlage, auf die sich Vögtlin diesbezüglich stützt, dünn; ihm dient vor allem ein autobiographischer Text Gaisers aus den 1970er-Jahren als Grundlage.

[324] Hans Egon Holthusen: *Böll, Gaiser und die ‚unbewältigte Vergangenheit'*, in: *Eckart Jahrbuch* 1963/64, S. 258–279, hier S. 271. In diesem Aufsatz bezeichnet Holthusen Gaisers Kriegsroman *Die sterbende Jagd* als „eines der besten Bücher über den Zweiten Weltkrieg", ebd. S. 278.

[325] Reinhold Grimm spricht in Bezug auf Gaisers Erfolgsroman *Schlussball* dezidiert von einem „Kryptorassismus", der dort am Werk sei. Grimm: *Schwarze und Juden in der deutschen Literatur*, a.a.O., S. 63. Vgl. außerdem die umfangreicheren Ausführungen in Reinhold Grimm: *Germans, Blacks, and Jews; or Is There a German Blackness of Its Own?*, in: Ders.: *Echo and Disguise. Studies in German and Comparative Literature*, Frankfurt a. M. 1989, S. 139–178, v.a. S. 153–159.

[326] Eine Ausnahme bildet das Werkstattgespräch mit Horst Bienek, wo Gaiser, angesprochen auf seine literarischen Anfänge, zwar zuerst abwehrt („Das ist Vita und nicht Werkstatt"), dann aber relativierend anmerkt: „Kein Geheimnis ist, daß zwischen den zwei Kriegen allerlei Gedankenspuk geisterte, in den ein Phantast sich verfangen konnte, dem der Sinn für politische Realitäten abging. […] Im übrigen scheinen mir ein paar ungare Stücke eines namen- und einflußlosen Debütanten nichts der Art zu

Nicht zuletzt ist die *causa* Gaiser auch Teil größerer Positionierungskämpfe innerhalb des literarischen Feldes,[327] wenn sie auch darauf nicht reduzierbar ist. Die polarisierende Wirkung, die Gaisers Werk bis heute ausübt, ist dabei nicht auf die zeitgenössischen Parteinahmen pro beziehungsweise contra Gerd Gaiser beschränkt, sondern spiegelt sich auch in den literaturwissenschaftlichen Arbeiten wider, vor allem in Bezug auf die sicherlich bekanntesten Romane *Die sterbende Jagd* sowie *Schlussball*.[328] Es kann dabei nicht wundernehmen, dass die immer wieder bemühte Lesart von der Verdrängung des Autors aus Schulbüchern und seiner literarhistorisch wirksamen Verfemung durch ‚linke' Medienmacher – ein wirkungsgeschichtliches Narrativ, das, wie Hermann Bausinger anmerkt, analog der „Dolchstoßlegende" verfertigt ist: „strahlender Aufstieg und heimtückischer Sturz durch einige Neider"[329] – schließlich in versuchten Rehabilitierungen von Rechts mündet. So wird Gaiser beispielsweise von dem neurechten Autor Thorsten Hinz als mögliche Alternative zu jenen der Logik der „Schuldkolonie" verpflichteten Autorinnen und Autoren im Umfeld der Gruppe 47 stilisiert, bezeichnenderweise gemeinsam mit dem am Mord an Walter Rathenau beteiligten Ernst von Salomon;[330] ob sich Gaiser in diesem Umfeld nach 1945 tatsächlich wohl gefühlt hätte, bleibt dahingestellt. Tatsächlich muss konstatiert werden, dass der ehemalige Bestseller-Autor aus dem literarischen Bewusstsein Deutschlands und sogar aus dem Buchmarkt selbst nahezu restlos verschwunden ist. Aktuell sind keine Bücher von ihm über den Buchhandel zu beziehen – anders liegt der Fall bei seinem vermeintlichen

---

begründen, was man eine literarische Vergangenheit nennen könnte." Horst Bienek: *Werkstattgespräche mit Schriftstellern*, München 1962, S. 219f.

[327] Vgl. Ingo Irsigler: *Überformte Realität. Konstruktionen von Geschichte und Person im westdeutschen Roman der 1950er Jahre*, Heidelberg 2009, S. 328–334.

[328] Vgl. exemplarisch die Ausführungen von Wolfgang Nehring: *Verheizte Flieger – Helden oder Opfer? Gerd Gaiser: Die sterbende Jagd (1953)*, in: *Von Böll bis Buchheim: Deutsche Kriegsprosa nach 1945*, hg. von Hans Wagener, Amsterdam 1997, S. 213–230.

[329] Hermann Bausinger: ‚*Eine sterbende Welt, die nach Dauer klagte...' Zum literarischen Werk Gerd Gaisers*, in: *Reutlinger Geschichtsblätter* 47 (2008), S. 137–157, hier S. 152.

[330] Vgl. Thorsten Hinz: *Literatur aus der Schuldkolonie. Schreiben in Deutschland nach 1945*, Schnellroda 2010, S. 43–55.

Bruder im Geiste Ernst von Salomon, dessen Bücher nicht nur von obskuren Kleinverlagen mit rechter bis rechtsextremer Schlagseite verlegt werden,[331] sondern auch von dessen einstigem Hausverlag Rowohlt. Zur Erklärung, warum Gaisers Werk nahezu nicht mehr wahrgenommen wird, reicht ein Verweis auf seine ‚Verfemung' von Links nicht aus und bleibt ohne Rekurs auf die Qualität und Aktualität seiner Texte unvollständig.[332] Dass das „unauffällige" Debüt, die *Reiter am Himmel*, einiges dazu beigetragen hat, seinen Autor zu marginalisieren, steht außer Frage; die eigentliche Rezeption von Gaisers einzigem Gedichtband kam jedenfalls zu einer Zeit, als er sie kaum noch wünschen konnte.

7.4.2 „aber kalt sind die Straßen" – Interregnum als Ordnungserosion

Der Erzählband *Zwischenland* erschien 1949 im Carl Hanser Verlag in München, wo fortan die meisten der weiteren Bücher Gaisers verlegt werden sollten. Die Erzählungen weisen allesamt (trotz der archaischen Grundfärbung der Sprache) konkrete Zeitbezüge auf und thematisieren Krieg und Nachkriegszeit, wobei bereits hier jenes Grundthema von Gaisers Schaffen präsent ist, das in verschiedenen Ausführungen die Mehrzahl seiner publizierten Texte prägen wird, nämlich die Frage nach einer zu schaffenden Ordnung.[333] Die Erfahrung, dass gesellschaftliche

---

[331] Von Salomons Debütroman *Die Geächteten* (EA: 1930) wird unter anderem von dem rechtsradikalen Verlag Unitall vertrieben.

[332] So auch Bausinger, der zwar für eine (Wieder-)Entdeckung Gaisers wirbt, aber neben sprachlicher Gespreiztheit und der kritikwürdigen Behandlung politischer Themen auch ein Rezeptionsproblem darin ausmacht, dass Gaiser „von der gesellschaftlichen Entwicklung überholt" worden sei. „Er war nicht mit der Zeit gegangen, und so ist es nicht verwunderlich, dass die Aufmerksamkeit ein gutes Stück von ihm abgezogen wurde." Bausinger: ‚*Eine sterbende Welt, die nach Dauer klagte...*', a.a.O., S. 155. Immerhin sind auch weiterhin Erzählungen und Kurzgeschichten von Gaiser in Anthologien präsent, beispielsweise die Kurzgeschichte *Der Mensch, den ich erlegt hatte*, in: Werner Bellmann (Hg.): *Klassische deutsche Kurzgeschichten*, Stuttgart 2003, S. 162–172.

[333] Keith Bullivant stellt Gaisers Werk dezidiert in die Spannung zwischen Chaos und Ordnung. Vgl. Keith Bullivant: *Between Chaos und Order: The Work*

Ordnungen korrodieren, implodieren und von Phasen sozialen Chaos abgelöst werden können, gehört zu den Grunderfahrungen der Moderne, in der sich – wie es Zygmunt Bauman formuliert hat – Ordnung und Chaos als „*moderne* Zwillinge"[334] begegnen. Die Einsicht in den Herstellungscharakter gesellschaftlicher Ordnung, die dieselbe davon befreit, als gott- oder naturgegebener Zustand begriffen zu werden (und zugleich – Paradoxie der Moderne – den Gedanken ‚natürlicher' Ordnungen erst hervorbringt), verpflichtet die Moderne auf einen vollumfänglichen historischen Zugriff; auch da, wo auf Ordnung als Aufgabe mit einem enthistorisierenden Denken geantwortet und die Sehnsucht nach einer Ordnung jenseits des Geschichtlichen artikuliert wird, bewegt sich das Denken im Spannungsfeld des von Bauman benannten Korrelats.[335] Aus dieser Perspektive zeigt sich gerade Gaisers Wertekonservativismus und sein beständiges Kreisen um die Fragen nach dem Entstehen und Vergehen sozialer Ordnungen, die zu Werkkonstanten avancieren, als wesentlich modern – auch wenn sein Optieren für ein letztlich ahistorisch-zyklisches Geschichtsmodell betont antimodern ausfällt.[336]

Es kann nicht verwundern, dass auch bei Gaiser diese Frage nach einer möglichen Ordnung des Sozialen eng mit dem historischen Ort des Inter-

---

of Gerd Gaiser, Stuttgart 1980. So bereits der Tenor bei Karl Migner: *Zwischen erlebtem Chaos und anerkannter Ordnung. Anmerkungen zum Hauptfigurentypus in Gerd Gaisers Epik*, in: Welt und Wort 16 (1961), S. 176–178 u. S. 180. Migner folgt Gaisers enthistorisierender Perspektivierung, wenn er schreibt: „Wir ahnen, was Gaiser sagen will: daß sich menschliches Leben überhaupt – unabhängig von Krieg und Frieden – zwischen den genannten Polen Chaos und Ordnung vollzieht. Und daß es uns aufgegeben ist, die Anerkennung der Ordnung zu versuchen." Ebd., S. 177.

[334] Zygmunt Bauman: *Moderne und Ambivalenz. Das Ende der Eindeutigkeit*, Hamburg 1992, S. 17.

[335] Vgl. Fernando Esposito: *Mythische Moderne: Aviatik, Faschismus und die Sehnsucht nach Ordnung in Deutschland und Italien*, München 2011, S. 46.

[336] So gewendet, präsentiert sich Gaisers Werk als einem Problemkomplex der Moderne verhaftet, der für die Modernität des Werkes selbst bürgt, noch bevor die Kritik dessen Modernität über formale Aspekte wie multiperspektivisches Erzählen konstatiert. Eine ausführliche Diskussion von Gaisers zyklischem und ahistorischem Geschichtsbild bietet Irsigler: *Überformte Realität*, a.a.O., S. 352–364. Schon Helmut Kreutzer betonte, Gaiser bejahe die Zeit lediglich „als Medium der Wiederkehr". Kreuzer: *Auf Gaisers Wegen*, a.a.O., S. 214.

regnums als Zwischenzeit verknüpft ist.[337] Dies lässt sich gleich an mehreren Erzählungen in *Zwischenland* aufzeigen, am deutlichsten aber sicherlich in dem den Erzählband eröffnenden Text *Das Wasser verbirgt sich im Berg*.[338] Erzählt wird die Geschichte eines verletzten Mannes (vermutlich eines Soldaten), der sich auf der Flucht nach Hause befindet. Auf seinem Weg begegnet der namenlos bleibende Mann einer Vielzahl an Hinterlassenschaften einer geflüchteten Armee sowie ziviler Flüchtlingstrecks. Die detaillierten und äußerst realistischen Schilderungen dieser Spuren, die sich entlang eines Feldweges anhäufen, weiten sich zu einer allgemeinen Kritik am gegenwärtigen Chaos:

> Die Körper der Pferde, die gleich zu Anfang gefallen waren, trieben unter ihrer Staubdecke häßlich in den Gräben auf; doch waren diejenigen, welche zuletzt erlegen oder vom Gnadenstoß getroffen worden, fast sämtlich des Fleisches beraubt, das man in Fetzen von den Rippen gelöst hatte, nur Decke, Schwänze und Innereien blieben verschmäht, manchmal der ganze Kopf mit glasigem Blick und hämischen Lefzen. Zu beiden Seiten der Fahrbahn zogen sich Wälle von Unrat hin, Müll, Speiseabfälle, Blechdosen, leckende Kanister, zerfetztes Riemenzeug, alles weggeworfen, von anderen aufgenommen, befühlt, auf seine Brauchbarkeit untersucht, wieder abgestoßen und von noch Ärmeren noch einmal gegriffen und gedreht.[339]

Dieses Bild einer nur noch in ihren Relikten greifbaren zerstörten Ordnung zeigt nicht nur Gaisers Vorliebe für einen archaisierenden Ton („sämtlich des Fleisches beraubt"), es ist vor allem durch Armut und Schmutz geprägt. Direkt neben dem Feldweg verläuft der „Gürtel des Unrats", der sich aus den menschlichen Exkrementen „der von Entbehrungen ausgelaugten, meist nur noch von Wasser, halbreifen Früchten, rohen oder gebrühten Maiskörnern oder Melonenfleisch unterhaltenen Kör-

---

[337] Vgl. Bullivant: *Between Chaos and Order*, a.a.O., S. 1–3 sowie Vögtlin: *Gerd Gaiser*, a.a.O., S. 57, wo zeittypische Formulierungen wie „Verlust der Ordnung" und „Orientierungslosigkeit" den Bezug zur soziopolitischen Konstellation des Interregnums herstellen.

[338] Gerd Gaiser: *Das Wasser verbirgt sich im Berg*, in: Ders.: *Zwischenland. Erzählungen*, München 1949, S. 7–26.

[339] Ebd., S. 10.

per"[340] zusammensetzt. Ergänzt wird dieses Szenario durch den Umstand, dass die Gegend, die der Mann durchstreift, menschenleer ist, lediglich ein paar armselige und geplünderte Dörfer finden Erwähnung.[341] Besonders die die Landschaftsbeschreibung prägenden Staub- und Kalkmotive[342] unterstreichen den Eindruck einer toten und menschenfeindlichen Umgebung, in der ein Leben kaum, ein Überleben zumindest schwierig ist; auch die Natur selbst erscheint dem Mann als wesentlich beschädigt, die Äpfel, die er findet, sind „hart, mißgestaltet und von narbigen Flecken gerauht", ganz so, als „kämen sie von geschändeten Bäumen".[343] Die Verwendung des Wortes „geschändet" in Bezug auf jene „graubelaubte[n]"[344] Bäume – womit das Staubmotiv fortgeführt wird – bezieht die Natur explizit in den Bereich der gestörten beziehungsweise zerstörten Ordnung ein. Auch sie trägt die Zeichen eines allgemeineren Verfalls und fungiert zumindest an dieser Stelle nicht als Gegenentwurf oder Refugium zur Sphäre der menschlichen Zivilisation. Der Mensch, so der Tenor der Erzählung, ist in ihr ebenso unbehaust, wie er es aktuell in der von ihm geschaffenen sozialen Ordnung ist.[345] Diese Lesart wird noch durch den Mangel an Wasser verstärkt, der den lebensfeindlichen Charakter der Umgebung unterstreicht, sowie durch die Anmerkung der Erzählinstanz, der Mann führe ein Geldstück mit sich, das „unnütz genug"[346] sei. Das

---

[340] Ebd., S. 11.
[341] Vgl. ebenda, S. 12.
[342] Der Staub hatte „fast jede andere Farbe aus der Landschaft getilgt und überstäubte die Umrisse der Dinge mit pudrigen Belägen". Ebd., S. 8. Selbst die Stiefel des Mannes sind von „Staub überpelzt in einer Dichte, die an Schimmel oder Filz erinnerte". Ebd., S. 9. Bullivant schreibt dazu, der Staub versinnbildliche „the deadness of the world at this time". Bullivant: *Between Chaos and Order*, a.a.O., S. 9.
[343] Gaiser: *Das Wasser verbirgt sich im Berg*, a.a.O., S. 18.
[344] Ebd.
[345] Diese symbolische Verklammerung von Natur und sozialer Ordnung ist kein Spezifikum von Gaisers Schreiben, sondern nach 1945 häufig anzutreffen. Vergleichbare ‚Seelenlandschaften' finden sich beispielsweise in Wolfdietrich Schnurres Erzählung „Auf der Flucht", wo sich die durch den Krieg „in Bewegung gesetzte Zerstörung […] wie eine unheilbare Krankheit auch auf die Natur erstreckt". Durzak: *Die deutsche Kurzgeschichte der Gegenwart*, a.a.O., S. 367.
[346] Gaiser: *Das Wasser verbirgt sich im Berg*, a.a.O., S. 19.

zentrale Mittel moderner Vergesellschaftung, Geld, hat in der geschilderten Zeit seine Bedeutung vollständig verloren.

Auch die zweite Erzählung *Brand im Weinberg*[347] skizziert das Bild einer implodierten Ordnung und einer damit einhergehenden Orientierungslosigkeit. Erneut steht mit der Heimkehrerfigur Oberstelehn ein Mann im Zentrum des Erzählten, dessen Geschichte Gaiser in seinem ersten Roman *Eine Stimme hebt an* wieder aufgreifen und im größeren Maße ausgestalten wird und der noch einmal in *Schlussball* Erwähnung findet. Oberstelehn, der sich selbst als „Wanderer"[348] bezeichnet, wird eingeführt als typische Interregnums-Figur: ohne soziale oder räumliche Bindung und auf keine klare Zukunft verpflichtet. Dass seine Lage exemplarisch für viele gilt, unterstreicht die Erzählinstanz selbst:

> Wie alle, die das gleiche Los geteilt, besaß er von dem Zustand seines Landes noch kein deutliches Bild; doch schien ihm manchmal, er gehe auf einer mondigen Nehrung, wo der Sand ins Treiben gekommen sei und alle Festigkeiten auswische, Ruinen entblößend und verschüttend, und er gehe ohne Angst, aber in einer unklagbaren und unheilbaren Trauer.[349]

Während die Trauer der Figur auf erlittene Verluste verweist (die jedoch im Vagen bleiben), knüpft die Beschreibung Nachkriegsdeutschlands als „mondige Nehrung" an die unwirtliche Umgebung aus *Das Wasser verbirgt sich im Berg* an. Das Bild vom Sand, der alle „Festigkeiten auswische", fungiert als metaphorische Referenz auf eben jenen Jetzt-Zustand, in dem die Verhältnisse ins Wanken geraten und bekannte soziale Konturen fluid geworden sind. Dazu passen die von Oberstelehn konstatierte allgemeine Verrohung, die Entsolidarisierung und das gegenseitige Misstrauen, die ihm auf seinen Wegen durch Deutschland begegnet sind.[350] Zuletzt landet er in dem Städtchen Irrnwiesn – einer der vielen sprechenden Namen in Gaisers Werk –, das er noch aus Schulzeiten kennt und begegnet Neß, einer früheren Bekannten. Abends geht Oberstelehn schließlich zu jenem kleinen Haus in den Weinbergen, das ihm Neß an-

---

[347] Gerd Gaiser: *Brand im Weinberg*, in: Ders.: *Zwischenland. Erzählungen*, München 1949, S. 27–43.
[348] Ebd., S. 32.
[349] Ebd., S. 28.
[350] Vgl. ebenda, S. 29.

gezeigt hatte, und in dem sich unter anderem einige alte Bücher finden: „Über der Ruhebank war ein Bord befestigt; auf ihm stand eine Reihe handlicher Bändchen gleichfalls altmodischen Zuschnitts, in der Mitte eine Büste Wielands."[351] Die Aufmachung der Bücher, deren „altmodischer Zuschnitt" sowie die Wieland-Büste verwandeln das Häuschen im Weinberg nicht nur in eine „wunderliche Klause"[352]; mit dem kleinen Bändchen, das Oberstelehn herausgreift – ein „Band von Lodovico Ariosto"[353] –, wird zudem ein kanonisches Werk des Bildungsbürgertums hervorgehoben. Während Oberstelehn den Wert der Bücher betont und Neß darauf hinweist, diese seien etwas, das „heute kaum mehr besessen wird", wird diese Wertzuschreibung nicht nur durch die erneute Verwendung der Staubmotivik konterkariert („es war dick eingestaubt"[354]), sondern vor allem durch einen Kommentar von Neß, die anmerkt, man müsse keine Sorge haben, dass dergleichen gestohlen würde: [G]laubst du, daß heute jemand sich etwas aus den paar alten Büchern macht?"[355] Und sie setzt hinzu: „Solche Sachen kann heute kein Mensch mehr lesen, ich jedenfalls nicht. Früher hatten sie Zeit, da konnten sie sich damit abgeben. Es ist schon alles anders geworden."[356]

Der Anspruch auf moralische Orientierung, der sich mit den genannten Büchern verbindet, aber auch Aspekte wie kontemplativer Rückzug, wofür exemplarisch der Raum der Klause steht, haben ihre Funktionalität eingebüßt. Die Frage danach, was die betont ‚alten' Bücher den Menschen nach Kriegsende zu sagen haben – eine Frage, die vor allem in konservativen Kreisen aufgeworfen und zumeist wehmütig positiv beschieden wird[357] –, mündet in der auf Figurenebene formulierten Einsicht, dass sich die Zeit zu sehr geändert habe, als dass diese Bücher die ihnen zugedachten Orientierungsleistungen noch vollbringen könnten. Die gesellschaftliche Ordnung, für die sie stehen, ist verschwunden, und die Gegenwart hat für ihre nicht zuletzt kultivierende Wirkung keinen Sinn mehr – die Erzählung unterstreicht diesen Gedanken noch zusätzlich dadurch, dass die „wunderliche Klause" zuletzt von Unbekannten in Brand gesteckt

---

[351] Ebd., S. 34.
[352] Ebd.
[353] Ebd., S. 35.
[354] Ebd.
[355] Ebd., S. 35f.
[356] Ebd., S. 36.
[357] Siehe hierzu das Kapitel zu Rudolf Krämer-Badoni.

wird. Passenderweise kommentiert Oberstelehn diese symbolische Zerstörung einer alten Ordnung mit einem bildungsbürgerlichen Bonmot: „Götter, Helden und Wieland: auch das war hin."[358] Die Ordnung, die in *Brand im Weinberg* symbolisch in Flammen aufgeht, wird zwar als gesamtgesellschaftliche eingeführt (wie es das Bild von Deutschland als „mondiger Nehrung" nahelegt), trägt aber zuletzt, wie Bücher und Wieland-Büste andeuten, konkretere soziale Konturen.

Dass das verbrannte Weinberghäuschen überhaupt jenseits seiner Materialität als Verlust wahrgenommen werden kann, resultiert aus der figurenspezifischen Perspektive Oberstelehns, die vor allem am Ende der Erzählung um Abgrenzungsgesten bemüht ist. So lässt die Erzählinstanz Oberstelehn in durchaus selbstgefälliger Manier den wieder erreichten Marktplatz von Irrnwiesn wie folgt beschreiben:

> Hier schien ihm kein Mitleid noch echtes Leid, keiner schien groß verloren zu haben, kaum an Tünche ein wenig, jeder einhäbig und verhärtet, jeder im Besitz seiner Hintertürchen und Afterbergchen, die er vertuschte und mit keinem zu teilen entschlossen war, er sei denn vielleicht vom Geschäft.[359]

Selbst der Schlaf dieser Menschen wird von Oberstelehn abgetan als ein „hämisch gierige[r] Schlaf",[360] womit – parallel zur behaupteten Absenz von Mitleid und ‚echtem' Leid – vor allem eine Form von Besitzdenken ins Zentrum der Kritik gerückt wird. Die unmittelbare Nachkriegszeit wird hier porträtiert als historischer Abschnitt, in dem wesentliche Traditionslinien abgerissen und die Menschen vor allem mit sich selbst be-

---

[358] Gaiser: *Brand im Weinberg*, a.a.O., S. 43. *Götter, Helden und Wieland* ist der Titel einer satirischen Schrift des jungen Goethes, die 1774 publiziert wurde. Vögtlins Deutung der Szene, dass in ihr nicht nur auf die materielle Vernichtung, „sondern auch auf die innere Leere der Menschen nach 1945" verwiesen werde, erweitert diesen Befund ins Prinzipielle und ignoriert die soziale Signatur der Szene. Man kann nur schwerlich davon sprechen, dass ‚der' Mensch nach 1945 im Begriff gewesen sei, „die bildungsbürgerlichen Grundlagen seiner Existenz zu verleugnen", da es für die Mehrzahl aller Menschen diese Grundlagen schlichtweg nicht gegeben hat. Vögtlin: *Gerd Gaiser*, a.a.O., S. 61. Dort beide Zitate.
[359] Gaiser: *Brand im Weinberg*, a.a.O., S. 42f.
[360] Ebd., S. 43.

schäftigt scheinen. Oberstelehns Eindrücke auf seinen Wegen durch das postfaschistische Deutschland sind in erster Linie geprägt von „Mißtrauen[] und Treten[] eines gegen den anderen."[361]
Diese so umrissene Kritik an falschem Individualismus und Materialismus ist auf der einen Seite stark an die Figur Oberstelehn gekoppelt, deren besondere Stellung bereits durch den Namen und die mitgelieferte Etymologie unterstrichen wird; der Name verweise auf seine Vorfahren, „mühselige Gebirgsbauern, die das oberste Lehen bewirtschafteten".[362] Die Hauptfigur wird also mit dem Bauernstand in Verbindung gebracht und sei, wie es an anderer Stelle heißt „in einfachen, integrierten Gemeinschaften verwurzelt".[363] Tatsächlich verschärft sich durch diese soziale Situierung der Figur die Kritik an den desintegrierenden Prozessen der Gegenwart nach „Krieg und Zusammenbruch",[364] deren ordnungskorrodierende Kraft nicht zuletzt – wie eine weitere Figur anmerkt – „ortsfremde[s] Volk" und „Ausländer" in den Ort gespült hätte, „Leute, von denen man nicht wisse, wovon sie leben".[365] Auf der anderen Seite wird diese figurenspezifische Gegenwartskritik durch die Erzählinstanz ergänzt, die nach Oberstelehns Weggang aus Irrnwiesn die Erzählung sentenzartig beschließt: „Stark müssen in der Welt noch die Verlockungen sein, wenn ein Mann sich frühe davonmacht, unausrottbar die Zuversichten; aber kalt sind die Straßen."[366] Es ist ein für Gaisers Stil typischer Satz, der Archaismen („frühe"), grammatikalische Eigenheiten (Pluralform von Zuversicht) und bedeutungsschwangere Bilder mischt. Die Rede von den kalten Straßen zielt auf eben jene Kälte zwischen den Menschen ab, die zum Erfahrungsrepertoire von Oberstelehns Nachkriegswanderungen gehört und durch den Erzählerkommentar von der Figur gelöst und überindividuell valorisiert wird.

Wie sehr die Welt nach dem Krieg verkehrt – verstanden im wörtlichen Sinne als Um-Kehrung – erscheint, unterstreicht die den Erzählband beschließende, umfangreichste Erzählung *Ährenlesen*, in der die im Titel anklingende Tätigkeit als Signum einer sozialen Unordnung fungiert. Das

---

[361] Ebd., S. 29.
[362] Gaiser: *Brand im Weinberg*, a.a.O., S. 27.
[363] Thomas/von der Will: *Der deutsche Roman und die Wohlstandsgesellschaft*, a.a.O., S. 21.
[364] Gaiser: *Brand im Weinberg*, a.a.O., S. 30.
[365] Ebd. S. 30.
[366] Ebd., S. 43.

Absuchen bereits abgeernteter Felder nach übriggebliebenem Korn ist verbunden mit Armut und Bedürftigkeit der Sammlerinnen und Sammler und erlebte nach Kriegsende 1945 im Kontext von Nahrungsmangel und Hunger eine Renaissance. Gaiser greift diese, zum Publikationszeitpunkt 1949 sicherlich in der kollektiven Erinnerung noch sehr präsente Praxis in seiner gleichnamigen Erzählung auf und stilisiert sie zum Zeichen sozialer Verkehrung.[367] Der Hunger treibt selbst die italienische Marchesa auf die Felder und die Erzählinstanz versäumt es nicht, den Kampf um die wenigen Körner in blumig-pathetischer Manier zu schildern, wodurch zwar auf der einen Seite die erodierte Ordnung beklagt, die bäuerliche Tätigkeit aber zugleich geadelt wird. Diese neue Armut bringt Menschen zusammen, die zuvor qua sozialer Hierarchie geschieden waren; in diesen Gefügen haben vor allem „jene[] kräftigen Bettlernaturen" einen Vorteil, die „stets bereit sind, mit Schimpf und Schlägen jedem den Bissen zu wehren, der ihnen selber nicht gehört".[368] Dieser Zustand – „zurückgeworfen zur Kreatur"[369] – fungiert nicht nur als Ausgangspunkt für eine imaginierte (und moralisch durchdrungene) gesellschaftliche Erneuerung, sondern artikuliert zugleich einen übergeschichtlichen Ordnungsgedanken, der sich bei Gaiser in einem bestimmten Figurenarsenal niederschlägt.[370] Zuletzt stirbt die Marchesa am Ende der Erzählung durch einen Blitzschlag, während sie einen Vers aus dem biblischen Buch Ruth (ihrerseits eine Ährenleserin) spricht. Die bereits zuvor präsente Rede von der Verwandlung beziehungsweise der „transfigurazione"[371] mündet hier in einer dezidiert christlichen Bildsprache, die als Hoffnungssymbolik

---

[367] Der Hunger habe, so heißt es, „alle Regel verkehrt". Gerd Gaiser: *Ährenlesen*, in: Ders.: *Zwischenland. Erzählungen*, München 1949, S. 127–159, hier S. 129.

[368] Ebd.

[369] Ebd., S. 130.

[370] Kreutzer spricht in Bezug auf die Romane *Eine Stimme hebt an* und *Schlussball* von „drei soziale[n] Grundtypen", nämlich „Bauern, Elite-Menschen, ‚Gesindel' (was Gaiser dafür hält)", zu denen später noch „städtische Fabrikantenfamilien (Arbeiter fehlen) und reiche Kaufleute (in negativster Zeichnung)" treten. Kreutzer: *Auf Gaisers Wegen*, a.a.O., S. 217.

[371] Gaiser: *Ährenlesen*, a.a.O., S. 153. Der Begriff ist selbst Teil des christlichen Vokabulars und meint ein biblisch fixiertes Offenbarungsereignis der Jünger Petrus, Jakobus und Johannes.

lesbar ist. Der Erzählband schließt somit mit dem sachten Dämmern einer neuen Zeit.

7.4.3 Verwischte Wirklichkeiten – Erzähllogiken des Traums

Während Georg Hensel in seinem Debütroman in besonders herausfordernder Weise Fantastik, Surrealismus und Neo-Realismus mischt und Martha Saalfeld ihr am Magischen Realismus orientiertes Schreiben an einem bestimmten literarischen Raum, dem Wald, exemplifiziert, dominiert in Gerd Gaisers erster Nachkriegspublikation vor allem die Logik des Traums. Bereits durch ein entsprechendes, den Erzählungen vorangestelltes Zitat, werden die folgenden Texte paratextuell auf den Traum verpflichtet: „Im Wachbewußtsein besitzen alle eine eindeutige gemeinsame Welt. Im Schlaf aber wendet sich jeder davon in die eigene." Dieses Zitat eines Fragments des antiken Philosophen Heraklit, des „erste[n] philosophische[n] Schlafdichter[s]",[372] betont ein für die Erzählungen zentrales strukturelles Moment, nämlich das Oszillieren zwischen Wach- und Traumzuständen. Dabei provozieren diese Wechsel mitunter Momente der Ununterscheidbarkeit beziehungsweise der Unschärfe und teilweise findet die im Heraklit-Motto angezeigte Wendung in die jeweils ‚eigene' Welt auch dann statt, wenn intradiegetisch keine Schlaf- oder Traumzustände vorliegen. Diese damit einhergehende formale Komplexität, die durchaus eine gewisse Nähe zum Magischen Realismus zeigt,[373] bleibt zumeist auch dann erhalten, wenn diese Zustandswechsel aufgelöst,

---

[372] Rainer Marten: *Rühren an die Rhythmizität des Lebens. Ein denkkünstlerischer Versuch über den Schlaf*, in: *Anfang. Jahrbuch für Denken, Dichten und Musik* 4 (2007), S. 155–178, hier S. 159. Es handelt sich um das Heraklit-Fragment B 89.

[373] Die Forschung zu Gerd Gaiser kommt weitestgehend ohne Referenzen auf den Magischen Realismus aus; lediglich Gerd Müller schreibt in der von Viktor Žmegač herausgegebenen *Geschichte der deutschen Literatur*, Gaisers frühe Nachkriegsveröffentlichungen *Zwischenland* sowie *Eine Stimme hebt an* (1950) „stehen noch in der Tradition des ‚magischen Realismus'". Gerd Müller: *Die Literatur der Bundesrepublik und der deutschsprachigen Schweiz*, in: *Geschichte der deutschen Literatur vom 18. Jahrhundert bis zur Gegenwart*, hg. von Viktor Žmegač, Bd. III/2, 2. Aufl., Weinheim 1994, S. 385–590, hier S. 496.

sprich die entsprechenden Passagen als (Tag-)Träumerei explizit kenntlich gemacht werden. Nichtsdestotrotz erhalten sich einige Textstellen, bei denen diese Auflösung nicht restlos gelingt, indem durch Erzählerkommentare oder durch eine Rhetorik des Ahnens (die semantische Bezüge zu jener nach 1945 populären Programmatik des Innerlichen aufweist[374]) gewisse Bedeutungsüberschüsse konstruiert werden, deren eindeutige ontologische Zuordnung die Lesenden vor gewisse Schwierigkeiten stellt. Diese formalen Aspekte sind dabei unmittelbar mit einer Deutung der (erzählten wie kontextuellen) Gegenwart als historischem Schwebezustand verknüpft, was sich in gewisser Hinsicht bereits in dem Titel der Erzählsammlung andeutet. Das „Zwischenland" ist nicht nur als eine andere (Bewusstseins-)Ebene,[375] sondern auch als eine Anspielung auf den historischen Ort der Publikation selbst zu verstehen. Auch wenn, wie noch diskutiert werden soll, die intradiegetischen Verwendungen des Begriffs über diesen zeitgeschichtlichen Bezug hinausreichen.

Die Schilderungen der von Entsolidarisierung, Desorientierung und materieller Not geprägten Nachkriegszeit, die sich als soziale Unordnung präsentiert, sind zumeist einem literarischen Realismus verpflichtet, der durch Textpassagen flankiert wird, deren Erzählweise diesen Realismus in den Bereich des Traumartigen verschiebt. Es kommt zu Überblendungen einer Realitätsebene durch eine andere, wobei diese Wechsel, wie erwähnt, nicht immer trennscharf benennbar sind und stellenweise nicht lediglich die Differenz zwischen Wach- und Traumzuständen ästhetisch

---

[374] Vgl. Dieter Hoffmann: *Arbeitsbuch Deutschsprachige Prosa seit 1945*, Bd. 1: *Von der Trümmerliteratur zur Dokumentarliteratur*, Tübingen 2006, S. 28–36. Allerdings entwickelt Hoffmann seine Rede vom „Ideal der Innerlichkeit" (ebd. S. 28) anhand der Vertreterinnen und Vertreter einer zumeist selbst proklamierten Inneren Emigration, zu der Gerd Gaiser dezidiert nicht gehörte.

[375] Vgl. Thomas/von der Will: *Der deutsche Roman und die Wohlstandsgesellschaft*, a.a.O., S. 35, wo es heißt, das Zwischenland sei lesbar als „ein Zustand anderer Bewußtheit als der, in dem wir uns alltäglich bewegen". So auch Bullivant: *Between Chaos and Order*, a.a.O., S. 5: „The title Zwischenland also indicates a level beyond that of physical reality, and in the stories of this collection it is demonstrated to us how preferable this other plane of existence is to the real world." Hervorhebungen i. O.

ins Werk setzen, sondern auch jene zwischen Leben und Tod. Diese Doppelung der Realitäten und deren Interferenzen werden von der Erzählinstanz in der Erzählung *Der heimliche Gast* explizit genannt: „Die Wirklichkeiten wischten sich ineinander."[376] Dieses Verwischen ist zum einen also narratives Bauprinzip der Erzählungen und zum anderen direkt verknüpft mit dem Titel der Erzählsammlung, markiert dieses ‚Verwischte' doch eine eigene Topographie: eben jene des Zwischenlands.

In der Auftakterzählung *Das Wasser verbirgt sich im Berg* resultiert diese Verwischung der von der Figur wahrgenommenen Realität zunächst aus deren körperlicher Erschöpfung. Das „Räderwerk der Überreizung", das den Mann nachts nicht zur Ruhe kommen lässt, führt dazu, dass er „Gesichte und Wirklichkeiten nicht mehr kennbar"[377] unterscheiden kann. In seinem Dämmerzustand, dem die Dämmerung als Tagesabschnitt korrespondiert, driftet er immer wieder ab in „Traumfluchten, wie sie den Augenblick des wiederkehrenden Bewußtseins begleiten"[378] – eine Formulierung, die den Nexus von Traum und Flucht betont und die im Heraklit-Motto zitierten Gegenwelten des Schlafes durch den Erzählerkommentar explizit benennt. In einer dieser „Traumfluchten" begegnet ihm nicht nur ein landschaftliches Element, das er sich durch eine Karte eingeprägt hatte (ein Gratsattel) und also ein ‚reales' geographisches Ziel bezeichnet, sondern auch ein Kind, Barbara, das sich später in einer weiteren Traumsequenz als seine Tochter herausstellen wird. Noch bevor der Mann allerdings erneut einschläft, kommt es zu mehreren Momenten, welche die schlichte Wiedergabe der Figurenwahrnehmung transzendieren. So beispielsweise im Kontext der Landschaftsbeschreibungen, wenn der Mann am Grund eines Brunnens „weißes und hellrosa Gewürm" sieht, das ihm „mehr rätselhaft als Ekel verursachend"[379] erscheint. Diese Rätselhaftigkeit der natürlichen Umgebung steigert sich hier wie anderswo zur Evokation einer weiteren Realitätsebene; so heißt es beispielsweise über eine topographische Besonderheit der durchquerten Landschaft: „Die Wanne war durchaus kreisrund, das Schweigen unergründlich;

---

[376] Gerd Gaiser: *Der heimliche Gast*, in: Ders. *Zwischenland. Erzählungen*, München 1949, S. 115–126, hier S. 118.
[377] Gaiser: *Das Wasser verbirgt sich im Berg*, a.a.O., S. 7. Dort auch vorige Zitat.
[378] Ebd.
[379] Ebd., S. 14. Dort auch das vorige Zitat.

kleine goldäugige Tiere wie Unken mit gefleckten Bauch verharrten regungslos im streifigen Schatten, den die Gräser warfen."[380]

Die Landschaft, zuvor in ihrer realistisch-drastischen Darstellung als Element sozialer Unordnung geschildert, wird wahrgenommen als rätselhaft, unergründlich und versehen mit Elementen, deren Existenz nurmehr durch bedeutungsschwere Vergleiche eingeholt werden kann – „kleine goldäugige Tiere *wie* Unken". Auch die einzige Begegnung mit einem anderen Menschen trägt alle Züge des Traumartigen. Als der Mann sich bückt, um mit der Hand Wasser aus einer kleinen Erdfurche zu schöpfen, fällt „ein Schatten über ihn und vor ihn hin". Der scheinbar aus dem Nichts aufgetauchte Fremde wird beschrieben als Christus-Figur; er macht ein „Zeichen des Friedens, ohne den Mund aufzutun", trägt die „Kleidung eines Hirten" und seine Erscheinung steht „gegen das gleißende Erz des Himmels fast schwarz, nur an einigen Lichtkanten mit scharfen Glänzen gehöht".[381] Die Begegnung verläuft wortlos und zuletzt verschwindet der Fremde „in einer Spalte",[382] nicht ohne zuvor noch einmal bedeutungsschwer auf jenen Gratsattel gezeigt zu haben, der das Ziel des Mannes darstellt. Mit der Überquerung dieses Grats wird topographisch eine Grenzüberschreitung vorbereitet, die im Wechsel vom Wachbewusstsein zum Traum ihre Fortführung findet. Nach einer kurzen Sondierung des Terrains legt der Mann sich hin und schläft ein, was dazu führt, dass „die Dinge freundlicher"[383] werden. Diese zunächst topische Formulierung, in der der Traum als wohltuendes Gegengewicht zur versehrten Welt erscheint, wird durch das Auftauchen von Barbara sowohl bestätigt als auch irritiert. Bestätigt wird die Traumwelt durch die Früchte, die sie bei sich trägt und die in augenscheinlichem Kontrast zur Kargheit der Umgebung stehen, irritierend wirkt der Umstand, dass sie sich vorsichtig verhält, um „nicht den Schlafenden zu erwecken".[384] Dadurch vermischen sich die beiden Ebenen des Erzählten, die Traumwelt, der Barbara angehört, und der Wachwelt, zu der der Mann als Schlafender noch gerechnet werden muss.

---

[380] Ebd., S. 16.
[381] Ebd., S. 17. Dort alle Zitate.
[382] Ebd.
[383] Ebd., S. 20.
[384] Ebd.

Dass die sich anschließenden Schilderungen allerdings die einer Traumwelt sind, wird durch die Fruchtbarkeit der Landschaft sowie durch das plötzliche Vorhandensein eines Baches kenntlich, am deutlichsten aber natürlich durch die Anwesenheit von Barbara selbst, der Tochter des Mannes. Bezeichnenderweise kennen aber auch die Räume des Traums Grenzen. Der Bach, dem die beiden Figuren eine Weile folgen, mündet schließlich in ein Tannendickicht. Weiter gehen will man nicht, denn, so Barbara, hier sei es „wüst, und ich meine immer, es komme noch Wüsteres dahinter so wie eine Abfallgrube oder vielleicht eine Fabrik".[385] Es sind also die infrastrukturellen Insignien der Moderne, die als „wüst" erfahren werden und denen man sich auch im Traum nicht aussetzen will – man kehrt um. Weitere Irritation erfährt die Wach/Traum-Differenz dadurch, dass der Mann im Traum mit Gegenständen hantiert und Barbara auf diese reagiert, die eigentlich der Wachwelt angehören. So beispielsweise, als der Mann Barbara einen der Äpfel anbietet, die er zuvor gefunden hatte und seine Tochter ihn fragt, warum er solche Äpfel essen müsse: „Mußt du das, weil du tot bist?"[386] Damit kommt zur Differenz zwischen wachen und träumen jene zwischen Leben und Tod, die in der kulturgeschichtlich tradierten Parallelität von Hypnos und Thanatos, Schlaf und Tod, angelegt ist.

Damit wird auch für die Lesenden die Scheidung von, wie es zuvor hieß, „Gesichte und Wirklichkeiten" zunehmend schwieriger. Denn Barbaras Frage berührt einen für die Erzählung zentralen Punkt; obwohl der Mann aus diesem Traum wieder aufzuwachen scheint und gestärkt seinen Weg „zur Grenze"[387] antritt, bleibt die Frage virulent, ob er selbst noch den Lebenden oder bereits den Toten zuzurechnen ist. Diese Unklarheit wird in erster Linie durch die Erwähnung der Verletzung hergestellt, die den Mann quält und die er vor Barbara zu verheimlichen sucht. Diese Verletzung wird selbst nicht beschrieben, lediglich von einem „kurzen, fransigen Riß" im Hemd ist die Rede, um den sich ein „kreisrunder Fleck"[388] gebildet hat. Brisanz erhält diese unschwer als Schussverletzung[389] erkennbare Versehrung des Mannes durch deren Lokalisierung

---

[385] Ebd., S. 23.
[386] Ebd., S. 25.
[387] Ebd., S. 26. Welche Grenze gemeint ist, bleibt ungeklärt.
[388] Ebd., S. 9. Dort auch das vorige Zitat.
[389] Vgl. ebenda, S. 23, wo explizit von der „Schußspur in seinem Rücken" die Rede ist.

„unterhalb der linken Schulter".[390] Es handelt sich also mit einiger Wahrscheinlichkeit um einen Herzschuss. Das Herz spielt auch während des Aufwachens aus dem Barbara-Traum eine Rolle. Während ein von dem Mann und Barbara gefangener Krebs (traumkonform) plötzlich immer größer wird, spürt „der Mann das schneidende Zusammenziehen seines Herzens; er drückte seine Hand dorthin, stöhnte, vernahm die Mahnung und richtete sich auf".[391] Um welche Mahnung es sich hier handelt, lässt sich ebenso wenig abschließend klären wie die Frage, ob der Mann (wenn auch schwerverletzt) noch lebt und welchen ontologischen Status die Traumgeschehnisse einnehmen. Der durch dergleichen Undeutlichkeiten hergestellte ‚Schwebezustand' ist konstitutiv für die Erzählung, in der die Logik des Traums um die mögliche Kommunikation zwischen Lebenden und Toten erweitert wird.

Explizit wird diese Kommunikation in der bereits erwähnten Erzählung *Der heimliche Gast*, in der ein junges Mädchen einem Mann im Treppenhaus begegnet, der ihr erzählt, er wohne in einer der obigen Wohnungen, sie solle aber von seiner Anwesenheit niemandem erzählen. Wie sich später herausstellt, handelt es sich bei dieser Figur um den im Krieg gefallenen Mann der Nachbarin. Auch dieses Kind trägt den Namen Barbara, was Bullivant dazu gebracht haben mag, das Kind aus *Das Wasser verbirgt sich im Berg* mit jenem aus *Der heimliche Gast* zu identifizieren – wofür es allerdings keine Textindizien gibt.[392] Bullivants Lesart der Erzählung jedoch, dass Barbaras Begegnung mit dem verstorbenen Mann – intradiegetisch von anderen Figuren wie auch zuletzt von ihr selbst als Traum rationalisiert[393] – über ihre Rationalisierung hinaus als „independent reality of its own"[394] erscheine, ist durchaus plausibel. Denn eine endgültige Klärung über den ontologischen Status der Geisterbegegnung bleibt auch hier aus; zumindest funktionell darf sie aber Anspruch auf Wirksamkeit erheben, denn Barbaras vermeintliche Traumerscheinung ist es gerade, die der Frau des gefallenen Mannes Trost spendet.

---

[390] Ebd.
[391] Ebd., S. 25.
[392] Vgl. Bullivant: *Between Chaos and Order*, a.a.O., S. 7.
[393] Vgl. Gaiser: *Der heimliche Gast*, a.a.O., S. 117.
[394] Ebd.

Auch in der Erzählung *Schwesterlegende* gestaltet Gaiser eine Szenerie, die sich als Totenkontakt beziehungsweise als Gang ins Totenreich lesen lässt, und in der das erste Mal explizit der Begriff „Zwischenland" Verwendung findet. Die Bezeichnung „Legende" mag dabei für den noch einmal verstärkten archaisierenden Stil des Textes verantwortlich sein:

> Dies ist die Erzählung über ein fast unbekanntes Land, wohin die Reise gefährlich, und aus dem eine Rückkehr selten vernommen wird, und von der Schwester, welche vor Tag sich aufmachte und die beschwerlichen Wege ging; aber noch war kein Anlaß, daß einer aus den Gästen sich verschattete an einem Zeichen davon; noch schien die eigene kleine Reise jedem verwunderlich genug.[395]

Das Wort „verschattete" sowie die Rede von einem „fast unbekannten Land", aus dem „eine Rückkehr selten vernommen" worden sei, stiften bereits von Anfang an eine Verbindung zu antiken Jenseits-Vorstellungen, konkretisiert durch eine Wendung der im Titel angeführten Schwester, sie wäre dem geliebten Bruder „zu den Schatten […] nachgereist",[396] so ihm etwas zugestoßen wäre. Diese antike Raumfolie prägt die gesamte Erzählung, in deren Zentrum ein junger Flieger steht, dessen Maschine nach einem Luftkampf aussetzt und der schließlich in dem von ihm so benannten „Stromland" abstürzt, von Flussschiffern gefunden und einer Frau in einem Fährhaus übergeben wird, die ihn letztlich gesundpflegt. Gaiser versammelt eine Vielzahl antiker Bilder, die einen Konnex zur erwähnten Totenwelt herstellen: ein an den Obolus erinnerndes „Lösegeld"[397], die Flussüberfahrt, die Fährfrau.[398] Schließlich erzählt der Flieger jener Frau seine Geschichte:

> Da fing er an und beschrieb seine Zeit an den äußersten Rändern, wo sie das Zwischenland bewachten, das öd lag und keinem gehörte. Er sprach von den Horsten, in denen sie mit verlorenen Schwärmen lagen, viele Monate von allem abgeschnitten, unerheitert und ohne Frauen, nur von Tee und Branntwein, von Zwieback und aus Kisten lebend […]. Täglich taten sie Dienst, flogen Schleifen den Grenzen entlang oder hängten sich spä-

---

[395] Gerd Gaiser: *Schwesterlegende*, in: Ders.: *Zwischenland. Erzählungen*, München 1949, S. 44–67.
[396] Ebd., S. 46.
[397] Ebd., S. 51.
[398] Vgl. ebenda S. 47f.

hend über das Niemandsland, um dann und wann vorzustoßen in die jenseitigen Bereiche und dort auf Orte zu fallen, die es zu überwachen galt.[399]

Zu diesen topographischen Ausführungen, dem Zwischenland und dem Niemandsland, addiert der Flieger noch das „Stromland", das von den Fliegern aufgrund seiner Unwirtlichkeit gefürchtet werde und wo er schließlich abgestürzt sei. Durch diese Rede der Fliegerfigur wird der Begriff des Zwischenlandes zwar als tatsächlich räumlicher Begriff benannt, aber geographisch entkonkretisiert – er lässt sich an keiner Stelle des Textes genauer lokalisieren.[400] Was sich hingegen konstatieren lässt, ist eine bestimmte Konstellation, die mit dem Begriff „Zwischenland" verbunden ist, und die sich aus den Koordinaten Krieg, Flieger/Soldat und räumliche Separierung zusammensetzt.[401] Dabei geht es dieser Konstellation aber weniger um das Umreißen eines realistischen Settings, sondern um die Evokation eines bestimmten Daseinsgefüges, das sich in erster Linie durch eine ins existentielle gesteigerte Loslösung auszeichnet. Das zeigt

---

[399] Ebd., S. 60.

[400] Hier lässt sich jene Charakterisierung in Anschlag bringen, die Gaiser in einem Gespräch mit Horst Bienek in Bezug auf die „Traumwelten" in seinem Erzählband *Am Paß Nascondo* liefert. Diese traumartige Landschaft sei nicht beziehungslos zu der Welt, „in der wir leben"; sie sei „zwar nirgends kartographiert, aber sie ist auch kein Wolkenkuckucksheim. Mir scheint sie eine Spiegelung unserer Wirklichkeit, vielmehr von Teilen aus ihr, ein Destillat aus ihr. Umsetzung wirklicher Landschaften, die zugleich geographischer wie psychologischer Natur sind." Auch diese Traumwelten durchziehen große Teile von Gaisers Werk. Bienek: *Werkstattgespräche mit Schriftstellern*, a.a.O., S. 214.

[401] Noch in seinem Kriegsroman *Die sterbende Jagd* wird Gaiser diese Konstellation erneut aufgreifen und sie tatsächlich räumlich konkretisieren; zudem lässt sich ein Bezug zu den in *Zwischenland* präsenten Jenseits-Folien herstellen. So sinniert der Soldat Kreysler, als er in einer kleinen Wirtschaft nahe dem Fliegerhorst sitzt: „Alles umringte ihn seltsam, dieses Zwischenland, in das er geraten war, dieses Jenseits, nein, verbesserte er sich, dieses Abseits. Alles schwamm, auch die Zeit schwamm, sie ging ihn nichts an […]." Gerd Gaiser: *Die sterbende Jagd*, in: Ders.: *Die sterbende Jagd, Eine Stimme hebt an, Schlussball. Drei Romane*, einmalige Sonderausgabe, München 1968, S. 5–235, hier S. 186. Auch diese Überlegungen finden in der Dämmerung statt.

sich unter anderem auch an der Attribuierung des „Zwischenlandes"; es ist „öd", gehört keinem und die dort liegenden Geschwader – ihrerseits als „verlorene Schwärme" bezeichnet – sind „von allem abgeschnitten". Diese Formulierungen kennzeichnen das Zwischenland letztlich als liminale Situation.

Es ist also gerade nicht das Stromland, das durch die Raumfolie des antiken Jenseits zumindest als Vorstufe des Totenreiches lesbar ist, das als „Zwischenland" bezeichnet wird;[402] gerade im Stromland ist der Tod auf seltsame Weise, wie die Frau erwähnt, nicht präsent: „Ja es ist mir geworden, als töte der Tod nicht wahrhaft bei uns, und sei er tödlich, so sei er von draußen; dort mag es ihn geben, wo ihr ihn leidet, im Zwischenland."[403] Aus diesem räumlichen Dazwischen führt letztlich ein geradezu profaner Weg; bei einem Luftangriff auf das Fährhaus verlässt der Flieger das Haus, nimmt sich eines der Boote und rudert davon. Die kurze Erzählung dieser Rückkehr wird durch einen Wechsel in der Fokalisierung begleitet und durch diesen gleichsam als ‚real' legitimiert; es „sollen zwei Fischer […] zu berichten gewußt haben",[404] wie der junge Flieger das Haus verlässt und mit einem Boot davonfährt. Dadurch wird zuletzt erneut eine realistische Perspektivierung des Geschehen betont und der ontologische Status des zuvor Erzählten mit einem Fragezeichen versehen. Das Enigmatische gehört ebenso zum Prinzip dieser Erzählung wie die bereits benannten strukturellen Uneindeutigkeiten.

Gaiser greift eine vergleichbare Konstellation noch einmal in *Zwischenland* auf, und zwar in der Erzählung *Vornacht*[405] – bezeichnenderweise die zweite Erzählung, in der der Begriff Zwischenland explizit genannt wird. Berichtet wird von einem Studententreffen, das auf einem Schiff stattfindet und in dessen Verlauf der Student Gornhoff dem Ich-Erzähler „seine Geschichte"[406] erzählt. Diese für sich gewöhnliche Situation wird bereits zu Beginn durch die Beschreibung des tageszeitli-

---

[402] „Das Zwischenland erscheint als Raum des Sterbens, als eine Durchgangszone, die ein Mensch zu durchwandern hat, wenn er sich zwischen Leben und Tod befindet." Anna-Regula Schaufelberger: *Das Zwischenland der Existenz bei Gerd Gaiser*, Bonn 1974, S. 30.
[403] Gaiser: *Schwesterlegende*, a.a.O., S. 64.
[404] Ebd., S. 66.
[405] Gerd Gaiser: *Vornacht*, in: Ders.: *Zwischenland. Erzählungen*, München 1949, S. 68–96.
[406] Ebd., S. 69.

chen Settings in die für die Erzählsammlung typische Traumartigkeit verschoben: „Es lag draußen Dämmerung, das Halblicht der nördlichen Sommernächte, welches von nirgend gespeist dahinzögert, alle Gestalt löst und keine Schatten entstehen läßt, so als höbe es alle Wirklichkeiten auf."[407] In eben jener Dämmerung lokalisiert Gornhoff auch das Zwischenland:

> Das Zwischenland. Da liegt es. Es dämmert. Wissen Sie, was das bedeutet, der schwache Streif ohne Begrenzung draußen? Kein Himmelsgebild. Drüben lebte ich. Offen Meer rechts, stummes Wasser links, oder links Schweigen und rechts Meer, gleichviel; Sand, Vögel. Ich traf keine Menschen, wenn ich nicht wollte; und ich wollte nicht.[408]

Auch in *Vornacht* ist es nicht möglich, die Geographie dieses Zwischenlandes genauer zu bestimmen, ähnlich wie in der „Schwesterlegende" ist es aber auch hier der Krieg, der die Figur dorthin verschlägt;[409] auch die mit der räumlichen einhergehende soziale Separierung wird erneut aufgegriffen. Die von Gornhoff angeführten topographischen Eigenschaften (unter anderem ergänzt durch die Erwähnung eines „Bruchwaldes"[410]) ähneln ebenfalls jenen aus *Schwesterlegende*. Wesentlich ist, dass die Erfahrung des Zwischenlandes letztlich so tiefgreifend ist, dass eine Rückkehr daraus Gornhoff nicht gelingen will. Er vergleicht sein Leben im Zwischenland mit jenem der „Geister [...], ehedenn sie wiederkehren:

---

[407] Ebd., S. 68.
[408] Ebd., S. 71.
[409] Vgl. ebenda S. 72: „[W]er hatte mich auch geheißen Sold nehmen, als ein Infanterie-Regiment in der Zeitung Freiwillige suchte [...]". Diese Formulierung erinnert kaum an die Mobilmachung eines hochgerüsteten Militärapparates des mittleren 20. Jahrhunderts, sondern atmet noch die Luft von Söldner- und Landsknechtsromantik des 19. Jahrhunderts.
[410] Ebd., S. 72. Ein Bruchwald ist ein permanent nasser, gefluteter und zumeist sumpfiger Wald; dieser Raum fügt sich dementsprechend gut in das von Wasser dominierte Gefüge des Zwischenlands. Diese Verbindung von Wald und Wasser findet sich explizit noch einmal in einer Beschreibung des Zwischenlandes durch den Erzähler: „Irgendwo rechts mußte die Düne geblieben sein, der Dämmer, das Zwischenland, links die Stromwälder der Niederung, Wald und Wasser ungeschieden, Moore, endloser Sumpf [...]." Ebd., S. 94.

dürre Stätten durchwandernd, und suchen Ruhe, und finden sie nicht".[411] Diese Formulierung ist durchaus anschlussfähig an die Schilderungen der als chaotisch empfundenen Nachkriegszeit aus den Erzählungen *Das Wasser verbirgt sich im Berg* und *Brand im Weinberg*, deren Figuren sich ähnlich geisterhaft bewegen und die eine vergleichbare Sehnsucht nach Ruhe eint. Zugleich lässt sich diese frühe Stelle der Erzählung proleptisch verstehen; denn Gornhoffs geisterhafte Wiederkehr aus dem Zwischenland ist nur von kurzer Dauer – am Ende der Erzählung wird er sich das Leben nehmen (obwohl der Erzähler zuvor statiert, Gornhoff habe „keinem Sterbenden ähnlich"[412] gesehen).

Die Erzähllogik des Traums, bereits vorbereitet durch die Vielzahl an Wahrnehmungsmetaphern, die das Düstere, Diesige und Dämmrige betonen, erfährt in *Vornacht* noch eine konkrete Ausarbeitung. Der Erzähler schläft während der bis tief in die Nacht andauernden Bootsfahrt ein und träumt, er stehe

> in einem Dienstzimmer, wo hinter langen Tischen Männer an Zettelkästen saßen, die von ihnen fleißig und teilnahmslos bewegt wurden. Von vorne aber traten Straßengänger heran und empfingen von den Beamten Papiere in grauen Hüllen. Manche steckten sie ein und entfernten sich gleichgültig durch die immer schlagenden Windfangtüren, andere fingen zu lesen an, zögerten dann oder schlugen die Hände vors Gesicht; es war ein immerwährendes Kommen und Gehen. Nun verursachte eine Person Aufenthalt, die Umstände machte wie oft kleine Leute oder Bauern, denen der Gang der Geschäfte nicht herunterwill, und sie beharrte darauf, den Umschlag, den sie bereits aufgerissen hatte, nicht anzunehmen. Der Beamte entgegnete und hatte weiße fühllose Züge, das sei seine Sache nicht, und wie sie sich das vorstelle, wem er dann nun das Papier zumuten solle, nachdem vollends alle im Raume es gesehen, und wer nach ihrem Glauben aus freien Stücken bereit sei, verfallende Papiere zu übernehmen.[413]

Es ist nun ausgerechnet der Student Gornhoff, der in diesem Traumszenario auftaucht und das fragliche Papier „mit seinem hochmütigen Gesicht, das höflich war und etwas Widerwillen und Verachtung versteckte",[414] annimmt. Der Erzähler kommentiert seinen Traum, dessen

---

[411] Ebd., S. 72.
[412] Ebd., S. 69.
[413] Ebd., S. 84.
[414] Ebd.

bürokratische Note auffallend realistisch gegen die träumerische Bootsfahrt abstichst, nicht weiter. Das ist erzählerisches Kalkül, lässt sich doch dieser Traum durchaus als Spruchkammer-Szenario im Kontext der alliierten Entnazifizierungspolitik begreifen – und als Kritik daran. Der „fühllosen" Art der Beamten, die sich weniger um die Menschen und mehr um die „Papiere" zu kümmern scheinen, entspricht jenes Stereotyp des undifferenzierten Spruchkammerverfahrens, das gemäß einer vermeintlichen Kollektivschuldthese jedem Deutschen seinen Anteil an der gesamten Schuld zumisst – Widerspruch zwecklos.[415] Dass die Realität dieser Praxis bereits zum Publikationszeitpunkt von *Zwischenland* eine ganz andere war, nämlich eine, die pauschal eher einer Unschulds- beziehungsweise Mitläuferannahme anhing, steht außer Frage. Wie verhasst dieses Verfahren allerdings gewesen ist, lässt sich noch an dem Erfolg von *Der Fragebogen* von Ernst von Salomon ablesen, der dieses Verfahren zum Ausgangspunkt seiner (selbstherrlichen) Kulturkritik in Romanform wählte. Hier begegnen sich Gaiser und von Salomon also doch.

Der intradiegetische Traum entschärft die Ebene des Dargestellten durch Ent-Konkretisierung und durch den Schritt heraus aus einem realistischen Erzählverfahren, stellt aber zugleich eine assoziative Beziehung zu zeitgeschichtlichen Ereignissen her, die den zeitgenössischen Lesenden nicht entgangen sein dürfte. Der Traum wird dadurch nicht nur zum Sehnsuchtsort stilisiert, sondern avanciert zum Modus der Zeitkritik. Ähnliches lässt sich in *Brand im Weinberg* feststellen. Als Oberstelehn an dem kleinen Häuschen im Weinberg angelangt ist, glaubt er zunächst, beim Blick durchs Fenster am ihm gegenüberliegenden Fenster ebenfalls ein Gesicht zu erkennen. Er sieht „den hellen Fleck und die umschatteten Augen",[416] kennt aber das Gesicht nicht und fragt sich, ob es wohl lediglich die Spiegelung seines eigenen Gesichts gewesen ist. Auch dieses Spiel mit der Doppelung bleibt ungeklärt, wird also dem Prinzip der Uneindeutigkeit subsumiert und bereitet zugleich eine größere Textpassage

---

[415] Eine ähnliche Anspielung findet sich in Gaisers erstem Roman *Eine Stimme hebt an*, wo es heißt, das „Verfahren wartet auf jeden. [...] das sind die Bestimmungen." Auch hier lässt sich ein Bezug zur Entnazifizierung herstellen, ohne dass dieser explizit formuliert werden würde. Gerd Gaiser: *Eine Stimme hebt an*, München 1950, S. 125. Vgl. Bausinger: ‚*Eine sterbende Welt, die nach Dauer klagte...*', a.a.O., S. 154.

[416] Gaiser: *Brand im Weinberg*, a.a.O., S. 34.

vor, in der es zu einer weitreichenden Überblendung der Figurenwahrnehmung durch eine traumartige Szene kommt. Es lohnt sich, auch diese Textstelle in voller Länge zu zitieren:

> Seine Augen hatten ein sonderbares Erlebnis; plötzlich sah er überall die alte Weinhalde entlang, auf und nieder durch das sanfte Halbrund, mit dem sie sich gegen den Wald hinüberzog, gleich Glühkäfern Lichter angegangen; überall dort schienen die alten versunkenen Tempelchen wieder aus dem Boden aufgezaubert, überall dort Kerzen entzündet, und es neigten Versöhnte sich einander zu, trafen Geister sich mit Geist und Lust mit Lust. Jetzt schleppten dort die Unterirdischen das geweihte Tier herein, sie schlachteten, zogen ab und brieten das heidnische Mahl, eine arme Seele duckt sich zitternd im Winkel und weiß nicht, wie sich davonstehlen, sie suchen und finden sie, stecken ihr den Bissen in den Hals, zwingen sie teilzuhaben; dann ist das Mahl vorbei, sie tanzen ihren Reigen, breiten die Haut aus und werfen die Knochen auf sie, klatschen in die Hände, und das weiße Tier steht wieder auf; allein es hinkt, es muht kläglich, ein Knöchlein fehlt, eine Wunde blutet da, wo der Sterbliche mitgehalten hat, jetzt schreien sie und zeigen dorthin – [417]

Diese heidnisch anmutende Szenerie illustriert aber nur vermeintlich einen historischen Regress; viel eher liegt auch hier eine traumartige Gestaltung der jüngsten Vergangenheit Deutschlands vor. Sicherlich lässt sich das Traumgeschehen nicht unmittelbar übertragen; danach zu fragen, welche historische Gruppierung genau mit den Begriffen „Versöhnte" oder „Unterirdische" denotiert sind, führt eher auf Abwege. Der Traum konfiguriert aber zweifellos eine Konstellation unschuldigen Schuldigwerdens. Ein Mensch, eine „arme Seele", wird zur Teilnahme an einem Opfer-Zeremoniell gezwungen und zuletzt für eben jene Teilnahme von jenen, die ihn gezwungen haben, ‚verschrien'. Die Traumszenerie gestaltet das Moment einer erzwungenen Mittäterschaft, hinter der sich die eigentlich Verantwortlichen verstecken. Es fällt tatsächlich schwer, diese Textpassage nicht als Rekurs auf die Schuld- und Verantwortungsdiskurse der deutschen Nachkriegsgesellschaft zu lesen, die sich an dem Schlachtfest an der ‚heiligen Kuh' Deutschland entzündeten. Bezeichnend ist dabei die von Gaiser inszenierte Verdrehung der historischen Mehrheitsverhältnisse, die den erlittenen Zwang zum Mittun als unaus-

---

[417] Ebd., S. 38.

weichlich betont, eben weil man einer (gewalttätigen) Übermacht gegenüberstand. Die Analogie zur historischen (und in ihrer Funktion exkulpierenden) Denkfigur, der zufolge die Deutschen erst von Hitler und den Nationalsozialisten verführt und dann in deren Gewaltexzesse gepresst wurden, ist augenscheinlich. Für diese die Figurenwahrnehmung überblendende Traumszene, die ihrerseits von keinen weiteren Kommentaren eingeordnet wird, gilt das Gleiche wie für jene in *Vornacht*: Die zeitgenössische Leserschaft dürfte die Anspielungen verstanden haben.

Diese beiden diskutierten Textpassagen zeigen, dass das Changieren zwischen realistischen und traumartigen Erzählverfahren in *Zwischenland* nicht nur den besonderen ordnungspolitischen Zustand der Nachkriegszeit, deren ‚Schwebezustand', ästhetisch einzufangen versucht, sondern zugleich als poetisches Element der Zeitkritik fungiert. Die kommentarlos in den Erzählfluss integrierten Traumszenen, die als solche intradiegetisch explizit kenntlich gemacht werden, erlauben die Thematisierung ‚realer' zeitgeschichtlicher Konstellationen durch ein dezidiert nicht-realistisches Darstellungsverfahren, womit nicht zuletzt ein gewisses Distanzierungspotential aktiviert wird – für einen nicht gerade unbelasteten Autoren wie Gerd Gaiser eine nachvollziehbare Strategie. Das Dazwischen ist also auch in den untersuchten Erzählungen aus *Zwischenland* Resultat eines bestimmten literarischen Verfahrens, das zugleich die unmittelbare Nachkriegszeit als (chaotische) Übergangszeit porträtiert, der wesentlich die Frage nach einer neuen Ordnung eingeschrieben ist. Die Erzählungen betonen das transitorische Moment dieser historischen Situation, versehen diese allerdings mit einem durchaus pessimistischen Subtext. Gaiser fokussiert vor allem die desintegrierenden Kräfte und materiellen Nöte der „Zusammenbruchsgesellschaft", beschwört aber zugleich eine neue Humanität und Solidarität, die aber vor allem jenen zuteilwird, die ‚echt' gelitten haben – so beispielsweise der Flüchtlingsfrau aus *Der heimliche Gast*, die drei ihrer vier Kinder auf der Flucht verloren hat und schließlich mit einem warmherzig-schwäbischen „Kommet rein"[418] in jenes Zimmer geladen wird, in dem zuvor noch der im Krieg gefallene Mann gearbeitet hat.

---

[418] Gaiser: *Der heimliche Gast*, a.a.O., S. 126. Dass dieses Zimmer zuvor der Flüchtlingsfrau zugeteilt wurde und sich also eher einem bürokratischen Akt verdankt, tut der Emotionalisierung der betreffenden Szene keinen Abbruch.

Gaiser wird bezüglich der von ihm literarisch begleiteten gesellschaftlichen Integrationsprozesse der Bundesrepublik diesem Pessimismus treu bleiben. Zugleich wird jene historisch konkrete Situation des Interregnums verallgemeinert und in ein zyklisches Geschichtsmodell integriert, in dem der Mensch wesensmäßig – wie es in *Das Schiff im Berg* von 1955 heißt – als Wesen des Übergangs angelegt ist: „Der Mensch transitorisch".[419] Diese Verschiebung ins Zeitlose, die Hermann Bausinger bemerkt,[420] ist bereits in Gaisers erster Nachkriegspublikation angelegt. Das Dazwischen avanciert so schließlich zu einem essenziellen Merkmal geschichtlicher Prozesse überhaupt, in denen Ordnung und Chaos permanent austariert werden müssen, aber sich in ihren Abfolgen von menschlichen Interventionen unbeeindruckt zeigen.[421] Oberstelehns Bedürfnis danach, „endlich einmal anfangen"[422] zu können, wird somit zu einem niemals ganz erreichbaren Wunschgebilde.

---

[419] Gerd Gaiser: *Das Schiff im Berg. Aus dem Zettelkasten des Peter Hagmann*, München 1955, S. 29.
[420] Vgl. Bausinger: *Gerd Gaisers Heimkehr ins Zeitlose*, a.a.O., S. 35f.
[421] So die Pointe der Untersuchung bei Irsigler, *Überformte Realität*, a.a.O., S. 352–364.
[422] Gaiser: *Brand im Weinberg*, a.a.O., S. 37.

8. Resümee und Ausblick

> *It looks like it's a-dyin' an' it's hardly been born*
> Bob Dylan

Diese Studie hatte es sich zur Aufgabe gemacht, die unmittelbare Nachkriegsliteratur auf eine bestimmte Denkfigur hin zu befragen, die nicht nur auf die besondere politische wie gesellschaftliche Situation nach Kriegsende reagiert, sondern diese oft als chaotisch empfundene Zeit symbolisch zu ordnen und sie als Übergangsstadium in eine andere, gleichermaßen nazistisch wie militaristisch geläuterte und demokratisch respektive sozialistisch grundierte Zukunft zu diskursivieren sucht. Es wurde damit die sowohl in der zeitgenössischen Publizistik als auch in der historischen wie literaturgeschichtlichen Forschung anzutreffende Formulierung von der Zwischenzeit, wie sie die Jahre zwischen 1945 und 1949 darstellten, ernst genommen und die Vorstellung eines Interregnums zur Leitkategorie erhoben; ihren Verwendungsweisen, Implikationen und ästhetischen Gestaltungen in journalistischen wie literarischen Texten galt die Aufmerksamkeit dieser Arbeit.

In seinen Ausführungen zur Reportageliteratur der unmittelbaren Nachkriegsjahre hatte Klaus R. Scherpe bereits 1982 festgestellt:

> Der neuerlichen Entwicklung der Literatur zum ‚Höheren' voraus liegt eine als ‚Vakuum' und ‚Zwischenzeit' literarisierte Lebenswelt, ein Trümmerfeld von Tausenden von Alltagsgeschichten und Erfahrungsberichten, von Realitätsnotaten, Reiseerlebnissen und -reflexionen, Deutschland-Briefen und Interviews, welche die Sparten der Zeitungen und Zeitschriften füllen.[1]

---

[1] Klaus R. Scherpe: *Erzwungener Alltag. Wahrgenommene und gedachte Wirklichkeit in der Reportageliteratur der Nachkriegszeit*, in: *Nachkriegsliteratur in Westdeutschland 1945–1949. Schreibweisen, Gattungen, Institutio-

Obwohl die Rede von der als „,Zwischenzeit' literarisierte[n] Lebenswelt" zu Beginn seines Aufsatzes und damit an prominenter Stelle steht, ist Scherpe nicht primär an diesen Literarisierungen interessiert; er richtet den Blick vielmehr auf die Konturen einer dezidiert auf Gegenwartsbezug und ‚Realismus' verpflichteten Reportageliteratur, die bereits durch ihre publizistischen Orte – Zeitungen und Zeitschriften – ihren „Zwang zur Aktualität und zur öffentlichen Kommunikation"[2] ausstellt. Ihn interessieren dabei vor allem die „Wirkungsstrategie und die ideologischen Effekte"[3] dieser Texte, die er dem reichhaltigen Zeitschriftenbestand der unmittelbaren Nachkriegszeit entnimmt und anhand derer er eine Typisierung jener frühen Reportageliteratur versucht sowie dominierende Schreibhaltungen und Denkmuster ermittelt. Ausgangspunkt für Scherpes Überlegungen ist der im Kontext der Nachkriegsliteratur kanonische Aufsatz *Deutsche Kalligraphie oder Glanz und Elend der modernen Literatur*[4] von Gustav René Hocke. Hockes Eintreten für eine gegenwartsbezogene Schreibweise nimmt Scherpe als Auftakt für seine Bestandsaufnahme dessen, was Hocke als eigene Gattung bezeichnet, nämlich den „kaleidoskopartige[n] Bericht über Deutschfahrten",[5] und merkt in einer Parenthese dazu an, Hockes Artikel sei geprägt „durch die zeittypische ‚Interregnums'-Mentalität des ‚Nicht mehr' und ‚Noch nicht'".[6] Diese Parenthese in ihrer historischen Dimension und Komplexität aufzuschlüsseln und die sich in publizistischen wie literarischen Texten gleichermaßen präsente Denkfigur des Dazwischen zu konturieren, war Aufgabe der vorliegenden Studie.

Der Begriff der Denkfigur hat, wie an anderer Stelle konstatiert wurde, in den letzten Jahren gleichermaßen an Prominenz und Verwendungsfrequenz in den Literatur- und Kulturwissenschaften zugenommen, was sicherlich auch mit der notorischen Unterbestimmtheit des Terminus zu tun hat, die ihn vielfältig einsetzbar macht. Versuche, die Denkfigur auch terminologisch zu fixieren und von anderen, mitunter ähnlich oder gar synonym verwendeten Begriffen wie Metapher, Topos oder Modell zu unter-

---

    nen, hg. von Jost Hermand/Helmut Peitsch/ders., Berlin 1982, S. 35–102, hier S. 36.
[2] Ebd., S. 39.
[3] Ebd., S. 36.
[4] Gustav René Hocke: *Deutsche Kalligraphie oder Glanz und Elend der modernen Literatur*, in: *Der Ruf* 1 (1946), S. 9–10.
[5] Ebd., S. 9.
[6] Scherpe: *Erzwungener Alltag*, a.a.O., S. 37.

scheiden, verfahren häufig nicht im eigentlichen Sinne theoretisch, sondern anwendungsbezogen; sie diskutieren an einem konkreten Beispiel, was eine Denkfigur ist und leistet. Was Jutta Müller-Tamm für Denkfiguren im Allgemeinen bestimmt hat, behauptet seine Gültigkeit auch im Kontext dieser Studie. Sie würden vermitteln zwischen „den Polen von Mentalem und Materiellem, von Sinn und Sinnlichem, Denken und Anschaulichkeit, Prozessualität und Gestalthaftigkeit, Diversität und Geschlossenheit",[7] wobei vor allem die Polarität zwischen Sinn und Sinnlichem hinsichtlich der Denkfigur des Dazwischen ins Auge sticht. Es konnte angesichts der materiellen Verheerungen und physischen Vernichtungen, die der Krieg 1945 hinterlassen hatte und vor dem Hintergrund der Implosion staatlicher Ordnung nicht ausbleiben, dass die Menschen der unmittelbaren Nachkriegszeit sich aufs deutlichste mit Fragen nach dem Sinn des Geschehenen konfrontiert sahen. Die Kategorie des Dazwischen, wie sie in dieser Arbeit anhand der historischen Semantik des Interregnums-Begriffs und unter Heranziehung zeitgenössischer Texte herausgearbeitet wurde, vermittelt zwischen der Sinnlichkeit der Niederlage und dem augenscheinlichen Sinnbedürfnis der Deutschen, indem sie einen Denkraum schafft, der die Niederlage zugleich als Eintritt in eine (je nach politischer Couleur) Besinnungs- beziehungsweise Aufbruchsphase begreift. Dergestalt wird die Denkfigur des Dazwischen sichtbar als eine Form der historischen Selbstbeschreibung, wobei der deskriptive Gehalt mit einem Sinnüberschuss einhergeht, indem die hergestellte Situierung der Deutschen im Dazwischen zugleich einen Komplex aus Appellen, Geschichtsdeutungen, Relativierungen und Geltungsansprüchen schafft. Während die Denkfigur also vor allem für den forschenden Blick eine epistemologische Funktion erfüllt, indem sie „erkenntnisleitend, wissensorganisierend"[8] verfährt und disparate Wissensgebiete unter einer spezifischen Fragestellung vereint, ist sie im Kontext des historischen Interregnums selbst darauf ausgelegt, Sinnangebote zu formulieren und affektive Energien zu mobilisieren. Wer sich in einer gesellschaftlichen wie geschichtlichen Transitionsphase befindet, ist mit der Frage konfrontiert,

---

[7] Jutta Müller-Tamm: *Die Denkfigur als wissensgeschichtliche Kategorie*, in: *Wissens-Ordnungen. Zu einer historischen Epistemologie der Literatur*, hg. von Nicola Gess/Sandra Janßen, Berlin, Boston 2014, S. 100–120, hier S. 100.

[8] Ebd., S. 104.

wie dieser Übergang zu gestalten ist. Und welche Transformationsprozesse währenddessen zu realisieren seien.

Die Rede von der Figur, also der (sprachlichen) Gestalt, motiviert den Schritt in die Analyse ihrer textuellen Verfasstheit. Die Untersuchung konzentrierte sich demnach darauf aufzuzeigen, in welchen Bildern und Motiven, Räumen und Zeiten, Handlungs- und Erzählschemata sich die für die Denkfigur zentralen und in ihr stillgestellten Denkbewegungen artikulierten,[9] um ihre narrativen Erscheinungsformen transparent machen zu können. Die Vorstellung, in einer Zeit zu leben, in der das Alte zwar gestorben, das Neue aber noch nicht geboren ist, führt zu einer Ausdifferenzierung der Denkfigur entlang von raumzeitlichen Bebilderungen (etwa in Form von Schwellenmetaphern), Wandlungssemantiken (wie sie im Wechsel der anthropologischen Leitfigur vom Soldaten zum Bürger präsent sind) und Reflexionen über notwendige neue Praktiken (manifest vor allem im Nachdenken über Diskussion und Toleranz), die sich ihrerseits in den analysierten literarischen Texten bündeln und überschneiden. Ein Roman wie etwa Heinz Reins *Finale Berlin* demonstriert diese Vielschichtigkeit der Denkfigur, indem er mit einem Deserteur nicht nur eine spezifische Figur des Dazwischen zum Hauptprotagonisten des erzählten Geschehens macht, sondern an dieser zugleich die Parallelität von Transition und Transformation aufzeigt (Desertion als notwendiger Zwischenschritt zu einer neuen Humanität) und zudem Fragen nach neuen kommunikativen Praktiken mittels ausgreifender Figurendialoge und eines Verfahrens des Zitierens und Montierens historischer Dokumente in die Form des Romans selbst aufnimmt. Reins früher Bestseller ist zudem ein eindrückliches Beispiel dafür, wie sich die Verwendung der Denkfigur mit einem bestimmten Handlungsschema (Einsicht in die Falschheit des Nationalsozialismus und Aufbau einer sozialistischen Identität) und einem deutlich moralischen Gestus verbindet; die Desertion ist nicht nur nicht als Verrat oder Feigheit zu begreifen, sondern als Widerstandsakt – und den Protagonisten dieses Widerstands wachse durch ihre moralische

---

[9] So Caroline Torra-Mattenklott: *Denkfiguren*, in: *The Beauty of Theory. Zur Ästhetik und Affektökonomie von Theorien*, hg. von Joachim Küpper u.a., München 2013, S. 59–76, hier S. 60: „Als eine im Text angelegte und stillgestellte Bewegung des Denkens ist die Denkfigur in der Literatur ein Element der Theorie; als Mittel der stilistischen Eleganz und der rhetorischen Pointierung erfüllt sie auch im theoretischen Text eine poetische Funktion."

Integrität gleichsam natürlich eine Führungsrolle im Aufbau eines postfaschistischen Deutschlands zu.

Diese Melange aus besagter Denkfigur, moralischem Gehalt und, nicht zuletzt, politischer Pädagogik (*so* diskutiert man) – die in unterschiedlichen Ausformungen und divergierender Schwerpunktsetzung in allen untersuchten Texten präsent ist – wirft Licht auf das Verhältnis von literarischem Text und Gesellschaft. Die analysierten Romane und Erzählungen zeichnen sich durch eine grundsätzliche Interventionshaltung aus, die zwar in unterschiedlicher Intensität zutage tritt, aber in dieser Haltung bereits von der zeitgenössischen Leserschaft so wahrgenommen wurde, wie sich an den diskutierten Rezensionen ablesen lässt. Noch in ihren ästhetisch verspieltesten Formen müssen diese Texte als literarische Gegenwartskommentare begriffen werden, denen es nicht zuletzt um eben diese Kommentierungs- und Kommentarfunktion selbst geht. Es handelt sich bei ihnen um Beispiele gesellschaftsorientierten Schreibens, das seinen Adressatenkreis nicht auf ein durch ästhetische Formalismen bereits vorselegiertes Publikum reduziert wissen möchte – auch wenn die untersuchten Texte etwa von Georg Hensel oder Martha Saalfeld fraglos einen deutlichen kleineren Kreis von Lesenden angesprochen haben.[10] Wie die Lektüre so verschiedener Autorinnen und Autoren wie Rudolf Krämer-Badoni, Heinz Rein oder eben Martha Saalfeld gezeigt hat, verläuft der Interregnums-Diskurs quer zur Achse jener von Manfred Karnick identifizierten idealtypischen Schreibstrategien des Transzendierens und Be-

---

[10] So erwähnt etwa Elisabeth Langgässer in einem Brief an Clara Menck durchaus gehässig die niedrigen Verkaufszahlen von Hensels *Nachtfahrt*, Arno Schmidts *Leviathan* oder der von Wolfgang Weyrauch herausgegebenen Anthologie *Tausend Gramm*. Vgl. Elisabeth Langgässer: *Briefe 1924–1950*, Bd. 2, Düsseldorf 1990, S. 1007. Langgässer wusste sich in der Ablehnung „dieser Art Produktion" (ebd.) mit Menck vereint, deren Aufsatz „Beschwörung von Tintengespenstern. Grundsätzliche Bemerkungen" (*Frankfurter Rundschau*, 07.01.1950) Langgässer kannte, und in dem Menck u.a. Hensel scharf kritisierte. Die Suggestion einer stilistischen oder sonstigen Homogenität, die die genannten Texte verbinde, ist allerdings nicht gegeben, sondern scheint sich eher aus einer generationellen Kluft zu erklären.

schreibens.[11] Unabhängig von politischer Überzeugung und sozialspezifischer Zugehörigkeit, aber eben auch unabhängig von ästhetischen Entscheidungen und stilistischen Vorlieben greifen die diskutierten Autorinnen und Autoren auf die Denkfigur des Dazwischen und Elemente des Interregnums-Diskurses zurück und schreiben sich dergestalt ein in ein für die unmittelbare Nachkriegszeit zeittypisches und diese prägendes Schema der Gegenwartsdeutung.

Auch wenn, wie Wulf Köpke zurecht bemerkt hat, die „Nötigung unserer Zeit zur politisch korrekten schnellen Phrase" zu einem „schnellen Abnutzungsprozess"[12] jener Begriffe geführt hat, die zum verbalen Standardrepertoire engagierter beziehungsweise politisch aufgeklärter Literatur zu gehören scheinen – Widerstand, Gesellschaftskritik, Verweigerung –, so drängt die vorangegangene Analyse der Literatur des Interregnums doch dazu, den besagten Zeitraum als einen wichtigen Abschnitt der Geschichte der politischen Literatur Deutschlands zu begreifen.

Genauer müsste man von einer Re-Politisierung der Literatur sprechen. In diesem Prozess geht es um das erneute Austarieren des Verhältnisses der Literatur zum Staat beziehungsweise zur politischen Macht im Allgemeinen. Dabei kommt es zu einer bezeichnenden Verkehrung; aus der, mit Klaus von Beye gesprochen, „Kunst der Macht", die ihren Sinn und ihre Funktion in der affirmativen Begleitung offizieller Ideologien und Verlautbarungen erblickte und das politische Säbelrasseln durch entsprechende künstlerische Erzeugnisse zu valorisieren suchte, sollte (erneut) eine „Gegenmacht der Kunst"[13] werden, die sich in einem Verhältnis kritischer Distanz zur politischen Sphäre ihre Reflexionspotenzen und Rede- beziehungsweise Schreibfreiheiten zu erhalten strebte. Dass diese neue Verhältnisbestimmung zu Beginn häufig im Vagen und Unbestimm-

---

[11] Vgl. Manfred Karnick: *Krieg und Nachkrieg: Erzählprosa im Westen*, in: *Geschichte der deutschen Literatur 1945 bis zur Gegenwart*, hg. von Winfried Barner, 2. akt. und erw. Aufl., München 2006, S. 31–75, hier S. 35–39.

[12] Wulf Köpke: *Literatur als Widerstand und Verweigerung*, in: *Totalitarismus und Literatur. Deutsche Literatur im 20. Jahrhundert – Literarische Öffentlichkeit im Spannungsfeld totalitärer Meinungsbildung*, hg. von Hans Jörg Schmidt/Petra Tallafuss, Göttingen 2007, S. 19–37, hier S. 20.

[13] Vgl. Klaus von Beye: *Die Kunst der Macht und die Gegenmacht der Kunst. Studien zum Spannungsverhältnis von Kunst und Politik*, Frankfurt a. M. 1998.

ten verblieb,[14] unterstreicht die Schwierigkeiten, denen sich Literatinnen und Literaten im Erfahrungsgeflecht von zwölf Jahren Faschismus, einer Anspruch auf Geltung machenden Exilliteratur, einer auf ihre Integrität pochenden Literatur der Inneren Emigration sowie einer zunehmenden Vereinnahmung der Künste im Zuge des sich verhärtenden Ost-West-Konflikts ausgesetzt sahen. Trotzdem kann das Interregnum als jener historische Ort verstanden werden, an dem sich der Typus des Intellektuellen als öffentliche Instanz, wie er sich gegen Ende des 19. Jahrhunderts auszubilden begonnen hatte, weiter verfestigt – Schriftstellerinnen und Schriftsteller sind nicht lediglich auf das Verfassen schöngeistiger Literatur limitiert, sondern suchen auch und gerade über die literarische Kommunikation den Anschluss an die öffentlich-politische Sphäre.

Am Ende des historischen Interregnums sah etwa der zunächst nach Dänemark, dann nach Schweden geflüchtete Soziologe Theodor Geiger in seiner der gesellschaftlichen Positionsbestimmung des Intellektuellen gewidmeten Schrift zu *Aufgaben und Stellung der Intelligenz in der Gesellschaft*[15] die Aufgabe der Intelligenz in der konsequenten Kritik politischer Macht. Ihre Aufgabe sei, wie Werner Mittenzwei dazu formuliert, „nicht konstruktiv, sondern destruktiv".[16] Diese Opposition von Geist und Macht kennt ihre historischen Vorläufer. Die Ablehnung, ja Verachtung der Politik durch die Vertreterinnen und Vertreter einer ausschließlich um ‚das Geistige' besorgten Literatur, deren Selbstverständnis durchaus mit jenem von Fritz K. Ringer so bezeichneten „Mandarinentum"[17] der deutschen Geistes- und Sozialwissenschaften vergleichbar war, hatte schon Thomas Mann bedauert, dessen Biografie paradigmatisch den Wechsel von der radikalen Ab- zur erzwungenen Hinwendung

---

[14] Vgl. Rüther: *Literatur und Politik*, a.a.O., S. 211.
[15] Theodor Geiger: *Aufgaben und Stellung der Intelligenz in der Gesellschaft*, Stuttgart 1949.
[16] Werner Mittenzwei: *Die Intellektuellen. Literatur und Politik in Ostdeutschland 1945–2000*, 3. Aufl., Leipzig 2002, S. 12. Zur Soziologie Geigers, der streckenweise eine radikale eugenische Position vertrat und sich zu Beginn der NS-Herrschaft zunächst um eine Annäherung an die neuen Machtverhältnisse bemühte, siehe Thomas Meyer: *Die Soziologie Theodor Geigers. Emanzipation von der Ideologie*, Wiesbaden 2001.
[17] Fritz K. Ringer: *Die Gelehrten. Der Niedergang der deutschen Mandarine 1890–1933*, Stuttgart 1983.

des Literaten zur Politik bezeugt.[18] Dieser Wandel erfasste nicht die gesamte Literaturlandschaft; auch nach 1945 lassen sich Gestiken der Politikverachtung aus ‚geistesaristokratischer' Haltung heraus nachweisen. Paradigmatisch für die angesprochene Neupositionierung von Literatur und Politik steht die Geschichte der Gruppe 47, deren zwar inhaltlich vages, aber identitätsstiftendes politisches Selbstverständnis nicht nur literaturästhetische Differenzen überwinden half, sondern auch exemplarisch die Bewegung von einer grundsätzlichen „Staatsskepsis zum parteipolitischen Engagement"[19] illustriert – an Letzterem sollte sie, so Dominik Geppert, schließlich zerbrechen.[20] Die Analyse des Interregnums-Diskurses hat gezeigt, dass es einen großen Drang nach Gespräch, Streit, Disput, kurz: nach dem ‚Lärm' des argumentativen Austauschs gegeben hat, auch und gerade in politischer Hinsicht. Dieser formt nicht nur einen deutlichen Gegenpol zum (populär-)geschichtlichen Bild von der eingeforderten Ruhe als Bürgertugend, wie sie vor allem die Wahrnehmung der 1950er-Jahre dominiert. Die Jahre zwischen 1945 und 1949 bilden außerdem den Auftakt zu einem neuen politischen Bewusstsein innerhalb der literarischen Intelligenz.

Diese Veränderung läuft parallel zum gesamtgesellschaftlichen Umbau in politischer Hinsicht. Traten 1933 die Nationalsozialisten, unterstützt wie geduldet von einem beachtlichen Teil der deutschen Gesellschaft, mit dem Programm an, die Deutschen nach der ‚Katastrophe' von Versailles „binnen weniger Jahre materiell wie mental wieder kriegsfä-

---

[18] Vgl. u.a. Manfred Görtemaker: *Thomas Mann und die Politik*, Frankfurt a. M. 2005, der die Annäherung Manns an die Sphäre des Politischen allerdings eher als erzwungen herausstellt und betont, dass Mann bis zuletzt „nicht politisch-rational, sondern künstlerisch-emotional" gehandelt habe und ein „in seinen Befindlichkeiten gefangener Dichter" geblieben sei, „sprachlich ebenso wie im Duktus seiner Argumentation." Ebd., S. 235.

[19] Dominik Geppert: *Von der Staatsskepsis zum parteipolitischen Engagement. Hans Werner Richter, die Gruppe 47 und die deutsche Politik*, in: *Streit um den Staat. Intellektuelle Debatten in der Bundesrepublik 1960–1980*, hg. von ders./Jens Hacke, Göttingen 2008, S. 46–68.

[20] Vgl. ebenda, S. 48. Dass sich die Gruppe 47 hinsichtlich der Frage nach dem politischen Engagement entzweite, unterstreicht für Geppert die Bedeutung des Politischen für die Gruppe insgesamt sowie deren Vorrangstellung gegenüber dem rein Literarischen.

hig"[21] zu machen, initiierten die alliierten Besatzungskräfte nach Kriegsende 1945 ein gegenläufiges Projekt – die gleichsam mentale wie materielle Abrüstung. Zentral für diese Transformation ist die Veränderung des politischen Prozesses sowie der Art der politischen Repräsentation. *In nuce* lässt sich diese Transformation beschreiben als Übergang von einer auf Gewalt fußenden politischen Steuerung, einer „Ordnung durch Terror",[22] hin zu einer diskursiv verfassten Ordnung. Dies bedeutet die Umstellung der politischen Praxis vom Dekretieren und Monologisieren auf den Dialog respektive Diskurs, womit ein Wechsel vom Befehl als Form politischer Entscheidungen hin zum Kompromiss einhergeht. Die durch gewalttätige Exklusion homogenisierte und geordnete Volksgemeinschaft des ‚Gärtner-Staats',[23] dessen charakteristische Erscheinungsform die ästhetisierte und phobisch konditionierte Masse in den „Räumen des Jubels"[24] war, pluralisiert sich durch das Zulassen politischer Diversität. Von dieser Perspektive aus stellt sich die vor allem von den Amerikanern getragene *Re-Education* als Versuch dar, die mentalen wie realen Gewalträume der Mehrzahl der Deutschen für eine demokratische Politik urbar zu machen,[25] was nicht zuletzt mit einem Wandel zentraler

---

[21] Leonhard Birnbacher: *Arbeit an der Erfahrung. Zum deutschen Weg aus der kriegsgesellschaftlichen Moderne 1943–1949*, Weilerswist 2020, S. 285.

[22] Jörg Baberowski/Anselm Doering-Manteuffel: *Ordnung durch Terror. Gewaltexzesse und Vernichtung im nationalsozialistischen und im stalinistischen Imperium*, Bonn 2006.

[23] Vgl. Zygmunt Bauman: *Moderne und Ambivalenz. Das Ende der Eindeutigkeit*, Hamburg 1992, S. 43–57. Baumans Bild vom „Staat als Gärtner" (ebd., S. 43) motiviert sich durch seine Lesart der Moderne als Projekt einer Ordnungsstiftung, einer anvisierten Beseitigung von Ambivalenz durch Verdatung, Kategorisierung und Klassifizierung, die letztlich staatliches Handeln anleitet und seinen Kulminationspunkt in der nationalsozialistischen Vernichtungspolitik findet.

[24] So die Formulierung bei Michail Ryklin: *Räume des Jubels. Totalitarismus und Differenz. Essays*, Frankfurt a. M. 2003.

[25] Die Literatur beziehungsweise ihre Funktion im Kontext der alliierten Kulturpolitik ist Teil jenes angestrebten Prozesses einer ‚inneren Demokratisierung', womit die Adaption und Internalisierung eines demokratischen Wertesystems gemeint ist, das etwa „Toleranz, Pluralismus und friedlicher Konfliktregelung" umfasst, aber eben auch den „Respekt vor der Mehrheitsentscheidung in freien Wahlen." Arnd Bauerkämpfer/Konrad H.

politischer Praktiken einherging. Der Raumbegriff ist hier bewusst gesetzt, verweist er doch in der hier genutzten doppelten Bedeutung als innerer Raum (Psyche) und äußerer Raum (Geographie) zum einen auf die etwa in den literarischen Werwolf-Texten genutzte und letztlich in der Nachkriegszeit ubiquitäre Parallelisierung von inneren und äußeren Trümmern, die beide der Rekonstruktion bedürften. Zum anderen haben die in dieser Studie analysierten Texte verdeutlicht, dass Prozesse demokratischer Subjektivierung an Fragen der Herstellung sozialer Räume gebunden sind.

Die politische Dimension der untersuchten Interregnums-Texte zeigt aber noch eine weitere Parallele auf. In Heidrun Kämpers ergiebiger Studie zum Demokratiediskurs der späten 1960er-Jahre kann man nachlesen, wie sich in dem besagten Zeitraum vor allem linke Studentinnen und Studenten sowie Intellektuelle auf Muster von Sprachhandlungen bezogen, die als grundlegend für die Funktionsweise der Demokratie erachtet wurden – an vorderster Stelle wird die Diskussion genannt: „Die studentische ebenso wie die intellektuelle Linke setzt auf das Wort, die Rede, die Diskussion, im Namen der Kritik und sub specie Demokratie: *Diskutieren und Kritisieren als primär demokratische Verhaltensweisen.*"[26] Es zeigen sich also beachtliche Überschneidungen mit jenem Nachdenken über Demokratisierungsprozesse, wie sie etwa in der frühen Gruppe 47 geführt wurden, besonders hinsichtlich des Beharrens von Hans Werner Richter auf der Bedeutung von Kritik und Diskussion (woraus sich auch das Befremden gegenüber der Ablehnung der Gruppe 47 durch die kritische Studentenschaft herschreibt), aber, wie diese Studie nachgezeichnet hat, auch darüber hinaus. Romane wie *Die Jünger Jesu* von Leonhard Frank, Hans Werner Richters *Die Geschlagenen*, aber auch Heinz Reins Widerstandsroman *Finale Berlin* sowie, in eher skeptischer Koloratur, Rudolf Krämer-Badonis *In der großen Drift* verknüpfen Fragen nach der kommenden politischen wie sozialen Ordnung dezidiert mit Überlegungen zur

---

Jarausch/Marcus M. Payk: *Transatlantische Mittler und kulturelle Demokratisierung Westdeutschlands 1945–1970*, in: *Demokratiewunder. Transatlantische Mittler und die kulturelle Öffnung Westdeutschlands 1945–1970*, Göttingen 2005, S. 11–37, hier S. 13.

[26] Heidrun Kämper: *Aspekte des Demokratiediskurses der späten 1960er Jahre. Konstellationen – Kontexte – Konzepte*, Berlin, Boston 2012, S. 113. Hervorhebungen i. O.

kommunikativen Signatur dieser Ordnung und führen die Bedeutung des gemeinsamen Sprechens, des Diskutierens und Disputierens sowie des Aushandelns von Kompromissen und des Aushaltens von Dissensen inhaltlich vor und übernehmen diese so hergestellte Polyphonie gleichsam in ihre Form – wenn auch, wie gezeigt, in unterschiedlicher Intensität. Die Romane selbst diskutieren ihrerseits und können als literarische Suchbemühungen verstanden werden, wobei allerdings zugleich der appellartige Grundcharakter der erwähnten Romane betont werden muss; ihnen geht es nicht um eine vorbehaltlose Suche nach einer wie auch immer gearteten ‚Wahrheit', sondern sie argumentieren *pro domo* – für eine bestimmte Sache, für *deren* Wahrheit sie gleichsam einstehen.

Die narratologische Forschung hat bereits darauf hingewiesen, dass ein zentrales Element des Erzählens darin besteht, über Verfahrensformen von Selektion und Gestaltung (Verdichtung) zugleich Erzählschemata und -typen zur Verfügung zu stellen, in denen individuelle Erfahrungen aufgehoben und in größere Sinnzusammenhänge überführt werden. Sinn ist ein unvermeidliches Produkt des Erzählens, unabhängig davon, welche Form das Erzählte annimmt und wie stark etwa der Gegenwartsbezug betont oder negiert wird.[27] Selbst komplexe Erzählformen sind vor dem Hintergrund der maximal komplexen Realität als Komplexitätsreduktionen zu begreifen, wie dies Niklas Luhmann mit Blick auf die (soziologische) Theoriebildung beschrieben hat. In der erzählten Welt wird die erfahrene (oder auch erlittene) Welt überschaubar, in ihr werden Zusammenhänge und Motivationsketten inszeniert, die sich den Lesenden außerhalb des Textes nicht in gleicher Deutlichkeit gezeigt zu haben scheinen. Zugleich – und das ist vielleicht das wichtigste Element – stellen Erzählungen ein weites Repertoire symbolischer Ordnungen parat, die ihrerseits zur Kategorisierung und sinnhaften Einteilung der von den Leserinnen und Lesern belebten Welt herangezogen werden können. Gut und Böse, Eigenes und Fremdes, Gesundes und Krankes sind etwa gleichermaßen kulturell etablierte wie historisch beständige symbolische Antagonismen, auf denen die Konfliktdynamik vieler Erzählschemata beruhen; die hier im Zentrum stehenden Wandlungs- und Übergangserzählungen mit der Zentralopposition von Alt und Neu bilden ihrerseits ein literaturhistorisch bekanntes

---

[27] Koschorke spricht davon, dass „kultureller Sinn ein Resultat semantischer Arbeit ist", die sich nicht zuletzt erzählerischer Mittel bedient. Koschorke: *Wahrheit und Erfindung*, a.a.O., S. 152.

und – das zeigt der Blick auf Arnold van Gennep und Victor Turner – anthropologisch virulentes Schema.[28]

Der Appellcharakter vieler Texte nach 1945 unterstreicht diesen Gedanken und plausibilisiert die Annahme, dass es auch und gerade literarischen Dokumenten, die mit der Denkfigur des Dazwischen operieren, um einen operativen Zugriff auf die extratextuelle Welt geht. Jenseits der Funktion als „Affektkapsel", also als Zeichengebilde, die „einen emotionalen Eindruck von einem Erzähler auf einen Hörer oder Leser"[29] übertragen, sehen sich literarische Texte der unmittelbaren Nachkriegszeit verstärkt in der Pflicht, Auskunft und Deutung über das jüngst Geschehene, das aktuell Erlebte und das zu erwartende Kommende zu geben. Wie die Rede von der Denk*figur* bereits andeutet, ging es dem Interregnums-Diskurs darum, der Empfindung, man lebe in einer unübersichtlichen, formlos gewordenen Gegenwart, die in den Trümmern der Städte ihren ikonischen Ausdruck fand, eine neue, intellektuell handhabbare Gestalt zu verleihen. Die untersuchten literarischen Texte sind somit gleichermaßen zu verstehen als narrative Formen wie Formungen dessen, was weiter oben bei Klaus R. Scherpe als „Interregnums-Mentalität" bezeichnet wurde. Als erzählerisch verfasste Sinnkonstrukte bieten sie auf der einen Seite ein weithin akzeptiertes Grundschema, das die Gegenwart in eine Transitionsphase überführt, die es zu bestehen gilt, zum andern motivieren und mobilisieren sie – je nach ästhetisch-ideologischer Ausgestaltung dieser Transitionsphase – ihre Leserschaft, mit dieser Übergangszeit auf eine bestimmte Art und Weise umzugehen. Am Ende steht zumeist die Wandlung des Subjekts und das Erreichen eines seinerseits gewandelten gesellschaftlichen Zustands. A long night's journey into day.

---

[28] Es muss allerdings auch festgehalten werden, dass die literarischen Analyse der Interregnumstexte mithin die Kritik an Turners allzu positivem Liminalitätsbegriff unterstreicht und seine Euphorie über dessen ludisch-kreativen Potentiale abkühlt (wie dies etwa bei den Hauptprotagonisten bei Rein und Kolbenhoff ablesbar ist); der Bereich des Dazwischen ist nicht nur der einer möglichen neuen Welt, sondern auch des Scheiterns, nicht nur am Anspruch auf Erneuerung, sondern auch an dem dieser vorausgehenden Prozess der Ablösung vom Alten.

[29] Fritz Breithaupt: *Die einfache Form des Erzählens (Experimentelle Geisteswissenschaften)*, in: *Komplexität und Einfachheit. DFG-Symposion 2015*, hg. von Albrecht Koschorke, Stuttgart 2017, S. 104–123, hier S. 104.

Wie problemlos die Denkfigur des Dazwischen auch auf den ersten Blick disparate Diskursbereiche miteinander verschränkt und wie zentral zugleich die Analyse der sich jeweils dahinter verbergenden Akteursspositionen ist, soll ein letztes Beispiel veranschaulichen. Die nach Kriegsende 1945 aufkommende Metapher von Deutschland als Wartesaal[30] fängt zum einen die gleichermaßen von Erschöpfung, Ratlosigkeit wie Passivität geprägte Haltung vieler Deutschen ein, die sich nicht mehr als Subjekt gesellschaftlicher Gestaltung begriffen; zum anderen stiftet die Metapher eine irritierende Verbindung zum Erfahrungsvokabular der Exilliteratur.[31] Das Moment des Wartens und das damit verbundene Gefühl des Ausgeliefertseins und der existentiellen Bedrohung werden in vielen der Exilliteratur zugeordneten Texte akzentuiert, etwa in Anna Seghers Roman *Transit*,[32] der die räumliche Dimension dieses Wartens bereits im Titel trägt, besonders prominent aber sicherlich in der *Wartesaal*-Trilogie von Lion Feuchtwanger, der im dritten Roman *Exil* den Wartesaal als „das Lebensgefühl der Übergangszeit"[33] bezeichnet.

---

[30] „Ganz Deutschland ist ein großer Wartesaal", zitiert nach Klaus R. Scherpe: *Einleitung*, in: *In Deutschland unterwegs. Reportagen, Skizzen, Berichte 1945–1948*, hg. von ders., Stuttgart 1982, S. 9–25, hier S. 9.

[31] Vgl. Wulf Köpke: *Wartesaal-Jahre. Deutsche Schriftsteller im Exil nach 1933*, Erkelenz 2008.

[32] Seghers gestalte in diesem Roman, schreibt Kai Sicks, eine Stadt, Marseille, die „die Exilierten vielmehr in einen permanenten Zwischenzustand des verhinderten Fortgehens und nichtgeduldeten Dableibens [versetzt], der die erlittenen Traumatisierungen immer weiter intensiviert". Das Exil, so Sicks, „wie es anhand von Marseille dargestellt wird, ist ein Zwischen- und Übergangsraum, ein Ort, an dem Menschen an-, aber keinesfalls zur Ruhe kommen, in dem sie gleichermaßen zur Weiterreise gezwungen wie an ihr gehindert werden." Kai Sicks: *Anna Seghers: Transit (1944/1947)*, in: *Handbuch der deutschsprachigen Exilliteratur. Von Heinrich Heine bis Herta Müller*, hg. von Bettina Bannasch/Gerhild Rochus, Berlin, Boston 2013, S. 527–534, hier S. 529.

[33] Zitiert nach Lina Barouch: *Jenny Aloni: Der Wartesaal (1969)*, in: *Handbuch der deutschsprachigen Exilliteratur. Von Heinrich Heine bis Herta Müller*, hg. von Bettina Bannasch/Gerhild Rochus, Berlin, Boston 2013, S. 212–219, hier S. 214. Der von Barouch analysierte Roman der nach Israel geflüchteten Autorin Jenny Aloni dokumentiert die Persistenz der Wartesaal-Metapher lange über Kriegsende hinaus.

Die Parallelen zu den Äußerungen der Deutschen nach 1945 sind unverkennbar, bleiben aber letztlich in ihrem Erfahrungsgehalt inkommensurabel. Erzwungene Migration und Kriegsniederlage mögen in der Erfahrung von Unsicherheit und materiellem Mangel Überschneidungen kennen, in ihrer historischen Genese und den Akteursrollen, die darin jeweils eingenommen werden, sind sie jedoch denkbar weit voneinander entfernt. Die Wartesaal-Metapher, die ihrerseits zur Äußerungsform der Denkfigur des Dazwischen gehört, zeigt, dass zwar in sehr verschiedenen historischen Konstellationen auf gleiche Bilder zurückgegriffen wird, um die eigene Situation einzuordnen; diese Parallele aber stellt keine Gleichheit der Erfahrung her, sondern eine Gleichheit des Bedürfnisses, das eigene Erleben einzuordnen und moralisch zu sortieren – wie gerechtfertigt letzteres Anliegen ist, bleibt zu klären.

Noch spannungsreicher gestaltet sich dieses skizzierte Verhältnis, wenn man die Verwendung der Metapher etwa bei dem jüdischen Widerstandskämpfer und Autor Jean Améry berücksichtigt, dessen Text *Im Warteraum des Todes*[34] die Rede vom Warteraum in den Kontext des Holocaust überführt. Das Leben in den Ghettos und deutschen Konzentrationslagern zwang die Opfer in eine traumatisierende Zwischenwelt, in eine Erfahrung der völligen Loslösung aus sozialen Kontexten und der umfassenden Entsozialisierung der Verhältnisse, derer sich häufig auch die Überlebenden nicht mehr entledigen konnten. Der Holocaust lädt die Denkfigur des Dazwischen mit einer Leidensdimension auf, die im Kontext dieser Studie keine Entsprechung kennt. Trotzdem gibt es ein Beispiel, in dem durch den Gebrauch besagter Denkfigur eine Ähnlichkeitsbeziehung zwischen deutschen Tätern und jüdischen Opfern aufscheint. In einem *Der deutsche Antisemitismus*[35] betitelten Artikel für die Zeitschrift *Der Ruf* berichtet Winfried Martini nicht nur von Schändungen jüdischer Friedhöfe und davon, in welcher erschreckenden Dimension antisemitische Überzeugungen nach Kriegsende weiterlebten, sondern er versucht sich auch an einer Formulierung möglicher Gründe dafür. Unter anderem führt Martini die Erscheinungsweisen der jüdischen Menschen an:

---

[34] Jean Améry: *Im Wartesaal des Todes*, in: Ders.: *Widersprüche*, Stuttgart 1971, S. 213–232.
[35] Winfried Martini: *Der deutsche Antisemitismus*, in: *Der Ruf* 3 (1948), S. 5–6.

> Es spielt gewiß auch eine gewichtige Rolle, daß die meisten Juden uns nur in einem unwürdigen Zustand der „scherith hapletah" (etwa: Ueberrest der Katastrophe) gegenübertreten, jener unproduktiven und demoralisierenden Wartezeit zwischen glücklichem Entrinnen und einer völlig ungewissen Zukunft.[36]

Dass Martini überhaupt von dem Begriff „scherith hapletah" Kenntnisse besaß, unter dem sich viele der jüdischen überlebenden *Displaced Persons* (DPs) nach Kriegsende zusammenfanden, ist angesichts der Tatsache, dass sich deutsche Journalisten ansonsten kaum damit befassten, auffallend; weniger auffallend ist, dass er für deren Situation ein raumzeitliches Gefüge aufgreift, das die Deutschen sonst gerne selbst für sich in Anspruch nahmen, nämlich jenes einer Zwischenwelt, in die man sich aus einer mit Not überstandenen Katastrophe gerettet habe. Dass es so etwas wie eine Ähnlichkeit im Leid gäbe, suggeriert nicht nur der Gebrauch der Denkfigur des Dazwischen, sondern auch der Umstand, dass es in dem Artikel – trotz seines Titels – wenig um Antisemitismus und viel um die Lage der Deutschen selbst geht.[37] Ansonsten allerdings verkennt Martini den Charakter der *She'erit Hapletah* vollständig, wenn er ihn als „unwürdig" und die mit ihm verbundene Wartezeit als „demoralisierend" und „unproduktiv" bezeichnet. Das Gegenteil ist der Fall, wie Atina Grossmann dargelegt hat. Das Leben der jüdischen DPs in Deutschland habe vielmehr eine

> einzigartige Übergangsgesellschaft hervor[gebracht]. Das DP-Leben war zugleich eine letzte Blütezeit der zerstörten ostjüdischen Kultur, Vorbereitung auf eine imaginierte Zukunft in *Eretz Israel* (Land Israel) und ein „Wartesaal", in dem sie tatsächlich – allen Widrigkeiten zum Trotz – ein neues Leben anfingen. Aus zermürbten, ausgemergelten DPs mit sehr unterschiedlicher Herkunft und Kriegserlebnissen erwuchs im Laufe einiger Jahre ein neues, selbstbewusstes jüdisches Kollektiv.[38]

---

[36] Ebd., S. 5.
[37] Wobei beide Aspekte natürlich in einem Bedingungszusammenhang stehen, so etwa, wenn Martini schreibt, die Deutschen würden den (zum Zeitpunkt des Artikels obsolet gewordenen) Morgenthau-Plan deswegen noch als zentral erachten, weil sie ihn als jüdischen Racheakt begriffen. Vgl. ebenda.
[38] Grossmann: *Juden, Deutsche, Alliierte*, a.a.O., S. 29. Hervorhebung i. O.

Die „heiklen Begegnungen" in den ersten Nachkriegsjahren zwischen Deutschen, Alliierten und ehemaligen Opfern der NS-Herrschaft, von denen Grossmann erzählt, finden auch in den Texträumen der Nachkriegsliteratur und -publizistik statt, wo sie mitunter nicht minder heikle Parallelen stiften, wie Martini zeigt. Auch wenn sich mit Blick auf einige der in dieser Arbeit diskutierten Texte sagen lässt, dass die Literatur der Interregnumszeit zwar ihrerseits an dem Narrativ der Deutschen als Opfer mitschreibt, zugleich aber erste Ansätze zu einer Thematisierung des Holocaust kennt (ohne allerdings jemals dessen systematische Dimension einzuholen, also ihrerseits eine eigene „Sprache des Schweigens"[39] kennt), so leben doch beide, Deutsche und Juden, in gänzlich verschiedenen Übergangsgesellschaften. Die Ziele divergierten so sehr wie die Erfahrungswelten der jüngsten Vergangenheit, darüber kann die gemeinsame Topologie der genutzten Metaphorik nicht hinwegtäuschen.

Zwischenräume aller Orten also. Wie diese Arbeit zu zeigen versuchte, ist es beim Nachdenken über die Nachkriegsliteratur und -kultur zentral, die gleichermaßen zeitgenössische wie historiographische Rede vom Interregnum als wirkmächtige Kategorie der Selbstbeschreibung, die das Nachdenken über Vergangenes und Kommendes wesentlich mitmotivierte, ernst zu nehmen. Begrifflichkeiten wie ‚Zwischenreich' konnten ihre Relevanz behaupten etwa für werkbiographische Einordnungen, beispielsweise bei Ernst Kreuder (der selbst ausgiebig, wie Stephan Rauer gezeigt hat, auf Motive und Semantiken des Dazwischen zur autorschaftlichen Selbstpositionierung zurückgegriffen hat[40]) oder dem mit diesem befreundeten und sich in der gleichen ästhetischen Tradition verortenden Horst Lange.[41] Dass es darüber hinaus so etwas wie einen eigenständigen Diskurs gegeben hat, in dessen Zentrum das Interregnum, das Zwischenreich selbst gestanden und in literarischen Produktionen seinen Niederschlag gefunden hat, sollte mit dieser Studie plausibilisiert werden. Die untersuchten Texte gestalten eine Pluralität von Szenarien des Dazwischen, die sowohl auf gesellschaftlich-politischer wie auch auf literarisch-ästhetischer Ebene eine Verhältnisbestimmung zwischen Altem und Tra-

---

[39] Vgl. Ernestine Schlant: *Die Sprache des Schweigens. Die deutsche Literatur und der Holocaust*, München 2001.
[40] Vgl. Rauer: *Ernst Kreuder*, a.a.O., S. 121 und passim.
[41] Vgl. Hannelore Kolbe: *Horst Lange – Leben und Werk. Ein Autor im Zwischenreich*, Bielefeld 2010.

ditionsrekonstitution sowie Neuem und Traditionsstiftung unternehmen. Sie partizipieren an einem grundsätzlichen Problem, das Rolf Schwendter als Auftakt zu seiner Theorie der Subkultur formuliert hat:

> Um einen bestehenden Zustand grundsätzlich zu verändern, sind neue Ideen, neue Verhaltensweisen, neue Bedürfnisse erforderlich. Andrerseits entsteht alles Neue aus dem Alten; es ist nicht möglich, tabula rasa zu machen, beim Tag Null zu beginnen. Das sind Binsenweisheiten. Soll die Lage der Menschheit verändert werden, darf kein Stein auf dem anderen bleiben: Wiederum kann beim Aufbau des neuen Gebäudes nicht auf die Verwendung alter Steine verzichtet werden.[42]

Es lohnt aber die Prüfung, welche der alten (Sprach-)Bausteine weiterhin Verwendung finden können und welche als ideologischer Ballast abgetan werden sollten. Um Letztere ist es nicht schade.

---

[42] Rolf Schwendter: *Theorie der Subkultur. Neuausgabe mit einem Nachwort, sieben Jahre später*, 3. Aufl., Frankfurt a. M. 1981, S. 9.

9. Bibliografie

Quellen:

Abusch, Alexander u.a.: *Gibt es eine besondere deutsche geistige Krise*, in: *Aufbau* 2.4 (1947), S. 305–325.
Abusch, Alexander: *Leonhard Frank oder Würzburg als Nationalliteratur*, in: *Sinn und Form* 19.1 (1967), S. 61-73.
Améry, Jean: *Im Wartesaal des Todes*, in: Ders.: *Widersprüche*, Stuttgart 1971, S. 213–232.
Andersch, Alfred: *Das junge Europa formt sein Gesicht*, in: *Der Ruf*, 1.1 (1946), S. 1–2.
Andersch, Alfred: *Gespräche am Atlantik*; in: *Der Ruf* 1.1 (1946), S. 6–7.
Andersch, Alfred: *Der grüne Tisch*, in: *Der Ruf* 1.3 (1946), S. 1–2.
Andersch, Alfred: *Der richtige Nährboden für die Demokratie. Bericht von einer Reise in den deutschen Westen*, in: *Der Ruf* 1.7 (1946), S. 6–7.
Andersch, Alfred: *Das Unbehagen in der Politik. Eine Generation unter sich*, in: *Frankfurter Hefte* 2.9 (1947), S. 912–925.
Andersch, Alfred: *Die Kirschen der Freiheit. Ein Bericht*, Zürich 1971.
Andersch, Alfred: *Getty oder Die Umerziehung in der Retorte*, in: Ders.: *Gesammelte Werke*, Bd. 8: *Essayistische Schriften I*, hg. von Dieter Lamping, Zürich 2004, S. 133–145.
Andersch, Alfred: *Flucht in Etrurien*, in: Ders.: *Gesammelte Werke in zehn Bände*, Bd. 4: *Erzählungen I*, hg. von Dieter Lamping, Zürich 2004, S. 193–240.
Andersch, Alfred: *Gruppe 47. Fazit eines Experiments neuer Schriftsteller*, in: Ders. *Gesammelte Werke*, Bd. 8: *Essayistische Schriften I*, hg. von Dieter Lamping, Zürich 2004, S. 227–252.
Andersch, Alfred: *Politische Soldaten. Dokument aus einem PW-Lager*, in: Ders.: *Gesammelte Werke*, Bd. 8: *Essayistische Schriften I*, hg. von Dieter Lamping, Zürich 2004, S. 253–255.

Andreas-Friedrich, Ruth: *Der Schattenmann. Tagebuchaufzeichnungen 1938–1945*, Berlin 1947.
Arendt, Hannah: *Über den Imperialismus*; in: *Die Wandlung* 1.8 (1946), S. 650–666.
Barckhausen, Joachim: *Probleme der geistigen Erneuerung*, in: *Aufbau* 1.5 (1946), S. 466–473.
Bartning, Otto: *Ketzerische Gedanken am Rande der Trümmerhaufen*, *Frankfurter Rundschau* 1.1 (1946), S. 63–72.
Bauer, Arnold: *o.T.*, in: *Aufbau* 1.3 (1946), S. 281–282.
Bauer, Arnold: *Thomas Mann und die Krise der bürgerlichen Kultur*, Berlin 1946.
Bauer, Walter: *Das Lied der Freiheit*, in: Ders.: *Das Lied der Freiheit*, München 1948, S. 9–87.
Becholdt, Heinrich (Hg.): *Literatur und Politik. Sieben Vorträge zur geistigen Situation in Deutschland*, Konstanz 1948.
Bender, Hans: *Die Dichterin Nummer eins unseres Landes. Martha Saalfeld zum 60. Geburtstag am 15. Januar*, in: *Martha Saalfeld 1898-1976. Dokumente und Materialien*, hg. von Wolfgang Diehl, Landau 1986, S. 134–137.
Benjamin, Walter: *Gesammelte Schriften*, Bd. V.1: *Das Passagen-Werk*, hg. von Rolf Tiedemann, Frankfurt a. M. 1982.
Berggruen, Heinz: *Quis leget haec?*, in: Ders.: *Angekreidet. Ein Zeitbuch*, Hamburg, Stuttgart o.J. (1947), S. 23–27.
Bienek, Horst: *Werkstattgespräche mit Schriftstellern*, München 1962.
Bloch, Ernst: *Parteilichkeit in Wissenschaft und Welt*, in: *Literatur und Literaturwissenschaft. Materialien zur Einführung*, hg. von Heinz Geiger/Albert Klein/Jochen Vogt Düsseldorf 1973, S. 62–65.
Bloch, Ernst: *Das Prinzip Hoffnung*, 3 Bde., 3. Aufl., Frankfurt a. M. 1976.
Bloch, Ernst: *Ideologie und Utopie*, in: Ders.: *Abschied von der Utopie? Vorträge*, hg. von Hanna Gekle, Frankfurt a. M. 1980, S. 65–75.
Böll, Heinrich: *Wo warst du, Adam?*, Opladen 1951.
Böll, Heinrich: *Haus ohne Hüter*, Gütersloh o. J. [1963].
Böll, Heinrich: *Entfernung von der Truppe*, Köln 1964.
Borchert, Wolfgang: *Draußen vor der Tür*, in: Ders.: *Das Gesamtwerk*, Hamburg 1949, S.127–200.
Böttcher, Alfred Reinhold: *Mensch ohne Maske,* Berlin 1948.

Browne, Mallory: *Nazi Revival in Many Lands Seen; A Survey Lists German Officials*, in: The New York Times 15.06.1947, S. 1, 17.
Brüning, Elfriede: *...damit du weiterlebst*, Berlin 1949.
Camus, Albert: *Der Mensch in der Revolte. Essays*, Hamburg 1969.
Cannstatt, Eitel Friedrich Schilling von: *Ideen zur Nachkriegswelt. Wollen oder Müssen*, in: Der Ruf. Zeitung der deutschen Kriegsgefangenen in USA 23 (1946), S. 2.
Caspar, Günter: *Zum Spätwerk Leonhard Franks*, in: *Aufbau* 12.1 (1956), S. 589–607.
Croce, Benedetto: *Kommunismus und Freiheit*, in: *Der Ruf* 3.23 (1948), S. 1, 4–5.
Cube, Walter von: *Der entlaubte Blätterwald*, in: *Der Ruf* 3.14 (1948), S. 1.
Dewey, John: *Creative Democracy – The Task Before Us*, in: Ders.: *The Later Works, 1925–1953*, Bd. 14: *1939–1941. Essays, Reviews, and Miscellany*, hg. von Ann Boydston, Carbondale 1988, S. 224–230.
Die Legenda Aurea des Jacobus de Voragine, aus dem Lateinischen übersetzt von Richard Benz, Köln, Olten 1969.
Dirks, Walter: *Die Zweite Republik. Zum Ziel und zum Weg der deutschen Demokratie*, in: *Frankfurter Hefte* 1.1 (1946), S. 12–24.
Dirks, Walter: *Ob man ein Programm machen darf?*, in: *Frankfurter Hefte* 1.1 (1946), S. 10–11.
Dirks, Walter: *Die Zweite Republik*, Frankfurt a. M. 1947.
Dirks, Walter: *Ein falsches Europa?*, in: *Frankfurter Hefte* 3.8 (1948), S. 698–711.
Dirks, Walter: *Vom restaurativen Charakter der Epoche*, in: *Frankfurter Hefte* 5.9 (1950), S. 942–954.
Döblin, Alfred: *Geleitwort*, in: *Das Goldene Tor* 1.1 (1946), S. 3–6.
DR: *Deutschland – Brücke zwischen Ost und West*, in: *Der Ruf* 1.4 (1946), S. 1–2.
Drews, Richard/Alfred Kantorowicz: *Verboten und verbrannt. Deutsche Literatur – 12 Jahre unterdrückt*, Berlin, München 1947.
Eich, Günter: *Neue Gedichtbücher*, in: Ders.: *Gesammelte Werke*, Bd. IV: *Vermischte Schriften*, hg. von Axel Vieregg, Frankfurt a. M. 1991, S. 580–581.
Enlen, Walter: *Soldat Georg Hessler*, Karlsruhe 1947.
Erné, Nino: *Georg Hensel: Nachtfahrt*, in: *Welt und Wort* 5 (1950), S. 26.

Fallada, Hans: *Jeder stirbt für sich allein*, Berlin 1947.
Forster, Joseph: Rezension zu *Wolfgang Parth: Die letzten Tage*, in: *Welt und Wort* 1 (1946), S. 24.
Frank, Leonhard: *Die Jünger Jesu*, Amsterdam 1949.
Frank, Leonhard: *Die Räuberbande*, in: Ders.: *Gesammelte Werke*, Bd. 1, Berlin 1957.
Frank, Leonhard: *Links wo das Herz schlägt*, München 1967.
Freud, Sigmund: *Jenseits des Lustprinzips*, in: Ders.: *Werkausgabe in zwei Bänden*, Bd. 1: *Elemente der Psychoanalyse*, hg. von Anna Freund, Ilse Grubrich-Simitis, Frankfurt a. M. 1978, S. 184–226.
Gaiser, Gerd: *Reiter am Himmel*, München 1941.
Gaiser, Gerd: *Das Wasser verbirgt sich im Berg*, in: Ders.: *Zwischenland. Erzählungen*, München 1949, S. 7–26.
Gaiser, Gerd: *Brand im Weinberg*, in: Ders.: *Zwischenland. Erzählungen*, München 1949, S. 27–43.
Gaiser, Gerd: *Schwesterlegende*, in: Ders.: *Zwischenland. Erzählungen*, München 1949, S. 44–67.
Gaiser, Gerd: *Vornacht*, in: Ders.: *Zwischenland. Erzählungen*, München 1949, S. 68–96.
Gaiser, Gerd: *Der heimliche Gast*, in: Ders. *Zwischenland. Erzählungen*, München 1949, S. 115–126.
Gaiser, Gerd: *Ährenlesen*, in: Ders.: *Zwischenland. Erzählungen*, München 1949, S. 127–159.
Gaiser, Gerd: *Eine Stimme hebt an*, München 1950.
Gaiser, Gerd: *Das Schiff im Berg. Aus dem Zettelkasten des Peter Hagmann*, München 1955.
Gaiser, Gerd: *Schlussball. Aus den schönen Tagen der Stadt Neu-Spuhl*, München 1958.
Gaiser, Gerd: *Die sterbende Jagd*, in: Ders.: *Die sterbende Jagd, Eine Stimme hebt an, Schlussball. Drei Romane*, einmalige Sonderausgabe, München 1968, S. 5–235.
Gaiser, Gerd: *Der Mensch, den ich erlegt hatte*, in: *Klassische deutsche Kurzgeschichten*, hg. von Werner Bellmann, Stuttgart 2003, S. 162–172.
Geiger, Theodor: *Aufgaben und Stellung der Intelligenz in der Gesellschaft*, Stuttgart 1949.

Goethe, Johann Wolfgang: *Maximen und Reflexionen über Literatur und Ethik*, in: *Goethes Werke*, hg. im Auftrage der Großherzogin Sophie von Sachsen [Weimarer Ausgabe], I, 42.2, Weimar 1907.

Görres, Albert: *Der Christ und die Welt*; in: *Frankfurter Hefte* 1.4 (1946), S. 40–49.

Grill, Sebastian (i.e. Gunter Groll): *Laterna Magica oder Die Nacht ist voller Träume. Ein Capriccio*, München 1956, S. 12 [EA: München 1947].

Gramsci, Antonio: *Gefängnishefte*, hg. von Klaus Bochmann/Wolfgang Fritz Haug, Bd. 2: *Hefte 2–3*, Hamburg 1991.

Habe, Hans: *Wohin wir gehören*, Zürich 1948.

Handke, Peter: *Zur Tagung der Gruppe 47 in den USA*, in: Ders.: *Ich bin ein Bewohner des Elfenbeinturms*, 4. Aufl., Frankfurt a. M. 1976, S. 29–34.

Harich, Wolfgang: *Widerstand und Neubeginn im zerstörten Berlin. Ein autobiographisches Fragment*, in: Ders.: *Frühe Schriften*, Bd. 1.: *Neuaufbau im zerstörten Berlin*, hg. von Andreas Heyer, Marburg 2016, S. 122–141.

Hartung, Hugo: *Die große belmontische Musik*, Berlin, Buxtehude 1948.

Hausmann, Manfred: *Jugend zwischen gestern und morgen*, in: *Aufbau* 1.7 (1946), S. 667–674.

Heinrich, Willi: *Das geduldige Fleisch*, Stuttgart 1955.

Helden ohne Waffen, hg. vom Horizont Verlag, Berlin 1947.

Heldwein, Siegfried: *o.T.*, in: *Der Ruf*, 2.13 (1947), S. 13.

Hensel, Georg: *Begegnung – tief unten*, in: *Das goldene Tor* 2.7 (1947), S. 650–659.

Hensel, Georg: *Nachtfahrt*, Stuttgart 1949.

Hensel, Georg: *Spielplan – ein Schauspielführer von der Antike bis zur Gegenwart*, Frankfurt a. M. 1966.

Hensel, Georg: *Gruppe 47 macht keine geschlossenen Sprünge*, in: *Die Gruppe 47. Bericht, Kritik, Polemik. Ein Handbuch*, hg. von Reinhard Lettau, Neuwied, Berlin 1967, S. 36–39.

Hensel, Georg: *Nachwort*, in: Ders.: *Nachtfahrt*, Darmstadt 1994, S. 173–178.

Hensel, Georg: *Glück gehabt. Szenen aus einem Leben*, 3. Aufl., Frankfurt, Leipzig 1994.

Hesse, Hermann: *Briefe*, neue, erw. Ausgabe, Frankfurt a. M. 1959.

Hesse, Hermann: *Brief nach Deutschland*, in: *Diese merkwürdige Zeit. Leben nach der Stunde Null. Ein Textbuch aus der „Neuen Zeitung"*, hg. von Wilfried F. Schoeller, Frankfurt a. M. 2005, S. 140–144.

Hessen, Joachim: *Der geistige Wiederaufbau Deutschlands. Rede über die Erneuerung des deutschen Geisteslebens*, Stuttgart 1946.

Heymann, Stefan: *Ein Karrierist entlarvt sich*, in: *Neues Deutschland*, Nr. 92 (1950), S. 3.

Hocke, Gustav René: *Gab es keinen Widerstand?*", in: *Der Ruf. Zeitung der deutschen Kriegsgefangenen in USA* 8 (1945) S. 1–2.

Hocke, Gustav René: *Zusammenbruch*, in: *Der Ruf. Zeitung der deutschen Kriegsgefangenen in USA*. Sondernummer 1 (1945), S. 1.

Hocke, Gustav René: *Deutsche Kalligraphie oder Glanz und Elend der modernen Literatur*, in: *Der Ruf* 1.7 (1946), S. 9–10.

Hocke, Gustav René: *Im Schatten des Leviathan. Lebenserinnerungen 1908–1984*, hg. von Detlef Haberland, München 2004.

Hohoff, Curt: *Das religiöse Problem in der erzählenden Literatur*, in: *Hochland* 42.2 (1949), S. 178–187.

Hohoff, Curt: *Gerd Gaiser. Werk und Gestalt*, München 1962.

Holthusen, Hans Egon: *Im Spiegel des Krieges*, in: *Literatur-Rundschau der Deutschen Zeitung und Wirtschaftszeitung* (12.11.1949), S. 2.

Holthusen, Hans Egon: *Reflexionen eines Deserteurs*, in: *Merkur* 59.7 (1953), S. 78–83.

Holthusen, Hans Egon: *Böll, Gaiser und die ‚unbewältigte Vergangenheit'*, in: *Eckart Jahrbuch* 1963/64, S. 258–279.

Horst, Karl August: *Deutsche Nachkriegsromane*, in: *Merkur* 6.12 (1952), S. 1185–1192.

Huch, Ricarda: *Aufruf*, in: *Der lautlose Aufstand. Bericht über die Widerstandsbewegung des deutschen Volkes 1933–1945*, hg. von Günther Weisenborn, Hamburg 1953, S. 9.

Huhn, Willy: *‚Militaristischer Sozialismus'. Ein Beitrag zur Enthüllung der nationalsozialistischen Ideologie*, in: *Aufbau* 1.4 (1946), S. 368–381.

Jasper, Karl: *Antwort an Sigrid Undset*, in: *Die Neue Zeitung*, 4.11.1945.

Jaspers, Karl: *Thesen über politische Freiheit*, in: *Die Wandlung* 1.6 (1946), S. 460–465.

Jasper, Karl: *Die Antwort an Sigrid Undset mit Beiträgen über die Wissenschaft im Hitlerstaat und den neuen Geist der Universität*, Konstanz 1947.

Jaspers, Karl: *Wissenschaft und Wahrheit. Rede zur 500-Jahr-Feier der Universität Basel 1960*, in: Ders.: *Mitverantwortlich. Ein philosophisch politisches Lesebuch*, München 1968, S. 613–629.

Jens, Walter: *Gegen die Überschätzung Gerd Gaisers. Nicht alles, was zur Klampfe gesungen wird, ist Dichtung*, in: *Die Zeit* (25.11.1959).

Johnson, Uwe. *Jahrestage. Aus dem Leben von Gesine Cresspahl*, Bd. 1, Frankfurt a. M. 1996.

Jünger, Ernst: *Der Kampf als inneres Erlebnis*, 6. Aufl., Berlin 1936.

Jünger, Ernst: *Der Waldgang*, 13. Aufl., Stuttgart 2008.

Keun, Irmgard: *Wenn wir alle gut wären*, hg. von Wilhelm Unger, München 1993.

Keun, Irmgard: *Ferdinand, der Mann mit dem freundlichen Herzen*, Düsseldorf 1950.

Kindler, Helmut: *Zum Abschied ein Fest. Die Autobiographie eines deutschen Verlegers*, München 1992.

Kipphardt, Heinar: *Der Deserteur*, in: Ders.: *Der Mann des Tages und andere Erzählungen*, München 1977.

Klemperer, Victor: *LTI. Notizbuch eines Philologen*, 8. Aufl., Leipzig 1975.

Koestler, Arthur: *Die Gemeinschaft der Pessimisten*, in: *Der Ruf* 1.1 (1946), S. 3–4.

Koestler, Arthur: *Die Bruderschaft der Pessimisten*, in: Ders.: *Der Yogi und der Kommissar. Auseinandersetzungen*, Esslingen 1950, S. 159–172.

Kogon, Eugen: *Gericht und Gewissen*, in: *Frankfurter Hefte* 1.1 (1946), S. 25–37.

Kogon, Eugen: *Über die Situation*, in: *Frankfurter Hefte* 2.1 (1947), S. 17–38.

Kogon, Eugen: *Wir Publizisten*, in: *Frankfurter Hefte* 2.1 (1947), S. 198–201.

Kogon, Eugen: *Das Recht auf politischen Irrtum*, in: *Frankfurter Hefte* 2.7 (1947), S. 641–655.

Kogon, Eugen: *Der Skandal unserer Kioske*, in: *Frankfurter Hefte* 4.4 (1949), S. 293–294.

Kogon, Egon: *Frankfurter Rede, gehalten auf der ersten Kundgebung der CDU am 11. November 1945*, in: Ders.: *Gesammelte Schriften*, Bd. 3: *Die restaurative Republik. Zur Geschichte der Bundesrepublik Deutschland*, Weinheim, Berlin 1996, 15–23.
Kolb, Lothar: *Anfang*, in: *Ende und Anfang. Zeitung der Jungen Generation* 1.1 (1946), S. 1.
Kolbenhoff, Walter: *Wir wollen leben!*, in: *Der Ruf* 1.3 (1946), S. 6–7.
Kolbenhoff, Walter: *Brief an Sigrid Undset*, in: *Der Ruf* 1.4 (1946), S. 13.
Kolbenhoff, Walter: *Der Werwolf*, in: *Die Fähre* 2.3 (1947), S. 153–156.
Kolbenhoff, Walter: *Heimkehr in die Fremde*, Frankfurt a. M. 1949.
Kolbenhoff, Walter: *Von unserm Fleisch und Blut*, Frankfurt a. M. 1983.
Kolbenhoff, Walter: *Schellingstraße 48. Erfahrungen mit Deutschland*, Frankfurt a. M. 1984.
Krämer-Badoni, Rudolf: *Terror der Anständigen*, in: *Die Wandlung* 2.5 (1947), S. 379–390.
Krämer-Badoni, Rudolf: *Zustand einer Großstadtbevölkerung am Beispiel Frankfurts*, in: *Die Wandlung* 2.5 (1947), S. 812–841.
Krämer-Badoni, Rudolf: *Flüchtlinge und Einheimische – das deutsche Problem*, in: *Die Wandlung* 3.5 (1948), S. 463–481.
Krämer-Badoni, Rudolf: *In der großen Drift*, Darmstadt 1949.
Krämer-Badoni, Rudolf: *Der Ewige Jude wird Existentialist*, in: *Frankfurter Allgemeine Zeitung*, 4.02.1950.
Krämer-Badoni, Rudolf: *Die Wissenschaft und die Weltliteratur*, in: *Frankfurter Allgemeine Zeitung*, 17.05.1952.
Krämer-Badoni, Rudolf: *Über Grund und Wesen der Kunst. Mit einem Abriß der Dichtungs- und Kunsttheorie*, Berlin 1960.
Krämer-Badoni, Rudolf: *Achtung, gute Menschen von links. Aufsätze und Essays*, Gütersloh 1962.
Krämer-Badoni, Rudolf: *Arkadien ist weit*, in: *War ich ein Nazi? Politik – Anfechtung des Gewissens*, hg. von Ludwig Marcuse, München, Bern, Wien 1968, S. 102–108.
Krämer-Badoni, Rudolf: *Jacobs Jahr*, Darmstadt 1978.
Krämer-Badoni, Rudolf: *Zwischen allen Stühlen. Erinnerungen eines Literaten*, München, Berlin 1985.
Krämer-Badoni, Rudolf: *Der Zweite Weltkrieg ist verarbeitet*, in: *Diese merkwürdige Zeit. Leben nach der Stunde Null. Ein Textbuch aus der*

Neuen Zeitung, hg. von Wilfried F. Schoeller, Frankfurt a. M., Wien, Zürich 2005, S. 448–450.

Krauss, Werner: *Nationalismus und Chauvinismus*, in: *Aufbau* 1.5 (1946), S. 443–456.

Kreuder, Ernst: *Die Gesellschaft vom Dachboden*, in: Ders.: *Die Gesellschaft vom Dachboden. Erzählungen, Essays, Selbstaussagen*, hg. von Peter-Alexander Fiedler, Berlin, Weimar 1990, S. 63–230.

Kreuder, Ernst: *Die Geschichte durchs Fenster*, in: Ders.: *Die Gesellschaft vom Dachboden. Erzählungen, Essays, Selbstaussagen*, hg. von Peter-Alexander Fiedler, Berlin, Weimar 1990, S. 233–267.

Kreuder, Ernst: *Briefe an Horst Lange (1939-1946)*, in: Ders.: *Die Gesellschaft vom Dachboden. Erzählungen, Essays, Selbstaussagen*, hg. von Peter-Alexander Fiedler, Berlin, Weimar 1990, S. 519–530.

Kreuder, Ernst: *Vom Einbruch des Amusischen*, in: Ders.: *Die Gesellschaft vom Dachboden. Erzählungen, Essays, Selbstaussagen*, hg. von Peter-Alexander Fiedler, Berlin, Weimar 1990, S. 530–535.

Kuby, Erich: *Im Interregnum*, in: *Der Ruf* 2.20 (1947), S. 1–2.

Kuby, Erich: *Mein Krieg. Aufzeichnungen aus 2129 Tagen*, München 1975.

Kurtz, Rudolf: *Die große Zeit der kleinen Leute*, in: *Aufbau* 1.4 (1946), S. 362–367.

Lange, Horst: *Tagebücher aus dem Zweiten Weltkrieg*, hg. von Hans Dieter Schäfer, Mainz 1979.

Langgässer, Elisabeth: *Der Torso*, Hamburg 1947.

Langgässer, Elisabeth: *Porträt einer pfälzischen Dichterin*, in: *Martha Saalfeld 1898–1976. Dokumente und Materialien*, hg. von Wolfgang Diehl, Landau 1986, S. 21–24.

Langgässer, Elisabeth: *Briefe 1924–1950*, hg. von Elisabeth Hoffmann, Bd. 2, Düsseldorf 1990.

Le Fort, Gertrud von: *Unser Weg durch die Nacht. Worte an meine Schweizer Freunde*, Wiesbaden 1949.

Ledig, Gert: *Stalinorgel*, Hamburg 1955.

Lemmer, Ernst: *Demokratischer Block*, in: *Aufbau* 1.2 (1946), S. 117–121.

Lenz, Hermann: *Das nächtliche Aquarium*, in: Ders.: *Das doppelte Gesicht. Drei Erzählungen*, Frankfurt a. M. 1978, S. 7–99.

Lenz, Hermann: *Leben und Schreiben. Frankfurter Vorlesungen*, Frankfurt a. M. 1986.
Lenz, Siegfried: *Ein Kriegsende*, Hamburg 1984.
Lenz, Siegfried: *Der Überläufer*, Hamburg 2016.
Leo, Per: *Flut und Boden. Roman einer Familie*, Stuttgart 2014.
Lestiboudois, Herbert: *Ein Ruf von Hermann Hesse*, in: *Aufbau* 2.9 (1946), S. 958–959.
Loerke, Oskar: *Die Gedichte*, hg. von Peter Suhrkamp, Frankfurt a. M. 1984.
Lohmeyer, Wolfgang: *Erste Gedichte*, Baden-Baden 1947.
Mann, Thomas: *Warum ich nicht nach Deutschland zurückgehe*, in: Ders.: *Essays*, Bd. 6: *Meine Zeit: 1945–1955*, hg. von Hermann Kurzke/Stephan Stachorski, Frankfurt a. M. 1997, S. 33–42.
Martini, Winfried: *Der deutsche Antisemitismus*, in: *Der Ruf* 3.8 (1948), S. 5–6.
Marx, Karl/Friedrich Engels: *Die deutsche Ideologie*, MEW Bd. 3, Berlin 1973.
Marx, Karl/Friedrich Engels: *Manifest der Kommunistischen Partei*, in: Dies.: *Ausgewählte Schriften in zwei Bänden*, Bd. 1, Berlin 1974, S. 17–57.
Mayer, Hans: *Literatur der Übergangszeit. Essays*, Berlin 1949.
Meichsner, Dieter: *Versucht's noch mal mit uns*, Hamburg 1948.
Meidinger-Geise, Inge: *Kafka und die junge Literatur*, in: *Wort und Welt* 7 (1952), S. 189–194.
Menck, Clara: *Beschwörung von Tintengespenstern. Grundsätzliche Bemerkungen*, in: *Frankfurter Rundschau* (07.01.1950).
Meyer, Fritjof: *Ein Volk von Dämonen?*, in: *Der Spiegel* 21 (1996), S. 48–77.
Minssen, Friedrich: *Die Kraft der Gemeinschaft*, in: *Der Ruf* 2.9 (1947), S. 3.
Missfeldt, Jochen: *Steilküste*, Hamburg 2006.
Mommsen, Theodor: *‚Ich wünschte ein Bürger zu sein.' Eine Testamentklausel von 1899*, in: *Die Wandlung* 3.1 (1948), S. 69–70.
Müller, Bastian: *Hinter Gottes Rücken*, Bremen 2012 [EA: 1947].
Münster, Clemens: *Abbau der nationalen Souveränität*; in: *Frankfurter Hefte* 1.5 (1946), S. 1–3.
Münster, Clemens: *Dämonen*, in: *Frankfurter Hefte* 1.6 (1946), S. 5–6.

Münster, Clemens: *Problem Nummer eins: Der Mensch*, in: *Frankfurter Hefte* 3.3 (1948), S. 202–204.

N.N.: *Demokratische Aussenpolitik*, in: *Der Ruf. Zeitung der deutschen Kriegsgefangenen in USA* 10 (1945), S. 3.

N.N.: *Rückblick und Ausblick*, in: *Der Ruf. Zeitung der deutschen Kriegsgefangenen in USA* 20 (1946), S. 1.

N.N.: *Ideen zur Nachkriegswelt. Einfuhr von Demokratie*, in: *Der Ruf. Zeitung der deutschen Kriegsgefangenen in USA* 21 (1946), S. 2.

N.N.: *Abschied*, in: *Der Ruf. Zeitung der deutschen Kriegsgefangenen in USA* 26 (1946), S. 1–2.

N.N.: *Bomben auf Spruchkammern*, in: *Der Spiegel* 2 (1947).

N.N. [=Hans Werner Richter]: *o.T.*, in: *Der Skorpion, Reprint. Mit einer Dokumentation zur Geschichte des „Skorpion" und einem Nachwort zur Geschichte der Gruppe 47 von Heinz Ludwig Arnold*, Göttingen 1991, S. 7–9.

Novalis: *Hymnen an die Nacht*, in: Ders.: *Werke in einem Band*, 3. Aufl., Berlin, Weimar 1985, S. 3–15.

Parth, Wolfgang W.: *Die letzten Tage*, Berlin 1946.

Pechel, Rudolf (Hg.): *Deutscher Widerstand*, Zürich 1947.

Platon: *Sämtliche Werke*, Bd. 3: *Phaidon, Politeia*, hg. von Walter F. Otto/Ernesto Grassi/Gert Plamböck, Hamburg 1962.

R. H.: *Der falsche Weg*, in: *Die Gegenwart* 1.8/9 (1946), abgedruckt in: *Aufbau* 1.8 (1946), S. 870–874.

Ranke, Leopold von: *Geschichten der romanischen und germanischen Völker von 1494 bis 1535*, Bd. 1, Leipzig, Berlin 1824.

Raschke, Martin: *Vorspruch*, in: *Die Kolonne. Zeitung der jungen Gruppe Dresden* 1.1 (1929), S. 1.

Reger, Erik: *Zwei Jahre nach Hitler. Fazit 1947 und Versuch eines konstruktiven Programms aus der zwangsläufigen Entwicklung*, Hamburg, Stuttgart 1947.

Rein, Heinz: *Berlin 1932. Ein Roman aus der großen deutschen Arbeitslosigkeit*, Berlin 1946.

Rein, Heinz: *Finale Berlin*, Berlin 1948.

Rein, Heinz: *Die neue Literatur. Versuch eines ersten Querschnitts*, Berlin 1950.

Rein, Heinz: *Finale Berlin*, vom Autor überarbeitet und verbessert, Frankfurt a. M. 1980.

Rein, Heinz: *Finale Berlin*, Frankfurt a. M. 2015.
Richter, Hans Werner: *Zyankali – oder die Wandlung des Heldenbegriffs*, in: *Der Ruf* 1.7 (1946), S. 7.
Richter, Hans Werner: *Zwischen Freiheit und Quarantäne*, in: *Der Ruf* 1.10 (1947), S. 1–2.
Richter, Hans Werner: *Literatur im Interregnum*, in: *Der Ruf* 1.15 (1947), S. 10–11.
Richter, Hans Werner: *Deine Söhne, Europa. Gedichte deutscher Kriegsgefangener*, München 1947.
Richter, Hans Werner: *Der Untergang des Bürgertums*, in: *Volk und Zeit* 3.4 (1948), S. 91–93.
Richter, Hans Werner: *Zwischen Freiheit und Quarantäne. Eine Einführung*, in: *Bestandsaufnahme. Eine deutsche Bilanz 1962. Sechsunddreißig Beiträge deutscher Wissenschaftler, Schriftsteller und Publizisten*, hg. von ders., München 1962, S. 11–25.
Richter, Hans Werner: *Bilanz. Ein Nachwort*, in: *Bestandsaufnahme. Eine deutsche Bilanz 1962. Sechsunddreißig Beiträge deutscher Wissenschaftler, Schriftsteller und Publizisten*, hg. von ders., München 1962, S. 562–571.
Richter, Hans Werner: *Bruchstücke der Erinnerung*, in: *Literaturmagazin* 7 (1977), S. 134–138.
Richter, Hans Werner: *Wie entstand und was war die Gruppe 47*, in: *Hans Werner Richter und die Gruppe 47*, hg. von Hans A. Neunzig, München 1979, S. 41–176.
Richter, Hans Werner: *Unterhaltungen am Schienenstrang*, in: *Deutsche Literatur zwischen 1945 und 1959*, hg. von Klaus Wagenbach, Berlin 1980, S. 46–50.
Richter, Hans Werner: *Ohne Titel [Leitartikel]*, in: *Der Skorpion*, hg. von Heinz Ludwig Arnold, Göttingen 1991, S. 7–9.
Richter, Hans Werner: *Briefe*, hg. von Sabine Cofalla, München 1997.
Rothfels, Hans: *Die deutsche Opposition gegen Hitler. Eine Würdigung*, Krefeld 1949.
Rothmann, Ralf: *Im Frühling sterben*, Berlin 2015.
Rowohlt, Ernst: *Buch und Masse*, in: *Aufbau* 3.10 (1947), S. 251–256.
Saalfeld, Martha: *Deutsche Landschaft*, Düsseldorf 1946.
Saalfeld, Martha: *Das süße Gras*, in: Dies.: *Das süße Gras*, Söcking 1947, S. 9–12.

Saalfeld, Martha: *Die Katze*, in: Dies.: *Das süße Gras*, Söcking 1947, S. 29–33.
Saalfeld, Martha: *Die Forelle*, in: Dies.: *Das süße Gras*, Söcking 1947, S. 42–45.
Saalfeld, Martha: *Idyll in Babensham*, Düsseldorf 1947.
Saalfeld, Martha: *Der Wald*, München 1949.
Saalfeld, Martha: *Von mir – über mich*, in: *Martha Saalfeld 1898-1976. Dokumente und Materialien*, hg. von Wolfgang Diehl, Landau 1986, S. 80–82.
Saalfeld, Martha: *Begegnung mit Kurt Desch*, in: *Martha Saalfeld 1898 – 1976. Dokumente und Materialien*, hg. von Wolfgang Diehl, Landau 1986, S. 82–83.
Sabais, Heinz-Winfried: *Vom klassischen zum modernen Humanismus, Teil II*, in: *Aufbau* 2.9 (1947), S. 167–174.
Scheerer, Walter: *Gespräche auf dem Scherbenhügel. Über den Sinn einer neuen Humanität*, Hamburg 1947.
Schlegel, August Wilhelm: *Allgemeine Übersicht des gegenwärtigen Zustandes der deutschen Literatur*, in: Ders.: *Geschichte der klassischen Literatur*, hg. von Edgar Lohner, Stuttgart 1964, S. 22–85.
Schmidt, Arno: *Rezension zu Rudolf Krämer Badoni: Mein Freund Hippolyt*, in: Ders.: *Werke. Bargfelder Ausgabe*, Bd. III.3: *Essays und Aufsätze 1*, Bargfeld 1995, S. 95–96.
Schmidt, Arno: *Briefwechsel mit Kollegen*, hg. von Gregor Strick, Bargfeld 2007.
Schnog, Karl: *Offenes Wort in eigener Sache*, in: Ders.: *Jedem das Seine. Satirische Gedichte*, Berlin 1947, S. 71–72.
Schnurre, Wolfdietrich: *Alte Brücken – Neue Ufer*, in: *Der Ruf* 1.16 (1947), S. 12.
Schnurre, Wolfdietrich: *Ein Leben*, in: Ders.: *Funke im Reisig. Erzählungen*, Olten, Freiburg 1963, S. 9–39.
Schnurre, Wolfdietrich: *Ein Leben*, in: Ders.: *Erzählungen 1945–1965*, München 1977, S. 245–265.
Schnurre, Wolfdietrich: *Der Schattenfotograf. Aufzeichnungen*, Darmstadt 1979.
Schnurre, Wolfdietrich: *Interregnum*, in: Ders.: *Kassiber und Neue Gedichte*, München 1979, S. 127.

Schnurre, Wolfdietrich: *Für die Wahrhaftigkeit*; in: *Der Skorpion*, hg. von Heinz Ludwig Arnold, Göttingen 1991, S. 43–46.

Schwinge, Erich: *Manneszucht, Ehre und Kameradschaft als Auslegungsrichtpunkte im Militärstrafrecht*, in: *Zeitschrift für Wehrrecht* 1–2 (1937), S. 29–35.

Seitz, Eberhard: *Zivilcourage und Toleranz*, in: *Aufbau* 3.2 (1948), S. 174–175.

Sieburg, Friedrich: *Das Kriegsbuch*, in: Ders.: *Nur für Leser. Jahre und Bücher*, Stuttgart 1955, S. S. 75–77.

Stahl, Hermann: *Eine ganz alltägliche Stimme. Novellen und Erzählungen*, Düsseldorf 1947.

Sternberger, Dolf: *Tagebuch. Zwischen Vergangenheit und Zukunft*, in: *Die Wandlung* 2.6 (1947), S. 455–461.

Sternberger, Dolf: *Toleranz als Leidenschaft für die Wahrheit*, in: *Die Wandlung* 2.3 (1947), S. 231–250.

Sternberger, Dolf: *Tagebuch. Zweimal im Kino*, in: *Die Wandlung* 3.2 (1948), S. 99–105.

Sternberger, Dolf: *Aspekte des bürgerlichen Charakters*, in: *Die Wandlung* 4.6 (1949), S. 474–486.

Strohm, Egon: *Schmerzvolle Reise*, Stuttgart 1946.

Tao Te-King, übers. u. hg. von Richard Wilhelm, Leipzig 1910.

Tereilen, Hans (i.e. Heinrich Treichl): *Demokratie und Selbstverantwortung*, in: *Der Ruf. Zeitung der deutschen Kriegsgefangenen in USA* 14 (1945), S. 3.

Undset, Sigrid: *Wieder in die Zukunft*, Zürich 1944.

Undset, Sigrid: *Die Umerziehung der Deutschen*, in: *Die Neue Zeitung* (25.10.1945).

Vinz, Curt: *Bekenntnisse zur Demokratie*, in: *Der Ruf. Zeitung der deutschen Kriegsgefangenen in USA* 8 (1945), S. 8.

Vonnegut, Kurt: *Slaughterhouse Five, or The Children's Crusade*, New York 2009.

Wagenbach, Klaus: *Der entnazifizierte Hund*, in: Ders.: *Die Freiheit des Verlegers. Erinnerungen, Festreden, Seitenhiebe*, 2. Aufl., Berlin 2010, S. 27–29.

Weber, Alfred: *Unsere Erfahrung und unsere Aufgabe*, in: *Die Wandlung* 1.1 (1945), S. 50–64.

Weber, Carl August: *Deutsche Jugend und Demokratie*, in: *Der Ruf* 2.20 (1947), S. 7.

Weisenborn, Günther: *Die Illegalen. Drama der deutschen Widerstandsbewegung*, Berlin 1947.

Weisenborn, Günther: *Memorial*. München 1947.

Weisenborn, Günther (Hg.): *Der lautlose Aufstand. Bericht über die Widerstandsbewegung des deutschen Volkes 1933–1945*, Hamburg 1953.

Wellershoff, Dieter: *Der Ernstfall*, Köln 1995.

Weyrauch, Wolfgang: *Nachwort*, in: *Tausend Gramm. Ein deutsches Bekenntnis in dreißig Geschichten aus dem Jahr 1949*, hg. von ders., überarb. u. erw. Neuauflage, Hamburg 1989, S. 175–183.

Wiechert, Ernst: *Über Kunst und Künstler. Aus einer ungesprochenen Rede*, in: *Aufbau. Kulturpolitische Monatszeitschrift* 1.1 (1946), S. 1–8.

Wiechert, Ernst: *Missa sine nomine*, München 1954.

Wittkop, Justus Franz: *Pariser Tagebuch*, München 1948.

Zuckmayer, Carl: *Geheimreport*, hg. von Gunther Nickel, Johanna Schrön, Göttingen 2002.

Forschungsliteratur:

Ächtler, Norman: *Generation in Kesseln. Das Soldatische Opfernarrativ im westdeutschen Kriegsroman 1945–1960*, Göttingen 2013.

Ächtler, Norman: *Das Lager als Paradigma der Moderne Der Kriegsgefangenendiskurs in der westdeutschen Nachkriegsliteratur (1946–1966)"*, in: *Deutsche Vierteljahrschrift für Literaturwissenschaft* 87 (2013), S. 264–294.

Adam, Christian: *Der Traum vom Jahre Null. Autoren, Bestseller, Leser: Die Neuordnung der Bücherwelt in Ost und West nach 1945*, Berlin 2016.

Agamben, Giorgio: *Homo sacer. Die souveräne Macht und das nackte Leben*, Frankfurt a. M. 2002.

Agamben, Giorgio: *Ausnahmezustand*, Berlin 2014.

Agazzi, Elena/Erhard Schütz (Hgg.): *Handbuch Nachkriegskultur. Literatur, Sachbuch und Film in Deutschland (1945–1962)*, Berlin 2013.

Albrecht, Andrea u.a. (Hgg.): *Theorien, Methoden und Praktiken des Interpretierens*, Berlin 2015.

Alkemeyer, Thomas/Gunilla Budde/Dagmar Freist: *Einleitung*, in: *Selbst-Bildungen. Soziale und kulturelle Praktiken der Subjektivierung*, hg. von dies., Bielefeld 2013, S. 9–30.

Allert, Tilman: *Der deutsche Gruß. Geschichte einer unheilvollen Geste*, Stuttgart 2010.

Anderson, Benedict: *Die Erfindung der Nation. Zur Karriere eines folgenreichen Konzepts*, Berlin 1998.

Andres, Jan/Alexa Geisthövel/Matthias Schwengelbeck: *Einleitung*, in: *Die Sinnlichkeit der Macht. Herrschaft und Repräsentation seit der Frühen Neuzeit*, hg. von dies., Frankfurt a. M. 2005, S. 7–17.

Arendes, Cord: *Schrecken aus dem Untergrund: Endphaseverbrechen des ‚Werwolf'*, in: *Terror nach Innen. Verbrechen am Ende des Zweiten Weltkrieges*, hg. von ders./Edgar Wolfrum/Jörg Zedler, Göttingen 2006, S. 149–171.

Arendt, Hannah: *Über die Revolution*, München 1963.

Arnold, Heinz Ludwig: *Die drei Sprünge der westdeutschen Literatur. Eine Erinnerung*, Göttingen 1993.

Arnold, Heinz Ludwig: *Die Gruppe 47*, Hamburg 2004.

Ashley, Kathleen M.: *Introduction*, in: *Victor Turner and the Construction of Cultural Criticism. Between Literature and Anthropology*, hg. von dies., Bloomington, Indianapolis 1990, S. ix–xxii.

Assmann, Aleida: *Trauma des Krieges und Literatur*, in: *Trauma. Zwischen Psychoanalyse und kulturellem Deutungsmuster*, hg. von Elisabeth Bronfen/Birgit R. Erdle/Sigrid Weigel, Köln 1999, S. 95–116.

Assmann, Aleida/Ute Frevert: *Geschichtsvergessenheit. Geschichtsversessenheit. Vom Umgang mit deutschen Vergangenheiten nach 1945*, Stuttgart 1999.

Augé, Marc: *Nicht-Orte*, München 2010.

Ausländer, Fietje (Hg.): *Verräter oder Vorbilder? Deserteure und ungehorsame Soldaten im Nationalsozialismus*, Bremen 1990.

Baberowski, Jörg/Anselm Doering-Manteuffel: *Ordnung durch Terror. Gewaltexzesse und Vernichtung im nationalsozialistischen und im stalinistischen Imperium*, Bonn 2006.

Bächer, Monika: *Oda Schaefer (1900–1988). Leben und Werk*, Bielefeld 2006.

Bachmann-Medick, Doris: *Cultural Turns. Neuorientierungen in den Kulturwissenschaften*, 4. Aufl., Hamburg 2009.

Balibar, Étienne: Out of the interregnum, in: *opendemocracy*, 16.05.2013, https://www.opendemocracy.net/ (letzter Zugriff 09.01.2024).

Barnes, Barry: *Practice as collective action*, in: *Practice Turn in Contemporary Theory*, hg. von Theodore R. Schatzki, u.a., London 2001, S. 25–36.

Barouch, Lina: *Jenny Aloni: Der Wartesaal (1969)*, in: *Handbuch der deutschsprachigen Exilliteratur. Von Heinrich Heine bis Herta Müller*, hg. von Bettina Bannasch/Gerhild Rochus, Berlin, Boston 2013, S. 212–219.

Baßler, Moritz: *Die Entdeckung der Textur: Unverständlichkeit in der Kurzprosa der emphatischen Moderne 1910–1916*, Tübingen 1994.

Baßler, Moritz/Hubert Roland/Jörg Schuster: *Kontinuitäten und Diskontinuitäten literarischer Verfahren von 1930 bis 1960*, in: *Poetologien deutschsprachiger Literatur 1930–1960. Kontinuitäten jenseits des Politischen*, hg. von dies., Berlin, Bosten 2016, S. 1–14.

Bauer, Christian/Rebekka Göpfert: *Die Ritchie Boys. Deutsche Emigranten beim US-Geheimdienst*, Hamburg 2005.

Bauerkämpfer, Arnd/Konrad H. Jarausch/Marcus M. Payk: *Transatlantische Mittler und kulturelle Demokratisierung Westdeutschlands 1945–1970'*, in: *Demokratiewunder. Transatlantische Mittler und die kulturelle Öffnung Westdeutschlands 1945–1970*, hg. von dies., Göttingen 2005, S. 11–37.

Bauman, Zygmunt: *Moderne und Ambivalenz. Das Ende der Eindeutigkeit*, Hamburg 1992.

Bauman, Zygmunt: *44 Letters from the Liquid Modern World*, Cambridge 2010.

Bauman, Zygmunt: *Times of Interregnum*, in: *Ethics & Global Politics* 5.1 (2012), S. 49–56.

Baumgart, Wolfgang: *Erinnerungen an Dr. Otto Schnurre – einen Pionier der modernen Greifvogelforschung*, in: *Greifvögel und Falknerei. Jahrbuch des Deutschen Falkenordens*, Melsungen 2015, S. 179–190.

Bausinger, Hermann: ‚*Eine sterbende Welt, die nach Dauer klagte...*' *Zum literarischen Werk Gerd Gaisers*, in: Reutlinger Geschichtsblätter 47 (2008), S. 137–157.

Bendel, Rainer: *Einführung*, in: *Die katholische Schuld? Katholizismus im Dritten Reich – Zwischen Arrangement und Widerstand*, hg. von ders., 3. Aufl., Berlin 2019, S. 4–24.

Benz, Wolfgang: *Die 101 wichtigsten Fragen. Das Dritte Reich*, 2. Aufl., München 2008.

Benz, Wolfgang: *Auftrag Demokratie. Die Gründungsgeschichte der Bundesrepublik und die Entstehung der DDR 1945–1949*, Berlin 2009.

Benz, Wolfgang: *Der deutsche Widerstand gegen Hitler*, München 2014.

Benz, Wolfgang: *Im Widerstand. Größe und Scheitern der Opposition gegen Hitler*, München 2018.

Benz, Wolfgang: *Protest und Menschlichkeit. Die Widerstandsgruppe „Onkel Emil" im Nationalsozialismus*, Ditzingen 2020.

Berndt, Juliane: *Die Restitution des Ullstein-Verlags (1945–52). Remigration, Ränke, Rückgabe: Der steinige Weg einer Berliner Traditionsfirma*, Berlin 2020.

Bernig, Jörg: *Der große Krieg im Osten und die tragische Selbstbehauptung des Individuums. Antitotalitarismus und individualistischer Anarchismus in Theodor Plieviers Kriegstrilogie Moskau. Stalingrad, Berlin*, in: *Schuld und Sühne? Kriegserlebnis und Kriegsdeutung in deutschen Medien der Nachkriegszeit (1945–1961)*, hg. von Ursula Heukenkamp, Amsterdam 2001, S. 113–126.

Bertau, Marie-Cécile: *Sprache: öffentliche Praxis im Medium des Dritten*, in: *Praxis denken. Konzepte und Kritik*, hg. von Thomas Alkemeyer/Volker Schürmann/Jörg Volbers, Wiesbaden 2015, S. 81–107.

Beye, Klaus von: *Die Kunst der Macht und die Gegenmacht der Kunst. Studien zum Spannungsverhältnis von Kunst und Politik*, Frankfurt a. M. 1998.

Beyer, Friedemann, Norbert Grob: *Der NS-Film*, Dietzingen 2018.

Bhabha, Hombi: *Die Verortung der Kultur*, Tübingen 2000.

Bialas, Wolfgang: *Moralische Ordnungen des Nationalsozialismus*, Göttingen 2014.

Biddiscombe, Perry: *The Last Nazis. SS Werewolf Guerilla Movement in Europe 1944–1947*, Stroud 2000.

Birkert, Alexandra: *Das Goldene Tor. Alfred Döblins Nachkriegszeitschrift. Rahmenbedingungen, Zielsetzung, Entwicklung*, Frankfurt a. M. 1989.

Birnbacher, Leonhard: *Arbeit an der Erfahrung. Zum deutschen Weg aus der kriegsgesellschaftlichen Moderne 1943–1949*, Weilerswist 2020.

Blumenberg, Hans: *Schiffbruch mit Zuschauer. Paradigma einer Daseinsmetapher*, 5. Aufl., Frankfurt a. M. 2012.

Bode, Sabine: *Die vergessene Generation. Die Kriegskinder brechen ihr Schweigen*, Stuttgart 2004.

Bode, Sabine: *Kriegsenkel. Die Erben der vergessenen Generation*, Stuttgart 2009.

Bode, Sabine: *Nachkriegskinder. Die 1950er Jahrgänge und ihre Soldatenväter*, Stuttgart 2011.

Bohnsack, Fritz: *Erziehung zur Demokratie. John Deweys Pädagogik und ihre Bedeutung für die Reform unserer Schule*, Ravensburg 1976.

Bolz, Rüdiger: *Rundfunk und Literatur unter amerikanischer Kontrolle. Das Programmangebot von Radio München 1945–1949*, Wiesbaden 1991.

Bondeli, Ruth Schori: *Der postmoderne Kammerherr. Niebelschütz und sein unzeitgemäßer Nachkriegs-Roman*, Bern u.a. 2005.

Bordoni, Carlo: *Interregnum. Beyond Liquid Modernity*, Bielefeld 2016.

Borsò, Vittorio: Art. *Transitorische Räume*, in: *Handbuch Literatur & Raum*, hg. von Jörg Dünne/Andreas Mahler, Berlin 2015, S. 259–271.

Böttiger, Helmut/Bernd Busch/Thomas Combrink (Hgg.): *Doppelleben. Literarische Szenen aus Nachkriegsdeutschland*, unter Mitarbeit von Lutz Dittrich, Göttingen 2009.

Böttiger, Helmut: *Die Gruppe 47. Als die deutsche Literatur Geschichte schrieb*, München 2012.

Bourdieu, Pierre: *Sozialer Raum und „Klassen". Leçon sur la leçon. Zwei Vorlesungen*, Frankfurt a. M. 1985.

Bourdieu, Pierre/Loïc Wacquant: *Reflexive Anthropologie*, Frankfurt a. M. 2013.

Bowersock, Glen W.: *Die Wiege des Islam. Mohammed, der Koran und die antiken Kulturen*, München 2019.

Brabazon, Tara/Steve Redhead/Runyararo S. Chivaura: *Trump Studies. An Intellectual Guide to Why Citizens Vote Against Their Interests*, Bingley 2019.

Brand, Werner: *Der Schriftsteller als Anwalt der Armen und Unterdrückten. Zu Leben und Werk Walter Kolbenhoffs*, Frankfurt a. M. 1991.

Braun, Hans/Uta Gerhardt/Everhard Holtmann: *Die ‚lange Stunde Null': Exogene Vorgaben und endogene Kräfte im gesellschaftlichen Wandel nach 1945*, in: *Die lange Stunde Null. Gelenkter Sozialer Wandel in Westdeutschland nach 1945*, hg. von dies., Baden-Baden 2007, S. 7–26.

Bräunlein, Peter: *Zur Aktualität von Victor Turner. Einleitung in sein Werk*, Wiesbaden 2012.

Breithaupt, Fritz: *Die einfache Form des Erzählens (Experimentelle Geisteswissenschaften)*, in: *Komplexität und Einfachheit. DFG-Symposion 2015*, hg. von Albrecht Koschorke, Stuttgart 2017, S. 104–123.

Brelie-Lewien, Doris von der: *Katholische Zeitschriften in den Westzonen 1945–1949. Ein Beitrag zur politischen Kultur der Nachkriegszeit*, Göttingen, Zürich 1986.

Brenner, Wolfgang: *Zwischen Ende und Anfang. Nachkriegsjahre in Deutschland*, München 2016.

Brie, Michael (Hg.): *Mit Realutopien den Kapitalismus transformieren? Beiträge zur kritischen Transformationsforschung 2*, Hamburg 2015.

Brittnacher, Hans Richard: *Ästhetik des Horrors. Gespenster, Vampire, Monster, Teufel und künstliche Menschen in der phantastischen Literatur*, Frankfurt a. M. 1992.

Bröckling, Ulrich: *Postheroische Helden - Ein Zeitbild*, Berlin 2020.

Brunner, Benedikt u.a. (Hgg.): *„Sagen, was ist". Walter Dirks in den intellektuellen und politischen Konstellationen Deutschlands und Europas*, Berlin 2019.

Bubser, Reinhold K.: *Leonhard Frank: Nachkriegsjahre und Rezeption seiner letzten Werke*, in: *Deutsche Exilliteratur. Literatur der Nachkriegszeit. Akten des III. Exilliteratur-Symposiums der University of South Carolina*, hg. von Wolfgang Elfe/James Hardin/Günther Holst, Bern 1981, S. 28–37.

Bublitz, Hannelore: Art. „Macht", in: *Foucault Handbuch. Leben – Werk – Wirkung*, hg. von Clemens Kammer/Rolf Parr/Ulrich Johannes Schneider, 2. aktual. u. erw. Aufl., Stuttgart 2020, S. 316–319.

Buchloh, Ingrid: *Veit Harlan. Goebbels' Starregisseur*, Paderborn 2010.

Buckard, Christian: *Arthur Koestler. Ein extremes Leben 1905–1983*, München 2004.

Budde, Gunilla/Eckart Conze/Cornelia Rauh: *Einleitung: Bürgertum und Bürgerlichkeit nach 1945*, in: *Bürgertum nach dem bürgerlichen Zeitalter. Leitbilder und Praxis seit 1945*, hg. von dies., Göttingen 2010, S. 7–25.

Bude, Heinz: *Solidarität. Die Zukunft einer großen Idee*, München 2019.

Bullivant, Keith: *Between Chaos und Order: The Work of Gerd Gaiser*, Stuttgart 1980.

Busch, Stefan: *„Und gestern, da hörte uns Deutschland". NS-Autoren in der Bundesrepublik. Kontinuität und Diskontinuität bei Friedrich Griese, Werner Beumelburg, Eberhard Wolfgang Möller und Kurt Ziesel*, Würzburg 1998.

Candeias, Mario: *Interregnum. Molekulare Verdichtung und organische Krise*, in: *VielfachKrise. Im finanzdominierten Kapitalismus*, hg. von Alex Demirović u.a., Hamburg 2011, S. 45–61.

Cavedon, Christina: *Cultural Melancholia: US Trauma Discourses Before and After 9/11*, Leiden 2015.

Cersowsky, Peter: *Nachwort*, in: Leonhard Frank: *Die Jünger Jesu*, Würzburg 1995, S. 226–243.

Certeau, Michel de: *Kunst des Handelns*, Berlin 1988.

Certeau, Michel de: *Praktiken im Raum*, in: *Raumtheorie. Grundlagentexte aus Philosophie und Kulturwissenschaften*, hg. von Jörg Dünne/Stephan Günzel, Frankfurt a. M. 2006, S. 343–353.

Chlada, Marvin: *Heterotopie und Erfahrung. Abriss der Heterotopologie nach Michel Foucault*, Aschaffenburg 2005.

Clark, Hugh R.: *China during the Tang-Song interregnum, 878–978. New Approaches to the Southern Kingdoms*, London 2022.

Cohen, Margaret: *The Sentimental Education of the Novel*, 2. Aufl., Princeton 2002.

Contzen, Eva von: *Heiligkeit als narratives Konstrukt: Die kommunikative Situation in ausgewählten Heiligenviten des englischen Mittelalters*, in: *Gottes Werk und Adams Beitrag. Formen der Interaktion zwischen Mensch und Gott im Mittelalter*, hg. von Thomas Honegger/Gerlinde Huber-Rebenich/Volker Leppin, Berlin 2014, S. 113–127.

Deissler, Dirk: *Die entnazifizierte Sprache. Sprachpolitik und Sprachregelung in der Besatzungszeit*, Frankfurt a. M. 2004.

Dejung, Christoph Emanuel: *Emil Oprecht. Verleger der Exilautoren*, Zürich 2020.

Denkler, Horst: *Werkruinen, Lebenstrümmer. Literarische Spuren der „verlorenen Generation" des Dritten Reiches*, Tübingen 2006.

Deppe, Frank: Interregnum. Große Krisen im Vergleich, in: literaturkritik.de, Nr. 12, Dezember 2011, Schwerpunkt: Kapitalismus. Essays, https://literaturkritik.de/ (letzter Zugriff 09.01.2024).

Detering, Heinrich: *Was heißt hier „wir"? Zur Rhetorik der parlamentarischen Rechten*, 3. Aufl., Ditzingen 2019.

Diehl, Wolfgang: ,*Die Gefährten schlang die Erde ein'. Über die Notwendigkeit, das Andenken an die Dichterin Martha Saalfeld wachzuhalten und zu erneuern*, in: *Martha Saalfeld 1898–1976. Dokumente und Materialien*, hg. von ders., Landau 1986, S. 9–19.

Diehl, Wolfgang: Art. „Saalfeld, Martha" in: *Neue Deutsche Biographie* 22 (2005), S. 314–315, Online-Version, https://www.deutsche-biographie.de/ (letzter Zugriff 09.02.2024).

Donn, Katharina: *A Poetics of Trauma after 9/11. Representing trauma in a digitized present*, London 2017.

Dorchain, Claudia Simone: *Ästhetik der Gewalt. Der ‚Werwolf' als Symbol des negativen Heroismus und politischer Willkür*, in: *Ästhetischer Heroismus. Konzeptionelle und figurative Paradigmen des Helden*, hg. von Nikolas Immer/Mareen van Marwyck, Bielefeld 2013, S. 51–62.

Döring, Jörg/Felix Römer/Rolf Seubert: *Alfred Andersch desertiert. Fahnenflucht und Literatur (1944–1952)*, Berlin 2015.

Dörner, Andreas/Ludgera Vogt: *Literatursoziologie: Eine Einführung in zentrale Positionen - von Marx bis Bourdieu, von der Systemtheorie bis zu den British Cultural Studies*, 2. Aufl., 2013.

Dörr, Volker C.: *Mythomimesis. Mythische Geschichtsbilder in der westdeutschen (Erzähl-)Literatur der frühen Nachkriegszeit (1945–1952)*, Berlin 2004.

Dove, Patrick: *Literature and "Interregnum". Globalization, War, and the Crisis of Sovereignty in Latin America*, Albany 2016.

Dräger, Marco: *Deserteur-Denkmäler in der Geschichtskultur der Bundesrepublik*, Frankfurt a. M. 2017.

Driver Eddy, Beverley: *Ritchie Boy Secrets. How a Force of Immigrants and Refugees Helped Win World War II*, Mechanicsburg 2021.

Dücker, Burckhard: *Vorbereitende Bemerkungen zu Theorie und Praxis einer performativen Literaturgeschichtsschreibung*, in: *Praxeologie. Beiträge zur interdisziplinären Reichweite praxistheoretischer Ansätze in den Geistes- und Sozialwissenschaften*, hg. von Friederike Elias u.a., Berlin 2014, S. 97–128.

Dünne, Jörg/Andreas Mahler: *Einleitung*, in: *Handbuch Literatur und Raum*, hg. von dies., Berlin 2015, S. 1–11.

Durkheim, Émile: *Die elementaren Formen des religiösen Lebens*, Frankfurt a. M. 1994.

Durzak, Manfred: *Die deutsche Kurzgeschichte der Gegenwart. Autorenporträts, Werkstattgespräche, Interpretationen*, Stuttgart 1980.

Durzak, Manfred: *Magischer Realismus bei Hermann Lenz*, in: *Begegnung mit Hermann Lenz. Künzlsauer Symposium*, hg. von Rainer Moritz, Tübingen 1996, S. 106–120.

Durzak, Manfred: *Opfer und Täter. Hartmut Langes Beitrag zur Holocaust-Literatur in seiner Novelle ‚Das Konzert'*, in: *Der Dramatiker und Erzähler Hartmut Lange*, hg. von ders., Würzburg 2003, S. 178–190.

Durzak, Manfred: *Die zweite Phase des westdeutschen Nachkriegsromans*, in: *Geschichte der deutschen Literatur von 1945 bis zur Gegenwart*, hg .von Wilfried Barner, 2. aktual. u. erw. Aufl., München 2006, S. 368–434.

Ebert, Jens: *Verräter, Helden, Außenseiter. Deutsche Deserteure im politischen und literarischen Diskurs nach 1945*, in: *Krieg und Nachkrieg. Konfigurationen der deutschen Literatur (1940–1965)*, hg. von Hania Siebenpfeiffer/Ute Wölfel, Berlin 2004, S. 25–38.

Ehrke-Rotermund, Heidrun: *‚Nun find' ich mich in diesem bitterbösen Märchen wieder...' Zu den Zeitromanen der Rheinpfälzerin Martha Saalfeld*, in: *Blätter der Carl-Zuckmayer-Gesellschaft* 11.1 (1985), S. 5–22.

Ehrke-Rotermund, Heidrun/Erwin Rotermund: *Zwischenreiche und Gegenwelten. Texte und Vorstudien zur ‚Verdeckten Schreibweise' im „Dritten Reich"*, München 1999.

Eichinger, Ludwig M.: *Praktiken: etwas Gewissheit im Geflecht der alltäglichen Welt*, in: *Sprachliche und kommunikative Praktiken*, hg. von Arnulf Deppermann/Helmuth Feilke/Angelika Linke, Berlin, Boston 2016, S. VII–XIII.

Eliade, Mircea: *Das Heilige und das Profane. Vom Wesen des Religiösen*, Frankfurt a. M. 1990.

Embacher, Erich: *Hans Werner Richter. Zum literarischen Werk und zum politisch-publizistischen Wirken eines engagierten deutschen Schriftstellers*, Frankfurt a. M. 1985.

Engelbach, Horst/Konrad Krauss: *Der Kulturbund und seine Zeitschrift Aufbau in der SBZ*, in: *Zur literarischen Situation 1945–1949*, hg. von Gerhard Hay, Kronenberg 1977, S. 169–188.

Engler, Jürgen: *Die ‚Schizophrenie' des Anfangs. Wolfdietrich Schnurre – ein Autor der ‚Trümmerliteratur'*, in: *Unterm Notdach. Nachkriegsliteratur in Berlin 1945–1949*, hg. von Ursula Heukenkamp, Berlin 1996, S. 387–438.

Erdle, Birgit R.: *Die Verführung der Parallelen. Zu Übertragungsverhältnissen zwischen Ereignis, Ort und Zitat*, in: *Trauma. Zwischen Psychoanalyse und kulturellem Deutungsmuster*, hg von Elisabeth Bronfen/dies./Sigrid Weigel, Köln 1999, S. 27–50.

Ernst, Christian: *Die Weiße Rose – eine deutsche Geschichte? Die öffentliche Erinnerung an den Widerstand in beziehungsgeschichtlicher Perspektive*, Osnabrück 2018.

Esposito, Fernando: *Mythische Moderne: Aviatik, Faschismus und die Sehnsucht nach Ordnung in Deutschland und Italien*, München 2011.

Esselborn, Karl: *Neubeginn als Programm*, in: *Literatur in der Bundesrepublik Deutschland bis 1967*, hg. von Ludwig Fischer, München 1986, S. 230–243.

Farrell, Kirby: *Post-traumatic Culture. Injury and Interpretation in the Nineties*, Baltimore, London 1998.

Felbick, Dieter: *Schlagwörter der Nachkriegszeit 1945–1949*, Berlin 2003.

Ferchl, Wolfgang: *Zwischen Schlüsselroman, Kolportage und Artistik. Studien zur gesellschaftskritisch-realistischen Romanliteratur der 50er Jahre in der Bundesrepublik Deutschland in ihrem sozialgeschichtlichen und poetologischen Kontext*, Amsterdam 1991.

Fischer, Ludwig: *Die Zeit von 1945 bis 1967 als Phase der Literatur- und Gesellschaftsentwicklung*, in: *Literatur in der Bundesrepublik Deutschland bis 1967*, hg. von ders., München 1986, S. 29–96.

Fischer, Bernhard/Thomas Dietzel: *Deutsche literarische Zeitschriften 1945–1970. Ein Repertorium*, Bd. 1, München 1992.

Fischer, Bernhard: *Über Literaturvermittlung und Literaturrezeption in Zeitschriften 1945–1949"*, in: *Buch, Buchhandel und Rundfunk 1945–1949*, hg. von Monika Estermann/Edgar Lersch, Wiesbaden 1997, S. 53–59.

Fischer, Fritz: *Hitler war kein Betriebsunfall. Aufsätze*, München 1992.

Fischer-Lichte, Erika: *Performativität. Eine Einführung*, Bielefeld 2012.

Förderer, Manuel: *‚Die Drossel regiert'. Zum Motivkomplex von Natur und Gewalt bei Wolfdietrich Schnurre*, in: *treibhaus. Jahrbuch für die Literatur der fünfziger Jahre* 16 (2020), S. 182–205.

Förderer, Manuel: *Eine Frage des Schicksals? Wolfdietrich Schnurre und die Vögel*, in: *Vögel aus Federn. Verschriftlichungen des Vogels seit 1800*, hg. von ders./Cristine Huck/Laura M. Reiling, Berlin 2022, S. 79–104.

Foucault, Michel: *Die Ordnung der Dinge. Eine Archäologie der Humanwissenschaften*, Frankfurt a. M. 1971.

Foucault, Michel: *Der Wille zum Wissen*, Frankfurt a. M. 1977.

Foucault, Michel: *Die Heterotopien*, in: Ders.: *Die Heterotopien. Der utopische Körper. Zwei Radiovorträge*. Zweisprachige Ausgabe, Frankfurt a. M. 2005, S. 7–22.

Foucault, Michel: *Von anderen Räumen*, in: *Raumtheorie. Grundlagentexte aus Philosophie und Kulturwissenschaften*, hg. von Jörg Dünne/Stephan Günzel, Frankfurt a. M. 2006, S. 317–329.

Frank, Gustav/Rachel Palfreyman/Stefan Scherer: *Einleitung*, in: *Modern Times? German Literature and Arts Beyond Political Chronologies. Kontinuitäten der Kultur. 1925–1955*, hg. von dies., Bielefeld 2005, S. 9–23.

Frank, Gustav/Stefan Scherer: *Textur der Synthetischen Moderne (1925–1955). (Döblin, Lampe, Fallada, Langgässer, Koeppen)*, in:

Poetologien deutschsprachiger Literatur 1930–1960. Kontinuitäten jenseits des Politischen, hg. von Moritz Baßler/Hubert Roland/Jörg Schuster, Berlin, Boston 2016, S. 77–104.

Frei, Norbert: *Vergangenheitspolitik. Die Anfänge der Bundesrepublik und die NS-Vergangenheit*, 2. Aufl., München 2003.

Frei, Norbert (Hg.): *Hitlers Eliten nach 1945*, 2. Aufl., München 2004.

Frei, Norbert: *1945 und wir. Das Dritte Reich im Bewußtsein der Deutschen*, München 2005.

Frei, Norbert (Hg.): *Wie bürgerlich war der Nationalsozialismus?*, Göttingen 2018.

Frevert, Ute: *Die Politik der Demütigung. Schauplätze von Macht und Ohnmacht*, Frankfurt a. M. 2017.

Fricke, Hannes: *Das hört nicht auf. Trauma, Literatur und Empathie*, Göttingen 2014.

Friedmann, Jan/Jörg Später: *Britische und deutsche Kollektivschuld-Debatte*, in: *Wandlungsprozesse in Westdeutschland. Belastung, Integration, Liberalisierung 1945–1980*, hg. von Ulrich Herbert, Göttingen 2002, S. 53–90.

Fritscher-Fehr, Melanie: *Demokratie im Ohr. Das Radio als geschichtskultureller Akteur in Westdeutschland, 1945–1963*, Bielefeld 2019.

Frohn, Julia: *Literaturaustausch im geteilten Deutschland, 1945–1972*, Berlin 2014.

Fröschle, Ulrich: *Das andere Deutschland. Zur Topik der Ermächtigung*, in: *Zuckmayer-Jahrbuch* 7 (2004), S. 47–85.

Futterknecht, Franz: *Nachkriegspositionen des ästhetischen Bewußtseins. Hans Werner Richter: Die Geschlagenen (1949) und Sie fielen aus Gottes Hand (1951)*, in: *Von Böll bis Buchheim. Deutsche Kriegsprosa nach 1945*, hg. von Hans Wagener, Amsterdam 1997, S. 111–132.

Gansel, Carsten: *‚Krieg im Rückblick des Realisten' – Hans Werner Richters Die Geschlagenen*, in: *„Es sind alles Geschichten aus meinem Leben." Hans Werner Richter als Erzähler und Zeitzeuge, Netzwerker und Autor*, hg. von ders./Werner Nell. Berlin 2011, S. 11–28.

Gehring, Hansjörg: *Amerikanische Literaturpolitik in Deutschland 1945–1953. Ein Aspekt des Re-education-Programms*, Stuttgart 1976.

Geisenhanslüke, Achim: *Von anderen Räumen. Michel Foucaults Schwellenkunde*, in: *Literatur als Interdiskurs. Realismus und Nor-*

malismus, Interkulturalität und Intermedialität von der Moderne bis zur Gegenwart. Eine Festschrift für Rolf Paar zum 60. Geburtstag, hg. von Thomas Ernst/Georg Mein, München 2016, S. 33–40.

Gennep, Arnold van: *Übergangsriten*, 3. erw. Aufl., Frankfurt a. M., New York 2005.

Genette, Gérard: *Paratexte. Das Buch vom Beiwerk des Buches*, Frankfurt a. M. 1989.

Genette, Gérard: *Die Erzählung*, München 1998.

Gentzel, Peter: *Praxistheorie und Mediatisierung. Grundlagen, Perspektiven und eine Kulturgeschichte der Mobilkommunikation*, Wiesbaden 2015.

Geppert, Dominik: *Von der Staatsskepsis zum parteipolitischen Engagement. Hans Werner Richter, die Gruppe 47 und die deutsche Politik*, in: *Streit um den Staat. Intellektuelle Debatten in der Bundesrepublik 1960–1980*, hg. von ders./Jens Hacke, Göttingen 2008, S. 46–68.

Geppert, Dominik: *Hans Werner Richter, die Gruppe 47 und die ‚Stunde Null'*, in: *Rückblickend in die Zukunft. Politische Öffentlichkeit und intellektuelle Positionen in Deutschland um 1950 und um 1930*, hg. von Alexander Gallus/Axel Schildt, Göttingen 2011, S. 203–220.

Gerhardt, Uta: *Medizin, Soziologie und Re-Education*, in: Dies.: *Gesellschaft und Gesundheit. Begründung der Medizinsoziologie*, Frankfurt a. M. 1991, S. 261–300.

Gerhardt, Uta: *Soziologie der Stunde Null. Zur Gesellschaftskonzeption des amerikanischen Besatzungsregimes in Deutschland 1944–1945/1946*, Frankfurt a. M. 2005.

Gibbs, Alan: *Contemporary American Trauma Narratives*, Edinburgh 2014.

Glaubrecht, Martin: *Studien zum Frühwerk Leonhard Franks*, Bonn 1965.

Goergen, Jeanpaul: *Orientierung und Ausrichtung. Die amerikanische Dokumentarfilmproduktion ‚Zeit im Film' 1949–1952*, in: *Lernen Sie diskutieren! Re-education durch Film. Strategien der westlichen Alliierten nach 1945*, hg. von Heiner Roß, neu durchgesehene Aufl., Berlin 2014, S. 33–54.

Golaszewski, Marcin/Magdalena Kardach/Leonore Krenzlin (Hgg.): *Zwischen Innerer Emigration und Exil. Deutschsprachige Schriftsteller 1933–1945*, Berlin 2016.

Goody, Jack: *Woraus besteht eine Liste?*, in: *Schreiben als Kulturtechnik. Grundlagentexte*, hg. von Sandro Zanetti, Berlin 2012, S. 338–396.

Görtemaker, Manfred: *Geschichte der Bundesrepublik Deutschland. Von der Gründung bis zur Gegenwart*, München 1999.

Görtemaker, Manfred: *Thomas Mann und die Politik*, Frankfurt a. M. 2005.

Gotterbarm, Mario: *Die Gewalt des Moralisten. Zum Verhältnis von Ethik und Ästhetik bei W. G. Sebald*, Paderborn 2016.

Grambow, Jürgen: *‚Der Skorpion' und die Folgen. Hans Werner Richter und die ‚Gruppe 47'*, in: ndl. *Zeitschrift für deutschsprachige Literatur und Kritik* 45 (1997), S. 169–176.

Greiffenhagen, Sylvia: *Theorie(n) der Politischen Kultur*, in: *Politische Kultur. Forschungsstand und Forschungsperspektive*, hg. von Samuel Salzborn, Frankfurt a. M. 2009, S. 11–29.

Greven, Michael Th.: *Politisches Denken in Deutschland nach 1945. Erfahrungen und Umgang mit der Kontingenz in der unmittelbaren Nachkriegszeit*, Opladen, Farmington Hills 2007.

Griffin, Roger: *Interregnum or Endgame? The radical right in the 'postfascist' era*, in: *Journal of Political Ideologies* 5.2 (2000), S. 163–178.

Griffin, Roger: *Modernism and Fascism. The Sense of a Beginning under Mussolini and Hitler*, Basingstoke 2007.

Grimm, Reinhold: *Schwarze und Juden in der deutschen Literatur. Zur Imagologie des ‚Gegentyps'*, in: *Jahrbuch Deutsch als Fremdsprache* 12 (1986), S. 56–71.

Grimm, Reinhold: *Germans, Blacks, and Jews; or Is There a German Blackness of Its Own?*, in: Ders.: *Echo and Disguise. Studies in German and Comparative Literature*, Frankfurt a. M. 1989, S. 139–178.

Grobmann, Ralph: *Gefühlssozialist im 20. Jahrhundert. Leonhard Frank 1882–1961*, Frankfurt a. M. 2004.

Grosser, Florian: *Theorien der Revolution zur Einführung*, Hamburg 2013.

Grossmann, Atina: *Juden, Deutsche, Alliierte. Begegnungen im besetzten Deutschland*, Göttingen 2012.

Gruber, Bettina: *Imperative der Grenzüberschreitung. Rückblick auf ein historisches Motiv der Avantgarde*, in: *Über Grenzen. Jahrbuch für Literatur und Politik in Deutschland* 2 (1995), S. 198–217.

Gruneberg, Antonia: *‚Und was tatest du?' Schriftsteller und politische Macht nach 1945. Zum Streit zwischen Thomas Mann und Walter von Molo*, in: *Autor, Macht, Staat. Literatur und Politik in Deutschland. Ein notwendiger Dialog*, hg. von Gerd Langguth, Düsseldorf 1994, S. 110–130.

Grunert, Frank: *Von polylogischer zu monologischer Aufklärung: Die Monatsgespräche von Christian Thomasius*, in: *Die Philosophie und die Belles-Lettres*, hg. von Martin Fontius/Werner Schneiders, Berlin 1997, S. 21–38.

Günzel, Stephan: *Raum. Eine kulturwissenschaftliche Einführung*, Bielefeld 2017.

Gut, Philipp: *Thomas Manns Idee einer deutschen Kultur*, Frankfurt a. M. 2008.

Haase, Norbert: *Deutsche Deserteure*, Berlin 1987.

Haase, Norbert: *Die Wehrmachtsdeserteure und die deutsche Nachkriegsliteratur*, in: *Deserteure der Wehrmacht. Feiglinge – Opfer – Hoffnungsträger? Dokumentation eines Meinungswandels*, hg. von Wolfram Wette, Essen 1995, S. 95–106.

Haase, Norbert: *Fahnenflucht – ‚Widerstand des kleinen Mannes'?*, in: *Der militärische Widerstand gegen Hitler im Lichte neuer Kontroversen*, hg. von Manuel Becker/Holger Löttel/Christoph Studt, Berlin 2010, S. 201–211.

Habermas, Jürgen: *Faktizität und Geltung. Beiträge zur Diskurstheorie des Rechts und des demokratischen Rechtsstaats*, Frankfurt a. M. 1992.

Habermas, Jürgen: *Theorie des kommunikativen Handelns*, Bd. 1: *Handlungsrationalität und gesellschaftliche Rationalisierung*, Frankfurt a. M. 1995.

Habermas, Jürgen: *Strukturwandel der Öffentlichkeit. Untersuchung zu einer Kategorie der bürgerlichen Gesellschaft*, Berlin 2015.

Hage, Volker: *Zeugen der Zerstörung. Die Literaten und der Luftkrieg. Essays und Gespräche*, Frankfurt a. M. 2003.

Hagemann, Karen: *Von Männern, Frauen und der Militärgeschichte*, in: *L'Homme. Europäische Zeitschrift für Feministische Geschichtswissenschaft* 12.1 (2001), S. 144–153.

Hallet, Wolfgang/Birgit Neumann: *Raum und Bewegung in der Literatur. Zur Einführung*, in: *Raum und Bewegung in der Literatur. Die Literaturwissenschaften und der Spatial Turn*, hg. von dies., Bielefeld 2009, S. 11–32.

Hamann, Olaf: *Faschistische Literatur in deutschen Bibliotheken – über Aussonderungen und Neuorientierungen im Bestandsaufbau wissenschaftlicher Bibliotheken in der Zeit 1945–1949 am Beispiel der Öffentlichen Wissenschaftlichen Bibliothek Berlin (ÖWiBi)*, in: *Schuld und Sühne? Kriegserlebnis und Kriegsdeutung in deutschen Medien der Nachkriegszeit (1945–1961)*, hg. von Ursula Heukenkamp, Bd. 2, Amsterdam 2001, S. 526–540.

Hanuschek, Sven: *Geschichte des bundesdeutschen PEN-Zentrums von 1951 bis 1990*, Tübingen 2004.

Hanuschek, Sven: *Wir leben noch. Ida und Erich Kästner, Kurt Vonnegut und der Feuersturm von Dresden. Eine Zugfahrt*, Zürich 2018.

Hardt, Michael/Sandro Mezzadra: *Versuch, groß zu denken. Der Oktober 1917 und seine Folgen*, in: *Kritik und Aktualität der Revolution*, hg. von Martin Birkner/Thomas Seibert, Berlin 2017, S. 109–130.

Hartmann, Anne: *Traditionalismus und Forderung des Tages: DDR-Lyrik*, in: *Geschichte der deutschen Literatur von 1945 bis zur Gegenwart*, hg. von Winfried Barner, 2. erw. Aufl., München 2006, S. 307–320.

Harvey, David: *Spaces of Capital. Towards a Critical Geography*, Edinburgh 2001.

Harvey, David: *Zwischen Zeit und Raum: Reflektionen zur geographischen Imagination*, in: *Raumproduktionen. Beiträge der Radical Geography. Eine Zwischenbilanz*, hg. von Bernd Belina/Boris Michel, Münster 2007, S. 36–60.

Haug, Wolfgang: *Theodor Plievier. Anarchist ohne Adjektive. Der Schriftsteller der Freiheit. Eine Biographie*, Bodenburg 2020.

Hay, Gerhard/Hartmut Rambaldo/Joachim W. Storck (Hgg.): *„Als der Krieg zu Ende war." Literarisch-politische Publizistik 1945–1950. Eine Ausstellung des Deutschen Literaturarchivs im Schiller-Nationalmuseum Marbach a. N.*, München 1973.

Hay, Gerhard: *Nachwort*, in: Walter Kolbenhoff: *Von unserm Fleisch und Blut*, Frankfurt a. M. 1983, S. 216–228.

Hay, Gerhard: *Literatur und Medien. Literarische Positionen im München der Nachkriegszeit*, in: *Trümmerzeit in München. Kultur und Gesellschaft einer deutschen Großstadt im Aufbruch 1945–1949*, hg. von Friedrich Prinz, München 1984, S. 209–219.

Hecker, Hans: *Grenze, Raum, Geschichte. Oder: Ist ein Leben ohne die andere Seite möglich? Eine Einführung*, in: *Grenzen. Gesellschaftliche Konstitutionen und Transfigurationen*, hg. von ders., Essen 2006, S. 9–26.

Heger, Christian: *Der Wald – eine mythische Zone. Zur Motivgeschichte des Waldes in der Literatur des 19. und 20. Jahrhunderts*, in: Ders.: *Im Schattenreich der Fiktionen. Studien zur phantastischen Motivgeschichte und zu unwirtlichen (Medien-)Moderne*, München 2010, S. 61–85.

Herbert, Ulrich: *Geschichte Deutschlands im 20. Jahrhundert*, München 2014.

Hermand, Jost: *Darstellungen des zweiten Weltkrieges*, in: *Literatur nach 1945, Bd. 1: Politische und regionale Aspekte*, hg. von ders., Wiesbaden 1979, S. 11–60.

Hermanns, Silke: *Trümmer (in) der Erinnerung. Strategien des Erzählens über die unmittelbare Nachkriegszeit*, Bielefeld 2006.

Heukenkamp, Ursula: *Das lautlose Deutschland. Widerstandsliteratur und ihre Rezeption*, in: *Unterm Notdach. Nachkriegsliteratur in Berlin 1945–1949*, hg. von dies., Berlin 1996, S. 267–316.

Heukenkamp, Ursula: *Gestörte Erinnerung. Erzählungen vom Luftkrieg*, in: *Schuld und Sühne? Kriegserlebnis und Kriegsdeutung in deutschen Medien der Nachkriegszeit (1945–1961)*, hg. von dies., Bd. 2, Amsterdam 2001, S. 469–492.

Hikel, Christine: *Sophies Schwester: Inge Scholl und die Weiße Rose*, München 2013.

Hilgendorf, Eric: *Leonhard Franks politischer Humanismus und seine Justizkritik in Die Jünger Jesu*, in: *Felder der Ehre? Krieg und Nachkrieg in der deutschen Literatur des 20. Jahrhunderts*, hg. von Michael Henke/Wolfgang Riedel, Würzburg 2015, S. 177–187.

Hillebrandt, Frank: *Soziologische Praxistheorien. Eine Einführung*, Wiesbaden 2014.

Hinz, Thorsten: *Literatur aus der Schuldkolonie. Schreiben in Deutschland nach 1945*, Schnellroda 2010.

Hirschauer, Stefan: *Praktiken und ihre Körper. Über materielle Partizipanden des Tuns*, in: *Doing Culture. Neue Positionen zum Verhältnis von Kultur und sozialer Praxis*, hg. von Karl H. Hörning/Julia Reuter, Bielefeld 2004, S. 73–91.

Hirschauer, Stefan: *Verhalten, Handeln, Interagieren. Zu den mikrosoziologischen Grundlagen der Praxistheorie*, in: *Praxistheorie. Ein soziologisches Forschungsprogramm*, hg. von Hilmar Schäfer, Bielefeld 2016, S. 45–67.

Hobsbawm, Eric/Terence Ranger: *The Invention of Tradition*, Cambridge 1992.

Hodenberg, Christina von: *Konsens und Krise. Eine Geschichte der westdeutschen Medienöffentlichkeit 1945–1973*, Göttingen 2006.

Hofmann, Michael: *Im Zwielicht des Erlebnisses. Neuanfang und Abwehr von Verantwortung im Nachkrieg. Zu Hans Werner Richter*, in: *Literarischer Antisemitismus nach Auschwitz*, hg. von Klaus-Michael Bogdal/Klaus Holz/Matthias N. Lorenz, Stuttgart 2007, S. 147–158.

Hoffmann, Dieter: *Arbeitsbuch Deutschsprachige Prosa seit 1945*, Bd. 1: *Von der Trümmerliteratur zur Dokumentarliteratur*, Tübingen 2006.

Hoffmann, Dierk: *Nachkriegszeit. Deutschland 1945–1949*, Darmstadt 2011.

Holler, Regina: *20. Juli 1944, Vermächtnis oder Alibi? Wie Historiker, Politiker und Journalisten mit dem deutschen Widerstand gegen den Nationalsozialismus umgehen. Eine Untersuchung der wissenschaftlichen Literatur, der offiziellen Reden und der Zeitungsberichterstattung in Nordrhein-Westfalen von 1945 – 1986*, München 1994.

Hölscher, Lucian: *Art. „Öffentlichkeit"*, in: *Geschichtliche Grundbegriffe. Historisches Lexikon zur politisch-sozialen Sprache in Deutschland*, hg. von Otto Brunner/Werner Conze/Reinhart Koselleck, Bd. 4, Stuttgart 1978, S. 431–436.

Holtmann, Everhard: *Demokratische Transformation im frühen Nachkriegsdeutschland. Abrupter Systemwechsel oder lang anhaltender Prozess? Lokale Erscheinungsformen der Demokratisierung nach 1945 in der britischen Besatzungszone*, in: *Die lange Stunde Null. Gelenkter sozialer Wandel in Westdeutschland nach 1945*, hg. von Hans Braun/Uta Gerhardt/ders., Baden-Baden 2007, S. 293–310.

Horn, Eva: *Literatur. Gibt es Gesellschaft im Text?*, in: *Poststrukturalistische Sozialwissenschaften*, hg. von Stephan Moebius/Andreas Reckwitz, Frankfurt a. M. 2008, S. 363–381.

Hörning, Karl H./Julia Reuter: *Doing Culture: Kultur als Praxis*, in: *Doing Culture. Neue Positionen zum Verhältnis von Kultur und sozialer Praxis*, hg. von dies., Bielefeld 2004, S. 9–15.

Hörning, Karl H.: *Soziale Praxis zwischen Beharrung und Neuschöpfung. Ein Erkenntnis- und Theorieproblem*, in: *Doing Culture. Neue Positionen zum Verhältnis von Kultur und sozialer Praxis*, hg. von ders./Julia Reuter, Bielefeld 2004, S. 19–39.

Hu, Chunchun: *Vom absoluten Gedicht zur Aporie der Moderne. Studien zum Literaturbegriff in der Bundesrepublik Deutschland der 50er Jahre*, Würzburg 2004.

Hübner-Funk, Sibylle: *Loyalität und Verblendung. Hitlers Garanten der Zukunft als Träger der zweiten deutschen Demokratie*, Potsdam 1998.

Hucke, Karl-Heinz/Olaf Kutzmutz: *Art. „Engagierte Literatur"*, in: *Reallexikon der deutschen Literaturwissenschaft*, Bd. 1, Berlin, New York 1997, S. 446–447.

Hüppauf, Bernd: *Einleitung: Schwierigkeiten mit der Nachkriegszeit*, in: *„Die Mühen der Ebenen." Kontinuität und Wandel in der deutschen Literatur und Gesellschaft 1945–1949*, hg. von ders., Heidelberg 1981, S. 7–20.

Hüppauf, Bernd: *Schlachtenmythen und die Konstruktion des ‚Neuen Menschen'*, in: *„Keiner fühlt sich hier mehr als Mensch". Erlebnis und Wirkung des Ersten Weltkriegs*, hg. von Gerhard Hirschfeld/Gerd Krumeich/Irina Renz, Essen 1993, S. 43–84.

Hüppauf, Bernd: *Was ist Krieg? Zur Grundlegung einer Kulturgeschichte des Kriegs*, Bielefeld 2013.

Huster, Ernst-Ulrich u.a.: *Determinanten der westdeutschen Restauration 1945–1949*, Frankfurt a. M. 1972.

Irsigler, Ingo: *Überformte Realität. Konstruktionen von Geschichte und Person im westdeutschen Roman der 1950er Jahre*, Heidelberg 2009.

Ivanov, Paola: *Zu Victor Turners Konzeption von Liminarität und Communitas*, in: *Zeitschrift für Ethnologie* 118 (1993), S. 217–249.

Ivanović, Christine: *Sprache und Sprachlosigkeit der Bilder. Die Versuchung des heiligen Antonius im medienüberschreitenden Diskurs der Phantastik*, in: *Phantastik – Kult oder Kultur? Aspekte eines Phänomens in Kunst, Literatur und Film*, hg. von dies./Jürgen Lehmann/Markus May, Stuttgart 2003, S. 95–123.

Jacobs, Jürgen: *Bildungsroman und Pikaroroman. Versuch einer Abgrenzung*, in: *Der moderne deutsche Schelmenroman. Interpretationen*, hg. von Gerhart Hoffmeister, Amsterdam 1986, S. 9–18.

Jähner, Harald: *Wolfszeit. Deutschland und die Deutschen 1945–1955*, Berlin 2019.

Jahr, Christoph/Stefan Kaufmann: *Den Krieg führen: Organisation, Technik, Gewalt*, in: *Erster Weltkrieg. Kulturwissenschaftliches Handbuch*, hg. von Niels Werber/Stefan Kaufmann/Lars Koch, Stuttgart 2014, S. 164–231.

Jasper, Gotthard: *Paul Althaus (1888–1966). Professor, Prediger und Patriot in seiner Zeit*, 2. Aufl., Göttingen 2015.

Kammler, Jörg: *Deserteure. Zeitgeschichtliche und aktuelle Anmerkungen zu einer antimilitaristischen Leitfigur*, in: *Geschichte von unten. Modelle alternativer Geschichtsschreibung*, hg. von Bernd Jaspert, Hofgeismar 1990, S. 150–178.

Kämper, Heidrun: *Opfer, Täter, Nichttäter: ein Wörterbuch zum Schulddiskurs 1945–1955*, Berlin 2007.

Kämper, Heidrun: *Aspekte des Demokratiediskurses der späten 1960er Jahre. Konstellationen – Kontexte – Konzepte*, Berlin, Boston 2012.

Kanzog, Klaus: *„Staatspolitisch besonders wertvoll". Ein Handbuch zu 30 deutschen Spielfilmen der Jahre 1934 bis 1945*, München 1994.

Karnick, Manfred: *Krieg und Nachkrieg: Erzählprosa im Westen*, in: *Geschichte der deutschen Literatur von 1945 bis zur Gegenwart*, hg. von Wilfried Barner, 2. aktual. u. erw. Aufl., München 2006, S. 31–75.

Kaufhold, Martin: *Interregnum*, 2., bibliographisch ergänzte Aufl., Darmstadt 2007.

Kayser, Wolfgang: *Das sprachliche Kunstwerk. Eine Einführung in die Literaturwissenschaft*, 7. Aufl., Bern, München 1961.

Kepplinger, Hans Matthias: *Publizistische Konflikte und Skandale*, Wiesbaden 2009.

Kershaw, Ian: *Das Ende. Kampf bis in den Untergang. NS-Deutschland 1944/45*, München 2013.

Kersken, Norbert/Stefan Tebruck (Hgg.): *Interregna im mittelalterlichen Europa. Konkurrierende Kräfte in politischen Zwischenräumen*, Marburg 2020.

Kießling, Friedrich: ,Gesprächsdemokraten' – Walter Dirks' und Eugen Kogons Demokratie- und Pluralismusbegründungen in der frühen Bundesrepublik, in: *Rückblickend in die Zukunft. Politische Öffentlichkeit und intellektuelle Positionen in Deutschland um 1950 und 1930*, hg. von Alexander Gallus/Axel Schildt, Göttingen 2011, S. 385–412.

Kießling, Friedrich: *Die undeutschen Deutschen. Eine ideengeschichtliche Archäologie der alten Bundesrepublik 1945–1972*, Paderborn 2012.

Klaas, Tobias: Art. „Heterotopie"; in: *Foucault-Handbuch. Leben – Werk – Wirkung*, hg. von Clemens Kammler/Rolf Parr/Ulrich Johannes Schneider, 2. aktual. u. erw. Aufl., Stuttgart 2020, S. 306–307.

Keiderling, Gerhard: *Scheinpluralismus und Blockparteien. Die KPD und die Gründung der Parteien in Berlin 1945*, in: *Vierteljahrshefte für Zeitgeschichte* 45.2 (1997), S. 257–296.

Klapper, John: *Nonconformist writing in Nazi Germany. The literature of inner emigration*, Rochester 2015.

Kleinschmidt, Christoph: *Semantik der Grenze*, in: *APuZ* 63.4/5 (2014), S. 3–8.

Kleßmann, Christoph: *Die doppelte Staatsgründung. Deutsche Geschichte 1945–1955*, 5. Aufl., Bonn 1991.

Koch, Magnus: *Fahnenfluchten. Deserteure der Wehrmacht im Zweiten Weltkrieg – Lebenswege und Entscheidungen*, Paderborn u.a. 2008.

Kocka, Jürgen: *Einleitung*, in: *Bürger und Bürgerlichkeit im 19. Jahrhundert*, hg. von ders., Göttingen 1987, S. 7–20.

Kocka, Jürgen: *Bürgertum und Bürgerlichkeit als Probleme der deutschen Geschichte vom späten 18. zum frühen 20. Jahrhundert*, in: *Bürger und Bürgerlichkeit im 19. Jahrhundert*, hg. von ders., Göttingen 1987, S. 21–63.

Koebner, Thomas: *Tendenzen des Dramas*, in: *Tendenzen der deutschen Gegenwartsliteratur*, hg. von ders., 2., neuverfaßte Aufl., Stuttgart 1984, S. 287–349.

Kolbe, Hannelore: *Horst Lange – Leben und Werk. Ein Autor im Zwischenreich*, Bielefeld 2010.

König, Johann-Günther: *Friedo Lampe. Eine Biographie*, Göttingen 2020.

Koop, Volker: *Himmlers letztes Aufgebot. Die NS-Organisation „Werwolf"*, Köln 2008.

Koop, Volker: *Warum Hitler King Kong liebte, aber den Deutschen Micky Maus verbot. Die geheimen Lieblingsfilme der Nazi-Elite*, Berlin 2015.

Köpke, Wulf: *Literatur als Widerstand und Verweigerung*, in: *Totalitarismus und Literatur. Deutsche Literatur im 20. Jahrhundert – Literarische Öffentlichkeit im Spannungsfeld totalitärer Meinungsbildung*, hg. von Hans Jörg Schmidt/Petra Tallafuss, Göttingen 2007, S. 19–37.

Köpke, Wulf: *Wartesaal-Jahre. Deutsche Schriftsteller im Exil nach 1933*, Erkelenz 2008.

Koschorke, Albrecht: *Macht und Fiktion*, in: *Des Kaisers neue Kleider. Über das Imaginäre politischer Herrschaft. Texte. Bilder. Lektüren*, hg. von Thomas Frank, Frankfurt a. M. 2002, S. 73–84.

Koschorke, Albrecht: *Wahrheit und Erfindung. Grundzüge einer Allgemeinen Erzähltheorie*, 3. Aufl., Frankfurt a. M. 2013.

Kossert, Andreas: *Kalte Heimat. Die Geschichte der deutschen Vertriebenen nach 1945*, Berlin 2008.

Kraft, Thomas: *Fahnenflucht und Kriegsneurose. Gegenbilder zur Ideologie des Kampfes in der deutschsprachigen Literatur nach dem Zweiten Weltkrieg*, Würzburg 1994.

Krämer, Sybille: *‚Humane Dimensionen' sprachlicher Gewalt oder: Warum symbolische und körperliche Gewalt wohl zu unterscheiden sind*, in: *Gewalt in der Sprache. Rhetoriken verletzenden Sprechens*, hg. von dies./Elke Koch, München 2010, S.21–42.

Kreienbrock, Jörg: *Von Linien, Säumen und Räumen. Konzeptualisierungen der Grenze zwischen Jacob Grimm, Friedrich Ratzel und Carl Schmitt*, in: *Grenzen im Raum – Grenzen in der Literatur*. (=*Sonderhefte der Zeitschrift für deutsche Philologie*, hg. von Eva Geulen/Stephan Kraft, Bd. 129), Berlin 2010, S. 33–49.

Krenzlin, Leonore/Klaus Weigelt: *Vorwort*, in: *Ernst Wiechert im Gespräch. Begegnungen und Einblicke in sein Werk*, hg. von dies., Berlin 2010, o. S.

Kreuzer, Helmut: *Auf Gaisers Wegen. Korrekturen eines Bildes*, in: Ders.: *Aufklärung über Literatur. Autoren und Texte. Ausgewählte Aufsätze*, Bd. 2, hg. von Wolfgang Drost/Christian W. Thomsen, Heidelberg 1993, S. 213–219.

Krieger, David J./Andréa Belliger: *Einführung*, in: *Ritualtheorien. Ein einführendes Handbuch*, hg. von dies., 4. Aufl., Wiesbaden 2008, S. 7–36.

Kuby, Erich: *Aus schöner Zeit. Vom Carepaket zur Nachrüstung: der kurze deutsche Urlaub*, Hamburg 1984.

Kühne, Thomas: *Zwischen Männerbund und Volksgemeinschaft: Hitlers Soldaten und der Mythos der Kameradschaft*, in: *Archiv für Sozialgeschichte* 38 (1998), S. 165–189.

Kühnl, Reinhard: *Faschismustheorien. Ein Leitfaden*, aktual. Aufl., Heilbronn 1990.

Kulturzeit, 30.04.2015, https://www.3sat.de/ (letzter Zugriff 11.03.2024).

Lampart, Fabian: *Nachkriegsmoderne. Transformationen der deutschsprachigen Lyrik 1945–1960*, Berlin 2013.

Lamping, Dieter: *Über Grenzen – Eine literarische Topographie*, Göttingen 2001.

Landzettel, Ulrike: *Art. „Wolfgang Weyrauch"*, in: *Munzinger Online/KLG – Kritisches Lexikon zur deutschsprachigen Gegenwartsliteratur*, http://www.munzinger.de/ (letzter Zugriff 11.03.2024).

Langewiesche, Dieter: *Eskalierte die Kriegsgewalt im Laufe der Geschichte?*, in: *Moderne Zeiten? Krieg, Revolution und Gewalt im 20. Jahrhundert*, hg. von Jörg Baberowski, Bonn 2006, S. 12–36.

Langewiesche, Dieter: *Grenzüberschreitungen und kulturelle Norm. Europäische Erfahrungen in der Moderne*, in: *Grenzüberschreitungen. Der Mensch im Spannungsfeld von Biologie, Kultur und Technik*, hg. von Alfred Nordheim/Klaus Antoni, Bielefeld 2013, S. 167–185.

Latour, Bruno: *Von der Realpolitik zur Dingpolitik*, Berlin 2005.

Laub, Dori: *Bearing Witness, or the Vicissitudes of Listening*, in: *Testimony: Crises of Witnessing in Literature, Psychoanalysis, and*

History, hg. von Shoshana Felman/dies., New York, London 1992, S. 57–74.

Laurien, Ingrid: *Politisch-kulturelle Zeitschriften in den Westzonen 1945–1949. Ein Beitrag zur politischen Kultur der Nachkriegszeit*, Frankfurt a. M. 1991.

Lefebvre, Henri: *Die Produktion des Raumes*, in: *Raumtheorie. Grundlagentexte aus Philosophie und Kulturwissenschaften*, hg. von Jörg Dünne/Stephan Günzel, Frankfurt a. M. 2006, S. 330–342.

Leine, Torsten W.: *Magischer Realismus als Verfahren der späten Moderne. Paradoxien einer Poetik der Mitte*, Berlin 2018.

Leiteritz, Christiane: *Gespensterwelten: Heterotopien bei Kasack, Sartre und Wilder*, in: *Gespenster. Erscheinungen, Medien, Theorien*, hg. von Moritz Baßler/Bettina Gruber/Martina Wagner-Egelhaaf, Würzburg 2005, S. 253–265.

Lenger, Alexander/Christian Schneickert/Florian Schumacher: *Pierre Bourdieus Konzeption des Habitus*, in: *Pierre Bourdieus Konzeption des Habitus. Grundlagen, Zugänge, Forschungsperspektiven*, hg. von dies., Wiesbaden 2013, S. 13–41.

Leppin, Volker: *‚Der alt böse Feind'. Der Teufel in Martin Luthers Leben und Denken*, in: *Das Böse*, hg. von Martin Ebner, Neukirchen-Vluyn 2012, S. 291–321.

Lepsius, M. Rainer: *Zur Soziologie des Bürgertums und der Bürgerlichkeit*, in: *Bürger und Bürgerlichkeit im 19. Jahrhundert*, hg. von Jürgen Kocka, Göttingen 1987, S. 79–100.

Leschke, Rainer: *Von den Verlusten der Kriegserzählung*, in: *Imaginäre Welten im Widerstreit. Krieg und Geschichte in der deutschsprachigen Literatur seit 1900*, hg. von Lars Koch/Marianne Vogel, Würzburg 2007, S. 98–118.

Levsen, Sonja: *Autorität und Demokratie. Eine Kulturgeschichte des Erziehungswandels in Westdeutschland und Frankreich 1945–1975*, Göttingen 2019.

Link, Jürgen: *Versuch über den Normalismus. Wie Normalität produziert wird*, 4. Aufl., Göttingen 2009.

Litschel, Johannes: *Rückzug und Freiheit. Der Wald als Raum für Muße in der zweiten Hälfte des 19. Jahrhunderts: Kontexte, Rahmenbedingungen und Formen einer spezifischen Waldwahrnehmung*, Freiburg 2022.

Löffler, Philipp: *Was ist eine literarische Epoche?*, in: *Praxeologie. Beiträge zur interdisziplinären Reichweite praxistheoretischer Ansätze in den Geistes- und Sozialwissenschaften*, hg. von Friederike Elias u.a., Berlin 2014, S. 73–96.

Loiperdinger, Martin: ‚*Triumph des Willens'. Führerkult und geistige Mobilmachung*, in: *Faszination und Gewalt. Zur politischen Ästhetik des Nationalsozialismus*, hg. von Bernd Ogan/Wolfgang W. Weiß, Nürnberg 1992, S. 159–162.

Lokatis, Siegfried: *Das Verlagswesen der Sowjetisch Besetzten Zone*, in: *Buch, Buchhandel und Rundfunk 1945–1949*, hg. von Monika Estermann/Edgar Lersch, Wiesbaden 1997, S. 112–124.

Lorenzen, Paul: *Versuch einer wissenschaftlichen Grundlegung des Demokratischen Sozialismus*, in: Ders.: *Grundbegriffe technischer und politischer Kultur. Zwölf Beiträge*, Frankfurt a. M. 1985, S. 168–184.

Lotman, Jurij M.: *Die Struktur des künstlerischen Textes*, Frankfurt a. M. 1973.

Louis, Raffaele: *Gleichnisse vom verlorenen Sinn. Georg Hensels ‚Nachtfahrt', Jens Rehns ‚Feuer im Schnee', Werner Warsinskys ‚Kimmerische Fahrt' und Herbert Zands ‚Letzte Ausfahrt'*, in: *Der Zweite Weltkrieg in erzählenden Texten zwischen 1945 und 1965*, hg. von Jürgen Egyptien, München 2007, S. 125–156.

Löw, Martina: *Raumsoziologie*, Frankfurt a. M. 2001.

Luhmann, Niklas: *Die Kunst der Gesellschaft*, Frankfurt a. M. 1995.

Luhmann, Niklas: *Die Realität der Massenmedien*, 5. Aufl., Wiesbaden 2017.

Lundius, Wiebke: *Die Frauen in der Gruppe 47. Zur Bedeutung der Frauen für die Positionierung der Gruppe 47 im literarischen Feld*, Berlin 2017.

Lyotard, Jean-François: *Das postmoderne Wissen*, Wien 1999.

Marcuse, Herbert: *Versuch über die Befreiung*, Frankfurt a. M. 1969.

Marten, Rainer: *Rühren an die Rhythmizität des Lebens. Ein denkkünstlerischer Versuch über den Schlaf*, in: *Anfang. Jahrbuch für Denken, Dichten und Musik* 4 (2007), S. 155–178.

Martinez, Matias, Michael Scheffel: *Einführung in die Erzähltheorie*, 8. Aufl., München 2009.

Marx, Leonie: *Die deutsche Kurzgeschichte*, 3. aktual. u. erw. Aufl., Stuttgart 2005.

Matějčková, Tereza: *Gibt es eine Welt in Hegels Phänomenologie des Geistes?*, Tübingen 2018.

Mayer, Hans: *Zur deutschen Literatur der Zeit. Zusammenhänge, Schriftsteller, Bücher*, Hamburg 1967.

Mayer, Hans: *Zwei Ansichten über Georg Lukás*, in: Ders.: *Zur deutschen Literatur der Zeit. Zusammenhänge, Schriftsteller, Bücher*, Hamburg 1967, S. 236–249.

Mayer, Hans: *Deutsche Literatur seit Thomas Mann*, in: Ders.: *Zur deutschen Literatur der Zeit. Zusammenhänge, Schriftsteller, Bücher*, Hamburg 1967, S. 261–362.

Mayer, Hans: *Die umerzogene Literatur. Deutsche Schriftsteller und Bücher 1945–1967*, Berlin 1988.

Mecklenburg, Norbert: *Hilfloser Antimilitarismus? Deserteure in der Literatur*, in: *Krieg und Literatur/War and Literature* 2.3 (1990), S. 135–158.

Mecklenburg, Norbert: *Hilfloser Antimilitarismus? Deserteure in der Literatur*, in: *Militärische und zivile Mentalität. Ein literaturkritischer Report*, hg. von Ursula Heukenkamp, Berlin 1991, S. 225–251.

Meggle, Georg (Hg.): *Analytische Handlungstheorie*, 2 Bde., Frankfurt a. M. 1977.

Meiners, Irmgard: *Schelm und Dümmling in Erzählungen des deutschen Mittelalters*, München 1967.

Melchert, Monika: *Die Zeitgeschichtsprosa nach 1945 im Kontext der Schuldfrage*, in: *Deutsche Erinnerung. Berliner Beiträge zur Prosa der Nachkriegsjahre (1945–1960)*, hg. von Ursula Heukenkamp, Berlin 2000, S. 101–166.

Merl, Stephan: *Politische Kommunikation in der Diktatur. Deutschland und die Sowjetunion im Vergleich*, Göttingen 2012.

Mettler, Barbara: *Demokratisierung und Kalter Krieg. Zur amerikanischen Informations- und Rundfunkpolitik in Westdeutschland 1945–1949*, Berlin 1975.

Metzler, Hannes: *Ehrlos für immer? Die Rehabilitierung der Wehrmachtsdeserteure in Deutschland und Österreich*, Wien 2007.

Meyer, Thomas: *Die Soziologie Theodor Geigers. Emanzipation von der Ideologie*, Wiesbaden 2001.

Migner, Karl: *Zwischen erlebtem Chaos und anerkannter Ordnung. Anmerkungen zum Hauptfigurentypus in Gerd Gaisers Epik*, in: *Welt und Wort* 16 (1961), S. 176–178 u. S. 180.

Mittenzwei, Werner: *Die Intellektuellen. Literatur und Politik in Ostdeutschland 1945–2000*, 3. Aufl., Leipzig 2002.

Möckel, Benjamin: *Erfahrungsbruch und Generationsbehauptung: Die ‚Kriegsjugendgeneration' in den beiden deutschen Nachkriegsgesellschaften*, Göttingen 2014.

Mohnhaupt, Jan: *Tiere im Nationalsozialismus*, München 2020.

Möhrchen, Helmut: *Reportage und Reflexion. Zu Hans Werner Richters Roman Die Geschlagenen und Alfred Anderschs Winterspelt*, in: *Zeitschrift für Literaturwissenschaft und Linguistik* 75 (1989), S. 79–95.

Montrose, Louis: *Die Renaissance behaupten. Poetik und Politik der Kultur*, in: *New Historicism. Literaturgeschichte als Poetik der Kultur*, hg. von Moritz Baßler, Frankfurt a. M. 1995, S. 60–93.

Moretti, Franco: *The Slaughterhouse of Literature*, in: *Modern Language Quaterly* 61.1 (2000), S. 207–222.

Moretti, Franco: *The Bourgeois. Between History and Literature*, New York 2013.

Moser, Christian: *Der Weltrand als mythopoetischer Reflexionsraum. Epische Passagen an die Grenzen der Erde von ‚Gilgamesch' bis Mary Shelleys ‚Frankenstein'*, in: *Grenzen im Raum – Grenzen in der Literatur*. (=Sonderhefte der *Zeitschrift für deutsche Philologie*, Bd. 129), hg. von Eva Geulen/Stephan Kraft, Berlin 2010, S. 51–73.

Moser, Tilmann: *Dämonische Figuren. Die Wiederkehr des Dritten Reiches in der Psychotherapie*, Frankfurt a. M. 2001.

Moses, Katja: *Albtraum in der Geisterbahn. Georg Hensel und sein einziger Roman Nachtfahrt*, in: *Kritische Ausgabe* 16 (2008), S. 115–117.

Mosse, George L.: *Fallen Soldiers. Reshaping the Memory of the World Wars*, New York 1990.

Mrożek, Sebastian: *Hans Werner Richter. Zum Prosawerk eines verkannten Schriftstellers*, Frankfurt a. M. 2005.

Müller, Gerd: *Die Literatur der Bundesrepublik und der deutschsprachigen Schweiz*, in: *Geschichte der deutschen Literatur vom 18.*

Jahrhundert bis zur Gegenwart, hg. von Viktor Žmegač, Bd. III/2, 2. Aufl., Weinheim 1994, S. 385–590.

Müller, Dorit/Julia Weber: *Einleitung: Die Räume der Literatur. Möglichkeiten einer raumbezogenen Literaturwissenschaft*, in: *Die Räume der Literatur. Exemplarische Zugänge zu Kafkas Erzählungen „Der Bau"*, hg. von dies., Berlin 2013, S. 1–21.

Müller, Jan-Werner: *Das demokratische Zeitalter. Eine politische Ideengeschichte Europas im 20. Jahrhundert*, Berlin 2018.

Müller-Jentsch, Walter: *Die Kunst in der Gesellschaft*, 2. durchg. Aufl., Wiesbaden 2012.

Müller-Tamm, Jutta: *Die Denkfigur als wissensgeschichtliche Kategorie*, in: *Wissens-Ordnungen. Zu einer historischen Epistemologie der Literatur*, hg. von Nicola Gess/Sandra Janßen, Berlin, Boston 2014, S. 100–120.

Münkler, Herfried: *Heroische und postheroische Gesellschaften*, in: *Merkur. Deutsche Zeitschrift für europäisches Denken* 61 (2007), S.742–752.

Münkler, Herfried: *Kriegssplitter. Die Evolution der Gewalt im 20. und 21. Jahrhundert*, Berlin 2015.

Nadal, Marita/Mónica Calvo: *Trauma and Literary Representation. An Introduction*, in: *Trauma in Contemporary Literature. Narrative and Representation*, hg. von dies., New York 2014, S. 1–13.

Nagel, Michael: *Das arrangierte Gespräch, die erzählte Geschichte: Inszenierte Mündlichkeit in der Publizistik der Aufklärung*, in: *Aufklärung der Öffentlichkeit – Medien der Aufklärung. Festschrift für Holger Böning zum 65. Geburtstag*, hg. von ders., u.a., Stuttgart 2015, S. 93–115.

Negt, Oskar/Alexander Kluge: *Öffentlichkeit und Erfahrung. Zur Organisationsanalyse von bürgerlicher und proletarischer Öffentlichkeit*, 3. Aufl., Frankfurt a. M. 1974.

Negt, Oskar: *Der politische Mensch. Demokratie als Lebensform*, Göttingen 2010.

Nehring, Wolfgang: *Verheizte Flieger – Helden oder Opfer? Gerd Gaiser: Die sterbende Jagd (1953)*, in: *Von Böll bis Buchheim: Deutsche Kriegsprosa nach 1945*, hg. von Hans Wagener, Amsterdam 1997, S. 213–230.

Nell, Werner: *Deutschlandberichte. Hans Werner Richters ‚Unterhaltungen am Schienenstrang' (1946) und Hannah Arendts ‚Besuch in Deutschland' (1950)*, in: „*Es sind alles Geschichten aus meinem Leben*". *Hans Werner Richter als Erzähler und Zeitzeuge, Netzwerker und Autor*, hg. von Carsten Gansel/ders.. Berlin 2011, S. 29–46.

Nesterova, Nataliya: *Victor Turner. Stationen und Übergänge*, Berlin, Münster 2013.

Neumann, Birgit: *Raum und Erzählung*, in: *Handbuch Literatur & Raum*, hg. von Jörg Dünne/Andreas Mahler, Berlin 2015, S. 96–104.

Nickel, Artur: *Zwischen literarischer Tradition und existentiellem Neubeginn: Wolfdietrich Schnurres Kontroversen mit Manfred Hausmann und Walter Kolbenhoff*, in: *Zwei Wendezeiten. Blicke auf die deutsche Literatur 1945 und 1989*, hg. von Walter Erhart/Dirk Niefanger, Tübingen 1997, S. 71–92.

Nida-Rümelin, Julian: *Politische Philosophie der Gegenwart. Rationalität und politische Ordnung*, Paderborn 2009.

Nipperdey, Thomas: *Deutsche Geschichte 1866–1918*. Bd. 2: *Machtstaat vor der Demokratie*, München 1992.

Noack, Frank: *Kolberg*, in: *Der NS-Film*, hg. von Friedemann Beyer/Norbert Grob, Ditzingen 2018, S. 445–454.

Nünning, Ansgar: *Formen und Funktionen literarischer Raumdarstellungen: Grundlagen, Ansätze, narratologische Kategorien und neuen Perspektiven*, in: *Raum und Bewegung in der Literatur. Die Literaturwissenschaften und der Spatial Turn*, hg. von Wolfgang Hallet/Birgit Neumann, Bielefeld 2009, S. 33–52.

Oels, David: *Rowohlts Rotationsroutine. Markterfolge und Modernisierung eines Buchverlags vom Ende der Weimarer Republik bis in die fünfziger Jahre*, Essen 2013.

Olscher, Leonard: *Der mühsame Weg von Nelly Sachs' Poesie ins literarische Bewusstsein*, in: *Die Resonanz des Exils. Gelungene und mißlungene Rezeption deutschsprachiger Exilautoren*, hg. von Dieter Sevin, Amsterdam 1992, S. 267–285.

Parsons, Talcott: *The Problem of Controlled Institutional Change*, in: Ders.: *Essays in Sociological Theory*, New York 1954, S. 238–274.

Patel, Kiran Klaus: *Soldaten der Arbeit. Arbeitsdienste in Deutschland und den USA, 1933–1945*, Göttingen 2003.

Peitsch, Helmut: *Politisierung der Literatur oder ‚geistige Freiheit'. Materialien zu den Literaturverhältnissen in den Westzonen*, in: *Nachkriegsliteratur in Westdeutschland 1945–49. Schreibweisen, Gattungen, Institutionen*, hg. von Jost Hermand/ders./Klaus R. Scherpe, Berlin 1982, S. 165–207.

Peitsch, Helmut: *Vom Faschismus zum Kalten Krieg – auch eine deutsche Literaturgeschichte. Literaturverhältnisse, Genres, Themen*, Berlin 1996.

Peitsch, Helmut: *Vom ‚Realismus' eines Kriegsromans – ‚unmittelbar', ‚magisch' oder ‚tendenziös'? Walter Kolbenhoff: Von unserem Fleisch und Blut (1947)*, in: *Von Böll bis Buchheim. Deutsche Kriegsprosa nach 1945*, hg. von Hans Wagener, Amsterdam 1997, S. 63–90.

Peitsch, Helmut: *‚Was geschieht, wenn [...] neben den üblichen Generals-Memoiren plötzlich das Buch eines Deserteurs erscheint?' Alfred Anderschs Kirschen der Freiheit im Kontext*, in: *Imaginäre Welten im Widerstreit. Krieg und Geschichte in der deutschsprachigen Literatur seit 1900*, hg. von Lars Koch/Marianne Vogel, Würzburg 2007, S. 250–270.

Peitsch, Helmut: *Nachkriegsliteratur 1945–1989*, Göttingen 2009.

Peitsch, Helmut u.a. (Hgg.): *Nachkriegsliteratur als öffentliche Erinnerung. Deutsche Vergangenheit im europäischen Kontext*, Berlin, Boston 2019.

Petrick-Felber, Nicole: *Kriegswichtiger Genuss. Tabak und Kaffee im „Dritten Reich"*, Göttingen 2015.

Pfeifer, Jochen: *Der deutsche Kriegsroman 1945–1960. Ein Versuch zur Vermittlung von Literatur und Sozialgeschichte*, Königstein/Ts. 1981.

Piontek, Sławomir: *„Erben des Feuers." Krieg, Nationalsozialismus und Identitätsfrage in den Nachkriegsromanen der österreichischen „jungen Generation"*, Posen 2008.

Popitz, Heinrich: *Phänomene der Macht*, 2. stark erw. Aufl., Tübingen 1992.

Pornschlegel, Clemens: *Die Grimasse der Macht. Die Theatralität des Politischen*, in: *Souveränität und Subversion. Figurationen des Politisch-Imaginären*, hg. von Rebekka A. Klein/Dominik Finkelde, Freiburg, München 2015, S. 262–276.

Prautzsch, Felix: *Die Wahrheit der Legende. Geltungsbedingungen und Geltungsstrategien legendarischen Erzählens am Beispiel der Legenda aurea*, in: DIEGESIS. *Interdisziplinäres E-Journal für Erzählforschung* 7.2 (2018), S. 90–110.

Previsic, Boris/Svjetlan Lacko Vidulic (Hgg.): *Traumata der Transition. Erfahrung und Reflexion des jugoslawischen Zerfalls*, Tübingen 2015.

Prosser-Schell, Michael: *Arnold van Gennep (1873–1957): Aspekte des Weiterwirkens seiner Konzepte. Versuch einer kurzen Skizzierung*, in: *Jahrbuch für europäische Ethnologie* 6 (2011), S. 35–48.

Prümm, Karl: *Entwürfe einer zweiten Republik. Zukunftsprogramme in den ‚Frankfurter Heften‘ 1946–1949*, in: *Deutschland nach Hitler. Zukunftspläne im Exil und aus der Besatzungszeit 1939–1949*, hg. von Thomas Koebner, Opladen 1987, S. 330–343.

Przyrembel, Alexandra: *‚Rassenschande‘. Reinheitsmythos und Vernichtungslegitimation im Nationalsozialismus*, Göttingen 2003.

Raddatz, Fritz J.: *Nachwort*, in: Heinz Rein: *Finale Berlin*, Frankfurt a. M. 2015, S. 753–759.

Rahner, Mechtild: „*Tout est neuf ici, tout est à recommencer …* " *Die Rezeption des französischen Existentialismus im kulturellen Feld Westdeutschlands (1945–1949)*, Würzburg 1993.

Rauer, Stefan: *Ernst Kreuder. Vorgeführtes Erzählen, vorgeführtes Erinnern (1933–1959)*, Bielefeld 2008.

Rauh, Hans-Christoph: *Zwischen Entnazifizierung und Stalinisierung. Philosophische Themen und Diskussionen in den ostdeutschen Nachkriegszeitschriften Aufbau, Einheit und Neue Welt*, in: *Anfänge der DDR-Philosophie. Ansprüche, Ohnmacht, Scheitern*, hg. von Volker Gerhardt/ders., Berlin 2001, S. 69–118.

Recker, Marie-Luise: *Geschichte der Bundesrepublik Deutschland*, 3. überarb. u. erw. Aufl., München 2009.

Reckwitz, Andreas: *Grundelemente einer Theorie sozialer Praktiken. Eine sozialtheoretische Perspektive*, in: *Zeitschrift für Soziologie* 32.4 (2003), S. 282–301.

Reckwitz, Andreas: *Die Reproduktion und die Subversion sozialer Praktiken. Zugleich ein Kommentar zu Pierre Bourdieu und Judith Butler*, in: *Doing Culture. Neue Positionen zum Verhältnis von*

Kultur und sozialer Praxis, hg. von Karl H. Hörning/Julia Reuter, Bielefeld 2004, S. 40–54.

Reich-Ranicki, Marcel: *Der Fall Gerd Gaiser*, in: Ders.: *Deutsche Literatur heute*, Gütersloh 1970, S. 142–164.

Reichardt, Sven: *Faschistische Kampfbünde. Gewalt und Gemeinschaft im italienischen Squadrismus und in der deutschen SA*, Köln, Weimar, Wien 2002.

Reichardt, Sven: *Praxeologie und Faschismus. Gewalt und Gemeinschaft als Elemente eines praxeologischen Faschismusbegriffs*, in: *Doing Culture. Neue Positionen zum Verhältnis von Kultur und sozialer Praxis*, hg. von Karl H. Hörning/Julia Reuter, Bielefeld 2004, S. 129–153.

Reinhäckel, Heide: *Traumatische Texturen. Der 11. September in der deutschen Gegenwartsliteratur*, Bielefeld 2012.

Reinhardt, Stephan: *Ästhetik als Widerstand – Andersch als Bürger und engagierter Schriftsteller*, in: *Alfred Andersch: Perspektiven zu Leben und Werk*, hg. von Irene Heidelberger-Leonard/Volker Wehdeking, Opladen 1994, S. 32–41.

Reinhold, Ursula: *RoRoRo-Bücher für alle*, in: *Unterm Notdach. Nachkriegsliteratur in Berlin 1945–1949*, hg. von Ursula Heukenkamp, Berlin 1996, S. 197–218.

Renner, Rolf Günter: *Der Mythos des Neubeginns: Zu Situation, Vorgeschichte und Entwicklungsperspektiven der deutschen Literatur nach 1945*, in: *Ende des Dritten Reiches – Endes des Zweiten Weltkriegs. Eine perspektivische Rückschau*, hg. von Hans-Erich Volkmann, München 1995, S. 795–834.

Richter, Norbert Axel: *Abbrechen. Das Ende der Praxis*, in: *Praxis denken. Konzepte und Kritik*, hg. von Thomas Alkemeyer/Volker Schürmann/Jörg Volbers, Wiesbaden 2015, S. 235–248.

Ringer, Fritz K.: *Die Gelehrten. Der Niedergang der deutschen Mandarine 1890–1933*, Stuttgart 1983.

Romahn, Boris: *Öffentlichkeit weiter denken*, in: *Zwischen Gegebenem und Möglichem. Kritische Perspektiven auf Medien und Kommunikation. Festschrift für Elisabeth Klaus*, hg. von Ricarda Drüeke u.a., Bielefeld 2015, S. 209–222.

Rosa, Hartmut: *Beschleunigung. Die Veränderung der Zeitstruktur in der Moderne*, Frankfurt a. M. 2005.

Rosenfeld, Gavriel D.: *Das Vierte Reich. Der lange Schatten des Nationalsozialismus*, Darmstadt 2020.

Rotermund, Erwin: *Zwischen Ost und West. Leonhard Frank im Nachkriegsdeutschland (1950–1961)*, in: Ders.: *Artistik und Engagement. Aufsätze zur deutschen Literatur*, hg. von Bernhard Spies, Würzburg 1994, S. 200–213.

Rotermund, Erwin: *Formen und Rezeptionsprobleme der ‚Verdeckten Schreibweise' im ‚Dritten Reich' (1933–1945)*, in: *Zwischen Innerer Emigration und Exil. Deutschsprachige Schriftsteller 1933–1945*, hg. von Marcin Gołaszewski/Magdalena Kardach/Leonore Krenzlin, Berlin, Boston 2016, S. 29–47.

Rothberg, Michael: *Traumatic Realism: The Demands of Holocaust Representation*, Minneapolis 2000.

Rudolph, Katharina: *Rebell im Maßanzug. Leonhard Frank. Die Biographie*, Berlin 2020.

Rutz, Andreas: *Grenzen im Raum – Grenzen in der Geschichte. Probleme und Perspektiven*, in: *Grenzen im Raum – Grenzen in der Literatur.* (=Sonderhefte der *Zeitschrift für deutsche Philologie*, Bd. 129), hg. von Eva Geulen/Stephan Kraft, Berlin 2010, S. 7–32.

Ryklin, Michail: *Räume des Jubels. Totalitarismus und Differenz. Essays*, Frankfurt a. M. 2003.

Sasse, Sylvia: *Bachtin zur Einführung*, Hamburg 2010.

Sarcinelli, Ulrich: *Politische Kommunikation in Deutschland. Zur Politikvermittlung im demokratischen System*, 2. überarb. u. erw. Aufl., Wiesbaden 2009.

Sartre, Jean-Paul: *Das Sein und das Nichts. Versuch einer phänomenologischen Ontologie*, 14. Aufl., Hamburg 2008.

Sautermeister, Gert: *Messianisches Hoffen, tapfere Skepsis, Lebensbegehren: Jugend in den Nachkriegsjahren. Mit einer Nachrede wider die Trauer-Rhetorik*, in: *Deutschland nach Hitler. Zukunftspläne im Exil und aus der Besatzungszeit 1939–1949*, hg. von Thomas Koebner/ders./Sigrid Schneider, Opladen 1987, S. 261–300.

Schahadat, Schamma: *Das Heilige und das Profane. Einführung*, in: *Kulturtheorie*, hg. von Dorothee Kimmich/dies./Thomas Hausschild, Bielefeld 2010, S. 17–27.

Schäfer, Hans Dieter: *Die nichtnationalsozialistische Literatur der jungen Generation im Dritten Reich*, in: Ders.: *Das gespaltene Bewußt-*

sein. Deutsche Kultur und Lebenswirklichkeit 1933–1945, Frankfurt a. M. 1984, S. 7–68.

Schäfer, Hans Dieter: *Zur Periodisierung der deutschen Literatur seit 1930*, in: Ders.: *Das gespaltene Bewußtsein. Deutsche Kultur und Lebenswirklichkeit 1933–1945*, München 1981, S, 69–90.

Schäfer, Hans Dieter: *Horst Langes Tagebücher aus dem Zweiten Weltkrieg*, in: Ders.: *Das gespaltene Bewußtsein. Deutsche Kultur und Lebenswirklichkeit 1933–1945*, München 1981, S. 91–115.

Schäfer, Alfred: *Rituelle Subjektivierung*, in: *Rituale und Ritualisierungen*, hg. von ders./Michael Wimmer, Opladen 1998, S. 165–182.

Schäfer, Burkhard: *Unberühmter Ort. Die Ruderalfläche im Magischen Realismus und in der Trümmerliteratur*, Frankfurt a. M. 2001.

Schäfer, Michael: *Geschichte des Bürgertums. Eine Einführung*, Köln, Weimar, Wien 2009.

Schäfer, Hilmar: *Einleitung. Grundlagen, Rezeption und Forschungsperspektiven der Praxistheorie*, in: *Praxistheorie. Ein soziologisches Forschungsprogramm*, hg. von ders., Bielefeld 2016, S. 9–25.

Schäfer, Hilmar: *Praxis als Wiederholung. Das Denken der Iterabilität und seine Konsequenzen für die Methodologie praxeologischer Forschung*, in: *Praxistheorie. Ein soziologisches Forschungsprogramm*, hg. von ders., Bielefeld 2016, S. 137–159.

Schaffrick, Matthias/Nils Werber: *Die Liste, paradigmatisch*, in: *Zeitschrift für Literaturwissenschaft und Linguistik* 47 (2017), S. 303–316.

Schafnitzel, Roman: *Die vergessene Collage des Ersten Weltkrieges. Edlef Köppen: Heeresbericht (1930)*, in: *Von Richthofen bis Remarque. Deutschsprachige Prosa zum 1. Weltkrieg*, hg. von Thomas F. Schneider/Hans Wagener, Amsterdam 2003, S. 319–341.

Scharloth, Joachim: *1968. Eine Kommunikationsgeschichte*, München 2011.

Schatzki, Theodore R.: *Social Practices. A Wittgensteinian Approach to Human Activity and the Social*, Cambridge 1996.

Schatzki, Theodore R./Karin Knorr-Cetina/Eike von Savigny (Hgg.): *The Practice Turn in Contemporary Theory*, London 2001.

Schatzki, Theodore R.: *Introduction. Practice Theory*, in: *The Practice Turn in Contemporary Theory*, hg von ders./ Karin Knorr-Cetina/Eike von Savigny, London 2001, S. 10–23.

Schaufelberger, Anna-Regula: *Das Zwischenland der Existenz bei Gerd Gaiser*, Bonn 1974.

Scheffel, Michael: *Magischer Realismus. Die Geschichte eines Begriffes und ein Versuch seiner Bestimmung*, Tübingen 1990.

Scheffel, Michael: Art. „Saalfeld, Martha", in: *Killy Literaturlexikon. Autoren und Werke des deutschsprachigen Kulturraumes*, hg. von Wilhelm Kühlmann, Bd. 10, 2., vollst. überarb. Aufl., Berlin 2011, S. 128.

Scheidt, Werner vom: *Leben mit einer Dichterin*, in: Martha Saalfeld: *Die Gedichte*, hg. von Berthold Roland, Blieskastel 1998, S. 207–345.

Schenk, Klaus: *Kafka-Umschriften. Zur Inter- und Hypertextualität einer Rezeptionsweise*, in: *Franz Kafka. Wirkung und Wirkungsverhinderung*, hg. von Steffen Höhne/Ludger Udolph, Köln 2014, S. 137–163.

Schildt, Axel: *Deutschlands Platz in einem ‚christlichen Abendland'. Konservative Publizisten aus dem Tat-Kreis in der Kriegs- und Nachkriegszeit*, in: *Deutschland nach Hitler. Zukunftspläne im Exil und aus der Besatzungszeit 1939–1949*, hg. von Thomas Koebner/Gert Sautermeister/Sigrid Schneider Opladen 1987, S. 344–369.

Scherer, Stefan/Gustav Frank: *Komplexer Realismus als nachexpressionistische Konstellation. Elisabeth Langgässers Romane (von 1936 und 1946)*, in: *Realismus nach den europäischen Avantgarden. Ästhetik, Poetologie und Kognition in Film und Literatur der Nachkriegszeit*, hg. von Claudia Öhlschläger/Lucia Perrone Capano/Vittoria Borsò, Bielefeld 2012, S. 13–40.

Scherpe, Klaus R.: *Poesie der Demokratie. Literarische Widersprüche zur deutschen Wirklichkeit vom 18. zum 20. Jahrhundert*, Köln 1980.

Scherpe, Klaus R.: *Erzwungener Alltag. Wahrgenommene und gedachte Wirklichkeit in der Reportageliteratur der Nachkriegszeit*, in: *Nachkriegsliteratur in Westdeutschland 1945–1949. Schreibweisen, Gattungen, Institutionen*, hg. von Jost Hermand/Helmut Peitsch/ders., Berlin 1982, S. 35–102.

Scherpe, Klaus R.: *Einleitung*, in: *In Deutschland unterwegs. Reportagen, Skizzen, Berichte 1945–1948*, hg. von ders., Stuttgart 1982, S. 9–25.

Schilling, René: *„Kriegshelden". Deutungsmuster heroischer Männlichkeit in Deutschland 1813–1945*, Paderborn u. a. 2002.

Schilmar, Boris: *Der Europadiskurs im deutschen Exil 1933–1945*, München 2004.

Schivelbusch, Wolfgang: *Vor dem Vorhang. Das geistige Berlin 1945–1948*, München 1995.

Schlaffer, Heinz: *Die kurze Geschichte der deutschen Literatur*, Köln 2013.

Schlander, Otto: *Der Einfluß von John Dewey und Hans Morgenthau auf die Formulierung der Reeducationspolitik*, in: *Umerziehung und Wiederaufbau. Die Bildungspolitik der Besatzungsmächte in Deutschland und Österreich*, hg. von Manfred Heinemann, Stuttgart 1981, S. 40–52.

Schlant, Ernestine: *Die Sprache des Schweigens. Die deutsche Literatur und der Holocaust*, München 2001.

Schlögel, Karl: *Im Raume lesen wir die Zeit. Über Zivilisationsgeschichte und Geopolitik*, München 2003.

Schmidt, Wolf Gerhard: *Zwischen Antimoderne und Postmoderne. Das deutsche Drama und Theater der Nachkriegszeit im internationalen Kontext*, Stuttgart 2009.

Schneidewind, Uwe: *Die Große Transformation. Eine Einführung in die Kunst gesellschaftlichen Wandels*, Frankfurt a. M. 2018.

Schoepp, Sebastian: *„Seht zu wie ihr zurechtkommt". Abschied von der Kriegsgeneration*, Frankfurt a. M. 2018.

Schoeps, Karl-Heinz: *The ‚Golden Cage' and the Re-Education of German Writers in American POW Camps: Hans Werner Richter and Alfred Andersch*, in: *Amerika! New Images in German Literature*, hg. von Heinz D. Oesterle, New York 1989, S. 29–42.

Schomburg-Scherff, Sylvia M.: *Arnold van Gennep (1873–1957)*, in: *Klassiker der Religionswissenschaft. Von Friedrich Schleiermacher bis Mircea Eliade*, hg. von Alex Michaels, 3. Aufl., München 2010, S. 222–233.

Schonauer, Franz: *Literaturkritik und Restauration*, in: *Bestandsaufnahme. Eine deutsche Bilanz 1962*, hg. von Hans Werner Richter, München 1962, S. 477–493.

Schörken, Rolf: *Jugend 1945. Politisches Denken und Lebensgeschichte*, Opladen 1990.

Schröder, Jürgen: *Das Drama: Der mühsame Anfang*, in: *Geschichte der deutschen Literatur von 1945 bis zur Gegenwart*, hg. von Winfried Barner, 2. aktual. u. erw. Aufl., München 2006, S. 99–115.

Schroer, Markus: *Räume, Orte, Grenzen. Auf dem Weg zu einer Soziologie des Raums*, Frankfurt a. M. 2006.

Schroers, Rolf: *Der Partisan. Ein Beitrag zur politischen Anthropologie*, Köln 1961.

Schubenz, Klara: *Der Wald in der Literatur des 19. Jahrhunderts. Geschichte einer romantisch-realistischen Ressource*, Konstanz 2020.

Schultheiß, Gabriele: *Die Muse als Trümmerfrau. Untersuchung der Trümmerliteratur am Beispiel Walter Kolbenhoff*, Frankfurt a. M. 1984.

Schumacher, Miriam: *Erzählen vom Widerstand als Erzählen von Gemeinschaft. Literarische Repräsentationen des Widerstands gegen den Nationalsozialismus in (West-)Deutschland (1945–1989)*, Oldenburg 2016.

Schuster, Jörg: *Die vergessene Moderne. Deutsche Literatur 1930–1960*, Stuttgart 2016.

Schutte, Jürgen: *Hans Werner Richter und die politische Kultur der Bundesrepublik*, in: *„Es sind alles Geschichten aus meinem Leben." Hans Werner Richter als Erzähler und Zeitzeuge, Netzwerker und Autor*, hg. von Carsten Gansel/Werner Nell, Berlin 2011, S. 149–171.

Schwendemann, Heinrich: *Der deutsche Zusammenbruch im Osten 1944/45*, in: *Kriegsende 1945. Verbrechen, Katastrophen, Befreiungen in nationaler und internationaler Perspektive*, hg. von Bernd-A. Rusinek, Göttingen 2004, S. 125–150.

Schwendter, Rolf: Theor*ie der Subkultur. Neuausgabe mit einem Nachwort, sieben Jahre später*, 3. Aufl., Köln 1983.

Sebald, W. G.: *Between the Devil and the Deep Blue Sea – Alfred Andersch. Das Verschwinden in der Vorsehung*, in: *Lettre International* 20 (1993), S. 80–84.

Sebald, W.G.: *Luftkrieg und Literatur. Mit einem Essay zu Alfred Andersch*, München 1999.

Seifert, Walter: *Die pikareske Tradition im deutschen Roman der Gegenwart*, in: *Die deutsche Literatur der Gegenwart. Aspekte und Ten-

denzen, hg. von Manfred Durzak, 3., erw. Aufl., Stuttgart 1976, S. 197–215.

Seltzer, Mark: *Wound Culture: Trauma in the Pathological Public Sphere*, in: *October 80* (1997), S. 3–26.

Senfft, Alexandra: *Schweigen tut weh: Eine deutsche Familiengeschichte*, Berlin 2007.

Senfft, Alexandra: *Der lange Schatten der Täter: Nachkommen stellen sich ihrer NS-Familiengeschichte*, München 2016.

Senfft, Alexandra: *Falsche Mythen*, in: *der Freitag* (07.05.2020).

Seo, Jang-Weon: *Die Darstellung der Rückkehr. Remigration in ausgewählten Autobiographien deutscher Exilautoren*, Würzburg 2004.

Setka, Stella: *Empathy and the Phantasmic in Ethnic American Trauma Narratives*, London 2020.

Seubert, Sandra: *Kampf um Verschiedenheit. Unzivile Potentiale einer Politik der Differenz*, in: *Forschungsjournal NSB* 21.4 (2008), S. 75–81.

Sicks, Kai: *Anna Seghers: Transit (1944/1947)*, in: *Handbuch der deutschsprachigen Exilliteratur. Von Heinrich Heine bis Herta Müller*, hg. von Bettina Bannasch/Gerhild Rochus, Berlin, Boston 2013, S. 527–534.

Sikora, Michael: *Das 18. Jahrhundert: Die Zeit der Deserteure*, in: *Armee und ihre Deserteure. Vernachlässigte Kapitel einer Militärgeschichte der Neuzeit*, hg. von Ulrich Bröckling/ders., Göttingen 1998, S. 86–111.

Soeffner, Hans-Georg: *Symbolische Formung. Eine Soziologie des Symbols und des Rituals*, Göttingen 2010.

Soergel, Albert/Curt Hohoff: *Dichtung und Dichter der Zeit. Vom Naturalismus bis zur Gegenwart*, Bd. 2, Neuausgabe, Düsseldorf 1963.

Soja, Edward: *Verräumlichungen: Marxistische Geographie und kritische Gesellschaftstheorie*, in: *Raumproduktionen. Beiträge der Radical Geography. Eine Zwischenbilanz*, hg. von Bernd Belina/Boris Michel, Münster 2007, S. 77–110.

Soja, Edward: *Vom ‚Zeitgeist' zum ‚Raumgeist'. New Twist on the Spatial Turn*, in: *Spatial Turn. Das Raumparadigma in den Kultur- und Sozialwissenschaften*, hg. von Jörg Döring/Tristan Thielmann, Bielefeld 2008, S. 241–262.

Solty, Ingar: *Interregnum der Protestbewegungen*, in: Luxemburg. Gesellschaftsanalyse und linke Praxis, Januar 2012, https://zeitschrift-luxemburg.de/ (letzter Zugriff 09.01.2024).

Sommer, Theo: *1945. Biografie eines Jahres*, Reinbeck 2005.

Sparr, Thomas: *Todesfuge. Biographie eines Gedichts*, 2. Aufl. München 2020.

Staets, Yara: *Ein Aufschwung in das Phantastische? Schuld-, Kriegs- und Nachkriegsdarstellung in Georg Hensels Roman Nachtfahrt"*, in: *Erinnerung in Text und Bild. Zur Darstellbarkeit von Krieg und Holocaust im literarischen und filmischen Schaffen in Deutschland und Polen*, hg. von Jürgen Egyptien, Berlin 2012, S. 51–64.

Steidle, Hans: *Wie eine große Liebe kann man Rache nicht aufschieben (J. Amichai). Zum Motiv der gerechten Rache bei Leonhard Frank und Jehuda Amichai*, Würzburg 1996.

Steidle, Hans: *'Die Jünger Jesu' als Aufforderung eines Gefühlssozialisten*, in: Leonhard Frank: *Die Jünger Jesu*, Würzburg 2013, S. 245–265.

Stern, Guy: *Erfolg in Hollywood. Der Ausnahmefall Alfred Neumann*, in: *Deutsches Exildrama und Exiltheater*, hg. von Wolfgang Elfe, Frankfurt a. M. u.a. 1977, S. 36–56.

Stern, Guy: *Die Hochhaltung des Exils in finsteren Zeiten: Rudolf Krämer-Badonis Schlüsselroman Jacobs Jahr (1943/1978)*, in: *Preserving the Memory of Exile. Festschrift for John M. Spalek on the Occassion of his 80th Birthday*, hg. von Wulf Koepke/Jörg Thunecke, Nottingham 2008, S. 137–150.

Stewart, Pamela J., Andrew Strathern: *Ritual. Key concepts in religion*, London u.a. 2014.

Stiegler, Christian: *Vergessene Bestie. Der Werwolf in der deutschen Literatur*, Wien 2007.

Stiglegger, Marcus: *Humantransformationen – das Innere Biest bricht durch. Zum Motiv des Gestaltenwandels im Horrorfilm*, in: *Horror und Ästhetik. Eine interdisziplinäre Spurensuche*, hg. von Claudio Biedermann/Christian Stiegler, Konstanz 2008, S. 30–49.

Stiller, Edwin: *Soll Politische Bildung Haltungen vermitteln? Zur Kontroverse um politische Erziehung*, in: *Demokratie, Demokratisierung und das Demokratische. Aufgaben und Zugänge der Politischen Bil-*

dung, hg. von Moritz Peter Haarmann/Steve Kenner/Dirk Lange, Wiesbaden 2020, S. 95–117.

Stohrer, Ulrike: Väter der Ritualtheorie. Arnold van Gennep und die Übergangsriten und Victor Turners Begriff der Liminalität, in: journal-ethnologie.de, 2008, Schwerpunktthema: Ethnologische Theorien, http://www.journal-ethnologie.de (letzter Zugriff 15.02.2024).

Streeck, Wolfgang: *The Post-Capitalist Interregnum. The Old System Is Dying, But a New Social Order Cannot Yet Be Born*, in: *Juncture* 23.2 (2016), S. 68–77.

Streeck, Wolfgang: *Die Wiederkehr der Verdrängten als Anfang vom Ende des neoliberalen Kapitalismus*, in: *Die große Regression. Weine internationale Debatte über die geistige Situation der Zeit*, hg. von Heinrich Geiselberger, Berlin 2017, S. 253–273.

Streim, Gregor: *Das Ende des Anthropozentrismus. Anthropologie und Geschichtskritik in der deutschen Literatur zwischen 1930 und 1950*, Berlin, New York 2008.

Strelka, Joseph P.: *Hans Habe. Autor der Menschlichkeit*, Tübingen 2017.

Stutz, Elfriede: *Über die Sprache Gerd Gaisers*, in: *Der Deutschunterricht* 15.3 (1963), S. 70–82.

Sutton-Smith, Brian: *Games of Order and Disorder*, in: News*letter of the Anthropological Study of Play* 4.2 (1977), S. 19–26.

Tgahrt, Reinhard: *Der Verlag wird seine Richtung nicht ändern müssen. 1934–1966"*, in: *Eugen Claassen. Von der Arbeit eines Verlegers. Marbacher Magazin* 19 (1981), S. 7–30.

Thamer, Hans-Ulrich: *‚Volksgemeinschaft' in der Debatte. Interpretationen, Operationalisierungen, Potenziale und Kritik*, in: *Der Ort der Volksgemeinschaft in der deutschen Gesellschaftsgeschichte*, hg. von Detlef Schmiechen-Ackermann u.a., Paderborn 2018, S. 27–36.

Theophanidis, Philippe: *Interregnum as a Legal and Political Concept: A Brief Contextual Survey*, in: *Synthesis: an Anglophone Journal of Comparative Literary Studies* 8 (2016), S. 109–124.

Theweleit, Klaus: *Männerphantasien*, Bd. 2: *Männerkörper – Zur Psychoanalyse des weißen Terrors*, Hamburg 1990.

Thomas, R. Hinten/Wilfried von der Will: *Der deutsche Roman und die Wohlstandsgesellschaft*, Stuttgart u.a. 1969.

Töpelmann, Sigrid: *Autoren, Figuren, Entwicklungen. Zur erzählenden Literatur in der DDR*, Berlin, Weimar 1975.

Torra-Mattenklott, Caroline: *Denkfiguren*, in: *The Beauty of Theory. Zur Ästhetik und Affektökonomie von Theorien*, hg. von Joachim Küpper u.a., München 2013, S. 59–76.

Treber, Leonie: *Mythos Trümmerfrauen. Von der Trümmerbeseitigung in der Kriegs- und Nachkriegszeit und der Entstehung eines deutschen Erinnerungsortes*, Essen 2014.

Turner, Victor: *Schism and Continuity in an African Society. A Study of Ndembu Village Life*, Manchester 1964.

Turner, Victor: *Betwixt and Between: The Liminal Period in Rites de Passage*, in: Ders.: *The Forest of Symbols. Aspects of Ndembu Ritual*, Ithaca, London 1967, S. 93–111.

Turner, Victor: *Das Religionsverständnis in der heutigen Anthropologie*, in: *Concilium* 16 (1980), S. 442–447.

Turner, Victor: *Dramas, Fields, and Metaphors. Symbolic Action in Human society*, 6. Aufl., Ithaca, London 1990.

Turner, Victor: *Prozeß, System, Symbol: Eine neue anthropologische Synthese*, in: *Das Schwein des Häuptlings. Beiträge zur historischen Anthropologie*, hg. von Rebekka Habermas/Niels Minkmar, Berlin 1992, S. 130–146.

Turner, Victor: *Vom Ritual zum Theater. Der Ernst des menschlichen Spiels*, Frankfurt a. M. 1995.

Turner, Victor: *Das Ritual. Struktur und Anti-Struktur*, Neuaufl., Frankfurt a. M., New York 2005.

Ulmer, Judith S.: *Geschichte des Georg-Büchner-Preises. Soziologie eines Rituals*, Berlin 2006.

Umlauff, Ernst: *Der Wiederaufbau des Buchhandels: Beiträge zur Geschichte des Büchermarktes in Westdeutschland nach 1945*, Frankfurt a. M. 1978.

Vaillant, Jérôme: *Der Ruf. Unabhängige Blätter der jungen Generation (1945–1949). Eine Zeitschrift zwischen Illusion und Anpassung*, München 1978.

Vasilache, Andreas: *Der Staat und seine Grenzen. Zur Logik politischer Ordnung*, Frankfurt a. M. 2007.

Velasco, Juan Carlos: *Art. „Deliberation/deliberative Demokratie"*, in: *Enzyklopädie Philosophie*, hg. von Hans Jörg Sandkühler, 2. Aufl., Hamburg 2010, S. 360–363.

Verheyen, Nina: *Diskussionslust. Eine Kulturgeschichte des ‚besseren Arguments' in Westdeutschland*, Göttingen 2010.

Vieregg, Axel (Hg.): *„Unsere Sünden sind Maulwürfe." Die Günter-Eich-Debatte*, Amsterdam 1996.

Vögtlin, Bernhard Karl: *Gerd Gaiser – Ein Dichter seiner Zeit. Eine Studie zur Zivilisationskritik im 20. Jahrhundert*, Marburg 2004.

Vollmer, Jörg: *Imaginäre Schlachtfelder. Kriegsliteratur in der Weimarer Republik. Eine literatursoziologische Untersuchung*, Berlin 2003.

Vormweg, Heinrich: *Literatur war ein Asyl*, in: *Literaturmagazin* 7 (1977), S. 203–208.

Waal, Frans de: *Primaten und Philosophen. Wie die Evolution die Moral hervorbrachte*, München 2008.

Wagner, Thomas: *Die Angstmacher. 1968 und die Neue Rechte*, Berlin 2017.

Waldmüller, Monika: *Die Wandlung. Eine Monatsschrift. Herausgegeben von Dolf Sternberger unter Mitwirkung von Karl Japsers, Werner Krauss und Alfred Weber 1945–1949*, Marbach 1988.

Walker Bynum, Caroline: *Geschichten und Symbole der Frauen – Eine Kritik an Victor Turners Theorie der Liminalität*, in: Dies.: *Fragmentierung und Erlösung. Gender Studies*, Frankfurt a. M. 1996, S. 27–60.

Wallrath-Janssen, Anne-M.: *Der Verlag H. Goverts im Dritten Reich*, München 2007.

Warburg, Jens: *Das Militär und seine Subjekte. Zur Soziologie des Krieges*, Bielefeld 2008.

Warg, Ilse-Rose: *„Doch ich krümm mich um alles, was lebt." Wolfdietrich Schnurres lyrisches Schaffen*, New York 1993.

Warning, Rainer: *Art. „Utopie und Heterotopie"*, in: *Handbuch Literatur & Raum*, hg. von Jörg Dünne/Andreas Mahler, Berlin 2015, S. 178–187.

Watt, Roderick H.: *Wehrwolf or Werwolf? Literature, Legend, or Lexical Error into Nazi Propaganda?*, in: The *Modern Language Review* 87.4 (1992), S. 879–895.

Weber, Max: *Wirtschaft und Gesellschaft, Grundriss der verstehenden Soziologie*, 5. Aufl., Tübingen 1985.
Weber, Christian: *Max Kommerell. Eine intellektuelle Biographie*, Berlin 2011.
Weber, Nicole: *Kinder des Krieges, Gewissen der Nation. Moraldiskurse in der Literatur der Gruppe 47*, Paderborn 2020.
Wehdeking, Volker: *Der Nullpunkt. Über die Konstituierung der deutschen Nachkriegsliteratur (1945–1948) in den amerikanischen Kriegsgefangenenlagern*, Stuttgart 1971.
Wehdeking, Volker, Günter Blamberger: *Erzählliteratur der frühen Nachkriegszeit (1945–1952)*, München 1990.
Wehler, Hans Ulrich: *Deutsche Gesellschaftsgeschichte*, Bd. 4: *Vom Beginn des Ersten Weltkries bis zur Gründung der beiden deutschen Staaten 1914–1949*, Bonn 2010.
Weidenhaus, Gunter: *Soziale Raumzeit*, Berlin 2015.
Weigel, Sigrid: *Télescopage im Unbewußten. Zum Verhältnis von Trauma, Geschichtsbegriff und Literatur*, in: *Trauma. Zwischen Psychoanalyse und kulturellem Deutungsmuster*, hg. von Elisabeth Bronfen/Birgit R. Erdle/dies., Köln 1999, S. 51–76.
Weiß, Hermann: *Werwolf*, in: *Legenden, Lügen, Vorurteile. Ein Wörterbuch zur Zeitgeschichte*, hg. von Wolfgang Benz, 8. Aufl., München 1996, S. 220–222.
Weissenberger, Klaus: *Leonhard Frank. Zwischen sozialem Aktivismus und persönlicher Identitätssuche*, in: *Zeitkritische Romane des 20. Jahrhunderts. Die Gesellschaft in der Kritik der deutschen Literatur*, hg. von Hans Wagener, Stuttgart 1975, S. 54–75.
Weller, Christiane: *Trauma und Melancholie*, in: *Moderne begreifen. Zur Paradoxie eines sozio-ästhetischen Deutungsmusters*, hg von Christine Magerski/Robert Savage/dies., Wiesbaden 2007, S. 157–168.
Wellershoff, Dieter: *Die Auflösung des Kunstbegriffs*, Frankfurt a. M. 1976.
Wellershoff, Dieter: *Deutschland – ein Schwebezustand*, in: Ders.: *Die Arbeit des Lebens. Autobiographische Texte*, Köln 1985, S. 88–134.
Welzer, Harald/Sabine Moller/Karoline Tschuggnall: *„Opa war kein Nazi." Nationalsozialismus und Holocaust im Familiengedächtnis*, 3. Aufl., Frankfurt a. M. 2002.

Wende-Hohenberger, Waltraud: *Ein neuer Anfang? Schriftsteller-Reden zwischen 1945 und 1949*, Stuttgart 1990.

Wette, Wolfram: *Wehrmacht-Deserteure im Wandel der öffentlichen Meinung (1980–1995)*, in: *Deserteure der Wehrmacht: Feiglinge, Opfer, Hoffnungsträger? Dokumentation eines Meinungswandels*, hg. von ders., Essen 1995, S. 14–27.

Wichert, Lasse: *Personale Mythen des Nationalsozialismus. Die Gestaltung des Einzelnen in literarischen Entwürfen*, Paderborn 2018.

Widdig, Heiner/Jürgen Egyptien: *Art. „Gunter Groll"*; in: *Killy Literaturlexikon. Autoren und Werke des deutschsprachigen Kulturraumes*, hg. von Wilhelm Kühlmann, Bd. 4, 2., vollst. überarb. Aufl., Berlin 2009, S. 442.

Wiedenmann, Rainer E.: *Ritual und Sinntransformation: Ein Beitrag zur Semiotik soziokultureller Interpretationsprozesse*, Berlin 1991.

Wiebike, Jürgen: *Sieben Heringe. Meine Mutter, das Schweigen der Kriegskinder und das Sprechen vor dem Sterben*, Köln 2021.

Widmer, Urs: *1945 oder die „neue Sprache" Studien zur Prosa der „Jungen Generation"*, Düsseldorf 1964.

Wildt, Michael: *Volksgemeinschaft als Selbstermächtigung. Gewalt gegen Juden in der deutschen Provinz 1919 bis 1939*, Hamburg 2007.

Wildt, Michael: *Das Ich und das Wir. Subjekt, Gesellschaft und ‚Volksgemeinschaft' im Nationalsozialismus*, in: *Der Ort der Volksgemeinschaft in der deutschen Gesellschaftsgeschichte*, hg. von Detlef Schmiechen-Ackermann u.a., Paderborn 2018, S. 37–49.

Wilhelm, Thorsten: *Holocaust Narratives: Trauma, Memory and Identity Across Generations*, London 2020.

Will, Wilfried van der: *Pikaro heute. Metamorphosen des Schelms bei Thomas Mann, Döblin, Brecht, Grass,* Stuttgart 1967.

Willer, Stefan/Jens Ruchatz/Nicolas Pethes: *Zur Systematik des Beispiels*, in: *Das Beispiel. Epistemologie des Exemplarischen*, hg. von dies., Berlin 2007, S. 7–59.

Williams, Rhys W.: *Survivel without Compromise? Reconfiguring the Past in the Works of Hans Werner Richter and Alfred Andersch*, in: *Flight of Fantasy. New Perspectives on Inner Emigration in German Literature, 1933–1945*, hg. von Neil H. Donahue/Doris Kirchner, New York 2003, S. 211–222.

Winter, Hans-Gerd: Dokumentarliteratur, in: *Literatur in der Bundesrepublik Deutschland bis 1967*, hg. von Ludwig Fischer, München 1986, S. 379–402.

Winter, Hans-Gerd: '*Du kommst, und niemand will dich haben.*' *Heimkehrertexte der unmittelbaren Nachkriegszeit*, in: *Schuld und Sühne? Kriegserlebnis und Kriegsdeutung in deutschen Medien der Nachkriegszeit (1945–1961)*, hg. von Ursula Heukenkamp, Amsterdam 2001, S. 283–296.

Wittmann, Reinhard: *Verlagswesen und Buchhandel 1945–1949. Ein Überblick*, in: *Buch, Buchhandel und Rundfunk 1945–1949*, hg. von Monika Estermann, Wiesbaden 1997, S. 34–49.

Wolbring, Barbara: *Trümmerfeld der bürgerlichen Welt. Universität in den gesellschaftlichen Reformdiskursen der westlichen Besatzungszonen (1945–1949)*, Göttingen 2014.

Wünsch, Marianne: *Die fantastische Literatur der Frühen Moderne (1890–1930). Definition, denkgeschichtlicher Kontext, Strukturen*, München 1991.

Wurm, Carsten: *Der frühe Aufbau-Verlag 1945–1961. Konzepte und Kontroversen*, Wiesbaden 1996.

Würzbach, Natascha: *Erzählter Raum. Fiktionaler Baustein, kultureller Sinnträger, Ausdruck der Geschlechterordnung*, in: *Erzählen und Erzähltheorie im 20. Jahrhundert*, hg. von Jörg Helbig, Heidelberg 2001, S. 105–129.

Zagovec, Rafael A.: *Gespräche mit der ‚Volksgemeinschaft'. Die deutsche Kriegsgesellschaft im Spiegel westalliierter Frontverhöre*, in: *Die deutsche Kriegsgesellschaft 1939 bis 1945*, hg. von Jörg Echternkamp, Bd. 9.2: *Ausbeutung, Deutungen, Ausgrenzung*, München 2005, S. 289–381.

Zeck, Mario: *Das schwarze Korps. Geschichte und Gestalt des Organs der Reichsführung SS*, Tübingen 2002.

Zeller, Bernhard: *Vorwort*, in: *„Als der Krieg zu Ende war." Literarisch-politische Publizistik 1945–1950. Eine Ausstellung des Deutschen Literaturarchivs im Schiller-Nationalmuseum Marbach a. N.*, hg. von Gerhard Hay/Hartmut Rambaldo/Joachim W. Storck, München 1973, S. 5–6.

Zimmermann, Hans Dieter: ‚*Mit ihm ist die Literatur über sich selbst hinausgewachsen.*' Gespräch mit Hans Werner Richter, in: *Neue Rundschau* 96.2 (1985), S. 119–132.

Zumbusch, Cornelia: *Der Raum der Seele. Topographien des Unbewussten in Joseph von Eichendorffs Eine Meerfahrt*, in: *Räume der Romantik*, hg- von Inka Mülder-Bach/Gerhard Neumann, Würzburg 2007, S. 197–216.